中国古文字学通论

高 明 著

北京大学出版社
1996·北京

图书在版编目（CIP）数据

中国古文字学通论 / 高明著. —北京：北京大学出版社，1996.6

ISBN 978-7-301-02285-6

Ⅰ.中⋯　Ⅱ.高⋯　Ⅲ.汉字：古文字—文字学—中国　Ⅳ.H121

书　　　　名	中国古文字学通论
著作责任者	高　明　著
责 任 编 辑	刘　方
标 准 书 号	ISBN 978-7-301-02285-6/H · 0223
出 版 发 行	北京大学出版社
地　　　　址	北京市海淀区成府路 205 号　100871
网　　　　址	http://www.pup.cn　　新浪微博：@北京大学出版社
电 子 邮 箱	编辑部 wsz@pup.cn　　总编室 zpup@pup.cn
电　　　　话	邮购部 010-62752015　　发行部 010-62750672 编辑部 010-62767315
印 刷 者	三河市博文印刷有限公司
经 销 者	新华书店
	787 毫米×1092 毫米　16 开本　30.625 印张　765 千字 1996 年 6 月第 1 版　2023 年 12 月第 20 次印刷
定　　　　价	89.00 元

未经许可，不得以任何方式复制或抄袭本书之部分或全部内容。
版权所有，侵权必究
举报电话：010-62752024　电子邮箱：fd@pup.cn
图书如有印装质量问题，请与出版部联系，电话：010-62756370

目　次

序　言 1

上编　古文字学基础

第一章　汉字研究的历史梗概 3
第一节　先秦时期的汉字研究 3
一　对汉字起源和字体结构的探讨 3
二　有关汉字的专门著作 4
第二节　秦始皇时期的"书同文字" 4
一　对汉字形体的规范整理 4
二　隶书的创立 5
第三节　两汉时期的字书与辞书 6
一　西汉时期的字书 6
二　东汉时期的字书 6
三　两汉时期的辞书 7
四　今古文学之争对文字学的影响 8
第四节　三国至隋唐对汉字的研究 9
一　魏晋时期的字书和辞书 9
二　纠正流俗刊正字体的措施 10
三　唐代的"字原学" 11
四　汲冢竹书及石鼓文的发现 11
第五节　两宋时期对汉字研究的贡献 12
一　二徐对许慎《说文解字》的复原 12
二　金石学的兴起 13
三　"六艺文字"的搜集和著录 14
四　隶书资料的搜集和整理 15
五　"六书"的研究 15
六　宋代编撰的字书 16
七　宋代的辞书 17
八　宋代的韵书 17
第六节　元明时期关于汉字的研究 18
一　元明时期对"六书"的研究 18

二　明代的字书 …………………………………………………… 19
　　三　明代陈第对上古音韵学的创兴 …………………………… 19
　第七节　清代古文字学的建立和发展 ………………………………… 19
　　一　上古音韵学的建立 ………………………………………… 19
　　二　对《说文解字》研究的重要成就 ………………………… 20
　　三　清代金石学的发展 ………………………………………… 21
　　四　商代甲骨文的发现与罗、王的学术活动 ………………… 22

第二章　汉字的起源和发展 …………………………………………… 25
　第一节　汉字的起源 …………………………………………………… 25
　　一　汉字同汉语的关系 ………………………………………… 25
　　二　历史上有关汉字起源的传说 ……………………………… 26
　　　1. 仓颉造字说　2. 文字始于结绳说　3. 起一成文说
　　三　原始氏族社会晚期的陶器符号 …………………………… 27
　　四　汉字起源于原始图画 ……………………………………… 32
　第二节　汉字的发展 …………………………………………………… 36
　　一　从"象形"到"形声"的发展过程 ……………………… 36
　　二　汉字存在的问题 …………………………………………… 40

第三章　汉字的古形 …………………………………………………… 45
　第一节　研究汉字形体的传统理论——"六书" …………………… 45
　　一　指事 ………………………………………………………… 46
　　二　象形 ………………………………………………………… 47
　　三　会意 ………………………………………………………… 48
　　四　形声 ………………………………………………………… 51
　　　1. "亦声"说　2. "省声"说　3. "复形复声"说
　　五　转注 ………………………………………………………… 54
　　六　假借 ………………………………………………………… 56
　第二节　古文字的形旁及其变化 ……………………………………… 57
　第三节　意义相近的形旁互为通用 …………………………………… 129
　第四节　汉字形体的简化与规范化 …………………………………… 159
　　一　汉字形体的简化 …………………………………………… 159
　　　1. 变图形为符号　2. 删简多余和重复的偏旁　3. 用形体简单的偏旁替换形体复杂的偏旁　4. 截取原字的一部分代替本字　5. 用笔划简单的字体更代笔划复杂的字体
　　二　汉字形体的规范化 ………………………………………… 165
　　　1. 汉字结构的自然规范　2. 秦朝李斯等对汉字形体的规范整理
　第五节　古文字的考释方法 …………………………………………… 167
　　一　因袭比较法 ………………………………………………… 168
　　二　辞例推勘法 ………………………………………………… 169
　　三　偏旁分析法 ………………………………………………… 170

四	据礼俗制度释字	171

第四章　汉字的古音 ··· 173

第一节　语音学常识 ·· 174
 一　元音和辅音 ·· 174
  1. 元音、半元音和复合元音　　2. 辅音
 二　送气音与不送气音，清音与浊音 ···························· 176
  1. 送气音与不送气音　　2. 清音与浊音
 三　传统音韵学所谓的"五音"和"七音" ······················ 177
 四　声母和韵母 ·· 179
 五　声调 ··· 180

第二节　中古音韵 ··· 180
 一　反切和双声叠韵 ·· 181
 二　中古音的声纽 ·· 182
 三　中古音的韵部 ·· 184
 四　等韵和四呼 ··· 189

第三节　上古音韵 ··· 193
 一　上古声纽的考定 ·· 194
 二　上古韵部的考定 ·· 195
 三　对转、旁转和声调 ··· 206
 四　关于上古音韵学研究成果的应用 ··························· 207

第五章　汉字的古义 ··· 208

第一节　训诂的意义和源流 ·· 208
 一　训诂的意义 ··· 208
 二　训诂的源流 ··· 209

第二节　训诂学的主要方法 ·· 211
 一　形训例 ··· 211
 二　义训例 ··· 212
 三　音训例 ··· 212
 四　以共名训别名例 ·· 213
 五　以雅言训方言例 ·· 213

第三节　训诂学要籍简介 ··· 214
 一　《尔雅》 ·· 214
 二　《小尔雅》 ··· 215
 三　《广雅》 ·· 216
 四　《释名》 ·· 217
 五　《方言》 ·· 218
 六　《急就篇》 ··· 219
 七　《说文解字》 ·· 219

下编　古文字学专题

第六章　商周时期的甲骨文 ··········· 225
第一节　商代甲骨文 ··········· 225
一　商代甲骨文的发现和研究 ··········· 225
二　关于甲骨的整治、钻凿、占卜与刻辞 ··········· 235
三　甲骨文的语法 ··········· 244
  1. 词类　2. 句法
四　商代甲骨文的分期 ··········· 256
  1. 世系　2. 称谓　3. 贞人　4. 贞卜事类　5. 文例和句型　6. 字形与书法
五　商代甲骨文选读 ··········· 267
  1. 第一期甲骨文　2. 第二期甲骨文　3. 第三期甲骨文　4. 第四期甲骨文　5. 第五期甲骨文

第二节　周代甲骨文 ··········· 324
一　周代甲骨文的发现和研究 ··········· 324
二　周代甲骨文选读 ··········· 327

第七章　商周时期的铜器铭文 ··········· 333
第一节　商周时期的铜器和铜器铭文 ··········· 333
一　商周时期的铜器 ··········· 333
  1. 烹饪器　2. 盛食器　3. 酒器　4. 水器
二　商周时期的铜器铭文 ··········· 344

第二节　商周时期铜器铭文研究概况 ··········· 346
一　资料的搜集和整理 ··········· 346
二　关于铜器铭文的研究成果 ··········· 352

第三节　周代铜器铭文断代和分区 ··········· 358
一　西周铜器铭文断代研究 ··········· 358
二　东周铜器铭文的区域特征 ··········· 367

第四节　商周时期铜器铭文选读 ··········· 370
一　商代铜器铭文选读 ··········· 370
  1. 我作父己毁　2. 韢作父乙毁
二　西周铜器铭文选读 ··········· 372
  1. 利毁　2. 天亡毁　3. 何尊
  4. 大盂鼎　5. 令彝　6. 过伯毁
  7. 遹毁　8. 静毁　9. 墙盘
  10. 癫钟　11. 曶鼎　12. 虢季子白盘
  13. 周王默钟　14. 小克鼎　15. 师嫠毁
  16. 师兑毁

三　春秋、战国时期铜器铭文选读························403
　　　　1. 秦公殷　　2. 国差䌤　　3. 鲁大司徒匜
　　　　4. 䣜公平侯鼎　5. 许子妆匜　6. 酀侯殷
　　　　7. 曾姬无恤壶　8. 陈侯午敦　9. 中山王礜壶

第八章　战国古文字资料综述···································418
第一节　载　书···418
　　一　侯马载书的种类、内容和出土情况························419
　　二　侯马载书之研究·······································420
　　三　侯马载书选读·······································426
　　　　1. 宗盟类载书　　2. 自誓于君所类载书　　3. 纳室类载书
第二节　战国兵器刻辞···431
　　一　韩国兵器刻辞·······································432
　　二　赵国兵器刻辞·······································437
　　三　魏国兵器刻辞·······································442
　　四　秦国兵器刻辞·······································446
　　五　燕国兵器刻辞·······································451
　　六　齐国兵器刻辞·······································454
第三节　战国玺印···456
　　一　玺印的起源·······································456
　　二　古玺的研究·······································457
　　　　1. 古玺的搜集和著录　2. 古玺的形式和钮制　3. 古玺文字的款式　4. 古玺的时代
　　三　战国玺印选释·······································464
　　　　1. 齐国官私印　　2. 楚国官印　　3. 燕国官印　　4. 三晋官印　　5. 战国私印
　　　　6. 箴言、吉语印　7. 肖形印　　8. 齐国陶文　　9. 秦国陶文

结束语···478

序　言

　　这本《中国古文字学通论》，是以作者在北京大学考古学系讲授古文字学的《讲义》为基础改写而成的。原来的《古文字学讲义》共分三个部分：第一部分，除一些有关古文字学基础知识之外，主要从理论上阐述古代文字的形、音、义，即文字、音韵、训诂。第二部分是以字表的形式说明古文字各种形体的演变。第三部分是古文字专题，其中包括商代甲骨文、两周铜器铭文、战国文字等。

　　《讲义》的第二部分《古文字表》，已改编为《古文字类编》一书，于1980年冬季由中华书局出版。现在又将第一和第三部分，分别写成《中国古文字学通论》中的上编和下编。但是，无论在资料、内容、组织等各个方面，都做了较大的变动，与原来的《讲义》大不相同；不过基本系统没有打破，这本书同《古文字类编》仍有密切关系，对初学者来说，两本书要互相参阅。

　　古文字学是考古专业的一门基础课。从用途来讲，它应属于工具课的性质。文字本身就是辅助语言的社会交际工具，可以将语言记录下来传达给生活在不同空间和不同时间的人们。由于文字是记录语言、表达思维的工具，所以古文字学既是一门独立的专业学科，同时与其它专业，诸如：古代史、经济史、地理史、哲学史、法律史、文学史、音乐史、美术史、语言学、古文献、考古学等，都有密切的关系。

　　古文字同考古学与历史学的关系最为密切，经考古发掘出土的甲骨文、铜器铭文、陶文、玺文、泉文，以及简书、帛书、载书等，其中有些资料本身既是历史文物，又是历史文献，彼此不能分割，都是研究历史的重要史料。尤其是汉代以前的史料，有时直接来自古文字。可见，考古、历史与古文字，各自研究的内容虽不相同，但彼此却是相辅相成的。如商代的历史，文献资料极其有限，主要是根据甲骨文和金文的材料，才使商史研究大大向前推进。

　　研究古代经济，时代愈早资料愈感贫乏，亦要依靠地下出土的材料，才能得到补充。关于西周时代的土地制度，文献中记载了"普天之下，莫非王土"，我们只知道土地公有，不准买卖。岂不知早在周穆王时即已出现租田和易田，陕西岐山出土的"裘卫四器"，即有详细的记述。《大盂鼎》铭云：周康王一次赏赐一位名盂的贵族千余名奴隶。《曶鼎》则记载：五个奴隶价值铜百锊，如按汉代一锊合六两大半两折算，一个奴隶的价值还不到一百二十两铜。这些都是研究当时社会经济状况的第一手资料。

　　有关商周时代的法制，文献资料甚少，《尚书·吕刑》虽有"五刑之属三千"的记载，但无具体内容。西周时代的彝铭，保存了这方面的资料。像《𠦬匜》，《曶鼎》两篇铭文，分别记录了当时争议双方自诉讼至判决的全部情况。败诉者不仅要赔偿胜诉者经济损失，还要遭受惩罚，甚至治以鞭刑或黥刑。这些材料都是当事者的实录，是研究西周时代法制的最好资料。哲学在我国起源很早，春秋战国时期已经形成百家争鸣的繁荣局面。当时呼声最高的儒家思想，早在西周彝铭中即有反映，以此来研究哲学思想史，可以追溯儒家思想的渊源。

古文字与古文献，二者关系更为密切，古籍经历代传抄，时逾千年以上，其中讹误实难估计。孙诒让在《名原序》中曾谓："盖秦汉间诸儒传读经典，已不能精究古文，如古多假宓为文，与宁形近，而《书·大诰》曰：'宓考'、'宓王'、'前宓人'、'宓武'，则皆文之讹也。"此本吴大澂之《字说》，吴氏云："文字有从心者，或作'　'……壁中古文《大诰篇》其文字必与宁字相似，后儒遂误释为宁。"类似的错误在其它古籍中也时常可见。清代学者对古籍曾经进行大力整理，勘误正别，做了大量工作。他们采用两种整理方法：一是利用不同版本相互勘校，发现歧异，再辨别是非。二是利用文字、音韵、训诂，即文字学的知识，甄别文辞的讹误。像王念孙的《读书杂志》，王引之的《经义述闻》，孙诒让的《札迻》，均为后者的杰作。尽管清人做了许多工作，成绩很大，但是，古文献当中遗留的问题仍然不少，细心研读，仍会时有发现。如《论语·公冶长》，子贡问孔子："赐也何如？"孔子回答："女，器也。"子贡又问："何器也？"孔子答："瑚琏也。"《礼记·明堂位》亦云："夏后氏之四琏"。古代注释家皆以琏为簋之别称。其实用古文字学来分析，琏并非簋之别称，而为簋的误字。先秦古文簋字，可写作"匭"或"軌"，因与连字形近，后人误识为连，以后又赘增玉符，写成琏。再如，孙诒让的《墨子閒诂》是整理古籍之典型著作，但其中也难免出现疏漏。如《节葬篇》云："鼎、鼓、几、梴、壶、滥（鑑）"，乃是当时贵族死后用来殉葬的礼器，其中的"鼓"字，显然是敦字之误。战国中晚期，鼎、敦、壶、鑑是当时贵族殉葬礼制中最常见的礼器组合，因孙氏尚不了解当时的殉葬制度，故而遗漏。

近些年来有不少古文献出土，甚为可贵，如甘肃武威出土的简书《仪礼》，山东临沂出土的《孙子兵法》，湖北云梦出土的《秦律》，安徽阜阳出土的《仓颉篇》，尤其是湖南长沙马王堆汉墓出土的帛书，其中有《易经》、《经法》、《老子》、《纵横家书》、《天文》、《地图》、《医药》、《相马经》、《导引图》等多种书籍。整理这方面的古文献，更须具备古文字的知识，因为抄写的时间较早，书中使用许多别体字和假借字，如不能分析和辨别，则无法进行工作。

古文字学这门学科历史悠久，自汉代以来就有人从事研究，迄至宋代始取得学术界的重视，从而得到发展。清自乾嘉以来，著名学者辈出，在古文字的研究方面获得不少成绩。近些年来，由于全国各地考古工作的蓬勃发展，不断涌现出大量的古文字资料，种类繁多，内容广泛，经过学者们的努力，研究工作取得前所未有的成绩。仅从识字数量来看，已远远超过了过去。但是，我们也应当看到，在古文字学研究领域还存在不少问题；譬如关于古文字学理论的科学化和系统化方面，还有待于进一步提高；在研究方法上还有不够严谨和不够科学的现象，这些都应当引起注意。

这本书拖延的时间很久，如果连同撰写它的前身《古文字学讲义》的时间计算在内，前后不下十年。迟迟不敢拿出来的原因很多，主要还是由于作者水平有限，愈学愈感到知识贫乏，力不从心。以自己之昏昏，难得使人昭昭，唯恐因己而误人。后来由于使用过《古文字学讲义》的兄弟院校的同行和前辈，鼓励我将其刊印成书，又蒙苑峰师、苏秉琦师、季庚师等几位前辈多次催促和勉励，又有姚孝遂、李学勤、裘锡圭、赵诚等同志的大力协助，以及本专业同志的帮助，使得撰写工作终于完成。

在此还应当感谢我的老师唐兰（立庵）先生。先生在世的时候，曾为撰写这本书想了几个方案，花费了不少精力。他建议把讲义中的字表补充扩大，独立成书；再将其它几个部分充实提高，撰写一本理论性较强的《古文字学》。由于先生的偏爱，委此重任，奈因能力所限，实难胜任。今有此书出版，虽不能满足昔日之嘱，只求不负先生之栽培和期望。

孙贯文先生既是良师又是益友，蒙其不吝赐教，受益良多。孙先生为撰写《中国古文字学通论》亦花费了不少时间，有时为了讨论书中某一个问题，竟达数日不休。现在，此书即将出版，孙先生却已作古。回忆往昔，我们为了研究古文字，终日促膝谈心，携手言志，绵绵之乐，竟相隔世，书以至此，不觉泪下，悲痛至极。此书出版，倘能裨益兹学，以报孙先生之一片苦心。

此书全部编撰工作均于一九八三年七月告罄，曾蒙文物出版社惠为刊印，一九八七年四月出版。奈因原版残坏，无法重印，今又蒙北京大学出版社予以再版。书内有些部分较第一版略有修订。借此重新刊印的机会，特向诸位师友表示衷心感谢，请予批评，指正。

一九九二年七月七日重修于北京大学考古系

上 编

古文字学基础

第一章 汉字研究的历史梗概

任何一门学科都有自己发生和发展的历史，文字学也不例外，它的历史最早可以追溯到先秦。汉字因形体的变化，分作古文和今文，自汉代开始把秦以前通行的篆体字称作古文，把秦以后通行的隶书称为今文。字体虽然分为古今，但它们的发展是一脉相承的。过去常把古文字从汉字研究中独立出来，另立一门所谓"古文字学史"，这样虽然涉及的问题简单扼要，但把过去有关汉字研究的整个发展割裂开来，还会把历史上关于汉字研究的大量成果抛到一边，影响学者对汉字的全面了解。本章既要说明古文字的研究情况，也要概括今文字的研究内容。目的是使读者较系统地了解本学科的过去，历史上究竟有哪些研究方法是成功的，哪些是失败的？什么时代产生过什么样的研究成果？有些什么样的重要著作？哪些仍保存至今？有什么影响和价值？限于篇幅，只能略述梗概，但它却是一把入门的钥匙。

汉字是世界上生存寿命最长的文字，迄今已有四千余年的历史，在它的发展过程中经过许多变化。以商代甲骨卜辞来说，它是我国最早用汉字记下的文字资料，距今已有三千多年的光景，但只能说它是目前所见最早用以记录语言的文字，而不是我国最原始的文字。可以肯定，早在商代以前，中国汉字已经经历了一段相当长的发展过程。

历史上通常把秦和秦以前的汉字称为"篆体"，把秦以后的汉字称作"隶体"，在篆体字中又把秦以前的文字称为"大篆"，把秦实行统一的文字称为"小篆"。自汉代以来，多认为大篆乃周宣王时史籀所作，故称大篆为"籀文"，把晚于籀文的战国文字称作"古文"；与此一称谓相对应，把当时通行的隶书称作"今文"。从学术研究的角度来看，无论篆体或隶体，都是古文字学的研究对象，不过隶书逐渐走向定形，同今天通行的楷书甚为接近，不似古体篆书那样复杂。从汉字整个发展过程来讲，按照传统的划分，将篆、隶分作两大发展阶段，前者属于古文字的范围，后者属于今文字的范围，古文字学主要是研究古体汉字的专门学科。这样区分不仅有利研究工作，也符合汉字本身的发展历史。下面就按照历史的顺序，分作几个阶段，进行重点介绍。

第一节 先秦时期的汉字研究

关于汉字的研究，大致在春秋、战国时代即已萌芽。根据文献记载，当时对汉字的研究，主要表现在对汉字起源和字体结构的探讨，并出现了有关汉字的专门著作。

一 对汉字起源和字体结构的探讨

有关汉字的起源问题，早在战国时代就提出来了。当时流行所谓"仓颉作书"与文字起于结绳等传说，但从汉字发展历史来看，均不可信。关于这一问题，留在"汉字的起源"一节，再作详细讨论。

关于汉字形体的组织结构，大致自春秋中叶即已有人开始研究。如《左传》宣公十二年，楚子曰："夫文，止戈为武。"十五年宗伯曰："故文，反正为乏。"昭公元年医和曰："于文，皿虫为蛊。"《韩非子·五蠹篇》云："仓颉之作书也，自环者谓之私，背私者谓之公。"类似的解说，单就文字的形体来讲，似乎也有些道理，但从文字理论分析，有的就不够确切，甚至作了歪曲。例如对武字的解释，与其说是对文字形体结构的分析，毋宁说是春秋时代霸主对战争观念的一种反映。当时楚庄王以武王克商、诛灭暴乱、天下一统而止戈息兵，为自己效法的榜样。但是，春秋时代晋楚相争，前后相持百有余年，两国各有胜负，彼此互为心腹之患，故庄王云："犹有晋在，焉得立功。"即晋不亡则戈不止，戈不止则霸不成，霸业不成焉得为武。从文字学的立场分析，武字确实是由止和戈两个形旁组成的会意字，它的含意却与楚子的解释全然不同。《左传》中关于解说汉字结构的一些零星记载，从理论上分析，有的虽然不甚贴切，但说明当时确已产生对汉字结构力图从理论上进行解释的萌芽。

《周礼·地官·保氏》云："保氏养国子以道，乃教之六艺：一曰五礼，二曰六乐，三曰五射，四曰五驭，五曰六书，六曰九数。"这里已把"六书"规定为向学生进行教育的一门科目。《周礼》是战国时代的著作，当时已经出现"六书"这样一种名称，说明研究汉字形体结构的基本理论已初步建立。不过《周礼·保氏》只记载了"六书"之名，没有具体的内容。东汉人郑众，根据当时的理解，对"六书"分别作了说明，他在《保氏》注中说："六书：象形、会意、转注、处事、假借、谐声也。"这一完整的理论是否在战国时代即已全部出现，虽然郑众作了肯定的答复，但目前还有不同的看法。

二　有关汉字的专门著作

《汉书·艺文志》载有《史籀十五篇》，班氏自注云："周宣王太史作大篆十五篇。"《说文解字叙》亦讲："周宣王太史籀，著大篆十五篇，与古文或异。"《史籀》这部书早佚，是否确为周宣王太史籀所作，无从考察。许慎的《说文解字》将先秦的大篆分作籀文和古文两种，并分别收录了一些字形。所谓"古文"，是取汉代学者对战国文字的称谓，"籀文"是否来自《史籀》，也无从断定。从所收籀文形体分析，其中有些确与西周时代金文相近，也有些是战国文字。但是，完全可以肯定，先秦时代已经出现有关汉字的专门书籍。

第二节　秦始皇时期的"书同文字"

一　对汉字形体的规范整理

秦始皇所推行的"书同文字"，实际上是对汉字进行了一次系统的规范整理。战国时代，社会经济和文化虽然得到空前的发展，但在政治上则是诸侯割据，战争频繁。由于经济和文化的发展，使用文字的范围和阶层扩大，汉字本身也得到很大的发展。又因政治上的长期割据，各国虽用同一体系的汉字，字体却非常复杂，同字异形的现象甚为严重。据《汉书·艺文志》载："古制书必同文，不知则阙，问诸故老。至于衰世，是非无正，人用其私。"所谓"人用其私"，正如颜师古注中所讲："各任私意而为字"。今从战国时代遗留的资料观察，不仅一字多体，繁简并存，而且又因各自产生的区域不同，具有不同的地方特点。这样的文字作为共同使用的交际工具，必然会有许多不便，故在秦始皇统一六国之后，在所施行的各项重要政策中，就有"书同文字"。

《说文解字叙》云："秦始皇初兼天下，丞相李斯乃奏同之，罢其不与秦文合者。斯作《仓颉篇》，中车府令赵高作《爰历篇》，太史令胡毋敬作《博学篇》，皆取《史籀》大篆或颇省改，所谓小篆者也。"《仓颉》、《爰历》、《博学》三部字书没有流传下来，许慎的《说文解字》就是根据这些书籍所收的资料编撰的。那么，当时是通过何种措施对汉字字体进行规范整理的呢？关于这个问题，除上述许慎记载之外，别无任何资料。为了弄清这个问题，我们曾从实物资料中进行考察，即用未经整顿的先秦时代的文字资料，同已经整顿的秦代小篆一一分析比较。从彼此的差别中可以看到，凡是秦篆所具有的一些规范原则，正是在先秦字体中所缺少的。从而可以大体推测出当时采用了四项整理文字的规范措施：首先是确定各种偏旁的形体，其次是固定偏旁在字体中的位置，第三是选定偏旁的种类和性质，第四是规定每字的书写笔数。关于秦代规范整理汉字的详细内容，将在"汉字形体的规范化"一节中再作具体说明。

二 隶书的创立

秦代除对篆体汉字进行了系统的整顿，使其规范定形之外，又进一步从书写方面力求简易，创立了隶书。《汉书·艺文志》云："是时始造隶书矣，起于官狱多事苟趋省易，施之于徒隶也。"《说文解字叙》亦云："是时秦烧灭经书，涤除旧典，大发吏卒兴戍役，官狱职务繁，初有隶书以趣约易，而古文由此绝矣。"隶书最初"起于官狱"，因施之于徒隶，故而得名，传说乃秦时程邈所创。隶书的特点是用方折的笔势代替篆书的圆转，因而书写较篆书简易，后来这种施之于徒隶的隶书居然代替了官府通用的篆书，这也是社会发展的必然趋势。目前所见最早的古隶，当为长沙马王堆一号汉墓出土的《遣册》和三号墓出土的隶体帛书。但是，利用隶书抄写书文虽然开始于汉初，这种字体却出现的很早，有时在先秦的资料中发现这种隶书的字体，或者在一字之中写成半篆半隶。例如西安出土的秦《高奴权》，时代在秦统一六国之前，其中的奴字写作"奴"，女字偏旁完全是隶书形体。再如山东益都出土的一件战国铜戈，其中佐字写作"佐"，完全是隶书的形体。从这些材料说明，最早的古隶，战国时代就已产生，不过后来有人将这些简化了的形体，集中起来重新构成一种书体。这项任务，可能是由程邈最初完成的。

秦的寿命虽然极短，但是，秦始皇以行政命令进行的文字改革运动，在历史上的影响却是非常深远的。汉字经秦代规范整理之后，基本上走向定形，为后来汉文化的发展奠定了良好的基础。秦篆虽然早已被淘汰，但它所创立的一些字体规范原则，一直沿袭下来，后来兴起的隶书和楷书，虽在个别形旁简化方面，又有所发展，但基本结构都是照秦篆的原则隶定的。

第三节　两汉时期的字书与辞书

一　西汉时期的字书

秦的统治在历史上只是昙花一现，寿命极短，但他所推行的"书同文字"，却是一项不可泯灭的功绩。秦代留下的《仓颉》、《爰历》、《博学》三部字书，汉初闾里书师将其并为一书，断六十字为一章，分作五十五章，共计三千三百字，统称《仓颉篇》。《汉书·艺文志》云："汉兴，萧何草律，亦著其法曰：太史试学童，讽书九千字以上乃得为史。"按此说当时实有字数远远超出了《仓颉篇》。这条记载可能有误，西汉初年任史官的学童，不可能认识九千字。在整个西汉时期，曾有许多文字学家从事文字的搜集工作，直到西汉末年，也只有五千三百余字。如武帝时的司马相如作《凡将篇》，元帝时的史游作《急就篇》，成帝时的李长作《元尚篇》，平帝时"征天下通小学者以百数人，各令记字于庭中"。当时扬雄取其有用者作《训纂篇》，顺续《仓颉》。又易《仓颉》中重复之字凡八十九章，计五千三百四十字。许慎云："凡《仓颉》以下十四篇，凡五千三百四十字，群书所载略存之矣。"西汉时秦之《仓颉》、《爰历》、《博学》三书之外，又先后出现《凡将》、《急就》、《元尚》、《训纂》四书，合计当谓《仓颉》以下七篇。①但现在仅存了《急就篇》一种，其它诸书皆佚。

《急就篇》是汉代教习文字的课本，书内以三字、四字、七字为句，句必谐韵，杂记生活中的事物，多为学者必备的应用常识。例如开头的两句："急就奇觚与众异，罗列诸物名姓字。"这是当时字书所用的一种传统格式，像《说文解字叙》中所引《仓颉篇》的四字遗句："幼子承诏"，"神仙之术"；又《说文口部》唪字下引《凡将篇》七字遗句："淮南宋蔡舞唪喻"；《文选·蜀都赋》刘渊林注引："黄润纤美宜禅制"等，皆与《急就篇》体例相同，可见字书大凡如此。《急就篇》其所以能保存至今，主要是由于历代书法家多以草书摹写，故得世代流传。东汉张芝、崔瑗，魏之钟繇，吴之皇象，晋之索靖、卫夫人、王羲之，后魏崔浩，唐陆柬之，宋太宗御书，元赵孟𫖯，明宋仲温等，均临写过此书。自东汉以来为它注释的人也很多，现仅存唐颜师古和宋王应麟两家注本。《急就篇》本来是汉代识字课本，流传到现在，尤其是经过古代学者们的注释，已成为考察古代名物制度的重要工具书。

二　东汉时期的字书

东汉时期的文字著作，大致可分两个系统：一是继续沿着《仓颉》系统发展，如班固续扬雄《训纂》十三章，合一百零二章。和帝永元间贾鲂作《滂喜篇》。后来将秦之《仓颉》、《爰历》、《博学》三书合并的《仓颉篇》定为上卷，将扬雄的《训纂篇》定为中卷，将贾鲂的《滂喜篇》定为下卷，统称《三仓》。另一是专门从事古文字研究的系统，西汉时张敞好古文

---

① 许慎《说文解字叙》云："凡仓颉已下十四篇，凡五千三百四十字，群书所载略存之矣。"段玉裁注："《训纂》续《仓颉》而无复《仓颉》之字，且易《仓颉》中自复者五千三百四十字，一无重复也。然则何以云十四篇者？合李斯、赵高、胡毋敬、司马相如、史游、李长、扬雄所作而言之，计字则无复，计篇则必备也，本只有《仓颉》、《爰历》、《博学》、《凡将》、《急就》、《元尚》、《训纂》七目，又析之为十四，其详不可闻矣。"

字，敞传其子吉，吉又传敞的外孙杜邺，邺又传子林和张吉子竦。杜林对古文字研究的成绩最大，据说他"正文字过于邺、竦"。他著有《仓颉故》，并收藏着漆书《古文尚书》，在当时颇有影响。他在建武年间历位列卿，《后汉书》有传，班固在《汉书》中就屡谈其功业，并讲："世言小学者由杜公"。卫宏也是东汉著名的古文学家，曾著《诏定古文官书》，这是很有影响的著作。尤其是许慎的《说文解字》，是一部自秦汉以来在文字学方面具有总结性的著作，为后来文字学的研究，奠定了很好的基础。此书以秦篆为主，并合以古文与籀文，书成于东汉和帝永元十二年（公元100年），上书于安帝建光元年（公元121年）。全书共十四卷，分五百四十部，共收九千三百五十三字，重一千一百六十三字，每字均作字形、字义和字音的解释和说明，连同解说凡十三万三千零四十一字。自从许书开始，改变过去识字课本式的体例，创造一种从字体结构中考察音义的新体系。它上承西周金文和战国古文，下启隶书，是研究古今文字间的媒介和桥梁。自《说文解字》问世之后，汉代多种字书多已亡佚，唯此书长存无恙，堪称不朽之作。

三　两汉时期的辞书

汉代除专门研究文字形体的字书之外，另有专为训释词义的著作，如《尔雅》就是我国第一部训释词义的辞典。此书的作者和成书时代自古以来说法不一，唐以前的学者，诸如刘歆、张揖、陆德明等，皆以为周公所作，仲尼所增，或谓《释言》以下为孔子所增，子夏所足，叔孙通所益，沛郡梁父所补。《大戴礼·小辨》还讲到孔子教鲁哀公学《尔雅》。其实这都是传说，毫无根据，皆不可信。自宋欧阳修开始，认为此书"乃是秦汉间之学诗者，纂集说诗博士解诂"（《诗本义》），叶梦得也认为此书"固出自毛公之后"（《石林集》）。《四库全书总目提要》根据书中词例，考察出有些是取自《楚辞》、《庄子》；《列子》、《穆天子传》、《管子》、《吕氏春秋》、《山海经》、《尸子》、《国语》等书，谓其亦《方言》、《急就》之流，"大抵小学家缀辑旧文，递相增益，周公、孔子皆依托之词，观《释地》有'鹣鹣'，《释鸟》又有'鹣鹣'，同文复出，知非纂之一手也。"

《尔雅》是一部训释字义富有权威性的著作，此后又有《小尔雅》一篇，幸存至今，从而历史上凡训释词义的专著，皆名为"雅"。

汉代另有一部训释方言的专著，名为《方言》，全名作《輶轩使者绝代语释别国方言》，由于全称太复杂，诸家援引仅取最后二字代之，传为扬雄所作，争议未定。东汉应劭《风俗通义序》云："周秦常以岁八月，遣輶轩之使求异代方言，还奏籍之，藏于秘室。"此即该书及其名称来源之梗概。它是我国第一部专集古代各地方言词汇的辞典，并对各地方言进行了综合比较，分别指出异同，其中包括今之甘肃、陕西、河南、河北、山西、山东、湖南、湖北、安徽、四川、江苏、浙江等地。除集有汉语方言之外，还包括了一些少数民族语言。书中体例分明，先将一些意义相近的词集中一起，用当时的普通话作概括说明，然后再按不同地区的方言逐一进行解释。此书本来是为考察当时各地方言而作，流传至今，却成为研究文字训诂的重要资料。

《释名》是东汉末年的另一种训释词义的专著，它的特点是用谐声音训的方法解释词义。作者认为词来源于语音，语音和语义有内在的联系，语音相近，语义也必相近，故以同声相谐的方法考察诸物的名称。全书共二十七篇，所释名物制度计一千五百零二事。此书一般传说东汉刘熙所作，但据《后汉书·刘珍传》载刘珍撰《释名》，这是历史上未解决的一大公案。

四　今古文学之争对文字学的影响

从考古发掘的资料观察，西汉初期隶书已甚通行，许多古籍，已多为用隶书抄写的文本。后来陆续建立的国家五经十四博士，也只能读识隶书经文，故谓今文博士。当时先秦古文已被废弃，能读识的人很少，通用的全是隶书，也无所谓今文、古文之分。武帝时因鲁恭王扩建宫室，拆除孔子故宅，从墙壁中发现《古文尚书》、《逸礼》、《论语》、《孝经》，皆秦时埋藏的古文旧书，从此出现了今文和古文的分野。由于当时无人能识古文，故藏于秘府，伏而未发。宣帝时，因"《仓颉》多古字，俗师失其读，征国人能正读者，张敞从受之"。敞又献《春秋左传》于朝庭，对当时学者影响很大。后来因成帝闵学残文缺，稍离其真，命刘向陈发旧藏，校理旧文，用以考核学官，发现所传今文有脱简、错乱等许多弊病。向子刘歆是提倡古文学的主帅，哀帝建平、元寿年间，刘歆建议将《古文尚书》、《逸礼》、《春秋左传》立于学官，建立古文经学博士。从此揭开了两汉时代的今古文学之争的序幕。这一争论自西汉末年开始，一直持续到东汉末，前后达二百余年之久。后来因郑玄遍注群经，混淆了两派家法，才使斗争告一段落。

汉代今古文学争论的焦点，并不在用字方面，主要是关于经书的内容和经义的解释。如《诗经》有齐、鲁、韩三家诗和毛诗之分。《尚书》有壁中古文和伏生今文之分。《礼》有《仪礼》、《礼记》和《周礼》之分。《易经》有施、孟、梁丘、京和费氏之分。《春秋》有《公羊》、《穀梁》和《左氏》之分。争论的焦点虽是经书的内容，但因各自来源不同，古文多为壁中书，是用战国文字抄写的文本，今文乃博士们传习，是用隶书抄写的文本，由于二者原来所读之书字体不同，故今古文学之争亦同文字有密切关系。今文学家不承认古文字，他们称秦之隶书为仓颉时书，云父子相传何得改易。古文学家为驳斥其说，激起从事古文字的研究。他们承认汉字由篆变隶的历史发展和字义的引申变化，注意今古文字的比较和训释字义的研究，所以作出的成绩和对古文字学的贡献都比较大，本身的队伍和学派的势力增长得也比较快。今文学家竭力反对古文经学和古文字，他们认为除隶书之外，别无古文，攻击研究古文字是"好奇"。为了取信于人，不得不假托孔子伪造谶纬来压制对方。他们解释文字只根据隶书。如许慎《说文解字叙》云："诸生竞逐说字解经谊，称秦之隶书为仓颉时书，云父子相传何得改易。乃猥曰马头人为长，人持十为斗，虫者屈中也。廷尉说律至以字断法，苛人受钱、苛之字止句也。若此者甚众，皆不合孔氏古文，谬于史籀，俗儒鄙夫玩其所习，蔽所希闻，不见通学，未尝睹字例之条，怪旧艺而善野言，以其所知为秘妙，究洞圣人之微恉。又见《仓颉篇》中'幼子承诏'。因号古帝之所作也，其辞有神仙之术焉，其迷误不谕，岂不悖哉。"在这场争论中，使文字学本身也得到发展，尤其是古文学派大师许慎的《说文解字》问世，为古文字的研究奠定了更巩固的基础。

第四节　三国至隋唐对汉字的研究

一　魏晋时期的字书和辞书

自东汉许慎《说文解字》问世之后，文字学即分为两个系统：一是以研究字义为主的《尔雅》系统，如魏张揖的《广雅》、《古今字诂》等，都是训释字义的辞书。这一系统的著作历代皆有编撰，总计共有"十雅"。另一是《说文解字》系统，如晋代吕忱的《字林》，梁代顾野王的《玉篇》。小学类字书魏晋以来编著很多，仅就隋唐以前的字书来看，类别不下百种。《隋书·经籍志》载小学类有"一百八部，四百四十七卷，通计亡书，合一百三十五部，五百六十九卷"（《尔雅》系统的著作，《隋书·经籍志》不包括在小学类之内）。在一百零八部字书中，除去两汉时期部分著作之外，仅自三国至隋这一阶段，所著字书将近百部，但是，传至今日，仅剩下已经宋代陈彭年等重新修定的顾野王《大广益会玉篇》和周兴嗣的《千字文》二书。《千字文》也是识字课本，价值不甚重要，因它和《急就篇》一样，为历代书法家所临摹，故而得以流传。如将张揖《广雅》计算在内，总共也只保存了三书。由此可见，历史上字书的亡佚是最严重的。关于这一时期所亡佚的字书，清代学者曾有辑本，如马国翰《玉函山房所辑佚书》，计有二十九种，黄奭《逸书考》所辑二十一种，任大椿《小学钩沈》辑二十八种，顾震福《小学钩沈续篇》辑二十九种，四家所辑除同存异，总计共四十六种，约当所佚全部字书的一半。在所亡佚的字书中，最可惋惜的是吕忱的《字林》。

《字林》承《说文》而作，并补《说文》之阙。《魏书·江式传》云："延昌三年三月，式上表曰：'晋世义阳王典祠令任城吕忱表上《字林》六卷。寻其况趣，附托许慎《说文》，而按偶章句，隐别古籀奇惑之字，文得正隶不差篆意也。"唐封演《闻见录》云："晋有吕忱，更按群典，搜求异字，复撰《字林》七卷，亦五百四十部，凡一万二千八百二十四字，诸部皆依《说文》，《说文》所无者，皆吕忱所益。"关于该书卷数，各家说法不同。如唐张怀瓘《书断》，陈振孙《直斋书录解题》，马端临《文献通考》、《宋史·艺文志》，均作五篇或五卷，《魏书·江式传》谓六卷，《隋书·经籍志》、《新唐书·艺文志》、《册府元龟》、《玉海》、《通志》等，皆作七卷，《旧唐书·经籍志》作十卷，以七卷之说较准。从上述诸家目录记载情况看，该书可能亡于宋代以后。现有清任大椿辑《字林考逸》八卷，凡一千五百余字，陶方琦辑《字林考逸补本》一卷，约二百余字，两书合辑约当原书字数的百分之十五。

自《说文解字》之后，现存古代字书，即梁顾野王的《玉篇》。唐封演《闻见录》云："梁朝顾野王撰《玉篇》三十卷，凡一万六千九百一十七字。"清《四库全书总目提要》云："重修《玉篇》三十卷，梁大同九年黄山侍郎兼大学博士顾野王撰，唐上元元年富春孙强增加字，宋大中祥符六年陈彭年、吴锐、邱雍等重修。"今本《玉篇》已非顾野王原著，已经宋代重修，并改名为《大广益会玉篇》。今本字数也较旧本多，据刘师培统计为："二万二千七百二十六字"（《中国文字学》），胡朴安以张氏泽存堂本统计"共二万二千五百六十一字"（《中国文字学史》），重修本较原本增多五千余字，当为孙强、陈彭年等所增入。原书注释颇详，遍引群籍佐证，并附有野王案语，重修本皆多删去，仅保留切音和简单注解，故原书面貌已改变。野王旧书日本尚保存一部残本，分散在石山寺、高山寺、东大寺、崇兰馆及佐佐木宗四郎等五处，集中一起计有原书的第九卷由言至幸共二十三部,第十八卷之后部分由放至方共十二部,第十九卷水部之中间部分,第二十七卷由系至索共七部,共计四卷四十三部,各卷皆有残缺。每字注文都很详细,内有野王案语。残卷虽非同时抄写,皆为野王原帙无疑。清末黎庶昌出使日本,将其影刊归国。收在《古逸丛书》中,题为《影旧抄卷子原本玉篇零卷》。

魏张揖的《广雅》,是继《尔雅》和《小尔雅》以后的一部训释字义的专著。张揖,史书无传,关于他的生前事迹知道的很少。《魏书·江式传》载江式上表云:"魏初博士清河张揖著《埤仓》、《广雅》、《古今字诂》。"颜师古《汉书叙例》曰:"张揖字稚让,清河人,一云河间人,太和中为博士。"《广雅》为续《尔雅》之作,体例亦仿照《尔雅》,唯书中收字多为《尔雅》所未备。张揖在《上广雅表》中说:"夫《尔雅》之为书也,文约而义固;其陈道也,精研而无误,真七经之检度,学问之阶路,儒林之楷素也。若其包罗天地,纲纪人事,权揆制度,发百家之训诂,未能悉备也。臣揖体质蒙蔽,学浅词顽,言无足取,窃以所识,择撢群义,文同义异,音转失读,庶物易名,不在《尔雅》者,详录品核,以著于篇。"清代钱曾《读书敏求记》云:"张揖采仓雅遗文,不在《尔雅》者为书,名曰《广雅》。"所谓《广雅》即广《尔雅》,实际是续《尔雅》。

隋代曹宪著《博雅音》,专为《广雅》作音释,因避隋炀帝讳,故改广为博。清代治《广雅》者有钱大昭、卢文弨、王念孙三家,卢氏书未成,钱氏著《广雅义疏》二十卷,桂馥曾叹其精审谓当同邵晋涵《尔雅正义》并传,但此书印数甚少,颇不易见。王氏旁考群籍校订曹本,从中删衍补脱写成《广雅疏证》十卷。该书本来取材极博,颇为历代学者所遵从,王念孙又利用文字之形、音、义三方面资料为其广征博引,一一取证,从而更加提高了它的价值。

二 纠正流俗刊正字体的措施

汉字自秦篆发展到隶书,字体虽已定形,但是,社会上流传的俗体误字长期不能杜绝,今从汉魏碑刻、六朝墓志中到处可见,其数不遑悉举。因此自东汉末年以来,就有人提倡刊正经文字体的工作。东汉灵帝熹平四年(175)由蔡邕等人建议,在太学建立石经,供全国学者据以刊校所录的经文,用以刊正天下经书文字,此即我国最早立的石经,谓为"熹平石经"。此后,魏时曹芳正始二年(241)又建立《尚书》、《春秋》、《左传》(未刊全)三部石经,皆用古文、秦篆和隶书三种字体书写,故称"三体石经"。其中古文与《说文》、《汗简》所收,大致相仿。当时是为刊正经书文字而立,供学者校正经文和字体,今天却成为研究先秦古文字的重要参考资料。可惜这两处石经均已毁坏,现在仅剩一些残石。魏石经曾在洛阳汉魏古城南侧之龙虎滩一带,出土一些残块,合计约有二千五百余字。

隋唐时代虽然对文字形、义方面的研究无甚大建树,但是,继汉魏之后在刊正字体方面极为重视,做了不少工作。唐太宗贞观七年(623),太宗颁布颜师古的"五经定本",作为学者读经的依据。颜师古在勘校五经同时,将异体误字录出,撰著《字样》一书,欲以矫正当时所流行的各种讹谬形体。师古《字样》不传。唐代宗大历九年(774)由颜师古的侄孙颜元孙撰成《干禄字书》,他把当时通行的楷书分为俗、通、正三类,他说:"所谓俗者,例皆浅近,唯籍帐文案券契药方,非涉雅言,用亦无爽。倘能改革,善不可加。所谓通者,相承久远,可以施表奏笺启尺牍判状,固免诋诃。所谓正者,并有凭据,可以施著述文章对策碑碣,将为允当。"后来他的侄子书法家颜真卿将其书写刻石，这是目前所见较有成绩的一部刊正字体的著作。继此书之后，有张参的《五经文字》，唐玄度的《九经字样》等，都是当时专为纠正字体而著的专书。唐文宗开成年间（836—840），又用正楷勒刻石经，确定为全国举子应试的字形标准。汉字经过唐代不断地纠谬正体，字体得到进一步规范和定形，尤其是在印刷术普遍应用之后，别体误字逐渐减少。

三　唐代的"字原学"

汉字的形体很多，而且非常复杂，但是，它们却都是由一定数量的偏旁符号所组成的。因之过去有人以为《说文解字》的五百四十部首，即构成汉字的主要偏旁，自唐代开始，有不少人根据《说文》部首来研究汉字字原。据《崇文总目》记载：唐李腾撰《说文字原》一卷，此书早佚。后来林罕撰《字原偏旁小说》三卷，据其自序云："篆文取李阳冰，隶书取开元文字，于偏傍五百四十一字，随字训释，使学者简而易从。"由于此书缺点甚多，宋释梦瑛撰有《偏旁字原》以矫正林书。元时周伯琦亦撰有《说文字原》。可见自唐代以来，有些学者对《说文》部首作过一番研究，可是从总的情况来看，成绩不大，正如晁公武《读书后志》对林罕《字原偏旁小说》之评语："有刻石在成都，公武尝从数友观之，其解字殊可骇笑者。"入清以后仍有人从事这方面的研究，像蒋和的《说文字原集注》、《说文字原表》以及吴照的《说文字原考略》等，虽较前人有所进步，但终无甚大成就，自清乾嘉以后，即再无人过问了。考察其失败的原因，主要是把《说文》部首与汉字字原混为一谈，没有把二者的性质搞清楚。《说文》部首与汉字字原二者性质完全不同，所谓"字原"，是指构成汉字形体最基本的偏旁，主要是一些独体象形字和少数复体会意字；《说文》部首则主要是为归字而建，内容非常复杂，在五百四十部中臃肿庞杂，互相重叠之处很多，而且《说文》部首是经秦李斯等人整理过的秦篆，同早期字体已有很大距离，有些字体原形已失，东汉许慎已不了解它的原始结构，误解之处很多。因之从部首中研究字原，必须严加分析和选择，更主要的是应从古文字的资料中研究确定。但是，自唐代以来，不加分析地把五百四十部首一律视为字原，所以走向失败。

四　汲冢竹书及石鼓文的发现

在这一时期内，有两项重要古文字资料出土，一是汲冢竹书，另一是凤翔石鼓。

汲冢竹书是晋武帝咸宁五年（279），汲郡（今河南省汲县）战国魏襄王墓中出土的一批古文竹简，据《晋书·束皙传》云："汲郡人不准盗魏襄王墓，或言安厘王冢，得竹书数十车，……大凡七十五篇，七篇简书折坏，不识名题，漆书皆科斗文。初发冢者，烧策照取宝物，及官收之，多烬断札，文既残缺，不复诠次。武帝以其书付秘书校缀次第，寻考指归，而以今文写之。"在这批简书中，曾整理出《竹书纪年》、《穆天子传》等重要古籍，不过现在仅有《穆天子传》一书独传，其它竹书均已亡佚。

凤翔石鼓是唐代初年在陕西天兴县（今称凤翔）南二十里许发现的，当时称为"猎碣"，因石形似鼓，韦应物、韩愈作《石鼓歌》，于是又以"石鼓文"著称。《古文苑》于石鼓文后所录宋王厚之跋辞云："其初散在陈仓野中，韩吏部为博士时，请于祭酒，欲以数橐驰舆致于太学，不从。郑余庆始迁之凤翔孔子庙，经五代之乱又复散失。本朝司马池知凤翔，复辇至于府学之庑下，而亡其一。皇祐四年向传师搜访而足之，大观归于京师（河南开封），诏以金填其文以示贵重，且绝摹拓之患。初置之辟雍，后移入于保和殿，靖康之末，保和珍异北去。"宋室南渡之后，金人将其迁到燕京，历元、明、清三朝皆在北京置于太学，直至七七事变之前，犹存于故国子监。抗战期间，辗转上海、四川等地，胜利后，复归北京，现由故宫博物院收藏。

石鼓共十个，其中《作原》一石亡于五代，宋皇祐间由向传师搜得时，已改成石臼，字多磨损，每行仅存四字，四字以上皆亡。关于石鼓文的时代，过去有周、秦、西魏宇文泰三种说法。1931年，马衡著《石鼓为秦刻石考》，谓"石鼓"命名不确，当为"秦之刻石"，并主宋人巩丰以献公之前、襄公之后的说法为确。石鼓文为秦之刻石，至今已无异议，但究属何代秦公所做，说法很多，尚未取得一致意见。

石鼓字多磨损，宋拓尤为罕见。明嘉靖间锡山安国收藏三种北宋拓本，乃稀世之宝，安氏亲作篆跋，并命名为《先锋本》、《中权本》和《后劲本》。抗战前夕，不知由何人转售日本，归三井洋行老板收藏，视为天壤瑰宝，秘不示人。1936年郭沫若旅日期间，从河井山郎处得见安国石鼓文拓本照片。郭氏在《石鼓文研究》之《重印弁言》中说："河井的照片我把它复制了，根据这样难得的资料，我对旧作《石鼓文研究》进行了一番的修改和补充。整理完毕之后，我把全部资料邮寄上海沈尹默氏，请他设法印行。"石鼓文是春秋时代秦国的遗物，久经风化，现已保存字数很少，有的已一字不存。现在日本将其所藏安国三拓影印出版，能使我们看到一千年前的宋代拓本，也算是一件非常之幸事。

第五节 两宋时期对汉字研究的贡献

一 二徐对许慎《说文解字》的复原

许慎的《说文解字》经唐代李阳冰篆改后，许书原本已名存实亡，当时流传皆为李氏《说文》。南唐徐锴据旧本撰《说文系传》，并斥李书之妄谬，从而恢复了许书旧貌。宋太宗雍熙三年，徐锴兄徐铉奉诏同当时学者葛湍、王惟恭等重新校订《说文解字》。经过整理和审定后的《说文解字》，除增补原许书未收入的四百二十一个"新附字"外，又于每字下均注唐孙愐切音，并对许书原解逐一加以注释，释前标以"臣铉曰"，或"臣铉等曰"以示与许说区分。世称徐铉《说文解字》为大徐本，徐锴《说文系传》为小徐本。二徐本皆将许慎原书之十五卷，每卷析为上下，共分作三十卷。许慎的《说文解字》原来面目如何？现已无法知道，今传许书以二徐本为最古。唐李阳冰二十卷本自二徐本行世遂而不传，现在只有宋米友仁鉴定的唐写本《说文解字》木部残卷，收于丁福保《说文解字诂林》中。

徐锴既撰《说文系传》，殊觉《说文》目次庞杂，检字极难，因编《说文韵谱》以备检字，原为阅读《说文系传》之辅助工具。后来李焘将其扩充，著成《说文解字五音韵谱》三十卷，尽改许书原来编次和体系，将"起一终亥"五百四十部首，改作"起东终甲"，《说文》旧第又经一次变动。此书虽无李阳冰大肆篆改内容，但也无发凡创见，故价值不高。

二　金石学的兴起

宋代在文字学方面的最大贡献，是开始创立对古代石刻和商周时代铜器铭文的搜集、著录和研究。

唐初发现了石鼓文，并未引起足够的重视，仍任其散置荒野，宋时才将其从凤翔迁到京师，初置于辟雍，后移到太和殿。据《广川书跋》云：北宋元丰年间，有《诅楚文》出土，先后共得三石，"初得大沈湫文于朝，又得巫咸文于渭，最后得亚驼文于洛。"原石已佚，今仅存元周伯琦吴刊宋拓为最古。

《史记·秦始皇本纪》载始皇二十八年开始东巡，"与鲁诸儒生议刻石颂秦德，议封禅，望祭山川之事。"立刻石凡六处；即峄山刻石，泰山刻石，琅邪刻石，以及碣石、会稽各一石，之罘二石，计七石。宋代以前对此从来无人过问，宋初徐铉开始摹写《峄山刻石》（见宋郑文宝刻本）和《会稽刻石》（见元申屠駉刻本），始开集存古代石刻文字之端。

关于商周时代青铜礼器之出土，并不开始于宋，早在汉代即屡有发现。如汉武帝时，山西汾阳出土一件铜鼎，当时并不从学术方面考虑，而将其视为天赐祥瑞的征兆，故而改称年号为"元鼎"。正由于此，因而有人便乘机欺世惑众，炫耀其神。如《汉书·郊祀志》所载："少君见上，上有故铜器问少君。少君曰：此器齐桓公十年陈于柏寝。已而按其刻，果齐桓公器，一宫尽骇，以为少君神，数百岁人也。"汉距先秦时代本不太久，而对古代文物已无所知。宋时因盗掘古冢日甚，上古旧邑不断有商周铜器出土，有些器物附有长篇铭文，从而引起学术界的重视。于是有人注意搜集、著录和研究，并逐渐成为一专门学科。南宋翟耆年著《籀史》二卷（下卷亡佚），载两宋时期有关金石文字著作计有三十四种之多，但是，现存不足三分之一。王国维在《宋代金文著录表序》中将现存著作归纳为三种类型。他说："与叔之图，宣和之录，即图其形，复摹其款，此一类也；啸堂集古，薛氏法帖，但以录文为主，不图原器之形，此二类也；欧阳金石之录，才甫古器之评，长睿东观之论，彦远广川之跋，虽无关图谱，而颇为名目，此三类也。"依照王氏的分析，第一类属于图录性的著作，即绘有器物图形并附摹刻铭文，所谓"与叔之图"，是指元祐七年（公元1092年）吕大临的《考古图》，此书共十卷，收录铜器二百十一件，玉器十三件，其中除秘阁、太常、官府所藏之外，并集三十七家私人所藏。此书先按时代分出三代和秦汉，然后按器分列，每器先绘图形，次摹铭款，并说明器形大小和容量，以及出土地点，收藏人家，最后附以考证。

北宋时期共有两部《考古图》，在吕大临之前李伯时（公麟）著有《考古图》五卷，此书已佚，内容不可知。目前所见著录铜器铭文之书，以吕氏《考古图》为最早，并为这一类著作开创了较为完备的体例。南宋初年有《续考古图》五卷，作者失名，体例全效吕书，共收录二十七家藏器一百件，其中除铜器外，尚有玉器三件，瓦当四件。

《宣和博古图录》是宋徽宗敕撰，由王黼主编，书成于宣和晚年（1120—1125之间）。此书是在黄伯思《博古图说》基础上增补而成的。《博古图说》共十一卷，著录铜器分五十九品，五百二十七器；印章十七品，二百四十五件。黄书已亡，《宣和博古图录》在其基础上将铜器由五百二十七器增补为八百三十九器，合成三十卷，并删去印章部分，成为宋代专门辑录铜器的最大著作。

第二类是专门考释铭文的书籍，绍兴十四年（1144）薛尚功撰《历代钟鼎彝器款识法帖》二十卷，集录商周秦汉铜器铭文五百零四篇，另有石鼓、石磬、玺印等十四件。此书以研究铭文为主，除了摹写原铭以外，并附有释文和考证。王俅《啸堂集古录》二卷，乃属同类著作，收录铭文三百四十五篇，其中有铜器铭文二百七十五篇，其它为秦权、汉印等。另有王厚之《钟鼎款识》一书，收录商周及汉晋铜器铭文六十篇，参照《博古图》、《薛氏法帖》、赵明诚《古器物铭》等写定释文。内有毕良史笺识十五篇为原器拓片，其它皆为翻刻。此书宋时并未刊印成书，稿本为清阮元所得，于嘉庆七年才正式刊印。

第三类是专论和跋语，王国维所谓"欧阳金石之录"，指欧阳修《集古录跋语》十卷，收集金石拓本一千件，其中有四百余件写了跋尾，又令其子欧阳棐编成《集古录目》五卷单行。欧阳修在自序中云："上自周穆王以来，下更秦汉隋唐五代，外至四海五州，名山大泽，穷崖绝谷，荒林破冢，神山鬼物，诡怪所传莫不皆有，以为《集古录》。"赵明诚的《金石录》收金石拓本二千件，所作跋尾五百二十篇，编成目录十卷，跋尾二十卷，共三十卷，亦为当时颇有影响的巨著。这一类书金石并收，一般是先将铭文拓片装成卷轴，写成跋尾附于其后，积累成多，遂编成目录，集录题跋，装订成书。如王国维所举张抡的《绍兴内府古器评》，黄伯思的《东观余论》，董逌的《广川书跋》等，皆如是。

最早的金文字典是吕大临撰集的《考古图释文》，它以《广韵》四声编字，共收八百二十余字，每字各举二三种多至十几种形体。虽说释字不精，却为后来编撰金文字书，奠定了基础。

宋代对铜器铭文的研究，乃是新创立的学科，筚路褴褛实所难得；但也应看到存在的问题：如文字描摹失真，释文不够精当，断代不甚准确，以及名实相违牵强附会等，应引为教训。

三 "六艺文字"的搜集和著录

当时除注意商周彝铭之外，另有人专门辑录"六艺文字"，所谓"六艺文字"，实际上是指当时所见一些经传古籍中摘取出来的古体汉字。如郭忠恕《汗简》，是最初收集这种文字的专著。他根据《古文尚书》、《古周易》、《古周礼》、《古春秋》、《古月令》、《古孝经》、《古论语》、《古乐章》、《古毛诗》、《石经》、《古尔雅》、《说文》以及《卫宏说字》、《张揖集古文》、《林罕集字》、《碧落碑》、《天台碑》等七十一种古籍和石刻集成此书。按目录中所谓《古周易》、《古周礼》者，并非确有其书，乃从旁所引或由今本摘录。正如郑珍在《汗简书目笺正》中所说：《古周易》"采《说文》注称易孟氏古文与今文异者，釁、皷、壼、忼、杭五字，非当时别有古文"。《古周礼》"采今本中䚩、羙、灋、觶四字，并非古本。《周礼》奇字多矣，所录止此，郭氏随意去取，于斯可见"。由于此书所收古字，皆辗转抄录而来，有些写作隶古定体，因之过去对该书所收字形多抱怀疑。钱大昕曾谓："郭忠恕《汗简》，谈古者奉为金科玉律，以予观之，其灼然可信者，多出于《说文》，或取《说文》通用字，而郭氏不推其本，反引它书以实之，其它偏旁不合《说文》者，愚固未敢深信也。"自魏《三体石经》残石出土之后，其中有些字形与《汗简》互应，说明书中所收之字，似有一定来源，并非全无根据，从而使该书价值有所提高。尤其是近些年来，战国文字资料不断出土，有些文字同《汗简》所收形体相似，又为此书提供了很好的检验证据。《汗简》的多数字体是可以信任的。钱氏所评，今天看来未必公允。但是，不能因此忽略该书存在的问题。例如有些字是从古籍中辗转抄录而来，其中夹杂不少错字，像丞字本写作"⿱"（追丞卣），或"⿱"（令瓜君壶），《汗简》误写作"㣇"；君字本写作"㕁"（史颂殷），或"㕁"（鄘侯殷），《汗简》误写成"㣇"；诸如此类，错字很多。误识的字也很多，如"㵿"字从水癸声，当为溪，而误识为洪；"㤀"字从心既声，当为慨，而误识为爱；"㝮"字从宀从睘，当为寰，而误识为县，这种误释可能与所引原书用法有关。仅从以上数例，足以说明此书确实存在不少问题，要使这部难得的资料发挥应有的作用，需要根据现已掌握的文字资料，对其所收之字，逐一加以辨证说明，进行系统的整理。

继郭氏《汗简》之后，夏竦撰《古文四声韵》五卷，两书性质相同，皆由古籍和石刻中所辑录之先秦古文，著成专集。唯彼此编次各异，《汗简》仿《说文》按部首分卷，《古文四声韵》以《唐韵》分四声，按韵归字。从《古文四声韵》所标引书目来看，计九十八种，比《汗简》多出二十七种，但所引书名多已无从考察，从其目录分析，同书异名而复出者不少。如《庾俨集》与《庾俨字书》，《演说文》与《庾俨演说文》，《石经》与《蔡邕石经》，《滕公墓铭》与《石椁文》，《云台碑》、《叶岳碑》与《三方碑》，等等，皆属异名复出之例。全祖望跋云："予观是书，所引遗书编八（当作九）十八家，以校郭氏《汗简》未尝多一种，其实即取《汗简》而分韵录之，无他长长也。"全氏之言虽非确论，但此书标目之零乱，内容之纰谬，颇为明显。《四库全书总目提要》论之甚详，兹不逐录。总之，《古文四声韵》同《汗简》相似，自成书以来已有千年历史，皆应利用现有资料加以勘定和整理。

四　隶书资料的搜集和整理

自秦汉以来，隶书的使用日益广泛，不仅经传古籍用其抄写，镂刻碑碣亦多用隶书。隶书虽从秦篆演变而来，但字体亦有异形，宋人洪适以当时所见汉代碑碣文字，搜集摹刻成书，先后著成《隶释》、《隶续》、《隶纂》、《隶韵》四书，今《隶纂》已佚，《隶韵》也已残缺，只有《隶释》、《隶续》尚存，是研究隶书的重要资料。汉代碑文别体字和假借字甚多，为阅读碑文造成很大困难。洪氏所录碑文，凡是难识之字和难解之义，皆一一对勘取证，据典说明。继洪氏之后，有娄机的《汉隶字原》和无名氏的《汉隶分韵》流传至今。

五　"六书"的研究

如前所述，唐代李阳冰擅改《说文》，脱离六书，全凭臆测，在文字理论方面造成极大混乱。宋代王安石在政治上变法失败后，退居而研究文字，著有《字说》二十四卷，不顾前人的研究成果，随意穿凿，创造许多莫名其妙的说解。此书虽废，但可从当时人之笔记中略窥一二。如对伶字之解释："伶，非能自乐也，非能与众乐乐也，为人所令而已。"对役字的解释："戍则操戈，役则执殳，余谓役不必从彳，止合作伇字"（均见袁文《瓮牖间评》）。再如："同田为富"，"分贝为贫"（见叶大庆《考古质疑》），等等。牵强附会之处，比比皆是，所以，此书虽风行一时，终被淘汰。

鉴于李阳冰、王安石先后失败的教训，于是有些学者提倡六书理论的研究。如郑樵先后写了《象类书》、《六书证篇》和《六书略》，前二书均已亡佚，他的基本论点都记载在《六书略》中。他分象形为"正生"、"侧生"、"兼生"三种，计十八类。正生之类分为天地之形，山川之形，井邑之形，艹木之形，人物之形，鸟兽之形，虫鱼之形，鬼物之形，器用之形，服饰之形。侧生之类分为象貌、象数、象位、象气、象声、象属。兼生之类分为形兼声、形兼意。他还说："象形，指事文也，会意字也。文合而成字，文有子母，母主义，子主声，一子一母为谐声。谐声者一体主义，一体主声。二母合为会意，会意者二体俱主义。合而成字也，其别有二，有同母之合，有异母之合，其主义则一也。"郑樵对六书理论作如此之阐述和发挥，在当时影响很大。后来又有张有的《复古篇》，以及元代杨桓的《六书统》，戴侗的《六书故》，周伯琦的《六书证讹》等。六书理论是秦汉学者演绎出来的，许慎的解释又过于简单，有的彼此之间的界限不很清楚，宋元学者根据六书分类，琐屑拘泥，不可能归纳出科学的条理。但是，他们的工作并非徒劳，而是很有意义的。它不仅引导大家从理论上研究汉字的形体结构，防止抛弃理论，任凭揣度臆测的弊病；而且通过分析讨论，充实和提高了六书本身的内容，尤其是对后来有关文字学理论的发展，起了很大的作用。

六　宋代编撰的字书

继《字林》、《玉篇》之后，宋代编的《类篇》同属一个系统的巨型字书。《类篇》旧题司马光撰，书中也确有司马光的按语，而实际是由王洙、胡宿、掌禹锡、张次立、范镇等人相继负责修纂，书成而呈进于司马光，非司马光所撰。全书仿照《说文》分作十四篇，及目录一篇计十五篇，每篇又分上中下，合为四十五篇。全书共收三万一千三百一十九字，较《玉篇》增多八千七百五十八字。每字先用反切注音，然后解释字义，遇同字异体或异音者，皆附加说明。《类篇》继《玉篇》之后，也是历史上颇有影响的一部字书。

从历代所编字书收字情况来看，随着时代的发展，汉字字数不断增多，其原因有二：一是由于社会经济和文化发展，语言词汇增多，因而增添了许多新字；二是社会上使用文字的范围扩大，书写文字的人多了，别体、异形字的数量也会增多，尤其是在印刷术尚未普遍应用，制书靠抄写的情况下，必然如此。尽管唐代颜师古、颜元孙等竭力提倡写正体字，但颜元孙的《干禄字书》仍不得不把社会上流行的各种字形分别列为"正体"、"通体"和"俗体"三种处理。凡是《说文》、《字林》、《玉篇》所收的则视为"正体"；古代字书虽然未收，但相沿已久，并常用于公文尺牍者视为"通体"；后起常用者为俗体。类似这种性质的字书，宋代郭忠恕撰有《佩觿》三卷，李从周撰有《字通》一卷。这一类的字书，内容编次不大一致，各收别体异形字的范围、数量也不相同，尤其是辽僧行均所撰《龙龛手鉴》，取材除经传文籍之外，更主要的是藏典佛经。钱大昕谓该书"注中所引，有旧藏、新藏、随文、随函、江西随函、西川随函诸名，又引应法师音、郭迻音（或作郭氏）、琳法师说，予考之宋艺文志，有可洪藏经音义随函三十卷，未知其为江西与西川也？僧元应有一切经音义十五卷，其即应法师呼？"[①] 案《龙龛手鉴》注引诸书，有些今已亡佚。宿白先生见告：《江西随函》即江西谦大德经音。《西川随函》即西川厚大师经音。《郭迻音》，迻当作迻，即唐河东博士，太原人郭迻著《新定一切经类音》八卷。这些著作至今皆亡，但从注引书籍足证《龙龛手鉴》是一部阅读佛经时使用检察别体字的重要工具书。

---

① 钱大昕：《十驾斋养新录》卷十三。

七　宋代的辞书

宋代，继《尔雅》、《广雅》的体例，专门研究词义的著作，有陆佃撰《埤雅》和罗愿撰《尔雅翼》二书，它们都是专门解释古今各种动物和植物方面词汇的辞典。例如陆佃的《埤雅》共二十卷，其中有《释鱼》二卷，《释兽》三卷，《释鸟》四卷，《释虫》二卷，《释马》一卷，《释木》二卷，《释草》四卷，《释天》二卷。今本目次之后，注有"后阙"二字，说明该书是一部未完结的著作。书中对各种动植物的形状、特点、性能等，都作了详细的解释，除引古籍予以取证之外，并有经实地调查的说明。陆佃是王安石的弟子，书中常引王氏《字说》以为佐证，故不免穿凿。罗愿的《尔雅翼》共三十二卷，寻名思义，说明此书也是为补充《尔雅》而作。全书分《释草》八卷，《释木》四卷，《释鸟》五卷，《释兽》六卷，《释虫》四卷，《释鱼》五卷。从目录来看，此书与《埤雅》一样，同是以训释动植物的辞典。罗愿的《尔雅翼》是一部价值很高的古代研究动植物名称的辞典，《四库全书总目提要》谓："其书考据精博，而体例谨严，在陆佃《埤雅》之上。"

八　宋代的韵书

文字本身包括形、音、义三个方面。关于字形和字义的研究，早在汉代或汉代以前即有专著，但字音的研究却出现的很晚，直到魏晋才产生研究音韵的著作。汉字最初注音采用"直音"法，像许慎的《说文解字》："昕，读若希。""祘，读若算。"郭璞注《尔雅》："訏音于"，"诞音但"，都属于这种方法。直音法有很大局限，一是有时找不到完全相同的同音字，二是有时注音字也很生僻，用生僻字注音等于不注。大致在东汉末年，可能受梵语的启示，开始出现了"反切法"。每个汉字的读音，都是由声和韵相拼而成，古代没有拼音字母，就利用两个现成的汉字担任，上字取其声母，下字取其韵母，声母与韵母相拼，即得出被切字的读音。反切，实际的意思是指拼音，后来因唐代忌讳用"反"字，故单称"切"，或谓"切音"。自有反切之后，才开始有韵书，如《隋书·经籍志》载有李登《声类》和吕静《韵集》等著作。魏晋时代有关声韵方面的书籍均已失传，现在所能看到最早的韵书，即法国巴黎国民图书馆藏敦煌发现的公元601年隋代陆法言撰唐写本《切韵》残卷，再有就是公元751年唐代孙愐刊定的《唐韵》，也是一个残本。只有公元1008年宋真宗时由陈彭年等奉诏重修的《广韵》和公元1067年宋英宗时由丁度、宋祁等相继修成的《集韵》，至今仍保存完好。

《广韵》共五卷，分平上去入四声，平声因字数较多，分为上下二卷，其它三声各为一卷。平声分五十七韵，上声分五十五韵，去声分六十韵，入声分三十四韵，共二百零六韵。今传《广韵》有详本和略本两种，注详者有张氏泽存堂本，注略者有明内府本和顾亭林重刊本，曹楝亭刻本前四卷注详，第五卷注略。详本收二万六千一百九十四字，略本收二万五千九百零二字，较详本少二百九十二字。《广韵》是在隋陆法言《切韵》的基础上撰修而成。丁度于《集韵韵例》中云："近世小学浸废，六书亡缺，临文用字不给所求。隋陆法言，唐李舟、孙愐各加裒撰，以裨其阙。先帝时令陈彭年、邱雍因法言韵，就为刊益。"最初不仅书从陆氏，名亦相同。王应麟《玉海》卷四十五载："景德四年十一月，戊寅，崇文院校定《切韵》五卷，依《九经》例颁行，祥符元年六月五日改为《大宋重修广韵》。"

《广韵》的价值，主要在于它的内容基本上保存了陆法言《切韵》之旧，彼此共同之处很多，不仅部目多承陆书，反切用字也多相一致。据今巴黎国民图书馆所藏唐写本《切韵》残卷考察，共存三种：第一种存上声海至铣十一韵，四十五行，复有断烂；计有全行十九，不全行二十六。第二种存卷首至九鱼，凡九韵；前有陆法言、长孙讷言二序，陆序前有"伯加千一字"，长孙序有"又加六百字，用补阙遗"等语。第三种存平声上下二卷，上声一卷，入声一卷，而平声首缺东冬二韵，入声末缺二十八铎以下五韵，中间复稍有缺遗。据此三部残卷分析，虽然不能确定此即陆氏原本，而却是今天所能见到的最早的版本，其中韵部分合和目次先后皆与《广韵》大同小异，尤其是两书之反切用字也大多相同。这说明《广韵》成书虽晚至宋代，但它却保存了魏晋到隋唐的语音，因此具有相当重要的价值。《集韵》是根据《广韵》重修的，当时因宋祁等人认为《广韵》太旧，未能革新，故而重修《集韵》。幸而这两部韵书都保存下来。《集韵》则仿《广韵》，唯篇幅较大，扩为十卷，平声四卷，其它三声各二卷，共收五万三千五百二十五字，比《广韵》增多一倍以上。自魏晋以来，经过南北朝、隋唐、五代，一直到宋代，前后约八百余年，在这个历史时期内，民族间的迁徙流动非常频繁，由于各民族间的语言相互影响，促使汉语语音发展和变化。关于这一历史阶段汉语语音的变化情况，全赖这两部韵书作了完整的记录，因此它们是研究中古汉语语音的重要资料。

第六节　元明时期关于汉字的研究

一　元明时期对"六书"的研究

自宋郑樵之后，对"六书"条例的研究形成一个高潮，尤以元明两代著述最多。诸如元代杨桓的《六书统》，戴侗的《六书故》，周伯琦的《六书证讹》，明代赵㧑谦的《六书本义》，魏校的《六书精蕴》，王应电的《同文备考》，杨慎的《六书索隐》，吴元满的《六书正义》和《六书总要》等。撰述的目的，旨在匡正前人误失。他们撇开《说文解字》的系统，完全用六书来研究和归纳汉字。如戴侗《六书故》是以六书的体例编著的字典，书成于元仁宗延祐七年（1320）。全书共三十三卷，分为数目、天文、地理、人物、动物、植物、工事、杂疑九部。前七部分别收与本部有关的字，七部皆不能收的则归杂部，对形体有怀疑的收归疑部。每部中，复按指事、象形、会意、转注、谐声、假借，分别排列，不能确定的则标出"某之疑"。总共分立四百七十九个细目，其中一百八十八个是文，四十五个疑文，二百四十六个是字。文是独体，字是合体。按照他的说法，一切文字均可统摄在二百多个文和疑文的项下。纲领和系统较为完密，确比《说文解字》那种庞杂重叠的部首系统要好得多。戴侗编撰《六书故》的意图，也是要以六书分析字体结构，从而阐释文字的意义。但是，由于立论粗疏，分析研究不够谨严慎重，彼此之间自相矛盾。虽自言纠正前人误失，实际上自行谬误甚于前人，尤以臆造古文攻击《说文》，结果作茧自缚，殊无足观。再如赵宧光的《说文长笺》，是明代所著的一部较大的字书。据《明志》记载：《说文长笺》七卷，《六书长笺》七卷。今两书合刊，其标目分作本部一百卷，述部二十四卷，作部前四十六卷，作部后十六卷，体部十八卷，用部四卷，末部四卷，共二百十二卷，较明志所载卷数为多。此书卷帙繁夥而著述不精，顾炎武在《日知录》中已深斥之："万历末吴中赵凡夫宧光，作《说文长笺》，将自古相传之五经，肆意刊改，好行小慧，以求异于先儒。乃以《青青子衿》为淫奔之诗，而'衿'即'袊'字，如此类者非一……此书乃盛于世，及今不辨，恐他日习非胜是，为后学之害不浅矣。故举其尤剌谬者十余条正之。"可见元明两代对于文字学理论的研究，无所建树，仍然保持宋人的水平。

二　明代的字书

明代值得称述的字书，当为梅膺祚所编的《字汇》，书成于明万历乙卯（1615）。全书以地支分十二集，连同首末计十四卷，共收三万三千一百七十九字。此书编次与传统的方法不同，将《说文》之五百四十个部首简化成二百十四个，部首次序及各部所辖字一律以笔画多少分别先后，纠正了过去部首庞杂，字次无序等缺点，为后来字书编目开创一新体例。自此书行世之后，像《康熙字典》等后撰的字书，所编目次多仿此书。

当时除梅氏《字汇》之外，焦竑的《俗书刊误》十二卷也是一部很有用的书，它虽无深义，却为学者勘正误字的得力参考。再如张自烈撰《正字通》十二卷，此书全承《字汇》之旧，价值亦与《字汇》相等，都是明代盛行的字书。至清吴任臣著有《字汇补》六卷，其义例曰补字、补音义、校讹等，专为补正梅书之失而作。再如徐之靖撰《正字通略记》，胡宗绪撰《正字通芟误》，皆为正《正字通》之误而作。从清人的补正，说明《字汇》与《正字通》问世之后，直到《康熙字典》行世之前，始终是当时颇有影响的字书。

三　明代陈第对上古音韵学的创兴

诗不谐韵，早在南北朝时即已被人察觉，但是，当时读《诗经》的人则以"叶韵"的方法以求和谐。所谓"叶韵"，即将不相谐和的韵脚，改读成接近相谐的音，这种完全靠主观臆测，毫无科学根据的方法，竟使用了若干个世纪。宋代吴棫首先对"叶韵"提出怀疑，著有《韵补》一书。他在书中指出了古人音缓和古韵可以通转等一些很有价值的论点，从而为上古音韵学的开端提出一个很有意义的线索。明代陈第继吴棫之后，把流行很久的"叶韵"之说彻底推翻，他先后著有《毛诗古音考》和《屈宋古音义》两书，明确指出："夫诗，以声教也，取其可歌、可咏、可长言嗟叹，至手足舞蹈而不自知，以感辣其兴观群怨，事父事君之心，且将从容以绅绎夫鸟兽草木之名义，斯其所以为诗也。若其意深长而韵不谐，则文而已矣。故士人篇章必有音节；田野俚曲，亦各谐声；岂以古人之诗而独无韵乎？盖时有古今，地有南北，字有更革，音有转移，亦势所必至。故以今之音读古之作，不免乖刺而不入，于是悉委于叶。"陈第根据客观规律，指出古今语音的发展变化，为上古音韵学的建立和发展开辟了新的途径。

第七节　清代古文字学的建立和发展

一　上古音韵学的建立

形、音、义是文字的三个要素，所以文字学本身也必须包括字形、字音和字义三方面的研究。晋代郭璞注《尔雅》、《方言》，专解字义不谈形音；宋代吴棫《韵补》，明代陈第撰著《毛诗古音考》和《屈宋古音义》，又专攻音韵，不问形义；宋初徐铉、徐锴研究《说文》，目的是以形释义，不言古音。严格地讲，上述三者只是对文字的某一方面的研究，都不能称之为文字学。真正把形、音、义三方面结合起来进行研究，是从清代开始的。段玉裁曾指出："小学有形有音有义，三者互相求，举一可得其二。有古形有今形，有古音有今音，有古义有今义，六者互相求，举一可得其五。"又云：造字"有义而后有音，有音而后有形。学者考字，因形而得其音，因音而得其义。"① 清代学者把文字的形、音、义三个方面联系起来，研究它们的共同发展和相互作用，故所获成绩，远居前人之上。清代学者的治学态度，一般多能作到谨严而守真，并富于创造。仅就古文字学而论，他们除在字形和训诂两个方面有新的贡献之外，更重要的是对上古音韵建立了一个比较完整的科学系统。

自明代陈第《毛诗古音考》、《屈宋古音义》二书问世之后，清初顾炎武在陈第的基础上撰著了《音学五书》，即《音论》、《诗本音》、《易音》、《唐韵正》和《古音表》。《古音表》变更了《唐韵》的次第，并分古音为十部，从而为上古音韵系统的研究奠定了基础。继顾氏之后，江永撰著《古韵标准》一书，分定古韵为十三部。戴震著有《声韵考》和《声类表》两书，《声类表》初分古韵为七类二十部，后来改定为九类二十五部。段玉裁著有《六书音韵表》，附于《说文解字注》书后，分古韵为六类十七部。孔广森著有《诗声类》，分古韵为阳声九部，阴声九部，共十八部。王念孙主张分古韵为二十一部。② 各家分部虽疏密不同，但各有所据。由于当时在上古音韵的研究方面获得很大成绩，因而把古文字学的研究也大大地推向前进；利用文字学的成果，同时开展经学和史学的研究，以及对于古籍的勘校与整理，因此使清代古文字学的成绩，超过以往任何时期，而且为后世的研究工作创造了方便的条件。

二 对《说文解字》研究的重要成就

继宋代二徐之后，研究许慎《说文解字》的专著很多，清代研究成绩最佳者，当推段玉裁的《说文解字注》，桂馥的《说文义证》，王筠的《说文释例》和《说文句读》，朱骏声的《说文通训定声》。段桂王朱四家虽同攻《说文》，但成绩各有所得。段氏《说文注》在校订文字，阐释许慎解字方面，多有发明。桂氏《义证》重在博辑群籍佐证字义，其中多有创见。王氏《释例》赖六书分析字体结构，并以字体实例阐释六书。《句读》重在解说文字形义，纠正许书误释。朱氏《定声》主要是通过形音训释字义，博举群书阐释通假正别。在此四家之中，尤以段、朱两家著作更为重要，不仅为专攻文字学者必读，而且是阅读先秦两汉古籍必不可少的参考书。

《说文解字》是我国最早的字书，通过历代学者的研究，使它自身的价值和学术地位愈来愈重要。清代学者段玉裁、桂馥、王筠、朱骏声四家的研究，可以说是对过去关于《说文解字》研究的总结。《说文解字》所收的文字主要是秦篆，早于秦篆的古文和籀文为数很少。秦篆是经过秦朝李斯等人整理的字体，距早期汉字已有很大的距离，因而许慎解释字体，并非全有根据，其中误解之处很多。例如：龍字，谓"从肉、䇂肉飞之形，童省声。"段注："䇂

---

① 段玉裁：《广雅疏证序》。
② 王引之：《经义述闻》卷三十一载王念孙给李方伯的信。

肉二字依《韵会》补，无此则文理不完。《六书故》所见唐本作'从肉、从飞、及、童省'。按从飞谓㠯，飞省也，从及谓气反，古文及也，此篆从飞，故下文受之以飞部。"其实，无论许说或段注皆不确，龍字在商代甲骨文和西周金文中，皆为象形字，秦篆将其一分作二，许氏误识为形声字，遂而引出从肉、从飞，又谓从童省声等毫无相干的牵强之词。《说文》类似的例子不少，因而研究字形体结构，单据许慎解说，还很不够，应当利用地下出土的文字资料，具体研究每个汉字的发展变化，用新的成果补充《说文》之不足处，以纠正许氏的误释，唯此才是研究《说文解字》的新途径。过去吴大澂根据铜器铭文和陶玺文字资料，补充《说文》作《说文古籀补》，丁佛言仿照吴书又作《说文古籀补补》，后来强运开又作《说文古籀三补》。这种工作虽给学者提供了一些方便，并非研究《说文解字》的好方法，深入研究有待进一步工作。

三　清代金石学的发展

清代乾嘉时期，关于金石学的研究形成一个新的高潮。各地出土的商周铜器，数量超过宋代，对铭文的训释，更加谨严详实。当时有许多学者将这些铭文视为重要的史料。他们研究的目的也更明确，即以古代彝铭"证经辨史"。例如孙星衍在《答袁简斋前辈书》中曾说："经文生于文字，文字本于六书，六书当求之篆籀古文，始知《仓颉》、《尔雅》之本质，于是博稽钟鼎款识及汉人小学之书，而九经三史之疑，可得而解。"[①] 清代学者不仅已经充分认识到古代金石文字的史料价值，并且已经尽一切可能进行搜集、著录和研究。在古文字学得到进一步发展的情况下，关于金石学的研究远居前人之上。

清自乾隆开始将内府收藏的古代铜器陆续印成《西清古鉴》、《宁寿鉴古》、《西清续鉴甲编》、《西清续鉴乙编》等四部巨著，随后私家藏器也皆刊印成书。这一时期所辑铜器铭文的书籍，主要有两类：一是仿照宋代《考古图》的体例，以记录铜器图形为主，并附以铭文和考释。上述官府所撰"四鉴"，皆属此类。属于这一类型的私人著作，有嘉庆六年钱坫撰《十六长乐堂古器款识考》四卷，道光十九年曹载奎撰《怀米山房吉金图》一卷，同治十一年吴云撰《两罍轩彝器图释》十二卷，同年潘祖荫撰《攀古楼彝器款识》二卷，光绪十一年吴大澂撰《恒轩所见所藏吉金录》一卷，光绪三十四年端方撰《陶斋吉金录》八卷，宣统元年又撰《陶斋吉金续录》二卷等，皆图文并举，即后来图录性的著作。二是摹仿宋薛尚功《法帖》的体例，只录铭文，不绘器形，专以考释彝铭为主。如嘉庆九年阮元撰《积古斋钟鼎彝器款识》，道光十八年刘喜海撰《清爱堂家藏钟鼎彝器款识法帖》一卷，二十年吴荣光撰《筠清馆金文》五卷，光绪二十年徐同柏撰《从古堂款识学》十六卷，二十一年吴式芬撰《攗古录金文》三卷，二十二年吴大澂撰《愙斋集古录》二十六册，二十五年方濬益撰《缀遗斋彝器款识考释》三十卷，二十八年刘心源撰《奇觚室吉金文述》二十卷，三十四年朱善旂撰《敬吾心室彝器款识》两册等。由于作者学识水平不尽相同，各自见解也难一致。当时卓有成绩，贡献较大者，当推清末孙诒让。他曾校订薛尚功的《钟鼎彝器款识》、阮元的《积古斋钟鼎彝器款识》和吴荣光《筠清馆金文》三书，而撰《古籀拾遗》。最初孙氏研究以上三书，凡有心得即批于眉端，后来将三书眉批辑成三卷，上卷订正薛书十四条，中卷订正阮书三十条，下

---

① 孙星衍：《问字堂集》卷四。

卷订正吴书二十二条。吴式芬的《攗古录金文》选器谨严，摹刻精善，在当时堪称精华之作，孙诒让为校订此书撰有《古籀余论》，订正其中错误若干条。孙氏提倡用分析偏旁法考释古文字，曾依据甲骨文和铜器铭文等资料撰有《名原》一书，他不仅在考释古文字的方法上有所创新，同时还提出一定的理论根据。再如方濬益的《缀遗斋彝器款识考释》，无论是辨识文字，训释词义，颇有创造发明。刘心源在《奇觚室吉金文述》中利用文词对勘辨识难识之字，也是一种认识古字的好方法。在这个时期，不仅是在铜器铭文研究方面得到很大的发展，同时还在其它古代铭刻，诸如玺印、货币、石刻、陶文等方面均有专门研究著作问世，并且获得前所未有的成绩。

清初汪立名编撰《钟鼎字源》五卷，此书撰成于康熙五十五年（1716），当时关于商周铜器的铭文的研究，经过元、明两代大抵有四百年的沉寂阶段，刚开始复苏，在这样条件下，不可能产生超时代的作品。此书是在元杨钩的《增广钟鼎篆韵》基础上加以增改而成。《增广钟鼎篆韵》共七卷，乃是对薛尚功《广篆韵》的增补，薛书早佚，杨书增添的内容又非常复杂。汪立名的《钟鼎字源》虽脱胎于《增广钟鼎篆韵》，但经过了较大的删改。诸如：在《增广钟鼎篆韵》中除鼎彝铭文之外，并兼收一些经典遗文字书与碑铭等，汪氏《钟鼎字源》凡同钟鼎无关的资料全都删去；再如杨书重文很多，形体相同的字一并胪列，汪氏只取异构，不收同体。两书在编排方面也有不同，杨书用《唐韵》分二百零五部，汪氏用《平水韵》分一百零六部。总的看来，汪立名对金文的辨识能力，并不比前三百余年的杨钩强多少。可见，当时对金文研究是停滞不前的。

四　商代甲骨文的发现与罗、王的学术活动

清朝末年，中国文化史上的一项重大发现，即商代甲骨文的出土。商代的甲骨文出土在今河南省安阳市郊的小屯村，这里原是商代后期的国都。据《史记·殷本纪正义》引《竹书纪年》云："自盘庚徙殷至纣之灭，二百七十三年更不迁都。"共在这里经历了八代十二位商王。由于居住的时间较长，当时占卜用过的龟甲牛骨几乎遍布小屯村及其附近，数千年来始终未被人们所察觉。但在这一地区自宋代以来不断有商代铜器出土，甲骨文出土也很有可能，由于当时无人认识，故没有引起注意。在中医处方里，有名叫"龙骨"的药材，很久以前药商即在小屯采购商代甲骨充当，现已无法估计有多少甲骨卜辞被当作药材用掉。清光绪二十五年（1899）王懿荣偶然从药中认出所谓"龙骨"，上面刻有古字，实乃古代文物。从此开始搜集，前后所得约一千五百余片。由于学者争相购求，药店"龙骨"顿时抢购一空。有心之人追本溯源，寻觅产地，终于找到出土"龙骨"的小屯村。在高价争购的利诱下，乡民争先刨掘甲骨，不言而喻，在此阶段，地下埋藏必然遭到严重的破坏。

王懿荣死后，其后人将所藏甲骨转售给刘鹗，刘氏将所购连同自己所藏合在一起，从中选拓一千零五十八片，于光绪二十九年（1903）印成《铁云藏龟》一书，这是著录甲骨文的第一部著作。随后孙诒让根据《铁云藏龟》写成第一部考释甲骨文的专著《契文举例》。但是，孙氏的《契文举例》尚未付梓，罗振玉已于清宣统二年（1910）刊出他的《殷商贞卜文字考》一书。商代甲骨文刚被发现不久，罗振玉和王国维就非常重视，钻研此学致力极勤，作出很大贡献，至今在国内外的学术界仍有很大影响。

罗振玉和王国维都生活在清朝末年和民国期间，跨了两个时代。他们同在清朝学部供职，罗任参事，王为总务司行走，官虽不大，而效清之心却顽。辛亥革命初期，他们同亡日本，归国后，仍为被推翻的末代清帝溥仪的官属。最后，终于都做了封建王朝的牺牲品。当然，他们的政治立场极不足取，但在学术领域内，确实做出了不少成绩。仅就古文字学方面来讲，罗氏搜集、整理、收藏和刊印了大量的原始资料，并保护和抢救了大批珍贵的文化遗产。甲骨文初被发现，只有财势两重的中外人士才能鉴赏，一般人很难看到。罗王旅居日本，即着手编印甲骨工作，自1912至1916四年间，先后出版《殷虚书契》（前编八卷）、《殷虚书契菁华》、《铁云藏龟之余》和《殷虚书契后编》。共集录甲骨三千四百余片，其中《菁华》所收大版，文长百有余字，迄今仍为极罕见的资料。归国之后又于1933年印成《殷虚书契续编》六卷。这就为当时学者学习和研究甲骨文提供了很大方便。罗氏在考释甲骨文方面也很有成绩，1914年他在日本将其研究成果写成《殷虚书契考释》，由王国维手写石印。全书分八章：都邑、帝王、人名、地名、文字、卜辞、礼制、卜法，经他考定的文字约五百余个，当时甲骨文发现不久，所考未必全部可信，但能有此成绩实所难得。他曾于序中云："发愤键户者四十余日，遂成考释六万余言。"

罗氏对商周时代青铜器的搜集、著录和研究也做了许多有益的工作。1917年将其自藏的铜器影印为《梦郼草堂吉金图》三卷和《殷文存》二卷。1935年又将其陆续收集的器物印成《贞松堂吉金图》三卷，并选出前人未曾著录的铭文拓片二千四百二十七篇，令其子福颐摹印成《贞松堂集古遗文》正、续、补三编。最后又将其所搜集的古代铜器铭文拓片编印一部巨著《三代吉金文存》二十卷，1937年影印出版。该书将当时所能见到的古今出土铜器铭文统统收集在内，据以考索商周彝铭，可尽览无遗。

罗振玉志趣广泛，他搜集、著录和研究的资料，除甲骨、金文之外，其它如简牍、石刻、货币、玺印、匋文，以及西域出土的汉晋木简、敦煌发现的六朝和唐代写本书卷，都进行了专门研究和刊印。尤其是对内阁大库明清档案的抢救，意义非常重要。这批历史档案原已卖给造纸厂，罗氏闻讯，急起截拦，并自付巨资以偿还损失，终于将自元代以来的珍贵史料保存至今。

王国维的学识渊博，治学谨严，但财势不如罗氏，终身依附于罗，而罗氏之重大学术成就也有赖王氏之帮助。王氏的贡献主要是在学术研究方面。对商代卜辞的研究，撰有《卜辞中所见先公先王考》与《续考》。根据卜辞和文献，系统地考证出商之先公和先王的名号和世系，并从不同世次的称谓划分卜辞时代，为后来卜辞分期断代工作奠定了良好的基础。王氏对商周铜器铭文的考释和研究，更有重大发明和成就，关于这方面的著作，多收在他的《观堂集林》和《别集》中。

清朝末年，政治上虽然极端腐败，但在学术研究领域，由于殷墟甲骨和西域木简等文物相继出土，给学术研究提供了新的材料，开拓了新的途径。罗、王适应学术发展的要求，发愤工作，遂创造出上述的成绩。他们的学术研究工作，对今天的社会主义文化事业仍然有用，应予以有分析地继承和借鉴。

辛亥革命以后，许多学者不同程度地吸取了一些新的因素，就古文字这门学科来讲，在罗、王研究的基础上又有所前进。尤其是自俄国十月革命以后，马克思主义传入中国，有些学者利用新的理论来指导和充实本学科的内容。郭沫若就是最早用历史唯物主义的科学理论来研究商代甲骨文和西周金文的,并利用古文字学已取得的成绩进一步研究中国的古代社会,获得的成就更加辉煌。作为有关汉字研究的历史梗概,到清末就应告一段落。关于郭老及其同辈学者在科学理论的指导下,在古文字学方面所取得的成就,将留在下编"古文字学专题"中介绍。

第二章 汉字的起源和发展

第一节 汉字的起源

一 汉字同汉语的关系

　　语言是人类进行社会活动的交际工具。语言不能脱离人的思维，是表达思维的最主要的形式，同时也是人类区别于其它动物的重要特征。

　　语言起源于从猿向人的转变过程中，与劳动有密切的关系。恩格斯曾指出："劳动的发展必然促使社会成员更紧密地互相结合起来，因为它使互相帮助和共同协作的场合增多了，并且使每个人都清楚地意识到这种共同协作的好处。一句话，这些正在形成中的人，已经到了彼此间有些什么非说不可的地步了。需要产生了自己的器官：猿类不发达的喉头，由于音调的抑扬顿挫的不断加多，缓慢地然而肯定地得到改造，而口部的器官也逐渐学会了发出一个个清晰的音节。"[①] 语言是人类在漫长的成长过程中逐渐产生的。

　　文字则是历史的产物，是人类进入文明时期后才产生的。文字在语言的基础上产生，是辅助语言的交际工具。社会上没有创造出记录人类语言的各种工具之前，主要交际工具是有声语言。但是，语言要受一定空间和时间的限制，话讲出口，除给少数耳闻者留下记忆和印象之外，语义即随着语音一起消失。因此，当社会发展到一定阶段，仅以不留痕迹的语言作为交际工具，已经不能满足社会发展的要求，需要把语言记录下来，传达给生活在不同空间和不同时间的人们，于是记录语言的文字即因这种社会需要而产生。恩格斯说："从铁矿的冶炼开始，并由于文字的发明及其应用于文献记录而过渡到文明时代。"[②] 但就中国情况而论，汉字的产生实际上比铁矿的冶炼要早得多。但是，从恩格斯这一段话中可以了解，文字的产生和应用，标志着社会发展已经进入文明时期。人们掌握了文字，就可以广泛地交流他们在阶级斗争、生产斗争和社会生活中逐渐积累的各种经验，以及所创造的各种文化财富，并将这些经验和文化财富系统地记录下来，传达给生活在不同地区和不同时代的人们。因此文字的产生和应用，反转过来，对历史的发展又起着巨大的推动作用。

　　语言和文字都是人们在社会活动中进行交际的工具，语言是用词和句子的形式，通过语音来表达人们的思维活动，它包括语音和词义两个成分；文字是记录语言的符号，这个符号兼有表音和表意的两种功能，因此，文字除了音义两个成分之外，还有形体这样一个成分。语言是表达思维活动的口头形式，文字则是记录语言的书面形式。

　　语言是人类在劳动中集体创造的，因而它不是个人的现象，乃是一种特殊的社会现象。它

[①]《自然辩证法·劳动在从猿到人转变过程中的作用》，《马克思恩格斯全集》第二十卷，512页。人民出版社，1971年。

[②]《家庭、私有制和国家的起源》，《马克思恩格斯全集》第二十一卷，37页，人民出版社，1971年。

既不属于经济基础，也不属于上层建筑，而且也没有阶级性。它不为那个阶级或社会集团所垄断，而是为全体社会成员服务。文字是记录语言的工具，它和语言一样不属于经济基础或上层建筑，同样是没有阶级性的社会现象。但是，文字是在社会发展到一定阶段，已进入阶级社会之后产生和发展起来的，未必不受阶级的影响，以汉字来讲，文字形体经过多次整理和修定，字义也经过反复引申，所以无论是字体结构还是字义的解释，不可能不受统治阶级思想意识的影响。例如汉字中的嫉、妒、妄、婪、娌、奸等一些鄙词，皆附于"女"字的偏旁。不可否认，这种现象就是统治阶级的偏见在汉字中的反映。

二　历史上有关汉字起源的传说

关于汉字起源问题，实际包括两个问题，一是汉字如何产生？二是什么时候产生？对于这两个问题，早在战国时代就有人做过探索，尔后两千多年以来不断有人进行研究，提出过许多不同的推测。

1. 仓颉造字说

战国时代最早提到仓颉之名的是荀卿，他在《荀子·解蔽篇》中说："故好书者众矣，而仓颉独传者，一也。"又说："好稼者众矣，而后稷独传者，一也。"当时荀卿并不认为文字是仓颉一人所造，正如种庄稼并不始于后稷一样，先有许多人从事，只是由于仓颉、后稷能一于其志，不乱异术，做出了较大的成绩，故而得到独传。但在后来的《吕氏春秋》和《韩非子》中，则不言"好书者众"，而只讲"仓颉作书"了。尤其是汉代，如《淮南子》和《论衡》等书，不仅讲"仓颉造字"，而且说"仓颉四目"，已近乎神奇。更有甚者，汉代纬书《春秋元命苞》谓其"生而能书，及受河图录字，于是穷天地之变，仰视奎星圜曲之势，俯察鱼文鸟羽，山川指掌，而创文字。"可见，这一传说自战国至两汉，愈演愈神奇。直到清代仍然有人崇信。传说仓颉是黄帝的史官，关于黄帝的生存年代及其事迹，属于传说史的范围，具体内容多不可究诘。仓颉造字更是一种传说，无任何科学根据。就目前所能见到的数以千计的古汉字形体而论，绝非一人一时所能创造，而是广大群众集体智慧的结晶。是他们在长期的生产与生活当中，因时因地不断地观察、思考和创造，并经过若干年代的积累，逐渐形成共同使用的文字，而绝不是天授神意或出于某个"圣人"的灵感。我们说文字和语言都是为全社会成员服务的，是没有阶级性的，其原因即在于此。但是，在阶级社会里，剥削阶级依靠他们的权势和财力，完全剥夺了劳动群众掌握文化的权力，因此把文字作为交际工具不是任何人都能够享用的，常常被少数人所垄断，所以阶级对文字发展的影响要比语言发展的影响大得多。封建社会的统治阶级有意地把许多来自群众的发明创造转嫁到某个"圣贤"身上，目的就在于宣扬英雄创造历史的唯心史观，把他们对劳动人民的统治视为天经地义，"仓颉造字"就是一个实例。

2. 文字始于结绳说

由结绳而产生文字，这一传说来源也很早。《易经·系辞下》云："上古结绳而治，后世圣人易之以书契。"许慎《说文解字叙》亦云："神农氏结绳为治而统其事。"在没有产生文字以前，人们利用结绳的方法帮助记忆，处理日常生活中的一些事务，这是完全可能的。这种古老习俗无论中外都有实例可考，甚至有些后进民族至今仍在使用这种方法。但是，结绳只能帮助记忆，或作表示某种简单事务的标记，不能用来表达感情或交流思想；只能作备忘的记号，不能成为记录语言的工具。所以说结绳和文字是两回事情，既不是相生关系，也不是因袭关系，二者不能同日而语。文字是以自己特殊的符号记录有声语言，具有广泛的社会性，因而它能将语言传播给同一生活范围以外的人们。结绳只是在个人或某些人之间为了某种记忆或某些行为而确定的记号，预计的事情完成后，记号即失去作用。它既没有社会意义，也不能担任记录语言和传播语言的作用。彼此具备的条件不同，各自所起的作用也不同。因此，结绳不等于文字，也不能发展成文字。

3. 起一成文说

创造这种说法的是宋代的郑樵，他认为所有的汉字都是由"一"字演变来的，他的唯一根据是许慎的《说文解字》中五百四十个部首，其次序即从"一"字开始至"亥"字终结，所谓"起一终亥"。因此他在《通志·六书略》中提出"一"字可作五种变化，用以概括汉字形体的各种结构。他说：

"衡（横）为一，从（纵），为 ｜，邪 ｜ 为 ／，反 ／ 为 ＼，至 ＼ 而穷。"

"折一为 ⌐，反 ⌐ 为 ⌐，转 ⌐ 为 ⌊，反 ⌊ 为 ⌐，至 ⌐ 而穷。"

"折一为 ╱ 者侧也，有侧有正，正折为∧，转∧为∨，侧∨为∠，反∠为 ⌐，至 ⌐ 而穷。"

"一再折为 ⌐，转 ⌐ 为 ⌐，侧 ⌐ 为 [，反 [为]，至] 而穷。"

"引一而绕合之，方则为□，圆则为○，至○则环转异势，一之道尽矣。"

郑樵的"一"字演化论是建筑在"道生于一，一生二，二生三，三生万物"的道家哲学思想之上的，用来解说汉字起源，更是不着边际。他所根据的资料，主要是当时通行的楷书，抓住楷书字体中的横折撇捺，联系到《说文》部首"起一终亥"的排列现象，从而加以附会演绎，完全属于主观臆造，无任何科学意义。说明郑樵当时接触古文字的资料甚少，并不了解汉字演变的基本规律。用"一"字演化解释汉字的起源，只能把汉字研究引向歧途。

关于汉字起源问题，除上述几种论点之外，历史上还有人主张汉字起源于八卦，如谓坎（ ），离（☲）二卦为水（ ）、火（ ）二字之本。也有人认为除有声语言之外，还有"手势语言"，汉字是由"手势语言"产生的，等等，皆属无稽之谈，对古汉字研究无任何参考价值，故不予以讨论。

三　原始氏族社会晚期的陶器符号

近些年来地下出土的资料证明，早在原始氏族社会晚期，汉字尚未产生之前，因生产或生活的需要，曾创造出一些记事符号。陕西西安半坡、临潼姜寨、邠阳莘野等地的新石器时代仰韶文化遗址；甘肃半山、马厂、青海乐都柳湾等地的马家窑文化遗址；山东章丘城子崖、青岛赵村等地的龙山文化遗址；浙江良渚、江苏上海马桥、青浦崧泽等地的良渚文化遗址；均发现刻划在陶器上的形状相似的符号。

仰韶文化陶器符号　出土在西安半坡、临潼姜寨、零口、垣头、长安五楼、邠阳莘野，以及铜川李家沟等遗址。发现的陶符，一般均刻在涂有黑色带纹陶钵的口沿上，但多为碎片；只有少数出于墓中的殉葬品或瓮棺上的陶钵盖，才较完整。从刻划痕迹分析，有烧前刻和烧后刻两种，以前者居多。据王志俊同志统计，西安半坡发现刻有符号的陶器和陶片共一百三十三件，有陶符二十七种。临潼姜寨发现一百二十九件，有陶符三十八种，其它五处发现数量很少，有的只限于采集，① 参见表一和表二。

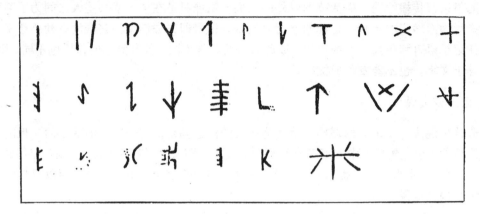

表一　西安半坡陶器符号

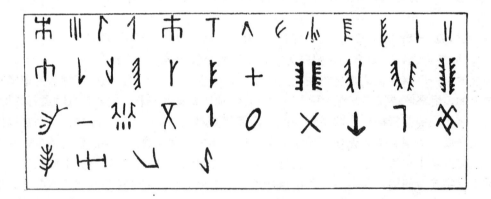

表二　临潼姜寨陶器符号

马家窑文化陶器符号　早在三十年代即在甘肃省的半山和马厂两地发现了马家窑文化的遗址和墓葬，后来根据各自的特点分为半山与马厂两种类型。在这两种类型的墓葬出土的陶壶和陶罐上，发现有用颜料描画的符号，过去曾收集十种。②1974年在青海乐都柳湾马家窑文化马厂类型的墓葬中，发现在殉葬陶壶的腹部或底部有涂画的符号，每件器物只画一个，共有五十种，③ 参见表三与表四。

龙山文化陶器符号　1928年首次在山东章丘龙山镇城子崖龙山文化层内出土三片刻有符号的陶片，实际只有两种符号。④1964年秋在青岛北郊白沙河南岸赵村发现一处龙山文化遗

---

① 王志俊：《关中地区仰韶文化刻划符号综述》，《考古与文物》1980年3期。
② 巴尔姆格伦：《半山及马厂随葬陶器》，《中国古生物志》丁种第3号1册，1934年。
③ 青海省文物管理处考古队等：《青海乐都柳湾原始社会墓地反映出的主要问题》，《考古》1976年6期。
④ 中央研究院历史语言研究所：《城子崖》图版十六，1934年。

表三　甘肃马家窑文化陶器符号

江浙地区新石器时代文化，1936年在浙江余杭良渚镇首次发现，在出土的陶器中发现有九种刻划符号，③参见表六。

崧泽文化陶器符号　1960至1961年间相继在上海马桥、青浦崧泽两处发掘，均有陶器符号出土，崧泽遗址出土四种。④上海马桥遗址的第五文化层出土的陶片中，亦发现四种陶符，⑤它们的时代早于良渚文化，据严文明同志说:当同马家浜文化属于同一系统，参见表七。

从上述仰韶、马家窑、龙山、崧泽、良渚各文化遗址发现的陶符时代来看，皆属原始氏族社会

表五　左1、2：城子崖出土　　3：河北永年出土　4：青岛北郊出土

表六　良渚出土陶器符号

址，采集一些陶片，其中有一片带有刻划符号。①此外，在河北省永年县台口村的龙山文化遗址出土一件陶罐，上面亦有一刻划符号。②上述三个遗址共出四个符号，参见表五。

良渚文化陶器符号　良渚文化是我国

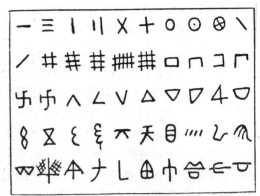

表四　青海乐都柳湾陶器符号

晚期新石器时代的遗物，其中以半坡仰韶文化遗址时代最早，出土木炭经^{14}C测定，最早的标本为公元前4770±134，距今已六千多年。马家窑文化时代较晚，乐都柳湾棺木经^{14}C测定为公元前2416±264，距今也有四千余年。

各地出土的陶符形状虽多种多样，但笔划都很简单，作风大同小异。关于它的用途，过去有好多种推测，有人认为："很可能就是制陶专门化以后氏族制陶或家庭制陶的一种特殊标记，很可能起了原始的图象文字的作用。"⑥也有人认为："可能是代表器物所有者或器物制造者的专门记号。"⑦郭沫若指出："彩陶上的那些刻划记号，可以肯定地说就是中国文字的起源，或者中国原始文字的孑遗。"⑧于省吾也说："这种陶器上的简单文字，考古工作者以为是符号，我认为这是文字起源阶段所产生的一些简单文字。仰韶文化距今得有六千多年之久，

---

① 孙善德:《青岛市郊发现新石器时代和殷周遗址》，《考古》1965年9期。
② 河北省文化局文物工作队:《河北永年县台口村遗址发掘简报》，《考古》1962年12期。
③ 施昕更:《良渚》，西湖博物馆，1938年。
④ 上海市文物管理委员会:《上海市青浦县崧泽遗址的试掘》，《考古学报》1962年2期。
⑤ 上海市文物管理委员会:《上海马桥遗址第一、二次发掘》，《考古学报》1978年1期。
⑥ 青海省文物管理处考古队等:《青海乐都柳湾原始社会墓地反映出的主要问题》，《考古》1976年6期。
⑦ 中国科学院考古研究所、陕西省西安半坡博物馆:《西安半坡》197页，文物出版社，1963年。
⑧ 郭沫若:《古代文字之辩证的发展》，《考古学报》，1972年1期。

那么，我国开始有文字的时期也就有了六千多年之久，这是可以推断的。"① 后来如王志俊、② 陈炜湛、③ 张光裕④ 等均赞同郭、于二老的观点，并各有发挥。

原始氏族社会晚期出现的刻划符号，如仅从现象分析，同文字没有原则的区别，因为文字本身也是一种符号。但从其功用来讲，彼此有本质的不同。每一个汉字符号，各代表语言中一个比较固定的词，若干不同成分的词，可组成一句表达完整概念的语言。原始文字无论

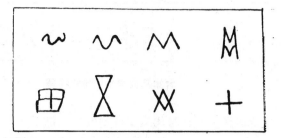

表七　上：青浦崧泽出土陶符
　　　下：上海马桥出土陶符

处于何种初级阶段，表达功能又如何幼稚，但自它诞生开始，即同语言密切结合，具备表达语言的能力。陶符则不然，它只是为了某种需要而记的标记，同语言毫无关系，只能独用不能组合。不同形状的符号，可以启示某些人的不同记忆，但把它们组合在一起，却失掉它本来的作用。类似的符号，不仅在没有出现文字的原始社会使用，并且在已经能够利用完全成熟的文字记录语言的商代，甚至到春秋战国，仍在某些陶器上出现。例如，河南偃师二里头早商遗址，发现刻划在陶器上的符号有二十四种，绝大多数皆刻在晚期大口尊的内口沿上，⑤符号形状参见表八。

郑州二里冈商代遗址出土的陶符，也多刻划在已烧成的大口尊的口沿里边，只有少数刻在其他器物的口沿上，共发现十五种，⑥ 参见表九。

郑州南关外商代遗址出土的大口陶尊口沿内侧，也有刻划符

表八　二里头商代遗址陶器符号

表九　郑州二里冈商代遗址陶器符号

号，共发现九种，⑦ 参见表一〇。

山西侯马春秋时代晋国遗址出土陶器亦有刻划符号，皆刻划在陶豆的豆盘内外，每器亦刻写一个符号，共发现四十四种，⑧ 参见表一一。

---

① 于省吾：《关于古文字研究的若干问题》，《文物》1973年2期。
② 前引王志俊文。
③ 陈炜湛：《汉字起源试论》，《中山大学学报》哲学社会科学版，1978年1期。
④ 张光裕：《从新出土材料重新探索中国文字的起源及其相关问题》，《香港中文大学学报》十二卷，1981年。
⑤ 中国科学院考古研究所洛阳发掘队：《河南偃师二里头遗址发掘简报》《考古》1965年5期。
⑥ 河南省文化局文物工作队：《郑州二里冈》17页，图三十一，科学出版社，1959年。
⑦ 河南省博物馆：《郑州南关外商代遗址的发掘》图十五。《考古学报》1973年1期。
⑧ 山西省考古研究所：《侯马铸铜遗址》上册图一七二至一八三，文物出版社，1993年。

从上述资料可以看出，自西安半坡仰韶文化遗址开始出现的陶器符号，经过商代以至春秋战国之际的山西侯马晋国遗址，一直在不断地使用。它们的特点是，在不同时代和地区，分别出现在某一种陶器上，如半坡、姜寨等仰韶文化遗址多出现在彩陶钵的口沿上。甘肃马家窑、青海乐都柳湾等遗址多出现在彩陶壶的腹部。河南偃师二里头、郑州二里冈等地商代遗址多出现在大口尊的口沿内外。侯马东周晋国遗址多出现在陶豆的豆盘上。每器皆刻划一个符号，形体多以简单横竖笔划或交叉，或方折，数量多者约有四五十种，各地发现皆大同小异。这种陶符出现的时代虽比汉字早，但看不出有什么发展，直到战国时期仍然停留在原始形状。汉字则不然，出生的时代虽比它晚，字体结构由象形、会意发展到形声。商代晚期的甲骨文，字数已达四千以上。尤其到春秋战国时代，《诗》、《书》、《礼》、《乐》、《易》、《春秋》六经，均已用汉字写成。东汉许慎著《说文解字》，集秦篆已达九千三百五十三字，二倍于商。从而可明显看出，陶符同汉字不是同一体系。

表一〇　郑州南关外陶器符号

表一一　侯马东周遗址陶器符号

汉字形体的变化，新陈代谢与约定俗成起了很重要的作用。每当一种新的字体出现，如果群众喜欢使用，旧的字体即被代替而自行淘汰。如商代甲骨文中一些古老字体，西周金文即不再出现；西周金文中一些古老字体，春秋战国时代也不再出现，这种现象是很普遍的。石器时代的陶符，假如它是原始的汉字，就应随着汉字的发展而发展，不该停滞不前，为什么在汉字已发展到完全成熟的商代，乃至春秋战国时代，陶符仍独立存在，既无变化亦未被新的字体代替，继续为陶工使用。难道春秋战国时代的制陶工人和现在的古文字学家与艺术家一样，还掌握并运用早被社会淘汰了的新石器时代的古老"陶文"？无论如何难合情理。这种现象只能用西南地区少数民族调查的资料予以说明。据汪宁生同志说："西双版纳傣族制陶，据我们1964年和1965年两次调查所见，一般是不加标记的，但遇到下列情况，偶尔作出标记：(1)做好器坯后有时为了提醒自己这是刚做好的，便在底部随便划几道，以免和已干的坯相混。(2)做坯时中途有事离开，便用手指甲在器坯壁上划一直道，表示拍打到这里，下次接着再打。这一刻划在下次拍打中往往被消灭，但亦有留下痕迹的。(3)若几家合烧一窑，常在自己器物底部作出符号，以免彼此相混。这些符号一般是用指甲划出交叉形，也有划一直道或几道平行线条，并没有什么含义，只要认出是自己产品即可，而且同一个人这一次作的符号和下一次作的符号，也未必相同。总之，这是一种随意刻划，只是为了不与他人相混即可。"[①]这可能就是上述陶符用途中的几个方面，其中可能还包括器物所有者的一些标记，如《西安半坡》的作者所说："我们推测，这些符号可能是代表器物所有者或器物制造者的专门记号，

[①] 汪宁生：《从原始记事到文字发明》，《考古学报》，1981年1期。

这个所有者，可能是氏族、家族或个人。这一假设的证据是：我们发现多种同类符号，出在同一窖穴或同一地区。例如，以数目最多的第一类符号的出土情况来分析，在我们统计的72件标本中，大部分集中出在六个地点，基本上是相连接的一个地区，面积也不过100多平方米。又如在H341中发现同类的标本两个。有5个'Z'形的符号都集中出于两个探方内。"

再如，在商周时代的甲骨和铜器铭文中，有时见到另一种用数目字组成的符号，如河南安阳四盘磨出土的卜骨，[①]陕西岐山凤雏周原遗址出土的卜甲，[②]西安丰镐遗址出土的卜骨，[③]和传世铜器《中甗》、[④]《效父殷》、[⑤]《中效父鼎》、[⑥]《堇伯殷》，[⑦]以及安阳大司空村出土商代陶殷口沿残片[⑧]等，均发现有这种符号，参见表一二。

	安阳卜骨		周原卜甲		沣西卜骨			中甗	效父殷	效父鼎	堇伯殷

表一二　商周时代用数字组成的符号

关于这种符号，过去唐兰认为是用数目字做字母而组成的文字。他说："既不是殷文字，也不是周族先世的文字，但可能是曾经过现丰镐地域的一个民族（例如古丰国之类）的文字。"[⑨]郭沫若认为汉字的起源是"指事先于象形"，因而他说："指事先于象形，也就是随意刻划先于图画"，"这些刻划文字，很明显地和彩陶上的刻划符号是一个系统。"[⑩]1978年12月在长春吉林大学召开的全国古文字研究会上，张政烺根据陕西周原考古队提供的资料，论证了这种由五六七八四个特定数字所构成的符号，是由老阴、少阴、老阳、少阳四个爻所构成的卦象。这一见解较郭、唐所谓"失传文字"的说法更接近事实，得到与会同行的一致赞同，后来他又将其内容撰专文发表。[⑪]

四　汉字起源于原始图画

据目前所见有关汉字的最早资料分析，可以这样推断，汉字是从原始图画发展来的。过去唐兰在《古文字学导论》中，曾经提出"文字的起源是图画"的主张，现在已被多数学者所接受。我们所谓原始图画和古埃及前王朝时代以及过去印第安人、爱斯基摩人等所使用的

---

① 郭宝钧：《一九五〇年春殷墟发掘报告》，《考古学报》第5册，1951年。
② 陕西周原考古队：《陕西岐山凤雏村发现周初甲骨文》，《文物》1979年10期。
③ 陕西省文物管理委员会：《长安张家坡村西周遗址的重要发现》，《文物参考资料》1956年3期。
④ 《宣和博古图录》卷二。
⑤ 曹载奎：《怀米山房吉金图》卷上。
⑥ 罗振玉：《三代吉金文存》卷六。
⑦ 同上书卷三。
⑧ 1962年秋季北京大学历史系考古专业59级学生在安阳大司空进行考古田野实习时，发现两块陶殷残口沿，上边有些刻划卦象。
⑨ 唐兰：《在甲骨金文中所见的一种已经遗失的中国古代文字》，《考古学报》1957年2期。
⑩ 同28页注⑨第5页。
⑪ 张政烺：《试释周初青铜器铭文中的易卦》，《考古学报》1980年4期。

表一三　新石器时代仰韶文化陶器花纹

"图画文字"不是同一概念。"图画文字"是用指示性的图案，作叙事型的描绘。这一古老的文字形式，在中国尚未发现任何痕迹。图画属于艺术的范畴，它是用艺术形象认识客观现实的一种手段；文字则与本民族的语言密切结合，是辅助语言的一种交际工具，彼此属于两个不同的范畴。我们说文字起源于原始图画，但是，图画并不等于文字。

从世界上几个古老的国家来看，远在产生文字之前，原始图画就已出现。上述古埃及的前王朝时代，文字本身就是以图画的形式表示，因而后来人们称它为"图画文字"。更早在欧洲旧石器时代晚期的马格德林文化（Magdaleniau）原始艺术已相当繁荣，法国发现同一时代的三兄弟洞（Combacells、Cap Blanc、Font de Gaume），洞壁上布满无数的动物图像。在中国新石器时代仰韶文化的陶器上，常常绘以各种图案形花纹，其中有人物和鸟兽鱼蛇等动物形象，线条刚劲有力，色泽也谐调匀称，不过格调单一，手法原始，参看表一三。这些图画在当时多是作为艺术形式出现的，旨在增强陶器的美观，可是它却为后来汉字的起源创造了良好的条件。

继仰韶文化以后，分布在山东中部丘陵地带和徐淮平原等地区的大汶口文化，发现十多个较为原始的陶器图象。在属于大汶口文化晚期的莒县陵阳河遗址出土的灰陶缸上，其中有四个同早期汉字结构相似的图画符号，参见表一四。

从表十四所列字形分析，它似乎具有与汉字相同的特点。表中第一、二字是按照当时两种实用的器物描绘成的，很像汉字中最早出现的一种结构——"象形字"。因而唐兰把第一个释为"戉"字，第二个释为"斤"字，三、四两个像是由两个以上的物体符号组合而成的"会意字"，故第三个唐兰释为"炅"，第四个于省吾释为"昂"，他说："我认为这是原始的旦字，

33

也是一个会意字,写成楷书则作'昆'。"①今天我们看到大汶口遗址出土的全部在陶器上刻画的符号,完全可以说明它们仍然是图象而非文字,为此我撰写了一篇小文。可参阅。②

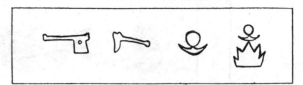

表一四　大汶口文化陶器图象

可供比较的原始汉字,目前资料甚少,现在所见时代较早,内容比较丰富的资料,当为商代的甲骨文和金文。商代的文字时代虽早,但它并非原始,汉字早在商代以前已有了相当长的发展历史。在商代的甲骨、金文中,不仅有大量的象形字,同时也包涵了许多会意字和形声字;从其所用词类及其用来表述不同词类的文字分析,说明当时已经渡过了汉字发展的初级阶段,具备了所有创造汉字的方法,基本上能够满足汉语中各种词类的要求,运用自如地记录当时的语言。汉字在商代虽然已有很大的发展,但也保存许多比较原始的字体,这里仅以作为动物名称的一类汉字为例,有些字形与上述陶器花纹同属一种类型,即完全按照各种动物形象描绘而成,可见早期汉字形体与原始图画没有甚大区别,参见表一五。

表一五所列数例,皆为保存在商周时代甲骨、金文中的比较古老的象形字,它们的形体与原始图画没有甚大的区别。但是,文字是代表语言中词的成分出现的,与陶器上的图案花纹有本质的不同。它反映在人的感官中,不单纯是一个孤立的图象花纹,重要的是它包涵了客观事物的一定意义,同时具备因客观事物所规定的读音。这样的象形字,在商周时代的甲骨、金文中占很大的比例,凡是自然界具有一定形体而又能用图形表示出特征的物体,例如人和其它一切动植物及其各部器官和肢体,乃至日常生产和生活中的用具,早期汉字皆采用这种按物绘形的方法进行创造。由于社会的不断发展,汉字的使用范围和利用率也不断扩大和提高,因而逐渐脱去图画的形象变作简易的符号。

象形字是根据个体实物所绘制的图形,它是汉字的骨干,其它结构的汉字,皆用它所组成。故古代的文字学家把它称作"文",利用各个象形符号,或据其形,或据其音,通过种种技巧拼制成意义更加繁复的复体字,这就是"会意字"和"形声字"。古人将这种拼合而成的形体称作"字",字即子的意思,"文字"一词的来源即本于这种关系。这就说明,象形字是汉字中最早出现的一种形体,最初是采用绘画的手法,按照物体描绘而成,开始出现就是完整的图形,既无点划的姿态,也不受笔划的限制,这在商周时代的甲骨、金文中可以找到充分的证据。

---

① 于省吾:《关于古文字研究的若干问题》,《文物》1973年2期。
② 高明:《略谈古代陶器符号、陶器图像和陶器文字》,《学术集林》卷二,上海远东出版社,1994。

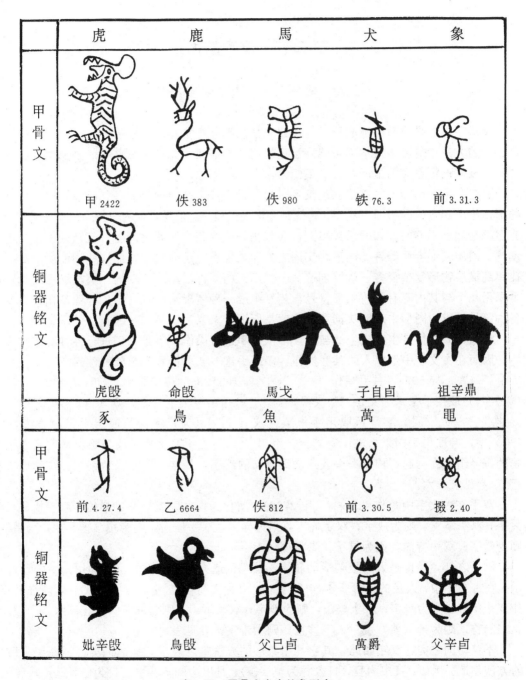

表一五　甲骨金文中的象形字

第二节 汉字的发展

一 从"象形"到"形声"的发展过程

象形字既然是仿照图画的形式，按照事物的形体绘制相应的图形，这一特点就决定了单靠象形的方法创造汉字根本不可能满足记录汉语的需要。尤其是那些代表抽象概念，只有语法意义没有词汇意义的虚词，就更不能绘出具体的图象。

单纯利用绘制物形的方法创造汉字，只能是在汉字开始产生的最初阶段。按照事物本来的形体绘出相应的图形即可成字，这就是名词类的汉字。但是，表达一句完整概念的语言，只有名词是远远不够的。如表示人和人，人和物，或物和物彼此之间各种复杂的关系，还需有动词、副词、形容词等各类词汇，实词之外还需要有一定的虚词，而这些词汇所要求的文字比单纯描绘物形复杂得多。就以创造一个表示人的某种活动，即动词一类的汉字而论，最初是采用几个与其内容有关的象形符号，相互组成一种体现新词意义的象征性动作，也就是从各种符号组成的图形中来反映词意，这就是所谓"象意字"，也叫"会意字"。

例如，人在日常生产或生活当中，都依靠手进行操作，手是人们进行各种工作的重要肢体。因而在古文字中形容人的某些操作，多以手这一象形符号表示象征性的活动。左手写作" 𠂇 "（左．粹597），右手写作" 又 "（右．粹108），也可写作" 爪 "（爪．乙3471）。如 秉（秉）字，乃取用手拿禾之义， 得（得）字，乃取用手握贝之义， 获（获）字，乃取用手执鸟之义， 服（服）字，乃取用手揿人之义， 为（为）字，乃取用手牵象之义， 采（采）字，乃取用手摘果之义，等等。皆用" 又 "（右手）这样一个象形符号同另一个表示物的符号组合在一起，构成一个表示动词意义的汉字，凡这一类结构的字体，统称作"会意字"，参见表一六。

双手在古文字中写作" 𠂇又 "（甲2798），演化为隶书则有好几种形体：双手执斧，则为兵字；双手掌戈，则为戒字；双手握玉，则为弄字；双手援人，则为丞（拯）字；双手接物，则为受字；双手持鼎，则为具字。参见表一七。

除手之外，足也是人的重要活动肢体，凡是创造人行走一类的字，即用人足的形符来表示。在古文字中，人足的象形字本作" 𣥂 "，甲骨文简作" 止 "（甲600），即现在的止字。如双止相移，则为步字；双止登山，则为陟字；双止下山，则为降字；双止渡水，则为涉字；止立船首，则为䎽（前）字；人下移止，则为走字。参见表一八。

不仅动词之类的汉字如此，其它凡用象形的方法难以表示意义的词类，早期皆采用会意的方法创造。例如：日出为旦，日入林为莫（暮），月出为朋，洪水之日为昔，日月映照为明，推户见日为啓。参见表一九。

自从创造出能够表达语言中的动词、副词等一类的文字之后，汉字才基本上具备表达汉语的功能。

	秉	隻	得	艮	為	采
甲骨文	珠 572	佚 427	菁 5.1	后 1.21.10	前 5.30.4	前 7.40.1
铜器铭文	秉觚	矢伯卣	克鼎	猷钟	舀鼎	遣卣

表一六　手和其它物组成的会意字

	兵	戒	丞	受	弄	具
甲骨文	后下 29.6	粹 1162	后下 30.12	后上 17.5		甲 3365
铜器铭文	郘䣤尹钲	戒鬲	小臣遬殷	孟鼎	智君子鑑	函皇父殷

表一七　双手同其它物组成的会意字

事物、概念、语言、文字四者递相产生的规律，永远是事物在先，然后在人的思维中产生对此事物的概念，再后形成表达此概念的语言，最后才创造出代表这一语言的文字。四者的关系是互为依存而又相继产生。但是，常常在某些新事物出现以后，概念和语言可以相继产生，表达这一语言的汉字不一定能马上创造出来。尤其是在上古只用象形和会意两种方法造字，不仅对一些含义复杂的实词难以造出相应的字体，特别是那些意义抽象的虚词更无法创造文字，只有语言形态，没有书面形态。当社会发展到一定阶段，汉语愈来愈丰富，汉字的来源遇到了困难，造字方法走向衰竭，出现难以应付的局面。类似的情况，不仅中国的古代汉字发生过，埃及、巴比伦等世界上几个使用过表意文字的古老国家都可能遇到过。因为

	步	陟	降	涉	前	走
甲骨文	铁 22.2	粹 167	前 7.38.1	甲 411		
铜器铭文	子目尊	散盘	天亡殷	散盘	兮仲钟	盂鼎

表一八　止同其它物组成的会意字

	旦	莫	昔	明	启	朏
甲骨文	粹 700	存 1938	后上 1.28.2	乙 6664	粹 640	
铜器铭文	颂鼎	散盘	史昔鼎	明公殷		吴方彝

表一九　日、月同其他物组成的会意字

表意文字有很大的局限性；而作为人的交际工具的语言却是非常活跃的社会现象，随着社会的发展和新生事物的出现，语言和文字都需要不断地丰富自己的内容。在这种情况下，表意文字和语言之间必然产生互不相容的矛盾。解决的办法，只有改变传统的文字体系，寻找新的途径。因而有许多国家很早就改用拼音文字，走向表音文字的道路。但是，汉字并没有改用拼音字，而是在不破坏其传统字体的情况下，以一种特殊形式转向了表音文字，这就是"形声字"的出现。

汉字的功用在于表达汉语，因此要求它必须满足汉语中各种词类的需要。最初发现汉语中某些词汇不能用象形或会意的方法创造出相应的汉字的时候，就不得不采取变通的办法，临时以读音相同的字代替使用，暂时解决文字不足的困难。这种办法即许慎所谓："本无其字，依声托事"的"假借字"。例如"𠂇"（坊间 2.204），本为砍伐之器，《说文》写作"$\int$"，谓为"斫木也，象形。"即石斧的象形字，后来假借为斤两之斤，石斧之义不显。"𢦏"（京津 214）本为古代兵器，后来假借为我，《说文》谓："施身自谓也。"从而兵器之义久失。至于虚词更无法用图象表现，多取同音字代之，如介词"于"字，本来写作"𠄑"（佚 518），简化作"于"，在商代甲骨文中就以介词的成分出现，关于此字的本来意义却早已失落。再如"其"字，甲骨文写作"𠀠"（乙 7672），本来是簸箕的象形字，但是，在商周时代的甲骨、金文中从来没有用过它的本义，都是作为虚词出现的。利用同音假借解决用字的困难，这种方法来源很久，早在汉字尚未发展到成熟阶段，即已普遍应用假借字。如早期出现的东西南北方向的标志字，甲乙丙丁戊己庚辛壬癸和子丑寅卯辰巳午未申酉戌亥等二十二个干支字，都是从同音字中借用的。由于被作为方向和干支使用的时代已经很久了，人们只知道它们是天干地支和东西南北，至于它们的本来意义，只有少数几个还能勉强了解，如"午"乃杵之本字，"辰"本为蚌壳等，其余多数则已无法知道，所以有些将借用的别义反而被认为本义了。假借只是在用字方面所采用的一种变通方法，并不是造字方法。但是，汉字的特点是每字都有一独特的形体，独特的音节和独特的含义。因此在书面语言中用某字表示某词，关系非常重要，如果把其中一些具有关键性的词用错了字，尽管是同音字，也会造成误会，起码使对方不能理解你所要表达的意义。在新词愈来愈多，只靠象形和会意两种表意字体也愈来愈难以应付；而且在使用假借字愈来愈多，词义的表达能力愈来愈削弱的情况下，遂即出现在同音假借字的基础上增添相应的表示意义的形符，从而构成表达新词意义的形声字。例如：畋猎之畋字出现之前，则假借同音田字代用。商代甲骨文中的畋即写作田，如"贞王其田，亡灾。"（甲 2729）假田为畋，只借其音，不用其义。后来为了与田字的本义相区别，即在田字的基础上增添一表示扑击意义的形符"攴"而写作"畋"（《古陶文字徵》4.52）从而造成一个专为表示畋猎一词的形声字。

赏赐之赐字出现之前，则假借同音易字代用。商代甲骨文易字写作"𢆶"（粹编 607），西周金文写作"𢆶"（大盂鼎），实乃"𢆶"（德鼎）之简体。商周时代假易为赏赐之赐，只借其音，不用其义。后来为了与易字本义相区别，而在易字中增添表示财货意义的形符"贝"，写作"𧴞"（虢季子白盘），"赐"（庚壶），即造成一个专为表示赏赐一词的形声字。禘祭之禘字出现之前，则假借同音帝字代用。商代的甲骨文帝写作"𤆼"，如"贞帝于王亥。"（后上 19.1）即假帝为禘。西周《剌鼎》"啻邵王"，即禘昭王，假啻为禘。甲骨文假帝为禘，《剌鼎》假啻为禘，皆用其音，不用其义。后来为了与帝、啻本义相区别，即在帝字的基础上增添一表示神祇意义的形符"示"，写作"禘"。此字在甲骨、金文中尚未发现，初见于《春秋》经。可见造成这个专为表示禘祭一词的形声字，可能是春秋时代才出现的。

征伐之征字出现之前，则假借同音正字代用。商代甲骨文正字写作"𧾷"，如"贞乎正舌方"（后上 16.4），即假正为征。此亦只假其音不用其义，后来为了与正字本义相区别，即在正字的基础上增添一表示行走意义的形符"彳"，而造成一个专为征伐一词的形声字。西周时代的《班殷》铭云："以乃族从父征"，说明此字约在西周初年开始出现。

迄至之迄字出现之前，则假借同音乞字代用。商代甲骨文乞字写作"三"（即"乞"本为"气"字古形），如"乞至九日辛卯允有来艰"（菁 6），即假乞为迄。此也只假其音，不用其义。后来为了与乞气等字之本义相区别，即在乞字的基础上增添一个表示行走意义的形符"辵"，写作"迄"，从而造成一个专为表示迄至一词的形声字。

叔伯之伯未出现之前，假借同音白字代用。商周时代甲骨、金文白字均写作"白"，如商代甲骨文"隹王来征盂方白"（后上18.7），西周《大盂鼎》"夷司王臣十又三白"，皆假白为伯，只用其音不用其义。后来为了与白字本义相区别，则在白字的基础上增添一人字形符，写作"伯"，从而造成一个专为人之行辈称谓叔伯之伯一词的形声字。

类似这种先假借，而后就其读音再进行创造的字体，在汉字中数量很多，各自的演变过程都很清楚。这些字例，虽不能说形声字即由它们开始形成；但是，它们却是最初汉字由表意转向表音的具体实例。由此可以窥见，最初的形声字就是因此而诞生的。由于形声字最初是在同音假借字的基础上发展的，因而它必然是以音为主，以义为辅，从而使汉字开始解脱了表意的羁绊，转向表音的途径。

形声是由形符和声符组成的复体字，较其它结构的汉字有两个突出的优点。第一，创造新字的方法简便，选用两个现成的与新词音义有关的字相互拼合，即可构成新字，既不要像象形字那样按照原物绘制新体；亦不似会意字那样构合字义。第二，便于识读，由于它包涵形和声两种成分，形符可提示字义，声符可标注读音。正因为它具有这些优点，所以，后来所造的新字基本上都采用了形声结构的方法。它为汉字解决了造字的困难，挽救了汉字来源面临枯竭的危机。自形声字出现之后，凡是汉语滋生的新词，随即造出相应的形声字，从而使汉字更加完善地适应汉语的发展和要求。

形声字较其它结构的汉字出现的时间要晚很多，发展速度却很快。在商代的甲骨文中，形声字仅占全字数的百分之二十几，发展到秦篆时，数量大增，以《说文》所收的字数统计，在九千三百五十三字中，形声字占百分之八十以上，在汉字中已经成为主要的形体。由于形声字的出现，不仅为汉字的发展开辟了一条新的途径，同时也促使汉字的体系发生了重大的变化，使其通过特殊的演变形式，由表意文字转为表音文字。

二　汉字存在的问题

从世界上文字发展的一般情况来看，大致可以归纳为表意文字和表音文字两种类型。表意文字是以一定体系的象征性符号表示词或词素的文字，字体结构是词义的体现，不标注读音。这是一种比较古老的字体，古埃及、苏美尔、中国，以及巴比伦、亚述、赫梯、波斯等古老国家都使用过这种文字。表音文字是现在世界上大多数国家或民族所使用的文字，由于字母所表示的语音单位不同，又分为音素文字和音节文字。音素文字（又称音位文字）有一定数量的音素符号，其中分主音和辅音，用一个主音符号和几个辅音符号拼成一个音节，然后再用一个或几个音节拼成一个词，拉丁语系和斯拉夫语系所使用的拼音文字，都属于音素文字。音节文字是以每一个符号代表一个音节，语音中所包括的各个音节，用一定数量的符号代表，而不是拼音。日本的假名属于音节文字。中国汉字，以占绝对多数的形声字而论，具有表音和表意两种特点，应当归属于哪一种类型，过去看法很不一致。有人认为汉字属于表音文字，因为每一个汉字就是一个音节符号，而且自形声字出现以后，更加突出了表音的成分；又由于假借的关系，有些字已失去本来的意义，只单纯作为一个音节符号使用；尤其是在现代汉语中复音词逐渐增多，许多复音词所用的汉字，多以音节为主，以义为辅。主张汉字是表意文字者认为：汉字虽然是不同的音节符号，但与一般的音节字母不同，它除表音之外，另包含有自己的特殊意义；音节完全相同的字，有时表示完全相反的意义。多数汉字既是音节又有词义，如果只注意音不注意义，不仅不能圆满地表达语言，也不能准确地记录语言。再如，无论音素文字或音节文字，由于它是单纯的表音符号，因而符号数量是有限的，如英文的音素符号只有二十六个，日本的音节符号共五十一个。由于汉字每个符号都包含独特的意义，因而符号数量是无限的，仅就现行经常用的汉字数量统计，即有六千到七千个符号，连同历史上用过的汉字一起统计，总数在五万个以上。

我们认为首先应当承认汉字本身既是一个音节符号，又包含一定的词义。由于这一特点，说明它既不完全同于古代的纯表意文字，也区别于日本的假名等单纯的音节文字。如果简单地把它看作一种纯粹表音的音节文字，在使用上就会造成很大的混乱。正如前面所讲，单靠表音来使用汉字，就不能准确地记录汉语。因为汉字不是单纯的音节，它除了表音之外，还有其特殊的意义。例如：

  衧 衫 衩 袍 袄 衲 袒 袂
  衮 袍 袖 袗 袨 扶 袜 袴
  袒 裘 裙 裾 裳 裹 裣 裤

以上二十四个单字，每一字代表一个音节，共二十四个音节，同时它们又都是从衣符的字，表示各种不同服饰以及服饰中各部分的专有名称。例如"裘"字，它不仅是一个音节，同时还表示这是一件用兽毛皮做的皮衣，区别于球、述、俅、求、囚、泅、酋、遒、馗等毫无共同意义的其它同音字。由于汉字中同音节的字数甚多，意义的区分就比较重要，这一特点在其它文字中是很少有的。汉字不仅每字各代表一个音节，而且还具有独立的词义，所以应该把它区别于一般的音节文字，而称之为"音节词字"。

汉字是在汉语的基础上产生的，并随着汉语的发展而发展，相继延续了四千余年的历史，始终作为汉语的辅助工具，推动社会不断前进。说明音节词字这一特殊类型完全能满足汉语本身的各种要求，汉语中的一些特点，汉字也能完全适应。例如：

1. 古代汉语中的词汇，绝大多数是单音词，双音节和多音节词汇甚少。由于汉语中多数是一个音节代表一个词，一个汉字即一个音节符号，也即表达一个完整的词义，因此具有音节词字特征的汉字完全能适应汉语的要求。

2. 汉语中的词在语法结构中没有性、数、格的变化，汉字本身结构不需要因为语法上的要求作任何变动，因此它以一种固定的形体完全适应汉语语法中的一切变化。

3. 汉语方音非常复杂，彼此差别甚大，由于汉字各有含义，虽然各地读音不同，并不影响对字义的理解。作为书面语言的汉字，弥补汉语因方音差异所造成的损失，并加强了文化的统一。

汉语本身的一些特点，汉字完全可以适应，因此汉字在历史上虽然发生过许多次变化，但始终保持音节词字的体系。

另一方面，汉语发展到今天，多音节的词汇越来越多，汉字原来表意和表音的作用逐渐削弱。有些形声字今天的实际读音同所附的表音符号彼此相差很远，俨然成为两个不同的音节，声符从而失去了标音的作用，形声字也失去原来的意义。譬如像从"艮"和从"真"得音的字：

从艮音者：	很	狠	退	从真音者：	滇	瘨	颠	蹎	槙
	痕				鬒	稹	缜		
	恨				填	窴	闐		
	跟	根			慎				
	哏				禛	瞋	嗔		
	银	垠			镇	瑱			
	狠	龈							
	眼								
	限								
	鞎								

上述两例，从古音韵考察，谐声偏旁相同，基本上都是同部字，即所谓"叠韵"。发展到今天，所附的声符与本字的实际读音相差很远，完全相同的只是少数。如从"艮"得声的字，现在只有鞎字与声符同音，其它数字均有差异。从"真"得声的字也只有鬒、稹、缜三字与声符同音，其它数字亦皆有差异。说明现在汉字的标音符号有许多已失去了作用，成为字体中可有可无的部分。根据以往发生的情况，完全可以估计到，汉语愈向前发展，复音节的词汇也会愈来愈多，汉字的表意和表音成分也必然愈加削弱，逐渐变成单纯的音节符号。利用数以千计的音节符号记录语言，无论是书写、印刷、电讯以及教学、使用等各个方面都有很大不便，鲁迅曾讲："古人是并不愚蠢的，他们早就将形象改得简单，远离了写实。篆字圆折，还有图画的余痕，从隶书到现在的楷书，和形象就天差地远。不过那基础并未改变，天差地远之后，就成为不象形的象形字，写起来虽然比较简单，认起来却非常困难了，要凭空一个一个的记住。"① 因此有学者主张，应该放弃现在这种传统的方块字体，改用世界普遍使用的拼音文字。

汉字本身的确存在不少缺点，首先是符号数量过多，使用不便；再是因字体简化和语音演变，字体中原有的表音声符，已失去作用。但是，能否因此即放弃传统结构的方块字体，改为拼音字呢？不能。起码在全国实现统一语言之前，绝对不能放弃传统结构的汉字。理由很简单，第一，汉语方音甚多，不仅全国的语言不统一，就是一个省或地区方言也不统一。它们之间的差别，主要是语音的差异。各个地区的方言多种多样，语义却基本相同。这就是说，汉语词汇，因地区方音不同，可发出若干不同的语音；词义不会因地区方音不同而改变它原有的意义。因此说汉语因地区方音的差异，各地有各地的语音特点。汉字并无此局限，居住在全国各地的汉族人民，使用统一的汉字，各地用方音阅读，发音虽千差万别，理解字义却完全相同。因此汉字对巩固和统一汉族文化，起了决定性的作用。假若汉字改为拼音化，各地汉民势必按照本地方音拼写汉字，同一汉字必然因地而异，会有多种拼写，亦如方言一样彼此不能通读。具有数千年传统的汉族统一文化，一定遭到严重的损害。第二，汉语同音词汇甚多，改为拼音文字极为不利，若干个不同意义的词汇使用完全相同的拼音，如果没有划分词义的好方法，势必造成混乱。在我们的日常讲话中，时有因用音同义别的词而发生误会的事例。例如，在一次期末考试结束，主任询问学生的考试成绩如何？教师回答说："全部及

---

① 鲁迅：《门外文谈》，《鲁迅全集》第六卷93—94页。

格"。"全部"与"全不"这两个词的音节、声调完全相同，而词义相反，结果造成误会，"全部及格"被对方理解成"全不及格"了。"部"与"不"两个汉字，表达两种不同的词义，用书面表达，尽管字音相同，词义却区分得很清楚，绝对不会造成误会。但是，如果用现在的拼音符号拼写，二者的意思就难以分辨了。所以说汉字对表达汉语所起的功能和作用，一般的拼音文字是不能代替的。

　　当前的汉字改革，首要任务应当是对汉字进行一次有计划地规范整理。就以汉字数量来讲，据最新统计多达六万个单字符号，数量之多，大大超过实际需要。从历史上考察汉字数量的增长情况，如东汉许慎的《说文解字》书成于公元100年，收9353字，加上重文计10516字。南朝梁顾野王的《玉篇》，书成于公元543年，在宋人重修前，收16917字。宋汪洙等编的《类篇》，书成于公元1066年，收31319字。明梅膺祚的《字汇》，书成于1615年，收33179字。清张玉书等编《康熙字典》，书成于1716年，收47035字。台湾中国文化学院与中国文化研究所出版《中文大辞典》，书成于1968年，收49905字。由汉语大词典编辑委员会编印的《汉语大词典》，收字已逾六万。历代实际使用的汉字是多少呢？完全准确的统计数字目前还难以作出，通过几部古代文献和现代报刊实用字数，大致可以看出一些情况。像《尚书》总字数24538字，用字量为1941个。《易经》总字数20991字，用字量为1583个。《诗经》总字数29646字，用字量为2936个。《春秋三传》总字数245838字，用字量为3912个。《礼记》总字数99008字，用字量为2369个。《论语》总字数15918字，用字量为1382个。《孟子》总字数35377字，用字量为1935个[①]。从上述几部先秦古籍用字数量统计，当时用字总量大约在6000至7000之间。

　　现代汉语的用字量，可从以下几个数据作出估计：1965年1月由文化部和文字改革委员会联合发布的《印刷通用汉字字形表》为6196字。1981年由国家标准局发布的《信息交换用汉字编码字符集——基本集》为6763字。陈明远先生根据阅读一般书刊所用字数统计，如果掌握了3800个汉字的形、音、义，就能阅读一般书刊内容的99.9%左右；如果掌握5200个汉字的形、音、义，就能阅读一般书刊内容的99.99%左右。据中国人民大学语言文字研究所统计，仅用4990个汉字则构成了《现代汉语词典》中的几乎所有的词。[②] 再就郑林曦先生统计，"现在书报刊物所用的字数为6335个，常用字约2400个，其出现次数占总字数的99%。根据香港的一个统计，4份中文报45天内所用的字数有4687个。"[③]

　　从上述几个数据可以看出，两千年前古代汉语的用字量，与今天现代汉语的用字量，基本上是相等的，大致都在6000至7000之间。

　　古今汉语实际用字量都在6000至7000之间，为什么现在编的字书收字已逾6万？这的确是一个值得探讨的问题。语言词汇确有新陈代谢的发展过程，随着时代的发展，旧词因时过境迁而被淘汰；又因新生事物的出现，必然产生许多新词新字，促使汉字字数逐渐增多，这是符合规律的。但是，如从古今汉语用字考察，彼此差异不是很大，在古今汉语各自使用的6000至7000汉字中，约有百分之七十以上是古今共同使用的字，这说明由于现代汉语出现的新词而滋生的新字，数量是有限的，仅仅用此说明不了汉字成倍增长的原因。先秦时代古代

[①] 王凤阳：《汉字学》545页，吉林文史出版社，1989。
[②] 陈明远：《数理统计在汉语研究中的应用》，《中国语文》，1981年6期。
[③] 陈重瑜：《试评汉语简化的一些论说》，《文字改革》1985年4期。

汉语的用字量大约在6000至7000字。许慎《说文解字》收秦篆9353字。当时的用字量与字书的收字量，二者的比例是合理的；现代汉语的用字量仍然是在6000至7000之间，而新编纂的字书收字竟达6万字，相当于《说文解字》的六倍，将近于实际用字量的十倍，这种比例是不合理的。造成这种不合理的原因很多，主要是汉字形体出现混乱。自宋代以来，编纂字书而以收字量多取胜，不惜真伪兼收并蓄，字数无限膨胀，没有对汉字形体进行严格的规范整理。

例如：汉字中异体很多，同为一字往往有几种形体，兹举数例说明如下：

用不同声符构成的异体字：

询诇　谋谟　蹞蹄　跷蹻　裤袴　祖禰
煨煊　煙烟　葑蘴　菱萱　睎睕　瞳眮
搯掏　呲眒　混浑　塴墙　轸辕　糁糚

用不同形符构成的异体字：

侑姷　傧嫔　顶顸　际视　呵诃　忧訧
胳骼　後逡　起记　寇宼　鷄雞　蛛蠧
稉粳　芳芛　糖饎　袄袂　绽绽　缾瓶

字体完全不同的异体字：

韬弢　嵒巖　嶀㭬　逵踬　愁谋　彧郁
䧳鼍　忌薏　餽醧　篮殷　毒前　裤绔

以上所举三种不同类型的异体字，实际数量很多，其中有些因意义引申而分化成两个字了，多数没有分化。

在现行的汉字中还有些是不合规范的误体字，即错字。或有人说，汉字形体多为约定俗成，只要广大群众承认，无所谓正误。我们认为错字总归是错字，应尽量避免，不应放任不管，而且应当消灭错字。可是在我们的字书中却混进了不少错别字。譬如人形符，甲骨、金文作"丿"，隶书作"亻"象人的侧体。形符"彳"，甲骨、金文作"彳"，《说文》云："小步也，象人胫三属相连也。"亻与彳二符，形似而义违，彼此不能代用。但在通行的汉字中，有些从"亻"字往往误写作"彳"，如形容孤独一词的"伶仃"二字，却也写作"彾彳亍"；训作缓行慢走的徐字，本当从"彳"，字书却收从"亻"符的"俆"；形容人之品行优美的"优"字，字书误收从"彳"之"彷"。再如形符"衤"乃衣字的形符，"礻"是表示神祇的示字形符，二者形近义违而常常搞错。像形容穿衣破旧的"褴褛"一词，字书还收有从示符之"襤褛"二字；神衣之袢，从衣卑声，字书重收从示之"裨"。其它诸如：祭字，字书重收"祭"；往字，字书重收"徃"；稔字，字书重收"禝"；袺字，字书重收"祮"，等等，类似的误字甚多，而且随时都在滋生。例如菜店把菠菜写为"卞芽"，科研单位把原子写为"尸子"。新编字书如不加筛选、不辨正别、不分对错，一律兼收并蓄，如此发展下去，不仅数量还会膨胀，而且大大削弱汉字功能。因此我们说现在又到了对汉字进行规范整理的时候了，首先应把正误异别各种形体分辨清楚，有些形体应该合并的合并，应该淘汰的淘汰。把正体字收入正编，异体和误字分别收入附录，备研究者参考。经过整理以后，汉字数量不仅能大大压缩，并可减少学习和使用上的困难。

第三章 汉字的古形

第一节 研究汉字形体的传统理论——"六书"

在上节中讲到，汉字是由广大人民群众创造的，起源于原始图画。这里有一个问题需要解决，即最初创造汉字是否遵从一定的理论原则。这个问题很重要，涉及应如何理解六书理论与汉字的关系。

世界上任何事物，在它刚刚兴起的时候，不一定马上就产生出相应的理论。一般总是在事物经过一段较长时间的发展以后，人们从实践中找出成功的经验和失败的教训，总结出具有指导意义的理论来，并进一步寻求符合客观发展的一般规律。当然，事物发展的过程是复杂的，总结出理论，要经过多次曲折和反复。有了理论，还要不断地接受实践的检验，并随着事物发展不断修正完善。研究汉字的理论和规律，也应当是这样。汉字产生在夏商以前，最初受原始图画的影响，则依类象形，随后出现会意、形声，在当时的情况下，本是自然之趋势，并无理论的指导。到春秋时代才开始出现像"止戈为武"之类非常幼稚地解释汉字形体的理论萌芽；战国末年出现了"六书"，但真正用"六书"解说汉字形体，是从东汉开始的。是时距汉字起源已有两千余年。过去的文字学家多认为汉字是仓颉所造，而且是根据"六书条例"创造的。如许慎《说文解字叙》云："仓颉之初作书，盖依类象形故谓之文，其后形声相益即谓之字。"班固在《汉书·艺文志》中谓："象形、象事、象意、象声、转注、假借，造字之本也。"这一观点，不符合汉字起源和发展的基本事实，应当说是本末倒置。实际上古人开始造字并不知道有所谓"六书"，更不可能根据六书理论指导造字。"六书"乃是后人根据字形结构总结出的理论，所以说"六书"不是创造汉字之本，而汉字却是"六书"之本。唯有弄清它们之间的关系，才能正确估计"六书"的价值和它对研究汉字所起的作用。自宋代以来，研究"六书"的人很多，对汉字理论的研究做出了一定的成绩。但是，他们有一共同之点，都把"六书"视为"造字之本"，即制造汉字的基本理论，遇有不符六书条例者，不惜生搬硬套强其就则。又把六书中每一种条例分成若干细目，如把象形字分作独体象形与复体象形；把会意字分为指事兼会意，象形兼会意。尤其是对形声字，分得更细。如一形一声字，二形一声字，三形一声字，一形二声字，二形二声字，等等。条例繁多，内容复杂。一个具有指导意义的理论，首先要正确、简要，便于掌握。如果把理论条文搞得过于繁琐，不仅徒费精力，而且不能解决实际问题。汉字数以万计，每个字都有自己的发展历史，有些字从产生到现在，数千年无甚大变化；也有些字形体变化非常复杂，甚至有的就是误变的错字，因约定俗成，将错就错，一直使用至今。这些情况如果按六书条文硬套，即使条目再细，也难以完全概括。所以必须从整体着眼，从汉字发展的过程中理出规律性的变化，归纳出共同性的理论。唯有如此，才能对研究古代汉字的发展变化和现代汉字的发展方向，做出有意义的贡献。

"六书"是从汉字的发展中总结出的理论，自它诞生以来，曾对汉字的研究有过很大的帮助。但是，它仅指出某些字的构造方法和使用方法，并没有从汉字的形成和发展的角度阐述其规律性的变化。因此，在目前的情况下，仅依靠六书条例来研究汉字，已经很不够了。可是，尽管六书理论已相当陈旧，绝不能轻易抛弃，应当吸取其中的精华和历代学者的研究成果，在其基础上加以创造和提高。

"六书"这一名称，初见于《周礼》，当时只有"六书"之名，没有具体的内容。到了东汉时代，才有人对"六书"作了说明。当时讲论"六书"内容的有三人：班固、郑众和许慎。他们三家各自举出的六书名目和排列的次序，彼此互不相同：

班固：

象形、象事、象意、象声、转注、假借。

郑众：

象形、会意、转注、处事、假借、谐声。

许慎：

指事、象形、形声、会意、转注、假借。

这一分歧并非偶然，反映出他们对不同结构的汉字产生的先后次序，各有不同的见解。班固、郑众除对"六书"名称和先后次序略作说明之外，对"六书"内容未作任何解释，只有许慎对六书条例作了说明。但是，他对每一条例仅用八个字解释和两个字例。由于许慎的说明过于简单抽象，致使每个条例之间的界限都不很清楚；而且《说文》本身对某些字体结构的解释，又不完全符合六书实际；因此，自宋代以来，学者们对六书条例的理解，也各抒己见，颇多分歧。这里将《说文解字叙》对六书条例的说明，以及后来学者们的不同意见，择其主要，分别介绍如下。

一 指　　事

"指事者，视而可识，察而见意，上下是也。"

许慎关于指事字的解释，过于笼统，并与象形、会意的界限含混不清。如"视而可识"，很似象形，"察而见意"，又似会意。因之使后来学者对指事字的理解颇多不同。如段玉裁在《说文解字叙》注中云："指事之别于象形者，形谓一物，事晐众物，专博斯分。故一举日月，一举 二（上）一（下），一 一 所晐之物多，日月只一物，学者知此，可以得指事、象形之分矣。指事亦得称象形，故乙丁戊己皆指事也，而丁戊己皆解曰象形；子丑寅卯皆指事也，而皆解曰象形；一二三四皆指事也，而四解曰象形。有事则有形，故指事皆得曰象形，而其实不能溷。指事不可以会意殽，合两文为会意、独体为指事。"王筠在《说文释例》中分指事为"正例"与"变例"两类，他认为凡独体之象有形之物者为象形，非象有形之物者皆为指事之正例。以他看来甲乙之字非象有形之物，故为指事。所谓指事"变例"，指用两个符号组成的合体字，其中一个符号成字，另一符号不成字，不能归于会意、形声之内，皆为指事变例。于是又将指事变例分为八项，诸如"会意定指事"，"省体指事"，"借象形以指事"，等等，细目繁多。朱宗莱《文字学形义篇》说："若夫指事之文，许君亦往往言象某形，则以造文之初，虑只象形一例，厥后无体可象，乃始变通成法，形意兼施，虚实互用，上以济写实之穷，下以开会意之先，后人分别言之，目为指事，推原其始，因一本小变而已。"唐兰对指事字则别具一种看法，他在《古文字学导论》中说："指事这个名目，只是前人因一部分文字无法解释而立的，其实这种文字，大都是象形或象意，在文字上根本就没有发生过指事文字。"

从上述四家意见，可大致了解过去学者对指事字的一些看法。如按王筠的说法，把指事字分为"正例"和"变例"，"变例"中又分为八项细目，立论可谓繁琐。他的目的是想把指事与形声、会意的界限分清，实际效果反而更加混乱。例如，他在指事正例中所举甲乙二字，以及段玉裁所举之丁戊己和子丑寅卯诸字，原来都是象形字，因为长久假借作干支之用，本义反而丧失了。类似这种目前尚不能识出所象物的独体字，不能称为指事。

所谓指事字，实际上是在用象形的方法难以表示事物特点的时候，利用标注记号的方法指出所表示事物的要点，即在两个符号中，一个是字，另一个不是字，只是个符号。例如"丿"（刀）是一具体物的象形字，而刃必须依赖刀才能体现，故在刀的刃部加一标注记号，写作"刃"，它的意义很清楚，不是指刀的全部，而是其中的刃部。再如，本字原指树木之根，根本之本也必须依赖木才能体现，故在木下根部标注记号，写作"本"。末字原指树的梢部，故在木上加注记号，写作"末"。许慎所举上下二字，以一横划为界，用短横符号之不同位置表示上或下。除此之外，如一二三三等数目字，也当属于指事之例。总之，用指事法造字，局限性很大，字数不多，皆属早期，后来基本不用此法创造新字了。

二　象　形

"象形者，画成其物，随体诘诎，日月是也。"

所谓象形，就是按照客观事物的形体，随其圆转曲直描绘出一种具有形象感的代表符号，以表达语言中的词义。段玉裁说："有独体之象形，有合体之象形，独体如日月木火是也；合体者从某又象其形，如 眉 从目，而以 象其形。箕从竹，而以 象其形。衰从衣，而以 象其形。畴 从田，而以 象耕田沟诘曲之形是也。"象形字出现的最早，它是创造汉字最原始的方法，直接从图画发展而来。上节为了说明汉字起源于原始图画，从商周时代的甲骨金文中选了一些接近图画的较为原始的象形字。其实象形字发展到商周时代，早已脱掉图象形体而变成象征性的符号。每个符号表示一种具体实物，凡宇宙间可用图形表示的有象之物，皆可据形制字。古汉语的名词多为单音节，即一物一名，一名一词，一词也即一个音节，因而一个象形字即体现了一件物的完整个体。这种字体在商周时代的甲骨金文中反映的很清楚（参见表二〇）。

凡是一物，体积无论大小，或独立，或附于它物之上，都是一个完整的个体，因此表示物名的象形字也必然是独体的。过去段玉裁所谓"合体之象形"，王筠所谓"象形兼意"或"象形兼意又兼声。"这种分类没有必要。实际上无有不兼音意的象形字。按段氏所举合体象形之例，如眉、箕、畴、衰等字，眉原是象形字，金文作 （小臣遽毁）、 （周愙鼎），眉与目本为一整体图形，无目就无以体现眉的形状。再如箕字原作 ，即簸箕之箕，象形。后来增添声符丌，写作"其"，则变成形声字了，又因久假为虚词，于是又在其字的基础上增添竹符写作箕，经过几番改变已由象形变为形声，不能称为合体象形。畴，金文作 （豆闭毁），乃田之疆界，象形。后增田符转为形声，也不是合体象形。衰字小篆作 ，《说文》谓"从衣象形"。此字甲骨金文未见，与此相同的裘字，小篆作 ，许慎亦谓从衣象形，并云"与衰同意"。裘字甲骨文作 （《殷墟书契》前编七、六、三），乃独体象形字，并非合体象形。小篆中的 字，则从象形字变为从衣求声的形声字了，与从衣 声的衰字结构相同，都属于形声兼用的形声字，均非"象形兼意"的象形字。再如，王筠所谓"象形兼意"者以"为"字为例，他说：为"不以爪表之不可知为猴也，有头有腹，短尾四足，此等物颇多，惟以 ⌒ 象其援擢不安静之状，而复以爪表之，是真猴矣。"（《说文释例》）按为字甲骨文写作" "，用手牵象之形，本会意字。王氏以为猴，本误，又引作"象形兼意"之证，更谬。王氏又以能字为"象形兼意又兼声"之例，亦错。能即熊罴之熊的象形字，金文写作" "（毛公鼎），后因假为能力之能，又另造熊字。王氏不知能熊二字互为递变的关系，故设"象形兼意又兼声"之目，均不确切。通过以上分析，可以作这样的说明：象形字是仿照物体描绘的图形，是最早创造的一种汉字形体结构，后来逐渐变图形为象征性的符号。由于它原为完整的图形，所以也必然是个整体符号，形、声、义俱备，根本不存在"象形兼意"或"象形兼声"的问题。

人 甲 2940	女 甲 2426	首 前 6.7.1	目 铁 16.1	自 甲 342	齿 甲 2319
鼎 前 5.2.4	鬲 粹 1543	甗 前 7.37.1	壶 前 5.5.5	酉 乙 6718	爵 乙 4508
车 存 743	舟 前 7.21.3	弓 乙 1945	矢 后上 17.4	戈 乙 7108	戉 甲 3181
日 甲 2636	月 佚 518	云 佚 518	雨 前 3.20.3	水 铁 99.4	火 后下 9.1

表二〇　商代甲骨文中的象形字

三　会　意

"会意者，比类合谊，以见指㧑，武信是也。"

许书原来的次序，会意在形声之后，列为第四条例，从汉字发展规律分析，会意先于形声,故序次稍变。

段玉裁注:"刘歆、班固、郑众皆曰会意,会者合也,合二体之意也。一体不足以见其义,故必合二体以成字。"又说:"谊者,人所宜也,先郑《周礼》注曰:'今人曰义,古书曰谊',谊者本字,义者假借字。指㧑与指麾同,谓所指向也,比合人言之谊,可以见必是信字,比合戈止之谊,可以见必是武字,是会意也。会意者,合谊之谓也。"王筠也谓:"案会者,合也,合谊即会意之正解。《说文》用谊,今人用义。会意者,合二字三字之义,以成一字之义。"

会意字是象形字的进一步发展,是在象形字的基础上产生的一种新的字体结构。象形字是以图形的方法代表诸物的名称,多为物的静止形态。会意字是表示人与人、人与物、物与物之间活动形态的一些词,因而它是由两个以上的象形符号组成的,其中绝大多数是复体字。我们在"汉字的发展"一节中曾经谈到,表示人的某种操作,一般是用手代表人进行活动的符号,再和某一具体物的象形符号组合成一个象征性的字体。再如,表示人的行动,一般采用"止"这样一个代表人足的象形符号和一个代表某种自然环境的象形符号,共同组成一个具有行动意义的会意字。由于它是由几个符号组成一个字,因而创造这种结构的汉字,其潜力远比象形字要大,使用的范围也广泛,因而会意字的数量多于象形字,仅少于形声字,在三种字体中居于第二位。清代学者曾根据会意字的组合特点,分立了许多细目。如王筠在《说文释例》卷四中分析:"凡会意字:或会两象形以为意,或会两指事以为意,或会一形一事以为意,或会一象形一会意,或一指事一会意,皆常也。"如此分目,殊嫌繁琐,既云会意字是由几个象形符号所组成,就无须再对每种符号进行分解。但是,关于会意字的组合形式,应当根据它们各自存在的不同特点加以区分。

表二一　商代甲骨文中的会意字

根据现有古文字资料来分析，会意字的组合形式基本上可归纳为两种：一种完全以形为基础，以图形的组合来反映某些词义的具体内容，使人看到字的形体，即可联想到语言中的某些词。尤其是古代，字形的结构往往同当时的实际生活密切联系，通过字形容易联想到词义。例如执字，甲骨文写作"🔲"，作人被枷梏之形，监字写作"🔲"，为人向皿中水照面之形，饗字写作"🔲"，为二人对坐共宴之形等。参见表二一。

竝（并），作二人并肩而立之形。浴，作人在盆中浴澡之形。盥，作人在盥手之形。依，作人服衣之形。饮，作人饮水之形。毓，作妇人分娩之形。耤，作农夫持耒耕作之形。薅，作手中持蚌器除草之形。解，作割解牛角之形。雩，作雨中舞蹈之形。典，作双手奉策之形。射，作拉弓射箭之形。鬥，作二人相斗之形。执，作枷梏人手之形。刖，作割锯人足之形。劓，作用刀割鼻之形。

会意字的另一种形式，虽然也是由两个或两个以上的象形符号所组成，但它不是依靠两种图形的组合来反映语言中的词义，而是采用两种符号的意义组合构成的词义。例如人言为信，月出为朏，日月为明，以及反正为乏，背厶为公等，参见表二二。

表二二　周代金文中的会意字

信，取人言为信之义。男，取致力于田之义。赤，取大火之义。昶，取日永之义。嵩，取山高之义。好，取女子为媄之义。买，取网贝之义。喿，取群口共鸣之义。昔，取往古洪水日之义。朏，取月出之义。明，取日月映照之义。料，取半量之义。从，取二人相随之义。北，取二人相背之义。公，取背厶之义。旦，取日出于地平线之义。莫，即暮之本字，取日影入林中之义。𢇍，取反𢇍（绝）之义。

前边已经讲到会意字的结构是以象形为基础，利用两个以上的象形符号组合而成，在尚未完全失掉象形意义的古汉字中，会意字的结构显示得比较清楚。但是，当汉字的形体发生剧烈的变化，由篆体变为隶体之后，原来的象形图像逐渐失真，最后完全变成示意性的符号，会意字也必然丧失它的会意性质，尤其是第一种利用图形组成的会意形式，自字体改为隶书或楷书，字形已无法体现会意的内容，因而自隶书盛行之后，就不再用第一种形式创造会意字了。第二种形式的会意字是采取两种符号在意义方面的组合，这种形式，字体虽然由篆体变为隶体，并不影响从意义方面构成会意的内容。因此，隶书盛行之后，利用会意创造汉字的方法，并没有完全淘汰，第二种形式的会意字仍不断滋生。诸如：耷，取大耳之义。劣，取少力之义。楞，取四方木之义。尖，取上小下大之义。卡，取不上不下之义。尠，取甚少之义。忐忑，取心中上下不安静之义。岩，取山石之义。套，取大而长之义。歪，取不正之义。籴，取入米之义。粜，取出米之义。尘，取小土之义。

四　形　声

"形声者，以事为名，取譬相成，江河是也。"

段玉裁云："名即古曰名，今曰字之名。譬者谕也，谕者告也。'以事为名'，谓半义也；'取譬相成'，谓半声也。江河之字，以水为名，譬其声如工可，因取工可成其名。其别于指事、象形者，指事、象形独体，形声合体；其别于会意者，会意合体主义，形声合体主声。声或在左，或在右，或在上，或在下，或在中，或在外，亦有一字二声者，亦声者，会意而兼形声也；有省声者，既非会意又不得其声，则知省某字为之声也。"

形声字的出现，是汉字由表意走向表音的重大发展，正如上节所讲，由于汉语的发展，新词不断增多，表意汉字因形体构造比较困难，故难以适应汉语的要求，当汉字的制造将要走向枯竭的情况下，于是在假借字的基础上产生了形声字，从而使汉字得到新生，由表意转为表音。形声字是取两个现成的字体组合而成，其中一字表示新字的意义，谓之形符或义符；另一个表示新字的读音，谓之声符。一字之中音义各占一半，即段氏所谓"半义"和"半声"。例如《说文·邑部》之郡、都、鄙、郊、邸……，《日部》之时、昧、晚、晓、昕……，"邑"和"日"都是形符，而邑左侧之君、者、啚、交、氐和日右侧之寺、未、免、尧、斤都是声符。

形声和会意虽然都是合体字，但字体结构不同。会意字是由两种形符组合成一个新词意义，没有标音的作用。形声字的结构，是一形一声。从理论上解释形声字和会意字的区别很容易理解，但具体分析却并不简单，如《说文》中有些字，它的形体既似会意又似形声，或者既不似会意又不似形声，对待这一类的字体，很难作出正确的解释。许慎在说明这些字体结构时，提出了有"亦声者"，有"省声者"，以及"复形复声"等细目。应当如何理解许慎提出的"亦声"、"省声"和"复形复声"，是研究形声字体结构的重要问题。

1. "亦声"说

所谓"亦声"，即段玉裁所说："会意而兼形声也"。形声字与会意字是两种不同结构的字体，会意字主要是形义的合体，形符都是独体象形字；形声字是形和声的合体，它所采用的义符声符则不拘一格，无论是独体象形字，复体会意字或形声字，都可以充任。关于复体形符的问题，将在下面复形复声中再讨论，这里先谈声符。例如，水是独体象形字，用水作形符的形声字，有沐、沚、洎、汝、汕等，它们的声符木、止、自、女、山都是独体象形字。除此之外，如游、溪、溱、湘等字，它们的声符斿、奚、秦、相都是会意字；再如瀞、渲、溦、潍、淇，它们的声符静、贱、维、宣、其，都是形声字。从而可见，形声字中的表音符号不受任何限制，只要是读音相同即可取用，声符与字义没有必然的联系。但是，由于形声字的数量很多，其中难免有些形声字的声符和本字词义相同或相近，能否称之为"亦声"或"会意兼形声"呢？不能。因为字义有本义和引申之义，往往是时代愈晚引申之义愈广泛，因而引申之义就有可能同声符意义相近，虽然如此，但并不能称之为"亦声"。因为形声字的声符与字义没有必然联系，即便有的声符与字义相近，也是一种偶然现象，既不能称作"亦声"，更不能称为"会意兼形声"；形声字中的声符和训诂学中的声训，所谓字义寓于字音，以音求义，完全是两回事情。但是，宋代学者根据许慎"亦声"的理论，提倡一种所谓"右文说"，这一学说虽然仅见一些零星记载，并没有留下系统的著作，在当时却很有影响。诸如，沈括《梦溪笔谈》云："王圣美治字学，演其义为右文，古之字书，皆从左文，凡字其类在左，其义亦在左，如木类在左，皆从木。所谓右文者，如'戋'小也，水之小者曰浅，金之小者曰钱，餐之小者曰残，贝之小者曰贱，以戋为义。"王观《学林》云："卢者字母也，加金则为鑪，加瓦则为甗，加目则为矑，加黑则为黸。凡省文者，省文所加之偏旁，仅用其字母，则众义该矣。如'田'字，字母也，或为畋猎之畋，或为佃田之佃，若用省文，惟以田该之。"张世南《游宦纪闻》云："自《说文》以字画为类，而《玉篇》从之，不知其右旁亦以类相从，如戋为浅小之义，故水之可涉者曰浅，疾而有所不足为残，货而不足贵者为贱，木而轻者为栈。'青'为精明之义，故日之无障蔽者为晴，水之无溷浊者为清，目之能见明者为睛，米之去粗皮者为精。"

所谓"右文"是指形声字的字体结构多为左形右声，如上述宋人所举从戋得声之浅、钱、残、贱，从卢得声之鑪、甗、矑，从青得声之晴、清、睛、精等。因戋有小义，则从戋之字，既有戋声亦有小义；卢有黑义，从卢之字，既有卢声又有黑义；青有精明之义，从青之字，既有青声又有精明之义。"右文说"其所以未能成功，因它过分强调了形声字的声符与所表达的词义的一致性，违背了汉字发展的客观实际。汉字是汉语的书面形式，它以汉语为基础。汉语和其他民族语言一样各有自己的语言系统，如果说语音相同词义必然相同，同一词义必然同音，显然不符合汉语的实际情况。汉语的重要特点是同音词很多，其中必然有的音同义近，但多数同音词不仅词义不同，而且相反。仅就戋、卢、青三个声符而论，用它们作声符的字，也不完全符合"右文"之说。如划、践、饯、谫、溅皆为动词，并无小义；驢、簬、廬、顱，虽从卢字得声，并不含有黑义；情、请、鲭、蜻，虽都从青声，而并无精明之义。至于从形声字体结构来看，声符也不完全在右，正如段玉裁所说："声或在左，或在右，或在上，或在下，或在中，或在外。"这仅是对汉字定形以后的楷书而言，至于商周时代的甲骨、金文，更无严格规定。

形声字中的形旁，除辵、亻、宀、广等少数只作形旁符号之外，多数符号既可作形符亦可作声符，并无严格分工。例如钟、锦二字皆有金符，钟字取其形，锦字取其声。枯、沐二字皆有木符，枯字取其形，沐字取其声。烤、伙二字皆有火符，烤字取其形，伙字取其声，等等。

形声字是取现成的字作为它的形符和声符，由于产生的时代和地区不同，有时同一词义的字存在好几种形体，例如鐘和鍾、粳和稉、绔和裤，讹和讹，等等。这些现象说明，形声字和其它结构的汉字一样,是群造群用,其中约定俗成和新陈代谢起了很大的作用,它的形体结构虽有一定的原则和系统,但很不严密。历史上有不少人企图从它的声符和形符方面,整理出一套严密而科学的系统,由于方法不对,结果都没有成功。

2. "省声"说

所谓"省声",亦是许慎解释形声字的一种条目。例如:"蠱,虫也,从展省声。""堅,积土也,从土聚省声。""救,交灼木也,从火教省声,读若狄。""觫,实曰觫,虚曰鱓,从角鴷省声。"

上述数例说明,"省声"是将形声字中的表音的声符结构加以简化,仅保留其中一个部分,如蠱字的声符原为展,省去下部的"仄",保留"展"。堅字的声符原为聚,省去下部"众",保留"取"。救字的声符原为教,省去了"子",保留了"攵"。觫字的声符原为鴷,省去了"矢",保留了"易"。从上述字体结构分析,这一类的省声字基本上是可信的,体现出"省声"是使字体简化的一种手段。同样情况,在《说文》中亦有一种"省形"字,如:"耋,年八十曰耋,从老省,至声。""耇,老人面冻黎若垢,从老省,句声。""寐,卧也,从㝱省,未声。""寤,寐觉而有言曰寤,从㝱省,吾声。"

省形的作用与省声相同,都符合汉字发展规律的基本要求。但是,《说文》中所谓省声字,并不完全可信,其中有很大部分是出于许慎的主观臆断。例如:"宫,室也,从宀,躬省声。""商,从外知内也,从冏,章省声。"大徐本谓龍字"从肉飞之形,童省声。"

根据甲骨文的资料,宫字写作 （前4.15.3）,似宫庭之形,非从躬声所省。商字写作 （粹1239）,非从章声所省。龍字写作 （拾515）,本为象形字,非从童声所省。段玉裁、王筠等都对许慎所谓的省声表示过怀疑,段氏在《说文解字》哭字注中讲:"按许书言省声多有可疑者,取一偏旁,不载全字,指为某字之省,若家为豭之省,哭之为狱省,皆不可信。"汉字在未完全定形之前,采取省简声符或形符的结构使汉字形体简化,这是事实,同时也是汉字发展的一个重要方向,确定某字声符由某字所省,须对它的发展过程有所了解,许书中有些所谓省声字,则缺乏这方面根据,因此有许多是不可信从的。

3. "复形复声"说

形声字是由形符和声符组成的字体,严格地讲,每一个形声字只能包含一个形符和一个声符。但是,许书对一些形体复杂的形声字,用分解的方法,作多形多声的解释,于是有些学者根据许说则将形声字分作:"一形一声字"、"二形一声字"、"三形一声字"、"四形一声字"、"一形二声字"、"二形二声字"等许多细目。形声字本来是由一形一声组成的一个整体,为何把它割裂成多形多声呢?主要是对某些字体的演变过程不了解,因而造成许多误会。

前面已经谈到,形声字比其它结构的汉字有两大优点,第一便于创造;第二易于识读。创造一个新词的形声字,不须要新造字体,只是从现成字中选择适用的形符和声符相互拼合即可成字。然而所选的形符和声符,有时是象形字,也有时是会意字或形声字。如果是由两个象形字组成的形声字,由于象形字都是独体,所以它是一形一声字。在另一种情况下,如果是由一个象形字表示读音,用一个会意字表示意义,因象形字是独体故为一声,而会意字是复体,所以就成为一声复形字了。采用这种分解字体的方法研究形声字是很不科学的,不仅违背了构成形声字的实际情况,而且把理论搞乱。

每一个汉字都有它自身的发展历史，具体研究一个形声字的结构，必须考察它的形成和演变。例如：

寶字，《说文》云："珍也，从宀从玉从贝，缶声"。根据许慎的解释，所以有人将其解为"一声三形"字，其实寶字在甲骨文中写作 ⌂（甲 3741），乃室内藏有玉贝之形，为一会意字，后来金文在会意字的基础上增添一声符"缶"，写作 ⌂（小臣遽殷），则变作形声字。分析寶字结构，应当了解它的历史演变。甲骨文虽由宀玉贝三符组成，但已成一完整的会意字，形、音、义三者俱备。后来又赘增声符"缶"，变为形声字，应当把原来的会意字看作一个整体，用原来的字体表义，用缶字表声，实际是一形一声。因许氏不了解寶字的来源和演变，故将其误解为三形一声。

畴字，《说文》云："𤰰，谁也，从口 𠂤，又声， 𠂤 古文畴"。以复形之说，此字本当二形一声字，小篆之畴，又增田字形符，则为三形一声。其实甲骨文中畴字写作 𠂤（河 516），象田界之形，本为一象形字，由于自甲骨金文变为小篆，又自小篆变为隶书，随着形体变化而赘增形符，其实应将 𠂤 视为一个充作声符的整体，田字表义，仍为一形一声。

龍字，《说文》段注本云："鳞虫之长，能幽能明，能细能巨，能短能长。春分而登天，秋分能潜渊，从肉， 𠃜 肉飞之形，童省声"。以复形复声之说，龙字当为二形一声。其实龙字是一象形字，甲骨文写作 𠃜（前 4.53.4），许慎所谓从肉，是对龙首之误解， 𠃜 乃龙之身，所谓"童省声"者，乃龙角之误也。

宜字《说文》作 ⌂，谓："所安也，从宀之下，一之上，多省声。"以复形复声之说，乃二形一声字，或会意兼形声，皆误。其实宜字乃俎字之后裔，宜俎二字同源，原为一会意字。《说文》云："礼俎也，从半肉在且上"。但此字从甲骨文到小篆变化很大，从下列字形演变，可了解它的来源：

⌂ → ⌂ → ⌂ → ⌂ → ⌂ → ⌂ → ⌂

甲骨文　　矢殷　　秦公殷　秦子戈　战国印　　盟书　　说文

从以上字例足以清楚地看出，过去所谓二形一声、三形一声等等细目，皆不符合形声字的实际情况，是对形声字体结构的误解。形声字是复体字，都是一声一形，所谓复形复声是不准确的。

五　转　注

"转注者，建类一首，同意相受，考老是也。"

许慎对转注的解释过于抽象，"建类一首，同意相受"是什么意思？类和首指的又是什么？都很含混。所以后来关于转注的解释，争论最多，大致可分三种意见。

第一种以南唐徐锴为代表，主要从字的形体偏旁部首来说明转注意义。他在《说文系传》中说："转注者，建类一首，同意相受，谓老之别名，有耆、有耋、有寿、有耄、又孝子养老是也。一首者，谓此等诸字皆取类于'老'，则皆从'老'；若松柏等皆木之别名，皆受意于木，故皆从'木'。"清代江声亦主此说，他于《六书说》中讲："立老字以为部首，即所谓建类一首。考与老同意，故受老字，而从老省。考字之外，如耆耋寿考之类，凡与老同意者，皆从老省而属于老。是取一字之意以概数字，所谓同意相受。叔重但言考者，举一以例其余尔。由此推之，则《说文解字》一书，凡分五百四十部，其始一终亥五百四十部之首，即所谓一首也，下云凡某之属皆从某，即同意相受也。"这一派的意见认为，"建类一首"是指偏旁部首，"同意相受"谓部首相同，意义相近的一类字。他们主要是从字形方面来说明转注，因而称之为主形派。

第二种以戴震和段玉裁为代表，主张从字义方面来解释转注，他们认为在意义方面凡可互训者，皆为转注字。戴氏在《答江慎修先生论小学书》一文中说："考老二字属谐声会意者字之体，引之言转注者字之用，古人以其语言为名类，通以今人语言，犹曰互训云尔。转相为注，互相为训，古今语也。《说文》于考字训之曰'老也'，于老字训之曰'考也'，是以序中论转注举之。《尔雅·释诂》多至四十字共一义，其六书转注之法与。别俗异言，古雅殊语，转注而可知数字共一用者，如初、哉、首、基之皆为始；卬、吾、台、予之皆为我，其义转相为注曰转注。"段氏在《说文解字叙》注中说："'建类一首'，谓分立其义之类而一其首，如《尔雅·释诂》第一条说'始'，是也。'同意相受'谓无虑诸字，意恉略同，义可互相灌注，而归于一首。如'初、哉、首、基、肇、祖、元、胎、俶、落、权舆'，其于义或近或远，皆可互相训释，而同谓之始是也。独言考老者，其显明亲切者也。老部曰：老者考也，考者老也。以考注老，以老注考，是之谓转注。盖老之形从人毛匕，属会意。考之形，从老丂声，属形声。而其义训，则为转注。全书内用此例，不可枚数，但类见于同部者，易知，分见于异部者，易忽。如人部，'但，裼也'，衣部'裼，但也'之类，学者宜通合观之。异字同义，不限于二字，如裼、裸、裎，皆曰：'但也'，则与但为四字。窒、寘，皆曰：'塞也'，则与塞为三字是也。"由于他们皆主张凡意义相训的字皆为转注，谓转注为字义的互训，同字形无关，因之称之为主义派。

第三种以章炳麟为代表，主张从字音方面解释转注，他在《转注假借字》一文中说："余以为转注、假借，悉为造字之则，汎称同训者，在后人亦得名转注，非六书之转注也。同声通用者，在后人虽通号假借，非六书之假借也。夫字者，孳乳而浸多，字之未造，语言先之矣。以文字代语言，各循其声，方语有殊，名义一也。其音或双声相转，叠韵相迤，则为更制一字，此所谓转注也。"于是他又进一步说明："何谓'建类一首'？类谓声类，首者今所谓语基，考老同在幽部，其谊互相容受，一谊而音有小别，按形体则成枝别，审语言则同本株，虽制为殊文，其实公族。推之双声者亦然，同音者亦然，举考老以示例，得包彼二者矣。许君于同部字，声近谊同者，联举其文，而不说为一字，所以示转注之微恉也。如芋，麻母也，冀，芋也，古音同在之部。蓨，苗也。苗，蓨也。古音同在幽部。若斯类者，同韵而纽或异，则一语之离析为二者也，若其纽韵皆同，在古则为一字。自秦汉以后，字体乖分，音读或小与古异，《凡将》、《训纂》相承别为二文，故虽同义同韵，而不说为同字，此皆转注之可见者。许君绵联比叙，令学者心知其意，其它部居不同，或文不相次者，若士之与事，叕之与残，了之与㐱，火之与煋、熮，在古一文而已，其后声音小变，或有长音短音，判为异字，而类谊未殊，亦皆转注之例也。若夫畐、备同在之部，用、庸同在东部，峞、巇同在歌部，惶、恇同在阳部，于古语皆为一名，而音有小变，乃造殊字，此亦所谓转注者也。其以双声相转，一名一谊而孳乳为二字者，尤彰灼易知，如屏之与藩、亡之与无、谋之与谟、空之与窾，此其训诂皆同，而声纽相转，其为一语之变，益粲然可睹矣。"

　　从以上对转注的三种不同意见来看，许慎所谓"建类一首，同意相受"，究竟是指形符部首，或意恉相训，还是为声类语基，终无统一结论。转注虽属六书之一，但非造字之本，而是用字的方法。如举老考二例，从古文字考察，老为象形，考为形声，粲然易晓。而转注又应如何理解，故历史上有多种意见。考察许书本意，所谓"建类一首"，实际是指偏旁部首，许氏在《说文叙》中说："其建首也，立一为耑"，可见是以形建首，许慎已自言之。但是，同部首者，并非都同义，唯字义相同，尚可互训，故举考老为例。三派虽然同解释转注，见解却不相同，彼此又甚分歧。他们所涉及的问题，实际上已经超出了转注的范围，深入到汉字的形、音、义的发展和相互作用的研究。因此了解三派意见，不要拘泥于对转注的考辨，应当从中吸取三派不同的研究方法和成果，把它们联在一起，共同研究，定有更大的帮助。汉字的形、音、义相为孳乳浸润，由音义离析而形体增多，确是汉字的一个规律。

六　假　借

　　"假借者，本无其字，依声托事，令长是也。"

　　从古代文字资料考察，假借字出现的时代很早，在形声字产生之前，主要是利用假借同音字来调济文字之不足用。正如清代学者孙诒让在《与王子壮论假借书》一文中所说："天下之事无穷，造字之初，苟无假借之列，则逐事而为之字，而字有不可胜造之数，此必穷之数也。故依声而托事焉，视之不必是其字，而言之则其声也。闻之足以相喻，用之可以不尽，是假借可以救造字之穷而通其变。"假借不仅解救早期造字之穷，并且对后来汉字形体结构的发展也有很大的影响，形声字就是在假借同音字的基础上创造出来的一种表音结构的字体。

　　假借字的出现当在象形、会意之后，形声字之前。由于人类社会不断发展，语言词汇也必然随着社会发展而日益丰富，如果仅仅依靠象形、会意两种表意字体，难以适应汉语发展的要求，因而不得不采用变通办法，利用现有同音字代替使用，这就是许慎所说"本无其字，依声托事"。"假借"虽属六书之一，亦和"转注"一样，并非为造字之法，而是用字的方法。早在商代的甲骨文中，假借字即已普遍使用，如前文所讲，东南西北及二十二个干支字等，都是经常见的假借字。不仅古代如此，后世更甚，现在日常使用的字，有许多属于假借，甚至有些字因久假不归，本义早失，所能了解的只是因假借或引申的别义。可见，假借字是古今共同的用字方法。尤其是现代汉语的词汇，由单音词向多音词方向发展，许多多音词汇就是利用同音字来组成的。从整个词义来讲，可以表达一完整概念，但字与字之间，不一定有意义上的联系。说明无论古代或现代，假借字只是作为音节使用，需用字和假借字之间必须读音相同，彼此的意义可以无任何关系。

　　假借字本来是在造字之初为了解决造字的困难，采用依声托事的方法，以一字可代数字用，从而控制字数的无限发展。实际上到后来已不限于此，不仅是"本无其字"而用假借，而且是"本有其字"亦用假借。这种情况在先秦两汉的古籍中，举不胜举，常常舍弃本字不用而借用同音字。古人用字较宽，在当时来讲并不以为然，可是到后来，因时代的变迁和受外族语言和方音的影响，汉语语音也不断发生变化。汉字是代表汉语的，由于汉语语音发生了变化，字音也必随同语音而改变，年长日久，古今字音差异很大。在完全不了解上古字音的情况下，根本无法知道某些假借字在当时该读何音，也就更无法知道所借何字，因此给阅读古籍造成许多困难。自清代顾炎武开始，先后有许多学者从事上古音韵的研究，他们根据语音发展的规律，整理出上古音韵的发展系统，做出了很大的贡献。通过古今字音对比和语音的发展变化，大体了解古今字音的发展关系和上古音韵系统。借助于上古音韵学的研究成果，找出古籍中假借字和被借字的声韵关系，从而进一步读通古籍弄懂古义，这是清代学者的一大发明。不仅读通大量过去难以通读的古籍，同时把古文字的研究亦大大推向前进。通过上古音韵的研究，辨别假借字所代表的字音和字义，是清代学者所创造的科学方法，是一份非常宝贵的遗产，应在其基础上进一步发展和提高。

关于六书的内容以及后来学者们的一些主要意见，基本上如前面讨论的情况。就六书内容分析，指事、象形、会意、形声属于造字的方法，转注、假借属于用字的方法。唐兰先生曾提出三书的名目，他在《中国文字学》中说："我在《古文字学导论》里，建立了一个新的系统——三书说，一象形文字，二象意文字，三形声文字。象形、象意是上古期的图画文字，形声文字是近古期的声符文字，这三类可以包括尽一切中国文字。"在唐氏之前，唐人张怀瓘曾提出类似的看法，他在《书断》中讲："夫文字者，总而为言，包意而名事也，分而为义。则文者祖父，字者子孙，得之自然，备其理。象形之属，则谓之文，因而之蔓，子母相生；形声、会意之属，则谓之字，字者，言孳乳寖多也。"

总观汉字的形体结构，象形、会意、形声三种方法已足以概括。六书中的指事，无非为象形之分支，乃一本小变，无须另立一类；转注、假借都为用字方法。

第二节　古文字的形旁及其变化

根据上一节的讨论，汉字的结构基本上可归纳为象形字、会意字和形声字三种类型，即唐兰先生所谓之"三书"。象形字是独体，会意字和形声字都是复体。许慎曾在《说文解字叙》中云："仓颉之初作书，盖依类象形故谓之文，其后形声相益即谓之字，文者象物之本，字者言孳乳而浸多也。"近人章炳麟亦于《国故论衡》中讲："独体者仓颉之文，合体者后王之字。""仓颉作书"虽属传闻，而文字相因确是事实。如今汉字数以万计，其中独体之文为数甚少，绝大多数是合体之字。数万个合体字皆由少数独体文组合而成；一个合体字，少者由二三文组成，多者由五六文组成。一个独体文既代表汉语中一个完整的字词，又是合体字中的一个偏旁符号，就好像它既是一件完品，同时又是其它诸完品中的一个部件。因此，了解各个独体文的形体及其发展变化，有助于了解整个汉字字体的发展变化。

早在唐代开始即有人注意汉字形旁的研究。当时把会意、形声等复体字中的形旁视为汉字的"字原"，如前文所讲，把有关这方面的研究称作"字原学"。

字原学的问题很多，其中主要是他们把《说文》中的五百四十个偏旁部首作为研究的对象，将《说文》部首同汉字字原混为一谈。《说文》部首同汉字字原虽有一定的关系，但是，二者并不能等同。所谓"字原"，应当指那些构成汉字形体的基本形旁，主要是一些独体象形字和少数会意字。《说文》部首并不完全如此，它的内容非常繁杂，臃肿重叠之处甚多。例如在其所建的部首中，既有玉部，又重建珏部；既有艸部，又重建蓐和茻二部；既有口部，又重建吅、品和㗊三部。其它诸如：土与垚，田与畕，力与劦，羊与羴，隹与雔、雥，目与䀠，眉、首，豆与豈、豊、豐，庀与虎、虍、虤，糸与絲、丝、素，等等，相互重叠之部甚多。再如：既建止、彳二部，又另建此部；既建日、正二部，又另建是部；既建宀、吕二部，又另建宫部，等等，类似的情况在整个部首中占很大比例。除此之外，如靐、聱、瀺、毇、履、歆、龘、豚、瀕、鹽、稽等字均列为部首之内，从其字体分析，都是由若干象形符号拼合而成的复体字，列为部首已甚不妥，当然就更非字原了。《说文》部首是从秦篆中选定的，它的形体同早期汉字已有很大距离，有些字体原形已失，许慎已不能准确地说明它们的原始结构，误解之处很多。许氏建部目的在于归字，尽管所建立的系统问题很多，但在当时的条件下，能使九千三百余字各有所归，确是一件极不容易的工作。许慎所谓"方以类聚，物以群分，同条牵属，共理相贯"，是他个人的理解，今天看来主观成分很大。以《说文》部首研究字原，必须严加分析和选择，过去把五百四十部首统统看作字原，势必走向失败。

利用《说文》部首研究汉字字原，虽然已成陈迹，但是，这种方法却包含着科学的意义。清末孙诒让提倡以分析偏旁的方法研究古文字，摆脱过去拘泥于《说文》部首的做法，从商周时代的甲骨、金文中寻找资料，具体分析各种文字的偏旁形体，这就抓住了研究古文字形体的关键。后来唐兰、于省吾等又在孙氏研究的基础上继续向前推进，使偏旁分析这一研究古文字的方法得以建立，并使它日臻科学。

汉字的形体非常复杂，就古体汉字来讲，它的偏旁字源究竟应当包括哪些内容，确是应当研究的问题。从目前所见商周时代的甲骨、金文以及战国时代的各种刻辞考察，大抵包括以下几个方面。

（1）人和人的肢体与器官　以人和人的肢体与器官作为汉字偏旁，早在商代的甲骨、金文中即已普遍应用。按人的特征而言，有老年、幼年、成年、妇女、病人等；人的肢体，有头颅、身体、手、足、乃至骨骼、肌肉等；人的器官有口、鼻、眼睛、耳朵以及心脏等。耳、目皆为人的感觉器官，凡和听、视有关的字，都是用耳或目二形旁分别表示。心脏是人体中推动血液循着脉道运行的器官，古人误以为它主管思维，于是在汉字中凡表示思想感情一类的词字，皆附以心字形旁。汉字中用人和人的肢体或器官充作表示意义的形旁，字数很多，《说文》中仅用"止"（人的足）字形旁直接或间接构成的字，就达四百余个。

（2）动物形体　动物形体如虎、鹿、马、牛、羊、犬、豕，以及鸟、鱼、虫等各种动物，以及它们身上的羽、角等，皆为汉字形旁。字的本义与所附形旁有密切关系，从马之字，如非马名必为马事；从鱼的字，如非鱼名必为鱼事。

（3）植物形体　以植物形体充作汉字形旁，其中有艸、木、禾、竹等，亦有用植物所制的米、食等，都是汉字形旁。不仅各种植物名称用它们来表示，而且凡由植物制成的各种器皿或食物，亦以相应的植物形旁表示类属。

（4）生活器具、工具和武器　生活器具包括居室、门、户、衣、巾、缶、皿、舟、车等物；生产工具如：刀、斤（斧）、耒、网；武器如：弓、矢、戈、殳、矛，等等。

（5）自然物的形体　如日、月、山、阜、田、邑、金、石、水、火，等等。

除上述五类之外，还有一些有关精神意识方面的事物，诸如巫、卜、示、鬼，等等，也是汉字的形旁，但为数不多。

综合以上分析，汉字的形旁，多为"象物之本"的"独体之文"，虽个别如辵、走、邑、聿等原由两个符号组成的复体字，也是以一个完整的个体出现的。汉字的结构基本上可以概括为象形、会意、形声三种，但形声字居于绝对多数，而且它是由形旁和声旁组合而成的。形声字中的形旁或声旁，无论由多少字原组成，绝不是以独自的个体出现，而是一个组合成的

	甲 骨 文		两 周 金 文			
偏旁						
字例	伊 佚210	依 前6.34.2	保 壬爵	伐 令殷	佃 格伯殷	侵 侵伯鼎
	战 国 文 字				小 篆	隶 书
偏旁						
字例	似 盟书194.1	何 陶文	伐 盟书179.15	佗 珎印	休 说文	侍 隶辨
	甲骨文	金 文	石鼓文	战国文字	小 篆	隶 书
偏旁						
字例	企 京津648	参 参尊	介 田车	介 信阳简	参 说文	企 隶辨

表二三

整体，尤其是一些辗转滋生的字，更是如此。例如"止"字，是人足的象形字，独体，乃为字原。由两止组成一个会意的"步"字，步同戌而组成"岁"，岁同水又组成"濊"字，濊与艹又组成"薉"字。如果将薉字拆开来看，它所包括的字原有止、戈、水、艹四种，但它的结构是从艹濊声，声旁是由止、戈、水所组成的濊字出现的。再如"臤"字，从又臣声；"坚"字，从土臤声；"掔"字，从手坚声。臣、臤、坚三个声旁，各自的组合内容不同，但

	甲骨文	金文	战国文字	小篆	隶书
偏旁	?	?	?	?	?	儿
字例	先 甲3521	光 前5.32.8	兔 兔殷	兒 珎印 先 说文	兒 隶辨

表二四

	甲骨文	金文	战国文字	小篆	隶书
偏旁	?	?	?	?	大	大
字例	亦 后下18.1	夹 大盂鼎	奔 大盂鼎	爽 陶文	天 说文	奔 隶辨

表二五

都是整体。还有前文所讲的寶字，偏旁字原，其中有宀、玉、贝和声符缶，共有四个，实际上寶字是在 ? 基础上增加了声符缶，原来在甲骨文中就是一个会意性的组合字体。凡属于这一类型的形声字，它的声符或形符，无论是会意字或形声字，都应看作组合性的整体，既不要再分割为多形多声，也不要把组合的字体列入字原之中。如果将这些臃肿重叠的形旁排除出去，汉字的字原，其数量就不似许慎所建立的五百四十个部首，也不似明代梅膺祚所编《字汇》时而确定的二百十四部，实际仅有一百五十余个。汉字形体虽然千变万化，数以万计，但都是由这些偏旁字原构成的。

古汉字的形旁数量并不很多，但因时间的推移和地区的差异，形体变化非常复杂。自商代的甲骨文发展到汉魏时代的隶书，同一种形旁有多种写法。过去没有一个比较系统的资料，参考使用极不方便。今将所集除像一、十等形体简单和一些目前资料还比较贫乏，一时难以理出系统的形旁暂不整理之外，共选出一百十二种，按照商代甲骨、两周金文、战国文字以及秦篆、隶书等几个大的系统，分别排列各种形旁沿革表，以便了解每种形旁的发展过程和

	甲 骨 文		两 周 金 文			
偏旁						
字例						
	妃 续3.34.4	婦 燕723	姞 遣卣	婦 者婦尊	婣 辅伯鼎	姞 句鑃

	战 国 文 字				小 篆	隶 书
偏旁						
字例						
	如 信阳简	斐 望山简	媢 玺印	妾 玺印	姓 说文	姚 隶辨

表二六

	甲 骨 文		两 周 金 文		小 篆	隶 书
偏旁						
字例						
	牝 戩27.10	此 戩17.4	妣 倗万殷	妣 陈侯敦	比 说文	比 隶辨

表二七

不同时代的特征。由于每种形旁的变化情况不同，因而取材互有多寡。形体复杂，变化频繁

	甲骨文	金文	战国文字		小篆	隶书
偏旁	大	大	大	大	立	立
字例	並	位	謁	竭	竫	端
	后下9.1	中山王壶	缪盟书98.29	珎印	说文	隶辨

表二八

的字，最多选有二十多种形体，变化较少的字只取五、六种形体，一般皆在十种形体以上，均按时代顺序排列并附简要说明。取材范围主要是商代甲骨、两周金文，以及春秋、战国时代的石刻、简书、载书、帛书、玺印、陶文、货币等文字资料，均以拓本为主，一般不用翻刻；为了不失原形，皆按原字体摹写，并附原字字例以为佐证。

(1) 人字形旁

人字，商代甲骨文写作"𠆢"(戬41.6)，似人体之侧面。《说文》云"人，天地之性最贵者也，此籀文，象臂胫之形，凡人之属皆从人。"人字偏旁在古文字体中并无固定位置，既可置于左右两侧，亦可置于中间，但因时代不同，形体有许多变化。今从甲骨、金文、战国文字及秦篆中，共搜集十六种篆体人字偏旁，发展到隶书时，形成两种形体，一为立于左侧之"亻"，另一为置于中间之"人"，参见表二三。

(2) 儿字形旁

"儿"原亦是人字的形符，由于它在字体中的位置常居下部，则隶变为儿。《说文》云："儿，仁人也，古文奇字人也，象形。孔子曰：在人下，故诘屈。"今从甲骨、金文、战国文字及秦篆中共收集五种篆体儿字偏旁，发展到隶书时，统一固定为"儿"形，参见表二四。

(3) 大字形旁

大字原是人体的正面，象形。《说文》云："大，天大，地大，人亦大，故大象人形。"大字与其它偏旁组合，常居于字体之中间或上部。这里从甲骨、金文、战国文字及秦篆中共收集五种篆体大字形旁，形体大同小异，发展到隶书时，统一固定为"大"形，参见表二五。

(4) 女字形旁

女字，商代甲骨文写作"𢀄"(前7.36.1)或"𢀄"(余10.1)。《说文》云："女，妇人也，象形，王育说。凡女之属皆从女。"古文女字偏旁形体多变，今从甲骨、金文、战国文字及秦篆中，共搜集十一种篆体女字形旁，发展到隶书时，统一写作"女"形，参见表二六。

(5) 匕字形旁

匕字，商代甲骨文写作"𠤎"(宁沪1.218)，假为妣。《说文》云："匕，相与比叙也，从反人，匕亦所以用比取饭，一名柶，凡匕之属皆从匕。"古文匕字形旁变化较大，今从甲骨、两周金文及秦篆中，共搜集五种篆体匕字形旁，发展到隶书时，统一写作"匕"形，参见表二七。

	甲骨文	两周金文	战国文字	小篆	隶书
偏旁	?	?	?	?	?
字例	即 拾3.15	邵 井侯殷	配 毛公鼎	卹 盟书105.2	卷 说文 / 印 隶辨

表二九

	甲骨文	金文	战国文字	小篆	隶书
偏旁	?	?	?	?	?
字例	句 后下12.2	匍 盂鼎	旬 伯旬鼎	勻 珎印	匊 说文 / 甸 隶辨

表三〇

(6) 立字形旁

立字,商代甲骨文写作"夶"(前7.1.6)。《说文》云:"立,住也,从大立一之上,凡立之属皆从立。"大乃人体之正面,徐铉谓:"一,地也",似一人站立于地面之上,会意。古文立字偏旁形体大同小异,今从甲骨、金文、战国文字及秦篆中,共搜集五种篆体立字形旁,发展到隶书时,统一写作"立"形,参见表二八。

(7) 卩字形旁

卩字,商代甲骨文写作"?"(燕377),似人之坐形。《说文》训为符节之节,如云:"卩,瑞信也。守国者用玉卩,守都鄙者用角卩,使山邦者用虎卩,土邦者用人卩,泽邦者用龙卩,门关者用符卩,货赇用玺卩,道路用旌卩,象相合之形,凡卩之属皆从卩。"按此字本作人之坐相,许谓符节之节字,不确,尤言象相合之形,则与字形相距甚远,实属附会之词。今从甲骨、金文、战国文字及秦篆中,共搜集五种篆体卩字形旁,发展到隶书时,多立于字体右侧写作"卩",个别在字体下部,则写作"巳"形,如卷字。参见表二九。

(8) 勹字形旁

《说文》云:"勹,裹也,象人曲形有所包裹,凡勹之属皆从勹。"古文勹字偏旁,形体多变,今从甲骨、金文、战国文字及秦篆中,共搜集五种篆体勹字形旁,发展到隶书时,统一写作"勹"形,参见表三〇。

	甲骨文	金文		战国文字	小篆	隶书
偏旁	ᾥ	﹅	尹	尹	丮	丸
字例	ᾥ	﹅	坃	銎	銎	執
	埶 前 4.23.5	埶 夆鼎	巩 毛公鼎	埶 盟书 67.6	埶 说文	執 隶辨

表三一

	甲骨文	金文	战国文字		小篆	隶书
偏旁	𠂉	𠂉	𠂉	尸	尸	尸
字例	𠂉	𡰣	㞐	尾	犀	展
	尾 乙 4293	屛 庙屛鼎	居 鄂君节	尾 珎印	犀 说文	展 隶辨

表三二

	甲骨文	两周金文	战国文字	小篆	隶书
偏旁	子	𥫗	子	子	子
字例	孙	孨	孔	孫	孝
	孙 后下 24.7	孨 歔钟	孔 沇儿钟	孙 陶文	孕 说文	孝 隶辨

表三三

(9) 丮部形旁

丮字,商代甲骨文写作"𠃌"(粹 1131)《说文》云:"丮,持也,象手有所丮据也,凡丮之属皆从丮,读若戟。"此字初象两手持物之形,但自西周晚期开始,字体从简,原形渐失。今从甲骨,金文,战国文字及秦篆中,共搜集五种篆体丮字形旁,发展到隶书时,则写作"丮"与"丸"形,参

	金文		战国文字		小篆	隶书
偏旁	(图)	(图)	(图)	(图)	(图)	(图)
字例	(图)	(图)	(图)	(图)	(图)	(图)
	辰 佼鼎	辰 令殷	張 珎印	張 珎印	肆 说文	敯 隶辨

表三四

见表三一。

(10) 尸字形旁

尸字,商代甲骨文写作"𠂆"(铁 35.2)。《说文》云:"尸,陈也,象卧之形,凡尸之属皆从尸。"字形象人屈卧,似古代外族人民屈肢葬的形式,商周时代夷字即写作"尸",或即本此义而来。今从甲骨、金文、战国文字及秦篆中,共搜集五种篆体尸字形旁,发展到隶书时,统一写作"尸"形,参见表三二。

(11) 子字形旁

子字,商代甲骨文写作"𡿨"(佚 59)或"子"(铁 6.1)。《说文》云:"子,十一月易气动,万物滋,人以为偁,象形,凡子之属皆从子。"又云:"古文子从巛,象发也"。段玉裁谓:"象人首与手足之形也"。今从甲骨、金文、战国文字及秦篆中,共搜集五种子字篆体形旁,发展到隶书时,统一写作"子"形,参见表三三。

(12) 长字形旁

长字,商代甲骨文写作"𠤎"(后 1.19.6)。《说文》云:"长,久远也,从兀从匕,亡声,兀者高远意也,久则变化,𠤎者倒亡也。凡长之属皆从长。"许氏解说甚曲迂,如他在自叙中对过去所谓"马头人为长"之否定一样,许氏解说也不符合本义。长本为人所蓄之长发,与髟字义同,原为象形字。今从商周金文、战国文字及秦篆中,共搜集五种篆体长字形旁,发展到隶书时,统一写作"长"形,参见表三四。

(13) 老字形旁

老字,商代甲骨文写作"𠈋"(燕 654),《说文》云:"老,考也,七十曰老,从人毛匕,言须发变白也,凡老之属皆从老。"从老字古文形体分析,原为象形字,许氏"从人毛匕"之说,不确。东周金文,老字偏旁基本上可归纳为"𦒻"与"𦕅"两种形体,前一种流行在中原和北方地区;后一种主要流行在齐、鲁、薛、铸、杞等山东地区各诸侯国。今从甲骨、金文、战国文字及秦篆中,共搜集十六种篆体老字形旁,发展到隶书时,多省作"耂",唯寿字所从,则写作"耂"形,参见表三五。

(14) 欠字形旁

欠字,商代甲骨文写作"𣢶"(后 2.42.6)。《说文》云:"欠,张口气悟也,象气从儿上出之形,凡欠之属皆从欠。"《礼记·曲礼》:"君子欠伸",《正义》:"志疲曰欠,体疲曰伸"。《通俗文》

	甲骨文			西周金文		
偏旁						
字例	耊 后下22.14	考 前2.2.6	孝 金476	考 颂鼎	考 师奎父鼎	孝 散盘

	东周金文			战国文字	小篆	隶书
偏旁						
字例	老 夆叔盘	孝 陈侯敦	孝 玺印	老 玺印	耆 说文	耆 隶辨

	两周金文			战国文字	小篆	隶书
偏旁						
字例	寿 克鼎	寿 齐侯壶	寿 玺印	寿 陶文	寿 说文	寿 隶辨

表三五

谓:"张口运气谓之欠㰦。"段玉裁注云:"㰦音邱据切",欠㰦,"古有此语,今俗曰呵欠。又欠者气不足也,故引伸为欠少字。"今从甲骨、金文、战国文字及秦篆中,共搜集十一种篆体欠字形旁,发展到隶书时,统一写作"欠"形,参见表三六。

(15) 疒字形旁

疒字,商代甲骨文写作" 𤕫 "(前4.32.2)。《说文》云:"疒,倚也,人有疾痛也,象倚箸之形,凡疒之属皆从疒。"甲骨文作人卧" 爿 "之上,战国文字变为" 疒 "。今从甲骨、金文、战国文字及秦篆中,共搜集十一种篆体疒字形旁,发展到隶书时,统一写作"疒"形,参见表三七。

(16) 歹字形旁

	甲　骨　文			两　周　金　文		
偏旁						
字例	歙 甲205	吹 后下24.14	次 后下42.6	欼 欼殷	次 婴次炉	歙 余义钟
	战　国　文　字				小　篆	隶　书
偏旁						
字例	欲 珎印	飮 珎印	歇 珎印	欺 珎印	歐 说文	欺 隶辨

表三六

	甲骨文	两　周　金　文		战　国　文　字		
偏旁						
字例	痛 菁3.1	瘐 瘐壶	疟昆疟王钟	疾 上宫钟	疾 盟书85.26	痄 盟书85.32
	战　国　文　字				小　篆	隶　书
偏旁						
字例	疫 陶文	疥 珎印	病 珎印	痼 信阳简	痰 说文	痛 隶辨

表三七

	甲骨文	两周金文	战国文字	小篆	隶书
偏旁	ᕈ	占 占	ᕉ	占	歹
字例	殁	死	殀	歾	死 殪
	死 甲2156	死 孟鼎	殀 中山王壶	歾 珎印	死 说文 殪 隶辨

表三八

	甲骨文	两周金文	战国文字	小篆	隶书
偏旁	身	身 身	身	身	身
字例	殷	殷 體	躬	軀	躬
	瘖 存833	殷 孟鼎 體 中山王壶	躬 珎印	軀 说文	躬 隶辨

表三九

	甲骨文	金文	战国文字	小篆	隶书
偏旁	ᕃ	ᕃ ᕃ	ᕃ	冎	冎
字例	骰	剮 過	骨	骸	骨
	骰 佚590	剮 乙768 過 过伯殷	骨 望山简	骸 说文	骨 隶辨

表四〇

68

	甲骨文		两周金文			石鼓文
偏旁	ᗞ	ᗞ	ⅅ	ⅅ	月	Ⅲ
字例	膏	豚	豚	肌	臂	䜌
	膏 后下5.1	豚 粹1540	豚 臣辰卣	肌 秦公殷	臂 中山王壶	䜌 沔沔
	战 国 文 字				小 篆	隶 书
偏旁	月	月	月	月	月	月
字例	腹	肯	脽	胬	脛	肥
	腹 盟书1.52	肯 珎印	脽 珎印	胬 珎印	脛 说文	肥 隶辨

表四一

	甲骨文	两周金文	战国文字	小篆	隶书
偏旁	ᛣ	ᛣ	ᛣ	ᛣ	力
字例	男	加	勋	劲	勤	勤
	男 前8.7.1	加 虢季盘	勋 中山王壶	劲 珎印	勤 说文	勤 隶辨

表四二

	甲骨文	金 文		战国文字	小 篆	隶 书
偏旁						又
字例	取 甲3045	叔 叔卣	皮 叔皮公殷	隻 陶文	燮 说文	叔 隶书
	甲骨文	金 文		战国文字	小 篆	隶 书
偏旁						寸
字例	専 乙811	對 対卣	封 召伯殷	寺 望山简	専 说文	封 隶辨
	甲骨文	金 文		战国文字	小 篆	隶 书
偏旁						扌
字例	扥 前6.51.4	扶 拍敦	拍 拍敦	播 信阳简	招 说文	拓 隶辨
	甲骨文	金 文		战国文字	小 篆	隶 书
偏旁						
字例	秉 后下21.13	君 县妃殷	秉 秦公殷	隶 珎印	兼 说文	兼 隶辨

表四三

	甲 骨 文		西 周 金 文			
偏旁						
字例	再 铁102.2	受 后下7.5	夐 班殷	奚 丙申卣	孚 啚鼎	為 啚鼎
	战 国 文 字				小 篆	隶 书
偏旁						
字例	爱 盟书79.15	為 鄂君节	孚 珎印	圣 珎印	受 说文	孚 隶辨

表四四

爫字，甲骨文写作"𠂇"(林1.30.5)。《说文》云："𣦵，列骨之残也，从半冎，凡𣦵之属皆从𣦵。"《说文》古文写作"𣦵"，隶书作"歹"。在古文字中爫字偏旁形体多变，今从甲骨、金文、战国文字及秦篆中，共搜集五种篆体爫字形旁，发展到隶书时，一般写作"歹"形，或仿秦篆写作"𣦵"，参见表三八。

(17) 身字形旁

身字，商代甲骨文写作"𠂉"，如"𠂉"(存833)，从亻从身；此字又可写作"𦒃"(乙4529)，从亻从孕。从而可见，古身孕同字。《诗经·大雅·大明》："大任有身。"毛传："身，重也"，郑笺："重谓怀孕也"。皆可说明身字之本义，原为象形。《说文》段注本云："身，躳也，从人申省声。"大徐与小徐本皆谓："象人之身，从人丿声"，许说原本不确，二徐所传又皆有所误。再如，"𠂉"字，《说文》云："归也，从反身"。古文身字无反正之别，象躳字古玺既写作"𠀾"亦写作"𠁀"，即其例证。《说文》部首将身与𠂉重列，是不必要的。今从甲骨、金文、战国文字及秦篆中，共搜集五种篆体身字形旁，发展到隶书时，多写作"身"形，个别的写作"𠂉"，参见表三九。

(18) 冎字形旁

冎字，商代甲骨文写作"𠚎"(粹1306)。《说文》云"冎，剔人肉置其骨也，象形，头隆骨也。"段玉裁云："象形者，上大下小，象骨之隆起也。"此即骨之本字，原为象形字，后增肉符而写作骨，变为形声。今从甲骨、金文、战国文字及秦篆中，共搜集五种篆体冎字形旁，秦篆已分作冎与骨，隶书承之，分别写作冎与骨，参见表四〇。

(19) 肉字形旁

肉字，商代甲骨文写作"夕"(甲1823)。《说文》云："月，胾肉，象形，凡肉之属皆从肉。"古

	甲骨文	金 文			战国文字	小 篆	隶 书
偏旁	⺘	⺘	⺘	⺘	⺘	⺘	六
字例	舁 甲1079	共	禹鼎兵	鹬尹钲	舁 盟书198.10	具 说文	具 隶辨
	甲骨文	金 文			战国文字	小 篆	隶 书
偏旁	⺘	⺘	⺘	⺘	⺘	廾
字例	畀·京津2805	戒	戒鬲	弄 天尹钟	弇 珎印	廾 说文	菐 隶辨

表四五

文肉字偏旁形体,大同小异。今从甲骨、金文、战国文字及秦篆中,共搜集十一种篆体肉字形旁,发展到隶书时,除胬、脔等少数字写作"肉",一般皆写作"月",参见表四一。

	甲骨文	金 文		战国文字	小 篆	隶 书
偏旁	⺘	⺘	⺘	大	⺘	大
字例	奘 后下23.8	樊 叔樊鼎	樊	樊 樊君鬲	樊 望山简	樊 说文 樊 隶辨

表四六

(20) 力字形旁

力字,甲骨文写作"∫"(甲211)。《说文》云:"力,筋也,象人筋之形,治功曰力,能御大灾,凡力之属皆从力。"按,甲骨文中"男"字,金文"加"字皆从此字。春秋时《夐侯匜》中之男字写作"𤰃"、像人手持力之形。在古文字中力字形体变化很多。今从甲骨、金文、战国文字及秦篆

72

中，共搜集五种篆体力字形旁，发展到隶书时，统一写作"力"形，参见表四二。

(21) 又字形旁

又字，商代甲骨文写作"⺄"（粹685）。《说文》云："又，手也，象形，三指者，手之列多略不过三也。"人有双手，但一切活动多以右手为主，故在古文字中表示用手操作的形符，多用"又"。人手的活动虽很频繁，但古文又字偏旁形体大同小异。可是，发展到秦篆时，演化成四种字形：第一种写作"又"，如取、皮等字所从；第二种写作"寸"，如封、对等字所从；第三种写作"扌"，如抬、扶等字所从；第四种写作"彐"，如秉、君等字所从。《说文》据秦篆则分别建部，从古文字体分析，又、寸、扌、彐皆来源于"⺄"。今从甲骨、金文、战国文字及秦篆中，共搜集二十种篆体又字形旁，各种形体的演变情况，参见表四三。

(22) 爪字形旁

爪字，甲骨文写作"⺁"（乙3471），作用手抓物之状。《说文》云："爪，丮也，覆手为爪，象形，凡爪之属皆从爪。"古文爪字偏旁，形体大同小异，今从甲骨、金文、战国文字及秦篆中，共搜集十一种篆体爪字形旁，发展到隶书时，固定为"爪"形，参见表四四。

	甲 骨 文			金 文		
偏旁						
字例	牧 前5.10.3	败 前3.27.5	效 前5.19.6	敦 墙盘	救 毛公鼎	赦 僕匜
	战 国 文 字				小 篆	隶 书
偏旁						
字例	敢 盟书156.3	改 盟书200.23	攻 陶文	启 珍印	败 说文	放 隶辨

表四七

(23) 奴字形旁

奴字，商代甲骨文写作"奴"（甲1287）。《说文》云："奴，婢手也，从女从又，凡奴之属皆从

	甲 骨 文		两 周 金 文			石鼓文
偏旁						
字例	殷 菁1.1	殷 前4.10.5	殷 禹鼎	段 段殷	彀 鄂侯鼎	殴 霝雨

	战 国 文 字				小 篆	隶 书
偏旁						
字例	毁 鄂君节	段 珎印	段 珎印	殷 珎印	毅 说文	榖 隶辨

表四八

奴。"今从甲骨、金文、战国文字及秦篆中，共搜集十种篆体奴字形旁，发展到隶书时，分作两种形体：一作"六"，如兵、具等字所从，另一作"廾"，如弄、戒等字所从，参见表四五。

(24) 𠬜字形旁

𠬜字，商代甲骨文写作"𠬜"(后2.23.8)。《说文》云："𠬜，引也，从反奴，凡𠬜之属皆从𠬜。"双手向外，读作攀。今从甲骨、金文、战国文字及秦篆中，共搜集五种篆体𠬜字形旁，发展到隶书时，统一写作"大"形，参见表四六。

(25) 攴字形旁

攴字，商代甲骨文写作"攴"(撰续190)。《说文》云："攴，小击也，从又卜声，凡攴之属皆从攴。"古文攴字偏旁，形体大同小异，今从甲骨、金文、战国文字及秦篆中，共搜集十一种篆体攴字形旁，发展到隶书时，统一写作"攵"形，参见表四七。

(26) 殳字形旁

殳字形旁，商代甲骨文写作"殳"(菁1.1)。《说文》云："殳，以杖殊人也，《周礼》：'殳以积竹，八觚，长丈二尺，建于兵车，旅贲以先驱。'从又几声，凡殳之属皆从殳。"古文殳字形体大同小异。今从甲骨、金文、战国文字及秦篆中，共搜集十一种篆体殳字形旁，发展到隶书时，统一写作"殳"形，参见表四八。

(27) 止字形旁

止字,甲骨文写作"ᒼ"(甲 600)。《说文》云:"止,下基也,象艸木出有阯,故以止为足,凡止之属皆从止。"古文止字即人足的象形字,商器《子祖尊》中的步字,即绘作两足分为前后。但是,古文止字偏旁形体多变,在字体中的位置也不甚固定,这里从甲骨、金文、战国文字及秦篆中,共搜集十一种篆体止字形旁,发展到隶书时,基本上变作两种形体:一写作"止",如此、武等字所从,另一作"龰",如胥、韮等字所从,参见表四九。

偏旁	甲骨文				金文	
字例	出 菁4.1	步 甲684	歨 甲359	步 子且尊	韰 韰卣	歱 毛公鼎

偏旁	战国文字				小篆	隶书
字例	此 盟书67.1	是 盟书156.19	齿 望山简	步 兆域图	归 说文武	隶辨

表四九

(28) 夊字形旁

《说文》中有两个夊形偏旁,其中一个篆文写作"夊",如爱、夏、复、憂等字之下部所从。《说文》云:"夊,行迟曳夊夊也,象人两胫有所躧也,凡夊之属皆从夊。"另一个篆文写作"夂"如夆、夅等字之上部所从。《说文》云:"夂,从后至也,象人两胫后有致之者,凡夂之属皆从夂"。这两个偏旁在古文字中同为止字之倒形,一般写作"夂"(佚 665),许书将其分为二部,各部说解甚笼统。区别只是各在字体中之上部或下部不同。今从甲骨、金文及秦篆中,共搜集十种篆体夊字形旁,其实它们的来源同为倒形"止"字,同归纳在夊部,参见表五〇。

(29) 足字形旁

足字,商代甲骨文写作"ᒼ"(金 323)。《说文》云:"足,人之足也,在体下,从口止,凡足之属皆从足。"古文足字偏旁,形体大同小异,今从两周金文、战国文字及秦篆中,共搜集五种篆体

	甲骨文	两周金文			小篆	隶书
偏旁	ᗄ	夂	夂	夂	夂	夂
字例	各	各	夆	夆	夆	各
	各 佚665	各 豆闭殷	夆 夆叔殷	夆 夆叔匜	夆 说文	各 隶辨

	甲骨文	两周金文			小篆	隶书
偏旁	ᗄ	ᗄ	ᘔ	ᘔ	ᘔ	夊
字例	复	夒	复	夏	愛	夏
	复 粹1058	夒 粹4	复 鬲从盨	夏 邳伯罍	愛 说文	夏 隶辨

表五〇

	金文		战国文字		小篆	隶书
偏旁	足	足	足	足	足	足
字例	路	距	跌	跌	跖	踊
	路 史懋壶	距 末距悍	跌 盟书156.23	跌 盟书156.23	跖 说文	踊 隶辨

表五一

足字形旁,发展到隶书时,统一写作"足"形,参见表五一。

(30)走字形旁

偏旁	两周金文					石鼓文
字例	趙 趙曹鼎	趠 卫鼎	趋 僛匜	趣 毛公鼎	趀 曾姬壶	趆 举欶

偏旁	战国文字				小篆	隶书
字例	趆 盟书156.23	趙 盟书156.4	起 陶文	趣 望山简	趆 说文	越 隶辨

表五二

《说文》云"走，趋也，从夭止，夭者屈也，凡走之属皆从走。"据目前资料了解，在商代甲骨文中，既无走字，也无走旁，自周初金文才开始出现。今从两周金文、战国文字、秦篆等共搜集十一种篆体走字偏旁，发展到隶书时，统一写作"走"形，参见表五二。

(31) 辵字形旁

辵字形旁，甲骨文写作" "，也有省写作"止"者，如追字甲骨文写作" "（佚637），即其中之一例。《说文》云"辵，乍行乍止也，从彳止，凡辵之属皆从辵，读若，春秋传曰：辵阶而走。"段玉裁注云："读若二字衍，春秋传者，《公羊》宣二年文，今《公羊》作躇，何休注曰：躇犹超遽不暇以次。"《广雅》谓："辵，奔也。"辵在古文字中除省写之外，一般形体大同小异。今从甲骨、金文、战国文字及秦篆中，共搜集十一种篆体辵字形旁，发展到隶书时，多写作"辵"形，楷书写作"辶"形，参见表五三。

(32) 彳字形旁

彳字偏旁，商代甲骨文写作" "（戬37.7）。《说文》云："彳，小步也，象人胫三属相连也，凡彳之属皆从彳。"段玉裁注："三属者，上为股，中为胫，下为足也。单举胫者，举中以该上下也，胫动而股与足随之。"今从甲骨、金文、战国文字及秦篆中，共搜集五种篆体彳字偏旁，发展到隶书时，统一写作"彳"形，参见表五四。

	甲　骨　文		两　周　金　文			
偏旁						
字例	迌 粹936	迈 粹15	造 墙盘	逆 舀鼎	遣 毛公鼎	逛 申鼎
	战　国　文　字				小篆	隶书
偏旁						
字例	返 鄂君节	迢 珎印	巡 珎印	迓 珎印	進 说文	遥 隶辨

表五三

	甲骨文	金　文	战国文字	小篆	隶书
偏旁					
字例	德 戬37.7	後 令殷	待 师楷鼎	復 盟书79.7	得 说文	徐 隶辨

表五四

(33) 页字形旁

页字,甲骨文写作"𩑋"(乙8815)象人而突出头颅。《说文》云:"页,头也,从百从儿,古文䭫首如此,凡页之属皆从页。"代表头字的偏旁,《说文》共有三部,如"百"部云:"百,头也,象形,

	甲骨文	西周金文					
偏旁							
字例	頔 后下14.16	顥 天亡毁	顏 卫鼎	顋 番生毁	碩	頌 颂鼎	项 项樊盨

	战国文字				小篆	隶书
偏旁						
字例	頪 中山王鼎	顋 盟书32.3	项 珎印	项 望山简	头 说文	碩 隶辨

表五五

凡百之属皆从百"。"首"部云:"首,古文百也,巛象髪,谓之鬓,鬓即巛也,凡首之属皆从首。"页与百皆谓头,首字又谓为百之古文,同一物而建三个部首,这就是《说文》建部不够严谨之又一种表现。实际上凡与头有关系的字皆从页,《说文》页部共收九十二字,而首与百两部仅收一、二字,而且名存实亡,如脜字为柔字所代用,䭫字为稽字所代用。今从甲骨、金文、战国文字及秦篆中,共搜集十一种篆体页字偏旁,发展到隶书时,统一写作"页"形,参见表五五。

(34) 耳字形旁

耳字,商代甲骨文写作" "(甲3877)。《说文》云:"耳,主听者也,象形,凡耳之属皆从耳。"古文耳字偏旁,形体多变,今从甲骨、金文、战国文字及秦篆中,共搜集十一种篆体耳字形旁,发展到隶书时,则写作"耳"与"耳"形,参见表五六。

(35) 自字形旁

自字,甲骨文写作" "(菁5.1)。《说文》云:"自,鼻也,象形,凡自之属皆从自。"今从甲骨、金文、战国文字及秦篆中,共搜集五种篆体自字形旁,发展到隶书时,固定为"自"形,参见表五七。

(36) 目字形旁

目字,甲骨文写作" "(乙960)。《说文》云:"目,人眼也,象形,重童子也,凡目之属皆从

	甲 骨 文			西 周 金 文		
偏旁	∋	∋	ᘔ	ᘔ	ᚱ	ᚱ
字例	⊟	⊠	䚔	䚔	ᚱ	ᚱ
	聑 后下30.18	取 前5.9.1	聲 粹1225	聕 大盂鼎	聑 辛巳鼎	耿 毛公鼎
	东周金文		战国文字		小篆	隶书
偏旁	耳	耳	耳	耳	耳	耳
字例	聖	聕	耴	聯	聀	聰
	聖 曾姬壶	聕 中山王鼎	耿 珎印	联 珎印	聀 说文	聰 隶辨

表五六

	甲骨文	两周金文	战国文字	小篆	隶书
偏旁	自	自	自	自	自	自
字例	臭	鼻	鼻	息	鼻	息
	臭 铁196.1	鼻 鼎高	皋 中山王鼎	息 盟书3.12	鼻 说文	息 隶辨

表五七

	甲 骨 文		西 周 金 文			石鼓文
偏旁	(图)	(图)	(图)	(图)	(图)	(图)
字例	省 粹1045	相 簠杂89	相 父己觯	眠	员鼎 眾	扬殷 冒 湫渊

	战 国 文 字		小 篆		隶 书	
偏旁	(图)	(图)	(图)	(图)	(图)	(图)
字例	相 珎印	盱 珎印	瞭 说文	眾 说文	眉 隶辨	眔 隶辨

表五八

	甲骨文	两 周 金 文			小 篆	隶 书
偏旁	(图)	(图)	(图)	(图)	(图)	(图)
字例	姬 前3.5.6	姬 不娶殷	姬 裒盘	㔸 夆叔匜	颐 说文	颐 隶辨

表五九

目。"《说文》中,目字偏旁分两种形体,一作"目",如相、瞭等字所从;另一作"罒",如眾、眔等字所从,隶书亦承秦篆分为二形。这种区别是因它在字体中的位置不同而形成的,来源皆为人目。今从甲骨、金文、战国文字及秦篆中,共搜集十种篆体目字形旁,隶书写作"目"、"罒"二形,参见表五八。

(37)臣字形旁

臣字形旁,商代甲骨文写作" (图) "(前3.5.6)。《说文》云:"臣,顄也,象形",古文臣字偏旁

	甲骨文	两周金文	战国文字	小篆	隶书
偏旁	ㅂ	ㅂ	ㅂ	ㅂ	口
字例	可 甲3326	古 大盂鼎	吉 沇儿钟	同 陶文	吁 说文 / 谷 隶辨

表六〇

形体多变。今从甲骨、金文、战国文字及秦篆中，共搜集五种篆体臣字形旁，发展到隶书时，则写作 ㅂ 与匨，参见表五九。

（38）口字形旁

口字，甲骨文写作"ㅂ"（甲1193）。《说文》云："口，人所以言食也，象形，凡口之属皆从口。"在古文字中，口字偏旁大同小异。今从甲骨、金文、战国文字及秦篆中，共搜集五种口字形旁，它在字体中的位置虽不相同，形体基本一致，发展到隶书时则写作"口"形，参见表六〇。

（39）心字形旁

心字，商代甲骨文写作"♡"（甲3510）或"♡"（摭续833）。《说文》云："心，人心土臧也，在身之中，象形；博士说以为火臧，凡心之属皆从心。"古文心字偏旁形体复杂，变化繁多。今从甲骨、金文、战国文字及秦篆中，共搜集二十一种篆体心字形旁，发展到隶书时，由于它在字体中位置不同，隶定为三种形体。第一种作"心"，位于字体之底部，如忍、忘等字所从；第二种作"忄"，立于字之左侧，如惕、恃等字所从；第三种作"小"，在字的下部，如慕、恭等字所从，参见表六一。

（40）曰字形旁

曰字，甲骨文写作"ㅂ"（铁247.2），秦篆写作 ㅂ 。《说文》云："曰，词也，从口乙声，亦象口气出也，凡曰之属皆从曰。"在古文字中，曰字偏旁形体多变，有时也写作口形。今从甲骨、金文、战国文字及秦篆中，共搜集五种篆体曰字形旁，发展到隶书时，皆固定为"曰"形，参见表六二。

（41）言字形旁

言字，甲骨文写作"🌱"（甲499）。《说文》云："言，直言曰言，论难曰语，从口辛声，凡言之属皆从言。"在古文字中，除战国玺印有将言字偏旁写作"音"形者之外，一般皆沿袭甲骨文言字形体，稍有变化。今从甲骨、金文、战国文字及秦篆中，共搜集十一种篆体言字形旁，发展到隶书时，固定为"言"形，参见表六三。

（42）音字形旁

《说文》云："音，声生于心有节于外谓之音，宫商角徵羽声也，丝竹金石匏土革木音也，从言

	甲骨文		两周金文			
偏旁	♡	♡	♡	♡	♡	♡
字例	恖 菁11.4	念 库600	念 沈子毁	惄 师望毁	怒 王孙钟	忘 陈侯敦
	战国文字				小篆	隶书
偏旁	♡	♡	♡	♡	♡	心
字例	志 珎印	志 珎印	惄 珎印	息 珎印	感 说文	忠 隶辨
	两周金文		战国文字		小篆	隶书
偏旁	ψ	ψ	ψ	ψ	ψ	忄
字例	恒 召鼎	惕 蔡侯尊	㥄 侯盟书156.4	悒 珎印	㤧 说文	愕 隶辨
	西周金文		战国文字		小篆	隶书
偏旁	♡	♡	ψ	ψ	ψ	小
字例	慕 禹鼎	慕 墙盘	恭 布文	恭 珎印	恭 说文	恭 隶辨

表六一

	甲骨文	两周金文		战国文字	小篆	隶书
偏旁	ᗐ	ᗐ	ᗐ	ᗐ	ᗐ	曰
字例						
	曹 前2.5.5	舀 舀鼎	曾 曾伯臣	曹 陶文	曶 说文	曹 隶辨

表六二

	甲骨文	两周金文				
偏旁						
字例						
	訥 菁2.1	誓 散盘	訟 僎匜	許 毛公鼎	諆 王孙钟	詺 中山王壶

	战国文字				小篆	隶辨
偏旁						言
字例						谋
	訣 盟书156.23	謁 中山刻石	請 信阳简	計	珎印訶	说文谋 隶辨

表六三

	两周金文		战国文字		小篆	隶书
偏旁	音	音	音	音	音	音
字例	厝	誆	韶	歆	韽	音名
	厝 毛公鼎	韹 郐王子钟	韶 盟书8.2	歆 玠印	韽 说文	韶 隶辨

表六四

	甲骨文		西周金文			石鼓文
偏旁	马	马	马	马	马	马
字例	驭	骝	驭	骆	驹	驂
	驭 前4.47.5	骝 前2.5.7	驭 禹鼎	骆	驹尊 驷 姬盘	驂 车工

	战国文字				小篆	隶书
偏旁	马	马	马	马	马	馬
字例	驹	駝	骏	騷	雖	驤
	驹 盟书88.7	駝 盟书72.1	驭 玠印	騷 玠印	雖 说文	驤 隶辨

表六五

含一,凡音之属皆从音。"在商代甲骨文中尚未发现音字,也无用音作偏旁的字。据现有资料证明,音字是从西周金文开始出现的。今从金文、战国文字及秦篆中,共搜集五种篆体音字形旁,发展到隶书时,皆写作"音"形,参见表六四。

(43)马字形旁

马字,甲骨文写作"𢒉"(京津1686),象形,汉字行款竖行,凡横宽之字为避免影响两侧行款,一律改为竖写。《说文》云:"马,怒也,武也,象马头髦尾四足之形,凡马之属皆从马。"古文马字繁简有多种形体,但颈部皆有鬃毫是其特征。今从甲骨、金文、战国文字及秦篆中,共搜集十一种篆体马字形旁,发展到隶书时统一写作"马"形,参见表六五。

(44)牛字形旁

牛字原形即写作" "(牛文鼎),乃牛之头和角,甲骨文已简化成" "(乙3331)。《说文》云:"牛,事也,理也,像角头三封尾之形,凡牛之属皆从牛。"牛字本以头角为形,许氏"封尾"之说不确。今从甲骨、金文、战国文字及秦篆中,共搜集十一种篆体牛字形旁,发展到隶书时,统一写作"牛"形,参见表六六。

表六六

(45)羊字形旁

羊字原写作" "(丁 羊鼎),以羊头为形,甲骨文已简化为" "(甲2352),《说文》

	甲　骨　文	西　周　金　文			
偏旁	𐘿 𐘿	𐘿	𐘿	𐘿	𐘿
字例	羞 甲1394　羌 前1.41.1	羞　羞鼎	羝　卫鼎	羔　卫鼎	義　师旅鼎
	战　国　文　字				小篆	隶书
偏旁	𐘿	𐘿	𐘿	𐘿	𐘿	羊
字例	群 盟书3.2	群 盟书3.11	羔 珎印	義 珎印	羥 说文	羣 隶辨

表六七

云："羊，祥也，从𐘿，象四足尾之形，孔子曰：牛羊之文以形举之。凡羊之属皆从羊。"羊字本为羊之首和角，许氏所谓"从𐘿，象四足尾之形"，纯属猜测之词，不确。今从甲骨、金文、战国文字及秦篆中，共搜集十一种篆体羊字形旁，发展到隶书时，统一写作"羊"形，参见表六七。

(46)犬字形旁

犬字原写作"𐘿"(子自卣)，甲骨文已简化为"𐘿"(粹240)。《说文》云："犬，狗之有县蹏者也，象形。孔子曰：视犬之字如画狗也，凡犬之属皆从犬。"古文犬字偏旁形体多变，今从甲骨、金文、战国文字及秦篆中，共搜集十种篆体犬字形旁，发展到隶书时，形成两种形体：一种置于字体左侧，写作"犭"，如狼、狩等字所从；另一种置于字体右侧，写作"犬"，如猷、獸等字所从，参见表六八。

(47)豕字形旁

豕字原写作"𐘿"(肖爵)，甲骨文已简化为"𐘿"(佚43)。《说文》云："豕，彘也，竭其尾故谓之豕，象毛足而后有尾，读与豨同。"古文豕字偏旁形体多变，今从甲骨、金文、战国文字及秦篆中，共搜集五种篆体豕字形旁，发展到隶书时，统一写作"豕"形，参见表六九。

(48)虎字形旁

虎字，商代甲骨文繁体写作"𐘿"(师友2.16)，简体写作"𐘿"(燕198)，皆虎之象形字。秦篆将其分别为"虎"与"虍"二形，《说文》亦分作二部。如云："虎，山兽之君，从虍从儿，虎足象

	甲骨文	西周金文	战国文字	小篆	隶书
偏旁					
字例	犾 铁104.1	獻 不䴵殷	猷 毛公鼎	猷 盟书3.17	獸 说文	獸 隶辨

	甲骨文	两周金文	战国文字	小篆	隶书
偏旁					
字例	狼 粹1552	狄 墙盘	猎 中山王鼎	猗 珎印	狼 说文	狩 隶辨

表六八

	甲骨文	西周金文	战国文字	小篆	隶书
偏旁					
字例	逐 前3.32.2	豕 舀壶	豪 毛公鼎	豪 陶文	豩 说文	豕 隶辨

表六九

	甲 骨 文		两 周 金 文			
偏旁						
字例	虐 甲3588	虘 邺三下34.4	虜 效卣	虐 毛公鼎	虜 虜殷	虘 中山王壶
	战 国 文 字				小篆	隶书
偏旁						
字例	虜 盟书77.2	虘 玺印	虐 陶文	盧 布文	虞 说文	虚 隶辨
	甲骨文	金 文	战国文字		小篆	隶书
偏旁						
字例	虤 乙2661	彪 毛叔盘	虢 颂鼎	虤 诅楚文	貌 说文	號 隶辨

表七〇

人足，象形。"又云："卢，虎文也，象形。"如虢、號等字从虎；虐、虞从卢。在古文字中，虎、卢皆虎之象形，二者并无原则区分。今从甲骨、金文、战国文字，以及秦篆中，共搜集十六种篆体虎字形旁，隶书承袭秦篆，亦分为"虎"与"卢"两种形体，参见表七〇。

（49）鹿字形旁

鹿字，甲骨文写作" "（甲1539），象形。《说文》云："鹿，兽也。象头角四足之形，鸟鹿足相似，从比，凡鹿之属皆从鹿。"古文鹿字偏旁形体多变，今从甲骨、金文、战国文字及秦篆中，共搜集五种篆体鹿字形旁,发展到隶书时,统一写作"鹿"形,参见表七一。

	甲骨文	金文	石鼓文	战国文字	小篆	隶书
偏旁	鹿	鹿	鹿	鹿	鹿	鹿
字例	麋 京津1345	麓 卫鼎	麀 田车	麋 珎印	麂 说文	麟 隶辨

表七一

	甲骨文	金文			小篆	隶书
偏旁	龙	龙	龙	龙	龙	龍
字例	龖 佚386	龕 墙盘	龏 颂殷	聋 聋鼎	龗 说文	龔 隶辨

表七二

(50) 龙字形旁

龙字,商代甲骨文写作"龙"(前4.53.4),或简写作"龙"(燕646)。《说文》云:"龙,鳞虫之长,能幽能明,能细能巨,能短能长,春分而登天,秋分而潜渊。从肉,飞肉飞之形,童省声,凡龙之属皆从龙。"龙本为古代某种鳞虫,乃一独体象形字。因许慎所见龙字已是分割成复体的秦篆,从而附会为"从肉,飞肉飞之形,童省声"。其实所谓"从肉",原为龙之首,"飞"乃龙之身,"童省声"原为龙之角。今从甲骨、金文及秦篆中,共搜集五种篆体龙字形旁,发展到隶书时,统一写作"龍"形,参见表七二。

(51) 鱼字形旁

鱼字,甲骨文写作"鱼"(佚812)。《说文》云:"鱼,水虫也,象形,鱼尾与燕尾相似,凡鱼之属皆从鱼。"许氏所谓"鱼尾与燕尾相似",乃本秦篆之说,古文时代愈早愈与鱼形相近。今从甲骨、金文、战国文字及秦篆中,共搜集十一种篆体鱼字形旁,发展到隶书时,统一写作"鱼"形,参见表七三。

	甲 骨 文		西 周 金 文			石鼓文
偏旁	渔 粹877	鲁 甲3000	鳏 父辛卣	鲁 井侯殷	鲜 散盘	鲤 泒沔
字例						

	战 国 文 字				小篆	隶书
偏旁	鲦 ★陶文	鲂 玺印	鲜 玺印	鲁 玺印	鲒 说文	鲂 隶辨
字例						

表七三

(52) 虫字形旁

虫字，甲骨文有两种形体，一写作"𠂤"（乙8718），另一写作"𠂤"（戬2.10），即后来的虫与它二字。《说文》云："虫，一名蝮，博三寸首大如擘指，象其卧形，物之微细，或行或飞，或毛或蠃，或介或鳞，以虫为象，凡虫之属皆从虫。"又云："它，虫也，从虫而长，象冤曲垂尾形，上古草居患它，故相问无它乎，凡它之属皆从它。"甲骨文中有卜问"亡𠃑"之辞，它字写作"𠃑"（粹229），表示足被虫咬之义。虫与它古为同字，皆象虫，秦篆凡与虫字偏旁有关之字，皆取虫符而不用它符。今从甲骨、金文、战国文字及秦篆中，共搜集五种篆体虫字形旁，发展到隶书时，统一写作虫，参见表七四。

(53) 黾字形旁

《说文》云："黾，鼃黾也，从它象形，黾头与它头同，凡黾之属皆从黾。"古文黾字偏旁形体多变，今从甲骨、金文以及秦篆中，共搜集五种篆体黾字形旁，发展到隶书时，统一写作"黾"形，参见表七五。

(54) 贝字形旁

贝字，甲骨文写作"𠛜"（前5.10.2），象形。《说文》云："贝，海介虫也，居陆名猋，在水名蜬，象形，古者货贝而宝龟，周而有泉，至秦废贝行钱，凡贝之属皆从贝。"今从甲骨、金文、战国

91

	甲骨文	金文		战国文字	小篆	隶书
偏旁	ᛂ	ᛂ	ᛂ	ᛉ	虫	虫
字例	蚰 前4.55.2	蜀 班殷	蚘 鱼鼎匕	盗 ...珎印	蛋 说文	蚊 隶辨

表七四

	甲骨文	东周金文			小篆	隶书
偏旁					黽	黽
字例	鼂 续5.27.5	鼂 邵钟	鼃 郑伯鬲	鼇 郑公钟	黿 说文	蝿 隶辨

表七五

文字及秦篆中，共搜集十一种篆体贝字形旁，发展到隶书时，统一写作"贝"形，参见表七六。

(55)辰字形旁

辰字，商代甲骨文写作"月"（后1.26.5）。《说文》云："辰，震也，三月易气动，雷电振，民农时也，物皆生。从乙匕，匕象芒达，厂声。辰，房星天时也，从二，二古文上字，凡辰之属皆从辰。"秦篆辰字已距原形甚远，许氏已不得其解，所谓"从乙匕，匕象芒达，厂声"等皆误。辰原为蚌之象形字，商周时代皆利用蚌壳加工成为农具，故在古文字中，农、蓐等字皆手持蚌具从事田作。今从甲骨、金文、战国文字及秦篆中，共搜集五种篆体辰字形旁，发展到隶书时，统一写作"辰"形，参见表七七。

(56)(57)鸟、隹字形旁

鸟与隹在古文字中原为一字，因书写有繁简不同，形体稍有区分。《说文》以长尾为鸟，短尾为隹，如云："鸟，长尾禽总名也，象形，鸟之足似匕，从匕，凡鸟之属皆从鸟。"又云："隹，鸟之短

	甲骨文		西周金文			
偏旁	⊖	⊖	貝	貝	貝	貝
字例	責 乙8895	買 佚462	買 买王卣	貯 沈子設	資 僟匜	貳 召伯殷
	战 国 文 字				小篆	隶书
偏旁	貝	貝	貝	貝	貝	貝
字例	貯 盟书35.8	貢 珎印	買 珎印	負 珎印	貽 说文	賦 隶辨

表七六

	甲骨文	金 文	战国文字	小篆	隶书
偏旁	辰	辰	辰	辰	辰
字例	蓐 甲920	農 令鼎	晨 师晨鼎	晨 珎印	農 说文	農 隶辨

表七七

尾总名也,象形,凡隹之属皆从隹。"在甲骨、金文中,鸟、隹两个偏旁很难划分,尤其写成简体,完全同形同义,无长尾短尾之分。但自秦篆开始,已将鸟、隹分为二部,并将所从之字,亦按鸟、隹分开,因此这里亦将其分为鸟、隹两个偏旁。今从甲骨、金文、战国文字及秦篆中,共搜集五种

	甲骨文	商 周 金 文			小 篆	隶 书
偏旁						
字例						
	鸣 后下 6.13	鸢 且辛卣	鸟 禺殷	焉 中山王壶	鹠 说文	鸣 隶辨

表七八

	甲 骨 文			两 周 金 文		
偏旁						
字例						
	隹 前 2.9.6	雔 后下 21.11	雉 乙 8751	集 毛公鼎	雒 周雒盨	难 归父盘
	战国文字	战国文字			小 篆	隶 书
偏旁						
字例						
	雔 盟书 32.5	难 信阳简	雔 珎印	睢 珎印	雒 说文	雄 隶辨

表七九

篆体鸟字形旁和十一种篆体隹字形旁，发展到隶书时，统一写作"鸟"、"隹"二形，参见表七八、七九。

(58) 羽字形旁

	甲骨文	金文	战国文字		小篆	隶书
偏旁	羽	羽	羽	羽	羽	羽
字例	習 甲920	翟 史喜鼎	翱 望山简	翣 信阳简	翟 说文	翩 隶辨

表八〇

	西周金文			战国文字	小篆	隶书
偏旁	革	革	革	革	革	革
字例	勒 舀鼎	勒 颂鼎	轉 毛公鼎	鞄 珎印	鞭 说文	靳 隶辨

表八一

	甲骨文	东周金文	战国文字		小篆	隶书
偏旁	角	角	角	角	角	角
字例	解 后下21.5	觓 左师鼎	解 中山王壶	觥 盟书194.4	觸 说文	觯 隶辨

表八二

	甲骨文			东周金文		
偏旁	ᰳ	ᰳ	ᰳ	ᰳ	ᰳ	ᰳ
字例	蕞 金493	菩 粹1151	蒿 周甲20	蘇 宽儿鼎	菩 蔡侯钟	茅 中山王壶
	战国文字				小篆	隶书
偏旁	ᰳ	ᰳ	ᰳ	ᰳ	ᰳ	ᰳ
字例	莆 盟书3.14	芘 珎印	芃 珎印	芷 珎印	茀 说文	苛 隶辨
	甲骨文	金文		战国文字	小篆	隶书
偏旁	ᰳ	ᰳ	ᰳ	ᰳ	ᰳ	ᰳ
字例	芳 摭续106	苩 苩侯殷	芜 蕃生殷	莞 盟书85.10	莫 说文	葬 隶辨

表八三

羽字,甲骨文写作"冃"(前5.4.7)、"冄"(铁60.4),两种形体,后来只保存了"羽"形。《说文》云:"羽,鸟长毛也,象形,凡羽之属皆从羽。"今从甲骨、金文、战国文字及秦篆中,共搜集五种篆体羽字形旁,发展到隶书时,统一写作"羽"形,参见表八○。

(59)革字形旁

《说文》云:"革,兽皮治去其毛曰革。革,更也,象古文革之形,凡革之属皆从革。䩵,古文革从卅,卅年为一世而道更也,臼声。"目前在甲骨文中尚未发现革字,西周早期金文,有从革字偏

	甲骨文	金 文	战国文字	小 篆	隶 书
偏旁					
字例	杜 七集67	杙 应侯毁	柳 散盘	松 鄂君节	械 说文	板 隶辨
	甲骨文	金 文	战国文字	小 篆	隶 书
偏旁					
字例	臬 前5.13.6	某 某毁	果 果毁	枼 珎印	杏 说文	杲 隶辨
	甲骨文	金 文	战国文字	小 篆	隶 书
偏旁					
字例	束 甲2289	束 嗣䎗盆	末 蔡侯钟	朱 盟书195.8	本 说文	本 隶辨

表八四

旁之勒字,写作"" (吴方彝),未见有从""(三十)之义,许氏所谓古文革从,谓"三十年为一世而道更"之说,恐无甚大根据。革字古文偏旁形体多变,今从金文、战国文字及秦篆中,共搜集五种篆体革字形旁,发展到隶书时,统一写作"革"形,参见表八一。

(60) 角字形旁

角字,甲骨文写作"" (粹1244),象牛之角。《说文》云:"角,兽角也,象形,角与刀鱼相似,凡角之属皆从角。"许氏以角比为刀鱼,乃指秦篆字体而言。古文角字形体多变,今从甲骨、金文、战国文字及秦篆中,共搜集五种篆体角字形旁,发展到隶书时,统一写作"角"形,参见表八二。

(61) 艸字形旁

艸字偏旁,商代甲骨文写作" 𣎳 "(金493)或" 𣎴 "(撫续106)。《说文》将其分作"艸"与"茻"两部,艸部云:"艸,百卉也,从二屮,凡艸之属皆从艸。"又于茻部云:"茻,众艸也,从四屮,凡茻之属皆从茻。"在古文字中,艸与茻只是繁简不同,意义无别,均代表草。商代甲骨和西周金文,凡是以草为偏旁的字,多数写作茻,少数写作艸。入战国以后,尤其是发展到秦篆时,除莫、莽、葬等少数字仍保留茻形偏旁之外,一般皆简化从艸,隶书基本承袭秦篆。今从甲骨、金文、战国文字及秦篆中,共搜集十一种篆体艸字形旁和五种篆体茻字形旁,发展到隶书时,除少数仍保留茻旁之外,其它皆简化为艸形,参见表八三。

	两 周 金 文					
偏旁	ᑧᑧ	ᐱᐱ	ᑧᑧ	ᐱᐱ	ᑧᑧ	ᐱᐱ
字例	簠 毛公鼎	苓 征𠤳	筍 筍父鼎	鄺 莒侯殷	節 陈猷釜	箂 子禾子釜

	战 国 文 字				小 篆	隶 书
偏旁	ᑧ	ᑧᑧ	ᑧᑧ	ᑧᑧ	ᑧᑧ	ᐱᐱ
字例	芥 信阳简	笱 望山简	竽 珎印	茶 战国印	笙 说文	篇 隶辨

表八五

(62) 木字形旁

木字,甲骨文写作" 𣎳 "(甲2520),《说文》云:"木,冒也,冒地而生,东方之行,从屮,下象其根,凡木之属皆从木。"木即树之本字,象形。古文木字偏旁,形体大同小异,发展到秦篆时,则因字体结构不同,大致分为三种情况。一种位于字体左侧,如杜、柳等字所从,另一种置于字体之上部或下部,如杏、杲等字所从;再一种是以木字自身为主,另附加符号,如束、末等字所从。今从甲骨、金文、战国文字及秦篆中,共搜集十五种篆体木字形旁,隶书即根据上述三种情况延

	甲 骨 文	两 周 金 文			
偏旁					
字例	穌 京津4832	季 前5.40.3	秭 舀鼎	穆 克鼎	黍 叔父盘	稻 曾子匜

（上表续）

	战国文字				小篆	隶书
偏旁						
字例	和 珍印	秋 珍印	和 珍印	票 珍印	種 说文	秩 隶辨

表八六

	甲骨文	金 文	战国文字	小篆	隶书
偏旁					
字例	稈 乙4151	稻 陈公子甗	梁 叔朕匜	糴 珍印	糗 说文	粟 隶辨

表八七

续发展，参见表八四。

（63）竹字形旁

《说文》云："竹，冬生艸也，象形，下垂者等箁也，凡竹之属皆从竹。"据目前所见之资料，商

	甲骨文	西周金文		战国文字	小篆	隶书
偏旁	ᕮ	ᕮ	ᕮ	ᕮ	ᕮ	皀
字例	即 粹16	𣪕 颂𣪕	既 散盘	卿 信阳简	皀 说文	卿 隶辨

表八八

	甲骨文	两周金文				
偏旁						
字例	𩚁 粹466	謹 舀鼎	饗 原父鼎	餳 居𣪕	䭆 仲𠭯盨	䴰 陈曼匿

	战国文字				小篆	隶书
偏旁						㠯
字例	鍟 盟书156.1	餌 盟书152.4	飲 珎印	館 珎印	饋 说文	飾 隶辨

表八九

代甲骨文尚未发现竹字偏旁,亦未发现从竹之字,最早始见于西周时代的金文。今从两周金文、战国文字及秦篆中,共搜集十一种篆体竹字形旁,发展到隶书时,统一写作"竹"形,参见表八五。

100

	甲 骨 文			两 周 金 文		
偏旁						
字例	絲 后下8.7	綸 粹1151	绿 河800	缊 沈子毁	经 虢季盘	绅 番生毁

	东 周 金 文			战 国 文 字		
偏旁						
字例	縢 庚壶	绰 蔡姞毁	纯 陈猷釜	绚 盟书156.19	组 信阳简	缎 信阳简

	战 国 文 字				小 篆	隶 书
偏旁						
字例	红 望山简	纪 珎印	绍 珎印	纤 珎印	绩 说文	绲 隶辨

表九〇

(64) 禾字形旁

禾字，甲骨文写作"𣎵"（后1.23.6）。《说文》云："禾，嘉穀也，以二月始生，八月而孰，得之中和，故谓之禾。禾，木也，木王而生，金王而死，从木象其穗，凡禾之属皆从禾。"古文禾字偏旁，形体大同小异。今从甲骨、金文、战国文字及秦篆中，共搜集十一种篆体禾字形旁，发展到隶书时，统一写作"禾"形，参见表八六。

(65) 米字形旁

米字，甲骨文写作"∺"（铁 72.3）。《说文》云："米，粟实也，象禾黍之形，凡米之属皆从米。"古文米字偏旁，形体大同小异。今从甲骨、金文、战国文字及秦篆中，共搜集五种篆体米字形旁，发展到隶书时，统一写作"米"形，参见表八七。

(66) 皀字形旁

皀字，商代甲骨文写作"㿟"（甲 878）。《说文》云："皀，谷之馨香也，象嘉谷在裹中之形，匕所以扱之；或说皀一粒也，凡皀之属皆从皀，又读若香。"字作殷中盛食之形，许氏谓"象嘉谷在裹中"，不确。今从甲骨、金文、战国文字及秦篆中，共搜集五种篆体皀字形旁，发展到隶书时，统一写作"皀"形，参见表八八。

(67) 食字形旁

商代甲骨文食字写作 "食"（甲1289）。《说文》云："食，A 米也，从皀A声，或说从A皀也，凡食之属皆从食。"（段注本）古文食字偏旁形体多变，今从甲骨、金文、战国文字及秦篆中，共搜集十一种篆体食字形旁，发展到隶书时，统一写作"食"形，参见表八九。

(68) 糸字形旁

糸字，甲骨文写作"𢆶"（乙 124）。《说文》云："糸，细丝也，象束丝之形，凡糸之属皆从糸，读若覛，𢆶，古文糸。"古文糸字偏旁形体多变化，今从甲骨、金文、战国文字及秦篆中，共搜集十七种篆体糸字形旁，发展到隶书时，统一写作"糸"形，参见表九〇。

(69) 𠂇字形旁

在商代甲骨和两周金文中，皆有𠂇字形旁，写作"𠂇"（粹 1576）或"𠂇"（僉匜）。《说文》有从𠂇之字而未立𠂇部。从古文字体分析，象双手理丝之形，有治理之义。今从甲骨、金文、战国文字及秦篆中，共搜集五种篆体𠂇字形旁，发展到隶书时，统一写作𠂇形，参见表九一。

	甲骨文	金　文		战国文字	小　篆	隶书
偏旁	𠂇	𠂇	𠂇	𠂇	𠂇	𠂇
字例	𠂇 粹1576 嗣	盂鼎 辭	僉匜 嗣	陶文 亂	说文 辭	隶辨

表九一

(70) 衣字形旁

衣字，商代甲骨文写作"𧘇"（铁 12.2）。《说文》云："衣，依也，上曰衣，下曰裳，象覆二人之形，凡衣之属皆从衣。"许氏所谓"象覆二人之形"，乃因战国文字之变体。如《说文》籀文袭、袤等字，皆误作"𧘇"，故许氏亦误为"覆二人"。据甲骨和金文分析，作斜领两袖乃衣之象形字。

古文衣字形旁在字体中无固定位置,发展到秦篆时,大致可分三种情况。一种位于字体之左侧,如初、裕等字所从;另一种作自外包裹之形,如衰、裹等字所从;再一种位于字体之上或字体之下,如裔、装等字所从。隶书乃承袭秦篆,基本上以此三种情况发展,但因其在字体中位置不同,衣字形状互有差异,参见表九二。

表九二

(71) 巾字形旁

巾字,甲骨文写作"巾"(京津1425)。《说文》云:"巾,佩巾也,从冂,丨象糸也,凡巾之属皆从巾。"古文巾字偏旁形体多变,今从甲骨、金文、战国文字及秦篆中,共搜集十一种篆体巾字

	甲骨文	西周金文				
偏旁	巾	巿	巾	巾	巾	十
字例	帛	巿	布	幃	帥	币
	帛 前2.12.4	巿 盂鼎	布 毘卣	幃 鞋侯鼎	帥 頌殷	币 師虔殷
	战国文字				小篆	隶书
偏旁	木	巾	巾	巾	巾	巾
字例	帥	常	幅	巿	岐	幄
	帥 盟书16.3	常 信阳简	幅 信阳简	巿 珎印	岐 说文	幄 隶辨

表九三

	甲骨文	金文		战国文字	小篆	隶书
偏旁	鼎	鼎	鼎	鼎	鼎	鼎
字例	鼒	鼐	鼒	鼎	鼏	鼏
	鼒 京津212	鼐 康季鼎	鼒 蔡侯鼎	鼎 信阳简	鼏 说文	鼏 隶辨

表九四

形旁,发展到隶书时,统一写作"巾"形,参见表九三。

(72)鼎字形旁

鼎字,商代甲骨文写作"𣇷"(甲2851),与贞同字。《说文》云:"鼎,三足两耳,和五味之宝器也,象析木以炊,贞省声。昔禹收九牧之金,铸鼎荆山之下,入山林川泽者,螭魅蝄蜽莫能逢之,以协承天休。易卦巽木于下者为鼎,古文以贝为鼎,籀文以鼎为贝,凡鼎之属皆从鼎。"鼎与贝字相混发生在战国时代,早期贝字写作"⿱"形,与鼎字形体绝远,互不混用。自贝字演化成"貝"后,正如许氏所讲,鼎贝互用,如战国文字则写作"䞓";员写作"鼏"。今从甲骨、金文、战国文字及秦篆中,共搜集五种篆体鼎字形旁,发展到隶书时,统一写作鼎形,参见表九四。

(73)豆字形旁

豆字,商代甲骨文写作"𠁡"(乙7978)。《说文》云:"豆,古食肉器也,从口象形,凡豆之属皆从豆。"古文豆字形旁,形体多不一致,今从甲骨、金文、战国文字及秦篆中,共搜集五种篆体豆字形旁,发展到隶书时,统一写作"豆"形,参见表九五。

	甲骨文	金 文	战国文字	小 篆	隶 书
偏旁	𠁡 殷京津4462	豆 豐	豆 瘐钟	豆 登散盘	豆 说文	豆 隶辨
字例	𠭯	豐	登	豎 盟书1.92	燾	登

表九五

(74)缶字形旁

缶字,商代甲骨文写作"𠂻"(前3.33.4)。《说文》云:"缶,瓦器所以盛酒浆,秦人鼓之以节謌,象形,凡缶之属皆从缶。"甲骨文并未发现从缶旁的字。今从两周金文、战国文字及秦篆中,共搜集五种篆体缶字形旁,发展到隶书时,统一写作"缶"形,参见表九六。

(75)皿字形旁

皿字,甲骨文写作"𠙴"(前5.3.7)。《说文》云:"皿,饭食之用器也,象形,与豆同意,凡皿之属皆从皿。"古文皿字形体多变,今从甲骨、金文、战国文字及秦篆中,共搜集十一种篆体皿字形旁,发展到隶书时,统一写作"皿"形,参见表九七。

(76)酉字形旁

《说文》云:"酉,就也,八月黍成可为酎酒,象古文酉之形,凡酉之属皆从酉。"甲骨文中之酉字,写作"𠧪"(乙6718),象一大口尖底的陶器,即当时盛酒之器。许氏所谓"象古文酉之形",因古文酉字更接近实物。但是,因时代不同,古文酉字形旁,亦有多种变化。今从甲骨、金文、战国文字及秦篆中,共搜集十一种篆体酉字形旁,发展到隶书时,统一写作"酉"形,参见表九八。

(77)壶字形旁

表九六

	金文		战国文字		小篆	隶书
偏旁						
字例	匋 麓伯殷	鑪 仲义父鑪	窑 玺印	窑 陶文	缾 说文	罃 隶辨

	甲骨文		两周金文			
偏旁						
字例	盂 甲3939	益 续5194	盂 不嬰殷	盤 虢季盘	盉 季良父盉	盆 曾太保盆

	战国文字				小篆	隶书
偏旁						
字例	盟 盟书200.12	盍 望山简	盛 陶文	盦 玺印	盟 说文	盈 隶辨

表九七

《说文》云："壴，陈乐立而上见也，从中豆，凡壴之属皆从壴。"壴字，商代甲骨文写作"𣫚"（粹533），即鼓之象形字，"中"为鼓上之饰，"△"为鼓下之足架，两侧为蒙鼍皮敲击之处，正与

	甲骨文		两周金文			
偏旁						
字例	彤 前9.4.1	尊 京津978	醴 大鼎	配 毛公鼎	酓 酓戟	醣 中山王壶
	战 国 文 字				小篆	隶书
偏旁						
字例	醜 盟书156.22	醬 说文古文	酷 陶文	酓 陶文	酢 说文	酬 隶辨

表九八

	甲骨文		两周金文			
偏旁						
字例	喜 粹1488	彭 前5.34.1	喜 天亡殷	嘉 嘉壶	尌 尌钟殷	鼓 齐侯壶
	战 国 文 字				小篆	隶书
偏旁						
字例	嘉 盟书195.1	彭 鄂君节	鼓 信阳简	喜 珎印	鼖 说文	彭 隶辨

表九九

传世之商代双鸟饕餮纹鼓（《商周彝器通考》第980图）形制全同，许书所谓"从屮豆"，不确。古

	甲骨文	两周金文				
偏旁	東	軬	甫	軬	車	車
字例	轃	較	輔	輔	轉	軍
	輿 佚945	較 吴方彝	輔 师菱殷	輔 克盨	轉 轉盘	軍 庚壶
	战 国 文 字				小篆	隶书
偏旁	車	車	車	車	車	車
字例	載	軒	斬	錐	輸	輕
	載 鄂君节	軒 珎印	斬 珎印	錐 珎印	輸 说文	輕 隶辨

表一〇〇

	甲骨文	两周金文				
偏旁	月	月	月	月	月	月
字例	朕	般	服	般	朕	船
	朕 佚6	般 甲590	服 孟鼎	般 颂盘	朕 陈伯匜	船 南疆钲
石鼓文		战 国 文 字			小篆	隶书
偏旁	月	月	月	月	月	月
字例	舫	胯	朕	朝	彤	股
	舫 霝雨	胯 鄂君节	朕 珎印	朝 珎印	彤 说文	股 隶辨

表一〇一

文壴字形旁,形体多变,今从甲骨、金文、战国文字及秦篆中,共搜集十一种篆体壴字形旁,发展到隶书时,统一写作"壴"形,参见表九九。

	甲 骨 文				商代金文	
偏旁						
字例	斿 铁132.1	族 京津4387	旅 粹201	族 甲366	旅 父辛卣	斿 日戊鼎
	两 周 金 文					
偏旁						
字例	旂 盂鼎	斿 颂鼎	旅 曾太保盆	斿 郘公钟	旗 楚公戈	莅 中山王壶
	战 国 文 字				小篆	隶书
偏旁						
字例	族 盟书85.23	旅 珎印	旗 珎印	旗 陶文	旒 说文	旌 隶辨

表一〇二

(78)车字形旁

车字,商代甲骨文写作"🚗"(存743),象当时车子之形,但同时亦简化成"車"(乙324)。《说文》云:"车,舆轮之总名也,夏后时奚仲所造,象形,凡车之属皆从车。"古文车字形旁,繁简形体很多,自战国以后,基本上固定成"车"形。今从甲骨、金文、战国文字及秦篆中,共搜集十一种篆体车字形旁,发展到隶书时,统一写作"车"形,参见表一〇〇。

(79)舟字形旁

109

	甲骨文		两周金文			
偏旁						
字例	宫 前4.15.3	宗 后上5.5	室 天亡殷	定 卫盉	宗 曾姬壶	盌 中山王壶
	战国文字				小篆	隶书
偏旁						
字例	守 盟书1.6	宜 珎印	安 珎印	宋 布文	宴 说文	宿 隶辨

表一〇三

	甲骨文	金文	战国文字	小篆	隶书
偏旁					
字例	突 拾5.7	竈 秦公殷	窵 蔡侯钟	窒 珎印	窯 说文	窺 隶辨

表一〇四

舟字,商代甲骨文写作"月"(前7.21.3)。《说文》云:"舟,船也,古者共鼓货狄刳木为舟,剡木为楫,以济不通。象形,凡舟之属皆从舟。"古文舟字偏旁,形体大同小异,今从甲骨、金文、战国文字及秦篆中,共搜集十一种篆体舟字形旁,发展到隶书时,一般皆写作"舟",如船、舫、般等字所从。但也有时将"舟"写作"月",如朕字写作"朕",朦字写作"朦"等,参见表一〇一。

(80)㫃字形旁

㫃字,甲骨文写作"㫃"(簠杂47)。《说文》云:"㫃,旌旗之游㫃蹇之皃,从中曲而下垂㫃相出入也,读若偃,古人名㫃字子游,凡㫃之属皆从㫃。"古文㫃字偏旁,因时代不同,形体繁简变化很大,发展到秦时,基本上固定为左方右人的形体。今从甲骨、金文、战国文字及秦篆中,共搜集十七种篆体㫃字形旁,隶书乃承袭秦篆,统一写作"㫃"形,参见表一〇二。

(81)宀字形旁

宀字商代甲骨文写作"宀"(京津434)。《说文》云:"宀,交覆深屋也,象形,凡宀之属皆从宀。"古文宀字偏旁,形体大同小异,但在两周金文中,时代特征比较明显。今从甲骨、金文、战国文字及秦篆中,共搜集十一种篆体宀字形旁,发展到隶书时,统一写作"宀"形,参见表一〇三。

(82)穴字形旁

《说文》云:"穴,土室也,从宀八声,凡穴之属皆从穴。"古文穴字偏旁,形体大同小异,今从甲骨、金文、战国文字及秦篆中,共搜集五种篆体穴字形旁,发展到隶书时,统一写作"穴"形,参见表一〇四。

(83)厂字形旁

《说文》云:"厂,山石之厓巖人可居,象形,凡厂之属皆从厂;厈,籀文从干。"周初金文有厈字,关于厂字形旁,从商代甲骨文即开始使用,今从甲骨、金文、战国文字及秦篆中,共搜集五种篆体厂字偏旁,发展到隶书时,统一写作"厂"形,参见表一〇五。

	甲骨文	金 文	战国文字	小 篆	隶 书
偏旁	厂	厂	厂	厂	厂
字例	厚 佚211	原 克鼎 厵 士父钟	厲 珍印	厭 说文	厭 隶辨

表一〇五

(84)广字形旁

《说文》云:"广,因广为屋,象对刺高屋之形,凡广之属皆从广。"在商代甲骨文和西周金文中,广字偏旁多写作"广",同厂字偏旁相别。入战国以后,这两种偏旁时常混用。严格区分,二者似有一定界限。今从甲骨、金文、战国文字及秦篆中,共搜集五种篆体广字形旁,发展到隶

	甲骨文	两周金文	战国文字	小篆	隶书
偏旁	∧	┌	广	∧	广	广
字例	庞 乙1405	廣 痩钟	庶 邾公钟	廎 珎印	廬 说文	廬 隶辨

表一〇六

	甲骨文	金文	战国文字	小篆	隶书
偏旁	高	高	高	高	高	亯
字例	亳 佚928	亳 觚 京	芮公鬲 亭	陶文	高 说文	亭 隶辨

表一〇七

书时，统一写作"广"形，参见表一〇六。

(85) 高字形旁

高字，商代甲骨文写作"髙"（后1.6.7）。《说文》云："高，崇也，象台观高之形，从冂口，与仓舍同意，凡高之属皆从高。"《说文》中又设有"京"、"亯"二部，字体结构与亭、亳相同，许氏皆谓"从高省"，所谓省，即简写作"髙"。今从甲骨、金文、战国文字及秦篆中，共搜集五种篆体高字形旁，发展到隶书时，省作"髙"形，参见表一〇七。

(86) 門字形旁

門字，甲骨文写作"門"（佚468）。《说文》云："門，闻也，从二户，象形，凡門之属皆从門。"古文門字偏旁，形体大同小异，今从甲骨、金文、战国文字及秦篆中，共搜集十一种篆体門字形旁，发展到隶书时，统一写作"門"形，参见表一〇八。

(87) 户字形旁

户字，甲骨文写作"戶"（甲589）。《说文》云："户，护也，半门曰户，象形，凡户之属皆从户。"古文户字偏旁，形体大同小异。今从甲骨、金文、战国文字及秦篆中，共搜集五种篆体户字形旁，发展到隶书时，统一写作"户"形，参见表一〇九。

(88) 刀字形旁

	甲骨文		两周金文			
偏旁						
字例	問 后下9.10	閔 后下41.13	闢 孟鼎	閈 毛公鼎	関 陈猷釜	閉 子禾子釜
	战国文字				小篆	隶书
偏旁						
字例	闌 盟书156.1	閏 长沙帛书	閔 珎印	閮 珎印	闌 说文	閶 隶辨

表一〇八

	甲骨文	金文	战国文字		小篆	隶辨
偏旁						
字例	启 前5.21.3	厈 厈尊	床 陈胎戈	房 信阳简	扉 说文	房 隶辨

表一〇九

刀字,商代甲骨文写作"𠨍"(粹1184)。《说文》云:"刀,兵也,象形,凡刀之属皆从刀。"古文刀字偏旁,形体大同小异。今从甲骨、金文、战国文字及秦篆中,共搜集十一种篆体刀字形旁,

113

偏旁	甲骨文		两周金文			
	)	)	)	)	↓	)
字例	分 前5.45.7	剌 甲624	刚 墙盘	利 师遽彝	刑 散盘	则 齐侯壶
	战国文字				小篆	隶书
偏旁	)	)	)	)	)	)
字例	则 盟书156.19	罚 信阳简	刚 信阳简	剌 天星观简	剄 说文	利 隶辨

表一一〇

偏旁	甲骨文		两周金文			
字例	新 林2.7.7	斨 甲3662	新 颂鼎	斧 居毁	所 庚壶	圻 子璋钟
	战国文字				小篆	隶书
偏旁						斤
字例	所 盟书156.22	新 望山简	所 珎印	新 布文	断 说文	析 隶辨

表一一一

发展到隶书时,一般皆置于字体右侧,写作"刂",个别如分、切等字,写作"刀",参见表一一〇。

	甲骨文	金 文		战国文字	小 篆	隶 书
偏旁	〢	∩	⌒	冂	冈	四
字例	羅 乙4502	買 賈殷	罰 散盘	罟 珎印	冈 说文	羅 隶辨

表一一二

	甲骨文	两 周 金 文				
偏旁						
字例	書 存下724	畫 矢方彝	庫 庫尊	書 瘐钟	肇 毛公鼎	肅 王孙钟
	战 国 文 字				小 篆	隶 书
偏旁						
字例	書 盟书16.3	書 珎印	畫 珎印	肆 珎印	肇 说文	書 隶辨

表一一三

(89) 斤字形旁

斤字，商代甲骨文写作"﹂"(坊间4.204)。《说文》云："斤，斫木斧也，象形，凡斤之属皆从斤。"古文斤字偏旁，形体变化较大，今从甲骨、金文、战国文字及秦篆中，共搜集十一种篆体

	甲 骨 文		两 周 金 文			
偏旁						
字例						
	戍 京津4000	戎 粹1150	我 孟鼎	戊 吴方彝	戍 颂鼎	武 酓章戈
	战 国 文 字				小 篆	隶 书
偏旁						
字例						
	或 盟书16.11	戬 鄂君节	戯 珎印葳	珎印戦	说文戍	隶辨

表——四

	两 周 金 文					
偏旁						
字例						
	遹 孟鼎	遹 獣钟	遹 遹殷	遹 善夫克鼎	敄 郑公殷	敄 毛公鼎
	东 周 金 文				小 篆	隶 书
偏旁						
字例						
	稍 郘韽尹钲	嗒 须孟生鼎	敄 中山王壶	茅 盗壶	矜 说文	矜 隶辨

表——五

斤字形旁,发展到隶书时,统一写作"斤"形,参见表———。

	甲 骨 文			两 周 金 文		
偏旁						
字例	弜 粹22	引 宁沪2.106	弡 弡叔毁	弼 毛公鼎	彌 蔡姞毁	彊 齐侯毁

	战 国 文 字				小 篆	隶 书
偏旁						
字例	弳 盟书75.8	驼 陶文	弩 玺印	张 望山简	弹 说文	弦 隶辨

表——六

	甲骨文	金 文	战国文字	小 篆	隶 书
偏旁					
字例	躾 菁7.1	夔 卫盘	矦 国差𧪒	夔 盟书1.40 短 说文	矦 隶辨

表——七

(90) 网字形旁

网字,商代甲骨文写作"𠕁"(乙3947)。《说文》云:"网,庖牺氏所结绳以田以渔也,从冂,下象网交文,凡网之属皆从网。"古文网字偏旁,形体亦多变化,今从甲骨、金文、战国文字及秦篆中,共搜集五种篆体网字形旁,发展到隶书时,统一写作"罒"形,参见表一一二。

(91) 聿字形旁

聿字,商代甲骨文写作"𦘒"(乙8407)。《说文》分聿与聿二部,聿部云:"聿,所以书也,楚

	甲骨文	金 文		战国文字	小篆	隶书
偏旁	(山)	(山)	(山)	(山)	(山)	(山)
字例	邑 簠地210	峻 克鼎	岐 岐匜	嵩 珍印	崝 说文	崇 隶辨

表——八

	甲骨文	两周金文					
偏旁							
字例	降 乙6960	陟 摭续20	陸 父乙角	限 舀鼎	陰 曩伯簋	陀 中山王壶	

	战国文字				小篆	隶书
偏旁						
字例	陟 盟书16.9	陸 珍印	陰 布文	陽 陶文	陶 说文	陂 隶辨

表——九

谓之聿，吴谓之不律，燕谓之弗，从聿一，凡聿之属皆从聿。"又于聿部云："聿，手之疌巧也，从又持巾，凡聿之属皆从聿。"从古文字体考察，聿聿二字无别，甲骨，金文皆写作"聿"，象手中握笔之形。《说文》聿部所收之肃、肂二字所从之聿与書、畫等字所从之聿，甲骨、金文皆写作 。

今从甲骨、金文、战国文字及秦篆中,共搜集十一种篆体聿隶字形旁,隶书承秦篆,分别写作"聿"、"隶",参见表一一三。

(92)戈字形旁

戈字,甲骨文写作"🅰"(珠458)。《说文》云:"戈,平头戟也,从弋,一衡之象形,凡戈之属皆从戈。"《说文》中除戈部外,另设有戉、我、戊、成等部,其实皆古代之武器名称,后来多借为其它之义用,皆可并为戈部之内。古文戈字偏旁,形体大同小异。今从甲骨、金文、战国文字及秦篆中,共搜集十一种篆体戈字形旁,发展到隶书时,统一写作"戈"形,参见表一一四。

(93)矛字形旁

矛字,西周《冞毁》写作"🅱",乃是古代一种尖刃长柄用于刺杀的兵器,文献中常以戈矛并列。《说文》云:"矛,酋矛也,建于兵车,长二丈,象形,凡矛之属皆从矛。"金文中从矛旁的字很多,而形体多变,今从两周金文和秦朝小篆中共搜集十一种篆体矛字形旁,发展到隶书时,统一写作"矛"形,参见表一一五。

(94)弓字形旁

弓字,甲骨文写作"🅲"(后下30.4)、"🅳"(前5.8.3),两周金文均承后一形体而发展,前者久废。《说文》云:"弓,窮也,以近窮远者,象形。古者挥作弓,周礼六弓:王弓弧弓以射甲革甚质,夹弓庾弓以射干侯鸟兽,唐弓大弓以授学射者,凡弓之属皆从弓。"许书同时又设立"弜"与"弦"二部,如弜部云:"弜,彊也,重也,从二弓,凡弜之属皆从弜。"又于弦部云:"弦,弓弦也,从弓,象丝轸之形,凡弦之属皆从弦。"其实弜与弦皆可并为弓部,二者与弓字形义均有密切关系。古文弓字偏旁虽承甲骨文 🅳 形,但形体多变。今从甲骨、金文、战国文字及秦篆中,共搜集十一种篆体弓字形旁,发展到隶书时,统一写作弓形,参见表一一六。

(95)矢字形旁

矢字,商代甲骨文写作"🅴"(京津1145)。《说文》云:"矢,弓弩矢也,从入,象镝栝羽之形,古者夷牟初作矢,凡矢之属皆从矢。"古文矢字偏旁,形体大同小异。今从甲骨、金文、战国文字及秦篆中,共搜集五种篆体矢字形旁,发展到隶书时,一般均写作"矢"形,参见表一一七。

(96)山字形旁

山字,商代《父乙罍》写作"🅵"(三代13.51)。《说文》云:"山,宣也,谓能宣散气生万物也,有石而高,象形,凡山之属皆从山。"古文山字偏旁,形体大同小异。今从甲骨、金文、战国文字及秦篆中共搜集五种篆体山字形旁,发展到隶书时,或置于字体之上,或置于字体之下,或置于字体之左,皆写作"山"形,参见表一一八。

(97)阜字形旁

阜字,甲骨文写作"🅶"(库1917),或简化为"🅷"(甲2327)。《说文》云:"𨸏,大陆也,山无石者,象形,凡𨸏之属皆从𨸏。"古文阜字偏旁可写作繁简两种形体,今从甲骨、金文、战国文字及秦篆中,共搜集十一种篆体阜字形旁,秦篆去其繁统一写为"𨸏",并固定于字体之左侧,隶书承袭秦篆,又进一步简化为"阝"形,参见表一一九。

(98)土字形旁

土字,甲骨文写作"🅸"(甲2241)。《说文》云:"土,地之吐生万物者也,二象地之上地之中,丨物出形也,凡土之属皆从土。"从甲骨文来看,土字并不从二,而象土中吐出芽苗之形,后来才变作"土"。今从甲骨、金文、战国文字及秦篆中,共搜集十一种篆体土字形旁,发展到隶书时,统一写作"土"形,参见表一二〇。

	甲骨文	两周金文				
偏旁	∆	∆	土	土	土	土
字例	垩 乙360	堇 獣钟	圭 毛公鼎	基 子璋钟	均 蔡侯钟	城 厲羌钟
	战国文字				小篆	隶书
偏旁	土	土	土	土	土	土
字例	型 信阳简	坊 陶文	坡 珎印	垣 布文	块 说文	基 隶辨

表一二〇

	甲骨文		两周金文			
偏旁	田	田	田	田	田	田
字例	畋 前4.28.5	畕 库492	畯 孟鼎	佃 克鼎	留 留钟	畜 秦公殷
	战国文字				小篆	隶书
偏旁	田	田	田	田	田	田
字例	番 信阳简	略 詛楚文	畋 陶文	留 布文	畴 说文	毗 隶辨

表一二一

	两　周　文　字				战国文字	
偏旁						
字例	邦　孟鼎	都　猷钟	郜　齐侯壶	鄆　郑孝子鼎	邢　盟书156.21	邡　鄂君节
	战　国　文　字				小篆	隶书
偏旁						
字例	邢　珎印	邛　珎印	郯　珎印	邪　布文	鄙　说文	鄙　隶辨

表一二二

(99) 田字偏旁

田字，甲骨文写作"田"（菁1.1）、"田"（粹1222）等形体。《说文》云："田，陈也，树谷曰田，象形，口十，千百之制也，凡田之属皆从田。"古文田字偏旁，形体大同小异。今从甲骨、金文、战国文字及秦篆中，共搜集十一种篆体田字形旁，发展到隶书时，统一写作"田"形，参见表一二一。

(100) 邑字形旁

邑字，甲骨文写作"邑"（京津1605），商代虽有邑字，但未发现从此偏旁之字。入周之后，从邑之字逐渐增多。《说文》云："邑，国也，从囗，先王之制尊卑有大小，从卪，凡邑之属皆从邑。"古文邑字偏旁在字体中的位置，或左或右，无统一规定，自秦篆开始一律置于右侧。今从两周金文、战国文字以及秦篆中，共搜集十一种篆体邑字形旁，发展到隶书时，统一写作"阝"形，并承袭秦篆皆置字体之右侧，参见表一二二。

(101) 囗字形旁

《说文》云："囗，回也，象回帀之形，凡囗之属皆从囗。"段玉裁注："回转也，按围绕，周围字当用此，围行而囗废矣。"古文囗字偏旁，形体大同小异。今从甲骨、金文、战国文字及秦篆中，共搜集五种篆体囗字形旁，发展到隶书时，统一写作"囗"形，参见表一二三。

(102) 水字形旁

水字，甲骨文写作"水"（甲903）。《说文》云："水，准也，北方之行，象众水并流中

	甲骨文	金文	战国文字		小篆	隶书
偏旁	□	○	○	○	○	口
字例	囲 前7.20.1	圉 墙盘	固 盟书200.3	國 玺印	圖 说文	圍 隶辨

表一二三

	甲骨文		两周金文					
偏旁	水	水	水	水	水	水		
字例	汝 京津2007	冲 后下36.6	沈 沈子殷	池 静殷	沽 散盘	沇 沇儿钟		

	战国文字				小篆	隶书
偏旁	水	二	川	水	水	氵
字例	江 鄂君节	泊 信阳简	波 陶文	渴 玺印	渭 说文	江 隶辨

表一二四

有微阳之气也，凡水之属皆从水。"古文水字偏旁，形体大同小异。今从甲骨、金文、战国文字及秦篆中，共搜集十一种篆体水字形旁，发展到隶书时，本字写作"水"，凡立于左侧之偏旁，一律写作"氵"形，参见表一二四。

	甲骨文	金　文	战国文字	小　篆	隶　书
偏旁	巛	巛	巛	巛	巛
字例	巛　佚197	巠　盂鼎	邕　邕子甗 / 州　信阳简	㐬　说文	㐬　隶辨

表一二五

（103）川字形旁

川字，甲骨文写作"巛"（甲1647）。《说文》云："川，贯穿通流水也，虞书曰：濬〈巜距川，言深〈巜之水会为川也，凡川之属皆从川。"古文川字偏旁，形体大同小异。今从甲骨、金文、战国文字及秦篆中，共搜集五种篆体川字形旁，发展到隶书时，一写作"巛"形，如巠、邕等字所从；另一种写作"川"，如㐬、州等字所从，参见表一二五。

（104）雨字形旁

雨字，甲骨文写作"雨"（粹730）。《说文》云："雨，水从云下也，一象天，冂象云水霝其间也，凡雨之属皆从雨。"今从甲骨、金文、战国文字及秦篆中，共搜集十一种篆体雨字形旁，发展到隶书时，统一写作"雨"形，参见表一二六。

（105）火字形旁

火字，商代甲骨文写作"火"（后2.9.1）。《说文》云："火，煋也，南方之行，炎而上象形，凡火之属皆从火。"古文火字偏旁，形体多变，而且在字体中位置也不甚固定。发展到秦篆时，无论位于字体之上下或左右，一律写作"火"。隶书乃承袭秦篆，但又因其在字体中之位置不同，稍有一些变化，一种写作"火"，如炎、炅等字及立于左侧之炆、焰等字所从；再一种写作"灬"，均置于字体下部，如黑、然等字所从。今从甲骨、金文、战国文字及秦篆中，共搜集十五种篆体火字形旁，隶书归纳为二种形体，参见表一二七。

（106）日字形旁

日字，商代甲骨文写作"⊙"（菁2.1）。《说文》云："日，实也，大昜之精不亏，从○一，象形，凡日之属皆从日。"古文日字偏旁，形体多为圆形。今从甲骨、金文、战国文字及秦篆中，共搜集十一种篆体日字形旁，发展到隶书时，统一写作"日"形，参见表一二八。

（107）月字形旁

月字，甲骨文写作"）"（粹659）。《说文》云："月，阙也，大全之精，象形，凡月之属皆从月。"古文月字偏旁，形体大同小异。今从甲骨、金文、战国文字及秦篆中，共搜集五种篆体月字形旁，发展到隶书时，统一写作"月"形，参见表一二九。

（108）夕字形旁

	甲骨文		两周金文			
偏旁	⾬	⾬	雨	雨	雨	雨
字例	霖 前4.47.2	霍 前2.15.7	雩 小臣遽毁	電 番生毁	霸 虢仲鼎	靈 庚壶
	战国文字				小篆	隶书
偏旁	雨	雨	雨	雨	雨	雨
字例	雷 信阳简	雩 珎印	雩 布文	雩 珎印	霾 说文	霜 隶辨

表一二六

夕字，甲骨文早期写作"⟨"（前1.27.4），晚期写作"⟩"（后2.26.10）。《说文》云："夕，莫也，从月半见，凡夕之属皆从夕。"许书并设有多部，谓为"从重夕"，这里将其并入夕部。今从甲骨、金文、战国文字及秦篆中，共搜集十一种篆体夕字形旁，发展到隶书时，统一写作"夕"形，参见表一三〇。

（109）**玉字形旁**

玉字，商代甲骨文写作"丰"（乙7808）。《说文》云："玉，石之美有五德者，润泽以温，仁之方也；䚡理自外，可以知中，义之方也；其声舒扬，専以远闻，智之方也；不挠而折，勇之方也；锐廉而不忮，絜之方也。象三玉之连，｜其贯也，凡玉之属皆从玉。"许书除玉部外另设有"玨"部，玨本从双玉，这里故并入玉部。古文玉字偏旁皆作三横一竖，三横间距相等。今从甲骨、金文、战国文字及秦篆中，共搜集十一种篆体玉字形旁，发展到隶书时，本字写作"玉"，偏旁则写作"王"形，参见表一三一。

（110）**金字形旁**

商代甲骨文目前尚未发现金字，周初金文写作"﹇"（麦鼎）。《说文》云："金，五色金也，黄为之长，久薶不生衣，百炼不轻，从革不韦。西方之行，生于土，从土，左右注，象金在土中形，今声，凡金之属皆从金。"古文金字偏旁，形体大同小异，唯战国楚简，书写形体带有地方特色。今从两周金文、战国文字及秦篆中，共搜集十一种篆体金字形旁，发展到隶书时，统一写作"金"形，参见表一三二。

	甲骨文	金　文	战国文字	小　篆	隶　书
偏旁					
字例	赤 乙 2908	炎 令殷	赤 颂鼎	炅 琛印	栽 说文	炎 隶辨

	甲骨文	金　文	战国文字	小　篆	隶　书
偏旁					
字例	炏 后上21.5	烟 墙盘	煬 中山王鼎	焊 陶文	炫 说文	烽 隶辨

	甲骨文	金　文	战国文字	小　篆	隶　书
偏旁					
字例	朿 簋杂68	悠 散盘	黑 铸子匜	然 望山简	烝 说文	然 隶辨

表一二七

(111) 示字形旁

《说文》云："示，天垂象见吉凶，所以示人也，从二（上），三垂日月星也，观乎天文，以察时变，示神事也，凡示之属皆从示。"商代甲骨文早期示字写作"丅"（铁228.3）、"丁"（乙972）等，非"三垂"，许氏所谓"三垂日月星"者，乃后起之说，非此字本义。今从甲骨、金文、战国文字及秦篆中，共搜集十一种篆体示字形旁，发展到隶书时，统一写作"示"形，参见表一三三。

(112) 鬼字形旁

鬼字，商代甲骨文写作"𠩺"（甲3343）。《说文》云："鬼，人所归为鬼，从儿 ⊕ 象

	甲骨文	两 周 金 文				
偏旁	⊙	⊙	⊙	⊙	⊙	 ⊖
字例	 晵 粹649	 昏 佚292	 晊	 孟鼎昔	 舀鼎昶	 昶仲鬲 時 中山王壶
	战 国 文 字				小 篆	隶 书
偏旁	⊖	⊖	⊖	⊙	⊖	⊟
字例	 昌 珎印	 昆 珎印	 時 陶文	 昒 陶文	 晓 说文	 暉 隶辨

表一二八

	甲骨文	金 文	战国文字	小 篆	隶 书
偏旁	☽	☽	☽	☽	月
字例	 明 前4.10.4	 望 庚嬴卣 	朔 卫鼎期	朔 珎印	 期 说文 期 隶辨

表一二九

	甲骨文		两周金文			
偏旁	D	D	D	D	D	D
字例	夙 存下 520	多 甲 815	外 静殷	夜 师袭殷	黄 秦公殷	蓼 周蓼壶
	战国文字				小篆	隶书
偏旁	夕	夕	夕	夕	夕	夕
字例	夙 中山王壶	夜 中山王壶	外 天星观简	夜 珎印	姓 说文	多 隶辨

表一三〇

	甲骨文		两周金文			
偏旁	王	王	王	王	王	王
字例	珏 京都 775	珏 后下 43.8	班 班殷	璜 召伯殷	璧 齐侯壶	璋 子璋钟
	战国文字				小篆	隶书
偏旁	王	王	王	王	王	王
字例	璧 盟书 16.19	琦 信阳简	環 望山简	珂 珎印	玩 说文	琮 隶辨

表一三一

鬼头，从厶，鬼阴气贼害故从厶，凡鬼之所属皆从鬼。"许谓鬼字"从厶"，不确。古文鬼字有时下部从女，写作"𩴤"，秦篆将女符双臂误变为厶，遂又附会"阴气贼害"之词。今从甲骨、金文、战国文字及秦篆中，共搜集五种篆体鬼字形旁，发展到隶书时，统一写作鬼形，

127

偏旁	两周金文					石鼓文
偏旁	金	金	金	金	金	金
字例	鈚 史颂匜	鈴 师寰殷	錫 曾伯匧	鏐 郳公钟	鐘 楚公钟	鑒 田車

偏旁	战国文字				小篆	隶书
偏旁	金	金	金	金	金	金
字例	釿 盟书 85.13	鈔 信阳简	鈚 望山简	鑣 天星观简	鑪 说文	鐘 隶辨

表一三二

偏旁	甲 骨 文			金 文		
偏旁	示	示	示	示	示	示
字例	祐 铁 12.1	祐 佚 667	祝 前 4.18.7	禦 禦父觶	祓 保卣	福 不嬰殷

偏旁	战 国 文 字				小篆	隶书
偏旁	示	示	示	示	示	示
字例	祝 盟书 56.24	祭 陶文	齋 望山简	祁 布文	神 说文	祚 隶辨

表一三三

	甲骨文	金 文	战国文字	小 篆	隶 书
偏旁	𠚦	甲	甲	甲	鬼	鬼
字例	𢑚 拾 4.11	魁 魁尊	鬼 盟书 27.3	鬼 珎印	魄 说文	魂 隶辨

表一三四

参见表一三四。

以上各表所列，皆为经过选择具有一定代表性的偏旁形体。除此之外，还有些因资料比较零散，难以理出系统，但确是在古文字体中使用的偏旁。诸如：𠃌（石）（宕，前1.30.7），彔（录）（滕，铁5.2），𠂤（自）（歸，河604），臣（臣）（亜、林2.7.9），屵（禺）（䲹，河624），谷（谷）（𤳈，𤳈伯卣），丑（亞）、（懿、曾伯钟），屮（毛）（毳、毳殷），隶（隶）（鍊、齐侯壶），冫（冫）（冰、陈逆殷），龠（龠）（鯀、昆疕王钟），非（非）（斐、斐鼎），片（片）（䈔，中山王方壶）……这些偏旁皆见于商代甲骨、两周金文和战国文字，由于资料不足，一时还整理不出规律，故暂不论列，以待补充。

第三节 意义相近的形旁互为通用

在古体形声字中，如果两种形旁意义相近，即可互相代用，并不因更换形旁而改变本字的意义。关于此一问题，唐兰先生在《古文字学导论》中曾经讲到："凡义相近的字，在偏旁里可以通转。"他曾举人与女，衣与巾，土与阜等三组互为通用的形旁为例，说："凡是研究语言音韵的人，都知道字音是有通转的，但字形也有通转，这是以前学者所不知道的"；"通转和演变是不同的，演变是由时代不同而变化……至于通转，却不是时间关系，在文字的形式没有十分固定以前，同时的文字，会有好多样写法，既非特别摹古，也不是有意创造新体，只是有许多通用的写法，是当时人所公认的。"① 后来杨树达先生在《新识字之由来》一文中，又提出舛与艸，儿与女，彳与止，三组形旁通用，他称之为"义近形旁任作"。② 可见这个问题，早已引起许多前辈学者们注意。但是，在古汉字中究竟有多少形旁"通转"？有哪些形旁可以"通转"？过去没有人进行过系统整理和研究，只是在一些考释文字的著作中有时提到这

---

① 唐兰：《古文字学导论》（增订本），231页，齐鲁书社，1981年。
② 杨树达：《积微居金文说》（增订本），科学出版社，1959年。

方面的问题，但因资料甚为零散，很不容易掌握，有时提到某种形旁可同某种形旁通用，因举证不足，难以引起人们的重视和承认。

“义近形旁通用”是利用偏旁分析来研究古文字形体的一项非常重要的方法。但是，在唐兰先生提出之前，确“是以前学者所不知道的”。例如《说文·言部》：“诡，责也”；《心部》：“恑，变也”。段玉裁在恑字下注云：“今此义多用诡，非也，诡训责。”实际上言与心两个形旁意义相近，在古文字中可互相通用（详后）。段氏不解其义，故曰“非也”。类似变换形旁的异体字，并不限于唐、杨两位先生所提出来的几种。无论是在现有的古文字体中，还是在古代文献中，均保存了充分的资料。我们初步就古文字形体和古代文献中的通用实例，整理出三十二例，实际情况不限于此，因目前资料不够充分，有待今后补充。

（1）人、女形旁通用例

人旁甲骨文和金文均写作“”（戬 41.6）或“”（铁 272.2），《说文》云：“象臂胫之形”。女旁写作“”（粹 381），《说文》谓：“妇人也，象形。”二者虽性别不同，但是都表示人的形体。由于意义相近，故有些字的形旁既可以从人，也可以从女，彼此可互相代用，参见表一三五。

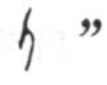

	娃	毓	執	蔑	奚	嬪
从人	 铁 272.2	 前 1.30.5	 京津 1472	 甲 883	 京津 4535	 铁 261.1
从女	 铁 113.3	 佚 893	 乙 8609	 前 1.44.7	 后下 33.9	 前 7.20.2
	嬴	毓	揚	埶	姓	媄
从人	 嬴季毁	 墙盘	 静卣	 盠彝	 齐镈	 说文
从女	 嬴氏鼎	 吕仲爵	 师兑毁	 毛公鼎	 诅楚文	 说文

表一三五

	鬼	光	允	長
从儿	菁 5.1	矢方彝	石鼓文	寡长鼎
从女	乙 8000	宰甫殷	不嫢殷	长由盉

表一三六

(2) 儿、女形旁通用例

儿也是人旁之一种形体，由于它在字体中常居下部，则隶写作"儿"，在古文字中仍是人旁。如甲骨文中的光字写作"　"（粹 427），金文中的先字写作"　"（毛公鼎）。《说文》云："儿，仁人也，古文奇字人也，象形。孔子曰：'在人下，故诘屈'。"古文字人旁和女旁通用，儿也是人旁之一种，故亦与女旁通用，参见表一三六。

从以上二表所列字例可以看出，人或儿与女字形旁在古汉字中并没有严格的区分，有些字既可以从人旁，也可以从女旁。大致自秦始皇统一文字以后，每字所从的形旁，作了较为严格的规定，从而原为孪生姊妹的异体字，逐渐减少了。有的只保存了其中一种形体，另一种被淘汰；也有的因字义引申，分离为二字。但是，它们这种孪生关系，不仅在古文字中有所保存，而且在先秦两汉的文献中也残存许多遗迹，许多从人或从女的不同形旁字，当时作为同字使用。例如：

偷媮　媮有时借为偷，但它的本义与偷字相同，皆为窃的意思。如《左传》昭公元年："吾侪偷食朝不谋夕。"《汉书·韩信传》："靡衣媮食倾耳以待命者。"《文选·答苏武书》："子卿视陵岂偷生之士而惜死之人哉。"《楚辞·卜居》："将从俗富贵以媮生乎。"

僈嫚　《荀子·不苟篇》："君子宽而不僈。"《淮南子·主术》："而职事不嫚。"

侮娒　《汉书·魏豹传》："今汉王嫚侮人。"《贾谊传》："今匈奴嫚娒侵掠至不敬也。"颜师古注："娒，古侮字"。

佼姣　《汉书·东方朔传》："偃年十三，随母出入主家，左右言其姣好"；《论衡·骨相篇》："陈平贫而饮食不足，貌体佼好"。《说文通训定声》："按姣实当为佼之或体字"。

任妊　《说文·女部》："妊，孕也"；《汉书·叙传》："初刘媪任高祖而梦与神遇"；《广雅·释诂》王念孙《疏证》："任与妊通"。

僚嫽　《说文·人部》："僚，好貌"；《诗经·陈风·月出》："佼人僚兮"；《释文》："僚本亦作嫽"；《集韵》上筱："僚，或作嫽"。

侑姷　《说文·女部》："姷，耦也，从女有声"；又云"或从人作侑"。《集韵》去宥："姷，或从人"。

佚嫉　《说文·人部》："佚，妎也，从人疾声，一曰毒也"；又云："或从女作嫉"。

类似这种通用的字例，在文献中保存很多，除上举诸例之外，其它如：倡娼（集韵平阳），倖婞（集韵上耿），伪妫（集韵去寘），佻姚（集韵去笑），借媘（集韵去效），任妊（集韵去祸）……字例很多不能尽举。从上述事实，足以证明人、亻与女字形旁在古汉字中是可以通用的。无论人旁或女旁与同一声符组成的字，在古汉字中基本上属于孪生异体，后来由于彼此意义的逐渐引申和使用的专一，区别愈来愈大，甚至使其孪生关系也模糊不显了。

（3）首、页形旁通用例

首字，甲骨文写作" "（前6.7.1），页字写作" "（珠320）。《说文》将人首之形旁分作三部。《𦣻部》云："𦣻，头也，象形。"《首部》云："首，古文𦣻也。"《页部》云："页，头也。"许氏所分建的这三种偏旁部首，彼此区别并不很大，而且𦣻与首二部分辖仅一、二字。既然首是𦣻之古文，应同属一种形旁。因此，作为人首之形旁，实际上《说文》也只有首与页两种，同商代甲骨文相符合。由于首与页都作为人头的形旁，故在古汉字中彼此可以通用，参见表一三七。

	䤪	顯	道	頁	顔	頰
从首	䣄侯殷	康鼎	盟书 156.19	说文页部	说文籀文	说文籀文
从页	师酉殷	諫殷	盟书 156.20	说文页部	说文页部	说文页部

表一三七

从上表所列字形，足以说明首与页二形旁通用。自汉字定形之后，从首之字多改从页。《说文》中首与𦣻两部共收三字，至今皆废。页部收有九十三字，其中还保存了一些首页兼用的异旁字，如：

　　顔颜　《说文·页部》："颜，眉之间也，从页彦声。"又云："籀文作䫇"。
　　𩒹顶　《说文·页部》："顶，颠也，从页丁声。"又云："顶，或从首"。
　　䫇颊　《说文·页部》："颊，面旁也，从页夹声。"又云：籀文颊写作"䫇"。
　　𦣞颐　《说文·臣部》："颐，篆文臣。"又云："𦣞，籀文从首"。
　　䭒颁　《集韵·入声·月部》："发，方伐切，《说文》：'根也'。"又云："古作䭒

	視	睹	睞	矅	睨	睒
从目	说文古文	说文目部	说文目部	说文目部	说文目部	说文目部
从见	说文见部	说文目部	说文见部	说文见部	说文见部	说文见部

表一三八

	詠	謨	譜	謀	信
从口	詠尊	说文古文	说文古文	说文古文	说文言部
从言	说文言部	说文言部	说文言部	说文言部	说文言部

表一三九

頫"。

（4）目、见形旁通用例

目字，甲骨文写作"⊡"（铁16.1），见字作"𥃲"（戬35.3）。《说文·目部》云："目，人眼也，象形"；《见部》："见，视也，从目儿"。因目见义近，故在古体汉字中通用，参见表一三八。

目与见二形旁通用，除在古文字体中有所反映之外，在音义方面，古代文献亦有相同的例证。例如：

	德	雠	警	訓	悠	督
从心	毛公鼎	文父卣	中山王壺	中山王壺	说文心部	蔡侯钟
从言	史頌鼎	鬲比盨	说文言部	说文言部	邾王子钟	盟书 195.7
	誉	信	謀	詩	悖	謝
从心	陶文	珎印	中山王鼎	说文古文	说文言部	说文言部
从言	陶文	珎印	说文言部	说文言部	说文言部	说文言部

表一四〇

視眎 《礼记·中庸》:"视之而不见,听之而不闻。"《列子·天瑞》:"子列子居郑圃四十年,人无识者,国君卿大夫眎之,犹众庶也。"《说文·见部》:"视,瞻也,从见示声。"又云:"眎,古文视。"

覙睐 《说文·见部》:"覙,内视也,从见来声";《广雅·释诂》:"睐,视也",王念孙《疏证》:"睐者,《众经音义》卷六引《仓颉篇》云:'内视曰睐';古诗云:'眄睐以适意';《说文》:'覙,内视也',覙与睐同。"

覞睨 《说文·目部》:"睨,衺视也,从目兒声";《见部》:"覞,旁视也,从见兒声";段玉裁注:"目部曰:睨,衺视也,二字音义皆同。"

覩睹 《说文·目部》:"睹,见也,从目者声";又云:"古文从见",作"覩"。

覢瞟 《说文·目部》:"瞟,瞟也,从目票声";《见部》:"覢,目有察省见也,从见票声";段玉裁注:"目偶有所见也,伺者有意,覢者无心,今俗语尚云覢,与目部之瞟音义皆同。"

覢睒《说文·目部》:"睒,暂视皃,从目炎声';《见部》:"覢,暂视皃,从见炎声";

段玉裁注："猝乍之见也，《仓颉篇》云：'煛煛视皃'，按与目部之瞁音义皆同。"其它如眽覛（集韵入锡）、瞎覸（集韵平脂）等，皆为目见两形旁古相通用之证。

（5）口、言形旁通用例

口字，甲骨文写作"![]"（甲1215），言字写作"![]"（甲499），《说文·口部》云："口，人所以言、食也，象形。"《言部》："言，直言曰言，论难曰语，从口辛声。"由于人的口是发言的器官，二者关系密切，反映在古汉字中，口言二形旁可互相代用，参见表一三九。

口言形旁通用，不仅在古文字中保存着共同的形体，而且在古代文献中也保存许多共同的用法。例如：

嗸謷　《楚辞·刘向九歎·惜贤》："声嗸嗸以寂寥兮"；《汉书·食货志上》："天下謷謷然陷刑者众"，师古注："謷謷，众口愁声也。"

嗃譹　《后汉书·第五伦传》："攀车叩马嗃呼相随"；《汉书·王莽传》："宫人妇女譹諄"。

嘷譁　《汉书·息夫躬传·绝命辞》："痛入天兮鸣譁"；《汉书·五行志》："乌嘷箕子"。

啖谈　《墨子·节葬下》："楚之南，有谈人国者"；《鲁问》："楚之南，有啖人之国者。"

类似的字例，古代文献保存很多。诸如：噂諄（集韵平谆）、喱讀（集韵平谆）、呮詆（集韵平齐）、嘆謨（集韵平模）、呵詞（集韵平歌）、呉訟（集韵去用）、哼誶（集韵去队）……皆为口言二形旁古相通用之证。

（6）心、言形旁通用例

心字，甲骨文写作"![]"（乙703），金文写作"![]"（王孙钟）。《说文》云："人心土藏也，在身之中，象形。"古人以为心是人的思维器官，误认为语言是从心里想出来的，俗谓"讲心里话"，即从此一误解而构成的俗语。反映在古文字的结构里，从心与从言彼此通用，参见表一四〇。

心言二形旁通用，不仅在古文字的形体中保存了实例，而且先秦两汉的文献，也提供了大量的证据。例如：

忧訧　《诗经·大雅·大明》："天难忱斯"；《韩诗》作"天难訧思"。

悦说　《文选·班固西都赋》："众庶悦豫"；《荀子·礼论》："说豫娩泽"。

慢謾　《韩非子·外储说右上》："入则比周，谩侮蔽恶以欺君"；《后汉书·隗嚣传》："王莽慢侮天地"。

悖誖　《说文·言部》："誖，乱也，从言孛声"；又云："或从心"作"悖"。《礼记·乐记》："有悖逆诈伪之心"；《汉书·地理志》："誖逆亡道"。

愬謝　《说文·言部》："或从言朔"，写作"謝"，"或从朔心"，写作"愬"。

惂谂　《说文·言部》："谂，问也，从言金声，《周书》曰：'勿以谂人'。"今本《立政》作"勿以惂人"，段玉裁误以谂为惂之假借字，《广韵》五十琰惂谂均训諚；《集韵上琰》："谂，或从心"作"惂"。

懟譵　《说文·心部》："懟，怨也，从心对声"；《玉篇·言部》："譵，怨也，或作懟"。

愧譭　《尔雅·释言》："愧，慙也"；《礼记·表记》："使民有所劝勉愧耻"；《玉篇·言部》：" 諅，慙耻也"；《集韵》去至："愧諅，《说文》：'慙也'，或从心从言"。

类似的字例很多，诸如憨譈（集韵去队），恶詛（集韵去莫），懺懺（集韵去黠），㤃訐（集韵上语），懽讙（集韵去换）……皆为心言二形旁互为通用之证。但过去多把它们误解为假借，如前面所讲之恑诡二字，《说文·心部》云："恑，变也"，《言部》谓："诡，责也"，《说文》训诡为责，乃义之引申。段氏不察，遂指责恑字多用诡，并斥之为非。其实诡与恑乃孪生兄弟，在古文献中皆可训变。如《淮南子·齐俗篇》："礼乐相诡，服制相反"；《汉书·武五子传》："诡祸为福"；《文选·陆机辩亡论》："古今诡趣"，李善注："诡与恑同"。

(7) 音言形旁通用例

音字，据现有资料看，最早出现在春秋，一般均写作 " 𠀁 "（邾王子钟），《说文·音部》云："声生于心，有节于外谓之音，宫商角徵羽声也，丝竹金石匏土革木音也，从言含一。"在春秋、战国时代的古文字中，音言二形旁互相通用，尤以战国古玺文字更为显著，参见表一四一。

	韶	䜌	諆	謹	訶	語
从音	邾王子钟	沇儿钟	邾王子钟	陶文	玺印	玺印
从言	广韵	王孙钟	王孙寿甗	陶文	蔡侯钟	余义钟

表一四一

音言形旁通用，上表所列古文字形，可得充分证明。除字形之外，在音义方面，古代文献亦有反映。例如：

護頀 《荀子·儒效》：武王"合天下，立声乐，于是象武起而韶頀废矣"；《文选·陆机·汉高祖功臣颂》："韶頀错音，衮龙比象"。《白虎通·礼乐篇》："汤曰大護者"；《广雅·释乐》作"大頀"。

訡䪩 《说文·口部》："吟，呻也，从口今声"；又云："䪩，吟或从音；訡，或从言"。

諗䜝 《集韵》入帖："䜝，止也，或从言"，写作"谂"。

(8) 肉、骨形旁通用例

肉字，甲骨文写作 " 𠕎 "（甲1823）。《说文》云："胾肉，象形"；骨字作 " 冎 "（粹1306），即冎之古体，肉符乃后增。《说文》云："骨，肉之覈也，从冎有肉"。因肉与骨皆为人或兽体中之组成部分，汉字即以它们作形旁，分别构造代表人体中各部名称的字体，如肠、肺等字皆从月（肉）旁，而骱、髆等字皆从骨旁。由于肉与骨关系甚为密切，故在古文字体中彼此并无严格区分，可互相通用，参见表一四二。

	膀	胳	胲	脾	肌
从肉	说文肉部	说文肉部	说文肉部	说文肉部	说文肉部
从骨	说文肉部	说文肉部	说文骨部	说文骨部	汗简

表一四二

肉与骨二形旁通用，除上表所列古文形体之外，在古代文献中也保存有同用字例。如：

肌骱 《汉书·王莽传》："肌骨齎分"；《列子·黄帝篇》："骱骨无础"。

胳骼 《说文·骨部》："骼，禽兽之骨曰骼，从骨各声"；《说文系传》胳字注："错按 礼或作骼"。《仪礼·乡饮酒礼》："介俎脊胁胳肺"，郑玄注："今文胳作骼"；《有司彻》："载右体，肩臂肫骼膊"，郑玄注："古文骼作胳"。

脾髀 《文心雕龙·乐府》："奇辞切至，则拊髀雀跃"；《庄子·在宥》："鸿蒙方将拊脾雀跃而游"。

骴骴 《礼记·月令》："掩骼埋骴"；郑玄注："骨枯曰骼，肉腐曰骴"；《周礼·秋官·蜡氏》："掌陈骴"；贾公彦疏引郑注云："肉腐曰骴"。

胼骈 《说文·骨部》："骈，骈胁，并幹也，从骨并声，晋文公骈胁"；《汉书·司马相如传》："骈胝无胈"；《荀子·子道篇》："手足胼胝"。

类似的字例古代文献保存很多，诸如：髎沉（玉篇骨部），胈骹（集韵平灰），胲骸（集韵平咍），臁髋（集韵平魂），股骰（集韵上姥），胺骸（集韵上准），腰骾（集韵上梗），膪髓（集韵上纸）……皆为肉与骨彼此通用之证。

（9）身、骨形旁通用例

身字形旁，甲骨文写作"𠂤"，如"𦨖"（存833）所从，当隶定为痹；此字又写作"𦩻"（乙4529），乃从孕。从而可见，身孕古本同字。《诗经·大雅·大明》："大任有身"。毛传："身，重也"；郑笺："重谓怀孕也"，更可说明身孕两字的关系。段本《说文》云："身，躬也，从人申省声"；大徐本："象人之身，从人𠂆声"。二者内容不同，而皆未达本义。身本孕字，象形，后来引申为身体之身。作为汉字的形旁，则同骨旁所表示的意义相近，故二者可互相通用，参见表一四三。

身骨形旁通用，据目前所见的资料，保存的古文字形仅发现一字。但是，类似这样身骨通用的异旁字，古代字书也有例证，如：

體體 《说文·骨部》："體，总十二属也，从骨豊声"；《玉篇·身部》："躰體，他礼切，并俗体字"；《集韵》上荠："體，土礼切，《说文》总十二属也"，又云："或从身"写作"軆"。

躯骶 《集韵平虞》："躯，《说文》：'体也'，或从骨"作"骶"。

	从身	从骨
體	(中山王壶)	(说文骨部)

表一四三

(10) 止、足形旁通用例

止字，甲骨文写作"𐀀"（甲600）。《说文》云："止，下基也，象草木出有址，故以止为足"；实际上止字即人足之象形字。足字，甲骨文写作"𐀁"（前4.40.1）。《说文》云："足，人之足也，在下从止口"。由于止与足意义相近，在古文字形中二者可互相通用，《说文》中即保存了这样的异旁字例，参见表一四四。

	正	距	跟	企	踵
从止	说文正部	说文止部	说文足部	说文人部	说文止部
从足	说文古文	说文足部	说文足部	说文古文	说文足部

表一四四

止与足二形旁通用，不仅在古代字体中保存有实例，而且在音义方面，古代文献也提供了证据。例如：

踵踵 《说文》将其分为二字，实际乃同字别体。如《淮南子·修务篇》："若此九贤者，千岁而一出，犹继踵而至。"汉《张表碑》："继踵相承"。《后汉书·皇后纪》："湮灭连踵"，李贤注："踵，迹也"；《广雅·释诂三》："踵，迹也"。

䟙跟 《说文·足部》："跟，足踵也，从足艮声"；又云："䟙，跟或从止"。

企仚 《说文·人部》企字从人止，"古文企从足"作"仚"。

	逆	追	逐	過	近
从辵	(字形) 佚725	(字形) 周甲47	(字形) 歡𤔲鼎	(字形) 過伯毁	(字形) 说文辵部
从止	(字形) 乙4865	(字形) 前5.27.1	(字形) 粹939	(字形) 過伯爵	(字形) 说文古文

表一四五

正疋 《说文·正部》：正，"从一，一以止"；则谓："疋，古文正从一足，足亦止也"。

躄辟 《说文·止部》："躄，人不能行也"；《礼记·王制》："瘖聋跛躄"，《释文》谓："躄，必亦反，两足不能行也"。

岠距 《说文》："岠，止也"，段玉裁注："许无拒字，岠即拒也，此与彼相抵为拒，相抵则止矣。书传云：岠，至也。至则止矣，其义一也"；《管子·小问》："来者鹜距"，注："距，止也"；又《尚书·益稷》："予决九川距四海"，传："距，至也"；《荀子·仲尼》："与之书社三百，而富人莫之敢距也"，杨倞注："距与拒同"。

(11) 止、辵形旁通用例

辵字形旁，甲骨文写作"(字形)"（甲2011）。《说文》云："乍行乍止也，从彳从止"。但在甲骨、金文中有时将其省作止，故形成在古文形体中辵与止二形旁通用，参见表一四五。

从上表所列字形，充分证明止辵二形旁通用，是无可怀疑的事实。但是，由于止足二形旁古义相同，而文献中的记载多为足辵互用，而止辵互用的只有"近"字一例。例如：

近岸 《说文·辵部》："近，附也，从辵斤声"；又云："岸，古文近"。

逾踰 《说文·辵部》："逾，越进也，从辵俞声"；《足部》："踰，越也，从足俞声"；段玉裁注："踰与逾音义略同"。

迹跡 《集韵入昔》："《说文》：'迹，步处也'；或作跡"。

逃跳 《集韵平豪》："逃，《说文》：'亡也'；"又云："或作跳"。

类似的字例如：达跶（集韵平脂），迣跙（集韵去祭），逮跟（集韵去祭）等，皆为止辵亦即足辵通用之证。

(12) 辵彳形旁通用例

彳字形旁写作"(字形)"（佚725）。《说文》云："彳，小步也"。从甲骨、金文分析，"彳"乃"辵"字形旁之简化。由于它们是一个来源，故在古文字体中彼此通用，参见表一四六。

	通	遵	遽	適	遲	邊
从辵	京津 3136	甲 2601	遽仲觶	墻盤	叔父殷	散盤
从彳	粹 293	甲 2187	墻盤	克鼎	禺比鼎	盂鼎
	徧	征	復	往	彶	後
从辵	叔向殷	曩伯盨	散盤	盟書 67.29	鄂君節	盟書 3.20
从彳	庚嬴卣	曾伯陭	小臣遽殷	吴王光鑑	中山王壺	盟書 203.11

表一四六

辵彳形旁通用，不仅在甲骨、金文中保存了大量的字形，《说文》中也有实例，而且在音义方面，古代文献也提供了证据。例如：

遁循　《汉书·平当传》："遂遁有耻"；《外戚赵皇后传》："逡循固让"。

迴徊　《淮南子·原道》："遭迴山谷之间"；《楚辞·严忌·哀时令》："塞邅徊而不能行"。

遑徨　《文选·谢希逸月赋》："满堂变容迴遑如失"；《梁武帝孝思赋》："夕独处而徊徨"。

遐徦　《文选·何晏景福殿赋》："爰有遐狄"；《汉书·礼乐志》："沇沇四塞，徦狄合处。"

迳径　《庄子·逍遥游》："大有迳庭不近人情焉"；《文选·刘峻辨命论》："斯径廷之辞也。"

遍徧　《左传》庄公二十年："乐及徧舞"，杜预注："徧音遍"；《广韵》三十三线："徧，俗作遍"；《集韵去霰》："徧，或从辵"作"遍"。

逴倬　《说文·彳部》："倬，之也，从彳坒声"；又云："逴，古文从辵"。

	趄	遷	遣	趣	起	越
从辵	史趄殷	叔多父殷	猷钟	曾子匜	说文古文	说文辵部
从走	封仲殷	叔多父殷	遣叔鼎	说文走部	说文走部	说文走部

表一四七

	啟	肇	救	寇
从攴	召卣	叔㠯鼎	周宅匜	舀鼎
从戈	虢叔钟	叔白殷	中山王壶	陶文

表一四八

逡後 《说文·彳部》："後,迟也,从彳幺夂,幺夂者後也";又云："古文後从辵"。

类似的字例很多,其它如:還儇（集韵平僊）,運㣫（集韵上董）,遺㣟（集韵入麦）,通㣠（集韵入洽）……均为辵彳形旁通用之证。

(13) 走辵形旁通用例

141

走字形旁出现于西周前期，最初走字形旁常同"彳"或"辶"组合在一起，像西周中叶的《趞曹鼎》之趞字写作"㣫"，晚期的《毛公鼎》之趣字写作"㣫"。东周以后，再不见合用，《说文》云："走，趋也，从夭止"。由于走辶形旁意义相近，故在古文字体中，可互相通用，参见表一四七。

走辶形旁通用，除上表所列字形之外，在古代文献中也保存许多例证。例如：

  趠逾　《汉纪·孝元纪下》："延寿北地人也，本为羽林士，超逾羽林亭楼，以材力进"；《文选·傅毅舞赋》："超趠鸟集"，李注："言舞势超逾，如鸟疾速飞集也"。

  赾迡　《玉篇·走部》："赾趄，行不进貌"；《广雅·释训》："迡睢，难行也"。

  起记　《说文·走部》："起，能立也，从走己声"；又云："记，古文起从辶"。

  越迖　《说文·辶部》："迖，逾也，从辶戉声"；《走部》："越，度也，从走戉声"；段玉裁注："越与辶部迖字音义同"。

  趠逴　《玉篇·辶部》："逴，以斫切，逴也"；《说文·走部》："趠，逴趠也"；《广韵》入十八药："趠，趠趠，行貌"。

类似的字例很多，诸如趯逴（集韵入锡），赽迣（集韵去祭），趚逯（集韵平侯）……皆为走辶形旁通用之证。

(14) 攴、戈形旁通用例

攴字，甲骨文写作"㨾"（撷续190）。《说文》云："攴，小击也，从又卜声。"戈字，甲骨文作"†"（乙7108）。《说文》云："戈，平头戟也，从弋一衡之，象形。"戈乃古代勾兵，经传凡载持戈伤人，皆谓击，不言刺，同攴字意义相近，故在古文字体中攴戈形旁互相通用，参见表一四八。

攴戈形旁通用，除古文字体外，在音义方面，古代文献亦有例证。如：

  肇肈　《说文·戈部》："肈，上讳"；《攴部》："肇，击也，从攴肈省声"。许氏将其皆收入《说文》而分为二部，其实乃同字别体。大徐本于肈字下云："臣铉等曰：后汉和帝名也。案李舟《切韵》云：击也，从戈肁声，直小切。"段玉裁云："按古有肈无肇，从戈之肈汉碑或从攵，俗乃从攵作肇，而浅人以窜入许书攴部。"段氏所云不确，周代金文二体共存而同义别体，如《铸子鼎》："肈作宝鼎"，《叔㦰鼎》为"肇作宝䵼鼎"，即其例证。

  啟㪜　《说文·攴部》："啟，教也，从攴启声，《论语》曰：'不愤不启'"；《魏孝文帝吊比干文》啟字写作"㪜"。

  敨㦰　《集韵入烛》："㦰，《博雅》：戴其子谓之㦰，或作敨"。

(15) 牛、羊、豕、马、鹿、犬诸兽旁通用例

牛羊豕马鹿犬皆为早期出现的象形字，甲骨文写作"㸧"（乙3331）、"羊"（甲2352）、"豕"（续1.35.9），"馬"（京津1686）、"鹿"（甲1233）、"犬"（粹240），各代表一种兽的名称，个性极为明显，彼此从不混淆。但是，作为汉字形旁，在古文字体中不分彼此互为通用，参见表一四九。

在现行的汉字中，这些用不同兽旁组成的异体字多已不见，由其中一种形旁代替，如牡、牝、牢、牧、犅等字均用牛旁，逐字用豕旁，这是后来逐渐规范的，古代汉字并不完全如此。

在古汉字中关于兽旁通用的问题，过去曾有不同的看法，罗振玉曾讲："《说文》：'牡，畜父也，从牛土声'，此或从羊、从鹿、从犬，牡既为畜父，则从牛从犬从鹿得任所施，牡或

从鹿作麀,犹牝从鹿作麀矣";又云:"《说文》:'牝,畜母也,从牛匕声。'母畜对牡而称牝,殆犹母对父而称匕,羊豕犬亦有牝,故或从羊、或从豕、或从犬、或从马。诗麀鹿之麀,乃牝之从鹿者,与羘牠犺驰诸字同,乃诸字皆废而麀仅存,后人不识为牝之异体而别构音读,盖失之矣。"① 后来杨树达撰《释麀牡羘牠犺驰》一文对于罗氏意见予以驳难:"树达按:自罗氏为此说,治甲骨者靡然从之,略无异议。余于一九四零年夏重读甲文诸书,心窃疑焉。盖以《尔雅》《释兽》《释畜》及《说文》《牛部》《马部》诸文观之,物色形状,辨析綦详,事偶不同,别为一字。盖畜牧时代之残遗也。假令牛羊鹿犬种类名殊,只以牝牡相符,即为一字,以此校彼,详略悬殊,揆之事情,殆不当尔。况母牛为牝,母鹿为麀,牝麀既不同文,牡羘麈犾安能一字?罗氏不据牝麀之不同,推求诸文之异字,乃反疑麀别为音读之非,几于欲以一手掩天下之目矣"。② 主此说者不仅杨氏一人,《殷契卜辞》瞿润缗释文亦谓:"犹牝驰犺牠麈虽皆从匕,而种类各异,不必为一字"。③ 按杨、瞿之言均未尽然,汉字经秦朝整理之后,多已规范,不能用秦以后已经定形的字体解释古文。例如逐字,甲骨文写作"![]"(前 5.28.3)、"![]"(佚 658)、"![]"(前 6.46.3)三种形体,如依杨、瞿之说,当为各逐不同兽类而制的专字,事实并不如此。如"我其逐麇获"(乙下 130.14109)、"贞逐六豕毕"(后上 30.10),此二辞明言逐获麇豕,所用的逐字皆从豕写作"![]",足见杨、瞿之说不确。再如:"贞祖辛岁宰牡"(后上 25.11),"岁于祖乙牡三十宰"(甲 2386),此二辞牡字从牛而宰字从羊,如依杨、瞿之说,从牛从羊种类各异,那么这两次祭祀所用的牲畜则无法解释。还有人主张,卜辞中所谓"大牢",乃用牛祭,故字从牛写作"![]";"小宰"用羊祭,故字也从羊写作"![]"。这也是一种误会,事实并不尽然,如"出于血室大宰"(铁 176.4)、"其大宰"(佚 308),"九小牢"(南北·明藏 511)、"一小牢"(粹 828),所举诸例恰与持上述意见者相反。可见,罗氏之言虽证据嫌少,但确符合古汉字实际情况。我们可越出甲骨、金文的范围和字形的局限,从古代文献的用法方面,提供诸兽旁互相通用的例证。诸如:

骍驿 《小尔雅·广诂》:"骍,赤也";《礼记·郊特性》:"牲用骍,尚赤也";《集韵》平清:"驿,牲赤色,或从牛"。

猥骡 《尔雅·释畜》:"骡䮷駼,善陟巘",郭璞注:"骡䮷如駼而使上山,秦时有骡䮷苑";《后汉书·马融传·广成颂》:"绢猥䮷",李贤注:"猥䮷,野马也"。

狷猬 《晏子春秋·谏上》:"公子接叹曰:接一搏狷,而再搏乳虎";《吕氏春秋·知化篇》:"譬之犹惧虎而刺猬";《集韵平先》:"䌖,或作狷猬"。

猼猼猼 《山海经·南山经》:"又东三百里曰基山,有兽焉,其状如羊,九尾四耳,其目在背,其名猼訑";《玉篇·羊部》:"猼,布莫切,猼駝兽也。"又谓:"或曰猼"。

麂狻貔 《说文·鹿部》:"狻麂,兽也,从鹿儿声";《尔雅·释兽》:"狻麂如虦猫,食虎豹";郭璞注:"即狮子也";《玉篇·鹿部》:"麂,五兮切,狻麂狮子也;又作貔貔。"

类似从不同兽旁的异体字,古籍中实例很多,像麝猘(集韵去祃)、骒骟(集韵去祃)、豬猪(集韵去至)……均可为牛羊豕马鹿犬诸兽旁通用之证。

(16)鸟隹形旁通用例

---

① 罗振玉:《增订殷墟书契考释》卷中 27 页。
② 杨树达:《积微居甲文说》卷上,《释麀牡羘牠犺驰》,中国科学院出版,1954 年。
③ 容庚、瞿润缗:《殷契卜辞》释文,第六页,哈佛燕京学社,1933 年。

牡	牝	逐	牢	牧	犅
前 1.29.5	戬 23.10	粹 957	甲 540	粹 1522	大仲殷
林 2.13.4	粹 396	前 6.46.3	后上 23.14	前 5.45.7	犅刼尊
乙 1764	前 4.21.5	佚 658	宁沪 1.521	甲 1459	大鼎
前 7.17.4	佚 664				
中山王壶	孟鼎				

表一四九

鸟字甲骨文写作"🐦"（乙6664），隹字写作 🐦（乙6664），本来它们都是鸟的象形字，由于繁简不同而构成两种形体。《说文》分别谓："鸟，长尾禽总名也"；"隹，鸟之短尾总名也"。这是后来的区分，在古文字体中彼此可互相通用，参见表一五〇。

鸟隹形旁通用，不仅古文形体如此，音义亦多相同。例如：

鴈雁　《礼记·王制》："兄之齿鴈行"；阮元《校勘记》："毛本鴈作雁"。

鵙雎　《诗经·周南·关雎》："关关雎鸠"；《尔雅·释鸟》作"鵙鸠"。

鵰雕　《史记·货殖传》："而民雕悍"；《文选·左思吴都赋》："雕悍狼戾"；《说文·隹部》："雕，鷻也，从隹周声"；又云："籀文雕从鸟"。

鸳雏　《史记·司马相如传》："雏雏孔鸾"；《文选·司马相如上林赋》："捷鸳雏"。

鵷雏　上举《上林赋》之"鸳雏"；《庄子·秋水篇》："南方有鸟，其名鵷鵮"；《说

	集	隻	雞	雛	雊	雛
从鳥	集侃殷	父癸爵	籀文	籀文	说文鳥部	说文鳥部
从隹	毛公鼎	禹鼎	说文隹部	说文隹部	说文鳥部	说文鳥部

表一五〇

	翰	翼	翼
从飛	石鼓文	秦公鎛	说文飛部
从羽	说文羽部	中山王壶	说文飛部

表一五一

文·隹部》:"雛,雞子也,从隹芻声";又云:"籀文雛从鳥"。

鸡雞 《战国策·秦策》:"诸侯之不可一,犹连雞之不能俱上于栖明矣";《后汉书·吕布传》:"比于连鸡,势不俱栖";《说文隹部》:"雞,知时畜也,从隹奚声";又云:"籀文雞从鸟"。

类似的字例很多,诸如鸥雎(说文·隹部),鷉䴉(集韵平鍾),鸥雌(集韵平支),鹆雒(集韵平支)……皆可为鸟隹形旁通用之证。

(17) 羽、飞形旁通用例

羽字,甲骨文写作"〔图〕"(前5.4.7)和"〔图〕"(林1.7.21)两种形体,前者早废,后者独存。飞字甲骨文未见,东周时代金文飞字形旁作"〔图〕"(秦公鎛)。《说文·飞部》:"飞,鸟翥也,象形";《羽部》云:"鸟长毛也,象形"。羽同飞关系密切,故在古文形体中互为通用，参见表一五一。

羽飞形旁通用，除在古文字体方面有所反映，于文献记载中也有例证。如：

翻飜　《文选·阮瑀为曹公与孙权书》："乃使仁君飜然自绝，以是忿忿"；《陈琳檄吴将校部曲文》："翻然大举"。

翼䨹　《说文·飞部》："䨹，翄也，从飞异声，籀文翼"；又云："篆文䨹从羽"，写作"翼"。

翱翱　《集韵平仙》："翱翱，飞也"；又云："或从飞"，写作"翱"。

翩飄　《集韵平仙》："翩，鼙缘切，《说文》：'小飞也'。"又云："或作飄"。

类似字例如：翥䎒（集韵去御），翰翰（石鼓吾水）……皆为羽飞形旁通用之证。

（18）虫、黽形旁通用例

虫字，甲骨文写作"{"（铁46.2），古与它同字。黽字写作"⿰"（林2.17.22），《说文》写作"黽"，谓为"鼃黽也，从它象形，黽头与它头同"。虫与黽意义相近，故在古文字中二者互相通用，参见表一五二。

	蛛	蜃	蛙	蚖
从黽	邾大宰匠	说文黽部	说文黽部	说文黽部
从虫	说文黽部	说文黽部	说文虫部	说文虫部

表一五二

虫黽形旁通用，除在古文字形方面有例可证之外，在音义方面文献中也有记载。如：

蜘鼅　《说文·黽部》："鼅，鼅鼄蚥也，从黽智省声"；又云："蜃，或从虫"。

蛛鼄　《说文·黽部》："鼄，鼅鼄也，从黽朱声"；又云："蛛，鼄或从虫"。

蚖鼋　《国语·郑语》："化为玄鼋以入于王府"；《史记·周本纪》："化为玄鼋以入王后宫"，《索引》曰："亦作蚖，音元，玄蚖，蚖蜴也"。

蛙黿　《国语·越语》："鼋鼉鱼鳖之与处，而黿鼋之与同渚"；韩愈《河南令舍池台诗》："已有蛙黽助狼籍"；《说文·黽部》："黿，蝦蟆属，从黽圭声"；段玉裁注："乌娲切，古音十六部。按当音乖，字亦作绳，作蛙"。

类似字例如：鼇螫（集韵入薛），黿蜃（集韵去震）……皆为虫黽通用之证。

（19）艸、茻形旁通用例

艸字形旁在甲骨文中写作"𝌂"（乙8502），乃蓐字所从，茻字写作"𝌃"（撷续106），乃莽字所从。《说文》云："艸，百卉也，从二屮"；谓茻"众艸也，从四屮"。这是自秦朝整顿文字以后的区分，在古文字体中，艸与茻二形旁通用，参见表一五三。

	蒿	芳	芜	芇	薦	莞
从茻	甲3940	师旅鼎	番生殷	克鼎	石鼓文	中山王壶
从艸	周甲20	说文	说文	说文	说文	盟书67.28

表一五三

古文艸与茻形旁通用，不仅在古文字体方面有充分的证据，在音义方面古文献中也保存了大量实例。仅就《说文·艸部》所载的情况分析，于蒜字之后，许氏自注云："左文五十三，重二，大篆从茻"。段玉裁注："在左文字五十三，皆小篆从艸，大篆从茻，如芥作荐，葱作蒉，余同，省约其辞，总识于此。"说明此五十三字既从艸，也从茻，每字都有两种形体。许氏总记于前，段氏分注于每字之下。下选数例以兹说明：

芥荐　《说文·艸部》："芥，菜也，从艸介声"；段玉裁注："籀文作荐"
葱蒉　《说文·艸部》："葱，菜也，从艸悤声"；段玉裁注："籀文作蒉"。
萑𦺇　《说文·艸部》："萑，艸也，从艸隹声"；段玉裁注："籀文作𦺇"。

余皆同此，足为艸茻形旁通用之证。

(20) 禾、米形旁通用例

米字，甲骨文写作"𝌂"（粹228），禾字写作"𝌃"（后上·23.6）。《说文》云："米，粟实也，象禾黍之形"；"禾，嘉谷也"。禾与米皆主要的农作物，故凡与农事有关的字，多从禾旁或米旁，在古文字体中，二者又可互相通用，参见表一五四。

禾米形旁通用，不仅在古文字体中保存许多字例，而且在音义方面古代文献亦有例证。例如：

秕粃　《后汉书·安帝纪》："虽有糜粥，糠秕相半"；《广韵》五旨："秕，穄秕"；《集韵》平脂："秕，榖不成也，或从米"作"粃"。

穅糠　《说文·禾部》："穅，谷之皮也，从禾米庚声"；《汉书·陈平传》："亦农穅覈耳"；《玉篇·米部》："糠，俗穅字"。

稉粳　《汉书·扬雄传》："驰骋稉稻之地"；《史记，滑稽优孟传》："祭以粳稻"。

稃𥻿　《淮南子·时则》："行秠鬻，养老衰"；《淮南子·天文》："行𥻿鬻，施恩泽"。

	稻	穅	穜	種	稗	秕
从禾	曾子匜	召伯𣪘	汗简	说文禾部	说文禾部	说文禾部
从米	陈公子甋	睘卣	说文米部	珎印	说文米部	说文米部

表一五四

	粒	糦	粱
从米	说文米部	说文食部	说文食部
从食	说文古文	说文食部	说文食部

表一五五

穀䅽 《说文·禾部》："穀，续也，百穀之总名也，从禾㱿声"；《孔丛子·执节篇》："昔者上天神异后稷，而为之下嘉穀，周以遂兴；往者中山之地，无故有穀，非人所为，云天雨之，反亡国"；《集韵》入屋："穀或从米"作"䅽"。

类似的字例很多，诸如：粱𥢶（集韵平阳），穛糕（集韵入觉），穅糠（集韵平沾），稞粿（集韵上马）……皆为禾米形旁通用之证。

(21) 米、食形旁通用例

食字，甲骨文写作"𩚻"（甲1289）。《说文》云："食，一米也，从皂A声"；食乃由米所成，故在古文字体中，米食二形旁可互相通用，参见表一五五。

米食形旁通用，除古文字体有所保存外，音义方面古代文献也有反映。例如：

糜麊 《礼记·月令》："授几杖，行糜粥饮食"；《问丧》："故邻里为之麊粥以饮食之"。

糇餱 《说文·食部》："餱，乾食也，从食侯声"；《诗经·大雅·公刘》："廼裹餱糧"；《三国志·陈思王植传》："虽有糇糧，饥不遑食"。

粒䬯 《说文·米部》："粒，糂也，从米立声"；又云："䬯，古文从食"。

糦饎 《说文·食部》："饎，酒食也，从食喜声，诗曰，可以馈饎"；又云："糦，饎或从米"。

类似字例很多，诸如：檀馆（集韵平仙），棍馄（集韵平魂），粡饷（集韵去漾），糕餻（集韵平豪）……皆为米食通用之证。

（22）衣、巾形旁通用例

衣字，甲骨文写作"𠆢"（甲337），巾字作"巾"（前2.5.3）。《说文·衣部》："衣，依也，上曰衣下曰常，象覆二人之形"。从甲骨、金文中之衣字分析，作两袖大领乃衣之象形字，许谓"象覆二人"误。《巾部》云："巾，佩巾也，从冂，丨象系也"。《周礼·春官·序官》："巾车"，郑玄注："巾犹衣也"；由于衣与巾皆人之服饰，作为形旁，古文字体通用，参见表一五六。

	裙	裳	幝	帙	襤
从衣	裠	裳	褝	袟	襤
	说文巾部	说文巾部	说文巾部	说文巾部	说文衣部
从巾	帬	常	幝	帙	幟
	说文巾部	说文巾部	说文巾部	说文巾部	说文巾部

表一五六

衣巾形旁通用，不仅在古文形体方面保存了许多实例，而且在古代文献当中得到证明。例如：

裳常 《汉书·王莽传》："越裳重译献白雉"；《论衡·恢国篇》："越常献雉"。

襤幟 《说文·巾部》："幟，楚谓无缘衣也，从巾监声"；《衣部》又云："襤，裯谓之襤褛，襤，无缘衣也，从衣监声"；段玉裁注："《方言》又曰：无缘之衣谓之襤。楚

149

谓无缘之衣曰襤，故袛裯无缘则谓襤也。巾部幏下曰："楚谓无缘衣也，襤与幏同"。

襜幨　《后汉书·刘盆子传》："乘轩车大马赤屏泥，绛襜络"，李贤注："襜帷也"；《明帝纪》："敕行部去幨帷"；《集韵》去豔："襜，或从巾"作"幨"。

袟帙　《说文·巾部》："帙，书衣也，从巾失声"；又云："袟，帙或从衣"。《经典释文序》："三十卷合为三袟"；《集韵》入质："帙，或从衣"作"袠"。

襂幓　《文选·扬雄甘泉赋》："漓虖襂缅"；《汉书·扬雄传》："漓虖幓缅"。

裈帬　《说文·巾部》："帬，幒也，从巾军声"；又云："裈，帬或从衣"；《晋书·阮籍传》："独不见群蝨之处裈中"；《世说新语·德行》："人宁可使妇无帬邪"；《集韵》平魂："帬，或作裈"。

类似的字例很多，诸如：祺幀（集韵去志），襘帽（集韵去号），襆幞（集韵入屋），袋帒（集韵去代）……皆可为衣巾通用之证。

（23）衣、糸形旁通用例

糸字，甲骨文写作"⁂"（乙124）。《说文》云："糸，细丝也，象束丝之形"。衣乃丝做，彼此关系密切，故在古文字体中互相通用，参见表一五七。

	緹	補	縷	紟	綮	繈
从糸	緹	補	縷	紟	綮	繈
	说文糸部	四声韵上老	说文糸部	说文糸部	说文糸部	说文糸部
从衣	褆	袖	褛	衿	袈	襁
	说文糸部	说文衣部	说文衣部	说文衣部	说文衣部	说文衣部

表一五七

从糸衣不同形旁的异体字，许氏虽按其形旁分列在二部，但它们的音义相同，确为同字别体，古代文献保存大量例证。例如：

袴绔　《说文·糸部》："绔，胫衣也，从糸夸声"；段玉裁注："今所谓套袴也"。《文选·任昉奏弹刘整文》："前代外戚，仕因纨袴"；《汉书·叙传》："出与王许子弟 为辈，在于绮襦纨袴之间"；又《外戚·孝昭上官皇后传》："虽宫人使令皆为穷绔多其带"，颜师古注："绔，古袴字也"。

袑绍　《战国策·赵策二》："王立周绍为傅，遂赐周绍胡服，衣冠具带，黄金师比，以傅王子也"；《史记·赵世家》："惠石卒，使周袑胡服傅王子何"。

褛缕　《方言》："南楚，凡人衣被丑弊，或谓之褴褛，故《左传》曰：'荜路褴褛'"；《左传》宣公十二年："荜路蓝缕，以启山林"。

褓繈　《史记·外戚世家》："青三子在襁褓中，皆封为列侯"；《汉书·卫青传》："青固谢曰：臣青子在缲褓中，未有勤劳上幸裂地封为三侯"；《史记·三王世家》："王子或在缲褓，而立为诸侯王"。

祇緹　《说文·系部》："緹，帛丹黄色也，从糸是声"；又云："緹，或作祇"；段玉裁注："从衣氏声也，古氏与是同用，故是声亦从氏声"。

衿紟　《说文·系部》："紟，衣系也，从糸今声"；段玉裁注："联合衣襟之带也，今人用铜钮非古也，凡结、带皆曰紟"；《礼记·内则》："紟缨綦屦"，郑玄注："衿犹结也"；《释文》："衿本又作紟"。

类似字例很多，诸如裎绽（集韵去霰），褊緶（集韵去用），襦繻（集韵平文），襆襥（集韵入沃），褥縟（集韵入沃），袜絑（集韵入月），褎綉（集韵平宥）……皆为衣糸形旁通用之证。

(24) 糸与索、素形旁通用例

索字形旁，周代金文写作"𣏾"（墙盘），素字形旁写作"𦃃"（蔡姞殷），《说文》云："索，艸有茎叶可作绳索"，段玉裁注："经史多假索为素字"；《说文》谓素为"白致缯也"，在古文字体中索素皆与糸字形旁通用，参见表一五八。

	綏	絡	綽	紿	緩
从索	墙盘	墙盘			
从素			蔡姞殷	齐镈	说文素部
从糸	说文糸部	说文糸部	说文糸部	珎印	说文糸部

表一五八

古今汉字从索旁或从素旁的为数不多，字数虽然有限，但索素同糸字形旁通用，却有充分的证据。例如：

绰綽　《史记·司马相如传》："绰约便嬛"；《汉书·司马相如传》作："便嬛綽约"，颜师古注："綽约，婉约也"；《说文·素部》："綽，鬏也，从素卓声"；又云："绰，綽或

	緟	綰	綽	細
从 𤔔	毛公鼎	瘐钟	瘐钟	伯细盉
从 糸	因㝬敦	说文糸部	说文素部	余细殷

表一五九

省"。

缓鬖　《说文·素部》：" 鬖，䋳也，从素爰声"；又云：" 缓，鬖或省"。

缤䋹　《说文·素部》：" 䋹，素也，从素率声"；段玉裁注：" 素当作索，索见巿部绳索也。从素之字古亦从索，故䋹字或作䋹，或作缤"。

络豁䋞《集韵》入铎：" 络，《说文》：絮也"；又云：" 或从素"写作" 䋞"；《汗简·糸部》引《碧落文》络从索写作" 䋞"；《墙盘》：" 䋞圉武王"写作"　"，从索，各作反书，与《無叀鼎》反书各字"　"，写法相同，同络，假为恪。

(25) 糸、𤔔形旁通用例

𤔔字《说文》未独立建部，收在𠬪部中，谓：" 𤔔，治也，幺子相乱𠬪治之也"。金文写作"　"（瘐钟），从其形体分析，象双手理糸之形。《说文》训此字为治，即从此而来，因其关系密切，故在古文字中糸𤔔形旁通用，参见表一五九。

从𤔔旁的字数不多，以仅有的一些字来看，均可证明糸𤔔二形旁通用。经前人研究，已早有结论。如：

绾䋻　《瘐钟》" 綽綰"写作" 䋻䋺"，吴大澂云：" 彝器文綽綰二字异文甚多，《薛氏钟鼎款识》《伯硕父鼎》作綰綽，《晋姜鼎》作䋺綰，《孟姜敦》作綰綽。"[①]

綽䋺　《瘐钟》" 綽綰"之綽写作"　"，与上述" 綽綰"之綽同字，此又为糸𤔔通用提供一证。

緟䨲　彝铭中緟多写作"　"，刘心源于《克鼎》考释中云："　"即緟，《说文》：' 緟，增益也'，即重叠字，古刻从東者重从東声，又从田为重，从𤔔乃乱字，𤔔从幺即糸，是䨲即緟矣。"[②] 王国维亦云："䨲，从𤔔从畾，殆即《说文》緟字。"[③]

---

① 吴大澂：《字说》，第39页，《缓字说》。
② 刘心源：《奇觚室吉金文述》，《克鼎考释》。
③ 王国维：《王观堂先生全集》2007—2008页，《毛公鼎铭考释》。

细繎　繎字《伯繎盉》写作"細"，《繎卣》写作"細"，均从鬲之省，根据糸鬲通用的规律，繎当为细字之别体，《余细殷》细字写作細，所从乃糸之繇。

(26) 宀、广形旁通用例

宀字，甲骨文写作"∩"（乙8812），广字写作"∫"（乙1405）。《说文》云："宀，交覆深屋也，象形"；《广部》云："广，因厂为屋也，象对刺高屋之形"。由于它们皆为古代居处之象形字，作为形旁在古汉字中可互相通用，参见表一六〇。

	宕	安	廣	廟	竝	它
从宀	不殷殷	景卣	士父钟	盠方彝	揚殷	说文
从广	召伯殷	格伯殷	士父钟	师酉殷	舀鼎	古文

表一六〇

宀广形旁通用，除在古文字体中有所反映之外，古代文献中也有例证。例如：

宅庄　《说文·宀部》："宅，人所託居也，从宀乇声"；又云："庄，亦古文宅"。

寓庽　《说文·宀部》："寓，寄也，从宀禺声"；又云："寓，或从广作庽"。

宇庌　《说文·宀部》："宇，屋边也，从宀于声，易曰：上栋下宇"；《玉篇·广部》："宇，籀文作庌"。

其它如寵龐（集韵平钟），寓庽（集韵上麌）……皆为古文字体宀广形旁互为通用之证。

(27) 缶、皿与瓦形旁通用例

缶和皿皆生活中之用具，缶字甲骨文写作"缶"（粹1175），皿字写作"皿"（殷契798），《说文》云："缶，瓦器所以盛酒浆"；"皿，饭食之用器也"。瓦字甲骨文尚未发现，《说文》谓"瓦，土器已烧之总名"。由于缶皿初为陶制，瓦为陶器之总名，故在古文字中缶皿与瓦形旁通用，参见表一六一。

缶皿同瓦形旁通用，不仅在古文字体方面存有实例，而且在古代文献中也有据证。如：

甕甕　《礼记·檀弓》："醯醢百甕"；《仪礼·聘礼》："醯醢百甕"。

盎瓷　《说文·皿部》："盎，盆也，从皿央声"；又云："或从瓦作瓷"；《集韵》去宕："盎或从瓦"作"瓷"，亦书"瓴"。

盆瓫　《后汉书·陈忠传》："海水盆溢"；《晋书·食货志》："水潦瓫溢"。

罌罌　《说文·缶部》："罌，缶也，从缶賏声"；《文选·刘伶酒颂》："先生于是捧罌承槽"。

缸瓨　《说文·瓦部》："瓨，似罌长颈，受十升"；《缶部》："缸，瓨也，从缶工

	瓶	缸	錇	盌	盎	甔
从缶皿	(篆) 孟域瓶	(篆) 说文缶部	(篆) 说文缶部	(篆) 说文皿部	(篆) 说文皿部	(篆) 晋公甔
从瓦	(篆) 说文瓦部	(篆) 说文瓦部	(篆) 说文瓦部	(篆) 说文瓦部	(篆) 说文皿部	(篆) 玉篇

表一六一

声";段玉裁注:"与巩音义皆同也,史汉货殖传皆曰醯酱千巩"。

  缾瓶 《诗经·小雅·蓼莪》:"缾之罄矣,维罍之耻";《汉书·陈遵传》:"观瓶之居,居井之眉";《说文·缶部》:"缾,甇也,从缶并声";又云:"缾,或从瓦"作"瓶"。

  类似字例很多,诸如:瓷瓷(集韵平脂),甇甇(集韵上腫),罃罌(集韵去闃),鱸甗(集韵平模)……皆为缶皿同瓦形旁通用之证。

(28) 土、𩫖形旁通用例

  土字,甲骨文写作"⊥"(前5.23.2)。《说文》云:"土,地之吐生万物者也,二象地之上地之中,丨物出形也"。𩫖字,甲骨文写作"(图)"(粹717),《说文》谓为城垣,墉字之古文作"(图)",从𩫖之字,《说文》多归入在土部之内。由于城由土所筑,故在古文字中土𩫖形旁通用,参见表一六二。

  土𩫖形旁通用,除在古文字体中保存实例外,古代文献亦有确证。如:

  城𩫖 《说文·土部》:"城,以盛民也,从土成,成亦声";又云:"𩫖,籀文城从𩫖"。

  垣𩫨 《说文·土部》:"垣,墙也,从土亘声";又云:"𩫨,籀文垣从𩫖"。

  堵𩫱 《说文·土部》:"堵,垣也,五版为堵,从土者声";又云:"𩫱,籀文从𩫖"。

  墉𩫖 《集韵平钟》:"墉,《说文》:'城垣也',古作𩫖"。

(29) 土、田形旁通用例

  田字,甲骨文写作"田"(菁1.1),或"囲"(粹1222)。《说文》云:"田,敶也,树谷曰田,象形,口十,千百之制也"。田由土而成,故田谓"树谷",土谓"吐生万物",二者意义相近,在古文字体中土田形旁通用,参见表一六三。

  土田形旁通用,除在古文字体中有所表现之外,在音义方面也于古代文献中保存许多例证。如:

  留𡊢 《说文·田部》:"留,止也,从田卯声";《土部》云:"𡊢,止也,从留省从

	城	坒	堝	坏	垣	堵
从 章	虢遣生殷	臣坒殷	史颂殷	竞卣	说文籀文	说文籀文
从 土	中山王壶	说文土部	说文土部	秦公殷	说文土部	说文土部

表一六二

	型	留	域	埸
从田	郑大宰匜	留钟	汗简	说文田部
从土	说文土部	说文土部	说文土部	说文土部

表一六三

土，土所止也，此与留同意"。

畎坑 《汉纪·孝文纪》："除山川、坑斥、城池、邑居、园囿、街路、三千六百井"；《广雅·释地》："畎斥，泽池也"。

畼场 《说文·田部》："畼，不生也，从田易声"；《土部》云："场，祭神道也，一曰山田不耕者"；段玉裁注："《田部》云：'畼，不生也'，场与畼义相近"；《集韵》平阳："场，《说文》：'祭神道也'，一曰'田不耕'，一曰'治穀田也'，或作畼"。

畡垓 《说文·土部》："垓，兼垓八极地也，《国语》曰：'天子居九垓之田'，从土亥声"；《国语·郑语》作："王者居九畡之田，收经入以食兆民"。

町圢 《集韵》平青："町，《说文》：'田践处曰町'，或从土"作"圢"。

类似的字例很多,诸如:畇墒(集韵上准),膌塍(集韵平青),疃墥(集韵上缓)……皆为土田形旁通用之证。

(30) 土、𨸏形旁通用例

𨸏字甲骨文写作"𨸏"(库1917),或省为"𨸏"(甲2327)。《说文》云:"𨸏,大陆也,山无石者,象形";《释名》云:"土山曰阜"。𨸏既为"大陆",为"土山",皆与土有密切关系,故在古文字体中,𨸏土二形旁通用,参见表一六四。

	疆	垔	垗	墟	址	坡
从土	吴王光鑑	垔戈	说文土部	说文土部	说文𨸏部	说文土部
从𨸏	南疆钲	说文土部	说文土部	说文土部	说文𨸏部	说文𨸏部

表一六四

土𨸏形旁通用,除古文字体所存字例外,古代文献也有例证。如:

坻阺 《汉书·扬雄传》:"功若泰山,向若阺隤";《文选·扬雄·解嘲》:"功若泰山,向若坻隤"。

坑阬 《文选·潘岳西征赋》:"儒林填于坑窜";《后汉书·袁绍传》:"阬阱塞路"。

块隗 《晋书·阮籍传》:"籍胸磊隗,须以酒浇之";《世说新语·任诞》:"阮籍胸中垒块,故须酒浇之"。

坂阪 《史记·袁盎传》:"文帝从霸陵上,欲西驰下峻阪";《汉书·文帝纪》:"帝从霸陵,欲西驰下峻坂"。

垓陔 《史记·封禅书》:"太乙祠坛,坛三垓";《汉书·郊祀志》:"泰一坛三陔"。

垄陇 《汉书·刘向传》:"丘垄皆小,葬具甚微";《后汉书·王莽传》:"丘垅发掘,害徧生民";《文选·鲍昭芜城赋》:"井陉灭兮丘陇残";《江淹恨赋》:"琴瑟灭兮丘陇平"。

坊防 《韩非子·初见秦》:"长城巨防,足以为塞";《战国策·秦策》:"长城钜坊,足以为塞"。

类似的字例很多,诸如:埒陛(集韵上茅),墇障(集韵平阳),垛陊(集韵平戈),堰隁(集韵去愿),塯隃(集韵去恨),垎陷(集韵去陷)……皆为土𨸏形旁通用之证。

(31) 谷、𨸏形旁通用例

谷字，甲骨文写作："㲁"（佚 113）。《说文》云："口上阿也，从口上象其理"；《尔雅·释水》："水注川曰谿，注谿曰谷"。谷谓山谷，与𠂤意义相近，故在古文字体中谷𠂤形旁通用，参见表一六五。

从谷旁的字数不多，但从仅有的字数来看，无论从古文字体或文献记载中均有例证。例如：

䜛隙　《三国志·魏书·胡质传》："今以睚眦之恨，乃成嫌隙"；《吴书·陆逊传》："久结嫌隙，势不两存"；《广韵》入二十陌："䜛，嫌恨"；《集韵》入陌："隙，《说文》：'壁际孔也'，一曰'闻也'或从谷"作"䜛"。

谾𨺇　《说文·𠂤部》："𨺇，通沟也，以防水者也，从𠂤𡧧声，读若洞"；又云："谾，古文𨺇从谷"。

由于𠂤同山意义相近，故山同谷二形旁亦通用，虽未发现山谷通用的古文字体，但在文献中却保存许多字例，诸如：谿，也从山作嵠（集韵平齐），谽谺，也从山作岭岈（集韵平麻）等等。

（32）日、月形旁通用例

日字，甲骨文写作"☉"（佚 518），月字写作"☽"（佚 518）。《说文》云："日，实也，太阳之精不亏，从口一，象形"；"月，阙也，大阴之精，象形"。实际上太阳是宇宙间一颗恒星，月亮是地球的卫星，古人误为天圆地方，日月昼夜轮出，并以为都是发光体，故在古文字体中日月二形旁通用，参见表一六六。

	隃	隨
从谷	隃伯卣	说文古文
从𠂤	说文𠂤部	说文𠂤部

表一六五

	期	菩	昔
从日	齐侯敦	蔡侯钟	师嫠𣪘
从月	吴王光鑑	栾书缶	徐王鼎

表一六六

日月形旁通用，在现有的资料中所见的字例并不很多，但在古代文献中保存了大量实例。

例如：

朏胐　《说文》："朏，月未盛之明，从月出，《周书》曰：丙午朏"；《楚辞·九思·疾世》："时朏朏兮旦旦"，王逸注："朏一作胐"。

昔期　《说文·月部》："期，会也，从月其声"；又云："昔，古文期，从日其声"。

晓皢　《说文·日部》："晓，明也，从日尧声"；《汉杨君石门颂》晓字，从月作"皢"（《增订碑别字》卷三）。

曈朣　《梁刘孝绰诗》："曈昽入㴋箪"；《韩愈·谒衡嶽庙诗》："星月掩映云朣昽"。

晐胲　《国语·吴语》："一介嫡女，执箕箒以晐姓于王宫"。韦昭注："晐，备也"；《广雅·释诂二》："胲，备也"。由于日月形旁通用，故《广雅》晐作胲，王念孙《疏证》谓："各本讹作胲"。本不讹，日月形旁古可通用。

通过以上三十二例的分析，说明在古文字中有些意义相近的形旁，是可以互相通用的，而且可以通用的形旁也不限于三十二例，除此之外，还有许多。因目前资料不足，有待今后补充。从已有现象来看，像大与人两种形旁亦能通用，如甲骨文中的奚字从大作"𡘾"（甲783），从人写作"𠉗"（京津4535）。㝎字金文从大作"𡘜"（祖乙卣），从人作"𠈌"（长日戊鼎）。𨸏与山形旁通用，《说文》中之崩字，既从山作"𡶈"，也从𨸏作"𨸘"。火与光形旁通用，如煒字可从光作辉（集韵入昔），煇字可从光作㷉（集韵入辑）。牙与齿形旁通用，如齫字可从牙作𪘁（集韵上麌）。玉与石形旁通用，如珂字可从石作砢（集韵平歌）。木与片形旁通用，如板字可从片作版（集韵上潸），榜字可从片作牓（集韵上荡）。雨与水形旁通用，如濛字可从雨作雺，等等。不过这些资料还很零碎，古文字体与文献资料都还不够充分，只能视为一些现象，还不能作为通例据证说明。

自六朝以后，集俗字的书籍很多，如唐颜元孙的《干禄字书》，将当时的文字分作正体、通体和俗体三种。他说："所谓俗者，例皆浅近，唯籍帐文案券契药方，非涉雅言，用亦无爽，倘能改革，善不可加。所谓通者，相承久远，可以施表奏笺启尺牍判状，固免诋诃。所谓正者，并有凭据，可以施著述文章对策碑碣，将为允当。"从书中所录通俗字体考察，多为后世传写之省文误书，与本文所讲古文字体利用义近形旁所构成的孪生异体，完全是两回事情。在当时的情况下，古文字的资料甚为有限，像这样的问题，不可能有所揭示。因形旁义近所构成的异体字，早在商代甲骨文中即已出现，当时多因形旁简化而形成，如辵旁可省作彳或止，艸旁可省作屮，等等。自入西周以后，互相通用的形旁逐渐增多，尤其是在春秋战国时代，由于使用文字的阶层和范围日益扩大，而创造汉字的区域也必然扩大，同一个字由于产生在不同地区，无论是形旁或声旁都会出现差别，当时并不因形旁声旁稍异而改变字义。同为一字，同时存在几种写法，这是当时人所公认的。自秦始皇实行"书同文字"以后，汉字字体才逐渐走向统一，再经过历代对于汉字形体的整顿，从而有的异旁字即逐渐消亡，也有的因意义的引申分化成两个不同的字。虽然有的消亡或分化，但它们的孪生关系并未完全消失，无论在古文字体或古代文献中，均保存一定的遗迹。当然，我们说义近形旁通用，并不是说无论哪一个形声字必然共存两种形体，而是说在同一个形声字中存在着使用不同形旁的可能。弄清某些形旁的通用关系，无论对研究汉字形体的变化和考释古文字，都会有很大的帮助。

但是，我们在研究义近形旁通用的同时，还发现形旁混用的情况，例如亻与彳两种形旁有时互用，像條字，《梁萧蟾碑》写作"絛"。① 示与衣形旁互用，補字《齐平等寺碑》从示写作"補"；② 禮字《周段模墓志》从衣写作"禮"；③ 冠字《元融妃卢贵兰墓志》从示作"冠"，④《元思墓志》从衣作"冠"。⑤ 凡此一类互用的形旁，皆非因形旁义近而通用，而是由于形近而混用，它们并非同字异体而属于后人写的错字。类似的情况，不仅出现在汉字定形之后，定形前的古体汉字亦时常出现错字。例如奔字，《孟鼎》中写作"☒"，从三"止"；《效卣》则误从三"屮"写作"☒"。后来正确的字体则被遗忘，错误的字体反而得到流传，这是一种误会。凡属于形旁混用的字体，无论古今皆为错字，并不属于形旁通用的范围。诚然，分析汉字形旁，辨别通用和混用，却应格外留意。

第四节　汉字形体的简化与规范化

每个汉字都有它的来源和发展的历史。如果把秦篆以前的古汉字按照时代早晚排列成序，即可清楚地看出各自的发展很不相同。有的最初字体很复杂，逐渐变为简单；也有的最初字体比较简单，后来变为复杂；还有的由简单变为复杂，又由复杂变为简单。在秦始皇统一文字之前，汉字没有统一的规范，基本上是自然发展的。

历史上创造和使用过的汉字，字数不下五万。就一个时代来讲，通常使用的字大约在六千左右。以先秦的古汉字而论，据现有资料统计，大约有七千余字，比较常用的只有五千多。当时汉字没有定形，一个字同时有繁简不同的好多种形体。在数量多、形体繁、写法又不统一的情况下，如果没有一定的规律从中起主导作用，汉字早已不知要乱到何种程度。但是，汉字多而不乱，并且能够适应汉语的发展，满足社会的需要，成为世界上使用时间最久的文字，主要是"简化"和"规范化"两个文字自身的规律在起作用。书写的繁难和形体的歧异，都会在使用中受到改造与淘汰。简化与规范化是文字发展的必然归趋。

汉字是从原始图画发展来的。最初出现的是象形字，即按照图画的手法，仿照事物的形体描绘出相应的图形，以代表语言中的某一词汇。后来又在象形字的基础上产生出会意字和形声字，从而使汉字日益成熟，适应和满足汉语发展的需要，成为社会交际所需要的书面语言。在我们对各种结构的汉字辗转滋生和发展变化的过程有所了解之后，有必要探讨简化和规范化两个规律对汉字形体演变所起的作用。

一　汉字形体的简化

早期的汉字形体很不固定，同字异体十分普遍，字形的变化也极为突出，但总的趋势是字体由繁变简。无论是新造或旧传，凡符合此规律的就能取得社会的承认，得以流传；违反此规律，即便偶然幸存，也终将被改造或淘汰。从现有资料分析，由繁变简的途径大致有以

---

① 罗振鋆：《增订碑别字》卷二，《萧部》，文字改革出版社。1957。
② 同注①，卷三，《虞部》。
③ 同注①，卷三，《荠部》。
④ 赵万里：《汉魏南北朝墓志集释》图版第150。
⑤ 同注④，图版第155。

下几种类型。

1. 变图形为符号

早期汉字多为象形，基本上是采用按物绘形的方法创造字体，每一个字皆可独立成为一幅"图画"，以早期车字为例，完全是仿照当时的具体实物描绘而成，其中包括车子的辕、轴、舆、轮、衡、轭等各个部分，俨然是一幅古代车子的图案。参见表一六七。

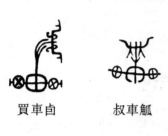

買車卣　　叔車觚

表一六七

不难想象，利用这样图案形的文字记录一句完整的语言，不知要费多少精力和时间，它只能在不甚发达的社会里才能勉强应用。当社会发展到一定阶段，这样的字体显然是难以适应和称职，必须作相应的改革和简化。车字由复杂的图形变作简单的符号，就是根据这种要求完成的。参见表一六八。

通过车字实例可以看到，伴随着汉字的发展，不断地在进行汉字的简化。其它一些字的简化过程，虽然不如车字的资料那样齐全，但是，由复杂的图形变为简炼的符号，乃是

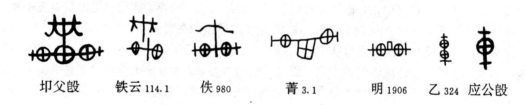

坁父毁　　铁云114.1　　佚980　　菁3.1　　明1906　　乙324　应公毁

表一六八

汉字简化普遍运用的方法之一。从下述字例可进一步说明此一事实。参见表一六九。

2. 删简多余和重复的偏旁

会意字是由两个以上的偏旁符号组合而成的复体字。有时为了表示事物的某些特征，不烦堆砌许多偏旁符号，造成字体臃肿庞杂，书写极为不便。为了适应社会的需要，经过较长时期的发展，逐渐将会意字中一些不必要的和重复的偏旁删掉，使字体从简。这种简化形式，很早即已发生，在商周时代的甲骨和金文中，保存有许多关于这一简化类型的范例。如：

韋字，甲骨文原作"𩫏"（乙2118残），金文作"𩫏"（祖己爵），后来将其中左右二止删去，省作"韋"（甲350），即成今日之形体。韦字原从四止，本义为守卫之卫。段玉裁在《说文》衛字注中说："后郑云：衛王宫者必居四角四中，于缴候便也，汉有衛尉掌宫门。"韦字原为一会意字，以示宫庭四周有卫士巡迹，因简化则省去左右二止，只留上下二止，字形虽变，本义相同。但后来因字义引申，许慎又误为形声字，谓为"从口舛声"，又说："兽皮之革，可以束物枉戾相韦背，故借以为皮韦。"遂原义已失，韦卫离析。

亶字，甲骨文原写作"𠆢"（前8.10.1），简化后作"亶"（戬40.13），金文作"亶"（井侯殷）。《说文·亶部》云："度也，民所度居也，从回象城亶之重，两亭相对也，

	牛	羊	犬	豕
繁体	牛鼎	羊殷	子自卣	亞鼎
简体	乙3328	佚450	前1.26.6	前4.27.4
	𠂤	鼎	戈	弓
繁体	父乙殷	父乙尊	戈盉	父庚爵
简体	甲2160	佚5	乙7108	乙137

表一六九

或但从口。"段玉裁注："《释名》曰：郭，廓也，廓落在城外也，按城𦉢字今作郭，郭行而𦉢废矣。"郭、廓乃后起之字，原作城𦉢之形，乃四亭相对，后来简化作二亭。

删简重复偏旁的简化形式，字数很多，虽然各自删简的内容不同，方法是一致的。下表所选的一些字例，可以进一步说明这种简化情况。参见表一七〇。

3. 用形体简单的偏旁替换形体复杂的偏旁

形声字是由形符和声符组合而成的复体字。最初选用形符和声符，力图同所造的本字音义相近，特征明显，因而难免字体过繁。为了使字体简化，则采用以形体简单的偏旁替换形体复杂的偏旁。例如，西周时代的城字写作"𩫨"（散盘），所从𦉢字形旁以表示城廓之义。但因表意形旁过于复杂，春秋以后则以土旁代之，而写作"城"（䚄羌钟），已较旧体简化许多。另一种情况是更换声符。例如庙字，繁体从广朝声写作"廟"（虢季子白盘），简体声符由"苗"代替"朝"，写作"庿"（中山王壶）。类似这样替换形旁或声旁的简化方法，不仅用于古文字，而且在汉字定形之后，仍继续使用。如醻字可省作酬，犧字可省作牺，等等，皆采用替换偏旁的方法力求简化。下面将更换形旁和声旁的古文字例制成一表，以进一步了解这一简化形式，参见表一七一。

4. 截取原字的一部分代替本字

汉字在未完全定形之前，同一个字存在多样写法；字形虽然不同，但每个字各有一个共

	漁	星	嵩	族	洹
繁体	前 6.50.7	前 7.26.3	甲 3940	铁 93.1	掇 2.476
简体	箙人 90	拾 14.6	周甲 20	京津 4387	箙地 47
	集	商	芳	霍	秦
繁体	母乙觯	睘尊	师旅鼎	叔男父匜	秦公殷
简体	毛公鼎	康侯殷	说文	霍鼎	说文

表一七〇

同的基本特征。尽管字体繁简可以变化不定，而共同的特征必须保存。例如马字，繁体写作"𩡧"（录伯殷），简体作"𩡧"（鄘侯殷），两种形体虽然差别很大，而马颈上的鬃毛是它们的共同特征，因此两字都予保留。鹿和麋甲骨文的形体很相象，唯鹿字的特征头上的角大，写作"𢊁"（甲 1233），麋字角小写作"𪊽"（宁沪 1.401），二字形体虽近，但特征不同。因为有些字体的简化是采用剪裁的方法，截取字体中带有特征的部分代表本字。所以，在读识古文字的时候，仅单纯熟记字形还很不够，必须掌握每个字的基本特征。如旅字，周代金文作"𣄤"（作旅尊）或"𣄤"（曾伯匜），原来的字体从车或从辵，简化仅截取其中之"𣄤"（虢叔钟），商代甲骨文中的旅字已经是剪裁后的形体。再如易字，商代甲骨文即写作"𠃓"（京津 3810），过去从不知它像何物，后来郭沫若先生在"四德器"的考释中识出它是"𧉦"字的剪裁。他说："但易字在殷墟《卜辞》及殷彝铭中已通用，其结构甚奇简，当为

	城	翼	犅	蛛	绾
繁体	遣生殷	秦公镈	大鼎	邾大宰匜	墙盘
简体	屬羌钟	说文	大仲殷	说文	说文

	嫺	邢	庿	匝	鐘
繁体	楚子盘	孝子鼎	虢季盘	铸公匜	师嫠钟
简体	鄘侯殷	盟书 156.21	中山王壶	大賸匜	屬羌钟

表一七一

象意字，迄不知所象何意。今其繁体字乃发现于周铜器铭文中，豁然可见其简化痕迹。"① 其实这就是以剪裁的方法截取原字中之一部分代替本字。类似的简化形式，现在汉字仍在采用。如聲字简化为"声"，飛字简化为"飞"，皆属同一方法。下面也选一些古体剪裁字例制成一表，进一步了解这一简化的情况。参见表一七二。

5. 用笔划简单的字体更代笔划复杂的字体

利用笔划简单的字体替代笔划复杂的字体，也是促使汉字简化的一种方法。这种简化方法大致由两种原因造成：一是由于本字形体过繁，书写不便，暂借一简单同音字代用，因久假不归，逐渐代替了本字。另一种原因是旧字形体复杂难写，重新更造简体新字。无论是借用同音字或更造简易字，都是以更换字体的方法进行简化。例如周代金文中之" "（陈公

---

① 郭沫若：《由周初四德器考释谈到殷代已经进行文字简化》，《文物》1959年7期。

	召	铸	法	易	为
繁体	召卣	铸叔匜	克鼎	德鼎	禺邗王壶
简体	大殷	余义钟	珎印	孟鼎	左师壶

	馬	聖	于	其	寶
繁体	虢季盘	曾伯匜	邥卣	裛鼎	孟鼎
简体	郾侯殷	大保殷	令殷	子禾子釜	姑召母鼎

表一七二

子瓺），经传皆以"原"字代用；"㿟"（齐侯壶）用"尒"（中山王鼎）代用。再如以鲜代蠢，以尘替塵，等等，皆为以更换字体来进行汉字简化。

以上五种简化方法，内容虽然不同，目的却是一个，皆促使汉字适应汉语发展，满足社会的需要，以提供简便的记录语言的工具。但是，汉字简化的进程不是直线，并非简体一出现，繁体立即作废，而是参差使用，甚至有时晚期使用的字体比早期还古。这种现象正和我们现在一样，简化汉字的方案已推行很久，有些人仍习惯使用繁体。我们研究古文字的发展过程，也正是由于这种反复出现的原因，才能看到多种资料，从中考察古体汉字的简化过程。

汉字不仅在字体结构方面进行简化，而且书写的字体也不断简化。例如：由篆书变为隶书，在汉字的发展史上也是一大变革。隶书将阜写作左"阝"，把邑写作右"阝"，将辵写作"辶"，把水写作"氵"。后来又将隶书写作楷书，将楷书写作行书，等等，皆属于汉字简化的范围。汉字简化是其发展的必然趋势，简化的途径和方法可以多种多样，但都是随着社会发展的需要和遵循文字简化规律的要求，逐步前进的。

二　汉字形体的规范化

1. 汉字结构的自然规范

汉字的规范包括两个内容，一是字体结构的规范，另一是字的形体规范。汉字结构主要有三种，即象形、会意与形声。形声字是汉字表音的主要形式，在它的结构中，既有表义成分也有表音成分，故而极便识读，颇受群众的欢迎。因此，自形声字产生之后，不仅创造新字多采用形声结构，而其它结构的字体也向形声方面规范。如有些象形字和会意字，本来已存在很久，因受形声结构的影响，中途又在原来的字体中，增添声符或形符，转化为形声字。如其字，甲骨文原写作"🕮"（乙 7672），本为簸箕之象形字，周代金文在原来字体中增添一个声符"丌"，写作"🕮"（膳夫克鼎），转化为形声字。鳳字，甲骨文原写作"🕮"，（前 4.43.1），本为象形字。后来在原字体中增添一声符"凡"，写作"🕮"（存下 736），转化为形声字。耤字，甲骨文原写作"🕮"（前 6.11.5），是会意字，表示一人持耒在进行耕作，周代金文在原字体中增添一声符"昔"，写作"🕮"（令鼎），转化为形声字。另一种是以原字为声符，另增添形符，转为形声字。象祖字，原写作"🕮"（前 1.9.6），是一象形字，后来即以本字为声，又增一表义形符"示"，写作"🕮"（铁 48.8），即转为形声结构。鄘字，原写作"🕮"（匽公匜），后来增添邑字形旁而写作"🕮"（鄘侯殷戈）。还有用改变字体的方法转为形声字，如沈字，甲骨文原写作"🕮"（后上 23.4），为会意字，周代金文改为形声而写作"🕮"（沈子殷）。沬字，甲骨文原写作"🕮"（后下 12.5），也是会意字，后来改为形声写作"🕮"（说文），等等。类似以上各种转化字例，不胜枚举。由于各种结构的字体均向形声方面转化，因而形声字的数量愈来愈多。前面已经提到，形声字在《说文》中已占总数的百分之八十以上，现在早已超过百分之九十。形声字居于绝对多数，成为汉字的主体。说明汉字的体系早已由表意文字转化为表音文字了。

文字由表意走向表音，是文字自身的发展规律，世界上许多国家所使用的表意文字均已淘汰，被拼音文字所代替。中国的汉字虽然未走上拼音文字的道路，但也未停留在表意文字的阶段。它是在自身结构中加入表示音读的声符来表音，创造出以表音为主表意为辅的形声字。

形声字的结构是由形符和声符两个现成的符号组成的。用旧有的偏旁组成新字，可以避免创造更多的符号，使偏旁的数量保持在一定的范围，得以相对地稳定；又因为同一个偏旁可以反复在许多字体中出现，从而促使偏旁形体作相应的固定；由于偏旁形体得以固定，必然影响到汉字形体走向规范。

这里有一个问题需要说明，如果各种结构的字体都向形声方面规范，势必有些字要在原来的字体中增添适当的声符或形符，这样是否同汉字简化发生矛盾呢？事实并不矛盾。简化与规范化两个规律对汉字的作用是不同的，彼此之间不仅没有矛盾，而且是辩证的统一。所谓简化，是删掉字体中多余的和臃肿重复的部分；增添声符或形符，目的则在加强字体的表音或表意成分，区别同音词的含义。二者作用不同，方向却一致，都促使汉字更健全地发展。

商周时期　因使用文字的范围不大，掌握文字的人数也不多，字体演变比较迟缓。东周以后，尤其在战国时期，文字使用的范围和掌握文字的社会人群都比过去广泛，加上地区方音的差异和各王国政治割据等因素，各地出现了许多新体字。其中有些是由于简化的原因，繁体和简体同时共存；也有些由于结构规范的原因，各自选用的声旁或形旁很不一致，因而同字异体非常突出。秦始皇在统一全国之后，采用了李斯的建议，对汉字形体进行了一次有计划的规范整理。

2. 秦朝李斯等对汉字形体的规范整理

关于秦始皇所实行的"书同文"，学者们曾撰写了不少文章，论述它的历史意义和影响，但是，很少论到他为实行这一政策所采用的措施。秦所实行的"书同文"，实际上对汉字形体进行了一次有组织有计划的规范整理。

秦始皇时代的文字资料保存下来的不多，除相传由李斯手书的《泰山刻石》早期拓本，《琅琊台刻石》二世补辞遗字，以及《秦诏版》等字迹外，再就是近来出土的汉初篆体帛书和简策。用这些资料来同许慎《说文》所收的篆书比较，可以看出，二者字体基本相同，说明《说文》所录的篆书字体同李斯等人制定的秦篆一脉相承。可惜的是，当时由李斯、赵高、胡毋敬等分别编写的《仓颉》、《爰历》、《博学》三部字书早已失传，他们整理汉字形体的措施和方法，已找不到实物的见证。但是，我们利用秦以前未经整顿的古文字体同经过整理的秦篆字体，一字一字地进行比较，根据它们的相同之处和不同之处，加以归纳总结，仍然可以看出秦人当时对汉字进行规范整理所采用的一些具体措施。当时所采用的措施大致有四种：

（1）固定各种偏旁符号的形体

汉字形体虽然很复杂，但都是由一定数量的偏旁符号组合而成的。许慎在《说文解字叙》中讲："仓颉之初作书，盖依类象形故谓之文，其后形声相益即谓之字。"绝大多数汉字皆由少数独体文拼合而成。先秦时代的古文字其所以同字异体，主要原因是偏旁形体不能固定，同一个偏旁同时存在好多种写法。例如：队字偏旁，原为旗帜的象形字，作为表形的偏旁曾写作"卜"（铁132.1）、"彡"（甲366）、"卢"（长曰戊鼎）、"户"（曾太保盆）"亍"（楚王戈）等。马字是象形字，作为形旁曾写作"彖"（姬盘）、"旦"（战国印）、"来"（战国印）。虎字是象形字，作为形旁写作"虍"（虢殷）、"戌"（栾书缶）、"虍"（战国印）等。由于偏旁形体不统一，因而字体难以固定。秦篆首先将每种偏旁确定为一种形体，主要以秦国通用的为准，余者皆废。如将队字形旁写"扩"。马字形旁写作"馬"。虎字形旁写作"虎"与"虎"。此一措施为统一汉字字形奠定了良好的基础。

（2）确定每种形旁在字体中的位置

古体汉字不仅偏旁形体不固定，各种偏旁在字体中的位置也不固定，上下左右可任意移动，并不因偏旁位置不同而改变本字的意义。如金字形旁，既可写在字体之左侧，像鐘字写作"鐘"（沇儿钟）；也可写在字体右侧，像鍾字写作"鍾"（兮仲钟）。既可移在字体上部，像鑑字写作"鑑"（智君子鑑），也可移在字体下部，像鎛字作"鎛"（鑣鎛戈），还可置于字体中间，像铸字作"铸"（令瓜君壶）。不仅金字一种形旁如此，其它偏旁皆可任意移动。由于每种形旁在字体中没有固定的位置，势必影响古文字体的统一。秦篆根据各种形旁的不同条件，分别确定在字体中的不同位置。像金字形旁，一律置于字体中的左侧，仅有个别字放在下部，改正了在古文字中形旁位置不固定的弊病。现在的汉字，如人、氵、木、言、糹、食等形旁一般皆位于字体左侧；页、刀、攴、殳、隹等形旁皆位于字体右侧，彼此位置不能随意颠倒，这是从秦篆开始确定的原则。不难看出，此一措施对整顿汉字形体是绝对必要的，它对汉字定形和规范起了重要作用。

(3) 每字形旁固定，彼此不能代用

古体形声字所从的形旁不必为一种，有时在两种形旁意义相近的情况下，可互相代用。例如，从土旁的字，有时可与田旁代用。如型字既可写作"㘽"（信阳竹简），也可写作"㘽"（望山竹简）。从言旁的字，也可与心旁代用。如德字，既写作"德"（毛公鼎），也可从言作"𧧻"（史颂鼎）。类似这样互为通用的形旁为数很多，如前文所讲共有三十余组。不难想象，同字而选用不同形旁，字的形体就无法统一。秦篆针对此种情况，规定每字所从形旁必须确定为一种，不得随意更换。此一措施对统一汉字形体，保证同字必须同形起了积极作用。许慎《说文》虽然仍保存了一些异旁字，但数量有限，已成陈迹了。

(4) 统一每字的书写笔数

同是一个古体汉字，因所采用的偏旁形体、数量、种类、繁简各不相同，因而书写笔数不可能一致。由于每字的书写笔数没有统一规定，也就无法保证字的形体统一和判断某种字体正确或错误。秦篆将每字所用的偏旁形体、种类、位置，一一作了规定，书写笔数自然取得一致，同时还避免在字体中随意增减点划或符号的弊病。此一措施对巩固字形，判断正误，也有重要作用。

秦篆所规定的四项体例，也正是早期汉字所缺少的。通过两种字体的相互比较，可清楚地了解，秦朝由李斯等人所推行的"书同文字"运动，实质是对先秦古字进行了一次有组织有计划的规范整理，从而使汉字形体开始走向定形。后来的隶书和楷书，虽然在字形方面又有很大发展变化，但是，字体的结构与形体基本承袭秦篆。

古体汉字经过这次整顿，虽较过去有很大改进，但也并非十分完善，存在的问题仍然不少。历代学者都曾对汉字进行过整顿和研究，缺点终未完全克服。就以数量最多的形声字来讲，本来是具有表音和表义两种功能的字体，由于来源较久，原来的表义形旁早已失去表义的作用；表音的声旁也因语音的发展变化，与实际读音相差很远，也已失去表音的作用。至于象形和会意等结构的字体，许多早已名实相背、形意全非。但是，研究古文字，了解它的发展过程，掌握它的规律，却是非常必要的。

第五节　古文字的考释方法

汉字自古至今因袭发展，几千年来一直沿续使用。但是，由于古今异世，汉字无论是字形、字音或字义，都已发生了重大变化。同字而不同时代的形体，有时差别很大。有的字因时代变迁已失去使用意义，成了死文字；今天虽又重新发现，但音义俱失，难以辨认。因此，有很多古字必须经过科学的考释才能认识。关于释字工作，早自宋代即已开始，迄今已有千年的历史，经历代学者的研究，曾考释出许多难识之字，积累了很多经验，创造出不少好的方法。但由于前人未释、误释的古字也还不少；前所未见的地下资料也在不断出土，难识的古字仍然很多。以商周铜器铭文而论，已经发现的字数约在四千以上，能为大家所识者仅有两千五百余字。甲骨文中的未识字数量更多，目前所见约四千五百多字，能识者仅有三分之一。至于简牍、帛书、玺印等资料，都有一大部分不识字。有时虽有重要文字资料出土，但由于其中有些古字不识，难以了解它的全部内容。因此，考释不识之字，仍然是研究古文字的一项非常重要的课题。

汉字形体的变化，每个字的情况不完全相同，各有各的发展历史。有些字从古到今基本上是一种形体，没有甚大变化，当然就不存在考释问题。有些则不然，不仅字体发生了多次变化，而且因字音的转化和字义的引申，使古今字体彼此不相对应，中间缺少许多环节。因此，这种字必须经过许多复杂的程序和方法，才能考释清楚。如能依靠确切的资料，采用正确的方法，说明古之某字当为今之某字，以及彼此如何演变而成，不仅为阅读史料解除了困难，且可触类旁通，凡与此字有关的其它问题，都会迎刃而解。但这是一项比较复杂繁难的工作，过去既有成功的经验，也有失败的教训。不少学者力图从自己的工作经验中总结一套方法论。如唐兰先生在《古文字学导论》中对《怎样去认识古文字》提出五项条目，自"怎样辨明古文字的形体"开始，相继举出："对照法"、"推勘法"、"偏旁的分析"和"历史的考证"等。杨树达先生在《新识字之由来》一文中将考释文字的方法归纳为十四个条目。他说："举其条目：一曰据《说文》释字，二曰据甲文释字，三曰据甲文定偏旁释字，四曰据铭文释字，五曰据形体释字，六曰据文义释字，七曰据古礼俗释字，八曰义近形旁任作，九曰音近声旁任作，十曰古文形繁，十一曰古文形简，十二曰古文象形会意字加声旁，十三曰古文位置与篆书不同，十四曰二字形近混用云。"[①] 唐、杨两家的意见，彼此所立的条目数量和名目虽不相同，但基本内容大同小异。他们皆将过去和现在各文字学家所使用的方法以及他们个人的经验和体会，进行了较全面的整理，无论对分析字形、考释字义，均有很大帮助。但是，在他们所建立的条目中，有些属于汉字发展规律的问题。如唐兰在《历史的考证》中所讲：图形文字的简化，繁体字的省减，字体增繁，以及偏旁通转等，与杨树达所谓"义近形旁任作"，"音近声旁任作"，以及"古文形繁"，"古文形简"等，皆属于古文字形体发展的规律和字体演变的通例，不单纯是一种考释古文字的方法。关于这方面的内容，前面已经作为专题分别进行了分析和说明。下面分别介绍通常使用的几种考释古文字的方法。

一 因袭比较法

汉字已沿用了约有四千年之久，它的形体曾经发生过若干次变化，始终一脉相承因袭发展。秦以前的古文字，字体没有定形，结构繁杂多样。虽同为一字，因时代不同而有多种写法；有的即使时代相同，也几种形体共存。秦代虽然实行"书同文字"，字体结构开始走向规范，但是，秦朝寿命极短，最初并没有做到严格的统一。由于历史上的种种原因，古今字体之间，无论是在形体或音义方面，都存在着很大的差别，要辨识这些古文字，就必须从各个时代字体的因袭关系中进行综合比较，从中找出共同的字原和特点，以达到辨认古文字的目的。这就是过去利用古今字体的比较，进行考释古文字的一种行之有效的方法。唐兰称它为"对照法"，或谓"比较法"。杨树达将其析为几个条目，谓为"据《说文》释字"，"据甲文释字"，"据铭文释字"等。《说文》是我国最古的一部汉字字典，其中除收秦篆外，还兼录了一些古文和籀文。杨氏所谓"据《说文》释字"，这是最早使用的比较方法，现在还在使用。凡遇到一个新发现的古文字，首先要查阅《说文》，如果《说文》未收，再从旁考虑。近些年来地下出土的资料越来越多，可供比较的资料范围也越来越广泛，除《说文》之外，其它如甲

[①] 杨树达：《积微居金文说》增订本，1—16页，科学出版社，1959年。

骨文、铜器铭文、石刻、简书、帛书、盟书、陶文、玺印、币文以及汉魏石刻、唐人书卷等，皆为可供比较的资料。孙诒让、吴大澂、王国维、罗振玉，以及郭沫若、唐兰、于省吾、杨树达等学者，皆利用这方面的资料，运用因袭比较的方法，考释出许多过去所不能认识的古字，做出很大的成绩。

运用这种方法释字，除了要掌握各种文字资料，还必须具备有关汉字发展变化的各种知识。诸如：汉字各种结构的特点，各种形旁的历史变化，义近形旁之间的互用关系，以及字体简化的基本形式，规范化的具体内容，等等。除了掌握汉字形体正常变化的知识之外，还须了解一些非正常变化的情况，譬如由于误写俗成的原因，使原来字体的一部或全部改变成另一种形体之类。但无论是正常的演变，还是因误写俗成的变化，前后字体或多或少都会遗留下互相因袭的痕迹，有时就从这些痕迹中找到某些古今字体之间的相关线索，这些线索往往能够帮助我们了解它们之间的发展过程。例如宜字，商代甲骨文写作"⊡"（铁16.3），周初金文作"⊡"（矢殷），如仅用这两种形体同今之宜字比较，很不容易看出它们之间的发展关系，若能查出中间的环节，彼此的因袭关系就非常清楚了。像春秋时代《秦公殷》中的宜字写作"⊡"，《秦子戈》写作"⊡"，战国印作"⊡"（《铁云藏印》），《说文》古文写作"⊡"，又因简化省去一个"月"字形旁而写作"⊡"（《铁云藏印》），因而秦篆则写作"⊡"；后来的隶书和楷书即根据秦篆一步步演变成今天"宜"字之形体。当然，有的字不一定能找到如此系统的资料，可是，无论任何字，只要不是中途完全更换了字体，虽变化频繁但不离其本，无论形体相差多远，共同的字原基本上是共存的。像犬字甲骨文写作"⊡"（粹240），是象形字，其特征是尾巴上翘，以区别与其字形相近的"⊡"（豕，佚43）。作为形旁使用，如《虢季子白盘》中的献字，犬旁写作"⊡"，《毛公鼎》中的猷字犬旁写作"⊡"，战国时代的《陈猷釜》中的猷字犬旁写作"⊡"，秦篆中的犬字形旁一律写"⊡"。形体变化虽然很大，尤其是入战国以后，逐渐失去象形的意义，但尾巴上翘的特征并未全失。隶书写作"犬"或"犭"，乃因由篆变隶从而逐渐同字原绝远。自秦篆上推，无论同哪一种形体比较，它们之间的因袭关系都非常明显。

历史上利用因袭比较的方法考释古文字，一般讲多数是可靠的，获得很大的成绩。运用此种方法释字须随时积累资料，掌握各种字体的基本特征，要以充分的证据予以实事求是地考证，而且要辨清形体，防止将两种不相干的字体放在一起比较，造成人为的混乱。

二 辞例推勘法

利用辞例推勘考释古文字，也是过去使用很久的一种方法。具体内容可分两个方面：一是依据文献中的成语推勘；另一是依据文辞本身的内容推勘。各自的依据虽然不同，但都是辨识古字行之有效的方法。

所谓据文献成语推勘，是指利用文献中的辞例来核校铭文。两周时代的铜器铭文，多是当时贵族为了歌颂或纪念自己的祖、父母和本人的勋功大事而刻铸在铜器上的文辞，以便传给后代子孙永远称颂。正如《礼记·祭统》所载："夫鼎有铭，铭者自名也，自名以称扬其先祖之美而著之后世者也。"由于它们的内容多为颂扬勋功美德，因而有些辞句往往与当时流传下来的经书的用语相同或相近，从而为辨识古字提供了相互推勘的条件。宋代的刘原父、杨南仲、薛尚功、王俅等人，即根据《诗经》中的辞例，利用推勘的方法释出许多难识的古字。

如将铭文中常见的成语"〇寿无疆",释作"眉寿无疆",将《秦公钟》铭文中的"高弘又〇"与"〇又下国",释为"高弘有庆"和"奄侑下国",可见早在古器物铭学的开创时期,利用此法释字即已作出了很大成绩。后来又在前人研究的基础上得到进一步的发展,《虢季子白盘》铭文中之"折首五百,执〇五十"。执下一字过去不识,郭沫若在《两周金文辞大系》的考释中,根据《诗经·小雅·出车》"执讯获醜"等相近的辞例,推勘出此字当释为"讯",从而把辞义读通。西周时代的《休盘》、《寰盘》、《颂鼎》、《无虫鼎》等均有"玄衣〇〇"一语,前人不识,唐兰根据《周书·顾命》中之"黼纯"及《仪礼·士丧礼》中之"缁纯",释作"玄衣黹纯",为学者所公认。《大克鼎》铭云:"惠于万民,〇远能〇",孙诒让《籀高述林》将前字隶定为斁,谓为抚字异文,又谓狄乃犾之变,读为埶。关于字形的隶定,各家意见虽不尽一致,但孙氏据《周书·顾命》将其释作"柔远能迩",乃为安远善近之义,则颇得学者的一致赞同。上举数例足以说明据文献辞例推勘对考释古文字的重要作用。但是,利用此法所释出的字,往往是同文献中所用的字音义相同而形体各异,难以确定它究竟是本字还是借字。如上举"执讯"之讯字和"柔远能迩"之柔迩二字,皆与文献中所用不同,只能从音义方面理解,不能从字形方面分析。

所谓据文辞内容推勘,是指仅从铜器铭文中的文辞内容,经过分析句义,推勘出应读的本字,并不完全依靠文献的根据。例如,宋代学者读"〇"为伯仲叔季之叔字,而不从《字说》读为弔字,就是根据铭文中常谓"某叔"等一些专谓行辈的辞义中推勘出来的。读"十"为甲乙丙丁之甲,不读十,也是从铜器铭文所用干支辞例中推勘出来的。清代学者刘心源在《奇觚室吉金文述》中即根据铭文本身的辞例进行推勘,将金文中之"〇"释为厥,将"〇"释为于,纠正了宋代的误释,成为大家公认的定论。近些年来地下出土的资料越来越多,可供研究的问题亦越来越广泛,通过文辞内容推勘所识的字就更加多起来了。如铭文中"〇"字与子字同形,但在计日的干支中常有"乙〇"、"丁〇"等日名,如释此字为子,显然同干支日不合,后来从商代甲骨文的干支表中推勘出此字当读为巳,所谓"乙子"、"丁子",当读作"乙巳"、"丁巳",从而认识了此字。卜辞中"〇"字,过去误读为三,卜辞中常有"三至五日"或"三至七日",于省吾根据卜辞辞义及上下计日干支推勘,释此字为气字,原辞当读作"迄至五日"和"迄至七日",颇为学者们信服。金文中的"〇"字,过去不识,容庚的《金文编》收于附录中;唐兰根据辞义推勘,释为亢字,《趞鼎》中之"幽亢",《㝬殷》中之"朱亢",即彝铭中常见的"幽衡"与"朱衡"。综上所述,足以说明通过辞例推勘,亦是考释古文字的重要方法之一。尤其是一些形体较为特殊的字,更需依靠此种方法。但是,根据辞例推勘,务求准确无误,应竭力避免牵强附会。

三 偏旁分析法

利用分析字体中的偏旁来考释古文字,也是历史上使用很久的老方法。从广义来讲,自许慎以来就采用分析偏旁的方法说明字体,例如炙字,《说文·炙部》云:"炙,炮肉也,从肉在火上";看字,《说文·目部》云:"看,睎也,从手下目"。都是先分析偏旁,然后再说明它们之间的结构。但是,把这种通常使用的方法,提高到一种具有科学意义的研究手段,是从清末孙诒让开始的。他的做法是先把已经认识的古文字,按照偏旁分析为一个个单体,然后把各个单体偏旁的不同形式收集起来,研究它们的发展变化;在认识偏旁的基础上,最后再来认识每个文字。如他在《名原》中对止字的分析，他说："《说文·止部》：'止，下基也，象艸木出有阯，而假借为足。止金文有足迹形，如《母卣》作'⺌'，《害夫鼎》作'⺌'，皆无文义可推或即与止同字。龟甲文则凡止皆作'⺌'，如云：'囗囗其雨庚⺌'，又云：'占曰雨佳多⺌'，又云：'雨克⺌'是也。因之从止字偏旁亦皆如是作，如武庚武字作'⺌'、步字作'⺌'，陟字作'⺌'是也。"他在详细地分析了止字的变化之后说："综考金文甲文疑古文⺌为足，止本象足迹而有三指，犹《说文·又部》⺌字注云：'手之列，多略不过三'是也。金文足迹则实绘其形，甲文为⺌则粗具匡郭，犹⺌之为⺌其原本同，由是反正俱倒从横纍列则成异字。止倒之为'夂'，为夂夂直纍之为'夅'，横列之为'舛'；横列之为'癶'，直纍之为'帀'，形皆相似，要象足止形也。"再如他对矛字形旁之分析，云："《说文·矛部》：⺌，酋矛也，象形，古文作'⺌'从戈。以形审之，与刺兵不相似。金文矛字未见，其见于偏旁者，如敄字《毛公鼎》'迺敄鳏寡'作'⺌'，《王且尸方甗》'无敄'作'⺌'，《郜公敄人敦》敄作'⺌'，所从矛字皆作'⺌'，唯《郜敦》省一笔余并同。又通字《宗周钟》：'王肇通省文武勤疆土'作'⺌'，矛形作'⺌'上耑与鼎甗敦文亦同，下从'⺌'则与诸文小异。又《盂鼎》：'雩我其通省先王受民受疆土'，通作'⺌'，则又省矛为'⺌'似仅存其耑，下从門则閗省囗也。以诸文参互考之，矛本形当作'⺌'，上象刺兵之锋，中象英饰，下象人手持之，或省其英饰之半以益下而成'⺌'，则似象其把盖变体也。"如果翻开《名原》，看孙氏所释的字，几乎对每个字体的偏旁都作了非常精密的分析，他把古文字学的研究向前推进了一大步。后来，唐兰、于省吾等一些古文字学家，进一步发展了对偏旁分析法的研究。唐兰提倡通过偏旁分析考释群字，他在《古文字学导论》中说："如其仅拿一两字来说，这种方法应用的范围，似乎太琐小狭隘了。这种方法最大的效验是我们只要认识一个偏旁，就可以认识很多的字。"他运用这种方法考证古文字中之"⺌"即冎字，从而释《过伯殷》中之"⺌"为过字，释《鱼鼎匕》中之"⺌"为菁字。又考证卜辞中之"⺌"即今之斤字，从而释"⺌"（后编下22.18）为斲字，释"⺌"（前4.8.6）为折字，释"⺌"（后编下29.6）为兵字，释"⺌"（佚存899）为昕字，释"⺌"（前24.3）为斧字，释"⺌"（前5.4.4）为新字，等等，共计二十余字。

此种方法主要是通过字体中的偏旁分析来考释古文字，因而首先要对过去已经认识的各种偏旁形体有所了解，同时还要知道各种形旁之间的通用关系。诚然，从理论上了解这种考释古文字的方法是比较容易的，但利用它准确地考释古文字就困难多了。孙诒让、唐兰等所释的古文字，也有些是靠不住的，甚至是错误的。但错误常常出于对偏旁的审察不够，并非方法不对。

四 据礼俗制度释字

从历史上的风俗、礼乐、法律等各种制度考察古文字体，也是一项很好的释字方法。虽然使用的范围有限，可为一种探索的途径。如卜辞中之"⺌"（前7.10.1），罗振玉释为陵字,① 不确。丁山释为趴字,谓其"象用刀锯去罪人一只足趾形。"② 赵佩馨释为刖字,谓"刖应该是断足之刑的本字,而刖则是刖的后起形声字,趴和跀,又是刖的更后出的或体。"③ 张政烺释为俄字,说"俄是人截去一只脚,自然立不正(倾斜)呆不久(俄顷)。"④ 胡厚宣释为尪字,谓整个字,"象用锯或以手持锯,截断人的一足之形。用文字学上'三书'的结构分析起来,应当是一种象意字。"⑤ 其实刖、趴、刖、跀、尪同为一个字,皆辗转孳生的别体,有些字体结构已转为形声,甲骨文则为会意,即本于当时的刑法制度而创制的字形。过去我把"㓝"(㝬侯之孙鼎)、"㝬"(郜公鼎)等均释为镬字,将"㝬"释为鼐字,是根据两周时代贵族在举行婚、丧、祭、享诸礼的时候,从使用鼎的制度方面考察出来的。镬与鼐虽然都是鼎,但是两种不同功用的器皿。根据郑玄对《仪礼》之《士冠》与《士虞》注,谓"煮于镬曰亨"、"亨于爨用镬",说明镬是煮鱼肉的炊具。鼐是摆在席上的餐具,按照贵族的等级地位分作九鼎、七鼎、五鼎、三鼎,每一鼎即称作鼐。此一名称来源于礼制中的一项具体动作,这种动作就是把镬中煮好的牲肉实之于鼎,如《仪礼·士冠礼》所云:"载合升"。郑玄注:"煮于镬曰亨,在鼎曰升,在俎曰载。"清胡培翚在《仪礼正义》中为"载合升"作疏云:"凡牲煮于爨上之镬,谓之亨;由镬而实于鼎,谓之升;由鼎而盛于俎,谓之载。"由于"由镬而实于鼎"的动作谓之升,因而古人即借其音义而将升牲之鼎名之为鼐。从共性来看都属于鼎,从个性分析,彼此作用不同,镬是炊具,鼐是餐具。杨树达在《新识字的由来》一文中特意标出"据古礼俗识字"一目,释《徐王糧鼎》中之"㝬"为铏羹之羹字,就是根据先秦礼制而考察出来的。

  上述四种主要的考释古文字的方法,都是过去学者经过长期实践逐渐积累和总结出来的。各自内容不同,可以互相补充。如果能够系统地了解和掌握这些方法,对于考释古文字一定会有很大帮助。诚然,正确地考释出前人所不认识的古文字,确实是一件很不容易的事情,有一定的难度。但是,只要虚心接受前人的研究成果,采用正确的方法,以科学的态度,严谨而认真地进行研究,困难是可以克服的。我们反对那种全然不顾客观存在的各种情况,单凭自己的主观愿望任意猜测。这样不仅做不出成绩,还会给研究工作带来麻烦或造成混乱。这条戒律务须引为注意。

---

① 罗振玉:《殷墟书契考释》增订本,中卷66页,1927年。
② 丁山:《中国古代宗教与神话考》132页,龙门联合书局。1961年。
③ 赵佩馨:《甲骨文中所见的商代五刑》,《考古》1961年2期。
④ 张政烺:《释甲骨文俄、隶、蕴三字》,《中国语文》,1965年4期。
⑤ 胡厚宣:《殷代的刖刑》,《考古》1973年2期。

第四章 汉字的古音

　　文字不仅有形体，而且有读音和意义；形、音、义三个要素缺一则不能称为文字。文字学是研究文字的起源和发展的学科，也必须根据文字本身的特点，研究字形、字音和字义三个方面的内容。过去学者将这门学科称作"小学"。小学是一门专教识字的科目，是学习经史前的先行基础课程。汉字已有几千年的发展历史，古今字形、字音和字义都有很大的变化。要阅读古书，就必须了解文字的古义；要了解文字的古义，必须通晓文字的古音；通晓文字的古音，也必须认识文字的古形。无论古今，汉字的形、音、义始终是有机地联系在一起的，应把三者结合起来进行综合研究。正如段玉裁所说："小学有形有音有义，三者互相求，举一可得其二。有古形有今形，有古音有今音，有古义有今义，六者互相求，举一可得其五。"又说：造字"有义而后有音，有音而后有形。学者之考字，因形而得其音，因音而得其义"。[①]

　　音韵学本来是研究汉语语音系统的一门学科，属于语言学的范畴。中国传统的音韵学，包括"今音学"、"古音学"和"等韵学"三个部分。所谓"今音学"，实际是指中古时代的语音，它以《广韵》为主要对象，研究隋唐时代的语音系统。所谓"古音学"，则是以古代韵文和文字的谐声偏旁为对象，研究先秦两汉时期的音韵系统。"等韵学"实际上是古代的语音学，它是隋唐以后的音韵学家为研究汉语语音原理和发音方法而创立的一门分支学科。音韵学的这三部分内容是互助联系、彼此不能分割的整体。音韵学的学术成果，也是历史上保存下来的一份重要文化遗产。诚然，初学者掌握汉语音韵的发展系统，的确比掌握汉字形体的变化要困难一些，但也并非如过去有人形容的那样，是一种艰深难懂的"绝学"。过去被人视为"绝学"，主要原因在于古代音韵学的理论有一套深奥玄妙的术语，而又缺乏科学的解释，因而使人很不容易理解。近代的学者们，利用现在语音学的科学原理，重新解释传统音韵学中的名词概念，用浅显的式例阐释音韵学的基本理论和知识。从而不仅在普及音韵学知识方面取得很大成就，并且使音韵学本身也获得新的进展。

　　根据现代音韵学家的研究，汉语语音的变化，前后共分四个时期：[②]

　　（一）公元三世纪以前（五胡乱华以前），为上古期（三、四世纪为过渡阶段）。

　　（二）公元四世纪到十二世纪（南宋前半），为中古期（十二、十三世纪为过渡阶段）。

　　（三）公元十三世纪到十九世纪（鸦片战争），为近代（自 1840 年鸦片战争到 1919 年五四运动为过渡阶段）。

　　（四）二十世纪（五四运动以后），为现代。

　　古文字学的研究范围，一般限于商、周和春秋、战国时代的篆书，或沿至两汉时代的隶书，即相当于汉语史的上古期，它所需要的也正是关于上古音韵的知识和系统。过去的学者对于这方面的研究有很大的成绩，总结出许多规律性的理论。本节主要介绍一些与上古音韵

---

① 段玉裁：《广雅疏证序》。
② 参见王力《汉语史稿》第 35 页。

有关的基本知识，试图通过一些浅显实例，作初学者入门的向导。

第一节　　语音学常识

　　语音学是研究音韵学的基础。汉语中的每句话，或每句话中的每个词，都是由一连串的声音构成的，词与词之间又以各种不同的声音来区分。具体分析汉语中各种语音成分、语音的构造，以及语音变化等，都要依靠语音学的理论加以说明。

　　语音的本质，乃是一种物理现象；由于它是由人的发音器官产生出来的，因而又是一种生理现象。但由语音构成语言后，就不再是物理或生理的自然现象，而属于社会现象了。就语音的物理现象分析，一切声音都发生于弹性物体的震动，振荡周围的空气而形成音波，空气又将音波传递到人的耳朵，使人感到悦耳的乐音，或是刺耳的噪音。从生理现象分析，人的发音器官主要是由呼吸器官、喉头和声带、口腔、鼻腔等几个部分组成。人的发音首先要靠肺部的呼气，但仅是呼气并不能出声，最多只能控制呼气量的大小，而使声音增强或减弱。人的主要发音体是声带，声带受呼出的气流冲挤而产生颤动，于是发出声音。声带虽然可以发音，但不能构成各种不同的语音。语音包括许多音色，语音学将其分为原音与辅音两大类。元音都是乐音，辅音都是噪音。这是由于元音在发音时气流自由呼出，不受任何阻碍，只是因口腔的张敛程度不同，舌位随同前伸或后缩，形成前元音、央元音、后元音。发辅音时气流通过口腔受到唇、舌、齿、喉等不同部位的阻碍，因而产生破裂音、摩擦音、塞擦音、鼻音和边音。无论元音或辅音，都是音素。音素是语音的最小单位。标注语音或分析语音，都需要有一套记录语音音素的符号。现在的汉语拼音字母，虽然亦是音素符号，但它只包括现代普通话的语音符号，不能概括古代的语音。因此，一般都采用国际音标记音，故学习上古音韵也要掌握一些适用于古代汉语的音标。关于此一问题，将要在下面随文讲授中介绍。在下边的行文中，凡是用方形括弧括起的符号，都是本文所选用的国际音标。

一　元音和辅音

　　汉语中的每一个词，都是由不同数量的音节构成的，每一个音节又包含不同数量的音素（不超过四个）。音素之中共分两类：一类是元音，也称母音；另一类是辅音，也称子音。元音与辅音的区别，主要是发音时因气流在口腔中受到不同的节制而造成的，受张敛节制的声音叫元音，受阻碍节制的声音叫辅音。

1. 元音、半元音和复合元音

　　所谓张敛节制，主要指口腔中的三种动作，即舌的前后，下颚的升降，唇的收拢与展开。由于这三种不同的动作，因而造成前元音、央元音和后元音。

　　舌的前后，乃指舌面的最高点是在前还是在后为标准。舌面最高点在前，所发出的前元音有：[a]、[æ]、[ɛ]、[e]、[i] 等音；舌面最高点在中央，所发出的央元音有：[ʌ]、[ə]、[ə]、[ɨ] 等音；舌面最高点在后，所发出的后元音有：[ɑ]、[ɔ]、[o]、[u] 等音。下面采用图形的方式来说明前、央、后三种元音中每个元音的发音情况：

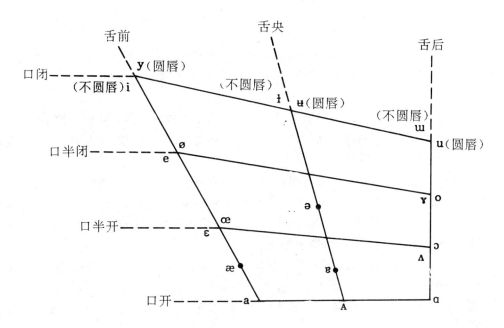

下颚的升降与口的开闭其动作是一致的，下颚降口必开，下颚升口必闭。下颚的升降同舌的位置也是一致的，下颚升舌也升，下颚降舌也降。口开闭的程度一般分作四个阶段，即开、半开、半闭、闭。舌的位置也随着口形的变化下降、半降、半升、升。这只不过是指四个主要阶段，其实不仅如此。以前元音为例，如从口开的 a 发起，不间断地发到口微闭的高元音 i 为止，就会发现在大阶段之间还有许多小阶段，从 a 到 i 的过程中可以发出许多的元音。仅就四个大阶段分析，开口元音有 [a]、[A]、[ɑ]。半开口元音有 [ɛ]、[œ]、[ʌ]、[ɔ]。半闭口元音有 [e]、[ø]、[ɤ]、[o]。闭口元音有 [i]、[y]、[ɨ]、[ʉ]、[ɯ]、[u]。

唇的收拢与展开，是指圆唇与不圆唇而言。圆唇的元音有 [y]、[ʉ]、[u]；不圆唇的元音有 [i]、[ɨ]、[ɯ]。以发前元音为例，把舌面的最高点固定在前方，随着发音口形由开而逐渐闭，于是会很自然地发出 [a]、[æ]、[ɛ]、[e]、[i] 等一系列元音；当发到 [i] 时，舌位仍然不动，仅把唇收拢，变不圆唇为圆唇，也会很自然地发出 [y] 的声音来。按照同样的方法试验发央元音和后元音，也会得到相同的效果。

半元音主要是发闭口元音的 [i]、[u]、[y]。在发这三个元音时，舌位上升到高过发最高元音的程度，几乎有摩擦音出现，但它还保留近似元音的音色。由于它带有摩擦性，故也称为半辅音。

复合元音是由两个元音或由一个元音和一个半元音组合成的音缀，如汉语拼音字母中的 ao、ai、ei、ou、ia、ie、ua、uo。而 ao、ai、ei、ou 是元音在前，半元音在后，或者是前一元音比后一元音响亮，因此称作"前优势复合元音"；ia、ie、ua、uo 是半元音在前，元音在后，或者是后一元音比前一元音响亮，则称作"后优势复合元音"。

2. 辅音

当呼出的气流通过口腔时，因受张敛节制而造成各种元音；但有时在气流受张敛节制之前或之后，受到口腔某一部位的阻碍节制。这种阻碍节制能够辅助元音发生多种变化，所以把受阻碍节制所发出的声音称作辅音。又因气流在口腔中所受阻碍的方式和部位不同，分别构成塞音、擦音、塞擦音、鼻音和边音。

塞音,也叫破裂音。发音时由于口腔中的某一发音部位完全阻塞气流的通路,使气息暂时憋住,刹那间又突然解除阻塞,使气流迸裂而出,因而构成一种破裂的噪音。如 [p]、[p']叫唇塞音,[t]、[t'] 叫舌尖塞音,[k]、[k'] 叫舌根塞音。

擦音,也称摩擦音。发音时发音器官并不完全阻塞气流的通路,而稍留有隙缝,使气流从隙缝中摩擦出来。因气流摩擦所构成的音,叫摩擦音。如 [f] 叫唇齿擦音,[s] 叫舌尖前擦音,[ʂ]、[ʐ] 叫舌尖后擦音,[ɕ] 叫舌面前擦音,[x] 叫舌根擦音。

塞擦音,也称破裂摩擦音。发音时最初发音器官完全阻塞气流的通路,然后突然打开阻塞部位,使气流从间隙中摩擦而出,形成一种摩擦的噪音。像 [ts],第一个音标 [t] 表示阻塞后的破裂音,第二个音标 [s] 表示摩擦音。[ts]、[ts'] 叫舌尖前塞擦音,[tʂ]、[tʂ'] 叫舌尖后塞擦音,[tɕ]、[tɕ'] 叫舌面前塞擦音。

鼻音,发音时由于口腔里形成阻碍的部位完全闭塞,软腭下垂,使气流由鼻腔中流出。如 [m] 叫双唇鼻音,[n] 叫舌尖鼻音,[ŋ] 叫舌根鼻音。

边音,发音时舌尖顶住上齿龈,使鼻腔的通路阻塞,让气流从舌之两边流出,因而称作边音,如 [l]。

受阻碍节制而构成的辅音,由受阻开始到结束,整个过程可划分三个步骤:口腔中的某个部位开始形成阻碍节制的动作,叫作"成阻";从节制形成到解除这一中间阶段,叫作"持阻";最后解除节制的动作,叫作"除阻"。每个辅音在发音时虽同样经过这三个步骤,但各自发音的时间不同。塞音发音的时间,是在除阻的一刹那才能发出声音,而且很短促,语音学称它为"暂声"。其它几种辅音都是在持阻阶段就出现声音,并且这种声音可以延长很久,语音学称它为"久声"。

二 送气音与不送气音,清音与浊音

人类的语音非常复杂,语音学根据各种语音的特点分析出许多种发音方法,并规定了许多具有特征的专门术语。

1. 送气音与不送气音

汉语的语音都是由呼出气流而形成的,因此,在发音时一定会有气流随音而出,但因所发出的声音不同,气流也有强和弱的区别。发音时在除阻之后,随着声音流出一股较强的气流,语音学称它为"送气音",或叫"吐气音"。与此相反,随着声音流出较弱的气流,则称它为"不送气音",或叫"不吐气音"。送气与不送气,在塞音与塞擦音中是区别不同音素的重要成分。例如:塞音的 [p]、[t]、[k] 都是不送气音,[p']、[t']、[k'] 都是送气音。塞擦音的 [ts]、[tʂ]、[tɕ] 都是不送气的,[ts']、[tʂ']、[tɕ'] 都是送气音。送气与不送气的音素所用的音标相同,只是在送气音的音标右上角加个倒形逗号以示区分。只有塞音和塞擦音才分送气与不送气两种音素,其它如擦音、鼻音、边音皆无这种区别。

2. 清音与浊音

汉语发音除了送气与不送气的区别之外,还有带音与不带音的区别。一般元音和半元音都是带音的，在辅音中则有的带音有的不带音。所谓带音与不带音，是指发音时气流经过喉头而能否引起声带的颤动，声带发生颤动就是带音，否则就是不带音。例如，在古代汉语中的 [p]、[t]、[k] 都是不带音的辅音，而 [b]、[d]、[g] 都是带音的辅音。语音学把不带音的辅音称为"清音"，把带音的辅音称为"浊音"。在古代汉语中浊音比较多，但在普通话里，浊音只保存了几个，而清音占了绝对多数。过去的音韵学家把清浊音又作进一步分析，把清音分为全清和次清，把浊音分为全浊和次浊。下面用语音学的原理来具体分析这四类清、浊音的主要区别。

全清，指不送气不带音的塞音，不带音的擦音，以及不送气不带音的塞擦音三类。如 [p]、[t]、[k]、[f]、[s]、[ʂ]、[ɕ]、[x]、[ts]、[tʂ]、[tɕ] 等辅音。

次清，指送气不带音的塞音，不带音的擦音，以及送气不带音的塞擦音三类。如 [p']、[t']、[k']、[ts']、[tʂ']、[tɕ'] 等辅音。

全浊，指带音的塞音，带音的擦音，以及带音的塞擦音三类。如 [b]、[d]、[g]、[v]、[z]、[ʐ]、[ʑ]、[ɣ]、[dz]、[dʐ] 等辅音。

次浊，指带音的鼻音，边音和半元音三类。如 [m]、[n]、[ŋ]、[l]、[j] 等音。

古代的清音和浊音往往是相配的，有全清就有全浊。由于语音的发展，在现代的普通话里全浊音可以说已全部失掉，次浊音还保存 [m]、[n]、[ŋ]、[l]。全浊音已变成了清音，不过还有一些痕迹保存在声调中，如平声分为阴平和阳平，阴平是古代的清音，阳平是古代的浊音，全浊音只是在少数方言中还保存。

三 传统音韵学所谓的"五音"和"七音"

呼出的气流在口腔中受到不同部位的阻碍节制则构成辅音，受唇的阻碍节制而发出 [p]、[p']，受舌的阻碍节制发出 [t]、[t']，古代的音韵学家把口腔气流所受不同阻碍节制发出的声音，分作喉音、牙音、舌音、齿音、唇音五类，即所谓：喉、牙、舌、齿、唇五音。宋元时代的音韵学家们，又将舌音分立出一个"半舌音"，也将齿音分立出一个"半齿音"，于是变五音为七音。这一语音名称一直沿用至今，不过它所指的发音部位和所定的名称，都不甚准确，下面根据语音学的原理，予以说明。

唇音，实际包括重唇音和轻唇音两类，重唇音实为双唇音，如 [p]、[p']、[b]、[m]；轻唇音实为唇齿音，如 [f]、[f']、[v]、[ɱ]。

齿音，实际包括齿头音和正齿音两类，齿头音实为舌尖前塞擦音和舌尖前擦音，如 [ts]、[ts']、[dz]、[s]、[z]；正齿音实为舌面前塞擦音和舌面前擦音，如 [tɕ]、[tɕ']、[dʑ]、[ɕ]、[ʑ]。

舌音，实际包括舌头音和舌上音两类，舌头音实为舌尖中塞音和舌尖中鼻音，如 [t]、[t']、[d]、[n]；舌上音实为舌面前塞音和舌面前鼻音，如 [ȶ]、[ȶ']、[ȡ]、[ȵ]。

牙音，古代所谓牙音，是指槽牙而言，实为舌根音，如 [k]、[k']、[g]、[ŋ]。

喉音，包括喉音和零声母，如 [x]、[ɣ]。

半舌音，实指舌尖边音，如 [l]。

半齿音，实指舌面前鼻音加擦音，如 [ȵʑ]。

综合上述内容，编成辅音表。表中古今相同的音素，除用国际音标表示外，并附注现代

辅 音 表

发音部位	双唇音		唇齿音		舌尖前音		舌尖音		舌尖后音		舌叶音		舌面音		舌根音		喉音	
发音方法 \ 国际音标和拼音字母	音标	拼音字母	音标	拼音字母	音标	拼音字母	音标	拼音字母	音标	拼音字母	音标	拼音字母	音标	拼音字母	音标	拼音字母	音标	拼音字母
塞音 清 不送气	p	b					t	d					ȶ		k	g		
塞音 清 送气	p'	p					t'	t					ȶ'		k'	k		
塞音 浊	b						d						ȡ		g			
塞擦音 清 不送气					ts	z			tʂ	zh	tʃ		tɕ	j				
塞擦音 清 送气					ts'	c			tʂ'	ch	tʃ'		tɕ'	q				
塞擦音 浊					dz				dʐ		dʒ		dʑ					
鼻音 浊	m	m	ɱ				n	n					ɲ		ŋ	ng		
边音 浊							l	l										
擦音 清			f	f	s	s			ʂ	sh	ʃ		ɕ	x	x	h	h	h
擦音 浊			v	v	z				ʐ		ʒ		ʑ		ɣ		ɦ	
半元音 浊	w	w											j ɥ	y ü				

汉语的拼音字母，以便核察与掌握。

四　声母和韵母

"声母"是近代注音字母产生以后的名称，音韵学称它为"纽"，或叫"声纽"，它是汉语中的每个音节的第一个音素。古代汉语单音节的词汇居于绝对多数，基本上一个汉字就是一个音节，一个音节就是一个词汇。现代汉语虽然复音节的词汇日益增多，但它们也都是由单音词组合而成的，每个音节既有独立的字体，也有独特的含义，仍然保持它相对的独立性；汉语中每一个音节，即每一个汉字，都是由声母和韵母相拼而成，声母在前，韵母在后。声母一般都是辅音，虽然也有些字只有韵而无声，像衣 [i]、乌 [u]、鱼 [y]、安 [an]，第一个音素是元音或半元音，并不是辅音，也没有声母，但音韵学仍把它们看作有声母，不过声母是零，术语称作"零声母"。

韵母是汉字字音中声母以外的部分，它是由一个元音做主干，再结合其它半元音或辅音组合而成。像单韵母的字，只需要一个元音或半元音作为韵腹，不必再结合其他因素。像巴 [pa]、路 [lu]、徐 [ɕy]、离 [li] 等都属于单韵母。复韵母是由韵头、韵腹、韵尾三个部分组成。一般情况，如果韵头、韵腹、韵尾都具备，那么，连同声母最多用四个音素就可拼成一字。如表字音标为 [piau]，其中 [p] 是声母，[iau] 是韵母。韵母中 [i] 是韵头，[a] 是韵腹，[u] 是韵尾。广字音标为 [kuaŋ]，其中 [k] 是声母，[uaŋ] 是韵母。韵母中 [u] 是韵头，[a] 是韵腹，[ŋ] 是韵尾。宣字音标为 [ɕyɛn]，其中 [ɕ] 是声母，[yɛn] 是韵母。韵母中 [y] 是韵头，[ɛ] 是韵腹，[n] 是韵尾。表广宣三字的韵头，一个是 [i]，一个是 [u]，另一个是 [y]，这三个音素的发音部位是介于元音与辅音之间的高元音，发音很短，并带有辅音性，音韵学谓之介音。表和广的韵腹都是 [a]，宣字的韵腹是 [ɛ]，它们皆为元音，是韵母的主干。表字的韵尾是 [u]，广字韵尾是 [ŋ]，宣字韵尾是 [n]，其中既有半元音也有辅音。但是，有些字音只有韵头和韵腹而没有韵尾，或者是只有韵腹和韵尾而没有韵头。如铁字音标为 [tʻiɛ]，班字音标为 [pan]，铁字的韵母只有韵头和韵腹，班字的韵母只有韵腹和韵尾。从以上诸例可以看出韵腹是韵母的主干，必须是元音，音韵学称它为"主要元音"。至于韵头和韵尾，要根据每个字音的实际拼音情况来决定，可以有也可以无。

从韵尾分析，一般分作两类：一类是以元音或半元音收尾的韵母，如他 [tʻa]、雪 [ɕyɛ]、果 [kuo]、赛 [sai]、霄 [ɕiau]、于 [y]，他、雪、果三字的韵尾，分别为 [a]、[ɛ]、[o]，都是以元音收尾，赛、霄、于三字的韵尾分别为 [i]、[u]、[y]，都是以半元音收尾，以元音或半元音收尾的，音韵学一律称之为"阴声韵"。另一类是以鼻音收尾的韵母，如凡 [fam]、魂 [xun]、东 [tuŋ]，凡、魂、东三字的韵母分别收尾于 [m]、[n]、[ŋ] 三个鼻辅音，音韵学谓之为"阳声韵"。阴声韵和阳声韵之间可相互转化，这是由于鼻音的中途失落或增强造成的。它反映了古今语音的一大变化，音韵学将这种变化称之为"阴阳对转"。

实际上除去阴声韵和阳声韵以外，还有一类是以塞音 [p]、[t]、[k] 收尾的韵母，音韵学将这一类称为"入声韵"。入声的塞音韵尾 [p]、[t]、[k] 变为鼻音韵尾 [m]、[n]、[ŋ] 则转成阳声韵，反之，阳声韵亦可以同样方法转变为入声韵。过去有人把韵母分作阴、阳两类，也有人分作阴、阳、入三类。音韵学上的所谓"对转"，应当是阴、阳、入三类的相互对转。

以元音收尾的阴声韵，有时因相邻的元音互相变换而使韵母发生转化，例如以［a］收尾的阴声韵，根据元音的发音原理，舌位稍高一点，即变成［ɛ］的声音；以［en］收尾的阳声韵，稍变开口即变成［ɛn］。由于主要元音向上或向下移动，即从某一个阴声韵转到另一个阴声韵，或者从某一阳声韵转到另一阳声韵，音韵学称之为旁转。关于"对转"和"旁转"，在讲到上古音韵时，再具体说明。

五　声　调

声调是汉语的一个特点，它是由音高和音长的变化形成的。声音来源于发音体的颤动，在一定的时间内发音体颤动的次数多少，决定声音的高低，颤动的次数多则音高，次数少则音低。字音的高低、长短不同，产生出不同的声调。例如搭、达、打、大四个字，它们的声母和韵母都相同，皆拼作［ta］，但每个字的实际读音各不相同，这种差别语音学谓之"调值"。

"调值"是各地的实际读法，如普通话读"搭"为高平调，"达"为高升调，"打"为降升调，"大"为全降调。调值并不是固定不变，乃因地而异。如"天"字，北京读为阴平，天津读为去声。南方的去声好像北京话的上声，上声好像北京话的去声，所以调值是很复杂的。根据各个方言声调分类的情况所定的类别，叫作"调类"。

"调类"是调值的种类。在一个方言里，凡属一种调值的字便属于一个调类，有几种调值即有几种调类。例如普通话对汉字字音能读出高平、高升、降升、全降四种调值，这就决定它只有四种调类。每个调类各有一定名称，如普通话称作阴平、阳平、上声、去声，统称四声。由于各地方言不同，调类的数量也不相等。西南地区有五种，即阴、阳、上、去、入。江浙地区有七种或八种，分上平、下平、上上、下上、上去、下去、上入、下入。广州有九种，在入声中分上中下三入。

古代的声调与现代的普通话也不相同，它分作平声、上声、去声、入声。入声的声调比较特殊，与其它声调的区别，除音的高低不同外，长短不同比较明显，尤其是入声的韵母在其主要元音之后加上一个［p］、［t］、［k］的塞音作韵尾。这是由于在发音的中途，因口腔中某部位的突然接触而阻塞气流，使声音中断，形成一种特别短促的音节。入声字在普通话中已经失落，但在南方有些地区仍然存在。

第二节　中古音韵

中古音韵，具体时代相当于公元四世纪到十二世纪。过去的音韵学家对这一阶段的音韵研究，叫作"今音学"。当时由于对诗赋押韵的讲求，而引起学者们注意文字音韵的研究。这一时期开始出现了韵书，如魏李登的《声类》，晋吕静的《韵集》等，有关音韵的著作，总计不下二十余种。但这些韵书均已不传，只能从古籍目录中见到记载，或从古人的笔记和引文中约略窥到一点遗迹。隋代陆法言的《切韵》，乃积过去韵书之大成，是当时研究中古音韵具有总结性的著作。据陆法言《切韵序》云：该书曾参考了吕静的《韵集》，夏侯咏的《韵略》，阳休之的《韵略》，李季节的《音谱》，杜台卿的《韵略》等书，并根据当时擅长音韵的学者刘臻、颜之推等八人的讨论意见，最后写定《切韵》五卷。但是，这本书也和其它韵书的命运一样，早已失传，现在只能看到敦煌发现的唐写本残卷。继《切韵》之后，有唐代孙愐撰的《唐韵》，李舟撰的《切韵》等，但目前也仅存唐天保十年（751）所修《唐韵》残卷，其它也都失传。只有公元十一世纪初叶宋真宗时，由陈彭年、丘雍等人编撰的《广韵》得以完好地保存到现在。据宋王应麟《玉海》云："景德四年（1007）十一月戊寅，崇文院上校定《切韵》五卷，依九经例颁行。祥符元年（1008）六月五日，改为《大宋重修广韵》。"

《广韵》的成书时代虽然较晚，但它是在陆法言的《切韵》基础上加以增订的，《广韵》的语音系统基本上是根据《切韵》系统，尤其是两书所用的"反切"，基本上是一致的；因此它在汉语语音发展史上占有很重要的地位。《切韵》虽已残缺，依据现存的《广韵》，完全可以考察出《切韵》时代的音韵系统。所以，《广韵》不仅是研究中古音韵的宝贵资料，同时也是研究上古音韵和现代语音的重要参考书。无论学习上古音韵或中古音韵，都必须先学习《广韵》，对《广韵》的声纽和韵部要有全面了解。

一　反切和双声叠韵

在没有出现拼音字母之前，古人对识字记音创造出许多方法，如最早采用"读若"和"直音"。这两种方法实际上都是用同音字互相说明，缺点是有时找不到完全相同的同音字，也有时找到的注音字和被注音字都生僻难识，因而注音等于没有注音。大致在东汉末年可能受梵文的影响，出现了"反切"，它是古代一种拼音方法。"反切"和现代的拼音不同，现代的拼音是按照音素原则，每一个拼音字母代表一个音素，每个汉字究竟需要多少个字母注音，完全靠字音的要求来决定，多少并不一致。例如俄字拼音（e），只用一个字母，安（an），用两个字母，奔（ben），用三个字母，端（duan），用四个字母，荒（huang），用五个字母，窗（chuang），用六个字母。因为古代尚未产生拼音字母，反切是采用两个现成的汉字相拼。由于它是按照声韵原则拼音，所以无论字音含有多少个音素，一定要用两个汉字拼成，前一个汉字作声母，后一个汉字作韵母，不许多也不准少。即便是用一个字母即可表达读音的字，也必须用两个汉字相拼。例如：

　　阿　（a）　　　反切为"乌何切"
　　席　（xi）　　　反切为"祥易切"
　　矛　（mao）　　反切为"莫交切"
　　收　（shou）　　反切为"式州切"
　　川　（chuan）　　反切为"昌缘切"
　　霜　（shuang）　反切为"色庄切"

从上述诸例可以看出，反切中的上下字彼此有严格的分工，反切上字只取其中的声母，而不用韵母；反切下字只取其韵母，而不用声母。从《广韵》中的反切分析，大抵有两条原则：

（1）反切上字，必须与所切的字同声纽，同清浊。
（2）反切下字，必须与所切的字同韵部，同开合。

下面利用音标分析和说明这两个原则，例如：
　　东　德红切　　音标是　t—uŋ
我们再看德和红两个字的反切和音标：
　　德　多则切　　音标是　t—ə

红　户公切　　音标是　x—uŋ

从而可见东和德的声母相同,音标都是[t],皆属于端纽字,并都是清音。而东和红的韵母也相同,音标都是[uŋ],皆属于东部韵,并都是合口音。所谓开口与合口,是指韵母的介音而言,这一点留在后面再具体介绍。

东和德两字的声母相同,它们的关系在音韵学上称之为"双声字",东和红两字的韵母相同,它们的关系在音韵学上称之为"叠韵字"。凡是两个字的声母相同,即叫做"双声",两个字的韵母相同,即叫做"叠韵"。如"仿佛"二字的音节是由[faŋfu]拼成,仿和佛的声母都是[f]。"蜘蛛"二字的音节是由[tʂitʂu]拼成,声母都是[tʂ],因此它们都是双声字。"泛滥"二字的音节是由[fanlan]拼成,泛和滥的韵母都是[an],"螳螂"二字的音节是由[tʻaŋlaŋ]拼成,韵母都是[aŋ],它们都是叠韵字。因此,凡声韵相同的同音字,即音韵学所谓之"双声叠韵字"。

二　中古音的声纽

在没有发明拼音符号之前,反切的声母和韵母都是用一般的汉字来担任,由于韵母系统和古代诗赋密切相关,所以在很久以前就编著了韵书,同时还产生了韵目。声母系统出现的时代比较晚,大约在唐代末年,释僧守温根据印度梵文的音理,为汉语声母制定了三十个字母,后来又有人补充了六个,形成音韵学传统的三十六字母。字母是指声母的代表字,每一个字母即由一个固定的汉字代表,和拼音字母类似,一个字代表一个音。不过,用汉字充当声母,只取其前边声的部分,不用其后边韵的部分。如上举的"东"字由"德红切",反切上字即声母读作[t],在三十六字母中则由"端"字为代表。为了便于掌握,下面将三十六字母的内容、名称、发音方法及其实际读音,制成一表。(见下页表)

上表所列三十六字母,虽然是汉语声母最早的标目,但它实际反映的是唐以后的语音情况,不能代表《切韵》时代的声母系统。因此后来学者们重新根据《广韵》反切上字进行归纳,进一步考察《切韵》时代的声母系统。如清代陈澧的《切韵考》,他根据《广韵》中的反切上字考订《切韵》的声纽为四十类。后来白涤洲考订为四十七类。[①] 李荣撰《切韵音系》,对《切韵》声纽重新整理,虽然在数量上仍为三十六个,但内容和用字都有很大差别。王力综合了过去研究成果,指出《切韵》时代的声母系统也是三十六个,但与守温三十六字母不同,其中主要区别共有三项。这里把他的意见摘录如下:

"(一)钱大昕曾经证明古无轻唇音,其实直到《切韵》时代,重唇尚未分化为轻唇,所以重唇字和轻唇字可以互切。

"(二)陈澧《切韵考》把正齿音分为两类,这是合乎切韵系统的真实情况的。等韵家把韵分为四等,正齿音第一类只出现于二等上,我们可以叫做照二、穿二、床二、审二,也可以叫做庄母、初母、床母、山母;第二类只出现三等上,我们可以叫做照三、穿三、床三、审三,也可以叫做照母、穿母、神母、审母。禅母只有三等,没有二等,所以没有分合的问题。

"(三)陈澧《切韵考》把喻母分为两类,这也是合乎切韵系统的真实情况的。喻母第一类只出现于三等上,我们可以叫做喻三,又可以叫做于母;第二类只出现于四等上,我们可

---

① 白涤洲:《广韵声纽韵类的统计》,《女师大学术季刊》2卷1期,1931年。

发音部位和旧名		发音方法 代表字和读音	全清		次清		全浊		次浊		清		浊	
			代表字	读音	代表字	读音	代表字	读音	代表字	读音	代表字	读音	代表字	读音
唇音	重唇		帮	[p]	滂	[p']	并	[b]	明	[m]				
	轻唇		非	[f]	敷	[f']	奉	[v]	微	[ɱ]				
舌音	舌头		端	[t]	透	[t']	定	[d]	泥	[n]				
	舌上		知	[ṭ]	彻	[ṭ']	澄	[ḍ]	娘	[ṇ]				
齿音	齿头		精	[ts]	清	[ts']	从	[dz]			心	[s]	邪	[z]
	正齿		照	[tɕ]	穿	[tɕ']	床	[dʑ]			审	[ɕ]	禅	[ʑ]
牙音			见	[k]	溪	[k']	群	[g]	疑	[ŋ]				
喉音			影	[O]										
											晓	[x]	匣	[ɣ]
									喻	[j]				
半舌音									来	[l]				
半齿音									日	[ʐ]				

以叫做喻四,又可以叫做余母。喻三和喻四的反切上字是各不相混的。

"但是,经罗常培的研究(见《经典释文和原本玉篇中的匣于两组》),我们可以断定,喻三应该并入匣母。依传统的说法,匣母只有一二四等,没有三等,喻三正好填补这个空缺。《广韵》'雄',羽弓切,人们感到难于索解,因为'雄'在《七音略》、《韵镜》等书中都属匣母,似乎不该以羽字作为反切上字('羽'属喻三);现在证明喻三归匣,这个问题也就跟着解决了。"

王力综合了各家的研究成果,重新制定一《切韵》系统的声母表:①

---

① 参见《汉语音韵》69—74 页。

牙　音：见 [k]	溪 [k']	群 [g']	疑 [ŋ]
舌头音：端 [t]	透 [t']	定 [d']	泥 [n]
舌上音：知 [ȶ]	彻 [ȶ']	澄 [ȡ']	娘 [ȵ]
唇　音：帮（非）[p]	滂（敷）[p']	并（奉）[b']	明（微）[m]
齿头音：精 [ts]	清 [ts']	从 [dz'] 心 [s]	邪 [z]
正齿音：庄 [tʃ]	初 [tʃ']	床 [dʒ']	山 [ʃ]
照 [tɕ]	穿 [tɕ']	神 [dʑ'] 审 [ɕ]	禅 [ʑ]
喉　音：影 [ʔ] 晓 [x]	匣（喻三）[ɣ]	余（喻四）[j]	
半舌音：来 [l]			
半齿音：日 [ȵ]			

三　中古音的韵部

前文已经谈到，韵书出现的时间虽然很早，但多已不传，现在只有公元 1008 年宋真宗大中祥符元年由陈彭年、丘雍等奉诏重修的《广韵》还完好地存在。《广韵》成书虽晚，但它是根据陆法言的《切韵》重修的，在陆书的基础上加以广益，因此它反映了中古时代的语音系统，是研究中古音韵的重要资料。下面将《广韵》的二百零六韵及其问题，略作说明：

《广韵》全书以平上去入四声为纲，共分五卷，平声分上下卷，其它三声各为一卷。平声分上下二卷，乃因字数较多，与后来的平声分作阴平和阳平没有关系。这里即按四声的纲目，将其所包括的韵部记录如下：

上平声二十八韵

　　1 东　2 冬　3 钟　4 江　　　　17 真　18 谆　19 臻　20 文
　　5 支　6 脂　7 之　8 微　　　　21 欣　22 元　23 魂　24 痕
　　9 鱼　10 虞　11 模　12 齐　　　25 寒　26 桓　27 删　28 山
　　13 佳　14 皆　15 灰　16 咍

下平声二十九韵

　　1 先　2 仙　3 萧　4 宵　　　　17 登　18 尤　19 侯　20 幽
　　5 肴　6 豪　7 歌　8 戈　　　　21 侵　22 覃　23 谈　24 盐
　　9 麻　10 阳　11 唐　12 庚　　　25 添　26 咸　27 衔　28 严
　　13 耕　14 清　15 青　16 蒸　　　29 凡

上声五十五韵

　　1 董　2 肿　3 讲　4 纸　　　　29 筱　30 小　31 巧　32 晧
　　5 旨　6 止　7 尾　8 语　　　　33 哿　34 果　35 马　36 养
　　9 麌　10 姥　11 荠　12 蟹　　　37 荡　38 梗　39 耿　40 静
　　13 骇　14 贿　15 海　16 轸　　　41 迥　42 拯　43 等　44 有
　　17 准　18 吻　19 隐　20 阮　　　45 厚　46 黝　47 寝　48 感
　　21 混　22 很　23 旱　24 缓　　　49 敢　50 琰　51 忝　52 俨
　　25 潸　26 产　27 铣　28 狝　　　53 豏　54 槛　55 范

去声六十韵

1 送	2 宋	3 用	4 绛	33 线	34 啸	35 笑	36 效
5 寘	6 至	7 志	8 未	37 号	38 个	39 过	40 祃
9 御	10 遇	11 暮	12 霁	41 漾	42 宕	43 映	44 诤
13 祭	14 泰	15 卦	16 怪	45 劲	46 径	47 证	48 嶝
17 夬	18 队	19 代	20 废	49 宥	50 候	51 幼	52 沁
21 震	22 稕	23 问	24 焮	53 勘	54 阚	55 艳	56 㮇
25 愿	26 恩	27 恨	28 翰	57 酽	58 陷	59 鉴	60 梵
29 换	30 谏	31 裥	32 霰				

入声三十四韵

1 屋	2 沃	3 烛	4 觉	21 麦	22 昔	23 锡	24 职
5 质	6 术	7 栉	8 物	25 德	26 缉	27 合	28 盍
9 迄	10 月	11 没	12 曷	29 叶	30 帖	31 洽	32 狎
13 末	14 黠	15 镥	16 屑	33 业	34 乏		
17 薛	18 药	19 铎	20 陌				

从《广韵》四声各自包括的韵目来看，平声五十七韵（上平二十八，下平二十九），上声五十五韵，去声六十韵，入声三十四韵，共计二百零六韵。但是，若按照平上去入四声原则，彼此的韵数应该相等，起码也应当是平上去三声的韵数相等。为什么《广韵》四声韵数各不相同？这个问题主要是由于个别韵部括字甚少，作者将其归入邻近的韵部中去了。例如与平声冬韵相配的上声缺一韵目，因为读作冬韵上声的字只有湩（都鬨切）、㾓（莫湩切）、鶒（莫湩切）三个字，故未另立韵部，而将此三字并入与其相邻的肿韵去了。再如与平声臻韵相配的上声也缺一韵目，这也是因为读作臻韵上声的字只有𪘏（仄谨切）、亲（仄谨切）、齔（初谨切）三字，故此也未另立韵部，而归并于相邻的隐部去了。如果在上声中不把这两韵归并在相邻的韵部中去，它同平声韵的数量恰好相等，同为五十七韵。去声共六十韵，较平声多出了三韵，这是因为去声中的祭、泰、夬、废四韵是独立的，没有平上入可配，所以去声较平声多四韵。平声五十七韵，上声如果配齐也是五十七韵，去声较平声多四韵，就应当是六十一韵才对，为什么去声只有六十韵？这也是因为与平声臻韵相配的去声由于字数甚少，未另立韵部，将仅有的字归并于相邻的焮部去了。如果此一韵部不省，去声当为六十一韵，减去它独有的四韵之外，同平上的韵部原来都应当是相等的。

通过以上的分析，关于《广韵》四声韵部的数量，除入声三十四韵以外，平上去三声彼此相配整齐应当是各为五十七韵，然后再加上去声独有的祭、泰、夬、废四韵，那么如果不分声调的话，《广韵》实有六十一个韵部。

从六十一个韵部的韵尾分析，其中有的以元音收尾，也有的以鼻音收尾。像支、脂、之、微、鱼、虞、模、齐、祭、泰、夬、废、佳、皆、灰、咍、萧、宵、肴、豪、歌、戈、麻、尤、侯、幽等二十六韵，都是以元音收尾，在音韵学上将它们叫做"阴声韵"；其它如东、冬、钟、江、真、谆、臻、文、欣、元、魂、痕、寒、桓、删、山、先、仙、阳、唐、庚、耕、清、青、蒸、登、侵、覃、谈、盐、添、咸、衔、严、凡等三十五韵，皆以鼻音收尾，在音韵学中将其叫做"阳声韵"。《广韵》里的阳声韵皆配有入声，阴声韵没有入声。但是阳声是三十五韵，入声三十四韵，较阳声少一韵，二者不相等。根据王力的分析，与平声痕韵相配的入声字数甚少，只有麧、䎱、紇、𦚾、扢（皆下没切）五字，故未另立韵部，将其归入与其相邻的没韵里了。如果此韵不省，恰好与阳声韵相等，都是三十五韵。

阳声韵以鼻音收尾，主要有[m]、[n]、[ŋ]；入声韵以塞音收尾，主要有[p]、[t]、[k]。阳声韵与入声韵彼此相配的原因，也是由于韵尾的发音部位相同而形成的。阳声韵与入声韵彼此相配的情况如：

阳声韵：东冬钟江阳唐庚耕清青蒸登

入声韵：屋沃烛觉药铎陌麦昔锡职德

自东屋以下十二对两两相配，由东至登12个阳声韵的韵尾，皆收舌根鼻音[ŋ]；而由屋至德十二个入声韵的韵尾，皆收舌根塞音[k]。

阳声韵：真谆臻文欣元魂　痕　寒桓删山先仙

入声韵：质术栉物迄月没（并没）曷末黠鎋屑薛

自真至仙十四个阳声韵的韵尾，皆收舌尖鼻音[n]，与其相配的入声十三韵的韵尾，皆收舌尖塞音[t]。

阳声韵：侵覃谈盐添咸衔严凡

入声韵：缉合盍叶帖洽狎业乏

自侵至凡九个阳声韵的韵尾，皆收双唇鼻音[m]，与其相配的入声九韵的韵尾，皆收双唇塞音[p]。

综合以上分析，《广韵》中的二百零六韵，平上去三声基本上是相配的。由于四声相配，所以在音韵学中往往只提平声韵，实际上就包括了其它三声，或者把入声除外，只包括上声韵和去声韵，俗谓"举平以赅上、去"就是这个意思。这样看来，如果不计声调，《广韵》实有六十一个韵部，其中阴声韵二十六部，阳声韵三十五部。如入声韵另计，则还有与阳声韵相配的入声韵三十四部。

《广韵》既然是宋代根据陆法言的《切韵》重新修定的，当时即已感到《切韵》不甚符合实际通用的语音。尤其是诗人做诗，颇感《切韵》音系过繁，"苦其苛细"。《广韵》的韵部，相邻的韵允许合并，那么在实际语音已经发生变化的情况下，把一些窄韵合并起来则是非常必要的。故《广韵》二百零六韵分有同用独用之例，皆于各卷韵目下注明。但是，《广韵》的各种版本多经后人的改动，韵部序次分合多不一致。据顾炎武、[①]戴震[②]考证，其中有十三处是宋景祐四年(1037)仁宗诏令丁度等刊定《礼部韵略》时合并的，与《广韵》旧第不同。今将戴震考定之《广韵独用同用四声表》录之于下：

上平声	上声	去声	入声
东一独用	董一独用	送一独用	屋一独用
冬二钟同用	湩𩜁等字附见肿韵	宋二用同用	沃二烛同用
钟三	肿二独用	用三	烛三
江四独用	讲三独用	绛四独用	觉四独用
支五脂之同用	纸四旨止同用	寘五至志同用	

---

① 顾炎武：《古音表》。
② 戴震：《声韵考》。

脂六	旨五	至六	
之七	止六	志七	
微八独用	尾七独用	未八独用	
鱼九独用	语八独用	御九独用	
虞十模同用	麌九姥同用	遇十暮同用	
模十一	姥十	暮十一	
齐十二独用	荠十一独用	霁十二祭同用	
		祭十三	
		泰十四独用	
佳十三皆同用	蟹十二骇同用	卦十五怪夬同用	
皆十四	骇十三	怪十六	
		夬十七	
灰十五咍同用	贿十四海同用	队十八代同用	
咍十六	海十五	代十九	
		废二十独用	
真十七谆臻同用	轸十六准同用	震二十一稕同用	质五术栉同用
谆十八	准十七	稕二十二	术六
臻十九	艜齔等字附见隐韵	龀字附见焮韵	栉七
文二十独用	吻十八独用	问二十三独用	物八独用
欣二十一独用	隐十九独用	焮二十四独用	迄九独用
元二十二魂痕同用	阮二十混很同用	愿二十五慁恨同用	月十没同用
魂二十三	混二十一	慁二十六	没十一
痕二十四	很二十二	恨二十七	
寒二十五桓同用	旱二十三缓同用	翰二十八换同用	曷十二末同用
桓二十六	缓二十四	换二十九	末十三
删二十七山同用	潸二十五产同用	谏三十裥同用	鎋十四黠同用
山二十八	产二十六	裥三十一	黠十五
下平声	上声	去声	入声
先一仙同用	铣二十七狝同用	霰三十二线同用	屑十六薛同用
仙二	狝二十八	线三十三	薛十七
萧三宵同用	筱二十九小同用	啸三十四笑同用	
宵四	小三十	笑三十五	
肴五独用	巧三十一独用	效三十六独用	
豪六独用	皓三十二独用	号三十七独用	
歌七戈同用	哿三十三果同用	箇三十八过同用	
戈八	果三十四	过三十九	
麻九独用	马三十五独用	祃四十独用	
阳十唐同用	养三十六荡同用	漾四十一宕同用	药十八铎同用

187

唐十一	荡三十七	宕四十二	铎十九
庚十二耕清同用	梗三十八耿静同用	映四十三诤劲同用	陌二十麦昔同用
耕十三	耿三十九	诤四十四	麦二十一
清十四	静四十	劲四十五	昔二十二
青十五独用	迥四十一独用	径四十六独用	锡二十三独用
蒸十六登同用	拯四十二等同用	证四十七嶝同用	职二十四德同用
登十七	等四十三	嶝四十八	德二十五
尤十八侯幽同用	有四十四厚黝同用	宥四十九候幼同用	
侯十九	厚四十五	候五十	
幽二十	黝四十六	幼五十一	
侵二十一独用	寝四十七独用	沁五十二独用	缉二十六独用
覃二十二谈同用	感四十八敢同用	勘五十三阚同用	合二十七盍同用
谈二十三	敢四十九	阚五十四	盍二十八
盐二十四添同用	琰五十忝同用	艳五十五㮇同用	叶二十九帖同用
添二十五	忝五十一	㮇五十六	帖三十
咸二十六衔同用	豏五十二槛同用	陷五十七鉴同用	洽三十一狎同用
衔二十七	槛五十三	鉴五十八	狎三十二
严二十八凡同用	俨五十四范同用	酽五十九梵同用	业三十三乏同用
凡二十九	范五十五	梵六十	乏三十四

　　根据上表所规定的独用与同用的韵部统计,上平声十六韵,下平声十六韵,计三十二韵,上声三十二韵,去声三十四韵,入声十九韵,总计一百一十七韵。既然有些相邻的韵可以同用,传说江北平水刘渊根据这一原则,于南宋理宗淳祐十二年(公元1252年)著成一部《壬子新刊礼部韵略》,将《广韵》中之二百零六韵合并成一百零七韵。但是,世传所谓之"平水韵"者,实际上是一百零六韵。据王国维考证云:"自王文郁《新刊韵略》出世,人始知今韵一百六部之目不始于刘渊矣。余又见金张天锡草书《韵会》五卷,前有赵秉文序,署正大八年二月。其书上下平声各十五韵,上声二十九韵,去声三十韵,入声十七韵,凡一百六韵,与王文郁韵同。王韵前有许古序、署正大六年己丑季夏,前乎张书之成才一年有半。又王韵刊于平阳,张书成于南京,未必即用王韵部目,是一百六部之目,并不始于王文郁,盖金人旧韵如是,王张皆用其部耳"。[①] 根据王氏的考证,可知一百零六韵早在金正大六年(1227)即有人使用。

　　这里将一百零六韵的韵目照录如下:
上平声　　　　　　　　　　　　　　下平声
1东　2冬　3江　4支　5微　　　　1先　2萧　3肴　4豪　5歌
6鱼　7虞　8齐　9佳　10灰　　　 6麻　7阳　8庚　9青　10蒸
11真　12文　13元　14寒　15删　11尤　12侵　13覃　14盐　15咸
上声

---

① 王国维:《书金王文郁〈新刊韵略〉张天锡草书〈韵会〉后》,《观堂集林》卷八。

1董	2肿	3讲	4纸	5尾		16铣	17筱	18巧	19皓	20哿
6语	7麌	8荠	9蟹	10贿		21马	22养	23梗	24迥	25有
11轸	12吻	13阮	14旱	15潸		26寝	27感	28琰	29豏	

去声

1送	2宋	3绛	4寘	5未		16谏	17霰	18啸	19效	20号
6御	7遇	8霁	9泰	10卦		21个	22祃	23漾	24敬	25径
11队	12震	13问	14愿	15翰		26宥	27沁	28勘	29艳	30陷

入声

| 1屋 | 2沃 | 3觉 | 4质 | 5物 | | 11陌 | 12锡 | 13职 | 14缉 | 15合 |
| 6月 | 7曷 | 8黠 | 9屑 | 10药 | | 16叶 | 17洽 | | | |

宋代以后诗人作诗用韵多以一百零六韵为标准，而且有些工具书亦用它来分列目次，因此说掌握它非常有用。但是，研究《切韵》系统的中古音韵，只了解"诗韵"还不够，必须掌握《广韵》的二百零六韵。

四 等韵和四呼

等韵是音韵学中一门独立的学科，也可以说是古代的语音学。它包括的内容很广泛，像以上所讲的反切、五音、清浊，以及下面就要讲的等呼，皆属于等韵学研究的范围。实际上它是古代分析汉语语音和指导汉字读音的一门学问。单就等韵来讲，循其名则知其旨在分析韵母的结构及其变异，同声母没有直接的关系。等韵出现在唐末，盛行于宋元时期，仍属于中古音韵的范围。由于它是分析汉语语音的方法，因而在研究上古音韵时，往往会牵涉到等韵的问题，所以有必要在这里作一些常识性的介绍。

《韵镜》第一图

	齿音舌 清清 浊浊	音　喉 清 浊浊清清	音　齿 次 浊清浊清清	音　牙 清　次 浊浊清清	音　舌 清　次 浊浊清清	音　唇 清　次 浊浊清清	
东	○笼 ○○ 戎隆 ○○	○洪烘翁 ○○○○ 彤雄○○ 融○○○	○檧丛怱蓊 ○○○崇 ○○充终 嵩○○○	岘○空公 ○○○○ 䎡穷穹弓 ○○○○	○同通东 ○○○○ ○虫忡中 ○○○○	蒙蓬○○ ○○○○ 瞢冯丰风 ○○○○	内转第一开
董	○䑕 ○○ ○○ ○○	○蓊㬁蓊 ○○○○ ○○○○ ○○○○	○㩆㚇緫 ○○○○ ○○○○ ○○○○	○○孔○ ○○○○ ○○○○ ○○○○	湩动桶董 ○○○○ ○○○○ ○○○○	蠓菶○琫 ○○○○ ○○○○ ○○○○	
送	○弄 ○○ ○○ ○○	○鬨烘瓮 ○○○○ ○○趥○ ○○○○	○送敕谢糉 ○○○䃀 ○○铳众 ○○○趜	○○控贡 ○○○○ ○○○○ ○仲○中	齈洞痛冻 ○○○○ ○○○○ 慩凤赗凨	梦㨊○○ ○○○○ ○○○○ ○○○○	
屋	○禄 ○○ 肉六	○縠熇屋 ○○○○ 圃○畜郁 育○○○	○速族瘯鏃 ○○○缩 ○○珿㨻 塾叔○俶 ○肃䎘歃蹙	○○哭穀 ○○○○ 砡鹔麴菊 ○○○○	䃚洞痛冻 ○○○○ ○独秃䎘 肭逐蓄竹	木暴扑卜 ○○○○ ○○○○ 目伏蝮福	

189

等韵是以图表的形式来表现的,它利用传统的三十六个字母和《广韵》二百零六韵分别制成各种反切图,也叫"等韵图"。韵图的内容以平、上、去、入四声分为四栏,每栏又以声和韵所拼成的音节分为四等,每一等成为一个音节。三十六个字母同每一个韵相拼一次,即拼出三十六个音节,如果是四等具全的韵,它所拼出的音节就会是(36×4),可得一百四十四音节,每一个音节在韵图中都应有一个位置。但是,所拼出的音节不一定都有相应的汉字,也就是说韵图中所有的音节不全是汉语中的词汇。因而凡是有汉字的音节,即以汉字为代表,没有汉字的音节,在韵图中则以〇来表示。

韵图基本上可以分为两类,第一类时代较早,像无名氏的《韵镜》和南宋郑樵的《七音略》各分四十三个图,其中包括内转韵十九图,外转韵二十四个图,这两部书除韵图序次和个别用字稍有不同之外,内容基本相似。它们都是根据《切韵》系统制成的。前面已经谈到过《切韵》时代的声母并不同于传统的三十六字母,如唇音,当时重唇尚未分化出轻唇。因此在这一类的韵图中,它的声母就不足三十六个。下面即以《韵镜》第一图为例,以供参考:

第一类韵图是根据《切韵》的语音系统编制的,因而它不能完全反映当时的实际语音。自宋代以来,尤其是到了元代,汉语语音发生了很大的变化,实际语音同第一类韵图所反映的情况,彼此距离很大。于是有人依据当时的实际语音对韵图进行了改造,制成第二种类型的韵图。像《切韵指掌图》,① 以及元代刘鉴编撰的《经史正音切韵指南》等都属于这一类。

第二类韵图最大的特点是将《广韵》的韵部归纳为十六摄,它根据当时语音的实际情况把一些彼此相邻而又难以区分的韵部归并在一起,取其中一字为代表称为一摄。例如《切韵指南》的第一通摄,包括了东冬钟三个相邻的韵部,而在《韵镜》和《七音略》中将东和冬钟分别为两个图,但当时的实际语音,东冬钟三韵已无法区分,所以第二类韵图即将其归并在同一个图内了。摄有总和兼的意思,每摄总括的韵部多少不同,根据当时的语音的实际情况进行归并。如江摄只包括江韵一部,而蟹摄则包括齐祭泰佳皆夬灰咍废九个韵部。这里所谓的韵部,是指举平以赅上去入之六十一韵而言,实际上除祭泰夬废四韵仅有去声之外,其它各韵有的包括平上去入四声,也有的包括平上去三声。像通摄实际总括东董送屋,冬宋沃,钟肿用独计十一个韵部。江摄总括江讲绛觉四个韵部。蟹摄总括齐荠霁,祭,泰,佳蟹卦,皆骇怪,夬,灰贿队,咍海代,废共十九个韵部。因此第二类韵图较第一类韵图省去了许多图,像《四声等子》和《切韵指掌图》各分二十个图,《经史正音切韵指南》分为二十四个图。虽然各家分韵的方法不同,却较第一类韵图符合于当时实际语音。这里将《切韵指南》所建十六摄的名称以及《广韵》二百零六韵的归并情况,用举平以赅上去入的方法记录如下:

1	通摄—东冬钟	9	果摄—歌戈
2	江摄—江	10	假摄—麻
3	止摄—支脂之微	11	宕摄—阳唐
4	遇摄—鱼虞模	12	梗摄—庚耕清青
5	蟹摄—齐祭泰佳皆夬灰咍废	13	曾摄—蒸登
6	臻摄—真谆臻文欣魂痕	14	流摄—尤侯幽
7	山摄—元寒桓删山先仙	15	深摄—侵
8	效摄—萧宵肴豪	16	咸摄—覃谈盐添咸衔严凡

---

① 传说《切韵指掌图》为司马光所作,不确。据王力考证成书时间约要晚到十三世纪。

《切韵指掌图》通摄第二图

韵	日来	喻匣晓影	禅审床穿照	邪心从清精	微奉敷非	明并滂帮	娘澄彻知	泥定透端	疑群溪见
二									
平声									
冬东钟东钟	笼○戎隆○	○洪烘翁○○○○雄胸邕融○○○	○○○崇○○○○鳙春重充终	○惚从葱霬松嵩从伀踪	○冯芎风	蒙蓬○○○○○○曹○○○	○浓噇醲○○○○潩颙仲中	农同通东○○○○	岘○空公颙穷穹弓○○○○
上声	昽冗陇○	○颡嗊蓊○○○○○○捧拥勇○○○	○○○○○○○○○○○○睡肿	○懒○○○○悚㧐	○奉捧菶	懞蓁○埄鹲○○○○○○○○○○	○○○○○重宠冢	㛒动桶董	○○○孔○○○恐拱
去声 用送用送	弄○籠○	闹烘瓮○○○○趱○提种用○○○	○○○剧○索○○○重铳众	○送槭诮粽诵○从蔟纵	○凤赗讽	嚎○○○○○○○梦○○○○○○○	○○○○○拨仲踵中	齈洞痛冻○○○○	○○控贡○○○○洪烤供
入声 沃屋烛屋烛屋	禄○肉六○	○縠殼屋○○○○蓄郁育○○○	○○○○○○○○○○○○○熟叔○假粥	○速族㑳鏃续肃蹙㯮足	○伏蝮福	木瀑扑卜目仆○鞭○○○○	○○○○○胊逐畜竹	○独秃毂○○○○	捰○哭榖○○○○玉鶪麴菊

下面取《切韵指掌图》之通摄，即该书的第二图为例，供参考。

无论哪一类韵图，它所记录的字数是很有限的，只是一些表示音读的代表字，如想查阅韵图来了解某字的读音，必须掌握查寻的方法，这种方法叫"归字"。例如《韵镜》之前有一篇专为寻查字音而写的《归字例》，其中谈到："归释音字，一如检礼部韵且如得芳弓反，先就十阳韵求芳字，知属唇音次清第三位；却归一东韵寻下弓字，便就唇音次清第三位取之，乃知为丰字。盖芳字是同音之定位，弓字是同韵之对映，归字之诀，大概如是。"大意是讲从韵图寻查某字的读音，必须知道它的反切，首先要查出反切上字属于哪一个图中的哪一个声纽；然后再查反切下字属于哪一个图中的哪一个韵部，最后在声纽和韵部彼此纵横相引，引至直角相交之处而有一字，此字即与所求之字读音相同。例如《尚书·禹贡》："岛夷皮服"，《释文》注："岛，当老切"。如果想从《韵镜》中了解它的读音，首先从内转第三十一开图中查到反切上字当属于端纽；然后又从外转第二十五开图中之上声晧韵查到反切下字老，最后从老字向前横推，推至与端纽直角相交处有一"倒"字，岛与倒乃同位，读音也应相同，皆属端纽晧韵一等字。归字方法乍一学习好像很困难，其实不然，只要把声纽和韵部记熟，很容易查到所要寻找的字。

等与等之间究竟是什么关系呢？这是过去议论最多的问题。清代江永在《音学辨微》中说："一等洪大，二等次大，三四等皆细，而四尤细。辨等之法，须于字母辨之。"瑞典汉语音韵学家高本汉（Karlgren）和王力先生都主张等的区分是由于韵母中之主要元音发音部位的移动而造成的。如云："韵图根据什么把韵母分为四等呢？这主要是由元音的发音部位来决定。在真正具备四等韵摄里（蟹山效咸），一等的主要元音是ɑ，二等是a，三等是ɛ，四等是e。这就是说，从一等到四等，元音的发音部位逐渐向前移"。① 下面将《广韵》六十一个韵部的分等情况记录下来以备参考：

1　一等韵　冬模泰灰哈魂痕寒桓豪歌唐登侯覃谈
2　二等韵　江佳皆夬臻删山肴耕咸衔
3　三等韵　微废文欣元严凡
4　四等韵　齐先萧青幽添
5　一二三四等韵　东
6　二三四等韵　支脂之鱼虞真谆仙麻阳蒸尤侵
7　二三等韵　庚
8　三四等韵　钟祭宵清盐
9　一三等韵　戈

声母本来没有等的问题，但是因为每个声母与其所相配的韵母分为四等，有的声母只能同其中一等相结合，在这一意义之下，三十六字母在韵图中的分等情况为：

1　一二三四等俱全　影晓见溪疑来帮滂并明
2　只有一二四等　匣
3　只有一四等　端透定泥精清从心
4　只有二三等　知彻澄娘照穿床审
5　只有三四等　喻

---

① 王力：《汉语史稿》上册57页，科学出版社，1957年。

6　只有三等　群禅日非敷奉微
7　只有四等　邪

同等韵有密切关系的另一个问题，就是呼。呼最初分为两类，即开口呼与合口呼。如《韵镜》第六图云："内转第六开"。第七图云："内转第七合"。开指"开口呼"，合指"合口呼"。开口与合口二呼的主要区别，而指韵母有无介音而言。韵母没有介音，也就是说没有韵头的韵母，称为开口呼；介音是[u]，即以[u]为韵头的韵母，称为合口呼。但自宋元以后，对此又有改进，在每一呼之中又分出"洪音"和"细音"两种，开口的洪音叫"开口呼"，开口的细音叫"齐齿呼"；合口的洪音叫"合口呼"，合口的细音叫"撮口呼"。即后来音韵学上所谓"开齐合撮"四呼。

四呼的区分主要也在于韵母中有无介音，或者用哪个介音。前面已经学过，介音主要是[i]、[u]、[y]三个高元音，也只有这三个高元音可以作韵头。因而四呼的具体内容是：

1. 开口呼　　韵母既没有韵头而韵腹也不是[i]、[u]、[y]等半元音，像大[ta]、可[kʻə]、兰[lan]等皆属于此一类。
2. 齐齿呼　　韵头或韵腹是[i]，如先[ɕien]，比[pi]等皆属于此一类。
3. 合口呼　　韵头或韵腹是[u]，如光[kuaŋ]，古[ku]等皆属于此一类。
4. 撮口呼　　以[y]作韵头或韵腹的字，如学[ɕyɛ]、许[ɕy]、鱼[y]等皆属于此类。

在《切韵》时代只有开口与合口两呼，宋元以后在开合两呼的基础上，又重新分出齐齿与撮口两呼，形成开齐合撮四呼。

第三节　上古音韵

所谓上古音韵，是指先秦两汉时期的语音系统。关于这一时期的语音，没有韵书保存下来，它是自清代以来才开始建立的一门学科。

刘熙《释名》云："古者曰车声如居，言行所以居人也；今曰车声近舍，车舍也，行者所处若居舍也。"说明早在东汉时期，汉语语音就出现了古今的差异。南北朝以后，语音的变化更为显著。《诗经》、《楚辞》许多原来押韵的韵脚，已经变得不和谐了。如《诗经·邶风·燕燕》："之子于归，远送于南，瞻望弗及，实劳我心。"唐陆德明《毛诗音义》引沈重协韵之说，谓南"协句，宜乃林反。"但是，他同时也看到了古音一些特点，故他说："今谓古人韵缓，不烦改字。"唐代由协句、合韵之说进一步发展，遂有篡改经文之举。《周书·洪范》："无偏无颇，遵王之义"，因颇义两字今音不谐，而明皇敕令改颇为陂。当时谓协句为"叶韵"，凡诗、书不谐之韵，必改读字音，令其合韵。宋代的古音学家吴棫，受陆德明"古人音缓"之说的启示，而建古韵通转之说，随后明代陈第初著《毛诗古音考》，列举了四百四十四字，每字均举出本证和旁证以考定古音。后来又著《屈宋古音义》与前书相互发明印证，从而彻底推翻使用了一千余年的"叶韵"说。他讲："时有古今，地有南北，字有更革，音有转移。"他从汉语语音的发展当中，总结出规律性变化，因而他的学术成就不仅超过了前人，而且为后来上古音韵学的建立开辟出一条宽广的途径。继陈第之后，清代学者将上古音韵发展成一门重要的学科，他们除了根据《诗经》、《楚辞》等资料外，还把群经诸子中的韵文和文字的谐声偏旁，皆作为考察上古音韵的资料，研究的范围远比过去广泛。许瀚于《求古音说》中曾说：

"求古音之道有八：一曰谐声，《说文》某字某声之类是也。二曰重文，《说文》所载古文、籀文、奇字、篆文，或从某某是也。三曰异文，经传文同字异，汉儒注某读为某者是也。四曰音读，汉儒注某读如某，某读若某者是也。五曰音训，如仁人，义宜，庠养、序射、天神引出万物，地祇提出万物者是也。六曰叠韵，如崔嵬、虺隤、伛偻、污邪是也。七曰《方言》，子云所录是其专书，故书雅记亦多存者，流变实繁宜慎择矣。八曰韵语，《九经》、《楚辞》，周秦诸子，两汉有韵之文是也。尽此八者，古韵之条理秩如也。"除许瀚所举八项之外，还有人根据《广韵》考见古音，也是一条非常重要的门径。清代著名的古音学家很多，诸如顾炎武、江永、戴震、钱大昕、段玉裁、孔广森、江有诰、王念孙、黄侃等，均对上古音韵研究做出贡献。下面分别说明近些年来音韵学家们对上古声纽和韵部的研究成果，并介绍一些著名学者关于古韵分部的情况。

一　上古声纽的考定

上一节我们介绍了传统三十六字母和《切韵》时代的声纽。上古声纽要在前者研究的基础上，参照先秦时代的文献和两汉学者标注的字音进行综合考察和研究。清代学者钱大昕在这方面作出了非常重要的成绩，他共总结出四条规律。

（1）古无轻唇音。他说："凡轻唇之音，古读皆为重唇"。他用大量的资料说明，非、敷、奉、微四母，上古读作帮、滂、并、明。如古读负如背，读附如部，读文如门，等等。

（2）古无舌上音。他在《舌音类隔之说不可信》一文中，专门阐述了这一道理。他说："古无舌头舌上之分，知、彻、澄三母，以今音读之，与照、穿、床无别也；求之古音，则与端、透、定无异。"如古读中如得，读陟如得，读直如特，读竹如笃，等等。

（3）古人多舌音。他说："古人多舌音，后代多变齿音，不独知、彻、澄三母为然。"意思是指照系声母，像照、穿、床等，上古也有些读作舌头音，如古读舟如雕，读支如鞮，读专如耑，等等。

（4）古影喻晓匣双声。他说："凡影母之字，引而长之，则为喻母；晓母之字，引长之稍浊，则为匣纽；匣母三四等字，轻读亦有似喻母者，古人于此四母不甚区别。"①

继钱大昕之后，章炳麟撰《古音娘日二母归泥说》一文，他说："古音有舌头泥纽，其后支别，则舌上有娘纽半舌，半齿有日纽，于古皆泥纽也。"②

后来曾运乾又提出"喻三归匣"和"喻四归定"之卓见，因此他把喻母的三等字称为于母，上古归入匣纽。他所举的证据如：古读营如环，读援如换，读羽如扈，读圆如回，读员如魂，等等。前面已谈到，罗常培认为中古的喻三就应并入匣母。曾氏另一发明是把喻母四等字上古归于定纽，他的证据是：古读夷如弟，读易如狄，读逸如迭，读遗如隤，等等。③

前文还曾讲到：照、穿、床、审四母应分为两类，一为照系二等，另一为照系三等。黄侃主张照系二等庄、初、床、山，上古应归并于精系。

以上几种意见，对上古声纽的研究都有很大的价值，后来王力先生吸取了前人研究的成

---

① 钱大昕：《十驾斋养新录》，卷五。
② 章炳麟，《国故论衡》上。
③ 曾运乾：《喻母古读考》，《东北大学季刊》二期，1927年。

果，把上古声纽分为六类三十二母，这里将其抄录如下：

"（一）唇音
1 帮（非）[p]　2 滂（敷）[pʻ]　3 并（奉）[bʻ]　4 明（微）[m]
　（二）舌音
5 端（知）[t]　6 透（彻）[tʻ]　7 喻[d]　8 定（澄）[dʻ]
9 泥（娘）[n]　10 来[l]
　（三）齿头音
（甲）11 精[ts]　12 清[tsʻ]　13 从[dzʻ]
　　　14 心[s]　15 邪[z]
（乙）16 庄[tʃ]　17 初[tʃʻ]　18 床[dʒʻ]　19 山[ʃ]
　（四）正齿音
20 照[tɕ]　21 穿[tɕʻ]　22 神[dʑʻ]
23 审[ɕ]　24 禅[ʑ]　25 日[ȵ]
　（五）牙音
26 见[k]　27 溪[kʻ]　28 群[gʻ]　29 疑[ŋ]
　（六）喉音
30 晓[x]　31 匣（于）[ɣ]　32 影○"

二　上古韵部的考定

前文谈到，中古的韵部以《广韵》为代表共有六十一韵，如入声单计，除六十一韵之外，另有三十四个入声韵，合计九十五韵。那么上古语音应有哪些韵部，数量该有多少呢？这就是古音学家所研究的主要内容。他们在这方面做了许多工作，获得很大成就。

清初顾炎武在他的《古音表》中改变了《唐韵》的次序，把古韵分为十部。继顾氏之后，有许多学者从事古韵的研究，但是，由于各家对古韵的分析疏密不同，因而彼此所建的韵部也有多少之分。例如，继顾氏十部之后，江永分为十三部，① 段玉裁分为十七部，② 孔广森分为十八部，③ 江有诰、④ 王念孙各分二十一部，⑤ 章炳麟分为二十三部，⑥ 戴震分为二十五部，⑦ 刘逢禄分为二十六部，⑧ 黄侃分为二十八部，⑨ 王力分为二十九部。⑩ 诚然，这里所列的次序并不反映彼此时间上的早晚，但是，从总的趋势来看，韵越分越细，部越建越多。从各家研究的方法和根据的资料来看，应当说基本上是相同的。结论有分歧，主要有两个原因：一是各自对诗韵的理解不同，如对某一篇诗，何字为韵脚，何字为换韵，彼此看法不同，因而影

---

① 江永：《古韵标准》建平声十三部，另有入声八部。
② 段玉裁：《六书音均表》。
③ 孔广森：《诗声类》。
④ 江有诰：《二十一部韵谱》。
⑤ 王引之：《经义述闻》卷三十一。
⑥ 章炳麟：《二十三部音准》，《张氏丛书》。
⑦ 戴震：《声类表》。
⑧ 刘逢禄：《诗声衍表》，《刘礼部集》。
⑨ 黄侃讲、黄焯记：《文字声韵学笔记》。
⑩ 王力：《汉语史稿》61—63页，科学出版社，1957年。

响到韵部的分合。二是对入声韵的看法，有些学者认为入声韵不单独分立出来，主张古韵只有阴阳两类，顾炎武、段玉裁、孔广森、王念孙、江有诰、严可均、章炳麟等皆主此说，成为一派。另一派把古韵分为阴声、阳声、入声三类，江永、戴震、刘逢禄、黄侃等皆主此说。关于古韵分部问题，事实上不仅两派之间有许多不同看法，同属一派的学者之间也存在不同观点。上古音韵的研究，主要是对音韵系统的考察，关于音值的拟测，还未完全解决。研究古文字学习上古音韵，主要是通过古音系统的分析，来解决文献中所用文字的通假正别，通过古音的研究，了解文字本义。因此要求我们除了解上古音韵学的发展过程和存在的问题之外，应从中选择一家的意见为标准，再去吸取和考察其他各古音学家有益的观点。这样就不会因不同的韵部，使自己眼花缭乱，莫知所从。因为他们虽有分歧，但共同点还是主要的。尤其是自清末以来，关于上古音韵的分合问题，基本上已经获得公认的结论。这里介绍几家对上古韵的分部情况，以供参考。

王力最初主张古韵只有阴阳两类的分法，故分为二十三部，后来改为阴阳入三分，而分作十一类二十九部，增加了职觉药屋铎锡六部。如果从分不从合，冬侵分立，即共有三十部。

    第一类
1 之部 [ə]   《广韵》之、哈；又灰、尤各三分之一。
2 职部 [ək]   《广韵》职、德；又屋三分之一。
3 蒸部 [əŋ]   《广韵》蒸、登；又少数东韵字。
    第二类
4 幽部 [əu]   《广韵》尤、幽；又萧、肴、豪之半。
5 觉部 [əuk]   《广韵》沃之半；屋、觉、锡三分之一。
    第三类
6 宵部 [au]   《广韵》宵；又萧、肴、豪之半。
7 药部 [auk]   《广韵》沃、药、铎之半；觉、锡三分之一。
    第四类
8 侯部 [o]   《广韵》侯；又虞之半。
9 屋部 [ok]   《广韵》烛；又屋、觉三分之一。
10 东部 [oŋ]   《广韵》钟、江；又东之半。
    第五类
11 鱼部 [a]   《广韵》鱼、模；又虞、麻之半。
12 铎部 [ak]   《广韵》陌；又药、铎、麦、昔之半。
13 阳部 [aŋ]   《广韵》阳、唐、庚。
    第六类
14 支部 [e]   《广韵》佳；又齐之半；支三分之一。
15 锡部 [ek]   《广韵》麦、昔之半；锡三分之一。
16 耕部 [eŋ]   《广韵》耕、清、青；又少数庚韵字。
    第七类
17 歌部 [ai]   《广韵》歌、戈；又麻之半；支三分之一。
18 月部 [at]   《广韵》祭、泰、夬、废、月、曷、末、鎋、薛；又黠之半。
19 元部 [an]   《广韵》元、寒、桓、删、山、仙；又先三分之一。

第八类
20 脂部 [ei]   《广韵》脂、皆、齐之半；又支三分之一。
21 质部 [et]   《广韵》至、质、栉；又术、黠之半。
22 真部 [en]   《广韵》真、臻、先；又谆之半。
第九类
23 微部 [əi]   《广韵》微、灰；又脂、皆之半。
24 物部 [ət]   《广韵》没、迄、物；又末、术之半。
25 文部 [ən]   《广韵》文、欣、魂、痕；又谆之半；真三分之一。
第十类
26 缉部 [əp]   《广韵》缉、合；又盍、洽之半。
27 侵部 [əm]   《广韵》侵、覃、冬；又咸、凡、东之半。
第十一类
28 叶部 [ap]   《广韵》叶、帖、业、狎、乏；又盍、洽之半。
29 谈部 [am]   《广韵》谈、盐、添、严、衔；又咸、凡之半。

从上表中看出：一、四、五、六、七、八、九，七类中各包括阴声、阳声和入声三韵；二、三两类只包括阴声和入声两韵；十、十一两类只包括阳声和入声两韵。在同一类中无论是三分或两分，它们的共同点是韵腹相同，即主要元音相同。彼此的区别是阴声韵以元音收尾，阳声韵以鼻音收尾，入声韵以塞音收尾。同一类中的各韵可互相转化，即音韵学中所谓"阴阳对转"。先讲分韵问题。

　　分韵是从顾炎武开始的，他根据《诗经》和先秦韵文的押韵情况，发现唐韵韵部所包括的字并不能反映上古语音情况，而且也不是不可分离的。他从实际资料出发，对《唐韵》进行了分解和离析，如将《唐韵》的支部一分为二，一部分字归入上古的脂部，另一部分归入上古的歌部。将《唐韵》的尤部也一分为二，一部分归入上古的脂部，另一部分归入上古的萧部，等等。如王力的古韵表第一类之部，包括《广韵》的之哈两部和灰尤各三分之一字，这一归并，就是根据《诗经》和先秦时代的韵文实际押韵情况而确定的。尽管各家的古韵表所立韵部多少不同，对《广韵》韵部的归并或离析的具体意见也不完全一致，但顾氏这一发现，却为后来的音韵学家所承认。尤其是在清代末年，各家对上古音韵的研究，所获得的结论基本相近，因而对《广韵》韵部的归并和离析，亦大同小异，只是在少数有分歧的韵部中，彼此包括的内容才有一些区别。

　　关于上古韵部的分合，正如章炳麟所说："前修未密，后出转精"。如宋代毛奇龄在《古今通韵》中仅分古韵为五部，郑庠分六部。自清初顾炎武分古韵为十部之后，则越分越密，并出现了阴阳二分和阴阳入三分两派。阴阳二分建立的韵部只有阴声和阳声，韵部的数量一定很少；阴阳入三分，入声韵独立出来自立韵部，韵部的数量必然比二分法要多。这里从两派中共选八家韵目，除上表之外，其它七表分别介绍如下：

　　顾炎武分古韵为十部（古音表）
第一部　东、冬、钟、江。
第二部　脂、之、微、齐、佳、皆、灰、哈、支半、尤半；去声：祭、泰、夬、废；
　　　　入声：质、术、栉、昔半、职、物、迄、屑、薛、锡半、月、没、曷、末、黠、
　　　　镨、麦半、德、屋半。

第三部　鱼、虞、模、侯、麻半；入声：屋半、沃半、烛、觉半、药半、铎半、陌、麦半、昔半。

第四部　真、谆、臻、文、殷、元、魂、痕、寒、桓、删、山、先、仙。

第五部　萧、宵、肴、豪、幽、尤半；入声：屋半、沃半、觉半、药半、铎半、锡半。

第六部　歌、戈、麻半、支半。

第七部　阳、唐、庚半。

第八部　耕、清、青、庚半。

第九部　蒸、登。

第十部　侵、覃、谈、盐、添、咸、衔、严、凡；入声：缉、合、盍、叶、帖、洽、狎、业、乏。

　　段玉裁分古韵为十七部（六书音均表）

第一部　之、咍；入声：职、德。

第二部　萧、宵、肴、豪。

第三部　尤、幽；入声：屋、沃、烛、觉。

第四部　侯。

第五部　鱼、虞、模；入声：药、铎。

第六部　蒸、登。

第七部　侵、盐、添；入声：缉、叶、帖。

第八部　覃、谈、咸、衔、严、凡；入声：合、盍、洽、狎、业、乏。

第九部　东、冬、钟、江。

第十部　阳、唐。

第十一部　庚、耕、清、青。

第十二部　真、臻、先；入声：质、栉、屑。

第十三部　谆、文、欣、魂、痕。

第十四部　元、寒、桓、删、山、仙。

第十五部　脂、微、齐、皆、灰、祭、泰、夬、废；入声：术、物、迄、月、没、曷、末、黠、鎋、薛。

第十六部　支、佳；入声：陌、麦、昔、锡。

第十七部　歌、戈、麻。

　　孔广森分古韵为十八部（诗声类）

阳声九部：

第一原类　元、寒、桓、删、山、仙。

第二丁类　耕、清、青。

第三辰类　真、谆、臻、先、文、殷、魂、痕。

第四阳类　阳、唐、庚。

第五东类　东、钟、江。

第六冬类　冬。

第七侵类　侵、覃、凡。

第八蒸类　蒸、登。

第九谈类　谈、盐、添、咸、衔、严。

阴声九部：

第十歌类　歌、戈、麻。

第十一支类　支、佳；入声：麦、锡。

第十二脂类　脂、微、齐、皆、灰、祭、泰、夬、废；入声：质、术、栉、物、迄、月、没、曷、末、黠、鎋、屑、薛。

第十三鱼类　鱼、模；入声：铎、陌、昔。

第十四侯类　侯、虞；入声：屋、烛。

第十五幽类　幽、尤、萧；入声：沃。

第十六宵类　宵、肴、豪；入声：觉、药。

第十七之类　之、咍；入声：职、德。

第十八合类　入声：合、盍、缉、叶、帖、洽、狎、业、乏。

江有诰分古韵为二十一部（二十一部韵谱）

第一之部　之、咍；灰、尤三分之一；入声：职、德；屋三分之一。

第二幽部　尤、幽、萧、肴、豪之半；入声：沃之半；屋、觉、锡三分之一。

第三宵部　宵、萧、肴、豪之半；入声：沃、药、铎之半；觉、锡三分之一。

第四侯部　侯、虞之半；入声：烛、屋、觉三分之一。

第五鱼部　鱼、模、虞、麻之半；入声：陌；药、铎、麦、昔之半。

第六歌部　歌、戈、麻之半；支三分之一。无入声。

第七支部　佳；齐之半；支三分之一；入声：麦、昔之半；锡三分之一。

第八脂部　脂、微、皆、灰；齐之半；支三分之一；入声：质、术、栉、物、迄、没、屑；黠之半。

第九祭部　祭、泰、夬、废；入声：月、曷、末、鎋、薛；黠之半。

第十元部　元、寒、桓、山、删、仙；先三分之一；无入声。

第十一文部　文、欣、魂、痕；谆之半；真三分之一；无入声。

第十二真部　真、臻、先；谆之半；无入声。

第十三耕部　耕、清、青；庚之半；无入声。

第十四阳部　阳、唐；庚之半；无入声。

第十五东部　钟、江；东之半；无入声。

第十六中部　冬；东之半；无入声。

第十七蒸部　蒸、登；无入声。

第十八侵部　侵、覃；咸、凡之半；无入声。

第十九谈部　谈、盐、添、严、衔；咸、凡之半；无入声。

第二十叶部　叶、帖、业、狎、乏；盍、洽之半。

第二十一缉部　缉、合；盍、洽之半。

上述顾、段、孔、江四家皆主张古韵有阴阳两类，即所谓阴阳二分法。

江永分古韵十三部，入声八部（古韵标准）

第一部　东、冬、钟、江。

第二部　脂、之、微、齐、佳、皆、灰、咍、分支、分尤。

第三部　鱼、模、分虞、分麻。

第四部　真、谆、臻、文、殷、魂、痕、分先。

第五部　元、桓、删、山、仙、分先。

第六部　分萧、分宵、分肴、分豪。

第七部　歌、戈、分麻、分支。

第八部　阳、唐、分庚。

第九部　耕、清、青、分庚。

第十部　蒸、登。

第十一部　侯、幽、分尤、分虞、分萧、分宵、分肴、分豪。

第十二部　侵、分覃、分谈、分盐。

第十三部　添、严、咸、衔、凡、分覃、分谈、分盐。

入声八部

第一部　屋、烛、分沃、分觉。

第二部　质、术、栉、物、迄、没、分屑、分薛。

第三部　月、曷、末、黠、鎋、分屑、分薛。

第四部　药、铎、分沃、分觉、分陌、分麦、分昔、分锡。

第五部　分麦、分昔、分锡。

第六部　职、德、分麦、分屋。

第七部　缉、分合、分叶、分洽。

第八部　盍、帖、业、狎、乏、分合、分叶、分洽。

江永古韵十三部，以平赅上去共五十七韵，其中有二十二个阴声韵，三十五个阳声韵；另有入声八部三十四韵。江氏主张"数韵共一入"，它们之间的相配关系是：

平声第二部——入声第五和第六两部

平声第三部——入声第四部

平声第四部——入声第二部

平声第五部——入声第三部

平声第十一部——入声第一部

平声第十二部——入声第七部

平声第十三部——入声第八部

戴震分古韵为二十五部(声类表)

一 { 1 阿　平声　歌、戈、麻。
    2 乌　平声　鱼、虞、模。
    3 垩　入声　铎。

二 { 4 膺　平声　蒸、登。
    5 噫　平声　之、咍。
    6 亿　入声　职、德。

三 { 7 翁　平声　东、冬、钟、江。
    8 讴　平声　尤、侯、幽。
    9 屋　入声　屋、沃、烛、觉。

四 { 10 央　平声　阳、唐。
    11 夭　平声　萧、宵、肴、豪。
    12 约　入声　药。

五 { 13 婴 平声 庚、耕、清、青。
14 娃 平声 支、佳。
15 戹 入声 陌、麦、昔、锡。

六 { 16 殷 平声 真、谆、臻、文、欣、魂、痕。
17 衣 平声 脂、微、齐、皆、灰。
18 乙 入声 质、术、栉、物、迄、没。

七 { 19 安 平声 元、寒、桓、删、山、先、仙。
20 霭 平声 祭、泰、夬、废。
21 遏 入声 月、曷、末、黠、鎋、屑。

八 { 22 音 平声 侵、盐、添。
23 邑 入声 缉。

九 { 24 醃 平声 覃、谈、咸、衔、严、凡。
25 䐑 入声 合、盍、叶、帖、业、洽、狎、乏。

黄侃分古韵为二十八部(黄氏《韵略》刘赜《声韵学表解》)

阴声	入声	阳声
	屑(戴震立)	先(郑庠立)
	栉,术半,黠、薛各三分之一,屑、质各三分之二。	臻,谆半,先、真各三分之二。
灰(段玉裁立)	没(段玉裁立)	痕(段玉裁立)
皆、脂,齐半,支三分之一,灰、微各三分之一。	没、迄、物、术半,质、祭各三分之一。	痕、魂、欣、文,谆半,真、微各三分之一。
歌(顾炎武立)	曷(王念孙立)	寒(江永立)
歌、戈,麻半,支三分之一。	曷、末、月、鎋、屑三分之一,黠、薛各三分之二,又泰、夬、废、和祭三分之二。	寒、桓、元、山、删、仙、先三分之一。
齐(郑庠立)	锡(戴震立)	青(顾炎武立)
佳,齐半,支三分之一。	锡半、昔半,陌、麦各三分之一。	青、清、庚、耕各半。
模(郑庠立)	铎(戴震立)	唐(顾炎武立)
模、鱼、虞、麻各半。	铎、药、昔各半,麦三分之一,陌三分之二。	唐、阳、庚半。
侯(段玉裁立)	屋(戴震立)	东(郑庠立)
侯,虞半。	烛、屋、觉各三分之一。	钟、江,东半。
萧(江永立)		
幽、萧、肴、豪各半;尤三分之二。		
豪(郑庠立)	沃(戴震立)	冬(孔广森立)
宵、萧、豪、肴各半。	沃、药、铎各半,觉、锡各三分之一。	冬,东半。
咍(段玉裁立)	德(戴震立)	登(顾炎武立)

哈、之,灰、尤各三分之一。　　　德、职,麦、屋各三分之一。　　登、蒸,耕半。
　　　　　　　　　　　　　　合(戴震立)　　　　　　　　　　覃(郑庠立)
　　　　　　　　　　　　　　　合、缉,洽、业各半。　　　　　　覃、侵,咸、衔、凡各
　　　　　　　　　　　　　　　　　　　　　　　　　　　　　　半。
　　　　　　　　　　　　　　帖(戴震立)　　　　　　　　　　添(江永立)
　　　　　　　　　　　　　　　帖、叶、盍、狎、乏,洽、　　　　添、盐、谈、严、咸、
　　　　　　　　　　　　　　　业各半。　　　　　　　　　　　衔、凡各半。

上述江永、戴震、黄侃和王力四家,皆主张古韵有阴声、阳声和入声三类,即所谓阴阳入三分法。

自清初顾炎武之后,各家所制定的古韵部和古韵表,有四十余种,因而关于上古音韵系统的研究,已基本清楚,各家的看法,多趋向一致,所得的结论皆大同小异。这里选用了八家的研究成果供作参考,并将他们所制定的韵部特制一异同表,以兹比较(见下页)。

关于中古韵的合并与离析,主要是指《广韵》的韵部。因为各家所建上古韵部数量有多有少,故而彼此所建韵部的内容各有疏密不同。但是,合韵所采用的基本方法和原则都是一致的,只有疏密和数量上的区分,并无原则上差异。例如二分法所建韵部数量少,因为入声韵包括在其它韵部之中;三分法所建韵部数量多,由于入声韵独立建部的缘故。关于中古韵部的离析,亦是如此。例如,在上古韵部中包括了中古某韵部的"三分之一"或"二分之一",至于具体韵部离析的内容,各家意见虽稍有不同,但基本方法和原则也是一致的。皆根据《诗经》的韵脚和谐声偏旁互相印证,确定某些谐声字当归在某一韵部中,具体在《广韵》中约占多大比例。当然,所谓"三分之一"和"二分之一",只不过是概数而矣。如江有诰、黄侃、王力三家所建立的"之部",皆包括《广韵》的"之"、"哈"两个韵部和"灰部"、"尤部"的各三分之一字。根据上述的方法考查之部的谐声偏旁共四十余个。大抵是自从㞢声至从疑声二十一个声旁皆属于《广韵》之部;自从才声至从采声四个声旁皆属《广韵》哈部;自从尤声至从负声十二个声旁皆属《广韵》尤部;自从不声至从音声三个声旁皆属《广韵》灰部。关于《广韵》韵部的离析方法和原则,大家意见基本一致,具体对谐声偏旁的分配,也大同小异。这里把王力编制的谐声表介绍如下,以备参考:

(1) 之部　　㞢声　目声　丝声　其声　臣声　里声　止声　兹声　喜声　思声　己声　巳声　史声　耳声　子声　士声　宰声　司声　事声　而声　疑声　才声　来声　台声　采声　尤声　邮声　某声　龟声　丘声　牛声　又声　旧声　久声　妇声　母声　负声　不声　佩声　音声

　　散字:裘

(2) 职部　　戠声　弋声　亟声　塞声　㫗声　北声　畐声　直声　力声　食声　敕声　息声　则声　𦖞声　色声　棘声　或声　㚔声　𢷎声　匿声　克声　黑声　革声　伏声　服声　牧声　戒声　异声　意声

　　散字:特　䘘

(3) 蒸部　　丞声　徵声　夌声　应声　朋声　冫声　黾声　升声　朕声　兢声　兴声　登声　曾声　乙声　弓声　瞢声　亘声　乘声

　　散字:陾

(4) 幽部　　幺声　求声　九声　𠄐声　卯声　酉声　流声　秋声　斉声　攸声　由声

八家古韵分部比较表

	阳声韵					入声韵			阴声韵			
王力 三十九部	阳部 元部 真部 东部 耕部 蒸部 侵部 谈部					叶部 缉部 物部 质部 微部 脂部 月部 锡部			歌部 铎部 鱼部 屋部 侯部 药部 宵部 觉部 幽部 职部 之部			
黄侃 二十八部	唐部 寒桓部 痕魂部 先部 东部 冬部 青部 登部 覃部 添部					帖部 合部 没部 屑部 灰部 脂部 曷末部 锡部 齐部			歌戈部 铎部 模部 屋部 侯部 沃部 豪部 萧部 德部 咍部			
戴震 二十五部	央部 安部 殷部 翁部 婴部 膺部 音部 醃部					渫部 邑部 乙部 屑部 灰部 遏霭部 昱部 娃部			阿部 垩部 乌部 (屋) (讴) 约部 夭部 屋部 噫部			
江永 二十一部	平八部 平五部 平四部 平二部 平九部 平十部 平十二部 平十三部					入八部 入七部 入二部 入三部 (平三) 入五部 平七部 入四部 平十一部 入一部			平七部 (入四) 平三部 (入一) 平十一部 入四部 平六部 入一部 平十二部 入六部 平三部			
江有诰 二十一部	阳部 元部 真部 中部 耕部 蒸部 侵部 谈部					叶部 缉部 脂部 祭部 支部 歌部 鱼部 侯部 宵部 幽部 之部						
孔广森 十八部	阳部 元部 辰部 冬部 丁部 蒸部 侵部 谈部					合部 脂部 支部 歌部 鱼部 侯部 宵部 幽部 之部						
段玉裁 十七部	十部 十四部 (十二部) 十三部 九部 十一部 六部 (七部) 八部					七部 (十五部) 十三部 十五部 十六部 十七部 五部 (三部) 四部 二部 三部 一部						
顾炎武 十部	七部 四部 一部 八部 九部 十部					十部 六部 三部 五部 二部						

翏声　收声　州声　周声　舟声　舀声　孚声　牟声　霎声　囚声　休声　叟声　矛声
雔声　寿声　咎声　舅声　叉声　缶声　棘声　牢声　包声　哀声　丑声　勼声　韭声　首
声　手声　阜声　卣声　受声　秀声　鸟声　昊声　早声　枣声　呆声　缶声　帚声　牡声
戊声　好声　簋声　守声　臭声　褒声　售声　报声　曰（帽）声
　　散字：椒
（5）觉部　朩（菽）声　祝声　六声　复声　宿声　夙声　肃声　畜声　学声　毒声
竹声　逐声　匊声　肉声　穆声　告声　就声　奥声
　　散字：穆（穋）迪涤
（6）宵部　小声　朝声　麃声　苗声　要声　票声　爻声　寮声　劳声　尧声　巢声
䍃声　夭声　交声　高声　敖声　毛声　刀声　兆声　丩声　枭声　到声　盗声　号声　吊
声　少声　焦声
　　散字：呶
（7）药部　卓声　举声　勺声　龠声　弱声　虐声　乐声　翟声　暴声　皃声　鹤声
　　散字：沃　骏
（8）侯部　侯声　区声　句声　娄声　禺声　匃声　需声　俞声　殳声　朱声　取声
豆声　口声　后声　後声　厚声　斗声　主声　臾声　侮声　奏声　冓声　扁声　具声
付声　彝声　亟声
　　散字：饫
（9）屋部　谷声　屋声　蜀声　卖声　㱿声　束声　鹿声　族声　菐声　卜声　木声
玉声　狱声　辱声　曲声　足声　角声　豕声　局声
（10）东部　东声　同声　丰声　充声　公声　工声　冢声　囪声　从声　龙声　容声
用声　封声　凶声　邕声　共声　送声　双声　庞声
（11）鱼部　鱼声　余声　与声　旅声　者声　古声　车声　疋声　巨声　且声　去声
于声　卢声　父声　瓜声　乎声　壶声　无声　图声　土声　女声　乌声　叚声　家声　巴
声　牙声　五声　圉声　宁声　卸声　鼠声　黍声　雨声　午声　户声　吕声　鼓声　股
马声　下声　寡声　夏声　吴声　武声　羽声　禹声　兔声　素声　亚声　辟声　朋声
（12）铎部　𦍌声　各声　霍声　羊声　昔声　乌声　夕声　石声　毄声　若声　霍声
郭声　百声　白声　谷声　乇声　尺声　亦声　赤声　炙声　戟声　庶声　乍声　射声　莫声
　　散字：薄
（13）阳部　羊声　量声　畺声　昌声　方声　章声　商声　香声　襄声　相声　向声
易声　亡声　长声　爿声　丙声　尚声　上声　仓声　王声　㡿声　央声　桑声　爽声
网声　罔声　卬声　光声　黄声　兄声　庚声　京声　羹声　明声　象声　亨声　兵声　兄声
声　行声　皂声　庆声　丙声　永声　竞声
（14）支部　支声　斯声　圭声　巂声　卑声　麂声　氏声　是声　此声　只声
（15）锡部　益声　易声　厄声　析声　具声　狄声　辟声　帝声　脊声　鬲声　解
声　朿声
（16）耕部　丁声　争声　生声　嬴声　盈声　𤇾声　贞声　壬声　殸声　正声　名声
顷声　驿声　巠声　𠂤声　盉声　冥声　平声　敬声　鸣声　粤声
　　散字：刑屏

(17) 歌部　　可声　左声　差声　我声　沙声　加声　皮声　为声　吹声　离声　罗声　那声　多声　禾声　它声　也声　瓦声　咼声　化声　罢声
散字：儺

(18) 月部　　兑声　世声　彗声　非声　万声　匃声　乂声　大声　带声　外声　会声　介声　祭声　拜声　贝声　吠声　喙声　最声　卫声　欬声　戍声　列声　舌声　昏声　折声　伐声　市声　月声　戉声　友声　火声　末声　寽声　叕声　辇声　截声　桀声　热声　役声　夺声　臬声　彻声　设声
散字：怛

(19) 元部　　泉声　袁声　亘声　爰声　采声　樊声　繁声　半声　言声　干声　轪声　叩声　难声　安声　叔声　苋声　戋声　元声　丸声　专声　卵声　厂声　反声　官声　山声　間声　闲声　罨声　犬声　延声　丹声　麀声　连声　肙声　虔声　夗声　展声　巽声　宪声　柬声　虐声　衍声　焉声　肩声　免声　乱声　段声　曼声　毌声　弁声　羡声
散声　见声　燕声　鲜声　蕑声

(20) 脂部　　二声　匕声　夷声　弟声　饥声　氐声　犀声　犀声　尸声　厶声　示声　矢声　米声　齐声　妻声　美声　尔声　死声　履声　豊声　烾（尔）声　皆声　眉声　癸声　伊声　师声　岂声

(21) 质部　　一声　七声　至声　必声　疐声　日声　乙声　疾声　实声　㮆声　匹声　吉声　栗声　血声　穴声　逸声　卩（节）声　抑声　毕声　季声　隶声　弃声　替声　惠声　戾声　肆声　畀声　四声　咒声　利声
散字：汦届

(22) 真部　　因声　臣声　人声　信声　申声　频声　参声　粦声　真声　尘声　民声　身声　旬声　匀声　命声　令声　千声　田声　卂声　玄声　天声　扁声　妻声　引声　凡声
散字：矜

(23) 微部　　自声　隹声　晶声　贵声　虫声　回声　鬼声　畏声　褱声　韦声　尾声　皋声　微声　非声　飞声　几声　希声　衣声　水声　毁声　妥声　枚声　威声　委声
散字：火

(24) 物部　　勿声　卒声　夋声　孛声　聿声　术声　出声　弗声　郁声　气声　歾声　退声　内声　对声　未声　胃声　豙声　位声　类声　尉声

(25) 文部　　文声　困声　分声　屯声　胤声　辰声　巾声　殷声　臺（享）声　先声　西声　门声　云声　员声　焚声　尹声　熏声　斤声　堇声　昆声　孙声　飧声　存声　军声　川声　眔声　刃声　允声　䢅声　豚声　壹声　免声　卉声　亶声　昏声　亞声　典声

(26) 缉部　　咠声　合声　圣声　执声　立声　入声　及声　邑声　集声
散字：䖘

(27) 侵部　　寻声　兂声　林声　品声　深声　甚声　壬声　心声　今声　音声　乡声　三声　南声　男声　尤声　马声　兓声　凡声　名声　占声　覃声　冬声　众声　宗声　中声　虫声　戎声　宫声　农声　夆声　宋声
散字：贬

(从冬声到宋声，顾炎武、江永、戴震、王念孙入东部；孔广森、江有诰、章炳麟、黄侃入冬部。)

(28) 叶部　　枼声　业声　聿声　涉声　甲声　厌声
(29) 谈部　　炎声　甘声　监声　詹声　敢声　斩声　兼声　佥声

三　对转、旁转和声调

所谓"对转"，是指阴声韵和阳声韵互相转化，故也称"阴阳对转"。最早戴震在他的《声类表》中考定上古韵为九类二十五部，其中有些类即包含有阴阳对转的痕迹，但当时并没有把阴阳对转的问题明确地提出来。后来孔广森在《诗声类》中把古韵分为阴声九部，阳声九部，共十八部，并明确指出："此九部者，各以阴阳相配可以对转。"前文已经讲到，韵尾收于元音或半元音者，叫作阴声韵；韵尾收于鼻音的，叫作阳声韵；韵尾收于塞音的，叫作入声韵。就以王力的古韵表为例，他分古韵为十一类二十九部。如第一类的之部以[ə]收尾，第二类的幽部以[u]收尾，第三类的宵部以[u]收尾，第四类的侯部以[o]收尾，第五类的鱼部以[a]收尾，第六类的支部以[e]收尾，第七类歌部，第八类脂部，第九类微部，皆以[i]收尾，由于它们皆用元音或半元音收尾，音韵学家将其称作阴声韵。再如第一类的蒸部，四类的东部，五类的阳部，六类的耕部，韵尾皆收鼻音[ŋ]；第七类的元部，八类的真部，九类的文部，韵尾皆收鼻音[n]；第十类的侵部，十一类的谈部，韵尾皆收鼻音[m]。由于它们分别以鼻音[ŋ]、[n]、[m]收尾，音韵学家将其称作阳声韵。还如第一类的职部，二类的觉部，三类的药部，四类的屋部，五类的铎部，六类的锡部，韵尾皆收塞音[k]；第七类的月部，八类的质部，九类的物部，韵尾皆收塞音[t]；第十类的缉部，十一类的叶部，韵尾皆收塞音[p]。由于它们分别以塞部[k]、[t]、[p]收尾，音韵学家将其称作入声韵。在语音的发展过程中，有时阳声韵由于失掉鼻音韵尾而变成阴声韵；阴声韵也有时由无鼻音韵尾变成有鼻音韵尾，而转为阳声韵。这种变化是自然形成的，在同样的条件下，入声韵也可以转变成阴声韵或阳声韵，阴声韵或阳声韵也可以转变成入声韵。这就是说在同一类之中，由于它们的主要元音相同，语音的变化，在同一发音部位的韵尾之间，有时互相转化，这就是所谓"阴阳对转"，或谓"阴入对转"，"阳入对转"。

除此之外，在音韵学中还有"旁转"一说，这是指从某一阴声韵转到另一阴声韵，或从某一阳声韵转到另一阳声韵而言。这是由于韵母主要元音的变化而形成的。例如发以[a]为韵尾的阴声韵，稍变闭口一些，即形成以[ɛ]收尾的阴声韵了。再如发鼻音[in]，稍变开口一些，即形成鼻音[en]了。这也是属于自然的变化，音韵学家将其称作"旁转"。不过关于旁转的问题，首先要求对上古语音音值有比较准确的拟测，但目前对上古音韵的研究仍停留在音系方面，因为音值还有许多问题不能解决，故而在上古音韵中论旁转须格外慎重。过去像章炳麟所制的《成均图》失之过宽。

关于上古声调，也是一个难解决的问题，各家意见很不一致。顾炎武主张"四声一贯"，意思是说上古虽分平上去入四声，但是古人用韵较宽，四声可以互押。段玉裁主张上古只有平上入三声，没有去声，后代的去声在上古属于入声。黄侃主张上古只有平入二声。王力认为："上古的声调以元音的长短为其特征，舒声有长短两类就是平声和上声；促声有长短两类，到中古变为去声和入声"（《汉语史稿》100页）。意思是说上古声调有平声和入声两类，平声分长平和短平，入声分长入和短入。上古的长平就是中古的平声，短平就是中古的上声；上古的长入中古变为去声，短入中古仍为入声。

四　关于上古音韵学研究成果的应用

音韵学是研究汉语语音系统及其历史演变规律的学科，本属于语言学的研究范畴。从研究古文字的角度学习上古音韵，主要是利用它的研究成果，通过对字音的分析，来帮助辨识字义。古人著书立说因受当时条件的局限，很不容易看到所需要的参考书，因而有时引经据典，常用同音假借，用字较宽，不像后来用字讲求谨严无误。古代不仅记录一般事物使用假借字，而且记载人名、地名、国名也常用假借字。在当时已习以为常，不以为非。但是，后来因时过境迁，语音随着时代而发生了很大变化，古今字音也产生了差别，原来作为同音而借用的字，到如今由于字音的变化，原来的借用关系也已模糊不显了。这就给后人阅读古书造成很大的困难。根据语音学的发展规律和上古音韵的研究成果，考察出某字古代属于哪个音系，通过古音来了解字义，这是过去学者所创造的一个行之有效的方法，他们利用上古音韵的研究成果读通了许多过去难以读通的古籍和文字资料。今天学习上古音韵的目的，就是为了掌握这门知识，帮助我们整理古籍，考释地下出土的古代文字资料。下面举几个实例以说明通过古音来了解字义的实际作用。

1．《周书·武成》："一戎衣，天下大定"；《礼记·中庸》："壹戎衣，而有天下"；《周书·康诰》作"殪戎殷，诞受天命"。《左传》宣公六年也作"殪戎殷"，杜注："殪，尽也"，言武王以兵伐殷尽灭之。故知一与壹均当假为殪。而衣当假为殷。但是衣和殷今音已经不同，考之古音，衣字上古属影纽阴声微部，殷字上古属影纽阳声文部，文微同在王力古韵表之第九类，故知衣殷二字乃阴阳对转，古为双声叠韵所以通假。

2．《春秋经》庄公六年："冬，齐人来归卫俘"；《左传》、《公羊》、《谷梁》皆本经文而作"冬，齐人来归卫宝"。杜预谓宝为"珍宝"，谓俘为"囚也"，故疑"经误"。实际上俘和宝古乃双声叠韵字，《春秋经》假俘为宝，经与传本义相同。考其古音，俘乃滂纽侯部字，宝是帮纽宵部字，帮滂发音相近，侯宵属于旁转，故古同音相假。但是，俘字自中古以后，声母由重唇变为轻唇，《集韵》作"芳无切"，因而古今字音变化很大，不通古音则无法解释。

3．《韩非子·二柄》："桓公好味，易牙蒸其子首而进之"；《大戴礼·保傅》："齐桓公任竖刁、狄牙，身死不葬，为天下笑"。易牙、狄牙乃同一人之名。考之古音，易字《广韵》作"以豉切"，为喻纽寘韵去声四等字；狄字《广韵》作"徒历切"，属定纽锡部入声。根据"喻四归定"的道理，上古易狄双声。古韵易在支部，狄在锡部，支锡二部同在王力古韵表之第六类，乃属阴入对转，故易狄通假。

以上几例足以说明利用上古音韵的研究成果来阅读古籍和研究古文字资料的重要作用。但是，要注意以下两个问题：一是为了证实自己的见解，而求助于古音，又不察各家研究的成败，信手拈来为我所用，结果不但不能得到帮助，反而造成谬误。这样的教训很多，值得警惕。利用古音分析字义，要懂音理，对各家意见能够有所选择，并取舍得当。二是通过古音考察假借字，应当具备三个条件：声纽相同或相近，韵部相同或相通，文献或其它文字资料的旁证。唯有此三个条件具全，才能确信。尽量避免只是根据音韵来确定问题，因为同音相假的字有时数量很多，没有其它旁证，难以准确。

第五章 汉字的古义

汉字的字义也和它的形体、音韵一样，随着时代的前进，不断地引申和发展。

第一节 训诂的意义和源流

一 训诂的意义

　　研究古文字义之学，称作"训诂学"，《说文·言部》云："训，说教也，从言川声。"又云："诂，训故言也，从言古声，《诗》曰：'诂训'。"根据《说文》解释，"训诂"一词即阐释古文词义的意思。训诂又可倒言为"诂训"，毛公释诗自题书名为《诂训传》。孔颖达疏云："诂者古也，古今异言，通之使人知也。训者道也，道物之貌以告人也。"据考古发现的资料证明，汉字已有四千余年的历史，自它诞生之后，即随同社会发展而不断滋乳丰富。汉字的数量很多，各自产生的时代不同，有些字早在商代甲骨文中即已出现，一直沿用到今天；也有些字只是因近代科学的需要才开始出生。虽然都是汉字，结构仿佛，但彼此产生的时间有的相距很远。凡是晚期产生的汉字，意义都比较简单而具体，无训诂之必要。像近代产生的有关化学元素的名称：氢、氧、氮、氯等字，本义都很明确。流传时间越久的字，包含的意义越复杂，多数汉字除了原有的本义之外，又随着时代的发展引申出许多别义。阅读古代文献，有时会遇到一些难解的词句，虽然文字并不陌生，但用其组成的文辞却不能理解，要通过训诂的方法，首先弄懂文字的准确含义，然后才能了解文辞的义理。这是因为同一文字含义很多的缘故。训诂就是考察文字原来的古义和研究引申的别义的一门学科。训诂学把文字的本义叫作"本训"，文字的别义叫作"转训"。不知"本训"无以知文字之原，不识"转训"无以通文字之用。实际上训诂学就是研究汉字字义的方法。如果方法对，证据足，必然是文理顺，故言通，即可以拨乱解惑，明理识事。否则，舍训诂，靠揣度，势必穿凿附会，欺人害事，结果误己误人，预事难成。因而无论研究本训或转训，必须抱以认真求实的态度，才能得到预想的结果。

　　古今字义变化的原因很多，主要有以下几个方面：

　　(1) 语言是表达人的思维活动的主要形式，人的思维是社会存在的反映，文字是代表语言的工具。社会、思维、语言和文字，四者有机地联系在一起，而思维、语言和文字均受社会的制约。上古时期，社会经济和文化均不甚发达，人事简质，活动范围有限，文字粗具，观者自喻，无所谓训诂。随着时间的推移，社会物质生活和精神文化不断地发展，人的思维能力随着提高，语言表达的内容也逐渐复杂，记录语言的文字无论形体和意义也在不断地规范和充实。旧的生活习俗和名物制度，因社会的发展进步而淘汰，语言和文字也随同社会上新旧事物的更代而发生变化。过去的事物，无论是书中所载或民间所传，在当时也许是妇孺皆知的平凡小事，但因时过境迁，在今天看来则成为高深难测的问题。

（2）我国自古以来地域广阔，方言殊异，往往同一事物而有多种名称，各地又皆以方音造字，形成一义多字。例如思念之思字，《方言》中即有郁、悠、怀、惄、惟、虑、愿、念、靖、慎等十多种名称，并说："晋宋卫鲁之间谓之郁，悠……东齐海岱之间曰靖；秦晋或曰慎；凡思之貌亦曰慎或曰惄。"反之，同是一字，又因各地用法读法不同，逐渐引申，又形成一字多义。因而文辞用字虽同，而辞义各异。

（3）古人用字宽疏，常用同音假借。六书中的假借，原为"本无其字"，古籍中的假借，多为本有其字。由于用字不严，给后人读书造成许多麻烦。所谓同音乃是当时情况，经过若干年后，字音已生变化，本来语义寓于语音，辞义可从字音中得到反映。但因字音发生了变化，辞义也就难以了解。如《诗经》有毛诗和三家诗之分，彼此不仅有些辞义不同，用字亦各有特点。《毛诗·周南·汝坟》："惄如调饥"，《韩诗》作"溺如朝饥"；《毛诗·卫风·芄兰》："能不我甲"，《韩诗》作"能不我狎"；《毛诗·豳风·破斧》："四国是皇"，《齐诗》作"四国是匡"。以上三例《毛诗》皆用借字，《韩诗》、《齐诗》皆用本字。再如：《毛诗·小雅·祈父》："有母之尸饔"，《韩诗》作"有母之尸雍"；《毛诗·大雅 皇矣》："以伐崇墉"，《齐诗》作"以伐崇庸"。又可见《毛诗》皆用本字，《韩诗》、《齐诗》则用借字。足见先秦经籍用字比较宽疏，既无限制，亦无规律，因而后人读书，遇到类似的问题，必须弄清假借关系，利用音韵训诂予以正确说明。

二 训诂的源流

训诂学是我国历史上讲解字义的一门学科，它来源很久，早在先秦时代即已开始出现。

前文已经谈到，古今异时，名物俱迁。但是，过去的事迹均载于史册，失时的义理则寄于文辞。要了解过去，务须通故言、晓义理，才能拨乱解惑，明史达情。不仅现在如此，历史上任何时代皆多如此。孔子曾为夏商之礼杞宋不足征而哀叹，他说"文献不足故也，足，则吾能征之矣。"说明他对夏商历史还了解一些。孔子修《春秋》，实际是整理了一次鲁国的历史。后来这部史册即成为儒家学说的经典。孔子亦谓："吾志在《春秋》，行在《孝经》"。由于意义重要，故称之为《春秋经》。因为经文字约辞简，一般人难以读懂，到了战国时代先后出现三种比较通俗的释说本子，即所谓春秋三传。《左传》长于叙事，《公羊》和《穀梁》则本乎释义。如隐公元年《经》云："公及邾娄仪父盟于蔑"。《公羊传》云："及者何？与也。会、及、暨皆与也。曷为或言会？或言及？或言暨？会，犹最（聚）也；及，犹汲汲也；暨，犹暨暨也。及，我欲之；暨，不得已也。仪父者何？邾娄之君也。"《穀梁传》云："及者何？内为志焉尔。仪，字也。父，犹傅也，男子之美称也。"《公羊》、《穀梁》均解释经中的辞义，有时则互为补充。再如：《经》云："秋七月，天王使宰咺来归惠公仲子之赗。"《公羊传》云："赗者何？丧事曰赗，赗者盖以马，以乘马束帛。车马曰赗，财货曰赙，衣被曰襚。《穀梁传》云："赗者何也？乘马曰赗，衣衾曰襚，贝玉曰含，钱财曰赙。"以上二例足以说明《公羊》和《穀梁》都是用当时通俗的语言来训释春秋时代的古语。除《春秋》之外，像《易经》之《象传》亦有类似的内容，如云："师，众也"，"恒，久也"，"晋，进也"，等等。具有同样的性质，皆为我国训诂之权舆。

西汉时代政府分置今文五经博士，学者各通一经，一经之中又专守一家之学。各本师说递相授受，彼此严守家法绝对不能逾越。当时在官府控制下之文学无非是以经术饰吏治，根本谈不到学术上的求实和务本。哀帝建平年间，刘歆首次向今文十四博士提出挑战，要求建《左氏春秋》、《毛诗》、《逸礼》及《古文尚书》于学官，立古文经学博士，从此开始了历史上著名的今古文学之争，彼此对立，各守家法，前后延续二百余年，直到东汉末年才告一段落。今文经学思想比较保守，他们不仅不承认古文经，也不承认古文字，攻击古文学为"向壁虚造"，以"秦之隶书为仓颉时书"，也不承认文字有古今的变化，而谓"父子相传，何得改易。"古文学者则不然，他们首先感到古文字为一般学者所不识，因而阻碍了古文学的发展，于是就注意到对古文字的研究，像五经无双的许慎就是在这样的历史背景下写成我国第一部字典——《说文解字》。他搜集了当时所能见到的籀文、古文和秦篆，利用六书逐字说明形体结构和音义。古文学者的另一特点，不拘泥一经，兼学群经。如贾逵兼学《书》、《诗》、《礼》三经。郑众兼学《易》、《诗》、《礼》三经。马融兼学《易》、《书》、《诗》、《礼》四经。尤其是郑玄，他不仅遍读群经，而且打破家法的限制，今古文学兼收并蓄。由于他们读的经书多，提出问题也就多。于是即把学习的心得、各书的异同、名物的解释等，择其善者一一注释于经文之下。因而东汉时期涌现出许多著名的注释家，像陈元、郑众、荀爽、杜林、谢曼卿、卫宏、贾逵、马融、服虔、郑玄等，皆对辨名物训故言作出了重大贡献。可惜多数学者的著述已不存，只有许慎的《说文解字》、郑玄的《毛诗笺》和《三礼注》尚存，而郑众、荀爽、马融、贾逵、服虔之说，只能从后人的引文和辑本中看到一些残文。关于郑、荀、马、贾、服等人的著作虽然保存的数量很少，但却为后人通达先秦经籍，了解已经亡佚的古代礼俗，提供了非常重要的线索和依据，影响极为深远，历史上把他们的学术称作"汉学"。

魏晋南北朝时期，虽迭经战乱，经济和文化遭到一定的破坏。但是，汉学的余绪仍未断绝，王肃、杜预、韦昭、王弼、范宁、何晏、郭璞、郭象等，皆为当时文秀，注释经籍的大师。他们对先秦古籍的注解，仍然完好地保存到今天，为后学通读古籍提供了有利的工具。隋唐以降距古渐远，不仅感到经籍文辞隐奥，礼俗名物亦相隔悬殊，而且对汉代学者的注释，一般人亦殊感费解。因而唐代学者根据当时具有的条件，对汉代的经注，又重新以唐时浅显、通俗的语言，予以疏通阐述，因此，当时即把此一工作名之为"疏"。疏者，疏通义理之谓也。与注联称"注疏"，为对汉人经注做更通俗的解释。孔颖达、贾公彦等撰之《五经正义》就是它们的代表。唐代的注释家很多，如司马贞、张守节、颜师古、李贤等对《史记》、《汉书》、《后汉书》等均做了详明的注解。陆德明的《经典释文》，更是经注详实，训义兼辩。正如《四库全书总目提要》所讲："所采汉魏六朝音切凡二百三十余家，又兼载诸儒之训诂，证各本之异同，后来得以考见者，注疏以外，惟赖此书之存。真所谓残膏剩馥、沾溉无穷者也。"

宋代由于金石学的创立，古文字学也随之复兴，因金石文字资料不断出土，引起学者们极其浓厚的兴趣，对金石文字、六艺文字进行搜集、整理和研究。文字和训诂本来就有密切的关系，因而他们又在新的领域中做了大量工作，获得很大的成绩。但是，当时也出现一支异军，南宋朱熹是理学的大师，他著有《诗集传》、《周易本义》等书，用理学的观点注解经义，颇为清代汉学家之非议。仔细考查其经注，并非一无所得，也有可取之处，正如杨树达所说："汉儒解释古书有结籥难通之病者，朱子以涵泳本文之法救之，颇有文从字顺之妙，此自汉以来训诂学之一大演变，而亦一大进步也。"

汉代学者离古未远，训诂解故所得独多。但自清代乾嘉以来，鸿儒崛起，训诂大师辈出，创造的成绩臻于极盛。传世之古籍，其中错简脱字之处很多，别字异文也随处可见，再加上文辞隐奥，注释简陋，有些古籍自古以来即难以通读。清代训诂学家借助于音韵学之功力，以古音求字义，每释一字音义重合，真可谓天衣无缝，正本清源。有清一代，经学者们勘校考证而复原的古籍为数很多，这是我国学术发展中的一项极其伟大的贡献。他们不仅掌握了科学的训诂方法，而且总结出科学的理论。戴震曾谓："经之至者道也，所以明道者词也，所以成词者字也。由字以通其词，由词以通其道。"戴氏弟子段玉裁亦谓："治经莫重乎得义，得义莫切于得音。不执于古形古音古义，则其说之存者，无由甄综；其说之亡者，无由比例推测。"至于高邮王念孙、王引之父子，功绩更为杰出，如王念孙的《广雅疏证》、《读书杂志》和王引之的《经义述闻》，真乃久读不厌，而且读一遍有一遍的收获，皆当推为训诂学中的典范。

综合上述，训诂学之起源和发展，前后约有两千多年的历史，经历代学者的努力，逐渐形成一套科学的研究方法和较为系统的理论。但是，历史赋予我们的任务仍然是非常繁重的，无论是故有的文献或地下出土的甲骨、金文等新的文字资料，都有许多问题在等待着解决。我们应继承前人的研究成果和研究方法，在已有的基础上开辟新途径，创造新成绩。

第二节　训诂学的主要方法

训诂方法很多，但必须根据每个字的形体结构选择使用。训释字义一定要有充分的证据，竭力避免向壁虚造和牵强附会。这就要求我们既要通达古今事理之变化原因，还要了解语言文字的演变规律。文献中训诂之例至繁，不遑悉述，仅选几种常用的方法，概述如下。

一　形训例

所谓形训，是指字义寓于字形之中，视之即能认识，不待它求。因以字形释字义，故谓之形训。此一类的训诂实例，《说文》中很多，一般是上面直言字义，下边复言从某，以说明它的含义。类似这种训释字义的方法，早在先秦时代的文献中即已出现。例如《左传》宣公十二年：楚子曰"夫文，止戈为武"。又十五年：宗伯曰"故文，反正为乏"。昭公元年：医和曰"于文，皿虫为蛊"。《韩非子·五蠹篇》："仓颉之作书也，自环者谓之私，背私者谓之公"。皆属于此一类。凡是通过字形分析而说明字义者，均为形训。《说文》中用形训说明意义的字体，以象形、会意两种结构为多。例如：

女　"妇人也，象形。"甲骨文写作"　"（甲2426），像妇女屈膝而坐之形。
秉　"禾束也，从又持禾。"甲骨文写作"　"（珠572），又甲骨文写作"　"，乃人之右手，即用手持禾。
步　"行也，从止止相背。"甲骨文写作"　"（甲3003），乃人之两足分作前后，以示步行。
涉　"徒行厉水也，从㐺从步"，又云"篆文从水。"甲骨文写作"　"（粹1178）。
巢　"群鸟在木上也，从䍂木。"商代《母乙觯》写作"　"（《考古》1964.8）。

凡是意义寓于形体的汉字，字体越古老，本义越明显。但是，因许慎当时只能看到籀文、古文和秦篆,所以在解释字体结构方面受到很大局限,今天用地下出土的商代甲骨、金文来考察,《说文》解释字体有很多错误。例如我字,《说文》谓:"施身自谓也,或说我顷顿也。从戈从禾,禾或说古垂字,一曰古杀字。"甲骨文我字写作"𢏚"(京津214),本义为古兵器之名称,是象形字。不知何时假为"施身自谓"之我,后来假借之义逐渐代替了本义,兵器名称隐而不显。再如衣字,《说文》云:"依也,上曰衣下曰裳,象覆二人之形。"衣字甲骨文写作"𠆤"(林2.6.2),本为长袖大领,即衣之象形字。许谓"象覆二人之形,"不确。还如龙字《说文》云:"龙,鳞虫之长也,能幽能明,能细能巨,能短能长,春分而登天,秋分而潜渊。从肉飞之形,童省声。"甲骨中之龙字写作"𢁝"(前4.53.4),原为象形字,后因字形讹变而写成秦篆之形。故引用古人成说务须慎重。

二 义训例

所谓义训,其意义为通异言、辨名物,前人所以诏后,后人所以议古,乃是训诂学中最基本的方法。具体内容很多,诸如:或直言其义,或陈说其事,或以狭义释广义,或以虚义释实义,或递相为训,或增字以释,等等。类例虽众,而目的则一,均为析疑解纷,训词释义。何为直言其义?如《孟子》:"洚水者,洪水也"。《穀梁传》:"路寝者,正寝也。"何为陈说其事?如《尔雅》:"善父母为孝,善兄弟为友。"贾逵《左传解诂》:"贪财为饕,贪食为餮。"何为以狭义释广义?如郑玄《礼记注》:"述,谓述其义也。""道,谓仁义也。""欲,谓邪淫也。"何为以虚义释实义?如《易经》:"蒙者,蒙也。"《孟子》:"彻者,彻也。"何为递相为训?如《礼记》:"福者,备也。备者,备百顺之名也。"何为增字以释?如《诗经》:"窈窕淑女,君子好逑。"《毛传》:"窈窕,幽闲也。淑,善。逑,匹也。言后妃有关雎之德,是幽闲贞专之善女,宜为君子之好匹。"按义训之书莫古于《尔雅》,其次是《小尔雅》和《广雅》。由于它们专解词义不谈文字构造,因而凡所陈述以转训为多。如《尔雅·释诂》:"初、哉、首、基、肇、祖、元、胎、俶、落、权舆,始也。"郝懿行《义疏》云:"初者,裁衣之始。哉者,草木之始。基者,筑墙之始。肇者,开户之始。祖者,人之始。胎者,生之始也。每字皆有本义,但俱训始,例得兼通,不必与本义相关也。"

三 音训例

音训包括两个内容,一是以语音求本义,二是破假借求本字。

所谓以语音求本义,古代未有文字之前,先有语言,事物名称定于造字之先而寓于语音之中。明其音原而有时可以了解字义,以语音求本义,此一训诂方法在古文献中运用得很普遍。如《易经》:"乾,健也。""坤,顺也。"《说文》:"天,颠也。""户,护也。"都属此类。尤其是刘熙《释名》专以声音相同相近之字展转训释,于是声近义通之理论昭然大明。以语音求字义之最大特点是寻究字原,考察本训。《尔雅》以义训为主,乃经传古注之总汇,故多为转训,训释字义只知其然而不知其所以然。《释名》不仅训释字义,而且说明音和义的关系。例如:"春,蠢也;物蠢动而生也。""土,吐也;吐生万物也。""衣,依也;人衣以庇寒暑也。""弓,穹也;张之穹隆然也。""子,孳也;阳气始萌孳生于下也。"

从上述数例足以说明语音和字义的关系,有一定的科学意义。但是刘熙过于强调相通的一面，忽略了另外一面，所以在《释名》中穿凿附会之处很多，这是应该引起注意的。

所谓破假借求本字，是指自古音学发展之后，利用古音学的知识来认识文献中所用的假借字，以及它所代表的本字。正如王引之所说："训诂之旨，存乎声音，字之音同声近者，经传往往假借，学者以声求义，破其假借之字，而读以本字，则涣然冰释。如其假借之字而强为之解，则结轖为病矣。"这后一种音训方法，对于我们更有实用的价值。

四 以共名训别名例

荀卿曾谓："物也者，大共名也，鸟兽也者，大别名也。"说明百物有共名别名之殊，别名异于共名，而共名可包括别名。同类的事物，不能用其它言语解释清楚的，则以共名释之。例如《尔雅·释诂》："卬吾台予朕身甫余言，我也。""怀惟虑愿念愬，思也。"

前一例由卬至言九字共同的意思皆可训释为我，后一例由怀至愬共同的意思皆可训释为思，故皆取一共同的意义释之，此乃古代辞书之通例。再如共名之下有别名者，往往兼言其德业事状以补充说明。例如死是共名，凡生物失去生命皆可谓死，但在古代因人之身分地位不同而有许多别名。《公羊传》云："天子曰崩；诸侯曰薨；大夫曰卒；士曰不禄。"再如妻是共名，在一夫一妻的婚姻制度之下，凡男性之配偶皆可谓妻。但在古代因男人的社会地位不同，妻子也有许多别称，如《礼记·曲礼》云："天子之妃曰后，诸侯曰夫人，大夫曰孺人，士曰妇人，庶人曰妻。"

五 以雅言训方言例

所谓"雅言"，就是指当时社会上通用的普通话；"方言"，是指某一地区的土语，用社会通用的普通话，来训释各个地区的方言土语。此一工作早在西汉时代即有人进行调查、搜集和研究。众所周知，西汉时代编撰的一部著名著作，称作《輶轩使者绝代语释别国方言》，后来即简称《方言》，就是当时搜集各个地区方言的专书，它不仅对各地方言逐一说明，并用当时通用的普通话分别进行解释。例如：

"党、晓、哲，知也。楚谓之党，或曰晓，齐、宋之间谓之哲。"（卷一）

"怃、㑃、怜、牟、爱也。韩、郑曰怃，汝、颖之间曰怜，宋、鲁之间曰牟，或曰怜。怜，通语也。"（卷一）

总之，关于训诂学的方法很多，上述五种当为其中最主要的。前文已经谈到，训诂既要方法正确，还要证据充分。所训释的字义，能否取得公众的信任，一方面要看立论是否稳妥，另一方面要看证据是否充分可靠，缺一则不得成立。证据主要是汉魏学者对古代经籍的注释，以及后来根据古人注释汇集起来的辞书和字书，没有古人注释和辞书做根据，只凭个人主观揣度是不行的。因此，熟练地了解和掌握古代文献，古人注疏以及古代的字书和辞典，是训诂学所必需具备的基本功。

第三节 训诂学要籍简介

训诂学既包括形训、音训、义训等方法,那就要求我们必须对文字的形体、音韵、意义三者具有最基本的知识。掌握方法固然必要,但更重要的是要熟悉古代文献,也就是说要提高自己的经学、史学和文学的知识和修养,只有文献知识渊博,训诂工作才可能做出成绩。如果缺乏文献知识,只知道一些训诂方法,那么这些方法也只是一些抽象的条文,不能解决实际问题。总之,训诂学同文献学有很密切的关系,前文我们虽然提到了一些关于训诂书籍的名称和用途,但很不够,下面还要将一些重要文献,尤其是一些必须应用的字书和辞书,加以介绍和说明,以备参考之用。

一 《尔雅》

《尔雅》的作者和成书时代自古以来说法不一。如《大戴礼·小辨》载孔丘教鲁哀公学《尔雅》,是书当作于春秋之前。三国魏张揖《上广雅表》称周公著《尔雅》一篇。《汉书·艺文志》载《尔雅》三篇,即今传之《尔雅》三卷。有人怀疑后来的三篇是孔丘、子夏或为叔孙通所增补。这些都是推测,并没有什么根据。据《四库全书总目提要》分析:"大抵小学家缀缉旧文,递相增益,周公、孔子皆依托之词。观《释地》有'鹪鹩',《释鸟》又有鹪鹩,同文复出,知非篡之一手也。"又说:"今观其文,大抵探诸书训诂名物之同异,以广见闻,实自为一书,不附经义。如《释天》云:'暴雨谓之涷',《释草》云:'卷心草拔心不死',此取《楚辞》之文也。《释天》云:'扶摇谓之猋',《释虫》云:'蒺蔾蜽蛆',此取《庄子》之文也。《释诂》云:'嫁往也',《释水》云:'瀵大出尾下',此取《列子》之文也。《释地·四极》云:'西王母',《释畜》云:'小领盗骊',此取《穆天子传》之文也。《释地》云:'东方有比目鱼焉,不比不行,其名谓之鲽;南方有比翼鸟焉,不比不飞,其名谓之鹣鹣',此取《管子》之文也。又云:'邛邛岠虚负而走,其名谓之蟨',此取《吕氏春秋》之文也……如是之类,不可殚数,盖亦《方言》、《急就》之流,特说经之家,多资以证古义,故从其所重,列之经部耳。"宋欧阳修说:《尔雅》为"秦汉之间学诗者纂集说诗博士之言"(见《诗本义》卷十《文王》)。通观此书虽非专为说诗者作,而对成书时代之推测,大抵可信。

《尔雅》全书共三卷,按照词的内容分作十九类。即:

释诂 释言 释训 释亲 释宫　释山 释水 释草 释木 释虫
释器 释乐 释天 释地 释丘　释鱼 释鸟 释兽 释畜

《释诂》、《释言》、《释训》三类,主要是解释动词,定语和状语等一些词汇。解释这些词的方法,一般有三种情况。一种是"通训",主要是把一些词义相近的字放在一起,最后用一个通用的词作统一的说明。例如《释诂》:"初哉首基肇祖元胎俶落权舆,始也。"说明从初到权舆十一个词,共同的意义都是开始的意思,第二种是"互训",主要是先把共同的词义作统一说明,然后再把另一些含有其它意义的词选出来,互相说明,如"故邰盍翕仇偶妃匹会,合也;仇雠敌妃知仪,匹也。"说明由故到会九个词都有合的意思,而由仇到仪六个词又都有匹的意思。第三种是先通后分,主要是先把共同词义作统一说明,然后再把含有另一种意义的词分别说明。如"乔嵩崇,高也;崇,充也。"说明乔嵩崇三词都含有高的意思,而崇除有高的意义之外,另有充的意思。其他如《释亲》、《释宫》等十六篇都是解释各种事物的名称,把一些内容相关的词类收在一起,如《释亲》是专释人的称谓关系的词。《释宫》是专释宫庭建筑方面的词,等等。

《尔雅》辑录了古代大量的词汇,并逐一作了解释,帮助我们了解古籍中许多难以理解的词义,它用当时通行的语言解释不同地区的方言;用通俗的语言解释书面的雅言。书中包括的内容非常广泛,它不仅是一部古代词典,而且也是一部历史文献,通过它可以了解古代社会的政治、经济、文化、天文、地理、生物等各方面的情况。

《尔雅》的主要不足之处是解释词义过于简单。常常将一些意义相近的词放在一起最后用一个词统一概括,未免失于笼统,不能区分每个具体词的真正含义。

汉代给《尔雅》作注解的人很多,据《隋书·经籍志》记载:汉之犍为舍人、樊光、刘歆、李巡等都注过《尔雅》,但皆已亡佚。现在通行的本子是晋郭璞注和宋邢昺疏,即《尔雅注疏》十卷。其它有宋陆佃《尔雅新义》二十卷。郑樵《尔雅注》三卷。清邵晋涵《尔雅正义》,郝懿行《尔雅义疏》,戴鎣《尔雅郭注补正》,翟灏《尔雅补郭》,减镛堂《尔雅汉注》。近人有研究《尔雅》体例的专著,如陈玉树的《尔雅释例》,饶炯的《尔雅例说》等。

二 《小尔雅》

《小尔雅》是摹仿《尔雅》体例而作的一部训释字义的书,过去关于它的真伪和作者议论很多。《汉书·艺文志》载有"《小尔雅》一篇",但未提著者,《隋书·经籍志》、《唐书·艺文志》皆言李轨著《小尔雅》一卷。唐以后则将其收入《孔丛子》之第十一篇,因之旧题汉孔鲋著《小尔雅》。《孔丛子》是由后人之伪托,所以过去多怀疑《小尔雅》也靠不住。清人王煦作《小尔雅疏》,为此书辩之甚明。他说:"《小尔雅》为先秦古书,汉成哀间刘向、刘歆编入《录》、《略》,后汉班固列于《艺文志》,自汉迄唐传注家皆取以训释经义,罔有异词。而近世东原戴震从而訾之,曰:《小尔雅》乃后人皮傅掇拾而成,非古小学遗书。今按《小尔雅》本文证以汉魏诸儒传注之义,知东原之说非也。今悉为辨正,大恉晓然,其有余义本疏,庶后之读是书者,不诖误于不振之说也。"此书见于魏晋以来传注家征引者,如晋杜预注《左传》,北魏郦道元注《水经》,唐李善注《文选》,陆德明《经典释文》,孔颖达、贾公彦的经传注疏,司马贞之《史记索隐》等。各家征引的《小尔雅》,则多省称《小雅》。

今本《小尔雅》,是以《孔丛子》中抽出独立刊行的,收字不多,连词解说不及二千字,共分十三章。即:

广诂 广言 广训 广义 广名
广服 广器 广物 广鸟 广兽
度 量 衡

《小尔雅》的体例,基本上仿照《尔雅》,但对《尔雅》有所补充,如度、量、衡三章为《尔雅》所无。再如《广诂》:"逼尼附切局邻傅戚,近也。"《尔雅·释言》仅有:"逼,迫也"一词一义,《小尔雅》则有许多补充。

清代关于《小尔雅》的研究,有王煦撰《小尔雅疏》八卷,宋翔凤撰《小尔雅训纂》六卷,胡承珙撰《小尔雅义证》十三卷,葛其仁撰《小尔雅疏证》五卷,朱骏声撰《小尔雅约注》一卷。

三 《广雅》

《广雅》是三国魏太和年间博士张揖所著，他是当时研究古文字的专家，曾著有《埤苍》和《古今字诂》等书，均已亡佚，独有《广雅》保存下来。

《广雅》为补充《尔雅》而作，张揖在《上广雅表》中说："夫《尔雅》之为书也，文约而义固，其隩道也精研而无误，真七经之检度学问之阶路，儒林之楷素也。若其包罗天地，纲纪人事，权揆制度，发百家之训诂，未能悉备也。臣揖体质蒙蔽，学浅词顽，言无足取，窃以所识，择撰群艺，文同义异，音转失读，八方殊语，广物易名，不在《尔雅》者，详录品核，以著于篇，凡万八千一百五十文，分为上中下。"此书后来被分作四卷，今本析为十卷，一万六千九百一十三字。王念孙《广雅疏证》删衍文九十六字，补脱文五百零九字，实有一万七千三百二十六字，较表内原数少八百二十四字。

《广雅》的体例亦仿照《尔雅》，如：

释诂　释言　释训　释亲　释宫　　释山　释水　释草　释木　释虫
释器　释乐　释天　释地　释丘　　释鱼　释鸟　释兽　释畜

其中释诂、释言、释训三篇，解释一般字义，释亲以下各篇专解释各种名词，补充《尔雅》之所无。例如：

《尔雅·释诂》：

初、哉、首、基、肇、祖、元、胎、俶、落、权舆，始也。

《广雅·释诂》：

古、昔、先、创、方、作、造、朔、萌、芽、本、根、蘖、鼃、萆、昌、孟、鼻、业，始也。

两书对照即可看出此书著作的目的。《广雅》所载，皆为《尔雅》所未备。此书解释辞义也同《尔雅》一样，失于笼统。

隋时曹宪著有《博雅音》，专为《广雅》作音释，因避隋炀帝杨广讳，故更称《博雅》。清人王念孙旁考诸籍校订曹本，其中删衍补脱写成《广雅疏证》。他在叙中说："魏太和中博士张君稚让，继两汉诸儒后，参考往籍，编记所闻，分别部居，依乎《尔雅》，凡所不载，悉著于篇，其自《易》、《书》、《诗》、《三礼》、《三传》经师之训，《论语》、《孟子》、《鸿烈》、《法言》之注，《楚辞》、《汉赋》之解，《谶讳》之记，《仓颉》、《训纂》、《滂喜》、《方言》、《说文》之说，靡不兼载，益周秦两汉古义之存者，可据以证其得失，其散逸不传者，可藉以窥其端绪，则书之为功于诂训也，大矣。"《广雅》取材极博，王念孙《广雅疏证》又利用文字的形、音、义各方面资料，为其一一取证，更加提高了该书的价值。

《尔雅》、《小尔雅》、《广雅》都是早期训释字义的书籍，类似后来的"辞典"。古代解释字义的书皆称雅，除此三部之外，还有宋陆佃的《埤雅》、罗愿的《尔雅翼》，明朱谋㙔的《骈雅》、方以智的《通雅》，清吴玉搢的《别雅》、洪亮吉的《比雅》、史梦兰的《叠雅》等。这些书编撰的时代较晚，皆根据古书辑録而成，补充了各个时代新的内容，但训诂价值不如以上三书。

四 《释名》

《释名》成书于东汉末年，关于它的作者，历史上有两种说法。《后汉书·刘珍传》云："珍撰《释名》三十篇，以辨器物之称号。"《三国志·吴书·韦曜传》曜在《狱中上辞》中提到："又见刘熙所作《释名》，信多佳者。然物类众多，难得详究，故时有得失。而爵位之事又有非是，愚以官爵今之所急，不宜乖误。因自忘至微，又作《官职训》及《辨释名》各一卷。"《释名》附有刘熙自叙，曾云："夫名之与实各有义类，百姓日偁而不知其所以之意，故纂天地、阴阳、四时、邦国、都鄙、车服、丧纪，下及民庶用之器，论叙指归，谓之《释名》，凡二十七篇。"从以上记载来看，刘珍、刘熙均著有《释名》，仅卷数稍异。后人对此有很多推论，或谓各有一书，或谓"珍始而刘熙踵成之"。此书作者终为一疑案，而一般皆称刘熙《释名》。全书共计二十七篇。即：

释天　　释地　　释山　　释水　　释丘
释道　　释州国　释形体　释姿容
释长幼　释亲属　释言语　释饮食
释采帛　释首饰　释衣服　释宫室
释床帐　释书契　释典艺　释用器
释乐器　释兵　　释车　　释船　　释疾病
释丧制

今存篇数恐非全数。《韦曜传》说："而爵位之事又有非是，愚以官爵今之所急，不宜乖误。"今传《释名》无《释爵位》之文，足见今传之二十七篇必有残缺。

《释名》的特点，是以谐声音训的方法解释词义。认为词义来源于语音，语音与语义有内在的联系，语音相近语义也必相近，因以同声相谐推论诸物名称之来源。如《释地》云："土，吐也，吐生万物也。以耕者曰田，田，填也，五谷填满其中也。"

《释名》因长于音训，它能帮助了解汉字的古音，以及当时的语音与方音的关系，由于它保存了相当数量的古代词汇，并逐一作了解释，因此，还可帮助我们理解古籍中的词义。但是，语音和词义虽有一定关系，用语音解释词义必须有一定条件，不是任何同音词都能互训。《释名》的最大缺点，在于以声求义的方法不够谨严，有人批评它"颇伤于穿凿"，实为中肯。因之，利用此书须加审慎。

历史上又称《释名》为《逸雅》。明郎奎金将其与《尔雅》、《小尔雅》、《广雅》、《埤雅》合辑一书，称作《五雅》，故此更名以从其类。

清代对《释名》这部书作过比较系统的整理和研究。乾隆五十五年毕沅撰有《释名疏证》，他参照先秦两汉的古籍对《释名》进行了校证，并对其中的解释均加以说明，凡穿凿不妥之处也给以纠正。书后附《续释名》和《释名补遗》各一卷。《续释名》中包括《释律吕》和《释五声》两部分。据毕沅自注说：他是从《太平御览时序部》中辑出来的，因为"不忍弃置，又不敢羼入，故就其所引，正之以《白虎通》，参之以《史记》、《汉书》别纂一篇，不以列于补遗而别为《续释名》。"《释名补遗》是从古籍中所辑的《释名》遗文，并附辑韦曜之《官职训》和《辨释名》等遗文。继毕沅之后，王先谦又于光绪年间撰有《释名疏证补》，此书根据各家研究成果选集而成，是一部集解性的著作，适于参考。

五 《方言》

《方言》全称是《輶轩使者绝代语释别国方言》，由于全名太复杂，故诸家援引仅取其最后二字简称《方言》。东汉应劭《风俗通义序》说："周秦常以岁八月，遣輶轩之使求异代方言，还奏籍之，藏于密室。"此即《方言》全名之梗概。

《方言》是我国第一部方言辞典，它的特点是专搜集古代各个地区的方言词汇，进行综合和分别的比较，其中包括今之甘肃、陕西、河南、河北、山西、山东、湖南、湖北、安徽、四川、江苏、浙江以至北到乐浪。其中不仅是汉语方言，还包括了一些少数民族的语言。书中对汉代通行的普通话和汉及汉以前的地方方言，均标以专称加以说明。如"通语"、"凡语"、"凡通语"、"四方之通语"、"通名"，皆指当时的普通语。"某地语"、"某某之间语"、"某某之间通语"，指不同范围的地区方言。"古今语"、"古雅之别语"，指汉以前的方言。"转语"、"代语"，指某些因外界影响产生变化的语言。它的训释体例，基本上是仿照《尔雅》，把一些意义相近的词汇放在一起，先用通语作概括性说明，然后按照不同地区的方言逐一加以解释。如：

"娥，嬴，好也。秦曰娥，宋魏之间谓之嬴，秦晋之间凡好而轻者谓之娥。自关而东河济之间谓之媌，或谓之姣。赵魏燕代之间曰姝，或曰妦。自关而西秦晋之故都曰妍。好，其通语也。"

不仅解释了娥、嬴、媌、姣、姝、妍等词的共同意义，又分别说明了某个词具体产生在哪一地区。保存了先秦两汉各个地区大量的口语词汇，并逐一作了解释。因此，就为后代研究某些词汇的来源、变化以及汉字的发展，提供了方便条件。

关于《方言》的作者，也是历史上悬而未解的问题。自东汉末年以来，应劭《风俗通义序》、常璩《华阳国志·先贤士女总赞》等皆言《方言》是汉扬雄所著，尤其是自晋郭璞为《方言》作注之后，扬雄著《方言》之说盛传于世，今传之书后还附刘歆，扬雄相互遗答书。宋洪迈开始怀疑《方言》非扬雄所作，其理由是扬雄所著之书《汉书·扬雄传》备列甚详。《艺文志》小学有扬雄《训纂》一篇，儒家有"扬雄所序三十八篇"，注云："《太玄》十九，《法言》十三，《乐》四，《箴》三，"两处皆不见扬雄著《方言》。许慎撰《说文解字》，虽征引此书但不标注书名；马融、郑玄也未曾称述（《容斋随笔》）。洪迈之疑不能说没有一点道理。清戴震撰《方言疏证》，在序中驳斥洪迈，为扬雄著《方言》辩说。后来卢文弨撰《重校方言》，钱绎撰《方言笺疏》，皆崇戴抑洪。而《四库全书总目提要》则云："返复推求，其真伪皆无显据。"关于这一疑案迄今并无结论。1956年周祖谟撰《方言校笺》，他在序中说："《方言》是不是扬雄所作，很不容易断定。不过，这部书包括了西汉东汉之间许多方言的材料倒是很值得宝贵的。"

清人很重视《方言》的研究，不少人对它进行了疏证校勘。如戴震《方言疏证》，为此书订讹补漏并加疏证。钱绎撰《方言笺疏》又补戴书之不足。最近周祖谟撰的《方言校笺》和吴晓铃作的《方言校笺通检》又居前人研究之上。

六 《急就篇》

《急就篇》是西汉元帝时黄门令史游所著，成书时代约在公元前一世纪的后半叶，该书是当时习字用的启蒙课本。开头几句为"急就奇觚与众异，罗列诸物名姓字，分别部居不杂厕，用日约少诚快意，勉力务之必有喜。"说明该书的名称、内容、编次和写作目的。书名即取其开头二字，所谓"急就"，即速成。如书中所言："用日约少诚快意，勉力务之必有喜。"汉代称《急就篇》，隋唐称作《急就章》。篇是指全书而言，章是指内部分章而言。历代所传有三十一章、三十二章和三十四章，唐颜师古据"皇象、钟繇、卫夫人、王羲之等所书篇本，备加详核，足以审定，凡三十二章。"（《急就篇注叙》）共二千零十六字，即今天通行的本子。分章的目的，是为了便于记诵，每章限制在六十三字之内，对内容划分并无甚大关系，故后来通行的颜注本把章次删去。书之篇次和内容因为了便于读识和记忆，尽量把偏旁相同的字放在一起，如"桐梓枞松榆椿樗"，字皆从木，皆为树木的名称，"铁鈇钴锥釜鍑鍪"，字皆从金。皆为金属器具的名称。内容以词意组合，收集了很多人名、地名和各种词类，使学者通过识字掌握一些知识。文皆按三、四、七言分句，并合辙押韵。

《急就篇》，原为启蒙习字课本，汉代广为流传，历代书法家展转仿摹。王国维曾在《校松江本急就篇序》中说："古字书，自《史籀》、《苍颉》、《凡将》三书既佚，存者以《急就》为最古，自颜注本行而魏晋以来旧本微，王氏补注出而唐宋旧本亦微。颜监所见有钟繇、皇象、卫夫人、王羲之所书，崔浩、刘芳所注；然宋代所存者仅钟、皇、索靖三本，宋末王深宁所见，则惟皇象碑本而已。"皇象、钟繇皆为吴、魏时代的草书家，他们的真迹已失，目前所见只有元明时代的书法家赵孟頫、邓文原、宋克、俞和等人的临摹，所临多为草书和正楷。史游原书究竟是篆书、隶书，还是草书，后人虽有议论但终无确证，现在所见最早的写本是敦煌、居延两地所出汉代《急就篇》残简，皆作隶书。它的特点是保存了一些汉代通行的词汇，经过唐颜师古注释和宋王应麟补注，此书成为一部训释文字古义，具有辞典性质的书籍。

七 《说文解字》

《说文解字》是东汉和帝时许慎所著，大约成书于公元100年。它是根据当时文字学的研究成果写成的一部总结性的著作。全书共十四篇，连叙十五篇，共收录九千三百五十三字，另有重文一千一百六十三字，按照字体偏旁分作五百四十部首。每字按偏旁分门归类，使九千三百余字统辖于五百四十部首之中。它以指事、象形、形声、会意、转注、假借等六书作为解释文字的理论，说明每字的结构和意义。书中征引的资料，包括古文、籀文、经传、石刻、方言、俗语，以及当时学者的意见。对每个字都分别作了字形、字义和字音的解释，兼采形训、音训、义训三种方法。对结构复杂的字体，从字形变化方面说明原来取某字之义或声，从简后省掉了什么，保存了什么，从字形说明字义。如："隶，及也，从又从尾省，又持尾者，以后及也"。说明隶字从手从尾，手揪住了尾巴，表示追逐。而尾字省去了尸符保存了毛符，则构成隶字的形体。从字音解释字义，即所谓"音训"，古代各地语言不甚统一，往往一语而别为数字，因而有些字音相近，字义也相同。刘熙《释名》即用此法训释字义。《说文》中如："天，颠也"，"户，护也"，皆属于声训一类。义训是训诂学之常法，《尔雅》、《广雅》皆为义训辞书，《说文》中如："元，始也，从一从兀"；"初，始也，从刀从衣，裁衣之始也"；"基，墙始也，从土其声"，皆属通异言，辨名物之义训方法。以上类例说明，《说文》既是讲字形的书，又是讲字义的书。但是，此书写于一千八百年前的东汉时代，当时无论是研究文字的理论或资料都有局限，许慎本人又崇信阴阳五行如谶纬学说，因而在解字方面不免有牵强附会和错误，有些已被清代学者指出并纠正。今天由于早于秦篆的商周时代的文字资料不断发现，《说文》中的问题就更显得突出了。应当根据现有资料对该书再作进一步研究。

历代研究《说文解字》的著作很多，尤以清代为甚，这里选其主要的略作介绍。

唐肃宗乾元年间，篆书家李阳冰曾把许慎的《说文解字》重新刊定为二十卷。他以自己的意见擅自篡改许书，自此以后，唐代通行的《说文解字》实际上已由李书代替。南唐徐锴曾斥李阳冰刊定的《说文解字》为臆说妄作，另撰有《说文系传》，根据许慎原著恢复本来面目，并在书后附《祛妄》一篇，为斥李阳冰而作。宋太宗雍熙三年徐锴兄徐铉奉诏与当时学者葛湍、王惟恭等重新校订《说文解字》，对原书内容经过整理、审定，并在各部之后补充了原许书未收之字，标明为"新附字"。每字皆用反切注音。对许氏解释中不确或不详者均另加说明，标以"臣铉曰"或"臣铉等曰"以示与许说之别。历史上将徐铉的《说文解字》称作大徐本，将徐锴的《说文系传》称作小徐本。二徐本皆将许慎原书之十五卷，每卷分为上下，共为三十卷。自二徐本通行之后，唐李阳冰二十卷本随废。唐本《说文解字》今已不传，只有宋米友仁鉴定的唐写本《说文解字·木部》残卷收于丁福保《说文解字诂林》中，清莫友芝撰有《唐写本说文解字木部笺异》，周祖谟撰有《唐本说文与说文旧音》，收于他的《汉语音韵论文集》内。

徐铉所定的《说文》和徐锴所编的《系传》均流传至今，而与许慎的原著究竟有多大差别，现已无法知道了。然二徐本中确有妄加删改之处，清人钱大昕曾指出："二徐校刊《说文》，既不审古音之异于今音，而于相近之声全然不晓，故于从某之字之语，往往妄有刊落。然小徐犹有疑而未尽改，大徐则毅然去之，其诬妄较乃弟尤甚。今略举数条言之：元，从一兀。小徐云：'俗本有声字，人妄加之也'。按元兀声相近，兀读若夐、瓊，或作琁，是夐旋同音，兀亦与旋同也。髡、从兀或从元，軏《论语》作輗，皆可证元为兀声。小徐本不识古音，转以为俗人妄加，大徐本并不载此语，则后世何知元之取兀声乎。"（《十驾斋养新录》卷四：《二徐私改谐声字》）从钱大昕对二徐的批评，说明研究古文字，除了解形义还须通晓古音，形音义三者必须密切结合，缺一不可。因此清人对《说文解字》的研究成绩远超宋人之上。

清代研究《说文解字》的著作很多，其中最有成绩者首推四家，即段玉裁《说文解字注》，桂馥《说文义证》，王筠《说文释例》与《说文句读》，朱骏声《说文通训定声》。这四家虽同攻《说文》，但成绩各有所得。段注在校订文字，阐释许慎解字方面多有发明。桂氏《义证》重在博引书籍佐证字义，长于训诂。王氏《释例》偏重用六书分析字形体例。朱氏《定声》通过音义说明转注、假借，博举群书阐释通假正别。在此四家之中，以段、朱两家尤为重要，它不仅为专攻文字者必读，而且为阅读古籍必不可少的重要参考书。

近人丁福保曾把研究《说文解字》的重要专著汇为一编，辑成《说文解字诂林》，按原书体例，于每字之下罗列诸家解释，此书极便参考使用。

清人研究《说文解字》虽有很大成绩，但也有一定的问题。尤其是近些年来经过考古发掘，商代的甲骨文、周代金文，以及战国时代的简帛陶玺等文字资料大量出土，用以考核过去的解说，其中有很多错误。

《说文解字》检字极难，历代颇有同感。清人为了解决这一困难，编著了一些辅助工具书。如黎永椿的《说文通检》，史恩絜的《说文易检》，蒋和的《说文部首表》，冯桂芬的《说文部首歌》，近人饶炯的《说文解字部首订》，唐玉书的《说文部首讲义》等等，皆能对检查《说文解字》有所帮助，尤以《说文通检》较为方便适用。全书分两册，"卷首检部目，卷末检疑字，卷一迄卷十四检本部之字"。它仿照字典的方法，按照部首收字，以笔划多少分列先后，每字之下注有字序，根据部首字序寻查，比较方便。

以上所介绍的七种书籍，都是汉魏时代的著作，时代较早。除此之外，另有一些唐宋以后集释诸书文字训诂的著作，如唐陆德明《经典释文》，慧琳《一切经音义》，以及清代阮元的《经籍籑诂》等。《经典释文》主要是考证古书的字音，也兼辨字义。它对诸经中的文字，采录各家的音切和释义，参照各本异同，提出自己的意见。后代对此书评价很高，《四库全书总目提要》说："所采汉魏六朝音切凡二百三十余家，又兼载诸儒之训诂，证各本之异同，后来得以考见古义者，注疏之外，惟赖此书之存，真所谓残膏剩馥，沾溉无穷者也。"慧琳《一切经音义》，一名《大藏音义》，简称《慧琳音义》共一百卷。它选释词语的佛经从《大般若经》到《护命放生法》共一千三百部，五千七百余卷，约六十万言。主要根据《说文》、《字林》、《玉篇》、《字统》、《古今正字》、《文字典说》、《开元文字音义》等七部字书；同时还参考了《韵诠》、《韵英》、《考声切韵》等书；并在最后辨释字体。此书重要之处是广泛地征引了各种古籍，其中有些是已经失传的古籍。过去一直对此书字义的训释评价很高，如唐人景审为此书所写的序中说："浩然如海，吞众流以成深，皎兮若镜，照群物以无勤。"在此书之前，于唐太宗贞观年间释僧玄应亦著有《一切经音义》，与慧琳书同名，后人简称《玄应音义》，以示区分。全书共二十五卷，与慧琳书具有相同作用，但不若《慧琳音义》广博。阮元《经籍籑诂》共一百零六卷。此书主要为训释字义而作，除集录经传子史诸书的本义和各家注释外，还采用《尔雅》、《小尔雅》、《说文》、《释名》、《广雅》和《玄应音义》等书，大致把唐以前的文字训诂皆包括于此书之内。王引之在为此书写的序中说："展一韵而众字毕备，检一字而诸训皆存。"说明它集录的资料相当丰富。

除上述几种古代训诂书外，现代的《辞源》、《辞海》、《辞通》等，也都是重要的训释字义的书籍。

下　编

古文字学专题

第六章　商周时期的甲骨文

过去，一提到甲骨文，人们就认为是指商代晚期诸王所遗留的卜辞。现在这个概念已经过时了。根据考古发掘的资料证明，不仅商代有甲骨文，西周、春秋也有甲骨文。商代的甲骨文除安阳小屯外，侯家庄、后岗、四盘磨等地也有出土。时代早于安阳殷墟的郑州二里岗，亦出土两片带字牛骨，属武乙、文丁时物。它们虽然出自扰土层和采集所得，[①] 但它说明，郑州既有商代晚期带字甲骨出土，也会有早期带字甲骨出土的可能。1952年洛阳东关泰山庙东北隅于第T53号探沟中出土一块残龟甲，并在其右边中部有一"五"字，可能是兆序之刻文。[②] 山西洪洞赵坊堆村、陕西长安张家坡、北京昌平白浮村，以及陕西岐山凤雏村等地均发现有周代带字甲骨。陕西岐山凤雏村，地处"周原"，首先发现的是先周时代的宫殿遗址，后来又在建筑基址西厢房第2号房间内的第11号窖仓中，发掘出一万七千多片当时占卜所用的甲骨，其中有二百九十多片刻有卜辞。

占卜习俗在我国分布很广，持续使用的时间也很久，但从现有资料来看，仍然是以商代的甲骨文出土数量最多，研究的成绩也最大。周代甲骨文刚刚被发现，出土的数量还很有限，研究工作才刚开始，还需要继续进行调查和发掘。

第一节　商代甲骨文

一　商代甲骨文的发现和研究

商代甲骨文最早发现于河南省安阳市西北郊的小屯村，这里原是商代后期的国都，即古人所谓的"殷墟"。据《史记·殷本纪正义》引《竹书纪年》说："自盘庚徙殷至纣之灭，二百七十三年更不迁都。"在这里共经历过八代十二位商王。

商代的甲骨文埋藏在几乎遍及整个小屯村附近的地区，自宋代以来此地就不断发现商代铜器，甲骨出土也很有可能，由于当时未被人们所认识，未能引起注意。清光绪二十五年（1899年），在京作官的金石学家王懿荣首先发现甲骨，引起人们的注意和收藏。关于王懿荣发现甲骨文这件事，过去有两种传说。一种传说是王氏因在京生病，中医处方中有一味名叫"龙骨"的中药，当仆人把中药从宣武门外菜市口达仁堂买回，王氏亲自开包审视，发现"龙骨"上面有曾经刀刻的篆文，大为惊讶。王懿荣平素喜好金石学，精通铜器铭文，立即觉悟此非一般药材，来历一定很古，遂派人到药店访问龙骨来源，并将店中龙骨字迹清晰者全部

---

① 河南省文化局文物工作队：《郑州二里岗》38页，图版十六、6；科学出版社，1959年。
② 陈梦家：《解放后甲骨的新资料和整理研究》，图六：甲、乙；《文物参考资料》1954年5期。

选购。埋藏在地下三千多年的商代甲骨文，从此，即被偶然发现。关于此一传说，还有两种说法。据加拿大牧师明义士讲："一八九九年（己亥，光绪二十五年）有学者名王懿荣，（字廉生，谥文敏公）到北京某药店买龙骨，得了一块有字的龟版，见字和金文相似，就问来源，并许再得了有字的龙骨，他要，价每字银二两。回家研究，颇有所得。王廉生是研究甲骨的第一人。"① 再一种说法是："丹徒刘鹗铁云客游京师，寓福山王懿荣正儒私第。正儒病疟，服药用龟版，购自菜市口达仁堂。铁云见龟版有契刻篆文，以示正儒，相与惊讶。正儒故治金文，知为古物，至药肆询其来历，言河南汤阴安阳，居民掊地得之，辇载衒鬻，取价至廉，以其无用，鲜过问者，惟药肆买之云云。铁云遍历诸肆，择其文字较明者购以归。"②

第二种传说是，光绪己亥，山东潍县古董商范某，第一次从安阳小屯买到少数带字的甲骨，是年之秋转售于王懿荣，大得赏识。王氏在京做官，素常收藏金石，对于文字考订颇为精深，因此一见范估所谓的"龟版"，即刻鉴定为有价值的古代文物，王氏先后两次以重价收购了范估、赵估等甲骨一千余片。如王懿荣次子王汉章在其所著《古董录》中所讲："估取骨之稍大者，则文字行列整齐，非篆非籀，携归京师，为先公述之，先公索阅，细为考订，始知为商代卜骨，至其文字，则确在篆籀之前，乃畀以重金，嘱令悉数购归。"③ 据刘鹗《铁云藏龟》自序云：甲骨"既出土后，为山左贾人所得，咸宝藏之，冀获善价，庚子岁，有范姓客，挟百余片走京师，福山王文敏公懿荣见之狂喜，以厚值留之。后有潍县赵君执斋得数百片，亦售归文敏。未几，义和拳乱起，文敏遂殉难。壬寅年，其喆嗣翰甫观察售所藏清公凤责，龟版最后出，计千余片，予悉得之"。

以上两种传说虽有分歧，但是，王懿荣是认识和研究商代甲骨文的第一人，这是没有异议的。可是甲骨出土，并不始于此。据罗振常《洹洛访古游记》云："此地埋藏龟骨，前三十余年已发现，不自今日始也。谓某年某姓犁田，忽有数骨片，随土翻起，视之，上有刻画，且有作殷色者（即涂朱者），不知为何物。北方土中，埋藏物多，每耕耘，或见稍奇之物，随即其处掘之，往往得铜器、古泉、古镜等，得善价。是人得骨，以为异，乃更深掘，又得多数，姑取藏之，然无过问者。其极大胛骨，近代无此兽类，土人因目之为龙骨，携以视药铺。药物中固有龙骨、龙齿，今世无龙，每以古骨充之，不论人畜。且古骨研末，又愈刀创，故药铺购之，一斤才得数钱。骨之坚者，或又购以刻物。乡人农假，随地发掘，所得甚夥，拣大者售之。购者或不取刻文，则以铲削之而售。其小块及字不易去者，悉以填枯井。"④ 驻安阳地区的牧师明义士亦说："小屯有薙头商名李成，常用龙骨粉作刀尖药。此地久出龙骨，小屯居民不以为奇。乃以骨片、甲版、鹿角等物，或有字或无字，都为龙骨。当时小屯人李成收集龙骨，卖与医店，每斤制钱六文。"⑤

从当时人的记述来看，很久以前药商即在小屯附近采购商代甲骨卜辞充作中药龙骨，不能入药者，有的用于肥田，也有的用于填井，现已无法估计若干年来有多少商代卜用的甲骨被毁掉。

王懿荣前后共计收购甲骨约一千五百余片，未来得及深入研究，即于1900年八国联军入

---

① 明义士：《甲骨研究》，齐鲁大学石印本，1933年。
② 汐翁：《龟甲文》，北京《华北日报·华北书刊》第八十九期，1931年。
③ 王汉章：《古董录》，《河北第一博物院画报》第五十期，1933年。
④ 罗振常：《洹洛访古游记》，上海蟫隐庐书店，1911年。
⑤ 明义士：《甲骨研究》，齐鲁大学石印本，1933年。

侵北京时投井自杀（当时王氏为清朝国子监祭酒兼任团练大臣）。1902年，王氏长子王翰甫因为还债，将家中所藏古物一起出售，其中有一千多片甲骨卜辞全部转卖给刘鹗。刘氏本人亦收藏不少甲骨，二者归一，总计约五千余片，1903年刘鹗从中选拓了一千零五十八片，编成《铁云藏龟》一书，这是我国有关商代甲骨文的第一本著录。

与王、刘二氏同时收购甲骨文的还有天津王襄和孟定生，据王氏说："前清光绪己亥年，河南安阳县出贞卜文，是年秋，潍贾始携来乡求售。钜大之骨，计字之价，字偿一金；一骨之值，动即十数金。乡人病其值昂，兼之骨朽脆薄，不易收藏，皆置而不顾。惟孟定老世叔及予，知为古人之契刻也，可以墨迹视之。奔走相告，竭力购求。惜皆寒素，力有不逮，仅于所见十百数中获得一二，意谓不负所见，藉资考古而已。后闻人云，吾侪未购及未见之品，尽数售诸福山王文敏（懿荣）矣。翌年，潍贾复来，所携亦夥。定老与予各有所获。值稍贬，故吾侪得偿所愿焉。"①又谓："翌年秋，携来求售，名之曰'龟版'。人世知有殷契自此始。甲骨之大者，字酬一金。孟氏与余皆困于力，未能博收。有全甲之上半，珍贵逾他品，闻售诸福山王文敏公……清季出土日富，购求者鲜，其值大削。余时读书故京师，凡京津两地所遇，尽以获得。汰其习见之文字，细屑之甲骨，最括存四千余品，拙著《殷契征文》所录，皆寒斋旧储。"②

在王懿荣最初发现商代甲骨之时，社会上知道的人还不很多，能认识的更少。古董商人范维卿、赵执斋等不肯道出甲骨出土的真实地点，谎指河南汤阴。这样他们即可估价高昂，以字定价，一字一金。正如王襄所讲，收藏家们"病其值昂"，"皆置而不顾"。到后来关于甲骨的出土地点在安阳小屯，为人所共知，许多中外人等皆避开估商而亲自下乡向村民收购。过去是挖骨做药，售价极低，除少数人经营外，一般不予过问。现在掘出字骨能售善价，当地村民大肆挖掘字骨。罗振玉继王懿荣、刘鹗、王襄等人之后，是搜集、著录和研究商代甲骨文最有成绩者。最初他是从古董商人手里买甲骨，据说在1910年中，从商人手中即购买了一万多片。③1911年又派其弟罗振常和内弟范兆昌亲至安阳小屯向村民收购。关于每日收购的情况，罗振常《洹洛访古游记》有详细记载，这里选录数条以见一斑。

一九一一年二月，二十五日　至小屯，各家争出甲骨，成七八宗。

二十七日　检昨所得，视前日为多，计大小一千数百块，为到此得骨最多之一日。

二十八日　恒轩去二三时，欣然归来，随一土人，提柳筐，卧大骨片于中。恒轩出骨于筐，如捧圭璧，盖即昨日议价未成者也（菁华第一叶）。土人收资去，恒轩乃言，初虽增价，彼愈坚持。后告以余等将他往，可售则售，不可则已。匆匆欲行。有一老者，留其姑坐。而与其子及诸人密议，似欲买某姓之地，将以此为地价者，良久，乃议决售之。此片有百余字，数段皆文字完全，为骨片中所仅见……

二十九日　每日所得甲骨，皆记其数，至昨日止，共得六千七百余块。

三月初一日　将及小屯，有自后狂呼者，则土人崔姓，即邀至其家，众人随之。既购二三十份，少憩，又看骨十余份。

初二日　检昨所得，计小块甲骨四十四宗，一千三百余块。

---

① 王襄：《题所录贞卜文册》，河北博物院半月刊，第三二至三三期，1933年。
② 王襄：《题易穞园殷契拓册》，河北博物院半月刊，第八五期，1935年。
③ 容庚：《甲骨学概况》，岭南学报七卷二期，1947年

初五日　检昨日价条计七十九纸，即七十九宗，甲骨一千四百四十块。

初六日　至小屯，逐户巡查，有一户最精，似向所未见；又一户次之；余无菁华，且有以前见过不取者。别有一户，贮骨木匣，封钤甚密。令其启视，不允，谓中皆骨条，须临时再启，遂亦听之。合计大片精者，不过数块，块大字少者二三十块，中等及长条骨节四五百块。

初八日　小屯人来，成八九宗，大中小共六百余块。

初十日　数昨所得骨，计四百五十块，中亦颇有精者。

十二日　至小屯，有一宗约三百块，小龟甲为多，无一不精，物乃初见，价复不昂。又有一宗，计百五十块，虽无甚新异，然骨质好，刻字佳，亦自可取。

十四日　检昨日所得，大小相错，分别之，则大者中者二百五十五块，小者一千零三十块。为到此收买最多之日。

十七日　昨钩稽帐目，龟甲兽骨两次运京者，大小共得一万二千五百余块，可云大观。

罗振常和范兆昌二人在安阳共住了五十天，每天来小屯村向村民收购甲骨，有时一日所得在千片以上，两次运京大小甲骨共一万二千余片，全部所得当不仅于此。辛亥革命后，罗氏自以为清朝遗老，故携带甲骨逃往日本，在途中据说损失很多。罗氏在日将其所藏的甲骨雇工选拓了一部分，先后编成《殷墟书契前编》(1912)、《殷墟书契菁华》(1914)、《殷墟书契后编》(1916)，以及后来所编的《殷墟书契续编》(1933)等四部商代甲骨文的著录。当时派人住在安阳就地收购甲骨者，并不仅罗氏一家，也不完全都是中国人，有些外国人也进行抢购。1914年加拿大人明义士在安阳当长老会的牧师时，听说小屯村有商代甲骨出土，就经常骑着白马围绕着洹水南岸的小屯附近徘徊，如他在《殷墟卜辞》自序中讲："时低窪沙岸一带，柳始萌芽，秽童数人，半箬鹑衣，臂悬筐筥，争采嫩柳，以当茶叶。见外人至，遂环集余旁，盖余方傍井而坐，检视小堆陶片也。为首童子曰：'君何为？'余曰：'检视碎陶耳'。曰：'奚用？'曰：'好之。'复冒然问曰：'君好骨耶？'余答曰：'然，视情形何如耳'。徐曰：'余能视君以龙骨，其上且有字焉。'余聆是语，告以甚感兴趣。余等遂行，环绕河曲，经一荒凉沙野，抵一小窟，窟在西向斜坡上，坡间满被骨层，一片白色，此即殷朝武乙故都，殷墟是也。"1917年他将所得甲骨之一部分编著成《殷墟卜辞》，并在其序中称，当时即已自藏甲骨五万余片，从中选出二三六九片编成是书。自此之后，1923至1926年间于小屯村前和张学献菜园等地出土的甲骨多为明义士所收购。1928年他又从所藏甲骨中选拓一千余片，装订五册分别赠予马衡、商承祚、容庚、曾毅公等人，并未正式出版。1951年胡厚宣先生从中选摹八四七片收录在《战后南北所见甲骨录》中。明义士所得的甲骨，数量虽然不少，见于著录的不多，其中有一部分运出国境，据说还有一万多片埋藏在齐鲁大学校舍内，1952年"三反"运动时被揭发，从地下挖出时都已腐烂成粉。①

自1899年王懿荣发现商代甲骨文之后，到1928年中央研究院在安阳殷墟正式进行考古发掘为止，前后三十年间经私人盗掘盗卖的商代甲骨，据胡厚宣先生统计约有八宗十万片左右。计：

一　王懿荣所得　　　　　　约　一五〇〇片

---

① 《光明日报》1952年5月20日。

二	孟定生、王襄所得	约	四五〇〇片
三	刘鹗所得	约	五〇〇〇片
四	罗振玉所得	约	三〇〇〇〇片
五	其他藏家所得	约	四〇〇〇片
六	库寿龄、方法敛所得	约	五〇〇〇片
七	日本人所得	约	一五〇〇〇片
八	明义士所得	约	三五〇〇〇片

把甲骨文字著录成书的有：

一	刘 鹗	铁云藏龟	1903年	一〇五八片
二	罗振玉	殷墟书契	1912年	二二二九片
三	罗振玉	殷墟书契菁华	1914年	六八片
四	罗振玉	铁云藏龟之余	1915年	四〇片
五	罗振玉	殷墟书契后编	1916年	一一〇四片
六	罗振玉	殷墟古器物图录	1916年	四片
七	明义士	殷墟卜辞	1917年	二三六九片
八	姬佛陀	戬寿堂藏殷墟文字	1917年	六五五片
九	林泰辅	龟甲兽骨文字	1921年	一〇二三片
一〇	王 襄	簠室殷契征文	1925年	一一二五片
一一	叶玉森	铁云藏龟拾遗	1925年	二四〇片
一二	罗福成	传古别录第二集	1928年	四片

共十二种书，甲骨计九九一九片，发表的材料虽然只占全部出土甲骨文字的十分之一，但是，其中比较重要的资料已经公布不少，这对当时开展甲骨文的研究，起了很大的作用。①

1928年秋季，前中央研究院历史语言研究所成立，随后即开始计划发掘殷墟，从此结束了私人任意盗掘的局面，转为有计划地科学发掘。前中央研究院历史语言研究所从1928年10月在安阳殷墟开始进行第一次试掘起，到1937年6月，十年之间发掘了十五次。其中在商代最后一个都城，即今安阳小屯发掘了十二次，其次是对商朝陵墓的发掘，先后在侯家庄西北岗发掘三次，均有重大收获。所发现的商朝宫廷遗址、商王陵墓，以及出土的铜器、陶器、骨器、玉器、蚌器等各种遗物，不仅为研究商代历史提供了大量资料，同时为商代考古奠定了基础。仅就出土甲骨来讲，自第一至第九次的发掘，共获得带字龟甲四四一一片，字骨二一〇二片，计六五一三片。董作宾从中选出字甲二四六七片，字骨一三九九片，计三八六六片编成《小屯·殷墟文字甲编》，已于1948年由商务印书馆出版。第十三至第十五次发掘，共发现字甲一八三〇七片，字骨九八片，总计一八四〇五片。其中重要部分由董作宾编为《小屯·殷墟文字乙编》上中下三辑，分别在1948年和1954年两次出版，后来张秉权将《乙编》残碎龟甲进行缀合，合为六三二版编为《殷墟文字丙编》上中下六册，分别在1957、1959、1967年出版。

新中国成立后，中国社会科学院考古研究所在安阳殷墟建立了工作站，殷墟的考古工作重新恢复，并在原来的基础上作更进一步的发展和提高。关于商代甲骨也有重要收获，1971

---

① 胡厚宣：《殷墟发掘》，学习生活出版社，1955年。

和 1973 年于小屯南地两次发掘，出土带字甲骨四千多片，由考古研究所编成《小屯南地甲骨》一书，1981 年由中华书局出版。

商代的甲骨文，自 1899 年被发现以来，迄今已有八十多年的历史。它的发现，不仅为研究我国商朝历史提供了珍贵的资料，同时亦是研究人类社会古代历史的重要材料。它不仅引起国内学者的重视，国际学者亦予以极大的关注。今日的甲骨学，已经成为世界各国学者共同研究的一门学科。

在 1928 年以前的三十年内，经私人盗掘和盗买的商代甲骨一部分被毁坏，一部分输出国外；国内私人所藏，经多次辗转，自建国以后多归各地博物馆、图书馆、高等学校等各文化单位保存。中外所藏甲骨，近些年来多陆续编著成书，现在所能看到的国内外有关甲骨资料的编著，除上述 1928 年前私人出版的十二种甲骨书籍之外，又增多近十倍，这里将有关甲骨资料的著录和掇合，按照出版时间顺序记录如下，以备参阅。

一三	董作宾	新获卜辞写本	1929
一四	关葆谦	殷墟文字存真	1931
一五	下中弥三郎	书道全集	1931
一六	商承祚	殷契佚存	1933
一七	容　庚	殷契卜辞	1933
一八	罗振玉	殷墟书契续编	1933
一九	商承祚	福氏所藏甲骨文字	1933
一〇	郭沫若	卜辞通纂（别一别二）	1933
二一	金祖同	郼斋藏甲骨拓片	1935
二二	黄　濬	邺中片羽初集	1935
二三	黄　濬	衡斋金石识小录	1935
二四	方法敛	库方二氏藏甲骨卜辞	1935
二五	明义士	柏根氏旧藏甲骨卜辞	1935
二六	H. g Creel.	The Birth of China.	1936
二七	孙海波	甲骨文录	1937
二八	郭沫若	殷契粹编	1937
二九	黄　濬	邺中片羽二集	1937
三〇	白瑞华	殷墟甲骨拓片	1937
三一	方法敛	甲骨卜辞七集	1938
三二	唐　兰	天壤阁甲骨文存	1939
三三	李旦丘	铁云藏龟零拾	1939
三四	金祖同	殷契遗珠	1939
三五	方法敛	金璋所藏甲骨卜辞	1939
三六	曾毅公	甲骨缀存	1939
三七	孙海波	诚斋殷墟文字	1940
三八	梅原末治	河南安阳遗宝	1940
三九	李孝定	中央大学藏甲骨文字	1940
四〇	于省吾	双剑誃古器物图录	1940

四一	李旦丘	殷契摭佚 1941
四二	何 遂	叙圃甲骨释要 1941
四三	保坂三郎	庆应义塾图书馆藏甲骨文字 1941
四四	黄 濬	邺中片羽三集 1942
四五	瓠 庐	瓠庐谢氏殷墟遗文原拓片八册
四六	胡厚宣	厦门大学所藏甲骨文字 1944
四七	胡厚宣	甲骨六录 1945
四八	W. C. White	Bone Culture of Ancient China 1945
四九	胡厚宣	战后殷墟出土的新大龟七版 1947
五〇	金祖同	龟卜 1948
五一	董作宾	小屯·殷墟文字甲编 1948
五二	董作宾	小屯·殷墟文字乙编（上） 1949
五三	董作宾	小屯·殷墟文字乙编（中） 1949
五四	李亚农	殷契摭佚续编 1950
五五	曾毅公	甲骨缀合编 1950
五六	胡厚宣	战后宁沪所获甲骨集 1951
五七	胡厚宣	战后南北所见甲骨录 1951
五八	郭若愚	殷契拾掇 1951
五九	郭若愚	殷契拾掇二编 1953
六〇	胡厚宣	战后京津新获甲骨集 1954
六一	胡厚宣	甲骨续存 1955
六二	郭若愚	殷墟文字缀合 1955
六三	董作宾	小屯·殷墟文字乙编（下） 1956
六四	董作宾	殷墟文字外编 1956
六五	饶宗颐	日本所见甲骨录 1956
六六	饶宗颐	巴黎所见甲骨录 1956
六七	陈梦家	殷墟卜辞综述（图版） 1956
六八	张秉权	殷墟文字丙编（上） 1957
六九	董作宾	汉城大学所藏大胛骨刻辞考释 1957
七〇	饶宗颐	海外甲骨录遗 1958
七一	青木木菟哉	书道博物馆藏甲骨文字 1958
七二	贝冢茂树	京都大学人文科学研究所藏甲骨文字 1959
七三	松丸道雄	日本散见甲骨文字蒐彙 1959—1980 第一至第五刊于《古文字研究》第三辑，第六刊于《古文字研究》第八辑
七四	陈邦怀	甲骨文零拾 1959
七五	张秉权	殷墟文字丙编（中） 1959
七六	姚孝遂	吉林大学所藏甲骨选释《吉大学报》 1963.4
七七	金祥恒	国立中央图书馆所藏甲骨文字 《中国文字》十九，二十册 1966
七八	伊藤道治	故小川睦之辅氏藏甲骨文字 《东方学报》第三十七册 1966

七九	白瑞华	方法敛摹甲骨卜辞三种 1966
八〇	张秉权	殷墟文字丙编（下） 1967
八一	伊藤道治	大原美术馆所藏甲骨文字 1968
八二	李　棪	联合书院图书馆所藏甲骨文字《香港中文大学联合书院学报》 1969.7
八三	严一萍	集契汇编 1969
八四	饶宗颐	欧美亚所见甲骨录存 《南洋大学学报》第四期 1970
八五	刘体智	善斋藏契萃编 1970
八六	李　棪	北美所见甲骨选粹 香港中文大学《中国文化研究所学报》三卷二期 1970
八七	马薇颃	薇颃甲骨文原 1971
八八	许进雄	殷墟卜辞后编 1972
八九	许进雄	加拿大皇家安大略博物馆藏明义士旧藏甲骨文字 1972
九十	严一萍	美国纳尔森美术馆藏甲骨刻辞考释 1973
九一	胡厚宣	临淄孙氏旧藏甲骨文字考释 《文物》 1973.9
九二	严一萍	铁云藏龟新编 1975
九三	严一萍	甲骨掇合新编 1975
九四	周鸿翔	美国所藏甲骨录 1976
九五	许进雄	加拿大皇家安大略博物馆藏怀特氏等收藏甲骨文集 1976
九六	伊藤道治	日本所见甲骨录 1977
九七	伊藤道治	关西大学考古学资料室藏甲骨文字 《史泉》五十一号 1977
九八	李先登	天津师范学院图书馆藏甲骨选介《天津师院学报》 1978.4
九九	郭沫若　胡厚宣	甲骨文合集 1978
一〇〇	考古研究所	小屯南地甲骨 1979
一〇一	渡道兼庸	东洋文库所藏甲骨文字 1979
一〇二	胡厚宣	释流散到德国的一片卜辞 《郑州大学学报》 1980.2
一〇三	安阳博物馆	安阳博物馆馆藏卜辞选 《中原文物》 1981.1
一〇四	李先登	孟广慧藏甲骨选介 《古文字研究》第八辑 1983
一〇五	胡振祺	山西省文物工作委员会收藏的甲骨 《古文字研究》第八辑 1983
一〇六	松丸道雄	东京大学东洋文化研究所藏甲骨文字 1983
一〇七	伊滕道治	国立京都博物馆藏甲骨文 神户大学《文化学年报》第三号 1984
一〇八	伊滕道治	黑川古文化研究所藏甲骨文字神户大学《文化学年报》第三号 1984
一〇九	严一萍	商周甲骨文总集 1985
一一〇	雷焕章	法国所藏甲骨录 1985
一一一	李学勤等	英国所藏甲骨集 1986
一一二	萧　南	小屯南地甲骨缀合篇 《考古学报》第三期 1986

一一三	沈之瑜	甲骨卜辞新获 《上海博物馆馆刊》第三辑 1986
一一四	伊藤道治	天理大学附属天理参考馆甲骨文字 1987
一一五	胡厚宣	苏联国立爱米塔什博物馆藏甲骨文字 《甲骨文与殷商史》第三辑 1988
一一六	胡厚宣	苏德美日所见甲骨集 1988

关于甲骨文的研究，首先是文字的考释工作，乃自孙诒让所创始。当《铁云藏龟》于1903年问世不久，孙氏即根据此书于1904年"穷两月之力"写成《契文举例》二卷。书成但未能及时付印。事隔十年之后，1916年间王国维购获孙氏稿于上海书肆，罗振玉为其刊入《吉石庵丛书》之中。当时孙氏所能看到的资料很少，仅据有限的资料，为甲骨文的研究和考释、创造方法、建立体例，后来的著述，无不因此书启导所致。由于是草创之作，难免有不妥或谬误之处，但是，披荆斩棘之功不可抹煞。自殷契出土以来，在中国近代学术史上开辟了一个新的研究领域，而孙氏的《契文举例》乃为此新领域中的权舆之作。继孙诒让之后，罗振玉于1910年撰成《殷商贞卜文字考》一卷，1914年又在此书的基础上加以补充，更名为《殷墟书契考释》，不分卷。后来又于1927年进一步增订，分作三卷，全名为《增订殷墟书契考释》，这是继孙氏《契文举例》之后的第二本专门考释甲骨文字的著作。自此之后，诸如王襄、叶玉森、朱芳圃、郭沫若、唐兰、于省吾等，均有考释甲骨文的专著，这里亦按出版时间为序，选录如下，以备参考。

一	孙诒让	契文举例 1904
二	罗振玉	殷商贞卜文字考 1910
三	罗振玉	殷墟书契考释 1914
四	王襄	簠室殷契类纂 1920
五	商承祚	殷墟文字类编 1923
六	叶玉森	殷契钩沈 1923
七	叶玉森	说契 1924
八	叶玉森	研契枝谭 1924
九	陈邦怀	殷墟书契考释小笺 1925
一〇	余永梁	殷墟文字考 1926
一一	罗振玉	增订殷墟书契考释 1927
一二	余永梁	殷墟文字续考 1928
一三	郭沫若	甲骨文字研究 1931
一四	叶玉森	殷墟书契前编集释 1932
一五	朱芳圃	甲骨学文字编 1933
一六	唐兰	殷墟文字记 1934
一七	吴其昌	殷墟书契解诂 1934
一八	于省吾	殷契骈枝 1940
一九	于省吾	殷契骈枝 续与三续 1941与1944
二〇	杨树达	积微居甲文说 1954
二一	杨树达	卜辞求义 1954
二二	朱芳圃	殷周文字释丛 1962

二三　李孝定　甲骨文字集释　　1965
二四　于省吾　甲骨文字释林　　1979

关于各家对甲骨文字的考释，除上述一些专著之外，其它多附在诸家甲骨文著录的考释中，或在学术刊物上发表的论文中。前者如王国维《戬寿堂所藏殷墟文字考释》，郭沫若《卜辞通纂考释》、《殷契粹编考释》，唐兰《天壤阁甲骨文存》，容庚《殷墟卜辞》，商承祚《殷契佚存》、《福氏所藏甲骨文字》，等等皆附有考释；后者像王国维撰《释物》（《观堂集林》卷六 1923），丁山《释疾》（史研所《集刊》一本二分 1930），闻一多《释桑》（《闻一多全集》1948），杨向奎《释不玄冥》（《历史研究》一期 1955），胡厚宣（《释"余一人"》（《历史研究》一期 1957），管学初《说㞢》（《中国语文》三期 1978），裘锡圭《说弜》（《古文字研究》一辑 1979），陈炜湛《释亞》（《中山大学学报》二期 1982），等等，分别收录在胡厚宣编《五十年甲骨学论著目》（中华书局 1952），肖楠《甲骨学论著目录》（《古文字研究》一辑 1979），王宇信《甲骨文著录目及简称》（《甲骨文通论》473—566）等甲骨文书目中。根据现有的资料统计，卜辞所使用的文字，共计四千六百余字，经过广大学者的考释，目前所能为大家认识的，尚不足千字。最早为甲骨文编字书者是天津王襄，1920 年编《簠室殷契类纂》，书中分正编十四卷，附编一卷，存疑一卷，待问一卷。1923 年商承祚编《殷墟文字类编》，正编十四卷，附待问编十三卷，1929 年出增订本。1933 年朱芳圃编《甲骨学文字编》，正编十四卷，附录二卷，补遗一卷。1934 年孙海坡编《甲骨文编》，正编十四卷，合文一卷，附录一卷，检字一卷，备查一卷；1964 年中国科学院考古研究所对此书重新进行改订和增益，从中录定了 1723 字，附录 2949 字，共计 4672 字。1980 年高明用表格的形式将商代甲骨，两周金文，战国文字如秦朝小篆，按照不同时代组合在一起，编成《古文字类编》一书，由中华书局出版。同年徐中舒仿照《古文字类编》的体例主编《汉语古文字字形表》由四川出版社出版。1988 年徐中舒主编《甲骨文字典》，四川辞书出版社出版。

殷墟出土的甲骨文是王室的遗物，当时商王预计进行的一切活动，必先贞卜，根据贞卜结果而决定行止。卜辞就是记录所贞卜事务及其决定行止的刻辞，内容非常丰富，俨然是一部记录商王平日处理政务和日常生活活动的日志，可惜它已残缺不全了。从卜辞所载的内容分析，其中包括商王对先祖的祭祀，对边境外族的征伐，祈求农业丰年，以及畋猎、出行、气象、地理、人物、营造、梦幻、疾病、死亡、吉凶、灾害、家族、臣庶、俘虏、奴隶、占卜、文字，等等。许多学者都曾进行过专门研究，撰写了大量的论著。如陈梦家 1956 年印行的《殷卜墟辞综述》，是近四十年内研究商代甲骨文的一部综合性的较大型著作，全书分二十章，详细地分析了殷代的文字、文法、年代、历法、地理、农业，及其宗教信仰、亲属关系，并对卜辞断代、商王世系、各期卜人等，均立专章讨论，对研究商代历史和考古均有重要的参考价值。日本学者岛邦男所撰的《殷墟卜辞研究》和《殷墟卜辞综类》二书，也具有很高的学术价值。前者是利用甲骨文的资料研究商王祭祀的内容和制度，与一篇有关商代地理考证两个不同的专题所组成。此书于 1958 年出版，1975 年由温天河、李寿林译成中文，经台湾鼎文书局出版。后者是一部有关甲骨文的工具书，作者将分散在各家著录中的卜辞资料，按照内容分别归类，并依原文抄录排列。1987 年姚孝遂主编《殷墟甲骨刻辞总集》。该书将《甲骨文合集》、《小屯南地甲骨》、《英国所藏甲骨集》、《加拿大皇家安大略博物馆藏怀特等收藏甲骨文集》四书进行全部摹释总合为一书，此二书皆为学者查检寻找甲骨文资料提供了极大方便。

二 关于甲骨的整治、钻凿、占卜与刻辞

殷墟出土的甲骨文是商朝宫廷内部占卜问事所记录的文辞。所谓甲,是指龟的腹甲和背甲,商代占卜所用的龟甲,以腹甲居多。骨是指牛羊鹿猪等兽骨,商代占卜所用的兽骨,主要是牛的肩胛骨。甲骨在占卜之前先要进行整治,龟壳自腹甲与背甲之间截分为二,上下甲之间原系左右两侧之甲桥连接,经分截之后,甲桥联属于腹甲,然后削平外缘使其平整(图一、二)。背甲一般是从中脊平分对剖为二,或锯去中脊凸凹不平之处和首尾两端,中间穿孔。占卜所用之甲,多为腹甲,背甲很少(图三、四)。关于对牛肩胛骨的整治,首先将骨臼部分从长的一面切去三分之一,使其成半圆形。再将臼角向下向外切去,使其成一正角的缺口,然后再把直立的脊骨连根削去磨平。凡经锯削部分,暴露出骨理内部的粗涩形状。右胛骨截去的脊根直角在右面;左胛骨截去的脊根直角在左面。整治之后,第二步工序是在甲骨之背面进行钻凿。

钻凿是整治甲骨的一道重要工序,也是占卜前的准备工作。钻,是在甲骨的背面钻一个圆形的槽;凿,是在钻槽的一侧凿一椭圆形的凿穴。钻

图一 龟腹甲

凿做好后的形状成" ◁ "或" ▷ "形。甲骨经过整治之后均成片叶状,一般厚约五毫米左右,牛肩胛骨有时厚至十毫米。经过钻凿的槽穴,其底部较原来的甲骨变薄。它的作用,一方面在占卜施灼时,因槽穴底部较未经钻凿的地方薄,一经灼烤,必然在较薄的槽穴底部发生爆裂;另一方面由于凿在钻的左侧或右侧,按一定位置排列,经施灼爆裂的兆痕必然限制在钻凿范围之内,而且按一定方向显现兆纹。施灼就是占卜,具体的方法是,将整治好并做有钻凿的甲骨,用一加热金属器在钻凿处灼烤,待发生爆裂后,此卦即已占成。由于槽穴底部发生爆裂,在甲骨正面的爆裂处即呈现出由兆干和兆枝构成的卜形兆纹,这就是占卦所求的卜兆。当时人们就根据卜兆的纹式来判断所问事务的成败和吉凶。这一游戏般的行动,古

人却看作是解惑除害的万能神灵。这是由于古人缺乏认识自然界的科学知识，以为宇宙间存在一个主宰万物的神主，若要免祸得福，就必须求得神主的保佑。占卜，被看作是沟通人神关系的最有灵验的方法。在今天看来，这种通过占卜了解神意，决定人的行止，纯属一种愚昧无知的迷信活动。

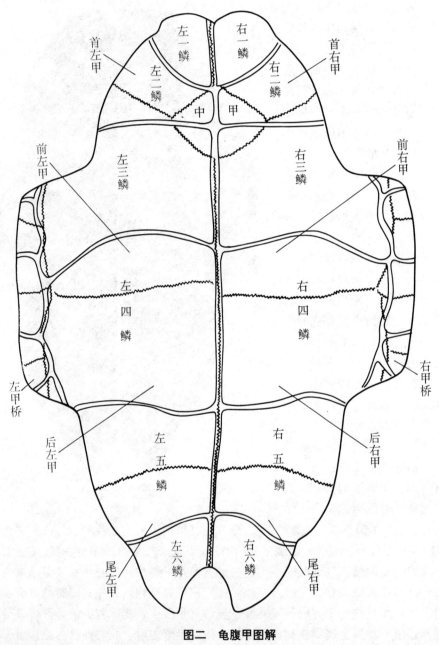

图二　龟腹甲图解

在甲骨上进行的钻凿，大致可分三种情况：第一种是钻凿并用，第二种是只钻不凿，第三种是只凿不钻。有钻的甲骨必须在钻处施灼，无钻的甲骨则在靠近凿的一边施灼，这样就可以保证甲骨正面呈现的兆枝方向是一致的。钻和施灼在凿的左侧，正面兆枝的方向向右；反之，钻和施灼在凿的右侧，正面兆枝的方向向左。在同一版甲骨上，往往要求兆枝的方向保持一致。尤其是龟甲就更严格，均以龟甲的中脊为准，分左右两侧，左半部兆枝的方向一律向右；右半部兆枝的方向一律向左，原则是左右两边的兆枝都向中脊。胛骨兆枝的方向，一般是左胛骨的兆枝向左，右胛骨的兆枝向右。以上皆为一般常见的情况，但也有例外（图五、六）。

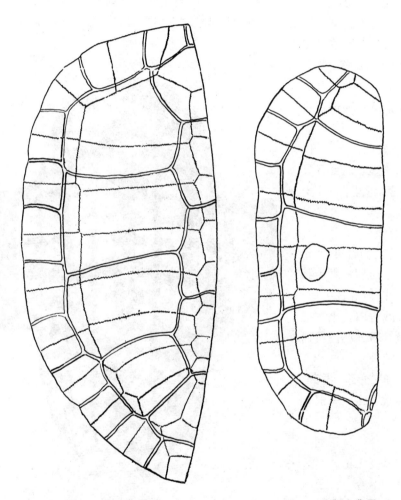

　　图三　龟左背甲　　　　　　　　　　图四　改制左背甲

　　利用兽骨龟甲进行占卜问卦这一迷信活动来源很久，早在商朝以前的龙山文化遗址中，就已发现有占卦用过的卜骨。不过，当时所使用的多为羊、豕、牛等兽骨，只用灼而无钻凿的痕迹。据目前所知，钻凿并用乃从商代开始。《荀子·王制篇》云："钻龟陈卦"，《韩非子·饰邪篇》谓："凿龟数筮"，《史记·龟策列传》亦讲："必钻龟庙堂之上"，"卜先以造灼钻"，上述记述，说明这一套占卜方法一直延续到汉代。

　　商朝占卜过的甲骨，多数在甲骨正面的兆纹附近有刻辞。内容多为占卜的时间、贞人的名字、问事的内容以及占验结果等。在同一片龟甲或胛骨上，往往经过若干次占卜。刻辞和

237

卜兆的关系，除刻辞与卜兆彼此相邻之外，再就是凡属于某次所卜的刻辞，其卜字的横枝和该卜的兆枝二者方向一致。兆枝向左，卜字横枝也向左；兆枝向右，卜字的横枝也向右。

甲骨刻辞主要记录占卜的内容，故亦称"卜辞"。每一篇完整的卜辞，字数多寡不同，字数多者将近百字，少的只三、四字，一般多在二、三十字左右。过去唐兰在《卜辞时代的文学和卜辞文学》一文中，将卜辞内容分作叙事、命辞、占辞、占验四个部分：叙事，主要是记录占卜的时间和占卜人的名字；命辞，是占卜人贞问的事情；占辞，是卜兆所示对所问事情的成败和吉凶；验辞，是记载应验与结果。例如：

(1) "壬申卜、殼贞：叀毕麋。丙子宕麋。允毕二百屮九。"（前 4.4.2）

"壬申卜，殼贞"，为叙事，说明占卜的时间是在"壬申"日，从事贞卜的人名叫"殼"。"叀毕鹿"，为命辞，命龟卜示畎猎狩鹿之事。"丙子宕麋，"为占辞，兆示在丙子日用宕猎麋。"允毕二百屮九"，为验辞，谓宕猎结果获得二百零九只小鹿。

(2) "癸巳卜，殼贞：旬亡囚。王固曰：有希其屮来婞。气至五日丁酉，允有来婞自西，沚咸告曰：土方征于我东鄙，坒二邑，舌方亦侵我西鄙田。"（菁二）

"癸巳卜，殼贞"，为叙事。"旬亡囚"，为命辞。"王固曰：有希其屮来婞"，为占辞。"气至五日丁酉，允有来婞自西，沚咸告曰，土方征于我东鄙，坒二邑，舌方亦侵我西图田"，为验辞。

在卜辞中象叙事、命辞、占辞、验辞四项俱全者为数不多，一般皆无验辞。如：

"辛巳卜，争贞：今㞢王勿从望乘伐下𢀛，弗其受屮佑。

（辛巳）卜，争贞：今㞢王从望乘伐下𢀛，受屮佑。"（佚979）

类似这种一事而返复贞卜的例子很多，但看不出王究竟听从了哪一卜，其结果如何。因为它只有叙事、命辞和占辞，没有验辞。有验辞的卜辞，记录发生事件的时间、地点和内容都很具体，不像贞卜所得出的结果，好似在事情发生以后的追记。如1、2例的验辞非常具体绝非事前通过占卜所能知道，肯定是事情发生后所获得的结果。它是事后的追记，甚至全部刻辞都是在事情应验之后，才进行追记的。

在武丁时代的卜辞中，有时在甲骨正面卜兆的附近刻有一、二、三、四，乃至连续十几

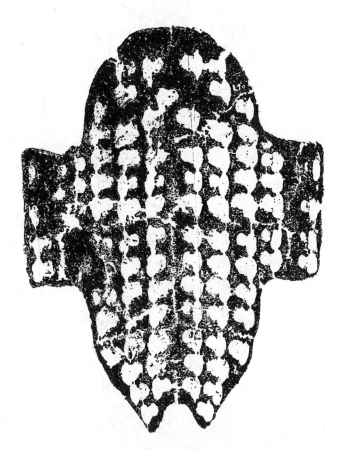

图五　龟腹甲背面之钻凿

个数目字，这是记录卜兆的兆序（图七，1）。由于兆序是先刻上去的，常常同后刻的卜辞混在一起，极难分辨。因此在阅读卜辞时，务须注意。

在甲骨文中除大量卜辞之外，还有一些是记事刻辞，胡厚宣先生对此有专文论述，曾撰著《武丁时五种记事刻辞考》。他说："又所谓甲骨文者，亦实非全系卜辞。如甲骨中有甲子表，乃初学习刻者所为；有祭祀表，乃史官备忘所用。武丁时甲骨有记䏌于鑿之事者，武乙文丁时甲骨有记 ▨ 几曰几之事者，亦皆不得为卜辞也。又如安阳侯家庄出土'大龟七版'之一，第十五辞'乙酉小臣 ▨ 蘷（覲）'，刻于左骨桥之边际，无钻灼卜兆之痕，与同版其他卜辞亦不相连属，盖偶然附刻之记事文字也。又中央研究院十三次发掘所得一大龟，其左骨桥之边际，亦记曰：'丁酉雨，至于甲寅，旬㞢八日，九月。'自丁酉至于甲寅，连雨凡十又八天，此非一平常之事也，故利用龟甲上卜辞之餘间以记之。"又云："除此之外，武丁时甲骨中又有所谓：甲桥刻辞、甲尾刻辞、背甲刻辞、骨臼刻辞、骨面刻辞，亦皆记事文字。"①这里即根据胡氏之论述，将五种记事刻辞之名称、部位与内容，摘要分别录之于下。

图六　牛右肩胛骨

甲桥刻辞　殷人取龟备卜，先将龟之腹甲与背甲锯开，除背甲将其圆边错使平匀之外，其腹甲则往往使两边各带有凸出之桥骨。武丁时之龟甲，在此种桥骨之背面，多写刻一种简单之记事文字，名之曰"甲桥刻辞"，甲即龟甲，桥即桥骨，谓刻于龟甲桥骨背面之一种记事文字也（图七，2）。

甲尾刻辞　刻于龟腹甲正面之尾端者，曰"甲尾刻辞"。董作宾名之曰"尾右甲"，② 唐兰名之曰"尾右甲卜辞"（图八，1）。③

---

① 胡厚宣：《武丁时五种记事刻辞考》，《甲骨文商史论丛》初集，第三册。
② 董作宾：《商代卜龟之推测》，《安阳发掘报告》第一期，1929年。
③ 唐兰：《关于尾右甲卜辞》，《国学季刊》五卷三期，1936年。

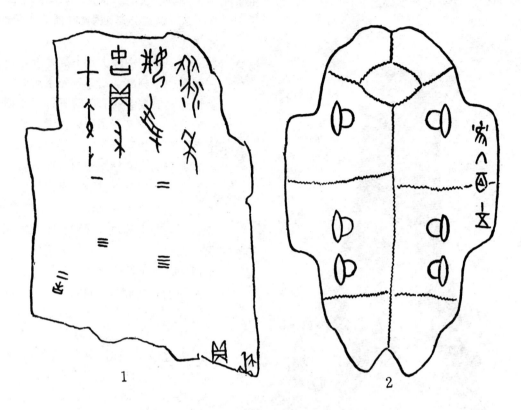

图七 1. 中间一至四皆为兆序
2. 龟甲背面甲桥刻辞

背甲刻辞 卜用龟背甲,因龟背中间凸起不便钻灼或刻写,故往往从中缝剖开一分为二。武丁时之龟背甲,在背面近锯缝之边缘,亦常刻有一行与前二种刻辞相类似之记事文字,名之曰"背甲刻辞"(图八,2)。

骨臼刻辞 一完整之牛胛骨其窄狭之一端,转节处,乃一浑圆之窠臼,占卜之先,常将此圆臼锯成半圆形,此一部分学者名之曰骨臼。武丁时之卜骨,在此种骨臼中,每刻一种与卜辞无关之记事文字,即所谓骨臼刻辞(图九,1)。

骨面刻辞 与骨臼相类似之刻辞,亦每刻于骨面之上。如刻于正面,则常在骨面宽薄一端之最下方。如刻于反面,则常靠近边缘。此亦利用偏僻地方,刻记与卜辞不相干之另一事件。此种记事文字,名之曰"骨面刻辞"(图九,2)。

关于这五种记事刻辞的内容和意义,胡厚宣先生亦有说明,他讲:"总合五种记事刻辞研究之结果,知五种刻辞,其完整者,凡包含两主要部分,一部分言'某入若干'或'三自某若干',一部分言'某示若干'。两部分可以同时并有,但言'某入若干'即不再言'三自某若干';言'三自某若干'即不再言'某入若干'。又'某入若干'一类刻辞,仅限于'甲桥'、'甲尾'、'背甲'三种龟甲刻辞中有之,'骨臼'、'骨面'等牛骨刻辞中则绝未之见。至'三自某若干'及'某示若干'一类之刻辞,则龟甲与牛骨皆有之。"根据这种现象,他解释说:"由各刻辞主要部分之动词,研究之结果,知'某入若干'一类'甲桥'、'甲尾'、'背甲'等龟甲刻辞所记者,贡龟之事也。所以只见于龟甲刻辞而不见于牛骨刻辞者,殷代北方

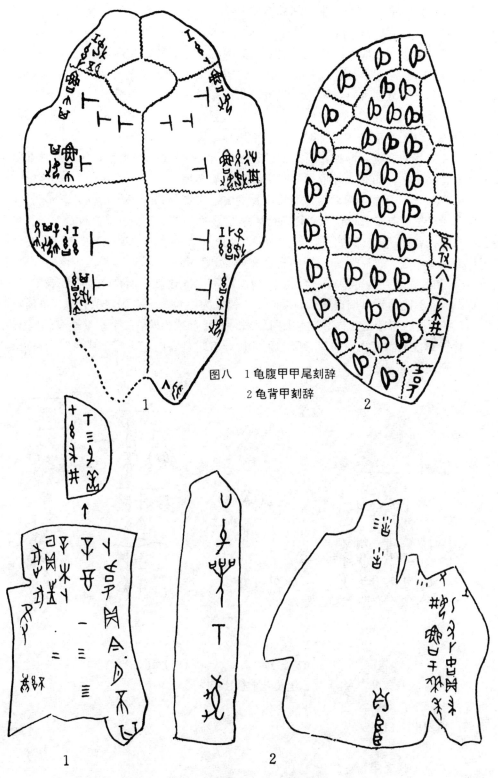

图八　1 龟腹甲甲尾刻辞　2 龟背甲刻辞

图九　1. 骨臼刻辞　2. 骨面刻辞

不产龟，卜用之龟皆南方所贡，故于龟甲之上，随记其材料之来源也。殷代北方多牛，卜用牛骨，可以自给，无需他求，故牛骨刻辞不见'某入若干'一类之记载也。"

"又'甲桥'、'背甲'、'骨臼'、'骨面'等龟甲及牛骨刻辞言'某示若干'一类者，则记祭祀龟甲牛骨之事也。盖殷人既得龟骨之后，必须先经过一种祭典而后用之。周礼龟人所谓'上春衅龟，祭祀先卜'即其典矣。"最后他说："总之，五种记事刻辞所记者，凡两事。一为甲骨之来源。其来源分两种：曰进贡，只龟甲而然；曰采集，则甲骨皆然，惟龟甲之由于采集者较少，牛骨则大部分皆由采集而来也。二为甲骨之祭祀，盖甲骨在卜用之先，必须经过此种典礼也。"（以上均摘自《武丁时五种记事刻辞考》）

关于甲骨刻辞的文例，即通常所谓的"行款"，也是初学甲骨文者必须注意的重要问题，它对分辨甲骨文中之词句有实际应用的意义。过去胡光炜著有《甲骨文例》一书，是具体研究甲骨文例之专著。但内容特繁琐，他将甲骨文中之文例分列为二十八种，诸如"复右行兼单左行例"、"复左行兼单右行例"、"复左行兼单左行例"、"复左行兼单左行及单右行例"，等等。五花八门，名目繁多。其实并非如此，因为他把合文误看作"单左行"或"单右行"，故此立了许多繁杂名目。如在竖列左行中有合文" "（大乙），这就是他所谓的"复左行兼单右行例"。如果在竖列右行中有一合文" "（祖丁），这就是所谓"复右行兼单左行例"。如此分析，不仅不能给人以明确概念，反而使人错觉为甲骨文没有固定的行款，可任意而行。其实不然，甲骨文的行款很严谨，基本上同后来的书写行款相同，仅个别处稍有一些差别。甲骨文的行款皆为自上而下竖列书写，竖列到底后，有时自右向左进行，或自左向右进行。

（1）竖列左行例（图一〇）：

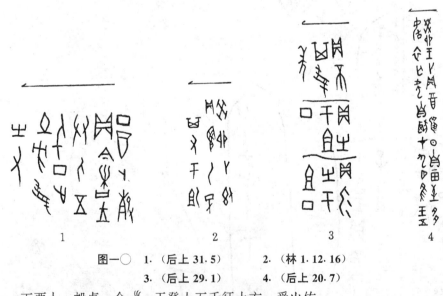

图一〇　1. （后上 31.5）　2. （林 1.12.16）
　　　　3. （后上 29.1）　4. （后上 20.7）

例一：丁酉卜，㱿贞，今 王登人五千征土方，受㞢佑。

例二：癸卯卜，即贞，翌乙巳其右于祖乙。

例三：贞勿㞢于祖丁。
　　　贞㞢于祖丁。
　　　贞不其受年。

例四："癸卯王卜，贞，酉翌日，自上甲至多后，衣亡𡆥，自畞，在九月，隹王五（祀）。

242

（2）竖列右行例（图一一）：

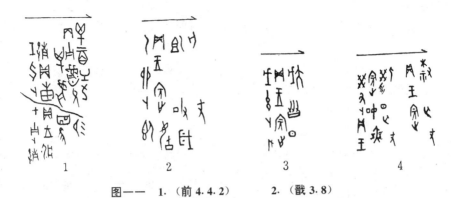

图一一　1.（前4.4.2）　　2.（戬3.8）
　　　　3.（前上1.8.1）　4.（前上1.7.5）

例一：壬申卜，㱿贞，叀毕麋。丙子窜麋，允毕二百虫九。
　　　甲子卜，㱿贞，王疾齿，隹易。

例二：乙卯卜，即贞，王宾后祖乙、父丁、岁，亡尤。

例三：戊午卜，尹贞，王宾大戊，舂日，（亡尤）。

例四：癸丑卜，贞，王宾中丁奭妣癸、彡日，亡尤。
　　　贞，王宾叙，亡尤。

（3）左右对贞，则左侧左行，右侧右行（图一二）：

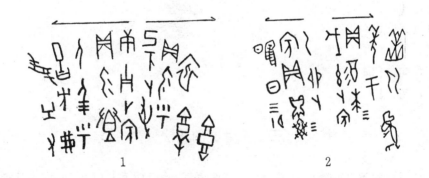

图一二　1.（前7.2.3）　　2.（前7.5.2）

例一：庚子卜，宾贞，勿登人三千，乎（伐）舌方，弗受虫佑。
　　　己亥卜，争贞，勿乎依享章。

例二：乙卯卜，宾贞，贏龟翌日，十三月。
　　　戊午卜，宾贞，酒烄年于岳、河、夒。

（4）个别行款作竖列左右交错行

例一：竖列左右交错行（图一三）。
　　　辛巳卜，狄贞，王其田，往来亡灾。

关于甲骨文行款，基本上不外以上所举四种形式，并以第一至第三种最为普遍，第四种极少见。但是，就一完整龟版或骨版来讲，有时记录若干段卜辞，段与段之排列次序，是自

243

下而上。阅读也必须从最下一段开始,按照次序逐段上读,这可能是当时卜辞之特点,如(图一四):

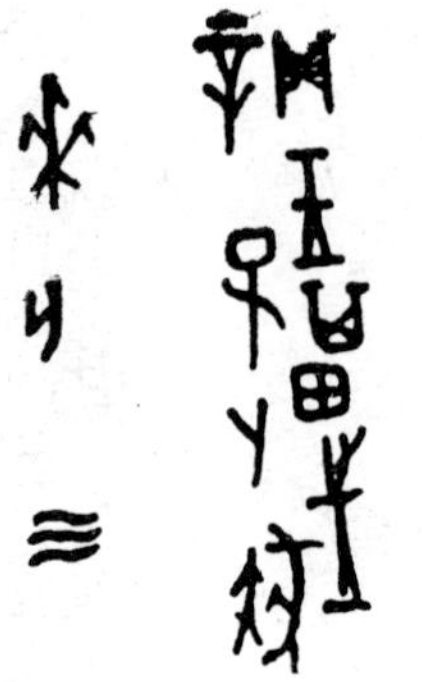

此例行款次序是先由下而上,再自左而右,自右而左交错而读。

乙巳卜,尹贞,王宾大乙乡亡尤,才十二月。

丁未卜,尹贞,王宾大丁乡亡尤。

甲寅卜,尹贞,王宾大甲乡亡尤,才正月。

庚申卜,尹贞,王宾大庚(乡)亡尤。

丁丑卜,尹贞,王宾中丁乡亡(尤)。

乙酉卜,尹贞,王宾祖乙乡亡(尤)。

(辛)卯卜,尹(贞),王宾祖辛乡亡(尤)。

丁酉卜,尹贞,王宾祖丁乡亡尤,才二月。

丁巳卜,尹贞,王宾父丁乡亡尤,才三月。

图一三 (佚存281)

这是经缀合而成的右半部龟甲,记载自大乙至武丁十一世直系先王,但因残破中间缺大戊与小乙二世。

又如(图一五),此版共九段卜旬文辞,皆竖列右行,最下一段残,据干支推算当为"癸巳贞旬亡囚",下绪"癸卯"、"癸丑"、"癸亥"。段与段的排列次序,是自下而上。

癸(巳)贞,(旬)亡(囚)。

癸卯贞,旬亡囚。

癸丑贞,旬亡囚。

癸亥贞,旬亡囚。

癸未贞,旬亡囚。

癸巳贞,旬亡囚。

癸卯贞,旬亡囚。

癸丑贞,旬亡囚。

癸亥贞,旬亡囚。

三 甲骨文的语法

甲骨文是三千多年以前商代遗留下来的书面语言,由于时间相隔太久,内容甚难理解。过去的研究,虽有很大成绩,但存在的问题仍然不少。从阅读甲骨文的角度来看,主要困难来自词汇和语法两个方面。了解词汇的涵义,关键在于识字,目前能认识的甲骨文实在是太少了,尚不足全字数的四分之一,充其量只识千字左右。由于大部分的甲骨文还不认识,所能了解的词汇极为有限,词和词的关系也不完全理解,所以关于甲骨文的语法知识,知道的就更为浮浅了。1928年胡光炜写了一本《甲骨文例》,分上下二卷,上卷《形式篇》主要讲卜辞的行文行款,内容繁琐,误解甚多。下卷《辞例篇》是在董作宾的指导下写成的,主要讲卜辞中常见的一些虚词的用法,初步涉及到汉语语法的问题。后来管燮初、[1] 陈梦家[2] 都对卜辞

---

[1] 管燮初:《殷墟甲骨刻辞的语法研究》,中国科学院出版,1953年。
[2] 陈梦家:《殷墟卜辞综述》第三章,《文法》,科学出版社,1956年。

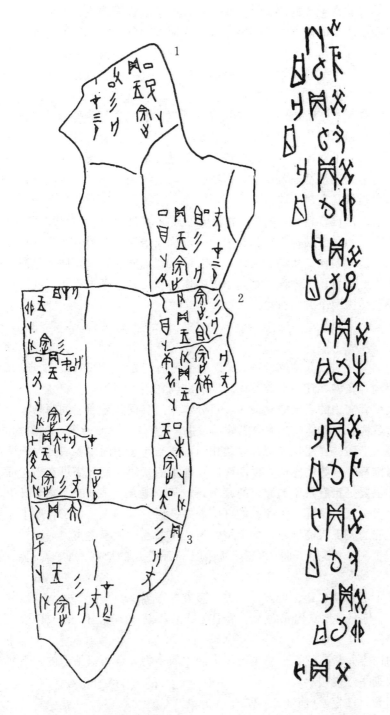

图一四　1.（殷契粹编 307 片）　　图一五　（拓本见 313 页第 4 片）
　　　　2.（殷契粹编 176 片）
　　　　3.（甲骨文录 268 片）

语法进行过专门研究，各有许多新的创见。

商代的甲骨文是研究中国汉语语法史最早的材料，通过它来探讨汉语语法的早期特点，考

245

察后来的发展变化，具有非常重要的意义。但是，目前关于语法学的研究还很不健全，无论是现代汉语语法和汉语语法史的研究都还不够深入，因而有时利用已有的理论解释先秦两汉时代的书面汉语，已觉勉强；用它分析殷代卜辞的语法，那就更加困难了。只能是将一些内容相近、比较浅显而易于了解的问题，寻找一些例句做示范说明，目的是通过语法的分析，帮助理解卜辞的内容，还谈不上对卜辞语法的研究。

过去所谓"古文"或谓"文言文"，一般是以先秦两汉时代的语言为基础的书面语言。如果说这一时期的书面语言和当时的口语无太大的差别，前者只是后者的投影，那么商代的卜辞更与口语无别了。一般讲书面语言总要比口语简练，尤其是在书写条件比较困难的上古时代，更是如此。商代的卜辞句形都非常简短，即反映出这一特点。那时的书面语言不会超出口语的范围，二者的差别只是繁简不同。

从历代遗留下的书面语言资料看，在漫长的历史过程中，汉语也随着时代在不断地发展。但是，作为汉语特点之一的语法结构是一脉相承的。现代汉语语法中的一些基本特征，在商代甲骨文中已经形成，诸如名词、代词、动词、形容词、副词、连词、介词、数词、量词等各种词类，甲骨文中均已产生；各种词类在句子中的作用和位置也基本相同。我们就用以今比古的方法，分词类和句法两个方面讨论。

1. 词类

商代甲骨文中的词类分实词与虚词两种，实词包括名词、动词、形容词、数词、量词、代词六类；虚词包括副词、介词、连词三类；尚未发现助词，语气词等。

（1）名词　　商代甲骨文中的名词数量最多，可分作专门名词和普通名词两种。专门名词有人名和地名；普通名词可分具体物的名称，像马、牛、羊、鸡、犬、豕等，抽象物的名称，如灾、咎、福、佑等。名词的作用也和现代汉语相同，充当句子中的主要成分，一般作主语和宾语，还可作为修饰某一事物的定语，说明时间和地点的状语，而且尚可充当动词用。

所谓专门名词，主要是指有限制的固定的某个人、某个地方、某个族、某个日子。

人名如唐、王亥、王恒、子渔、子商、妇好、妇妌、伊尹、望乘，以及各期卜人皆各有名。除此之外，殷之先公先王皆有庙名，如上甲、报乙、大乙、大丁之类。

地名卜辞中记载很多，尤其是五期卜辞多记载商王畋猎往返的地名，诸如盂、噩、宫、榆、向、雍、麦、鸡等。

族名亦包括方国，诸如羌、蜀、土方、舌方、夷方，等等。

日名，是以十天干与十二地支构成的六十个干支单位，每一个单位代表一日，如甲子、乙丑、丙寅、丁卯，等等。

普通名词包括的内容非常广泛，一切生产、生活中的事物，皆可概括于内。下面结合其在句子中的作用，分别举例说明：

  今日王步于章，亡巷。（前 2.26.3）
  乙未贞，于庚子王涉，若。（甲 411）
以上二"王"皆为名词，在句中作主语。
  贞我受年，四月。（遗 167）
  贞我逐豕，出佑（粹 948）
以上年和豕皆为名词，在句中作宾语。

丁卯卜，王大获鱼。（遗760）

贞王征召方，受佑。（宁沪1.425）

以上王、鱼和召方皆为名词，在句中分别充作主语和宾语。

贞妇妌受黍年。（前4.39.6）

以上黍字是名词，在句中修饰年，作定语。

辛亥卜，大贞，今日雨。（人1370）

以上今日二字是名词，在句中说明雨的时间，作状语。

丁卯卜，大贞，今日风。（明312）

丁酉卜，出贞，五日雨。（京津3207）

以上风、雨皆为名词，在句子中作动词用。

（2）代词　商代卜辞中的代词，分人称代词与指示代词两类，但都不甚完备。人称代词只有第一和第二人称，没有发现第三人称。指示代词只有近指代词，没有发现远指代词。

第一人称代词，有我、余、朕三种称谓，功用与名词相同，在句子中可以作主语和宾语，也可以作修饰语。如：

壬辰卜，争贞，我伐羌。（佚673）　　戊寅卜，朕出今夕。（录572）

壬午卜，宾贞，河㝵我。（金598）　　贞，方弗哉我史。（乙2347）

余步，从侯喜征夷方。（明154）　　甲戌卜，余令角帚古朕史。（粹1244）

贞，朕若于門。（乙6988）

以上所举"我伐羌"、"余步"、"朕若"、"朕出"中，我、余、朕皆为主语；"河㝵我"的"我"为宾语；"我史"、"朕史"的"我"和"朕"都是修饰语。

第二人称代词，有女（汝）、乃两种称谓，在句子中的作用与第一人称代词相同。如：

王占曰：往，乃兹出㚔。（菁1）

三旬出一日甲寅冥，不妨隹汝。（乙7731）

重王不汝媒。（乙3429）

贞，王曰：侯虎叞汝史、䁲受。（菁7）

指示代辞，卜辞中有兹与之两种称谓，甲骨文兹字写作"㸚"，之字写作"止"。如：

贞兹云其雨。（库1331）　　王夕入于之，不雨。（粹697）

兹夕亡大雨。（甲616）　　王祭于之，若，又正。（粹542）

告于兹大邑商亡㞢。（甲2416）　　之日允雨。（卜144）

我自兹隹若。（明续228）　　王出才省北東乍邑于之。（乙3212）

（3）动词　动词表示事物在一定时间和空间之内的活动或变化和人物关系的活动或变化，这种活动或变化可以是事物自身的；也可以分为主动者和受动者。因此按照动词在句子中的作用，则分为内（自）动词和外（它）动词。陈梦家曾根据卜辞简单句主、动、宾三者关系，拟一公式，用来分析其中之不同句形，既简单又明确，这里据其原文摘录于下：①

"今试以S代表主词，V代表动词，O代表宾词，P代表介词，分析不同的句形。我

---

① 参见《殷墟卜辞综述》99—100页。

们首先举出卜辞中组织最简单的句子。如下三类：

　　王伐土方　　（续 3.9.1）　　S—V—O
　　王出　　　　（续 3.35.5）　　S—V
　　立中　　　　（续 4.7.1）　　V—O

这三类，其实都是遵守 S—V—O 这个规则的。伐和立是动词，其所及的目的物是'土方'与'中'，所以是外动词，在此外动词之后的是宾词。'出'和'今日雨'之'雨'，无需乎宾词而意义自足，是内动词。无论外动内动，它们通常介于主词与宾词之中。

卜辞的动词可以是几个字组成的，其例如下：

我弗其隻征邛方　　（粹 1091）　　　　往逐豕，隻　（甲 3339）
王往伐邛方　　　　（粹 1095）　　　　卓往敗，不来归　（甲 3479）
王勿逆伐邛方　　　（续 1.36.5）　　　王往出　（乙 7774）

卜辞的动词所及的宾词可以是一个短句，且不限于一个宾词，其例如下：

乎〔多臣伐邛方〕　　（前 4.31.3）　　V—O (S—V—O)
乎〔伐邛方〕　　　　（粹 1087）　　　V—O (V—O)
〔日又戠〕，其告于父丁　（粹 55）　　O_1 (S—V—O)—V—P—O_2
于大甲告〔邛方出〕　　（后上 29.4）　P—O_2—V—O_1 (S—V)
告〔水入〕于上甲　　（粹 148）　　　V—O_1 (S—V)—P—O_2
告〔邛方（出）〕于大甲　（续 1.4.6）　V—O_1〔S—(V)〕—P—O_2
侯告〔伐尸方〕　　　（粹 1187）　　　S—V—O (V—O)

以上诸例，凡在圆括弧中的，表示其为短句。由'告'这个动词，可知它有两个宾词，即告的内容与告的对象，亦即所告之事与所告之人。告的内容或所告之事，是直接宾词，用 O_1 为代表；告的对象或所告之人，是间接宾语，用 O_2 为代表。

宾词通常总在动词之后的，但也有在动词之前的，上述例中可见 O_1 或 O_2 都可以先置于动词之前。

事与物常常是直接宾词，而人与鬼神常常是间接宾词，后者常常加一介词'于'于其前。"①

1951 年杨树达撰《甲文中之先置宾辞》一文，对于卜辞中之动宾次序，作了如下的解释：

　　"吾国文法外动字与宾辞之次序，常先外动后宾辞，然亦时有与此相反取宾辞先置者。余近读甲文，知其亦如此。如云'帝不我熯？'(铁 35.3)，即帝不熯我也。此与《诗·召南·江有汜》之'不我过'句法同，此二皆句中有否定副字而实辞先置者也。亦有无否定副字而实辞先置者：如云：'贞今十三月画乎来？'(胡厚宣《论丛》引卢藏片)谓呼画来也。云'画鹿禽。'(粹编 953)谓画擒鹿也。而如此之句，往往以隹（同惟）或叀（亦同惟）加于宾辞之前。如云：'贞叀多子族令从冬蜀，叶王事？'(后编下.38.1)谓令多子族从冬蜀也。知者：他辞云：'贞令多子族从犬罘冬蜀，叶王事？'(前编 6.50.7)外动字令字如常次，文即无叀字也。又云：'贞勿隹洗虢从？'(库方 1923)贞勿从洗虢也。知者：他辞云：'贞王勿从洗虢？'外动从字

---

① 参见《殷墟卜辞综述》102—103 页。

如常次，则文无隹字也。（我从人为从，平声读。使人从我为从，去声读。《汉书·何并传》云：'并自从吏兵追林卿'，犹今言并自带吏兵追林卿也。從与从同。甲文王从洗毁，谓王以洗毁自随也。说者谓王往从洗毁，非。）又云'丁巳，卜，殻贞，王叀洗毁从伐土方？'（续6.16.7）此贞王以洗毁自随伐土方也。知者：他辞云：贞王从洗毁伐土方？'（后编上17.6）从字如常次，文无叀字。如云'贞今载叀下𢦏伐受△屮△又？'（续3.9.1）贞王伐下𢦏也。知者：他辞云：'贞今载王勿伐下𢦏？'外动伐字如常次，则文无叀字也。外动字与直接宾辞如此，内动字与间接宾辞亦然。辞云：'王其田于画，禽大豚？'（甲3639）田为内动字，画为地名，间接宾辞也。他辞云：'叀画田，亡𢦏？'贞田于画亡𢦏也。内动田字后置，则有叀字矣。"①

杨树达强调外动词或内动词之直接宾词或间接宾词前置，必须在宾词之前加一介词"叀"或"隹"字。因而与陈梦家的意见稍有一些不同，陈氏对此又作了一些说明：

"由于我们以前之所述，我们以为宾词先置，不一定需要介词'叀'、'隹'，有此等介词者亦可以不先置于动词，这两个介词也并不如杨氏和唐兰（天30）所说的皆通'惟'。在卜辞中它们是有分别的：'叀'是正面的，它的反面是'勿隹'，例如：

叀沚毁从——勿隹沚毁从　（珠182，粹1100）

叀王往伐邛——勿隹王往伐邛　（前4.31.3）

勿隹土方正　（粹1106）

王叀北羌伐　（前4.37.1善5246）

沚毁禹册，王从伐土方　（续3.10.2）

一二两例都是贞卜一事的正反，正面的用叀，反面的用'勿隹'。第一例是宾词之先置，第二例是宾词的不先置。第三、四两例，反面的用'勿隹'，正面的用'叀'，都是先置宾词。第五例是另一种方式的先置，即附句中的主词，在主句中作为省略了的先置宾词。

关于甲项，杨氏说是'句中有否定副词而宾词先置'者，并说与《诗·江有汜》'不我过'同例。我们以为不是一切附有否定词者皆可以先置宾词，而在此等句中宾词之先置尚有其它条件。易言之，在两种条件下才可以先置宾词：即（1）只有在否定词'不'之句中，（2）只有在有人称代词'我'的句中。兹举其例如下：

（甲）且辛耄我——且辛不我耄（前1.11.5）

　　　　父甲不我耄（林1.2.8）

大甲其耄我（河272）

（乙）帝其蕫我（库1811）

帝不我蕫（燕785）

（丙）下上若，受我又——下上弗若，不我其受又（库1544+1592）

上子受我又——上子不我其受又（后上8.6）

伐邛方，帝受我又（林1.11.13）

勿伐邛，帝不我其受又（前6.58.4）

---

① 参见《积微居甲文说》卷下，61—62页。

以上三项正面的宾词不先置，反面的具备'不''我'之条件则宾词先置。今以D代表否定词，则先置宾词可有两式：

$S-D-O_2-V$（林1.2.8）

$S-D-O_2-V-O_1$（上8.6）

我们更举两种例子：

（甲）我受年（粹871）

我不其受年（粹867）

我不受年（粹865）

（乙）我叀宾为——我勿为宾

我为宾——勿为宾（明续145）

（甲）的反面虽俱备'不''我'的条件而不先置其宾词，（乙）正面的'叀宾'是先置宾词，反面的用否定词是'勿'而不先置宾词。"

通过陈杨两家的讨论，关于句子中的动词与宾词的序次问题，就更加明确了。经过我们反复核实资料，证明两家的论点基本上都是可以成立的，但也各有不足之处。案句子的常次，动词当置宾词之前，当宾词置于动词之前时一般要在宾词前加介词"叀"。不加介词"叀"而宾词前置者，正如加介词"叀"宾词并不前置的情况一样，虽皆有其例，但都属个别现象。至于说"句中有否定副词而宾词前置"者，陈氏认为否定副词必须是"不"，这一点似乎强调得过分。事实上，否定副词"勿"仍可使宾词前置。如"王勿隹戜从"（乙2109），"勿隹土方征"（粹1106）即其例证。

（4）形容词　形容词主要是放在名词前面起修饰名词的作用，卜辞中所见的形容词，大致有吉、若、足、大、小、白、黄、幽、赤、又、新、旧、老……数量并不很多，内容也不很丰富，尤其是性质形容词更为少见。这种情况一方面可能是由于卜辞的句形都比较简单，不需要更多的形容词来修饰词藻；另一方面也反映了当时人们在表达抽象物能力方面仍有一定的局限。因而卜辞句子中的形容词都很简单，例如：

贞乍大邑于唐社。（金611）　　丙戌卜、叀新豐用，叀旧豐用。（粹232）

王其入大邑商、亡祟。（佚987）　　㞷雨，叀黄羊用，又大雨。（粹786）

庚寅卜，壴贞，其大牢。（甲2698）　　于来己亥酹高妣己眔妣庚。（续1.39.8）

叀小牢。（甲389）　　其受又年。（甲1369）

癸丑卜，贞，小示屮羌。（甲2123）

作为形容或限制的附加词必须在所形容所限制的名词之前，其词序是不能颠倒的。限制者与被限制者（即形容词与名词）必须是领位与被领位的关系，不能是等位的。在卜辞中有等位的名词组，其词序是容许颠倒的，如：

大乙奭妣丙（后上1.12）　　攸侯喜鄙永（明续786）

妣丙大乙奭（甲1642）　　义伊侯甾鄙（掇二132）

大乙的配偶（奭）是妣丙，妣丙是大乙的配偶，所以可以互倒。攸侯喜的鄙邑是"永"，"义"是伊侯甾的鄙邑，都是同位的，故可以互为先后，只有在等位的名词组之内进行倒换。

（5）数词　商代甲骨文中的数词可分作基数和序数两种，没有发现分数。基数数词在句子中的主要功用是表示人或物的数量，也就是做名词的修饰语；序数主要应用在计算时间方面，诸如日之干支、月份、年数等，在句子中的主要功用是表示事物发生的时间，也就是做动词的修饰语。例如：

基数数词

  隻□其三万…　（粹1171）　　　　五百牛　（库181）
  登旅一万乎伐　（库310）　　　　二百六十九　（续3.41.4）
  八千　（粹119）　　　　　　　　允禽三百又四十八　（后下41.12）
  登人五千　（前7.15.4）　　　　　毕一百⩙九十⩙九　（乙764）
  登人四千　（铁258.1）　　　　　　允禽二百⩙九　（前4.4.2）
  登人三千　（前6.34.2）　　　　　七十⩙五　（菁1）
  允戈伐二千六百五十六人（后下43，9）　十人又五　（粹594）
  登人一千　（佚324）

  卜辞中的基数数词，凡十的倍数，百的倍数，千的倍数，以至万的倍数，多写作合文。如十写作"｜"，二十写作"∪"，三十写作"⩊"，四十写作"⩋"，五十写作"𐤚"，六十写作"个"，七十写作"⊥"，八十写作"ㅆ"，九十写作"ᘓ"，一百写作"⊙"，二百写作"⊜"，三百写作"⊜"，四百写作"⊜"，五百写作"⊜"，六百写作"⊜"，八百写作"⊜"，九百写作"⊜"，一千写作"千"，二千写作"千"，三千写作"千"，四千写作"千"，五千写作"千"，六千写作"千"，八千写作"千"，一万写作"万"，三万写作"万"。卜辞中所见最大的整数是万，万以下是千，千以下是百，百以下为十，十以下为个，个为最小单位，尚未发现分数。由个至万各以十进。个位与十位、十位与百位之间，有时加一连词"又"或"⩙"，如上举诸例中"三百又四十八"，"一百⩙九十⩙九"，"七十⩙五"，"十人又五"。个位与百位之间为零者，亦用连词来表示，如"允禽二百⩙九"，即二百零九。

序数数词

  卜辞中的数词以基数为多，序数很少。序数只表现在月份和年份的前后，日子的序数则用干支代替。例如：
  己未卜，王在正月。（甲2247）
  丙子卜，争贞，自亡田，十一月。（甲2935）
  癸丑卜，贞，今岁受禾，引吉，在八月。
  隹王八祀。（粹896）
  壬戌卜，又岁于伊，廿示又三。（京津4101）

  基数数词和序数数词在形式上没有区别，例如："十人又五"（粹594）同"廿示又三"（京津4101），前者表示十五个人，或共十五人；后者乃是第二十三祀，即第二十三年。

  （6）量词　汉语中的量词很多，内容很杂乱，有些是根据生活习惯所定，并无规律可寻。例如，马的单位量为匹，通常称一匹马，或马一匹；而牛的单位量为头，通常谓一头牛，或牛一头；虎的单位量为只，通常说一只虎，或虎一只。同是牲畜而量词不同。再如桌子以张计量，一般称一张桌，两张桌；椅子以把计量，一般称一把椅，两把椅；板凳则以条计量，一般叫做一条板凳，两条板凳。商代卜辞中之量词，尚未发展到如此地步，但某些复杂现象已经开始萌芽。例如：

  庚午贞，䰜大隻于帝五丰（介）臣，血□在祖乙宗卜。（粹12）
  𡆥贝十朋。（甲777）

丁酉卜贞，王宾文武丁伐十人，卯六牢，鬯六卣，亡尤。（前1.18.4）

羌百羌。（粹190）

人十㞢 六人。（菁6）

贞钔于父丁其百小牢。（粹20）

㞢示十屯㞢一屯，宾。（粹1504）

上列例词中的丯（介）、朋、卣、牢、羌、人、屯等都是卜辞中所见的量词。郭沫若释丯为介，他说："余意当即小篆丯字，读介。《泰誓》'若有一介臣'（据〈礼·大学〉引），《公羊传》文十二年引作'惟一介'，犹此'五丯臣'亦省称'五丯'也。介今作个，故'帝五丯臣'又省称'帝五臣'。"（参见《殷契粹编》第12片考释）卜辞中之"𠂤"王襄释矛（簠类1.3），唐兰释为"豕形无足而倒写者"（天壤17），郭沫若释勺，谓"刻辞中之若干𠂤，即言卜骨之包裹"（铭考续，骨臼刻辞）。此从于省吾释屯（参见《甲骨文字释林》卷上）。

（7）副词　副词是修饰和限制动词的一种词类，用来表示某种行动的情状、性质、范围、时间等。在卜辞句子中的副词，有描写情状的情状副词，表示疑问的疑问副词，表示否定的否定副词，表示时间的时间副词，和表示地位的地位副词等，分别举例如下：

王占曰：乃兹亦㞢祟，若偁。（菁1）

癸酉贞，日月又食，斐若。

癸酉贞，日月又食，隹若。（佚374）

丙寅卜，卯不雨。允不雨。（乙835）

上列例词中的情状副词修饰动词，修饰语在动词之前，如"亦㞢"、"又食"、"允不雨"等。

贞，今日壬申其雨？之日允雨。（乙3414）

贞，王㞢梦，不隹囚？（乙4080）

贞，叀往乎？（铁184.4）

丙子卜，今日雨不？（乙435）

上列例词中的修饰语都是副词，诸如："其"、"隹"、"叀"、"不"等在此皆为疑问副词。疑问副词修饰动词，修饰语一般均在中心语之前，像"其雨"、"不隹囚"、"叀往乎"等，皆如此。但"雨不"这样的句式，修饰语在中心语之后，数量很少，乃属于询问的形式修饰动词。

贞，勿征土方。　（粹1102）

贞，父乙弗㞢王。　（乙5222）

贞，芍甲不㞢王。　（后上3.15）

弜目小乙。（甲644）

上列例词中的"勿"、"弗"、"不"、"弜"都是否定副词，否定副词修饰动词，修饰语在中心语之前，如"勿征"，"弗㞢"，"不㞢""弜目"等，皆如是。

己卯卜，郭侯于来月至。　（粹1273）

今岁商受年。　（燕493）

戊寅卜，朕出今夕。　（录572）

癸卯卜，殻贞、翌甲辰酢大甲。　（乙7258）

上列例词中时间副词修饰动词，句中的修饰语有时在中心语之前，如"己卯卜""于来月至"，也有时在中心语之后，如"朕出今夕"。

己未卜，今日不雨，在来。（甲242）

贞，其㞢敦自南。（粹1179）

癸酉卜，在上䫉贞，王旬亡畎，在七月。（前2.3.5）

癸巳卜，贞，王旬亡畎。在二月，在齐𠂤，隹王来征尸方。（前2.15.3）

上列例词中地位副词修饰动词，句中的修饰语有时在中心语之前，如"在上䫉贞"，也有时在中心语之后，如"今日不雨，在来"；"其㞢敦自南"；凡地位副词作修饰语，前面都有一个介词。

（8）连词　商代卜辞中的连词，可区分为并列连词和条件连词两种。其功能虽然都是连接两个词或分句，但是并列连词仅是两个成分间的连接符号，除此之外别无它义；而条件连词则不同，除在共有的连接作用之外，还有个别的特殊功用。下面分别举例说明。

并列连词

雀及子商徒基方，克。（乙5582）

告于妣己罤妣庚。（乙3297）

車犬十罤豚十。（粹27）

王宾兄庚蒸罤岁。（库1021）

尞于蛐尞羊㞢豕。（后上9.11）

允禽二百㞢九。（前4.4.2）

允禽三百又四十八。（后下41.12）

余其从多田于多伯征盂方。（甲2395，2416）

丁未贞，㳄岁于祭，靑。（粹431）

丁未贞，㳄岁重祭，靑。（粹422）

上列例词中的及、罤、㞢、又、于、重等都是并列连接词，其中有的是两个名词并列连接，如"妣己罤妣庚"，"多田于多伯"，也有的是两个动词并列连接，如"蒸罤岁"，"岁于祭"，"岁重祭"等。

条件连词

我其已宾，乍帝降若。

我勿已宾，乍帝降不若。（前7.38.1）

上列例词中的乍，在此假为则，作为连词而连接两个有条件关系的句子成分或分句。

（9）介词　介词在句子中的主要功用是联系一个句子成分，它置于名词之前，同其所介组成一介词组，与主句中的动词发生条件式的联系。一个动词句，要表示在一定的时间空间条件下，或与一定人物的关系中，如何完成动作的程序及其目的，就需要不同的介词组，除直接宾词之外，其它凡说明动作的时间、空间，以及动作的间接目的物，多以介词作为联系。其中时间介词组共有的是"才"，空间介词组特有的是"从"，其共同使用的介词是"于"，"至于"，"自"等。如：

尞于河五牛。（前2.9.3）

于河莽年。（佚375）

莽年于河。（粹856）

王于父丁告。（粹367）

㞢于大庚至于中丁一宰。（后下40.11）

253

自今至于戊寅雨。　　（前 3.2.6）
　　　今丁巳至于庚申不雨。　（乙 1161）
　　　于敦受年。　（粹 863）
　　　才小宗又岁自上甲。　（后下 42.15）
　　　王往于洒。　（粹 1036）
　　　王入于商。　（前 2.1.1）
　　　王其步自树于来。　（后上 12.12）

上列各例句中所介者，可分三种情况：例句一至五借介词以为联系者是人物关系，例句六、七乃为时间条件所联系的介词，例句八至十二为地域条件所联系的介词。

2. 句法

汉语语句中的一些主要成分，在甲骨文中皆已具备，各种词类的关系和各自在句子中的地位也基本确定。一般讲，主—动—宾的句式结构，为句子中的主要格式，主语和谓语是句子中的主干，定语和状语在句子中起修饰和限制作用。宾语从词义来讲在句子中当置于动词之后，但词序允许颠倒，宾语可置于动词之前，还有少数主语置于动词之后。我们仍用前例，以 S 代表主语，V 代表动词，O 代表宾语，来说明句式和主动宾三者在句子中的变换情况。

　　　庚戌卜贞，帝其降堇。　（前 3.24.4）
　　　辛亥贞，王征夷方。　（粹 1186）

上列例句都是比较典型的主动宾的句子格式，帝和王分别为两个句子中的主语，降和征分别为两个句子中的谓语，即动词，堇和夷方都是名词，分别为两个句子中的宾语。这两个句子的句式为 S—V—O。

　　　辛酉〔卜〕，殼贞，王叀沚戜从。　（乙 2099）　　贞勿隹土方征。　（粹 1106）

卜辞中外动词的宾语可以前置，即置于动词的前边。如上列例句中之"王叀沚戜从"，即叀沚戜从王；"勿隹土方征"，即勿征土方。沚戜为动词"从"的宾语，在句子中则放于从字之前；土方为动词"征"的宾语，在句子中则放于征字之前，第一句的句式为 S—O—V；第二句的句式为 O—V。

　　　贞翌辛丑王步。　（乙 5500）
　　　王渔。　（前 6.50.7）
　　　贞今七月王入于商。　（前 2.2.1）
　　　戊寅卜，行贞，王其往于田，亡𢦏，在十二月。　（粹 930）
　　　庚申贞，王于父丁告。　（粹 367）
　　　于父丁又岁。　（粹 237）

上列例句之第一、二两句中的"王步"、"王渔"，步和渔都是内动词，不需要宾语即能表达完整的语义。内动词有时也有宾语，但它的句式并不是主—动—宾，句子结构必须在内动词的宾语前面加一个介词，如"王入于商"，"王往于田"。带有介词和宾语的内动词，一般称作"关系内动词"，关系内动词的宾语也可以前置。如"王于父丁告"，"于父丁又岁"，即王告于父丁，又岁于父丁。关系内动词宾语前置的句式，乃为 S—P—O—V，或 P—O—V。

　　　己巳卜，出贞，邟王于上甲，十二月　（粹 100）

受年商　（南北，师友2.47）

　　上列例句主语其所以后置，是因为在甲骨文中的动词尚未出现主动和被动的形式，所以"卯王于上甲"，即王卯于上甲；"受年商"，即商受年。这种主语后置的句式，当为V—S—P—O，或V—O—S。

　　商代的卜辞，尤其是在同一天经几次贞问的卜辞，或者是同一事经反正贞问的卜辞，其口语性反映的更为明显。通常是在所贞问的卜辞中，除有一个字词完备、句形完整的主要卜辞以外，其它都是附属的。有些附属卜辞，因附于主要卜辞旁，故往往可省略许多词位。这类例子很多，由于我们经常所见非完整甲骨，多是一组卜辞中之一部分，故不甚明显。例如：

　　壬寅贞，子渔亡囧。　　　　　　　癸丑贞，其大卯重甲子酌。
　　又囧。　（粹1263）　　　　　　于甲申酌卯。　（粹79）
　　翌日辛王其迍于向，亡𢦏。　　　　其告秋上甲二牛。
　　于宫亡𢦏。　　　　　　　　　　　三牛。
　　于孟亡𢦏。　（粹1016）　　　　四牛。　（粹88）

　　上列例句除各片为首的一段是一个完整的主要卜辞以外，其它各段皆为附属，则各有省略。如例一附属卜辞"又囧"，则省去主语，全词当作"子渔有囧"。例二附属卜辞"于宫亡𢦏"，"于孟亡𢦏"，则省去主语和动词，全词当作"王迍于宫，亡𢦏"，"王迍于孟，亡𢦏"。例三"于甲申酌卯"为"其大卯重甲子酌"之省。例四"三牛"、"四牛"为"其告秋上甲二牛"之省。由于主句和附属句在卜辞中彼此相邻，从主句中之内容可推知附属句之涵义，但脱离了主句附属句就无法理解，这充分证明卜辞反映出当时口语的特点。

　　在商代甲骨文中，除以上所讲以主动宾为主要格式的简单句式以外，还出现了复合句式。在复合句中还可分并列复合句、条件复合句、主从复合句等三种。

　　癸巳卜，㱿贞，旬亡囧，丁酉雨，己雨，
　　庚亦雨。　（续4.10.1）
　　翌壬戌其雨，壬戌风。　（后上32.1）
　　王征舌方，上下若，受我又。　（铁244.2）
　　戊午卜贞，今日王其田宫，不遘大风。　（后上30.8）

　　上列例句都是并列复合句，皆为几个短语互相并列，如"丁酉雨"、"己雨"、"庚亦雨"；"壬戌其雨"、"壬戌风"；"王征舌方"、"上下若"、"受我又"；"王其田宫"，"不遘大风"等，皆为具有完整意义的独立短语，彼此并列成一表达完整概念的语句，从语法分析，各个短语之间是并列关系，并没有必然的联系。

　　舌方出，隹我㞢乍囧。　（续3.10.2）　　黎方来，告于父丁。　（甲810）

　　上列例句为主从复合句，"舌方出"与"隹我㞢乍囧"，乃因舌方之出而我有囧；前者从属于后者，即副句从属于主句。因黎方来而告于父丁。"黎方来"又可作主句动词"告"的直接宾语，可以写作"告于父丁，黎方来"，正如卜辞同例："于大甲告舌方出"（后上29.4），在语法上完全相同。

　　……卜，㱿贞，我其已宾，乍帝降若
　　……㱿贞，我勿已宾，乍帝降不若　（粹1113）

　　上列例句前者为后者之条件，我其已宾，则帝降若；我勿已宾，则帝降不若。

　　在商代卜辞中除上述复合句外，还有连动式和双宾式的复杂句型，如：

　　　　癸未卜，宾贞，㠱往畋，不来归，二月。(甲 3479)
　　　　辛未卜，亘贞，往逐豕，隻。(甲 3339)
　　上列例句中用两个或两个以上的动词来表达同一个主语的连续行动。"㠱往、畋、不来归"，用三个动词说明㠱的行动。例句二往、逐也是两个动词的连续行动。
　　　　乙未卜，钔于妣辛、妣癸，叀牡，叀羊。(乙 5328)
　　　　戊午卜，行贞，王宾父丁岁二牛，叙，亡尤。(粹 306)
　　上列例句皆为双宾式的复杂句，前者"钔"是动词，直接宾语是"牡"和"羊"，间接宾语是妣辛和妣癸；后者的直接宾语是一个短句，即"岁二牛"，间接宾语是"父丁"。
　　概括起来，甲骨文的语法大抵可归纳为以下几点：
　　(1) 卜辞中的词类，基本上可以分为九类，即名词、代词、动词、形容词、数词、量词、副词、连词、介词等。每一种词类的基本意义、功用和在句子中的位置，都已基本确定。
　　(2) 句子结构的主要形式是主语、谓语、宾语的序次，但有些句子宾词可以置于谓语之前，即所谓宾语前置；也有些句子一个动词有两个宾语，一个是直接宾语，一个是间接宾语，在间接宾语之前加介词。
　　(3) 在反复贞问的卜辞中，往往在主句卜辞之旁刻有附属卜辞，主附刻辞的内容应当是相同的，但附辞常常省略词位。
　　(4) 商代甲骨文除以主动宾为主体的简单句之外，还有复合句，复合句中又可分为并列、从属和条件三种类型。并列复合句的置位比较随便，彼此不分先后；在从属和条件两复合句中，从属句和条件句都应在主句之前。

四　商代甲骨文的分期

　　关于殷墟的时代，最初经罗振玉考定："徙于武乙、去于帝乙"，[①] 谓甲骨文是武乙、文丁、帝乙三世之遗物。王国维认为商自"盘庚以后、帝乙以前，皆宅殷虚"。则谓甲骨文的时代，是由帝乙而向上延展到盘庚之世。[②] 经历年考古发掘的资料证明，王氏的意见基本符合史实。说明商朝在此居住了二百七十三年之久，是商最后一个国都，甲骨文也就是这一历史时期的遗物。如能根据甲骨文本身的特点找出时代差别，划分出早晚不同的发展阶段，这不仅对研究甲骨文非常必要，而且可通过各段内容，来了解商代在这段历史中的发展变化。因此，关于甲骨文分期问题，学术界极为重视，经反复研究，已获得很大的成绩。现在看来虽还存在一定的问题，但基本上已划分出几个不同阶段，而且有些卜辞尚可辨别出属于某位商王所卜用。
　　1917 年 2 月，王国维曾在《殷卜辞中所见先公先王考》和《续考》中首先利用卜辞中的称谓来考定甲骨文的年代。他说："故祖者，大父以上诸先王之通称也，其称父某者亦然，父者，父与诸父之通称。"他根据《殷墟书契后编》卷上第二十五页之一片卜辞，其中记有"父甲一牡，父庚一牡，父辛一牡"，则谓："此当为武丁时所卜，父甲、父庚、父辛，即阳甲、盘庚、小辛，皆小乙之兄，而武丁之诸父也。"又谓："卜辞凡单称父某者，有父甲（前编卷一

---

　　① 罗振玉：《殷墟书契考释自序》。
　　② 王国维：《古史新证》第五章。

第二十四页），有父乙（同上，第二十五及二十六页），有父丁（同上，第二十六页），有父己（同上，第二十七页及卷三第十三页，后编卷上第六第七页），有父庚（前编卷一第二十六及第二十七页），有父辛（同上，第二十七页），今于盘庚以后诸帝之父及诸父中求之，则武丁之于阳甲，庚丁之于祖甲，皆得称父甲；武丁之于小乙，文丁之于武乙，帝辛之于帝乙，皆得称父乙；廪辛、庚丁之于孝己，皆得称父己；余如父庚当为盘庚或祖庚；父辛当为小辛或廪辛。他皆放此，其称兄某者，亦然。案卜辞云兄某者，有兄甲（前编卷一第三十八页），有兄丁（同上，卷一第三十九页），有兄戊（前编卷一第四十页），有兄己（前编卷一第四十及第四十一页），有兄庚（前编卷一第四十一页），有兄辛（后编卷上第七页），有兄壬（同上），有兄癸（同上），今于盘庚以后诸帝之兄求之，则兄甲当为盘庚、小辛、小乙之称阳甲；兄己当为祖庚、祖甲之称孝己；兄庚当为小辛、小乙之称盘庚，或祖甲之称祖庚，兄辛当为小乙之称小辛，或庚丁之称廪辛，而丁戊壬癸，则盘庚以后诸帝之兄在位者，初无其人，自是未立而殂者，与孝己同矣。"① 王氏虽已提出以称谓断定卜辞时代的端绪，但由于当时材料不够充分，未能进行更为深入的研究。

事隔十数年之后，1929年，中央研究院历史语言研究所在安阳殷墟进行第三次发掘时，获得四版整龟，从而发现其中有的在卜与贞两字之间有个不同的字，董作宾首先认定它们是不同的"贞人"名字。于是他又提出："凡见于同一版上的'贞人'，他们差不多可以说是同时。"② 卜辞"贞人"说之成立，继王国维"称谓"说之后，又为甲骨文的断代研究，提供一极为有力的标准。于是在1932年，董作宾的《甲骨文断代研究例》问世，从而把甲骨文的研究大大向前推进，首先在处理资料方面，纠正了过去那种不分早晚和时代界限、笼而统之的研究方法。

《甲骨文断代研究例》将商代甲骨文分为五个时期：

第一期　盘庚　小辛　小乙　武丁　（二世四王）
第二期　祖庚　祖甲　（一世二王）
第三期　廪辛　康丁　（一世二王）
第四期　武乙　文丁　（二世二王）
第五期　帝乙　帝辛　（二世二王）

董氏在甲骨文断代研究中规定十项标准，作为依据，计有：一世系，二称谓，三贞人，四坑位，五方国，六人物，七事类，八文法，九字形，十书体。1948年，他又在《小屯·殷墟文字乙编序》中作了大量的补充，对他的《甲骨文断代研究例》进行了更为详细的阐释。

董作宾的《甲骨文断代研究例》对甲骨文的断代研究，起了很重要的推进作用，但是，其中存在的问题还很多。尤其是第四期的卜辞常和第一期的卜辞相重复，董氏为了解释这些难以理解的现象，因而提出文武丁复古的论点，未能令人信服。后来虽有人不断进行研究，以纠正旧说，但迄今未能彻底解决，仍然是当前甲骨文研究之重要课题。

1953年，胡厚宣在《战后南北所见甲骨录序例》中，将商代甲骨文分为四期。计：

一　盘庚　小辛　小乙　武丁时期　　　　　三　廪辛　康丁　武乙　文丁时期
二　祖庚　祖甲时期　　　　　　　　　　　四　帝乙　帝辛时期

---

① 王国维：《殷卜辞中所见先公先王考》，《观堂集林》卷九，中华书局，1959年。
② 董作宾：《大龟四版考释》，安阳发掘报告第三期，1931年6月。

胡氏的四期，一是将董作宾在《殷墟文字乙编序》中对第四期补充的那些带有贞人午、自、子等卜辞，即后来称为"午组"、"自组"、"子组"的卜辞，提到武丁以前的盘庚、小辛、小乙时代，再是将董作宾的三、四期合并一起定为三期，其它皆依董氏。

1956年，陈梦家在《殷墟卜辞综述》中又将甲骨文分为九期，自武丁至帝辛九王，每王一期，计：

一期　武丁卜辞　早期　　　　　　　六期　武乙卜辞
二期　祖庚卜辞　　　　　　　　　　七期　文丁卜辞
三期　祖甲卜辞　　　　　　　　　　八期　帝乙卜辞　晚期
四期　廪辛卜辞　　　　　　　　　　九期　帝辛卜辞
五期　康丁卜辞　中期

以上是过去关于甲骨文分期的大致情况，但都没能成为统一的结论，无论是五期、四期或九期，都存在一定的矛盾。陈梦家所定的九期，从愿望来说，当然是最理想的了，但从它采用的断代标准和方法来看，并未超越董氏，在整个甲骨文分期序列中，除将午、自、子三组卜辞定为武丁晚期之外，其它多依旧序。董作宾的五期，已有许多矛盾难以解决，何况九期，问题就更复杂了。虽然在表面上把九位商王的卜辞分别开来，细究起来，除个别卜辞勉强分辨之外，其它则无法区分。因此，分期越细，越带有主观成分。

解放以后，殷墟的考古发掘得到很大的发展，尤其是对殷墟出土的陶器进行了系统的整理，排列出一个完整的发展序列，为商代甲骨文的分期提供了一个可作参考的标准。从早晚期的陶器与其时代相应的卜辞同出在一个地层或同一个坑位的情况分析，董作宾所分的一、二、五期的卜辞与其同时代的陶器基本上是吻合的。这就说明，关于甲骨文五期划分的大部分的观点是正确的、可信。关于第三期和第四期的卜辞，目前虽然尚未得出统一的看法，相信不久也会得到解决。这里将关于甲骨文断代的一些主要标准和基本方法，综合过去研究成果，选述如下。

1. 世系

商王世系是卜辞分期的重要依据，在古代文献中已保存较为详明的记载，今天用卜辞资料校对，除个别王的世次因故颠倒之外，二者基本相同。王国维早已根据甲骨文的资料，纠正了文献中的失误，本勿须多加考定。董氏认为商代先公先王以天干名谥，是按死日而定的。如自上甲微至主癸六世，卜辞记有：

乙未酒盈罗上甲十、报乙三、报丙三、报丁三、示壬三、示癸三、……大丁十、大甲十……（粹112）

卜辞所记同《殷本纪》稍有出入，《殷本纪》将报丁错载于报丙之前，示壬、示癸作主壬、主癸。董氏认为这一段六世称谓由甲至癸，命名次第如此整齐，是武丁重修祀典时而有意排列的，如以先公死日为谥，先后次序不会如此巧合。再如自大乙至于祖丁的称谓，亦因武丁重修祀典而有所更动。卜辞记有：

……求雨自上甲、大乙、大丁、大甲、大庚、大戊、中丁、祖乙、祖辛、祖丁、十示、率牡。（佚986）

此版卜辞所记自上甲、大乙以至祖丁十示，其中祖丁被称为祖，至早也不能过武丁之世。武丁称小乙为父乙，祖丁为祖，祖辛为曾祖，祖乙为高祖。前六世中，除上甲外，都冠以大字；重了一个丁字，更冠以中字。非经后人有意排比定名，不会如此整齐。董氏还认为自小乙至武乙，其中包括小乙、武丁、祖甲、康丁、武乙，共五世乃由武乙所厘定。

由于各位先王皆以天干为名谥，为了避免重复，后人在其谥名之上冠以大、中、小等定语，这是可以理解的。只要能根据现有资料，如实地排列出商代各位先公先王的世次系统，对卜辞分期确有很大帮助。下面我们即根据过去各家研究的成果，制一商王世系表（表一），以备参考。

2. 称谓

商王对自己的祖先称谓有一定的制度，王国维在《殷卜辞中所见先公先王考》中作了详细的说明。凡长时王一辈者，则皆称父；长二辈乃至二辈以上者，则皆称祖；与时王同辈，而年龄较长者，则称兄。例如小乙是武丁之父，武丁祭祀小乙则称父乙。而阳甲、盘庚、小辛皆与小乙同辈乃小乙之兄，武丁在祭祀阳甲、盘庚、小辛时，则与称谓小乙相同，亦称父甲、父庚、父辛。再如祖丁是武丁的祖父，祖辛是武丁的曾祖，祖乙是武丁的高祖，但在祭祀中同以祖称，即称作祖乙、祖辛、祖丁。同辈而长于时王者称兄，如祖甲称孝己、祖庚，一律称兄己、兄庚，康丁称廪辛为兄辛。对于辈次相距较远的先祖，一般皆称名谥。对先王配偶的称谓，亦皆仿此，凡对母辈的妇女，通称母某，对祖辈的配偶，通称妣某。如此以主祭之王与受祭者之关系定称谓，迥然有序，丝毫不紊。根据各种不同的称谓，来考察卜辞应属某王时代，这是对甲骨文断代研究的很好的方法。如：

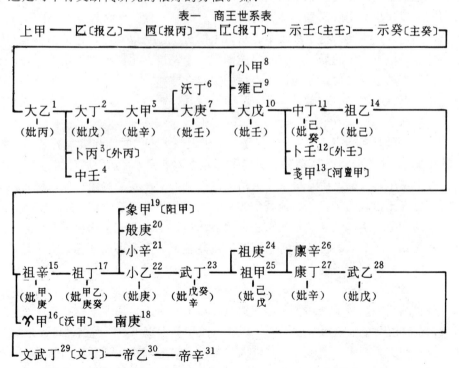

表一　商王世系表

例一：王往于田，弗氏祖丁䙴父乙隹之。（乙6396）
例二：乙卯卜，即贞，王宾后祖乙，父丁岁亡尤。（戬3.8）
例三：莘于祖丁，莘于父己，莘于父甲。（粹314）

259

例四：癸巳贞，御于父乙，其五十小牢。（粹20）
例五：甲辰卜、贞武祖乙宗、其牢。（佚984）

例一称谓有祖丁、父乙二人，从商王世系分析，知武丁之父是小乙，可称父乙，武丁之祖父是祖丁。从称谓判断，此片卜辞当为武丁时代所卜。

例二称谓有后祖乙、父丁，从商王世系分析，祖庚、祖甲之父是武丁，可称父丁，祖庚、祖甲之祖父是小乙，故称后祖乙。从称谓判断，此片卜辞当为祖庚、祖甲时代。

例三称谓有祖丁、父己、父甲，从商王世系分析，廪辛、康丁之父辈有孝己、祖庚、祖甲，可称考己为父己、祖甲为父甲，廪辛、康丁之祖父是武丁，故称其为祖丁。从称谓判断，此片卜辞当为廪辛，康丁时代。

例四称谓仅有父丁，从商王世系分析，武乙之父是康丁，可称其为父丁，从称谓判断，此片卜辞当为武乙时代。

例五称谓有武祖乙，从商王世系分析，武乙之后，只有文丁、帝乙、帝辛三世，商朝即被周灭。称武乙为祖者，只有帝乙和帝辛，从而即可判断此片卜辞当为帝乙、帝辛时期。

从以上五例，可以清楚地看到"称谓"对卜辞分期之重要意义。但是，问题并不如此简单。因为商王皆以天干为名谥，称谓又都相同，如果遇到两位商王的父辈名谥同为一个天干字，同称父某，这就难以肯定它究竟应当属于那一王的卜辞了。仍以例一而论，其中有祖丁、父乙两称，从商王世系检查，不仅是武丁称小乙和祖丁为父乙、祖丁；文丁称武乙、康丁也可称父乙、祖丁。武丁和文丁二王的祖和父的名谥所用天干字是相同的。遇到这样的问题仅依靠称谓就难以作出肯定的回答。再从例四来看，其中仅有一个称谓是"父丁"，既可以是武乙称康丁，亦可以是祖庚、祖甲称武丁。从以上的分析，可以看出，称谓虽然是甲骨文分期的很好的标准，但有一定的局限。有的只能圈定一个范围，不能给以肯定的回答，有时还需要采用其它的方法予以协助，才能作出最后的决定。

3. 贞人

"贞人"也可称作"卜人"。卜辞"叙事"中多记载贞卜的时间和贞人的名字。例如："甲辰卜，㱿贞"，"乙丑卜，宾贞"，等等。㱿和宾都是贞人名字，表示甲辰日的占卜是由㱿贞的，乙丑日的占卜是由宾贞的。由于每个贞人活动的时间都有一定的局限，如果考定出某些贞人活动在那一位商王执政的时代，经他贞卜的卜辞的时代也就自然确定，从而贞人本身成为判断卜辞时代的标准。例如，在经㱿或宾所贞的卜辞中，通过对先王的称谓，贞卜的事类、文法句形的变化、字形书法的特征等各个标准的反复验证，完全可以证实他们确是武丁时代的贞人，于是凡由㱿或宾所贞的卜辞，不必再从其它方面考虑，即可判断出它当为武丁时代所贞卜。

每个时代的贞人数量不同，第一期的贞人多达七十余人，第四期仅有一个贞人。贞人较多的时代，有时由两个甚至两个以上贞人同在一版甲骨上贞卜，即所谓"同版并卜"。例如贞人"宾"有时同贞人"韦"同版并卜，贞人"韦"又有时同贞人"共"同版并卜。通过贞人与贞人之间同版并卜互相联系的关系，就可以把在同一时期活动的贞人串联起来，从而了解某一时代都有哪些贞人。根据此一线索将凡是同时活动、同版并卜的贞人组合在一起，组成一个贞人集团，即所谓的贞人组。以第一期"宾组贞人"为例，来说明贞人与贞人之间同版并卜和彼此联系的情况。

1. 宾 争 古 品 充 吾（甲 2122）　　6. 韦 共　　（续 6.12.6）
2. 宾 争 殻 永（菁 7）　　　　　　7. 殻 箙　　（续 5.25.1）
3. 宾 殻 亘　（珠 620）　　　　　　8. 亘 古 扫　（续 5.14.3）
4. 宾 内　（乙 4632）　　　　　　　9. 古 努　（后下 33.9）
5. 宾 韦　（续 5.9.1）　　　　　　 10. 努 山　（乙 1448）

从上述十例分析，自第一至第五版，贞人宾曾同争、古、品、充、吾、殻、永、亘、内、韦等十一个贞人同版并卜过；后五例说明，贞人韦又同贞人共，贞人殻又同贞人箙，贞人古又同贞人扫，贞人努又同贞人山等，都有同版并卜的情况。通过这些直接或间接的关系，将他们串联在一起，形成一个贞人集团，过去即以宾来称谓他们，称作"宾组贞人"。通过系联的关系，在宾组内共有十六名贞人。即：

宾　殻　争　亘　古　品　韦　永
内　努　山　充　吾　箙　扫　共

每个时代的贞人情况不同，以第一期的贞人最多，除宾组贞人之外，还有午组、自组、子组等。用同样的方法整理，第二期为"出组贞人"，第三期为"何组贞人"，第四和第五期记贞人的卜辞很少，即无所谓贞人组了。董氏在《甲骨文断代研究例》中所收贞人不多，后来在《殷墟文字乙编序》中有所补充，现将董作宾和陈梦家分别确定的各期贞人列表如下（表二、三），以备参考。

关于午组、自组、子组，三个贞人组的时代看法很不一致，董作宾将其定为第四期的文武丁时代，① 胡厚宣认为属于盘庚、小辛、小乙时代，② 李学勤认为是帝乙时代的后宫卜辞，③ 陈梦家定为武丁晚期。④ 学者多倾向于陈梦家的看法。

4. 贞卜事类

商代的甲骨文，前后记载了二百多年的事情。由于社会不断地发展，在两个多世纪的时间里，事物不可能一成不变。从卜辞内容所反映的情况来看，不同时期贞卜的事类彼此差别很大，甚至有时虽同类事情，但内容也有很大区别。这样即可为卜辞分期提供一些线索。了解各个时期贞卜事类的不同特点，据以辨别卜辞时代，这也是行之有效的方法之一。例如祭祀卜辞，一期武丁时代的祭祀对象，其中包括自然神祇，远世先祖和直系先王等三个方面。自然神祇中有帝、土、日、月、星、云、风、雨、雷、虹以及山、河等，帝和土当时是作为天和地二自然神祇来崇拜的。远世先祖是指未列入世谱的传说始祖，像夒、季、王亘、王亥等，武丁时代均举行隆重的祭祀。直系先王是指自上甲以降的先公先王，直至武丁的先父小乙均举行祭祀。自第二期开始情况大变，对自然神祇和远世先祖的祭祀愈来愈减少，而对自上甲以下的先公先王的祭祀愈来愈频繁，而且形成循环性的"周祭"。这些情况均说明商朝在祭祀方面不同时代各有不同特点。再如贞卜征伐的卜辞，早晚亦有许多差别。一期武丁时代的征伐对象，其中有土方、舌方、下𢀛和蜀等，五期帝乙帝辛时期主要是征伐夷方。还有一期卜疾、卜病、卜梦、卜风、卜雨者较多，三、五期卜畋游的较多。这些不同的卜事特点，皆可协助

---

① 董作宾：《殷墟文字乙编序》。
② 胡厚宣：《战后京津所获甲骨集序要》。
③ 李学勤：《帝乙时代的非王卜辞》，《考古学报》1958年第1期。
④ 陈梦家：《殷墟卜辞综述》，《断代下》。

表二

第一期

（賓）（殷）（争）（宜）（告）（品）（韋）（永）
（内）（甘）（旃）（共）（充）（出）（掃）（史）

第二期

（大）（旅）（即）（行）（兄）（出）（先）（吳）
（喜）（尹）（卣）（逐）（洋）

第三期

（尤）（宁）（狀）（徉）（口）（彭）（卯）
（右）（頔）（專）（甗）（定）（教）（逆）

第四期

（歷）（萬）（中）（車）（徙）（衍）（講）（史）
（余）（子）（匡）（徂）（取）（我）（扶）
（自）（館）（叶）（勺）

第五期

（黄）（泳）（鑡）

参见《甲骨文断代研究例》和《殷墟文字乙编序》

表三 《殷墟卜辞综述》卜人表

武丁

宾组　(宾) (殼) (争) (耳) (古) (品) (韦)
　　　(永) (内) (努) (屮) (㐬) (甘)
　　　(箙) (扫) (共)

附属　(勺) (徉) (邑) (猱) (己) (焏)
　　　(亞) (允) (中) (征) (韋) (䛒)
　　　(戍) (何) (名) (耳) (御) (樂)
　　　(偶) (卯) (離) (等) (㞷) (秜)

午组　(午) (允)

武丁晚期

自组　(自) (勺) (扶)

附属　(徙) (韋) (丁) (卣) (由) (取)
　　　(界) (勿) (䀠)

子组　(子) (余) (我) (沚) (沚) (史) (卅)

附属　(豕) (車) (衙)

不附属　(吏) (衙) (陟) (定) (苟) (変)
　　　(堊) (正) (專)

祖庚

出组兄群　　(兄)　(出)　(逐)

出组大群　　(中)　(丹)　(昱)

祖甲

出组大群　　(喜)　(癸)　(大)

出组尹群　　(丹)　(尹)　(行)　(旅)

附属　　(即)　(洋)　(犬)　(涿)

不附属　　(先)　(垒)　(寅)　(杰)　(山)

廩辛

何组　　(何)　(宁)　(啚)　(甗)　(彭)　(壹)　(口)
　　　　(狄)　(徉)　(徉)　(逆)　(叩)　(紉)　(右)

不附属　　(教)　(弔)　(眅)　(大)　(頔)

武乙

　　　　(歷)

帝乙帝辛

　　　　(黃)　(派)　(榴)　(个)　(立)　(女)

参见《殷墟卜辞综述》第 205—206 页

判断卜辞时代，而且是很有力的证明材料。

5. 文例和句型

关于卜辞的文例和句型，从总的情况分析，前后发展乃一脉相承。但从表达形式来看，不同时期有不同特点。了解这些特点，有助于辨别卜辞时代的差异。即以各期常见的贞旬卜辞为例，如：

一期　癸亥卜，宾贞，旬亡囗。　　（粹 1418）
二期　癸卯卜，出贞，旬亡囗。　　（粹 1435）
三期　癸卯卜，何贞，旬亡囗。　　（粹 1442）
　　　癸酉卜，贞，旬亡囗。　　（粹 1448）
四期　癸卯贞，旬亡囗。　　（粹 1454）
五期　癸亥卜，在向贞，王旬亡畎。　　（粹 1456）
　　　癸卯王卜，贞，旬亡畎。王占曰大吉。　　（后编上 19.4）

从以上五期贞旬卜辞分析，第一、二期除贞人不同外，句型完全一致。第三期前一例与一、二期句型相同；后一例的句型省略了贞人的名字。第四期不仅省去了贞人的名字，并省略了卜字。第五期多为商王亲自贞卜，故谓为"王卜贞"。有时注明贞卜所在的地名，如云"在向贞"。多称"王旬亡畎"，囗字一律增添犬字偏旁。并赘曰："王占曰吉"或"王占曰大吉"等语。

再以卜畋狩为例：

一期武丁时代
　　王往于田，亡 ≋ 。（前 3.20.4）
　　贞，王狩于✕。
　　贞，王勿狩于✕。（前 1.44.7）
　　甲申卜，殻贞，王涉狩。（前 4.1）

二期祖甲时代
　　乙未卜，行贞，王其田，亡 ≋ ，在二月，在騽卜。（后上 11.2）
　　壬子卜，行贞，王其田，亡 ≋ ，在二月。（甲 2828）

三期廪辛康丁时代
　　乙酉卜，何贞，王其田，亡 ≋ 。（前 3.26.3）
　　戊申卜，何贞，王其田，往来亡 ≋ 。（前 4.14.3）
　　乙丑卜、狄贞，今日乙，王其田滿日，亡 ≋ 。不遘大雨。大吉。（甲 1604）

四期武乙文丁时代
　　壬子卜，贞，王其田，亡戋。
　　戊午卜，贞，王其田，亡戋。（粹 961）
　　戊戌卜，贞，王其田，亡戋。
　　壬寅卜，贞，王其田，亡戋。（粹 965）

五期帝乙帝辛时代
　　戊午卜，贞，王田于梲，往来亡 ⼭ ，兹御，获犾二。（前 2.32.5）
　　戊戌王卜，贞，其田噩，往来亡 ⼭ 。（前 2.31.4）

壬辰王卜，贞，田噩，往来亡 、王乩曰吉。(前 2.41.2)

再如卜辞各期习用之“受又”一词，犹如《诗经·周颂·我将》：“维天其右之”。又、右皆假为佑，乃谓受天神佑助之义。即郑笺所云：“神饗其德而右助之”。兹将五期句型各举一例如下：

第一期　不我其受又。(前 5.22.2)

第二期　王受又。(粹 140)

第三期　王受又。(后上 5.12)

第四期　王受又。(粹 241)

第五期　余受右。(前 2.5.3)

6. 字形与书法

字形与书法是判断甲骨文时代的很好标准。一方面是由于文字本身随着时代的进展不断地在演变；另一方面亦因当时负责书写的史官人数有限，每一时代的书法和笔迹特征比较明显，容易辨别。而且利用字形、书法判断甲骨文时代既简便又准确，无论全辞或残辞，也无论有无其它条件，仅据字形和书法，亦可大体判断出时代来。尤其是了解一些卜辞常用字的形体变化和书法特点，对辨别卜辞时代就更有实用价值。例如：

災字，原像大水横流泛滥，为水灾本字，武丁至康丁时代写作“ ”，或写作“ ”，武乙时代加声符乃变为“ ”。𢦏从戈才声，为兵灾本字，甲骨文写作“ ”，帝乙帝辛则写作“ ”。

王字，象兵器之形，为戉之本字。[1]武丁至祖庚时代写作“ ”，祖甲至武乙时代写作“ ”，文丁时代又恢复为“ ”，帝乙帝辛时代写作“ ”。

雨字，上像云，下像雨滴。武丁至祖甲时代写作“ ”，武乙前后写作“ ”或“ ”，帝乙帝辛时代写作“ ”。

贞字，原为鼎之象形字，武丁时代宾组写作“ ”，子组、午组写作“ ”、“ ”，祖庚至康丁时代写作“ ”、“ ”，武乙文丁时代写作“ ”、“ ”，帝乙帝辛时代写作“ ”。

鸡字，武丁至祖甲时代是象形字，自帝乙时开始在原象形字中增添声符“奚”，转变为形声字：

凤字，卜辞假凤为风，武丁时代写作一戴冠的禽鸟，当为风之象形字，自武乙时开始，在原象形字之一侧增添一声符凡，转化为形声字：

① 林沄：《说王》，《考古》1965 年 6 期

商代记日的干支是卜辞最常用的文字，从最早到最晚始终连续不断，因而字形的变化与因袭关系比较明显，书写的时代特征也比较显著。故此，利用记日干支字形和书写特点来辨别卜辞时代，也是过去行之有效的方法之一，这里仿照《甲骨文断代研究例》中之《干支字演化表》[①]重制一表（表四），以备参考。

综上所述，关于商代甲骨文的分期研究，主要是董作宾在《甲骨文断代研究例》中提出来的五期说，后来胡厚宣主张并为四期，陈梦家主张扩为九期，由于他们所依据的标准和研究的方法基本相同，除对午、自、子三组卜辞的时代基本看法不同之外，对其它卜辞，虽然彼此所划分的阶段疏密不同，但实际上所定的时代和前后次序基本一致。关于午组、自组、子组卜辞的时代，经过许多人研究和反复讨论，在国内多倾向陈梦家的意见，基本确定为武丁晚期。但自1974年殷墟"妇好"墓发掘之后，有同志在考定妇好墓的年代中提出，董作宾原定为第四期的大字甲骨，即所谓"历组卜辞"，它们的时代亦应提前到武丁晚期。其论证的根据，大致从字体的演变、卜辞的文例、卜辞中常见到的人名、卜问的事项以及亲属称谓等。他们举出的证据，除像妇好、妇妌、子渔、子画、望乘、阜等两期同出的人名之外，再就是原划分在两期卜辞中的同时间、同内容的同卜事例。[②]看来关于甲骨文分期问题，目前并未完全解决，还需要进一步讨论和深入研究。

五 商代甲骨文选读

1. 第一期甲骨文

第一片　壬寅卜，宾贞，王往氏众黍于囷。

　　　　……教，一月。　　（图一六，1）

注释：壬寅乃占卜之日，宾是贞人的名字。𝛿 字，郭沫若释"挈"，丁山释"包"，于省吾释"氏"。谓"卜辞氏字应读作厎，厎致也，卜辞氏字皆有致义"。按此字有写作" 𝛿 "（后下21.6）者，故于说可从。或假为眡，《广雅·释诂》："眡，视也"，有视察之义。囷，在此为地名。

第二片　贞，叀小臣令众黍，一月。

　　　　贞，王心……亡来自……

　　　　己丑……贞……佣，一月。　　（图一六，2）

注释：小臣二字合文，此一辞在甲骨、金文和文献中屡见。《国语·晋语》："饮小臣酒亦毙"，韦昭注："小臣官名，掌阴事阴命，阉士也"。于省吾云："甲骨文的小臣地位有高有低，如阜和臭每从事祭祀和征伐（左传成十三年'国之大事·在祀与戎'），其地位等于后世的大臣（甲骨文无大臣之称，前4.32.5的'氏（致）㞢元臣'，指已故者言之），而称为小臣"（《甲骨文字释林》卷下308页）。案小臣乃商王宫中的内臣，即《晋语》所谓之"阉士"。他们也和外臣一样，地位有高低不同。受商王宠信者，可出纳王命，并掌管各部大权，其地位

---

① 董作宾：《甲骨文断代研究例》，《庆祝蔡元培先生六十五岁论文集》上册，中央研究院历史语言研究所集刊外编第一种，1933年。

② 李学勤：《论"妇好"墓的年代及有关问题》，《文物》1977年11期；裘锡圭：《论"楚组卜辞"的时代》，《古文字研究》第六辑，1981年。

表 四

	甲	乙	丙	丁	戊	己	庚	辛	壬	癸	子	丑	寅	卯	辰	巳	午	未	申	酉	戌	亥	备注
第一期	十	～	冈	□	├	己	册	↑	Ⅰ	×	田	ɔ	⇜	⇔	内	早	∞	⋇	⋎	⊟	屮	丂	散见
	十	～	冈	□	├	己	册	↑		×	田	ɔ	⇜	⇔	内	早	∞	⋇	⋎	⊟	屮	丂	甲子表
第二期	十	～	冈	□	┤	己	册	↑	Ⅰ	×	田	ɔ	⇜	⇔	内	早	∞	⋇	⋎	⊟	屮	丂	散见
第三期	十	～	冈	□	┤	己	册	↑	Ⅰ	×	田	ɔ		⇔	内	早	∞	⋇	⋎	⊟	屮	丂	散见
	十	～	冈	□	┤	己	册	↑	Ⅰ	×	田	ɔ	⇜		内	早	∞	⋇	⋎	⊟	屮	丂	甲子表
第四期			冈	□	┤	己	册	↑		×	田	ɔ	⇜	⇔	内	早	⋯	⋇	⋎	⊟	屮		散见
									Ⅰ							早							甲子表
第五期	十	～	冈	□	┤	己	册	↑	Ⅰ	×	兄	ɔ	宙	⇔	辰	早	┃	⋇	⋎	酉	戌	亥	散见
	十	～	冈	□	┤	己	册	↑	Ⅰ	×	兄	ɔ	宙	⇔	辰	早	┃	⋇	⋎	酉	戌	亥	散见
	十	～	冈	□	┤	己	册	↑	Ⅰ	×	兄	ɔ	宙	⇔	辰	早	━	⋇	⋎	酉	戌	亥	甲子表
	十	～	冈	□	┤	己	册	↑	Ⅰ	×	兄	ɔ	宙	⇔	辰	早	━	⋇	⋎	酉	戌	亥	甲子表
金文	十	～	冈	□	┤	己	册	↑	Ⅰ	×	子	ɔ	宙	⇔	辰	己	━	⋇	⋎	酉	戌	亥	
小篆	甲	乙	丙	丁	戊	己	庚	辛	壬	癸	子	丑	寅	卯	辰	巳	午	未	申	酉	戌	亥	

很高;但从事一般劳役的小臣,地位甚低,犹如一只狗。商代的小臣,实际上即后世帝王宫中的宦官。

图一六　第一期甲骨文

"众"是商代主要从事农业生产者,关于他的身份问题,各家看法不同,郭沫若认为:"小臣即是奴隶,此为小臣所命令众,亦为奴隶无疑"(《中国古代社会研究》268页)。于省吾云:"皋是常常率领众出征的将领,当出征之前,他招致众在某先王的宗庙举行侑告之祭。由于卜辞从没有杀众以祭的事例,毫无疑问,众是家族公社成员的自由民,因而才招致他们在宗庙里参与祀典。如果他们是奴隶的话,不仅不能这样做,还要把他们杀掉用作人牲"(《从甲骨文看商代社会性质》人文科学学报1957年2、3期)。此当以于说为是。

第三片　甲寅卜,㞢贞、妇妌受黍年。(图一六,3)

注释:在卜辞之下,横排由左至右有一二三四数字符号,此乃记录卜兆的数字,即所谓"兆序",与卜辞无关。这种兆序常常同卜辞混杂在一起,如以上二片皆有兆序混在卜辞中,阅读时务须分开。

第四片　贞,不其受黍年。(图一七,1)

注释:禾谷一熟谓之年,《春秋经》宣公十六年:"大有年",《穀梁传》云:"五谷皆大熟为大有年",即所谓农业丰收年。

第五片　癸卯(卜),宾贞,皋衷田于京。(图一七,2)

注释:卜辞中之 𡉚 ,亦写作 𡉚 ,过去余永梁释"圣",引《说文》"汝颍之间谓致力于地曰圣";杨树达谓圣字"是掘字的初文";于省吾认为"垦字的古文作圣";郭沫若云:圣

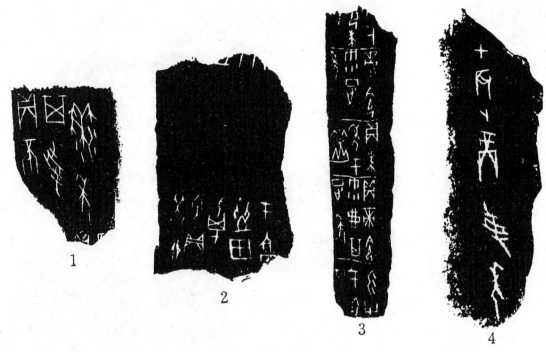

图一七　第一期甲骨文

田"当即筑场圃之事"。丁山释此字为叁，以为即粪田之粪。徐中舒释贵，当为隤；胡厚宣谓"贵田者，盖犹言耨田"。张政烺释衺，谓即《诗经·小雅·常棣》："原隰衺矣，兄弟求矣"之衺。卜辞中的衺田就是造新田。古人开垦荒地，一般要经过菑、畬、衺才能造成新田。菑是始灭杀其草木，即所谓"反草"；第二年是畬，使田舒缓和柔；第三年衺田，即刨地松土、扒高垫低、修畦打垄，然后才成新田。衺田是最后工序。说见《卜辞衺田及其相关诸问题》（《考古学报》1973年1期）。

　　第六片　勿㞢于祖丁

　　　　　贞，帝令雨弗其足年。

　　　　　贞，秦年于岳。

　　　　　帝令雨足年。

　　　　　……卜令秦……（图一七，3）

注释：卜辞的排列次序，皆自下而上，先由最下一段开始，然后逐段向上。凡同卜一事而正反两问者，两辞之间必须相隔，如本辞"贞帝令雨弗其足年"与"帝令雨足年"，分别在第二和第四两段，中间为"贞秦年于岳"，这是商代卜辞辞序之常例，但偶然亦有例外。

第一段㞢字，可读为又，常作数目中之连词，如"五十㞢六"，即五十又六。在本辞中则作动词用，乃祭礼之一种。下段帝是指上帝，实际是代表天。岳有两种解释，即山嶽自然神和殷王先祖。秦是动词，有祈求之义。

　　第七片　甲辰卜，商受年。（图一七，4）

　　第八片　乙卯卜，宾贞，瓺龜翌日，十三月。

戊午卜，宾贞，酌桒年于岳、河、夒。（图一八，1）

注释：翌，卜辞多写作 🔣 （后上14.8），从立从羽，从日从羽者，多为"翌日"二字的合文。《尔雅·释言》："翌，明也"，郭璞注引《尚书·金縢》："翌日乃瘳"；今本作"翼日乃瘳"，疏云："王明日乃病瘳"。又《武成》："翼日癸巳"，《汉书·律历志》作"翌日癸巳"。翌日与翼日义同，皆指明日而言。🔣，罗振玉释为甗字，郭沫若云："甗、𪚥当是人名"，并疑甗为叔甗，即高辛氏才子八元之一，𪚥未详。

𪓐字是商代用酒祭祀神祖的一种祭礼，但并不是酒字，卜辞中酒字写作"🔣"（京都1932）。🔣，也作 🔣、🔣 等形，孙诒让释岳，罗振玉释羔，郭沫若谓："当即华字之异"。商人对其祭祀甚隆，有燎、又、岁、御等祭法。因此有人认为他是殷人先祖，也有人认为是人格化的自然神、山岳。主张为殷人先祖者，又分别解释为昌若、昭明、帝喾、冥等多种说法。我们同意孙诒让的考释，当为岳字。《说文》嶽字的古文作 🔣，即卜辞中之岳。岳是先出的象形字，嶽是后起的形声字。在记事刻辞中岳又以族名出现，如骨臼刻辞："己丑、史示三屯、岳"。在上古往往是族名、地名和先祖名融合在一起。从本辞内容分析，用酌祭向岳、河、夒祈求丰盛的年成。"🔣"，王国维释夋，郭沫若释为夒，皆认为殷先祖帝喾。河、岳既同殷先祖帝喾一辞共卜，故谓"则岳与河亦必为殷之先人无疑"（《卜辞通纂考释》97页）。

第九片　贞，勿业于祖丁。

　　　　　贞，业于祖丁。

　　　　　贞，不其受年。（图一八，2）

注释：🔣，亦写作 🔣，即勿字，否定词，本片内正反两问"业于祖丁"，类似两辞相连情况很少，一般多彼此相间。

第十片　贞，翌丙子其业风。

　　　　……卜殻……酉……（图一八，3）

注释："业"凤即有风。

第十一片　翌壬戌其雨？壬戌风。

　　　　　雨……家……　　（图一八，4）

注释："🔣"乃羽毛之象形字，当隶定为羽，假借为翌。风字本为凤的象形字，假借为风。

第十二片　癸巳卜，㕚贞，雨雷，十月，才……（图一九，1）

注释：　✝即才字，读做今语中之在。

第十三片　甲辰卜，殻贞，翌乙巳其雨。（图一九，2）

第十四片　癸卯卜，殻贞，乎弜王从……于雉。

　　　　　壬寅卜，殻贞，自今至于丙午不其雨。

　　　　　不 🔣 🔣 （图一九，3）

注释：乎，如犹召集、召唤之义。第二辞自壬寅至丙午共五日不下雨。

"不 🔣 🔣"是武丁时代特有的一种专用辞例，自孙诒让开始，聚讼数十载，各家解释不下十多种，真乃是众说纷纭、事同射覆。诸如：孙诒让释为"不绍龟"（《契文举例》），胡光炜释为"不跼蹢"（《甲骨文例》），陈邦福释释为"不𫞩黽"，读作不𫞩殊（《殷契辨疑》），郭沫若释为"不馒黾"（《古代铭刻汇考》），唐兰释为"不才黾"（《天壤阁甲骨文存》），于省吾释为"不午黽"，谓"即不𫞩冥也，言兆墨之不舛𫞩，不冥闇也"（《双剑誃殷契骈枝》），闻

271

图一八　第一期甲骨文

一多释为"不 ✦ 兆",从古音方面考察当读为"不告兆",如《诗·小旻》中"我龟既厌,不我告犹"之语（《古典新义》）。

第十五片　东方曰析,风曰㕑；
　　　　　南方曰夹,风曰岂；
　　　　　西方曰夷,风曰彝；
　　　　　北方曰宛,风曰伇。（图一九,4）

胡厚宣曾据此片卜辞,参照《尚书·尧典》、《山海经》、《夏小正》、《国语》等古籍,撰《甲骨文四方风名考证》（《甲骨文商史论丛》初集第二册）一文,后来杨树达又在胡氏研究的基础上撰写了《甲骨文中之四方风名与神名》（《积微居甲文说》卷下）,对胡氏之文又有许多补充,今将杨氏所述和推论抄录如下,以备参考:

"一殷人以为草木各有神为职司,其神为四,分司四季,为后来月令句芒等神所自出。

二殷人早以四时分配于四方,为尧典所自本。

兹更取古书与甲文合者一一列之。

东方曰析　《书·尧典》云:'厥民析。'《山海经·大荒东经》云:'东方曰折。'折盖析字之误。

风曰㕑　《国语·周语》云:'瞽告有协风至。'《郑语》云:'虞幕能听协风'。《山海经·北山经》云:"母逢之山,北望鸡号之山,其风曰飓。"

南方曰夹　《书·尧典》云:'厥民因。'《山海经》云:'南方曰因'。疑因皆夹字之误。

风曰岂　《诗·邶风》云:'凯风自南。'《尔雅·释天》云:'南风谓之凯风。'《吕氏春秋·有始览》云:"南风曰凯风"。《淮南·地形篇》云:'南方曰恺风。'

西方曰夷　《书·尧典》云:'厥民夷。'《山海经》云:'有人名曰石夷。'夷并夷字

图一九　第一期甲骨文

形近之误。

风曰彝 《诗·桑柔》云：'大风有隧'。《尔雅·释天》云：'西风谓之泰风'。彝与大泰古声近。《山海经·大荒西经》云：'来风曰韦。'韦与彝古音近。

北方曰宛 《山海经·大荒东经》云：'北方曰鹓'。《书·尧典》云：'厥民隩。'隩鹓宛古音近。

风曰役 未详。"（《积微居甲文说》卷下）

第十六片 丁卯卜，王大获鱼。（图二〇，1）

注释：隻即隻，乃获之本字。

第十七片 毕虘，允毕，获麋八十八，㲋一，豕三十又二。（图二〇，2）

注释：虘字不识。 字唐兰释麋， 唐兰释㲋，曾撰《获白㲋考》一文（《史学年报》卷二二）。

第十八片 ……告贞，燎于……

……穀贞，今日我其兽……

……兽获毕鹿五十业六。（图二〇，3）

注释："※"乃殷人祭祀先祖时所用的一种较为隆重的祭祀礼仪，将牺牲放在木柴上烧，此种祭法即所谓燎祭。

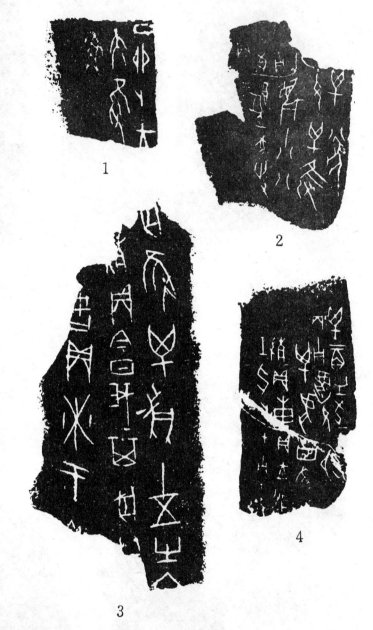

图二〇 第一期甲骨文

兽即狩之本字，从犬从丫，皆为狩猎之工具，毕字即当时猎取野牲工具的象形字。

第十九片 甲子卜，穀贞，王疾齿隹易。

壬申卜，穀贞，重毕麋。丙子窜麋，允毕二百业九。（图二〇，4）

注释： 字卜辞屡见。孙诒让释瘥；王襄释疥；郭沫若释㱃谓㱃齿即失齿；丁山释疾，可从，疾齿犹言齿有疾，"隹易"即言亡害也。

字罗振玉释窜，郭沫若谓为"窜麋"之合文。此次猎获计二百零九支麋。

第二〇片　辛卯卜，争贞，翌甲午王涉归。（图二一，1）

注释：𣥺即涉字，"王涉归"则谓商王渡水还归商邑。

第二十一片　贞，王勿令皋氏众伐舌方。（图二一，2）

注释：皋卜辞中屡见，乃当时一大氏族之首领，经常领兵出征。

第二十二片　癸卯卜，亘贞，乎圉重之。
　　　　　　贞，王往出。（图二一，3）

注释：圉即圉字，《说文》籀文写作圉。

第二十三片　己酉卜，𣪘贞，𠂤方亡其𡆥，五月。
　　　　　　己酉卜，𣪘贞，𠂤方其出𡆥。（图二一，4）

注释：𠂤方当即第二十九片和第三十四片中所贞卜征伐之"下𠂤"。此片卜甲则由龟背甲裁制。

第二十四片　癸巳卜，𣪘贞，旬亡𡆥，王固曰出祟，其有来𡆥，乞至五日丁酉，允有来𡆥，自西。沚馘告曰：土方正于我东鄙，𢦏二邑，舌方亦牧我西鄙田。
　　　　　　癸卯卜，𣪘贞，旬亡𡆥，王固曰出祟，其出来𡆥，五日丁未，允有来𡆥，御……自弓圉，六月。
　　　　　　王固曰出祟，其出来𡆥，乞至七日己巳，允有来𡆥自西，长友角告曰：舌方出，牧我示黍田，七……（图二二）

注释：这是武丁时代的贞旬卜辞，同时也记录了本旬内所发生的灾祸。全片卜辞共记四旬内的事情。第一旬是癸巳，第二旬癸卯，第三旬应为癸丑，但癸丑中无己巳日，癸亥七日才有己巳，故知第三旬缺，第四旬癸亥。

𡆥即灾咎之咎，"旬亡𡆥"，即贞来旬有无灾咎。固即占，王占曰有祟，即有灾祟。𡆥即艰字，唐兰谓卜辞中之𡆥黠并读艰，《说文》艰字籀文写作𤅊。同音通用，说见《殷墟文字记》。牧字郭沫若释牧，牧我西鄙田，其义难通，此即侵字之古体，啚即鄙字，谓侵我西鄙田。

第二十五片　贞，翌甲午勿出于祖乙。
　　　　　　贞，舌方亡辟。
　　　　　　贞，翌甲午出于祖乙。
　　　　　　贞，登人五千乎见舌方。
　　　　　　贞，翌甲午出于祖乙。
　　　　　　贞，勿登人……（图二三，1）

注释："翌甲午出于祖乙"，即在甲午的明日乙未日出祭于祖乙，卜辞中的语序有时是倒置的，如本辞"翌甲午"，即甲午翌的倒装句。"登人"，即征集人。

第二十六片　己亥卜，争贞，勿乎依章……墉。
　　　　　　庚子卜，宾贞，勿登人三千乎（伐）舌方，弗受出祐。（图二三，2）

注释：𩫏即墉字之古文，《说文》云："墉，城垣也"。在下一段卜辞内，乎下当有伐字，已残坏，当作"呼伐舌方"。

第二十七片　癸丑卜，𣪘贞，勿佳王征舌方，上下弗若，不我其受祐。
　　　　　　癸丑卜，𣪘贞，勿佳王征舌方，上下弗若，不我其（受）祐。（图二三，3）

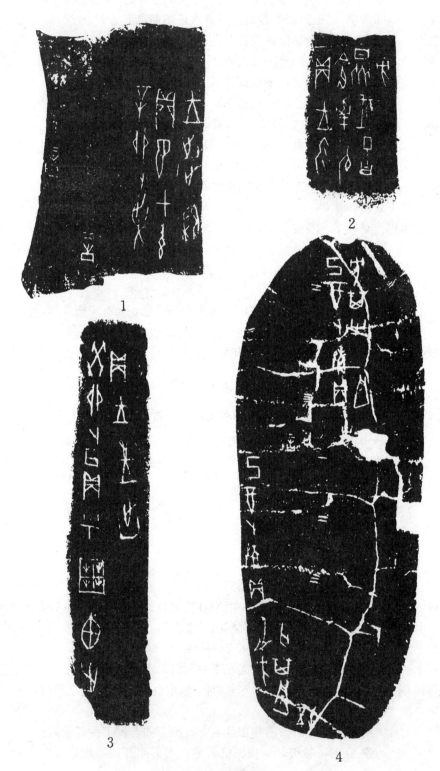

图二一　第一期甲骨文

图二二　第一期甲骨文

注释：卜辞"正舌方"，正假为征，即"征舌方""上下弗若"，上下二字合文。若，顺也，如《尚书·尧典》："钦若昊天。"即敬顺昊天。上指昊天，下谓人世，即天人皆不祥顺。

第二十八片　丁酉卜，㱿贞，今 ✶ 王登人五千征土方，受㞢佑。（图二三，4）

注释：✶ 字叶玉森释为春字，后来在甲骨文中发现有从屯从日的春字，故知叶释不确，此字尚不能识。"𠂊 人"，卜辞也作"登人"，故知此乃省简。登人即征集人。由此看来，商代尚无长期服役的职业兵，都是在出征前向各个氏族临时征集。

第二十九片　辛巳卜，争贞，今 ✶ 王勿从𡊂乘伐下 ✦，弗其受㞢佑。……卜，
　　　　　　争贞，今 ✶ 王从𡊂乘伐下 ✦，受㞢佑。十月。（图二四，1）

注释： ✧ 字罗振玉释𡊂，即望，𡊂乘是商代武丁时的军事首领之一，经常随王出征。"下 ✦"是方国名。

第三十片　丁卯卜，㱿贞，王𩰬缶于蜀，二月。（图二四，2）

注释：𩰬即敦字之省，《齐侯敦》即写作《齐侯𩰬》。郭沫若云："𩰬言𩰬伐"，"𩰬伐"即

图二三 第一期甲骨文

图二四 第一期甲骨文

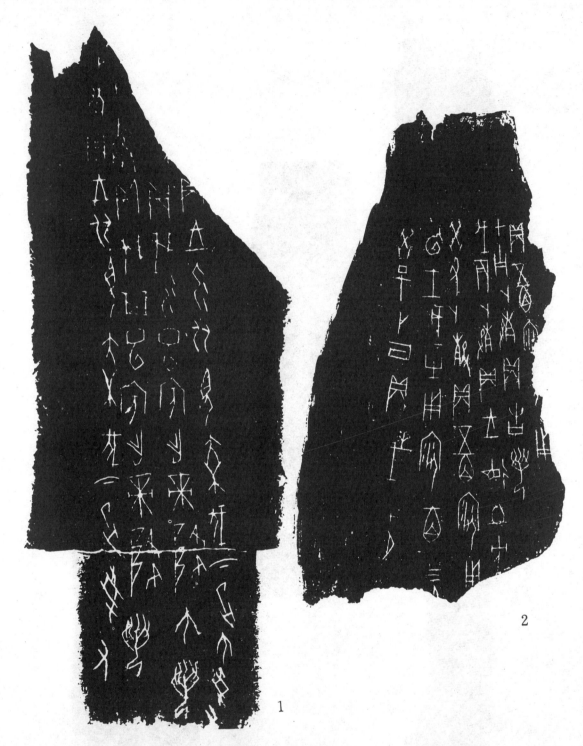

图二五 第一期甲骨文

敦伐。缶乃被伐之族名,地望在蜀。

第三十一片 壬子卜,殻贞,舌方出,不隹我虫乍囚,五月。

壬子卜,殻贞,舌方出,隹我虫乍囚。

图二六　第一期甲骨文

乙卯卜，争贞，沚馘禹册，王从伐土方，受㞢佑。（图二四，3）

注释：沚馘乃武丁时军事首领之一，经常随王出征，"禹册"将王从伐土方之事俱载于典籍之内。

第三十二片　贞，叀自勿乎……
　　　　　　贞，勿隹王往伐舌。
　　　　　　乎多臣伐舌方
　　　　　　贞，叀王往□舌。（图二四，4）

第三十三片　癸酉卜，㱿贞，乎多宰伐舌方，受㞢佑。
　　　　　　……卜，㱿贞，乎多宰伐舌方，受㞢佑。
　　　　　　……辰卜，㱿贞，翌辛未令伐舌方，受㞢佑，一月。（图二四，5）

注释：⟨字⟩郭沫若释宰，谓其"与臣同，则此亦分明为奴隶之类。余释为宰字初文，《说文》：'宰，罪人在屋下执事者'，此正象有人在屋下执事，其必为罪人，则由辞意可以知之"（《卜辞通纂考释》104页）。按此字是否如郭释宰，尚不敢确信，但它释更不足取，故备一说，以便参考。

第三十四片　……贞，王勿从望乘伐下⟨⟩，不受佑。
　　　　　　……㱿贞，我勿祀宾，乍帝降不若。
　　　　　　……卜，㱿贞，我其祀宾，乍帝降若。
　　　　　　……卜，㱿贞，王从望乘伐下⟨⟩，受佑。（图二五，1）

注释：郭沫若谓⟨字⟩为祀字之省。他说："乍读为则，《大丰毁》：'丕显王乍（则）相，丕䊮王乍（则）赓'，亦用乍为则。《书·多方》：'惟圣罔念作（则）狂，惟狂克念作（则）圣'，与此为同例语。意言'我如侯祀鬼神，则帝降若，我如勿侯祀鬼神，则帝降不若'。若者，顺也，不若，不顺也"（《卜辞通纂考释》76页）。

第三十五片　贞，五百宰□用。
　　　　　　甲子卜，㱿贞，告若。
　　　　　　戊辰卜，㱿贞，王德土方。
　　　　　　癸丑卜，㱿贞，五百宰用，旬壬戌㞢（又）用宰一百，三月。
　　　　　　癸巳卜，亘贞，⟨⟩，七月。（图二五，2）

注释：《说文》云："德，升也"，此言"王德土方"，乃为敦伐、挞伐之义。

第三十六片　己丑卜，㱿贞，翌庚寅妇好冥？
　　　　　　贞，翌庚寅妇好不其冥，一月。
　　　　　　辛卯卜，品贞，乎多羌逐麋获。（图二六，1）

注释：⟨字⟩孙诒让释奭，陈邦怀释弇，郭沫若释为娩字，谓为妇女育子娩身之事。唐兰释冥，他说："余谓⟨字⟩即冥字，冥之本义当如幎，像两手以巾覆物之形"。他还指出《说文》谓冥"从日从六宀声"之误。《汗简宀部》冥字写作"⟨⟩"，而从双手不从六，与唐说相合。

第三十七片　甲申卜，㱿贞，妇好冥不其冥，三旬㞢一日甲寅冥允不妌。
　　　　　　甲申卜……妇好冥妌，王固曰其隹丁冥妌，其隹庚冥引吉，三旬一日甲寅冥，不妌隹女。（图二六，2）

注释：郭沫若释⟨字⟩字为娶，假为嘉，可从。⟨字⟩乃从女从加省声，古文字从加声者可省作力，如《侯马盟书》嘉字既写作 ▨ （一九五：一），亦可写作 ▨ （九二：二），即其证。郭氏释 ▨ 为妇女育子娩身之娩，嘉为娩之状语，谓其"必系吉祥之意"。胡厚宣随也对商代家族的生育制度和重男轻女的现象作了说明，他据"贞冥卜辞"中之"不嘉佳女"之记载解释说：'不妨佳女知殷人盖以生女为不嘉，生男为嘉……之重男轻女之观念，实自殷代即已有之。"

根据目前所见贞冥卜辞资料来看，将其解释妇女育子娩身甚为不妥。从本辞内容分析，如果是卜问妇好分娩的时间，如云"王占曰佳丁（甲申后三曰丁亥）娩嘉"；"佳庚（甲申后六曰庚寅）娩引吉"，是可以讲通的。因为妇女临产期，前后相差不过一周左右，绝对不会推迟到三十一日以后，更不会因时间推迟就会生女孩，这是解释不通的。再从贞冥者来看，不都是女性，还有男性，如子目冥、子㜸冥、子昌冥，和小臣冥等。商代的称谓有一套严格的制度，诸如对祖辈的称谓，男性称祖某，女性称妣某；父辈，男称父某，女称母某；同辈，男称兄某，女称妇某；晚辈，男称子，女称女。男女之称各有专名，彼此绝不能混。如果把"子目"、"子㜸"、"子昌"都视为能生孩子的妇女，那么卜辞中的"子商"、"子央"、"子渔"等"多子"，又当作何解释？尤其是"小臣"，无论从商代甲骨文，两周铜器铭文，以及先秦文献中所载，皆可证明小臣是男人所任的官职。如《史记·殷本记》所载，阿衡是成汤的小臣，《周书·召诰》，召公自谓小臣。《周礼·天官》谓"内小臣"为阉士，《国语·晋语》韦昭注："小臣官名，掌阴事阴命，阉士也"。在甲骨、金文中，称男奴隶为臣，称女奴隶为婢、妾，均有明文可考。如言"婢二人"（京津5080），"㞢妾于妣己"（乙2729），前者是杀婢二人祭妣甲，后者杀妾祭妣己。金文有王臣、虎臣、小臣，称他们为伯为夫，如《大盂鼎》："夷嗣王臣十又三伯"，《冒鼎》："臣二十夫"。又可证明，臣和小臣都是男性，婢、妾都属女性，则《伊毁》谓为"臣妾百工"。

子目、子㜸、子昌、小臣都是男性，就不可能生育，那么释 ▨ 为娩，谓为育子娩身是不合适的。至于说卜辞有"不嘉佳女"，殷人有生女不嘉重男轻女之观念，也不妥当。女为代词，当读为汝，应读"不嘉佳汝"，即于你不嘉。

贞冥非问生男育女之喜事，乃问灾祸的轻重，如：

壬寅卜，殼贞，妇好冥不其嘉，王占曰拯不嘉，其嘉不吉，于 ▨ 若兹迺死。（乙中4729）

此辞所谓"不嘉"、"不吉"、"若兹迺死"等语，足证所问乃是妇好所遭遇的某种灾祸，不然不会如此严重。很可能是贞卜病情，冥通昏，"幽冥"可作"幽昏"，《诗经·大雅·桑柔》："多我觏瘠"，笺云："瘠，病也"。因而我们认为贞冥非贞生子，而贞病情（参见《武丁时代贞冥卜辞之再研究》[①]）。

第三十八片　丁亥卜，亙贞，子商妾冥，不其嘉。（图二六，3）
第三十九片　丁亥卜……贞，子渔其㞢疾。（续图二六，4）
第四十片　癸酉卜，殼贞，旬亡囚（咎），王二曰亡。王固曰：艅㞢希㞢瘳（痛）。五日丁丑，王嫔中丁，毕陞在宕自，十月。
　　　　　癸巳卜，殼贞，旬亡囚。王固曰：乃兹亦㞢希，若偁。甲午，王往逐䕎，臣㞢车马，硪驭王车，子央亦堕。

---

① 高明：《古文字研究》第九辑，1984年。

癸未卜,㱿贞,旬亡囚。

王固曰：往,乃兹㞢希,六日戊子,子弢死,一月。（图二七）

注释：第一辞"王二曰亡",此语仅见,其义不明。舍,语辞,犹《尚书》中之俞也。㞢从甹父声读为痛,郭沫若云："㞢希㞢㞢,读为有祟有痛"。又云："毕陷在㝢自"当是灾祸,与"有祟有痛"对应。按陷作人由自下降之形,毕即厥,当读为蹶。下一辞"若偶",谓若繇辞所云。"偶"字象人从自而倒下,乃堕字之古体,亦即有祟之应验也。囚字郭沫若、商承祚释囚,丁山、胡厚宣释死,当从后释。

第四十一片 燎于夒六牛。

乙亥卜,宾贞,王嬪岁亡𧉣。

其受佑。（图二八,1）

注释：夒字王国维释夋,郭沫若释夒,皆谓为殷之先祖帝喾。"嬪岁"是殷人祀典之一种,尤以晚期隆盛。

图二七　第一期甲骨文

𧉣是毒虫,亡𧉣犹亡灾。《说文》云："它,虫也……上古草居患它,故相问：无它乎"。

第四十二片　辛酉卜,品贞,季希王。

壬午卜,宾贞,萃……（图二八,2）

注释：王国维在《殷卜辞中所见先公先王考》中说：季"亦殷之先公,即冥是也。《楚辞·天问》曰：'该秉季德,厥父是臧',又曰'恒秉季德'则该与恒皆季之子。该即王亥,恒即王亘,皆见于卜辞,则卜辞之季亦当是王亥之父冥矣"（《观堂集林》卷九）。

第四十三片　癸丑卜,㱿贞,我不其受佑。

贞,萃于王亘（图二八,3）

注释：王国维云：王亘即《天问》中"恒秉季德"之恒。又云："互即恒字。《说文解字》二部：'𢛢,常也,从心从舟,在二之间上下,心以舟施恒也。外古文𢛢从月,《诗》曰如月之恒'……《曶鼎》有 亙 字，从心从 ◐ ，与篆文恆从亙者同，即恒之初字，可知 ◐ 亙一字。卜辞 ◐ 字从二从 ◐ （卜辞月字或作 ◐ 或作 ◐ ），其为亙亘二字或恒字之省无疑"（《观堂集林》卷九）。

第四十四片　甲辰卜，殻贞，来辛亥燎于王亥三十牛，十二月。（图二八，4）

注释：卜辞中有作"高祖亥"（戬1.4）者，王国维云："高祖亥即王亥……考卜辞中称高祖者惟高祖 夒（罗氏拓片）及'高祖乙'， 即帝喾，乙则成汤，与王亥而三。《书·盘庚》曰：'肆上帝将复我高祖之德'，是殷人有高祖之名，但非《尔雅》所云曾祖王父之父耳"（《戬寿堂所藏殷墟文字考释》）。

第四十五片　贞坐于王亥重三百牛。（图二八，5）

注释：三白牛即三百牛，可见商代对王亥祭祀之隆重。

第四十六片　癸丑卜，吏贞，其障壹告于唐三牛。（图二八，6）

注释：王国维云："又有一骨上有卜辞三，一曰'贞于唐告舌方'，二曰'贞于大甲告'，三曰'贞于大丁告舌'，三辞在一骨上，自系一时所卜。据此则唐与大丁、大甲连文，而又居其首，疑即汤也。《说文·口部》：'唴古文唐，从口易'，与汤字形相近。《博古图》所载《齐侯镈钟》铭曰：'虩虩成唐，有严在帝所，尃受天命'。又曰：'奄有九州，处禹之都'。夫受天命，有九州，非成汤其孰能当之？《太平御览》八十二及九百一十二引《归藏》曰：'昔者桀筮伐唐，而枚占荧惑曰不吉'，《博物志》六亦云。案唐亦即汤也。卜辞之唐必汤之本字，后转作唴，遂通作汤"（《观堂集林》卷九）。

第四十七片　贞，氐牛五十。
　　　　　　贞，于祖丁。
　　　　　　贞，坐于母庚二牛。
　　　　　　𦍒见。（图二九，1）

注释："𦍒见"，武丁卜辞出现的成语，其义不明。

第四十八片　丁丑卜，殻贞，于来己亥酚高妣己眔妣庚。（图二九，2）

注释：眔连词，与暨字之义相同。

第四十九片　丁亥卜；殻贞，昔日乙酉箙旋御……大丁、大甲、祖乙，百𠙻、百羌、卯三百……（图二九，3）

注释：昔日之昔卜辞写作"答"，以洪水之日表示昔，此字残毁。御是祭祀之名称。卯假为刘，《玉篇》："刘，杀也"，《方言》："秦晋宋卫之间谓杀曰刘。"三百下缺一牲名，疑牛或羊之类。百𠙻、王国维释𠙻为羌，百羌即百名羌族的俘虏，即奴隶。郭沫若释为苟字，读作百狗，此从王国维说。

第五十片　贞……尜……
　　　　　贞，坐豕于父甲。
　　　　　贞，燎于土三小牢，卯二牛，沈十牛。
　　　　　丙辰卜，争贞；自坐牝。
　　　　　贞，奠于丘刿。（图二九，4）

注释：王国维云："土，疑即相土。《史记·殷本纪》：'契卒子昭明立，昭明卒子相土立'，相土之字，《诗·商颂》、《春秋左氏传》、《世本·帝系篇》皆作土；而《周礼·校人》注引《世本·作篇》'相士作乘马'作士（杨倞荀子注引世本此条作土），而《荀子·解蔽篇》曰：

图二八 第一期甲骨文

图二九　第一期甲骨文

'乘杜作乘马',《吕览·勿躬篇》曰:'乘雅作驾',注:'雅一作特'。特杜声相近,则土是士非。杨倞注《荀子》曰:'以其作乘马故谓之乘杜',是乘本非名,相土或单名土,又假用杜也"(《观堂集林》卷九)。

第五十一片　癸丑卜,宾贞,酻大甲、告于祖乙一牛,八月。
　　　　　　……贞……大甲祈宗用,八月。
　　　　　　王自往从兽(狩),九月。(图二九,5)

第五十二片　🧿 癸亥卜,宾贞,今日勿𩁹令 🧿。
　　　　　　癸酉 🧿。
　　　　　　丙子卜,贞,酻岳三小牢,卯三牢。
　　　　　　癸酉卜,贞,燎于岳三小牢,卯三牢。
　　　　　　贞,三小牢,卯三牛。(图三〇,1)

注释:🧿 字不识。🧿 字,郭沫若云:"案此当是眰若瞿之古文,象鹰瞵鹗视之形",谓𩁹为虚词。饶宗颐释为𦬜字,"𦬜𩁹"乃卜辞习见之语,饶氏谓。"如连读可解为羊灾,言五行者有羊祸之语",并引《汉书·五行志》"羊𩁹"为证(《巴黎所见甲骨录》三一)。朱芳圃释此字为苜,谓"苜𩁹犹言无𩁹,经传作蔑,《诗·大雅·板》:'丧乱蔑资',毛传:'蔑,无也';《论语·雍也篇》:'亡之命矣夫',《汉书·宣元六王传》引作'蔑之命矣夫',颜注:'蔑,无也'"(《殷周文字释丛》116—117页)。连劭名亦释𩁹,他说:"𩁹字在甲骨文绝大多数的情况中,是与另外一个否定词相结合,构成一种否定之否定的句式。最多见的句式是'勿𩁹……'相当于今天我们所说的'不要不……'。其次是'不𩁹……'相当于'不会不……'。"(《北京大学学报》1981年6期)。

第五十三片　贞,御自唐、大甲、大丁、祖乙、百羌、百牢。
　　　　　　贞,御𩀱牛三百。(图三〇,2)

注释:商王世系应为大乙、大丁、大甲,此辞言自唐、大甲、大丁,辈次搞错。

第五十四片　贞,屮于南庚。
　　　　　　贞氐。(图三〇,3)

第五十五片　贞,勿屮于高妣己,高妣庚。(图三〇,4)

第五十六片　丁酉卜,㱿贞,今夕亡𡆥。
　　　　　　戊戌卜,㱿贞,今夕亡𡆥。之……
　　　　　　庚子卜,㱿贞,今夕亡𡆥。
　　　　　　辛丑卜,㱿贞,今夕亡𡆥。
　　　　　　壬寅卜,㱿贞,今夕亡𡆥。(图三〇,5)

注释:这是自丁酉至壬寅连续六日的卜夕卜辞,但在戊戌与庚子之间,缺己亥一日。夕字在武丁卜辞中写作 🧿,但自廪辛以后则写作 🧿;同月字相反,武丁时月字写作 D,廪辛以后而写作 D。

第五十七片　乙酉卜,㒭贞,子商𩁹 🧿 方,四月。
　　　　　　丙戌卜,㒭,我乍 🧿 方乍……(续图三〇,6)。

注释:🧿 字从止从其,字不识,乃方国名称。我似代表卜人㒭,乃卜者之第一人称。

第五十八片　甲子　乙丑　丙寅　丁卯　戊辰　己巳　庚午　辛(未)　(壬申)
　　　　　　(癸酉)　甲戌　乙亥　丙子　丁丑　戊寅　己卯　庚辰　(辛巳)　(壬

图三〇 第一期甲骨文

午) (癸未) 甲申 乙酉 丙戌 丁亥 戊子 己丑 庚(寅)
(辛卯) (壬辰) (癸巳) 甲午 乙未 丙申 丁酉 戊戌 己亥
(庚子) (辛丑) (壬寅) (癸卯) 甲辰 乙巳 丙午 丁未 戊
申 己酉 (庚戌) (辛亥) (壬子) (癸丑) 甲寅 乙卯 丙
辰 丁巳 戊午 己(未) (庚申) (辛酉) (壬戌) (癸亥)
(图三一，1)。

注释：此乃六十日《干支表》，可能为计日而制。此表稍残，凡附括号者，皆残损缺字之处。

第五十九片　甲戌卜，⚹　贞，方其渡于东，九月。(图三一，2)

注释：⚹字，在此作动字用。从字形结构分析，像一人乘舟撑楫而行，疑乃渡字之古体。此片卜辞，贞人名⚹，即前文所讲自组卜辞之一例，贞人⚹属自组成员之一。过去董作宾定为四期卜辞，经反复讨论，目前有多数学者同意陈梦家的看法，当为武丁晚期卜辞。

第六十片　己丑，子卜贞，子商乎乍䵼。
　　　　　丁亥，子卜贞，我 ⚹ 败䵼。(图三一，3)

注释：⚹字即城之古体，本为象形字，后增声符成而写作"䵼"，即城字。《说文》埔字古文作⚹，也有人将其释为郭，即城廓之廓。其实它就是城的象形字，后来省去两侧作城楼建筑之符号，又增添声符，而变成䵼字；又变章为土，成今日之城字。此片卜辞，贞人名子，即前文所讲子组卜辞之一例，应为武丁晚期(参见《殷墟卜辞综述》第四章)。

第六十一片　画示三屯，亘。(图三一，4)
第六十二片　己丑，史示三屯，岳。(图三一，5)
第六十三片　壬申，邑示三屯，扫。(图三一，6)

注释：以上三片皆为骨臼刻辞，属于记事辞刻之一种。胡厚宣曾在《武丁时五种记事刻辞考》中谈到："又'甲桥'、'背甲'、'骨臼'、'骨面'等龟甲及牛骨刻辞言'某示若干'一类者，则记祭祀龟甲牛骨之事也，盖殷人既得龟骨之后，必须先经过一种祭典而后用之。《周礼·龟人》所谓'上春衅龟，祭祀先卜'即其典矣"(《甲骨文商史论丛》初集，二册)。

2. 第二期甲骨文

第一片　甲寅卜，王曰：贞，翌乙卯其畋亡灾，于谷。
　　　　……亥其畋……隹彡衣，才二月。(图三二，1)

注释：田即畋，其田于谷，即在谷进行畋猎。彡即彡字，是殷之祀典。

第二片　戊寅卜，行贞，王其往于畋，亡灾，才十二月。(图三二，2)

　　　注释：王其往于田，即往于畋。才十二月。即在十二月。

第三片　癸丑卜，行贞，今夕亡囚，才⚹。癸丑卜，行贞，王其步自⚹于⚹，亡灾。
　　　　甲寅卜，行贞，王其畋，亡灾，才二月，才　。
　　　　乙卯卜，行贞，今夕亡囚，才二月。
　　　　乙卯卜，行贞，王其畋亡灾，才……(图三二，3)

注释：这是由癸丑至乙卯连续三日贞卜商王畋猎的卜辞，王出游畋猎，每天都要占卜。

第四片　贞，不其雨。
　　　　丁酉卜，出贞，五日雨。

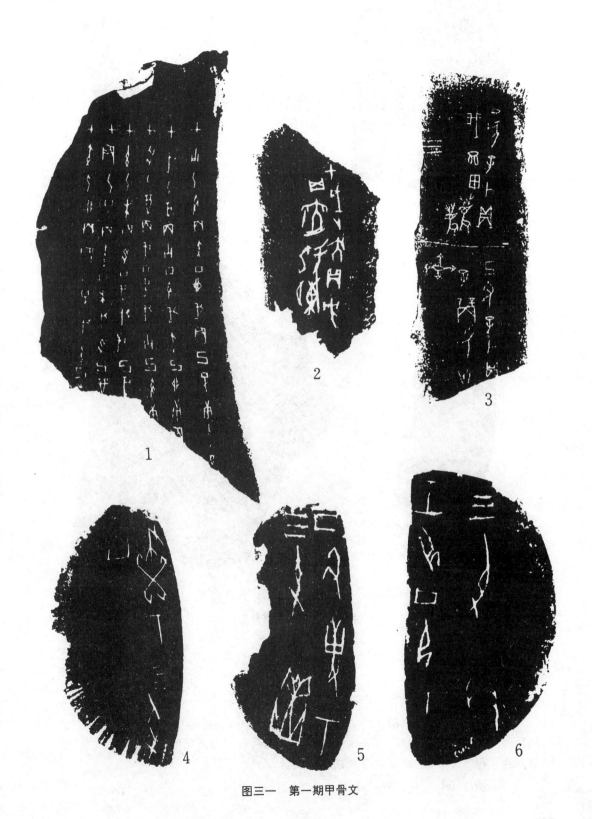

图三一 第一期甲骨文

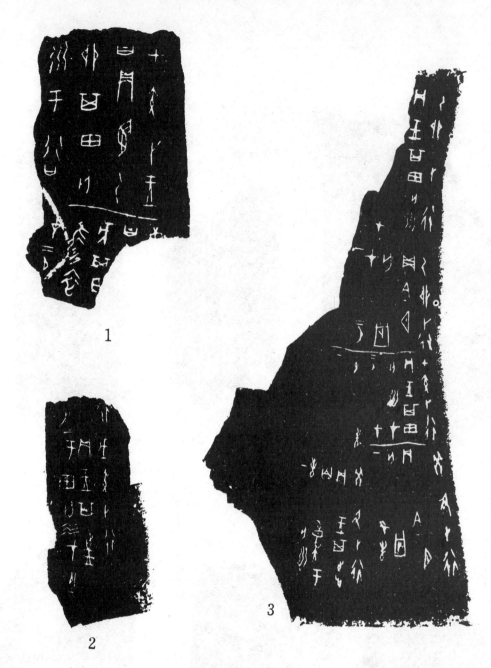

图三二　第二期甲骨文

辛丑卜，出贞，自五日雨。

……不雨。（图三三，1）

第五片　贞，不其昏。

戊戌贞，今夕昏，八月。

贞，不其昏。（图三三，2）

注释：𣄴字当隶定为㫚，即昏字之古体，《玉篇》："雨而昼晴也。"

第六片　己亥卜，（旅）贞，今夕亡囚，才十二月。

庚子卜，旅贞，今夕亡囚，才十二月。

辛丑卜，旅贞，今夕亡囚，才十二月。

壬寅卜，旅贞，今夕亡囚，才十二月。

癸卯卜，旅贞，今夕亡囚，才十二月。

甲辰卜，旅贞，今夕亡囚，才十二月。

乙巳卜，旅贞，今夕亡囚，才十二月。

丙午（卜），（旅）贞，今（夕）亡囚，才（十二月）。（图三三，3）

注释：这是自己亥至丙午共八日贞夕卜辞，辞序是左自下而上，右自上而下，逐日贞卜。

第七片 癸壬卜，即贞，㞢于示壬燎……（图三四，1）

注释：示壬、示癸皆殷之先公，示壬《殷本纪》作"主壬"。

第八片 癸亥卜，大贞，王宾示癸日，亡尤。（图三四，2）

注释：示癸二字合书，《史记·殷本纪》作"主癸"。

第九片 癸酉卜，出贞，㞢于唐，叀翌乙亥酒，六月。（图三四，3）

注释：癸酉日贞，二日甲戌，三日乙亥，即第三日乙亥酒唐。唐即成汤，庙号大乙，商人祭祀先祖，庙号名甲者则在甲日祭，庙号名乙者则在乙日祭，先祖庙号和祭日干支务须相同，很少例外。本辞"㞢于唐，叀翌乙亥酒"即尊行此一制度。

第十片 甲戌卜，□贞，王宾……亡囚。

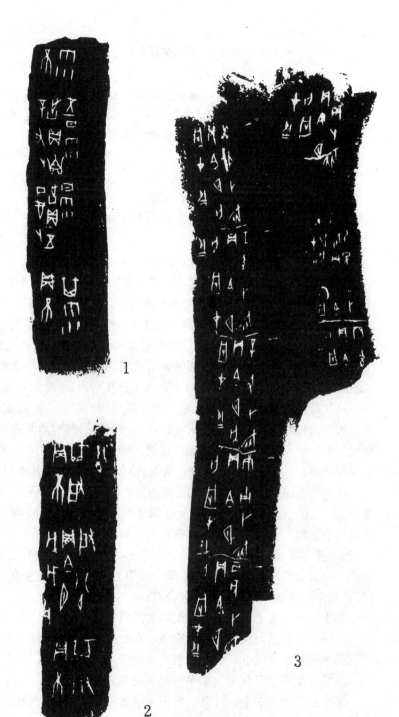

图三三 第二期甲骨文

　　　　　贞，亡尤。
　　　　　甲戌卜，尹贞，王宾夕祼，亡囧，才六月。
　　　　　贞，亡尤。
　　　　　乙亥卜，尹贞，王宾大乙祭，亡囧。（图三四，4）
　注释："夕祼"祭祀之名。大乙二字合书。亡尤犹亡咎、亡灾。
　第十一片　癸酉卜，王贞，翌甲戌王其宾大甲䄜，亡㞢。
　　　　　（丁亥）卜，王贞，翌戊子（王）其宾大戊……亡㞢。（图三五，1）
　注释：大甲二字合书，䄜字是殷王祭祀先祖之祀典名，字不识，可隶定为"䄜"，字书无。
　第十二片　戊午卜，𠂤贞，王宾……亡……
　　　　　戊寅卜，𠂤贞，王宾大戊戠，亡囧。
　　　　　贞，亡尤。
　　　　　……卜，𠂤贞，王宾……亡囧。（图三五，2）
　注释：宝字，罗振玉释为宾，以"王宾"为名词，谓"卜辞称所祭者曰'王宾'，祭者是王，则所祭者乃'王宾'矣。《周书·洛诰》'王宾杀禋咸格'，犹用殷语。前人谓王宾'宾异周公'者失之"（《殷墟书契考释》卷下）。郭沫若认为"盖'王宝'二字如连为名词，则是卜辞中凡言'王宝'云云之例，均缺主要动词，不合文范。而它辞有言'王其宝某某'者，于王与宝之间挟一'其'字，则宝字分明动词。是则'王宝'者亦犹卜畋游之例之言'王田'、'王徝'、'王步'而已。余谓宝乃小篆寏字所从丏出，《说文》'寏，冥合也，从宀丏声，读若。《书》曰'药不瞑眩'。又'宾，所敬也，从贝寏声。𡩅古文。'今案宾客若宾礼字之见于金文者与此古文之形相同，无从寏作者。《邾公钘钟》'用溥嘉宾'作'𡩅'，《虡钟》'用乐好宾'作'𡩅'，均省贝作。是则卜辞之 𡩅 若 𡩅 盖从止 𡩅 声若 𡩅 声之字也。从止则当为俟导之俟，《说文》'俟，导也，从人宾声。擯、𢱢，或从手'；止乃趾之初文，从止示前导也。故宝当为俟若擯之古字，讹变而为寏，《说文》以'冥合'说之，形义俱失矣。是故'王宝'者，王俟也。《礼运》'礼者所以俟鬼神'，即卜辞所用宝字之义。卜辞亦多见宁字，介在卜贞二字之间，乃人名。从贝之宾，当是宾礼之宾。《洛诰》之'王宾'乃假宾为宝若俟也。'王宾'者俟文武，旧说'宾异周公'固失，罗说为名词则直为文武，王国维《洛诰解》即采此说，亦未为得"（《卜辞通纂考释》15页）。王宾某先祖皆有一具体祀典，本辞"王宾大戊戠"，戠是祀典之一种。大戊二字合书。
　第十三片　戊午卜，尹贞，王宾大戊𠛱日，（亡尤）。（图三五，3）
　注释：𠛱从三力从口，可隶定𠛱，在此为殷之祀典名。
　第十四片　戊戌卜，旅贞，祖戊岁，叀羊。（图三五，4）
　注释：祖戊二字合文，岁字在此为祀典之名称。
　第十五片　丙午卜，行贞，翌丁未祭于中丁，亡㞢。（图三五，5）
　第十六片　丙辰卜，旅贞，翌丁巳，𠛱于中丁，𠂤亡㞢，才八月。（图三五，6）
　第十七片　丁亥卜，洋贞，王宾祖丁岁，亡尤，八（月）。
　　　　　丁亥卜，洋贞，王宾叙，亡尤。（图三五，7）
　注释：敊字王国维释敊，他说："《说文·又部》：'楚人谓卜问吉凶曰敊，从又持祟，祟亦声，读若贽'。案古从祟之字亦或从柰，如隶字篆文作隸，古文作捺，欶或作欶，或作欶，知敊叙亦一字也"。

图三四 第二期甲骨文

第十八片 癸卯卜，即贞，翌乙巳，其又于祖乙。（图三六，1）

注释：祖乙二字合文，又亦是殷人祀典之名称。

第十九片 甲戌卜，即贞，翌乙亥，彡于小乙，亡尤，才一月。（图三六，2）

注释：小乙二字合文，卜辞祭名有"彡"和"彡日"，罗振玉释"彡日"为"肜日"，祭之明日又祭为肜。《尚书·高宗肜日》，言肜祭高宗也。

第二〇片 乙卯卜，行贞，王宾后祖乙，岁牢，亡尤，才九月。

乙卯卜，行贞，王宾 ㇄ ，亡尤。（图三六，3）

注释：卜辞中之 ☲、☲ 或 ☲ 字，王国维云："其字皆从女从 ☲（倒子形，即《说文》云'㐬字'），或从母从 ☲，像产子之形。从‥‥者则像产子时之有水液也。或从 ☲ 者，与从母从女同意。故从字形言，此字即《说文》育字之或体毓字。毓从每（即母字）、从㐬（倒古文子），与此正同。故产子为此字之本义。又 ☲、☲、☲ 诸形均像倒子在人后，故引申为先后之后，又引申为继体君之后。《说文》：'后，继体君也，像人之形，施令以告四方，故 ☲ 之，从一口'，是后字本像人形，☲ 当即 ☲ 之讹变，一口亦倒子形之讹变也。后字之义本从毓义引申。其后产子之字专用毓育二形，继体君之字专用 ☲ 形，遂成二字。又讹 ☲ 为后，而先后之后又别用一字，《说文》遂分为三部。其实毓、育、后三字本一字也"（《戬寿堂所藏殷墟文字考释》）。郭沫若云：此字之释至精确，但又说："唯沿《说文》后为继体君之说，颇未惬。古文献中无用后为继体君之意者，如：《书·盘庚》曰'古我前后'，曰'我古后'，曰'我先神后'，曰'高后'，曰'先后'，及《商颂·玄鸟》'商之先后'，均不限于继体君。而《诗·下武》以太王、王季、文王为'三后'，《书·吕刑》以伯夷、禹、稷为'三后'，于创业垂统之君亦明明含括。更考典籍中用后之例，均限于先公先王，其存世者则称王而不称后。卜辞亦如是，是则后者乃古语也。余谓后当母权时代女性酋长之称。母权时代族中最高之主宰为母，母氏最高高德业为毓，故以毓称之也。毓字变为后，后义後限用于王妃，亦犹其古义之子遗矣"（《卜辞通纂考释》16页）。但是，王国维考定后祖乙为武乙（《戬寿堂所藏殷墟文字考释》九叶），则不确。郭沫若考后祖乙为武丁之父小乙，却为学者所公认。☲ 字卜辞多见，字不识，亦当为祀典之名称。

第二十一片　丁未卜，行贞，王宾岁，亡尤，在自寮。

丁未卜，行贞，王宾叙，亡尤，才自寮。

……卜……亡尤，才自寮。（图三六，4）

注释：自、多用为师，寮，在此似做地名。

第二十二片　丙戌卜，□贞，翌丁亥，父丁岁……

丙戌卜，行贞，翌丁亥，父丁岁，其勿牛。

贞，弜勿。（图三六，5）

注释：卜辞中有 ☲ 字，王国维释物字，卜辞中又有作 ☲ ☲ 者，如本辞即其一例。他说："卜辞云：'丁酉卜即贞后祖乙古十牛四月'。又云：'贞后祖乙古物四月'（《戬寿堂所藏殷虚文字》第三叶），又云：'贞奠十勿牛'（《殷墟书契前编》卷四、五十四页）。前云古十牛，后云古物，则物亦牛名，其云十勿牛，亦即物牛之省。《说文》：'物，万物也。牛为大物，天地之数起于牵牛，故从牛勿声'。案许君说甚迂曲。古者谓杂帛为物，盖由物本杂色牛之名，后推之以名杂帛。《诗·小雅》曰：'三十维物，尔牲则具'，传云：异毛色者三十也。实则'三十维物'，与'三百维群'、'九十其犉'句法正同。谓杂色牛三十也。由杂色牛之名，因之以名杂帛，更因以名万有不齐之庶物，斯文字引申之通例矣"（《观堂集林·释物》）。"弜勿"即"弜物"之省，乃"其物牛"之反贞，"勿物牛"也。

第二十三片　乙卯卜，即贞，王宾后祖乙，父丁岁，亡尤。（图三七，1）

注释：祖乙，父丁皆合文，此为祖庚、祖甲时代卜辞，称小乙为后祖乙，称武丁为父丁，岁为祀典名称。

第二十四片　癸酉卜，行贞，王（宾）父丁，岁三牛，眔兄己一牛，兄庚……亡尤。

癸酉卜，行贞，王宾叙，亡尤，才十月。

296

图三五　第二期甲骨文

乙亥卜，行贞，王宾妣庚，……二牢，叙，亡尤。(图三七，2)

注释：第一段王字下夺一宾字，父丁、兄己、兄庚皆合文。王国维在《殷卜辞中所见先

图三六　第二期甲骨文

公先王考》中云："考商时诸帝中，凡丁之子，无己庚二人相继在位者，惟武丁之子有孝己（战国秦燕二策，庄子外物篇，荀子性恶，大略二篇，汉书古今人表，均有孝己。家语弟子解云：高宗以后妻杀孝己，则孝己武丁子也），有祖庚，有祖甲，则此条乃祖甲时所卜，父丁即武丁，兄己、兄庚即孝己及祖庚也。孝己未立，故不见于世本及史记，而其祀典乃与祖庚同"（《观堂集林》卷九）。

第二十五片　　乙巳卜，尹贞，王宾大乙彡，亡尤，才十二月。
　　　　　　　丁未卜，尹贞，王宾大丁彡，亡尤。
　　　　　　　甲寅卜，尹贞，王宾大甲彡，亡尤，才正月。
　　　　　　　庚申卜，尹贞，王宾大庚彡，亡尤。
　　　　　　（戊辰卜，尹贞，王宾大戊彡，亡尤。）　　（残缺）
　　　　　　　丁丑卜，尹贞，王宾中丁彡，亡尤。
　　　　　　　乙酉卜，尹贞，王宾祖乙彡，亡尤。
　　　　　　　辛卯卜，尹贞，王宾祖辛彡，亡尤。
　　　　　　　丁酉卜，尹贞，王宾祖丁彡，亡尤，才二月。
　　　　　　（乙巳卜，尹贞，王宾后祖乙彡，亡尤。）　（残缺）
　　　　　　　丁巳卜，尹贞，王宾父丁彡，亡尤，才三月。（图三七，3）

注释：此片龟甲是二期祭祀大宗先王的卜辞，保存比较完整，由三片拓本缀合而成，即《殷契粹编》之176片和307片，《甲骨文录》268片。内容是祭祀自大乙至武丁共十一位大宗先王的记录，从第一年的十二月开始，到第二年的三月结束，轮祭一周，共跨了两个年度，占了四个月份，但实际所用的天数约八十天。其中大戊与小乙两代二王残缺，根据祭日推算可以补齐。它是从第一年十二月下旬的乙巳日祭大乙，丁未祭大丁，第二年正月上旬的甲寅日祭大甲，庚申日祭大庚，应在中旬的戊辰日祭大戊，但已残损。在下旬的丁丑日祭中丁，正月三旬已满。二月上旬乙酉祭祖乙，同旬辛卯日祭祖辛，中旬的丁酉日祭祖丁，当在下旬的乙巳日祭小乙，但已残损。本旬内乙巳之后有丁未，当在丁未日祭武丁，不知何故移到下月上旬的丁巳日祭父丁，因知此片卜龟为二期所卜，故父丁当为武丁。

3．第三期甲骨文

第三期卜辞分有贞人与无贞人两种类型，彼此数量相差不多，但卜辞的形式区别很大，这里各选数例，将有贞人者排列在前，无贞人者排列在后。

第一片　　辛亥卜，狄贞，王畋盂，往来亡灾。
　　　　　……丑卜，贞……，王其畋，往来亡灾。（图三八，1）

第二片　　辛丑卜，彭贞，翌日壬，王其畋🙼、异，湄日亡灾。
　　　　　贞，王……自麦……犬，亡灾。　（图三八，2）

注释：三期卜辞有时行款很不整齐，本辞即其一例，如不仔细分别，很容易串行，把句读错。🙼、异皆地名，"湄日"卜辞成语，于省吾释为"昧日"，详见第十三片注释。

第三片　　辛亥卜，贞，王其畋盂，亡𢦏。
　　　　　壬子卜，贞，王其畋向，亡𢦏。
　　　　　乙卯卜，贞，王其畋□，亡𢦏。（图三八，3）

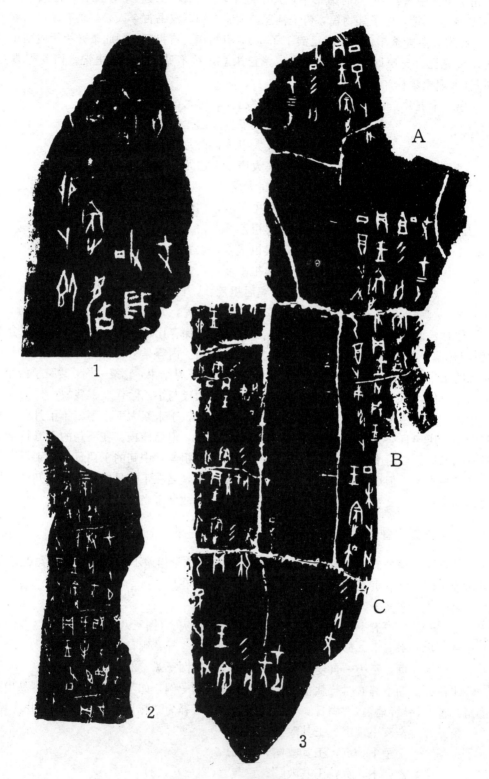

图三七　第二期甲骨文

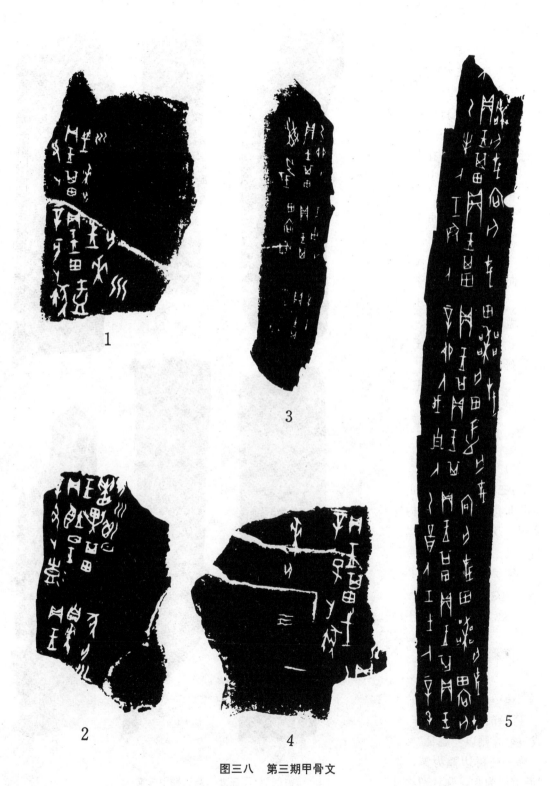

图三八 第三期甲骨文

注释：𢦏字，从戈才声，写作𢦏，即灾，在此作灾祸解。

第四片 辛巳卜，狄贞，王其畋，往来亡灾。(图三八，4)

注释：本辞行款更为典型，第一行自中间开始，第二行在右，第三行在左。

第五片 辛巳卜，贞王其畋向，亡𢦏。

壬午卜，贞王其畋㯱，亡𢦏。

乙酉卜，贞王其畋向，亡𢦏。

戊子卜，贞王其畋盂，亡𢦏。

辛卯卜，贞王其畋㯱，亡𢦏。

壬辰卜，贞王其畋向，亡𢦏。

乙未卜，贞王其畋㯱，亡𢦏。(图三八，5)

注释：三期卜辞有的无贞人，本辞即其一例，从贞卜内容、体例、及其字体分析，属三期无疑。

第六片 王其畋亡灾。

今日辛，汕日不雨。

贞，王其畋眚盂，汕日不雨。

……畋眚……不……(图三九，1)

注释：汕字卜辞作𣲙或𣲙，则以"汕日"二字连称。杨树达释为湄，谓："湄盖假为弥，弥日谓终日"

图三九 第三期甲骨文

(《卜辞求义》)。于省吾云:"甲骨文的洫日旧不得其解。其实,以洫为昧,无论在声音之通假或词义之训释方面,都是符恰的。至于中、晚期甲骨文称商王田猎和洫日连语者,习见繁出。《庄子,齐物论》:'梦哭泣者,旦而田猎。'甲骨文称:'于旦王洒田,亡戋。'(粹984)由此可见,旦昧田猎,乃古代统治阶级的常见作风。"(《甲骨文字释林》123页)

第七片　掾荐
　　不遘大风。
　　其遘。(图三九,2)
注释:"不遘大风"与"其遘",是正反两贞之卜辞,"其遘"下当有宾语"大风",因上所问,故可省略。自第三期卜辞以后,常见有"掾荐"二字成语,内容见第十三片注释。

第八片　自今辛至于来辛有大雨。
　　自今辛至于来辛亡大雨。(图三九,3)
注释:自今辛至于来辛,两个辛日之间为一旬,此问在这一旬内有无大雨。

第九片　王涉滴,射有鹿。
　　弜涉毕。(图三九,4)
注释:)) 字均隶定为弜,在卜辞中作否定词,裘锡圭云:"卜辞里的副词性否定词有'不'、'弗'、'弓'、'弜'、'勿'、'母(毋)'等字。前四字是主要的,后二字出现的次数比它们少得多。'弓'是发射之'发'的初文,卜辞多用作否定词。从文例看,'弓'和

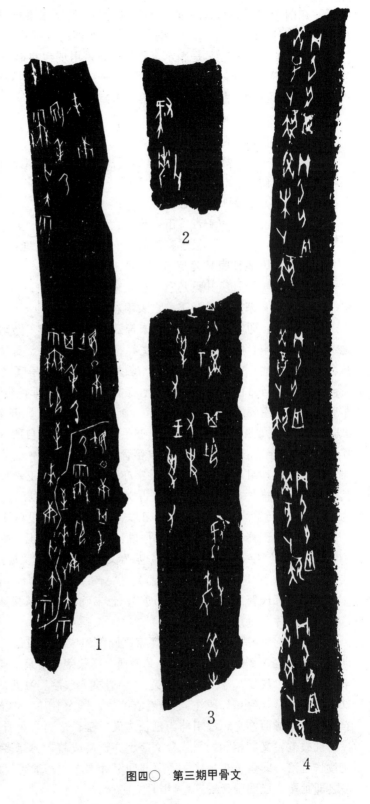

图四〇　第三期甲骨文

303

'勿'有可能是假借来表示同一个词的。但是二者本来并非一字。所以不能把弜直接释作'勿'。在四个主要的否定词里，'弜'和'妙'的用法很相似，'不和弗'的用法也比较接近，而'弜'、'妙'和'不'、'弗'的用法则有明显的区别。粗略地说，'不'、'弗'是表示可能性和事实的，'弜'、'妙'是表示意愿的。如果用现代的话来翻译，'不……'、'弗……'往往可以翻成'不会……'，'弜……'、'妙……'则跟'勿……'一样，往往可以翻成'不要……'。"（《说弜》《古文字研究》第一辑）

第十片　其遘大雨。
　　　　戊王其畋虞，不遘雨。（图三九，5）
注释：遘字，卜辞亦省作冓。《尔雅释诂》云："遘，遇也"，"其遘大雨"，即其遇到大雨也，犹言有大雨。

第十一片　辛亥卜……五臣
　　　　王又岁于帝五臣，足隹亡雨。
　　　　……㐅　又于帝五臣，有大雨。（图三九，6）

第十二片　翌日庚其秉乃雩，㞢至来庚有大雨。
　　　　翌日庚其秉乃雩，㞢至来庚亡大雨。
　　　　来庚剢秉乃雩，亡大雨。（图四〇，1）

注释：霖 即雩字之古体，郭沫若云："霖字，谛审乃动词，且均为求雨之事，则当是雩之异，从雨無声，無亦会意，無古文舞。《说文》：'雩，夏祭乐于赤帝以祈甘雨也。𩁹、雩或从羽，雩舞羽也'。《周礼·鼓师》：'教皇舞，帅而舞旱暵之事'。《月令》：'仲夏之月，大雩帝，用盛乐。乃命百县雩祀百辟卿士有益于民者，以祈谷实'。郑注云：'雩嗟，求雨之祭也。雩帝，谓为坛南郊之旁，雩五精之帝，配以先帝也。自韬鞞至枑瞀皆作，曰盛乐。凡他雩，用歌舞而已'。此足见霖字从舞之意，亦足见雩之用舞乃自殷代以来。卜辞别有从于之雩字，亦作 雩 。于乃竽之初文，象形。二象竽管，丿 其吹也。其从弓作者，乃管外之匏，从于亦形声兼会意，取其用乐也"。又云"秉字亦字书所无，叶玉森释为秋，今与夏祭之霖共见，足证其谬。以辞意推之，余意当是稃之古文，从禾加束，以示茎之所在，指事字也。字在此则读为旱。'其旱乃雩'，'则旱乃雩'，正文从字顺"。（《殷契粹编考释》112—113页）。

㞢字郭氏释祁，唐兰释㞢。他说："右㞢字旧不识。按从 㐄 与从 𠂆 同（卜 即 𠂆 字，𠂆 即 𠂆 字，可证），即㞢字也。"又云："此字本义颇难知，一人立而别一人踞于其侧，或有企仰之意乎？"（《殷墟文字记》）

剢字郭氏释则，谓"则旱乃雩"，恐未确。此字从泉从刀，当隶定为剢。

第十三片　掾嫠（图四〇，2）
注释：卜辞中" 叔 "、" 叙 "字则同嫠组成一句成语，王国维、董作宾均释作"驭嫠"，训驭嫠为进福（《安阳发掘报告》第四册《释驭嫠》）。余永梁释为"肆嫠"（《殷墟文字考》）。于省吾释为"叙嫠"，叙即掾。他说："甲骨文'叙嫠'习见，亦作'其叙嫠'。叙即掾之初文。《说文》：'掾，缘也。'段注：'缘者衣纯也。既夕礼注，饰衣领袂口曰纯。'按缘与纯皆沿循衣之领袂边缘而饰之，故引伸为延长之义。延长之延，甲骨文本作征，《说文》讹作延、延。掾与征叠韵，义亦相涵。周代金文嫠字亦作釐或釐，典籍多训釐为福。总之，甲骨文之掾嫠应读作征釐，即延长福祉之义。第五期甲骨文之'其征釐'（前2.28.3），以征为掾，然则掾嫠之即征釐，已明确无疑"（《甲骨文字释林》51页）。

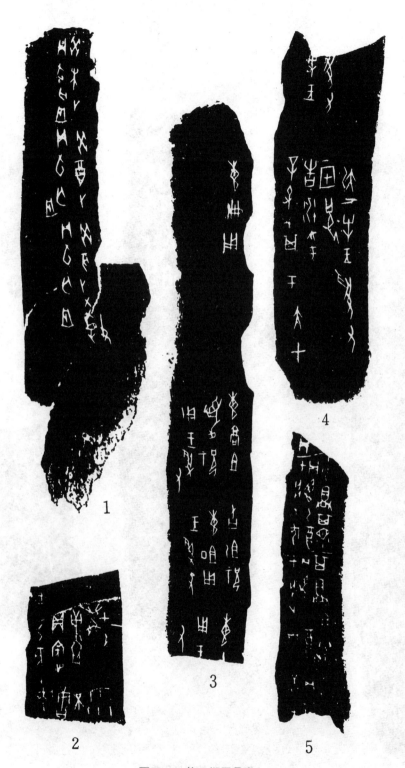

图四一 第三期甲骨文

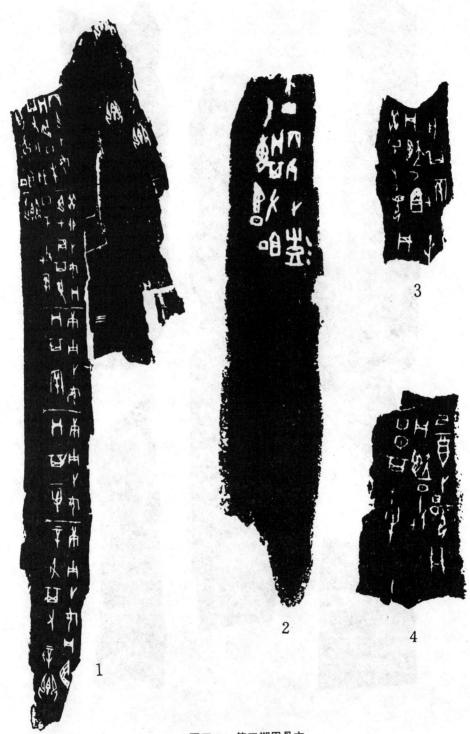

图四二　第三期甲骨文

第十四片　掾椊。

其御又史，王受佑。

其祼，王受佑。（图四○，3）

注释：🀆字作两手奉鬯而祀，即祼字之别作。祼字甲骨文一般写作 🀆（甲2695）、🀆（前4.23.3），似双手奉瓒而祀，瓒盛酒器也，故以鬯表示奉祀天地神灵之鬯酒，以祈福佑，两形均为祼字。

🀆，从午从卩，一般均隶定为卸，即御字之古体，后加辵旁则写作御。

第十五片　癸丑卜，狄贞，旬亡囚。

癸亥卜，狄贞，旬亡囚。

癸酉卜，狄贞，旬亡囚。

癸未卜，狄贞，旬亡囚。

癸巳卜，狄贞，旬亡囚。

（图四○，4）

注释：贞旬卜辞，于每旬最末一日，贞卜来旬有无灾咎。

第十六片　癸亥卜，教贞，旬亡囚。

癸酉卜，贞，旬亡囚。

癸未卜，贞，旬亡囚。（图四一，1）

第十七片　乙亥卜，何贞，（王）宾唐𩵦，不冓雨，七月。（图四一，2）

注释：贞人 🀆，董作宾释尤，陈梦家释何，称三期贞人集团为"何组"。本辞宾字前夺一王字，则无主词。"冓雨"即遘雨，同下雨，"不遘雨"即不下雨。

第十八片　……用，王（受）佑。

古祖乙祝，叀祖丁用，王受佑。

叀高祖夔祝用，王受佑。

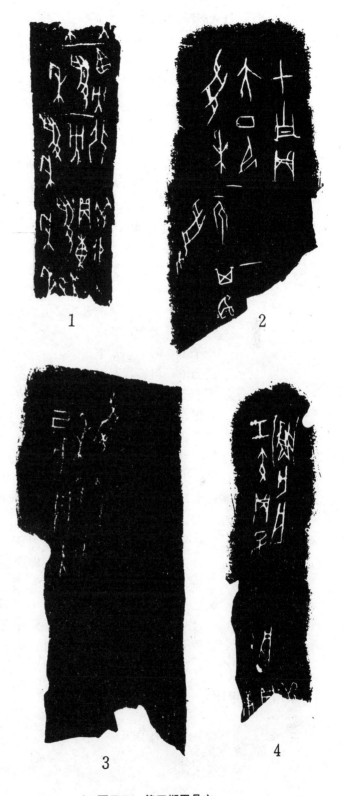

图四三　第四期甲骨文

叀册用。(图四一，3)

第十九片　辛巳卜，其告水入于上甲兄大乙一牛，王受佑。(图四一，4)

注释：田乃上甲二字之合文，卜辞也有时写作田。同田字之区别，主要是口中之十字的写法不同，田字十与四边框接连，作田形，上甲之中间十字与四边框不接连，写作田。郭沫若云："兄字在此当是介系词，义犹及与。以声类求之，殆假为并也。"(《殷契粹编考释》148 片)

第二〇片　癸……贞，其……飨。
　　　　　　甲申卜，何贞，翌乙酉其蒸祖乙飨。
　　　　　　甲申卜，何贞，翌乙酉小乙蒸其罪。(图四一，5)

注释：祖乙，小乙皆合文。凡字，卜辞亦写作凡(铁38.4)，《说文》云："豊，礼器也，从𠬞持肉在豆上"，卜辞不从肉，用为蒸进之蒸。三期卜辞词序较乱，如第三段云"翌乙酉小乙蒸其罪"，连接词放在最后，于语法不合。此乃同在乙酉蒸祭祖乙和小乙，故知原意当为"翌乙酉其蒸祖乙罪小乙飨"。从语法分析，省去了主语，蒸是动词，飨是直接宾语，祖乙、小乙都是间接宾语，彼此之间加连词罪。

第二十一片　庚子卜，何贞，翌辛丑其又妣辛飨。
　　　　　　庚子卜，何贞，其一牛。
　　　　　　庚子卜，何贞，其牢。
　　　　　　癸卯卜，何贞，翌甲辰其 从 口于父甲牢飨。
　　　　　　丙午卜，何贞，翌丁未其又 从 岁…… 祖丁。(图四二，1)

注释：妣辛、父甲、祖丁皆合文。卜辞中口字，杨树达释为祊，陈梦家释为丁，谓其为先公之主名。日本学者岛邦男释为禘，他在《禘祀》一文中讲："口祭和禘祀，其祭祀的意以及在《仪礼》上是一致的，又因为口祭和禘祀是同声的祭名，则卜辞的口祭不外是周代的禘祀。卜辞的'口'周初作'啻'，后世作禘。把尊严其父的祭祀称为'口'可以认为是起因于以父配祀口即帝。而写作'口'，可以认为是为了和外祭中祭祀上帝的'帝'区别开来"(《殷墟卜辞研究》189 页)。

第二十二片　丙辰卜，彭贞，其又祖丁，叀翌日。(图四二，2)

注释：祖丁二字合文，"又祖丁，叀翌日"，即惟翌日又祖丁。丙辰之翌日为丁巳，即在丁日祭祖丁，祭日与祖之庙号相合。

第二十三片　癸巳卜，暊贞，翌日祖甲岁其牢。(图四二，3)

注释：祖甲二字合文。癸巳翌日当为甲午，此辞只言翌日，省简了甲午。

第二十四片　己酉卜，暊贞，翌日父甲禘日，其十牛。(图四二，4)

注释：父甲合文，父甲禘日，则间接宾语前置，当犹禘日于父甲。

4. 第四期甲骨文

第一片　癸卯贞，东方受禾。
　　　　北方受禾。
　　　　西方受禾。
　　　　………(图四三，1)

注释：这是贞问商之四方是否能有禾谷之好收成，受禾与受年意义相同，因卜辞残损，故只保存了东北西三方,南方残缺。

第二片　甲子贞,大邑受禾。

不其受。(图四三,2)

注释:大邑指商国,卜辞亦称"大邑商"。

第三片　己亥贞,㞢禾于河,受禾。(图四三,3)

第四片　有囚

壬寅贞,子渔亡囚。(图四三,4)

注释:子渔人名,一期卜辞亦有名子渔者,如"癸未卜,𣪊贞,子渔㞢御……"(续3.48.3),两个子渔究竟是什么关系?同名,同族名或同一人?说法不同,尤其是一、四期卜辞同名者很多,因而牵涉到卜辞分期问题。

第五片　己卯贞,莤……

癸未贞,莤禾于夔。

癸未贞,莤禾于河。(图四四,1)

第六片　河燎二牛。

河燎三牛。

河燎叀羊二。

河燎叀羊三。

河燎五牛。

……卜……亡𢦏。(图四四,2)

第七片　于小丁御。

于𡕢御。

于亳土御。

癸巳贞,御于父丁其五十小牢。

……贞,御于父丁其百小牢。(图四四,3)

注释:𡕢字卜辞多见,屡与河、岳、夔等殷之先祖同列于祀典,过去释此字为兕,说

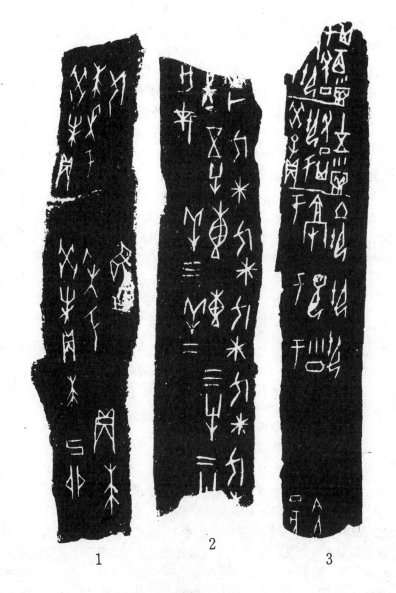

图四四　第四期甲骨文

为王倪。卜辞另有兒字，写作 ❓（前7.16.2），尤有作"兒 ❓ 来"者，兒 ❓ 同见，知非同字，但此亦殷之先祖名称无疑。亳土，郭沫若云："亳土自为亳社。凡卜辞所祀之土，王国维均说为相土，以此例之，殊未见其然。钌即御之古文，御当书作御或迎，此用为御，祀也"（《殷契粹编考释》20片）

第八片　庚寅贞，酒❓伐自上甲六示三羌三牛，大示二羌二牛，小示一羌一牛。（图四五，1）

注释：六示即六世先公或先王。自上甲六示，即自上甲开始，以下为报乙、报丙、报丁、示壬、示癸计六世先公。郭沫若在考释《殷契粹编》第221片时讲："廿示者，自上甲以下至武乙父子相承，共二十世，此辞盖文丁时所卜"。卜辞所祭一示，乃一世之直系先祖。

第九片　丙子贞，丁丑又父丁伐三十羌，岁三牢，兹用。
　　　　贞……今日令束尹……（图四五，2）

注释：❓字，于省吾释为束，他云："早期金文束字作 ❓、❓、❓、❓ 等形，《金文编》都误入于附录。罗振玉谓：'顾命郑注戣瞿盖今三锋矛。今束字上正篆三锋，下象箸地之柄，与郑谊合。❓ 为戣之本字，后人加戈耳'（唐风楼金石文字跋尾癸父乙卣跋）。按罗氏谓 ❓ 为戣之本字，非是。甲骨文束字有一锋三锋四锋等形，乃刺杀人和物的一种利器。总之，束为刺之古文，本为名词，作动词用则为刺杀。甲骨文于田猎之刺杀野兽及祭祀之刺杀牺牲均用此字。"（甲骨文字释林176页）

第十片　乙未贞，其奉自上甲十示又三，牛，小示，羊。
　　　　乙未贞，于大甲奉。（图四五，3）

注释：小示，郭沫若云："案卜辞每有专祀其所自出之祖而不及其旁系者，此'自上甲十示又三'盖指直系而言，谓上甲至祖乙。（其言二十示者则至武乙）小示则指旁系及诸臣。"（《卜辞通纂考释》225片）

第十一片　甲寅卜，其又岁于高祖乙一牢。
　　　　　三牢。（图四五，4）

注释：高祖乙即指大乙，商汤。

第十二片　大雋血……
　　　　　庚午贞，蠱于帝五丰臣，才祖乙宗卜。兹用。
　　　　　……酉……其……牢。（图四六，1）

注释：雋字不识，全辞意义亦不解。❓ 字叶玉森释蝉，疑卜辞假蝉为夏。唐兰释龜说："卜辞曰'今龜'、'来龜'，又曰'今 ❓'，龜及 ❓，并当读为龝，即'今秋'与'来秋'也。盖龜声本有聚敛之义，故假以为收敛五谷之称。般庚言：'若农服田力穑，乃亦有秋'，是秋本收获之义，引申之乃为收获之时矣。因有收敛五谷之义，故后世注以禾旁，而为形声字之穐，其后又省龜，遂为'秋'字矣。《说文》：'秋，禾谷孰也。从禾龜省声。穐籀文不省'。虽误龜为龜，其说固犹有本也"（《殷墟文字记》）。丰字罗振玉释玉，郭沫若释为介字，他说："余意当即小篆丰字，读介。《泰誓》'若有一介臣'（据《礼·大学》引），《公羊传》文十二年引作'惟一介'，犹此'五丰臣'亦省称'五丰'也。介今作个，故'帝五丰臣'又省称作'帝五臣'（《殷契粹编》十三片）。帝自上帝，五臣不知何所指。《史记·封禅书》关于天界之小神有'九臣、十四臣'，旧亦不详其说"（殷契粹编考释）十二片）。"兹用"以示决用此卜之义。

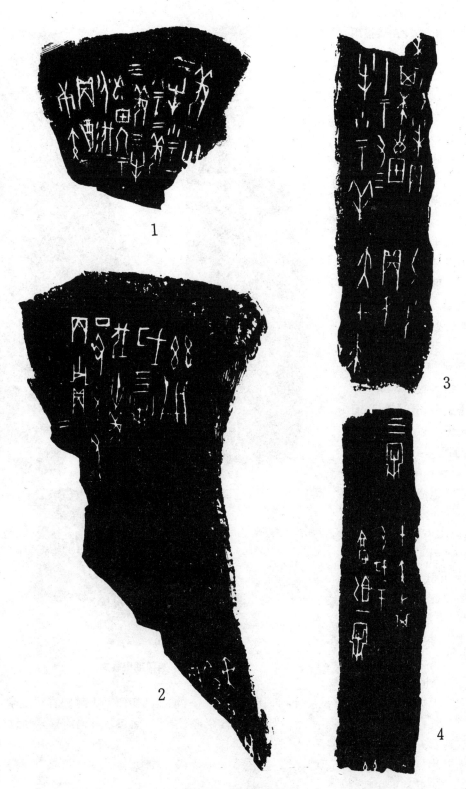

图四五　第四期甲骨文

第十三片　乙未，酒系品上甲十、报乙三、报丙三、报丁三、示壬三、示癸三、大乙十、大丁十、大甲十、大庚七、采三……三、祖乙十……
（图四六，2）

注释：此片卜辞由三片缀合，郭沫若云："甲乙二片由王国维所撮合，丙片为董作宾所撮合。三片复合后之摹本曾箸录于《卜辞通纂》书后，今箸录其拓本。此三片之复合，于殷先公先王之世系至关重要。因此所列记之先世，其次为上甲、匚、匚、匚、示壬、示癸之等。王国维云：'不独田即上甲，匚匚匚即报乙报丙报丁，示壬示癸即主壬主癸，胥得确证；且足证《史记》以报丁报丙报乙为次乃违事实'。董作宾云：'惟大甲下有大庚，更有祖乙，是不但尚缺大戊、中丁，且亦不止于祖乙矣'。"（《殷契粹编考释》112片）

第十四片　己亥㱿贞，三族王其令追召方及……。（图四六，3）

注释：㱿是四期贞人名，武乙、文丁时代的卜辞贞人很少，仅此㱿一人，因此有人根据字形和书法等特点，

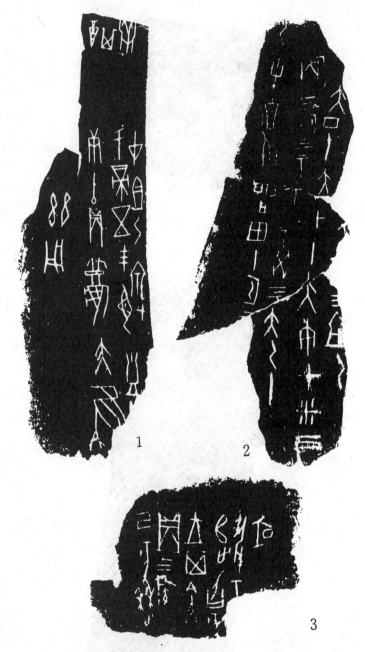

图四六　第四期甲骨文

将四期大字无贞人的卜辞也归入㱿组，即所谓"㱿组卜辞"。其实四期卜辞内容很复杂，可分为许多类，统称"㱿组卜辞"不妥当。"三族王其令追召方"，此句乃宾词前置，当读作"王其令三族追召方"。召，方国名。

第十五片　乙巳卜，今日不雨。
　　　　　乙卯贞，王往畋。
　　　　　不雨。兹雨。

312

兹雨。不雨。(图四七,1)

注释:雨在此为动词。兹雨,即此时有雨。

第十六片　其雨。

丙申贞,中丁彡,亡壱。

不冓雨。

其雨。(图四七,2)

第十七片　壬戌卜,不丧众。

其丧众。

壬戌卜,今夕亡囚。

癸亥冓……(图四七,3)

注释:众是商代主要从事农业生产者。学术界对众有奴隶和自由民两种不同看法。郭沫若认为众是奴隶,故解释"丧众"为奴隶逃亡。

第十八片　癸卯贞,旬亡囚。

癸丑贞,旬亡囚。

癸亥贞,旬亡囚。

癸未贞,旬亡囚。

癸巳贞,旬亡囚。

癸卯贞,旬亡囚。

癸丑贞,旬亡囚。

癸亥贞,旬亡囚。

(图四七,4)

注释:四期贞旬卜辞,有的既无卜字也无贞人名,辞例区别于其它期,此片共贞八旬,但无癸酉。

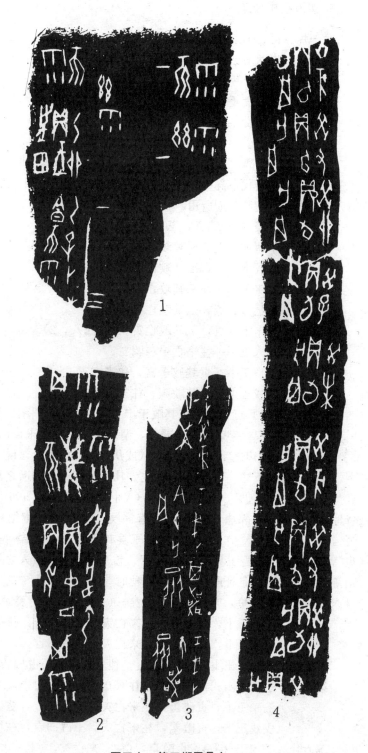

图四七　第四期甲骨文

5. 第五期甲骨文

第一片　己巳王卜，贞，
　　　　岁商受……王固曰吉。
　　　　东土受年。
　　　　南土受年，吉。
　　　　西土受年，吉。
　　　　北土受年，吉。（图四八，1）

注释：五期卜辞"王固曰吉"之固，与其它期写法不同，则作"王𠂤曰吉"，郭沫若将其隶定为叺。在商代卜辞中"王占曰吉"之成语见于各期，五期卜辞虽字形有所变化，其义仍为占卜之占，当与各期所用"王固曰吉"同义。

第二片　壬辰（卜），贞，王（其）畋亡灾。
　　　　丁酉卜，贞，王其畋亡灾。
　　　　戊戌卜，贞，王其畋亡灾。
　　　　壬寅卜，贞，王其畋亡灾。
　　　　乙巳卜，贞，王其畋亡灾。
　　　　戊申卜，贞，王其畋亡灾。（图四八，2）

第三片　乙未王……往来亡……眾二。
　　　　丁酉王卜，贞其迌于宫，往来亡灾。
　　　　戊戌王卜，贞其畋噩，往来亡灾。
　　　　（壬）寅王卜，贞其畋于牢，往来亡灾。（图四八，3）

注释：卜辞 𢕕 字，罗振玉释徝，谓从彳从戈，郭沫若释迌，他说："案其字多作 𢕕 若 𢕕 ，确是从辵戉声之字，并不从戈（或从弋，乃戉省），《说文·辵部》：'迌，逾也，从辵戉声，易曰：杂而不迌。'后世以越为之。凡卜辞言迌乃远逝之意。《左传》襄十四年，'越在他竟'，杜注云：'远也'，即此迌字义"（《卜辞通纂考释》596片）。眔，从唐兰释。宫、噩、牢皆地名，噩同鄂，郭沫若云："殷末有鄂侯，《史记·殷本纪》：'以西伯昌、九侯、鄂侯为三公'，徐广曰：'鄂一作邘，音于，野王县有邘城'。《左传》僖二十四年：'邘晋应韩，武之穆也'，杜注：'河内野王县西北有邘城'。盖邘地属鄂，殷人之鄂，周人改称为邘也。地在今河南沁阳县西北……足证殷人之噩非春秋时晋地之鄂（见《左传》隐六年，今山西河东道乡宁县南里许有鄂侯故垒）亦非江夏之鄂矣。（《卜辞通纂考释》615片）

第四片　乙亥王卜，贞畋噩，往来亡灾，王占曰吉，获……雉三十。
　　　　戊寅王卜，贞畋喪，往来亡灾，王占曰吉。
　　　　……巳王卜，（贞）畋喪，往来亡灾，王占曰吉。（图四九，1）

第五片　壬辰王卜，贞畋𤣩，往来亡灾，王占曰吉，才十月，兹御，获鹿六。
　　　　乙未王卜，贞畋喪，往来亡灾，王占曰吉，兹御，获鹿四、麑一。
　　　　戊戌王卜，贞畋𠷎，往来亡灾，王占曰吉，兹御，获鹿四。（图四九，2）

第六片　壬申王（卜），贞畋喪，（往）来亡灾，（王）占曰吉。
　　　　戊寅王卜，贞畋鸡，往来亡灾，王占曰吉，兹御，获狼三十。
　　　　辛巳王卜，贞畋雚，往来亡灾，王占曰吉。

壬午王卜,贞畋▉,往来亡灾,王占曰吉。(图四九,3)

第七片 戊子王卜,贞畋噩,往来亡灾,王占曰引吉,兹御,获狼一。

辛卯王卜,贞畋宫,往来亡灾,王占曰吉。

壬辰王卜,贞畋𪊽,往来亡灾,王占曰吉。(图四九,4)

第八片 乙巳卜,贞王畋㭒,往来亡灾,王占曰引吉,才三月。

戊申卜,贞王畋鸡,往来亡灾,王占曰吉,兹御,获狼二。(图四九,5)

注释:▉ 过去释为弘吉之合文,于豪亮释为引吉,可从。兹御,五期卜辞凡畋猎有所获,多言"兹御,获……"。御,古文作驭,《说文》云:"使马也",故以驾车马为御。后世凡进于天子者皆曰御,如《独断》:"凡衣服加于身,饮食入于口,妃妾接于寝,皆曰御"。卜辞所言"兹御",即指此次出畋而言。

第九片 辛未王卜,贞畋䜴,往来亡灾,王占曰吉。

壬申王卜,贞畋㭒,往来亡灾,王占曰吉。

乙亥王卜,贞畋宫,往来亡灾,王占曰吉(图四九,6)

第十片 辛巳卜,贞王畋䜴,往来亡灾。

戊子卜,贞王畋豪,往来亡灾。

辛卯卜,贞王畋噩,往来亡灾。(图五〇,1)

第十一片 乙巳卜,贞王迓于召,往来亡灾,才九月。

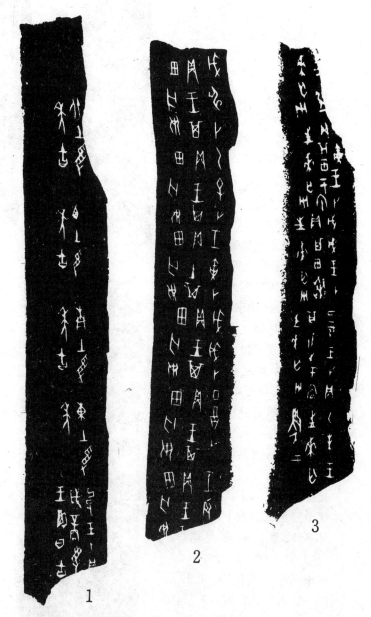

图四八 第五期甲骨文

315

丁未卜，贞王迍于宫，往来亡灾。（图五〇，2）

注释：𨛜或作𨛜，即召之本字，卜辞有时也写作盟，郭沫若云："盟当即邵字"。《说文·邑部》："邵，晋邑也，从邑召声"。段玉裁注："《左传》襄二十三年：'齐侯伐卫，遂伐晋，入孟门，登大行，张武军于荧庭，戍郫邵'，杜曰：'取晋邑而守之'。杜不言郫邵二邑名，据许则当是二邑也。文六年，'贾季召公子乐于陈，赵孟使杀诸郫'。此单言郫也。《后志》：'河东垣县有邵亭'，注引《博物记》：'县东九十里有郫邵之陌，赵孟杀公子乐于郫邵'。岂张华所见《左传》有异欤？按今山西绛州垣曲县东有邵城，后魏之邵郡，后周之邵州，皆此也……后儒或谓垣曲邵城为周召分陕之所，其说不经。"按五期卜辞所载商王畋所经之处，以地名可考者分析，皆在河南、山西一带，有些地名虽无可考，但从行程推算，多不过四五日，少者仅距一日之行程，相距皆不太远。

第十二片　戊寅卜，贞今日王畋画，不遘大雨，（兹）御。（图五〇，3）

第十三片　辛丑卜，贞王迍于噩，往来亡灾。

壬寅卜，贞王迍于召，往来亡灾。

乙巳卜，贞王迍于召，往来亡灾。（图五〇，4）

图四九　第五期甲骨文

图五〇 第五期甲骨文

第十四片　……贞王畋于鸡，往来亡灾，……引吉，兹御，获狼八十又六。(图五〇，5)

第十五片　丁丑卜，贞王今夕宁。
　　　　　戊寅卜，贞王今夕宁。
　　　　　己卯卜，贞王今夕宁。(图五〇，6)

第十六片　癸酉王卜，贞旬亡祸，王占曰吉。(图五一，1)

第十七片　癸酉王卜，贞旬亡祸，王来征夷方。
　　　　　癸未王卜，贞旬亡祸，王来征夷方。
　　　　　癸巳王卜，贞旬亡祸，王来征夷方。(图五一，2)

第十八片　癸巳卜，贞旬亡祸，才二月，才齐𪧱，隹王来征夷方。(图五一，3)

注释："旬亡祸"之祸，其它四期卜辞皆写作田，唯五期卜辞增一犬旁写作🐕，隶定为祸，仍为咎字之古体。齐，郭沫若谓"即齐国之前身"，盖殷时旧国，周人灭之，别立新国而仍旧称也。春秋时齐地颇广大，殷代之"齐"，当指齐之首都营丘附近，今山东临淄县也"(《卜辞通纂考释》573片)。𪧱字罗振玉读为师次之次。

第十九片　癸亥卜，□贞王旬亡祸，才九月，征夷方，在雇。(图五一，4)

注释：𠂆字即尸，亦即文献所载东夷之夷字。郭沫若云："旧多释尸为人，余谓当是尸字，假为夷(金文南夷东夷字作南尸东尸)，它辞言：'在齐𪧱隹王来征尸方'，则尸方当即东夷也。征尸方所至之地，有在淮河流域者，则殷代之尸方乃合山东之岛夷与淮夷而言"(《卜辞通纂考释》569片)。

第二〇片　庚寅王卜，才羲贞，余其𢍰在兹上𠷎，今秋其𦎫，其乎溼示于商正，余受佑，
　　　　　王占曰吉。(图五一，5)

注释：𠷎字亦见于金文，如《遣小子𣪘》："遣小子𨎰以其友作𠷎男王姬鼄彝"(《积古斋钟鼎彝器款识》卷六)，《丙申角》)："丙申王易菁亚䜌奚贝，在𠷎用作父癸彝"(《攈古录金文》二之二、二六)。孙诒让云："当即《说文》之𩵋字《说文》'𩵋，兽名，从包吾声，读若写'，此省吾为五，又增酉形，遂不可识耳"。"上𠷎"在此当为国名。

第二十一片　癸丑王卜，贞旬亡祸，王占曰吉，才六月。
　　　　　　癸亥王卜，贞旬亡祸，王占曰吉，才六月。(图五二，1)

第二十二片　癸亥卜，才向贞，王旬亡祸。
　　　　　　癸酉卜，才上𠷎贞，旬亡祸。
　　　　　　癸未卜，才爵贞，王旬亡祸。(图五二，2)

第二十三片　癸酉王卜，贞旬亡祸。
　　　　　　癸未王卜，贞旬亡祸。
　　　　　　癸巳王卜，贞旬亡祸。(图五二，3)

第二十四片　癸未王卜，贞旬亡祸，才九月，才上𠷎，王曰司。
　　　　　　癸巳王卜，贞旬亡祸，才九月，才上𠷎。(图五二，4)

注释："王曰司"，郭沫若读曰为廿，"王曰司"读为"王廿祀"，并说："此王余谓当是帝乙"。

第二十五片　丁卯王卜，贞今🈯九备，余其从多田于多伯征盂方伯，步叀衣，翌日步
　　　　　　□右自上下于　示，余受佑，不　戋，告于兹大邑商，亡𢦏才祸。(王

图五一 第五期甲骨文

占曰)引吉,才十月,遘大丁翌。(图五三,1)

第二十六片　癸丑卜,贞王宾中丁 ⿱ 妣癸,彡日亡尤。(图五三,2)

注释: ⿱ 字卜辞写法很多,诸如 ⿱ , ⿱ 等十多种,叶玉森释夹,郭沫若释奭,于省吾释爽,唐兰谓为"象一人挟二皿之形。"字之读法虽然不同,但字之意义认识一致,因卜辞本身即已把字义反映得很清楚。如本辞"中丁 ⿱ 妣癸",说明中丁之配偶是妣癸,而 ⿱ 字乃为配偶之义。但是,商王所祭先王配偶有一定的条件,不是任何先王配偶都可记入祀谱。必须是有子继承王位的直系大宗先王的配偶,才入祀谱,享受周祭,其它非直系之小宗先王,只祭先王不祭配偶。

第二十七片　癸巳王卜,贞旬亡畎,王占曰吉,才六月甲午彡羌甲,隹王三祀。(图五三,3)

注释: ⿱ 字也作 ⿱ ,王国维释为羌字,故他谓羌甲即阳甲,郭沫若释为芍字。谓芍甲为沃甲。

第二十八片　庚申卜,贞王宾般庚翌日亡尤。(图五三,4)

注释: 般庚,《尚书》作盘庚。商代卜辞自二期开始,盛行周祭,帝乙、帝辛时代更形成非常严格的制度。所谓周祭,即以彡、翌、祭、䝱、䝱五项祀典为主,先以其中一项祀典,根据先公先王的世次和庙号,按照干支顺序,名甲者甲日祭,名乙者乙日祭,自上甲或大乙直至亡父轮祀一周,谓为一个祀季。中间停祭一旬之后,再用第二项祀典,依照上述的方法,仍自上甲或大乙直至亡父轮祀一周。这样循还往复永

图五二　第五期甲骨文

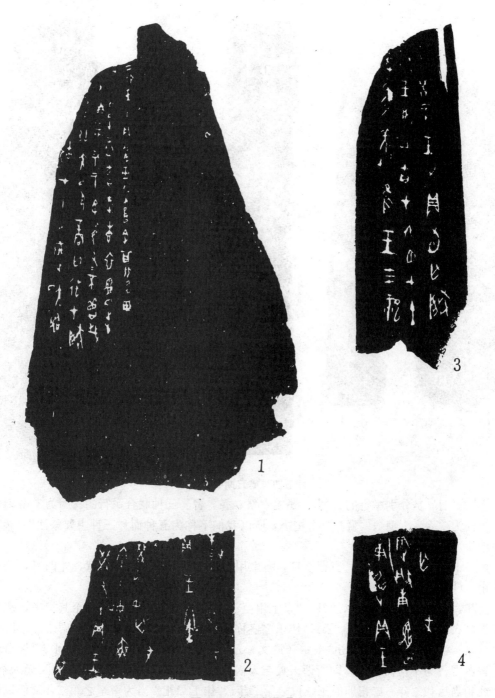

图五三　第五期甲骨文

无休止，故谓为周祭。据陈梦家讲："所谓周祭祀谱者就是上节开端所说先王妣的祭祀中的次序和周祀的组合。先王妣依其一定的资格入于祀谱，按照其世次、长幼、及位和死亡的顺序，依其所名之日在日、旬、祀季中轮番致祭，在周祭中，三种主要祭法构成一祀。三种主要祭

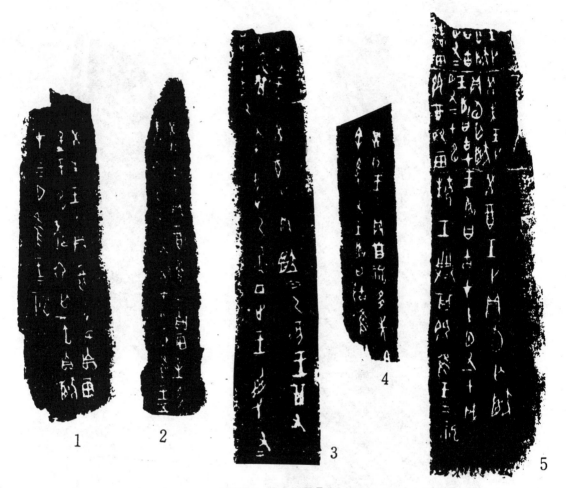

图五四　第五期甲骨文

法'彡'、'羽'是分别举行的，'肜'是由'祭、䂜、肜'三种联合举行的。因为乙辛刻辞中将一祀分为'彡'、'羽'、'肜'三个祀季，所以我们不称为五种而称三种主要祭法"（《殷墟卜辞综述》386页）。

第二十九片　癸未王卜，贞酉彡日，自上甲至于多后，衣，亡𡆰自眂，才四月，隹王二祀。（图五四，1）

注释：酉假为酒字，即以酒祭。"自上甲至于多后"，即自上甲以下，至其祖考，多位先公先王。衣当假为殷，《说文》云："作乐之盛称殷，从肙，从殳，易曰：殷薦之上帝"。"亡𡆰自眂，"眂，古之毒虫时而伤人，故《说文》云："上古草居患它，相问无它乎？"属自然灾害；𡆰多由行为不俭而自取，即所谓天灾与人祸。"亡𡆰自眂"者，则既无天灾又无人祸也。祀在此相当后代之年，二祀即时王继位之第二年。"隹王二祀"当为帝辛之第二年。何以知为帝辛？从本辞之字形结构，辞例方法、祭祀内容来看，同过去已有很大变化，这些变化绝非短时间内可以形成，更不能仅在一年之内即能获得如此之成绩，故知此卜辞当为商纣所卜。

第三〇片　癸卯王卜，贞酌翌日，自上甲至多后，衣，亡𡆰自眂，才九月。

隹王五（祀）。（图五四，2）

第三十一片 癸酉卜，贞翌日乙亥，王其又⚐于武乙🜚正，王受佑。（五四，3）

第三十二片 癸卯王卜，贞酉祀多先祖，余受佑，王占曰引吉，隹……（图五四，4）

注释：酉祀即享祀，"多先祖"犹云多后。

第三十三片 癸酉王卜，贞旬亡畎，王占曰吉，才十月又一，甲戌，昧工典，其𢎛，隹王三祀。

癸未王卜，贞旬亡畎，王占曰吉，才月又二，甲申𢎛酉祭上甲。（图五四，5）

注释："工典"，陈梦家谓为"工册"。我们在谈周祭的同时，还提到在两个祀季之间，有一旬停止祭祀，卜辞谓为"工典"。正如陈梦家所讲："在一种祭法将完毕或已毕之际，往往为下一种祭法预行一'工册'之礼，工册的意义尚待考证，而册字除从𠕋外有时加两横笔于下。在祖甲卜旬之辞的末了。常附记此事：

上 10.9 六月甲申工册其酚羽下旬甲午酚羽上

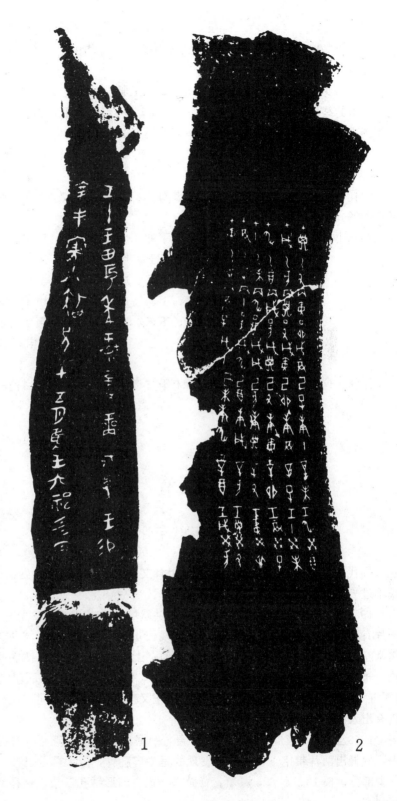

图五五 第五期甲骨文

323

甲

下20.7+普78　四月甲戌工册其酯彡　下旬甲申彡上甲　上旬三月乙丑酓小乙（丁卯酓）父丁

由此可见某一祭法开始之前一旬，施行工册，工册之上一旬为前一祭法之终旬。如第二例，酓季的终旬祭小乙、父丁，次旬'工册其酯彡'，再下旬为彡季之始旬，祭上甲。工册在两祀季之间，占用一旬"。（《殷墟卜辞综述》393页）

第三十四片　壬午，王畋于麦淾，获商戠冢，王易宰丰寢小矰兄，才五月，佳王六祀，彡日。（图五五，1）

注释：这是刻在鹿角上的一块记事刻辞，"麦淾"即"麦麓"，地名，"宰丰小矰兄"六字义意不解。

第三十五片　甲子、乙丑、丙寅、丁卯、戊辰、己巳、庚午、辛未、壬申、癸酉。
　　　　　　甲戌、乙亥、丙子、丁丑、戊寅、己卯、庚辰、辛巳、壬午、癸未。
　　　　　　甲申、乙酉、丙戌、丁亥、戊子、己丑、庚寅、辛卯、壬辰、癸巳。
　　　　　　甲午、乙未、丙申、丁酉、戊戌、己亥、庚子、辛丑、壬寅、癸卯。
　　　　　　甲辰、乙巳、丙午、丁未、戊申、己酉、庚戌、辛亥、壬子、癸丑。
　　　　　　甲寅、乙卯、丙辰、丁巳、戊午、己未、庚申、辛酉、壬戌、癸亥。（图五五，2）

注释：这是一版五期干支表，六十干支日完整无缺，也是目前所见唯一的一片完整干支表。

第二节　周代甲骨文

一　周代甲骨文的发现和研究

周代的甲骨文，早在1977年周原甲骨文发现之前，即有几处出土，但数量甚少，每次发现不过一二片，或两三片。

1954年10月，山西省文管会在山西洪赵坊堆村进行考古发掘时，曾于第5号探沟中发现一片有刻辞的卜骨。原为一块牛肩胛，残长40.5、宽6.9—20.8厘米，只钻未凿，钻径1.4厘米左右，深0.2—0.55厘米，底成平面，上下大小一致。在钻底的正中或稍偏，有纵形刻纹一道，宽约0.15厘米，深不足0.1厘米。钻中有灼痕，正面呈现兆纹，兆旁有刻辞八字（图五六，1），似当隶定为"疒室疒 㞢 止又疾贞"，前四字同顾铁符、畅文斋所发表的摹本稍有出入。[①]

1955至1957年间，陕西省文管会与中国科学院考古研究所先后在西安张家坡周代遗址中，发掘出两片带字卜骨。最初发现的是牛肩胛骨，但大部分已残，现存者仅为骨臼下部的一少部分，长13、宽6.5厘米。背面靠一边有圆形钻孔三个，钻径约1.5厘米，深约0.9厘

---

① 畅文斋、顾铁符：《山西洪赵县坊堆村出土的卜骨》，《文物参考资料》1956年7期。

米，孔壁垂直，平底。靠一边有纵形刻纹一道，宽不及0.1厘米，灼痕不甚显著，正面均有卜兆。兆旁有刻划极细的文字两行，乃是由阴爻和阳爻构成的"卦象"（图五六，2）。另一块卜骨甚残，可能是用兽类的肢骨做成的，制作较粗。残存两个圆钻孔，在骨面上，相当于钻孔的部位，刻有笔画很细的数目字，同上一片相似，也是由阴爻和阳爻所构成的卦象。①

1975年3至6月间，北京市文物管理处在北京北郊昌平县白浮村发掘西周墓时，于第2号和第3号两座木椁墓中发现许多卜甲和卜骨残片，其中有带字残卜甲共四片，分别出在第2和第3两墓中，皆为墓主殉葬之物。第2号墓出土两块残卜甲，分别刻有"贞"与"不出"等刻辞。第3号墓出土残卜甲，一片刻"其祀"二字，另一片刻"其尚上下韦驭"。卜甲背面皆经过整治，并凿成方形平底浅槽，凿孔排列得十分整齐，这就是西周时代所流行的"方钻"，其中均有灼痕。刻辞字形甚小，接近商代晚期甲骨文的作风（图五六，3）。椁室出土卜骨甚多，皆为牛、羊的肩胛骨，未发现文字。②

以上三处所出土的周代的甲骨文，由于数量甚少，亦无甚为重要的内容，因而未能引起学术界的重视。1977年陕西周原甲骨文的发现，是近些年来中国考古学中的一大收获，不仅引起国内学者极大重视，许多国际学者亦予以极大的关注。纷纷发表论文来讨论它的时代和在学术上的价值。

周原甲骨文是1977年8月，陕西省周原考古队在陕西岐山凤雏村发掘周代甲组建筑基址时，于遗址西厢房第二号房间内的第11号窖穴中发现的。其中共出土卜甲一万六千七百余片，皆为腹甲；卜骨三百余片，都是牛的肩胛骨。经过初步清洗和检查，现已清出刻有文字的卜甲二百多片，但多已残碎。1979年又于同一遗址中之第31号窖穴中发掘四百余片卜甲和卜骨，又清出带字卜甲10片，各片刻辞自一字至二十字不等。两项加在一起，现已发现二百九十余片刻有文字的卜甲。每片残甲的面积都很小，与现在通用的一分或二分硬币相仿，上面所刻的字体，小如粟米，非五倍以上的放大镜，难以辨清字迹。卜甲上所刻的文辞亦多残断。据一些保存较好，内容较为完整的卜辞来看，文辞有长短不同，长者多达三十余字，短者约十字左右，有些残存三四字或一二字不等。卜辞体例同商代各期卜辞均不相同，它的辞序特点还未能理出规律。

周自公刘至古公亶父，相传其间经过九世，但史无记载，事迹不明。在古公亶父时代，据说因受北来狄人的压迫，迁至岐山之下，即所谓之"周原"。此地沟河交错，土地肥沃，自古以来就以"周原膴膴，堇荼如饴"著称于世，今所发掘出之宫殿遗址和卜辞，足以证实早周都城岐邑之所在。今天岐山县的凤雏村一带，就是当时岐邑之中心。正如本世纪初安阳殷墟之发现一样重要，无疑对周代历史之研究具有极其重要的意义。

周原考古队的同志陆续发表了一些照片和摹本，并作了考释和说明。③首先是关于这批卜辞的时代问题，有许多学者提出自己的看法，他们根据卜辞的内容，认为它们并非同时所卜，它的上限可早到先周，有很多卜辞为文王时代所卜，下限可到成王时代。其次是关于卜辞所谓的王，是指商王或周王的问题，李学勤等同志认为"周原卜辞中的'王'不是周王，而是

---

① 陕西省文物管理委员会：《长安张家坡村西周遗址的重要发现》，《文物参考资料》1956年3期；中国科学院考古研究所：《沣西发掘报告》111页，文物出版社，1962年。
② 北京市文物管理处：《北京地区的又一重要考古收获》，《考古》1976年4期。
③ 陕西周原考古队：《陕西岐山凤雏村发现周初甲骨文》，《文物》1979年10期；徐锡台：《周原出土的甲骨文所见人名、官名、方国、地名浅释》，《古文字研究》第一辑，中华书局，1979年。

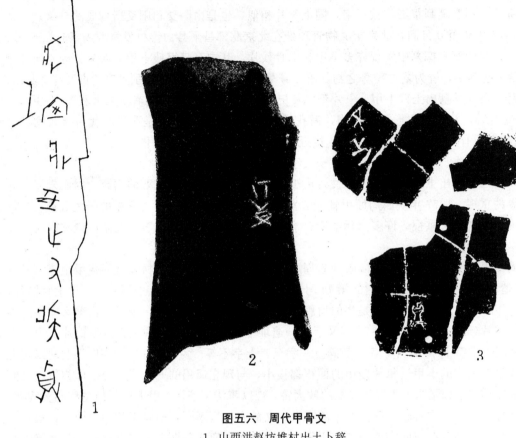

图五六　周代甲骨文
1. 山西洪赵坊堆村出土卜辞
2. 陕西长安张家坡出土卜辞
3. 北京昌平白浮村出土卜辞

商王帝辛。同辞的周方伯指后来被称为文王的西伯昌。这些卜辞，从其辞主而言，是确实的帝辛卜辞"。① 张政烺先生根据安阳四盘磨村出土的商代卜骨，陕西长安张家坡西周遗址出土的卜骨，西周时代的铜器铭文，以及周原卜甲中出现的那种用数目字所组成的"奇字"，指出其中的一、五、七奇数字都是《周易》卦象中的阳爻，六、八偶数字都是阴爻，并"指出铜器铭文中三个数字的是单卦（八卦），周原卜甲六个数字是重卦（六十四卦），周易中老阴少阴都是阴，老阳少阳都是阳，数字虽繁，只是阴阳二爻"②。解决了一项长期未能被认识的问题。

---

① 李学勤、王宇信：《周原卜辞选释》，《古文字研究》第四辑，中华书局，1980年。
② 张政烺：《试释周初青铜器铭文中的易卦》，《考古学报》1980年4期。

二　周代甲骨文选读

第一片　癸巳，彝文武帝乙宗，贞，王其卯□成唐，䨻祝叏二女，其彝盟牡三、豚三，思有正。（图五七）

注释："彝文武帝乙宗"：《说文》云："彝，宗庙常器也，从糸，糸綦也，廾持米器中宝也，互声。"彝乃宗庙之常器，故经传引申为常，为法、皆非本义。商代甲骨文写作"䍷"（甲3932），像是用绳索捆绑一兽，用双手奉献，本义当为一杀牲祭祀之礼。如商代卜辞云：

"庚午卜，大贞，王其彝，亡尤、九月。"（续2.16.1）

"癸亥卜，黄贞，王旬亡畎，在九月，征夷方，在雇彝"。（前2.6.6）

从商代卜辞对彝字的用法来看，当为一种祭礼，不会有什么疑问。"文武帝乙"，曾见于商器《四祀邲其卣》（《商周金文录遗》275），文献称为帝乙，乃商纣之父。宗即宗庙，此谓于癸巳日，在文武帝乙宗庙内举行彝祭。

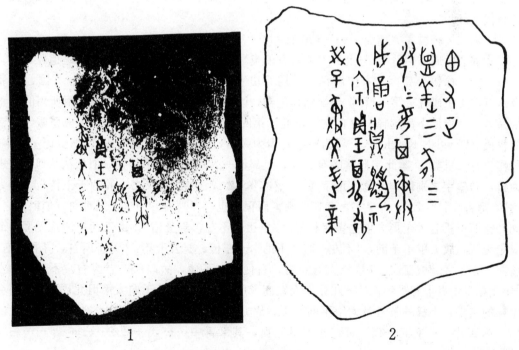

图五七　周代甲骨文

"贞，王其卯口成唐，䨻祝叏二女"：卯或谓邵字，邵下一字残，义不识。成唐即成汤，《叔夷镈》铭即曰："虩虩成唐"，庙号称大乙。"䨻"字过去发表的摹本字形失真，故有人释为御。此字上部并不从午从口，而为二人双跪，一人两臂作供奉状，商代甲骨文中之祝字，有写作"䛊"（前6.16.6）形者，与此字形近，当为祝字之繁。䨻当假作将。大意是在贞卜以二女祭祀成汤之事。

"其彝盟牡三、豚三"：此句当接前文"彝文武帝乙宗"而言，谓彝祭用牲为牡三豚三。

"✿"字过去有人释惠，义若惟；或释迺，释甶，释西，释思等，未有定论。

第二片　衣王田至于帛，王隹田。（图五八，1）

注释：衣王即殷王，依殷古音相同可互相假用，如《周书·武成》："殪戎殷"，《礼记·中庸》作"壹戎衣"。田读如畋，乃谓殷王在帛进行畋猎。帛是商纣和他的父亲帝乙经常游畋的地方，不仅在殷的版图之内，而且距殷都不远，如商代五期卜辞：

"癸酉卜，在帛贞，王步（于）鼓，（亡）灾。（前2.12.4）

"王隹田"，隹通惟，惟，与也。如《周书·酒诰》："百僚庶尹惟亚、惟服"；《多方》："告尔四国多方，惟尔殷侯尹民"；惟皆训与。王惟畋，则谓王与殷王一起在帛地畋猎，此王当为周文王。历史传说周文王是武王灭商以后追封的，或谓文王受命之年称王，皆不可信。商代不仅商王一人称王，其他首领、诸侯、酋长皆可以称王，因此在卜辞中有许多称谓不同的王名，并有"多王"（存上1923）、"多君"（后下13.2）之称。正如王国维所说："古诸侯于境内称王，与称君称公无异。"（见《古诸侯称王说》）。此时文王在殷，故同殷王一起在帛畋猎，并占此卜。后同文王一起归周，藏于周原。

第三片　贞，王其㚔又大甲，冊周方伯䚢，思正，不左，于受佑。（图五八，2）

注释："大甲"二字合文，比于商契，当指商王太甲无疑；"王其㚔又太甲"，王亦是商王，可能是纣王；"冊周方伯䚢"，冊即誥字，《说文·曰部》："誥，告也。"在卜辞中有诅咒之义，如商代卜辞：

"……冊盂方伯炎……"（粹1190）

本辞"冊周方伯䚢"，与上辞"冊盂方伯炎"句形相同，语义也相似，都是诅咒对方。而"䚢"字，徐锡台释苣，未作解释（《周原出土的甲骨文所见人名、官名、方国、地名浅释》，《古文字研究》第一辑），李学勤释为盍，读盍，谓为"指㚔又（侑）太甲所用的粮食类祭品。"（《周原卜辞选释》，《古文字研究》第四辑）美国加州伯克利大学历史系戴维·吉德炜教授（David N Keightley）释为盩字，谓为人名，即古公亶父组绅诸盩，《史记·周本纪》称作"公叔祖类"。案此字释盩颇有见地，上部似一人跪膝，双手梏执，似从执从皿，故隶定为盩，乃盩字之别体，说见《正字通》。盩亦作䚢，通戾。《汉书·胶西于王传》："为人贼戾"，师古注："䚢，古戾字，言其性则害而很戾也。""冊周方伯䚢，似对周方伯诅咒之言，此乃指商王祈告太甲周方伯之害戾行恶。"思正，不左，于受佑"，由于西周清正无邪，或谓安定无扰，故太甲不予助，"不左"即"不助"，《左传》襄公十年："天子所右，寡君亦右之，所左，亦左之。"《正义》曰："人有左右，右便而左不便，故以所助者为右，不助者为左。""于受祐"指贞卜者受到保祐。此亦周人在商者所贞卜，贞问商王向太甲诅咒周方伯，将会有怎样的结果，卜辞的解答是太甲不助商王，周方伯会得到保祐。

第四片　彝文武一瓒，贞，王翌日乙酉，其㚔禹中……武一豐…… 卯……佑王。"（图五八，3）

注释：这是一片残辞，"文武"，即文武帝乙之省称，类似的卜辞亦见于商甲骨，如：

"……子卜，贞，王……其又 ㇉ 于文武帝瓒，其……"（簠帝143）

"㇉"字，于省吾释为"必"字（《甲骨文字释林》40页），郭沫若释为"勺"（《殷契粹编考释》330片），叶玉森释为升字（《殷墟书契前编集释》卷一）。案此字商代甲骨文屡见，或从示作"祼"，如"文武丁祼"（甲3940），亦从示从 ㇉ 作"祼"（甲2391），贾连敏释前者为瓒，释后字为祼（《释祼·瓒》；油印本）。

第五片　大还思，不大追。（图五八，4）

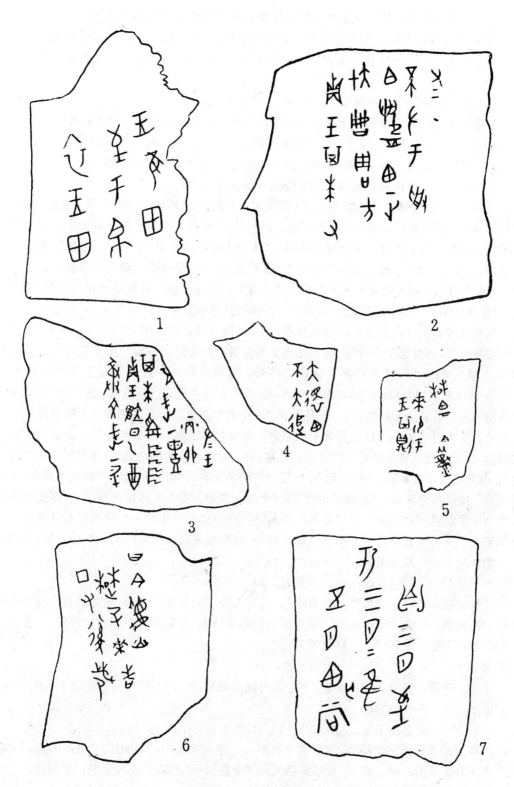

图五八 周代甲骨文

注释：大乃人名，是周方旅居于殷的使臣，疑即太颠。禐即还之别构，《尔雅·释言》："还，返也。""大还思"，乃谓大思返回到西方的周邦去。"不大追"，这是宾语前置的句法，其义当为"不追大"，即不能将大追回来。显然这是周人在商所贞卜，贞卜结果是大不会被追回来。

第六片　楚伯□今秋来御于王，其则。（图五八，5）

注释：楚字稍残，参照第七片楚字分析，故知此字亦当为楚字。上片称其爵为子，本辞谓伯，而伯非爵称，乃伯仲之伯也。"今秋来御于王"，御，进也，进奉天子曰御。《礼记·王制》："千里之内以为御"，疏云："御是进御所须"。此亦当为西周初年所卜。

第七片　曰：今秋楚子来告，□又後戠（图五八，6）

注释：今䕩，即今秋。据《史记·楚世家》记载："当周成王之时，举文武勤劳之后嗣，而封熊绎于楚蛮，封以子男之田，姓芈氏，居丹阳。"据此，楚为子爵乃周成王所封，此片卜辞时代似当晚于以上各片，李学勤同志讲："本片卜甲应迟至成王之时"，可从。戠字疑戠字之省，《说文》云："戠，故国在陈留"；段玉裁注："《春秋经》隐公十年宋人蔡人卫人伐戴，三经皆作戴，惟《穀梁音义》曰戴本或作戠，而前志作戴，古载戴同音通用耳。许作戠，《左氏音义》引《字林》亦作戠。吕本许，许所据从邑也。"

第八片　自三月至于三月，隹五月思亡尚。（图五八，7）

注释："自三月至于三月"，由于此句义不可通，故有同志怀疑"至于三月"之三，当为四字之误。又因后三月之月字下有重文符号，则将其释为"自三月至于三月，月唯五月……"，这样就更为费解。从辞句内容分析，前后两个三月意义似有不同，前者当为序数数词，犹言第三月；后者是基数数词，"三月"即"三个月"之意。为了区别前者，故月字之下注一符号，非为月字重文。自三月至于三个月，其中包括三月、四月与五月，故云"隹五月思亡尚"，隹在此当训与（参见《经传释词》卷三）。尚字乃有佑助之义，《尔雅释诂》："尚，右也"，郝懿行《义疏》云："相佑助"。又引《诗经·大雅·抑》："抑云：'肆皇天弗尚'，笺训尚为高，按尚俱当训右，'人尚乎由行'（《大雅·荡》），言小人佑助其行也。'肆皇天弗尚'，言天命不佑助也。""亡尚"与"弗尚"义相同，均为皇天弗佑之义。故本辞大意当为：自三月至于三个月，惟五月亡佑。辞言"思亡尚"，知其亦必周人在商所卜，事后而携归周原。

第九片　……其从王……（图五九，1）

第十片　……ㄣ自龜……（图五九，2）

注释：残辞，有人曾释作"省自黽"，也有人释"出自黽"，均以黽为地名。前者认为即今河南渑池县，后者"疑是黽塞，即今河南信阳平靖关"。案商代卜辞黽字写作" "（佚959），与此字形近，当释龜，释黽不确。

第十一片　……于尚櫵……（图五九，3）

注释：残辞，尚当训佑，助也。櫵在此可能是地名，"于尚櫵"，犹言佑助于櫵也。

第十二片　……思亡相

　　　　　祠自蒿于壴。（图五九，4）

注释：相字在此亦当释助，《尚书·吕刑》："今天相民"，马融注："相，助也。""思亡相"贞问有无天助。祠，祭名，《尔雅释天》："春祭曰祠"。蒿、壴皆地名，于训与。

第十三片　商其舍若。（图五九，5）

注释：此宾语前置，当读作其舍商若。

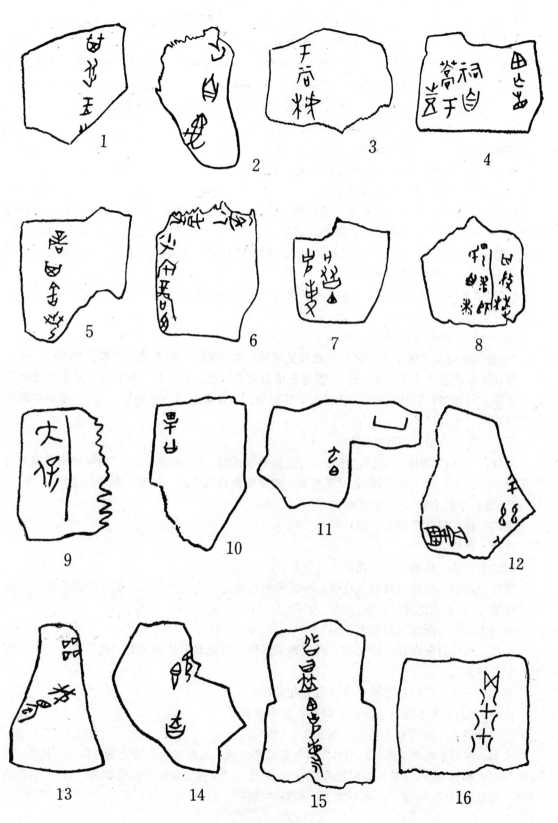

图五九　周代甲骨文

第十四片　……年，事乎宅商西。（图五九，6）

注释：残辞，事当读作使，即"使乎宅商西"。上片为"其舍商若"，本辞谓"使乎宅商西"，似均西周初年所卜，《逸周书·作雒篇》云："俾康叔宇于殷，俾中旄父宇于东"，朱右曾《集训校释》："宇，宅也。"可见二者所载内容相似，当为同一时期发生之事。

第十五片　亡叴思克事（图五九，7）

注释：残辞，叴，可读为友。

第十六片　其敚，楚。（图五九，8）
　　　　　　日乙燎，师氏自燎。

注释：本辞原分两段，中间用一竖道隔开。敚，同微，与楚皆国名。师氏官名。《尚书·牧誓》："王曰：嗟！我友邦冢君，御事，司徒、司马、司空、亚旅、师氏、千夫长、百夫长，及庸、蜀、羌、髳、微、纑、彭、濮人。"孔安国传："八国皆蛮夷戎狄属文王者，微在巴蜀。"

第十七片　大保（图五九，9）

注释："大保"即"太保"，《尚书·召诰》："惟太保先周公相宅"。孔安国传："太保，三公官名，召公也。"

第十八片　毕公（图五九，10）

"毕公"当为文王庶子毕公高，文献屡见记述，如《史记·周本纪》："周公把大钺，毕公把小钺，以夹武王。"《魏世家》云："魏之先毕公高之后也，毕公高与周同姓，武王之伐纣而高封于毕。"《集解》引杜预曰："毕在长安县西北。"《正义》引《括地志》云："毕原在雍州万年县西南二十八里。"

第十九片　虫白（图五九，11）

注释："虫白"当读作虫伯，有人认为虫伯即崇侯虎。《周本纪》云："明年伐崇侯虎，而作丰邑。"《正义》曰："皇甫谧云：'夏鲧封、虞夏商周皆有崇国，崇国盖在丰镐之间'。诗云：'即伐于崇，作邑于丰'，是国之地也。"

第二十片　豐（图五九，12）

注释：残辞。

第二十一片　伐蜀（图五九，13）

注释：残辞。蜀即《尚书·牧誓》所提到的八国之一，武王伐纣，蜀亦参加征伐，本辞言"伐蜀"，似在武王伐纣之前。

第二十二片　既吉（图五九，14）

注释：周代月象四分，即初吉、既生霸、既望、既死霸，从未见有"既吉"者，疑"既吉"即"初吉"。

第二十三片　卲曰：并思克事（图五九，15）

注释：《说文·卜部》："卲，卜问也，从卜召声。"

第二十四片　五八七八七八（图五九，16）

注释：本辞是由"五八七八七八"六个数目字组成，张政烺先生考定为《周易》卦象，以奇数为阳，偶数为阴，《易》卦阳爻为"—"，阴爻为"--"；《易经》称前者为"九"；后者为"六"。此乃经卦之"䷾"，离下坎上，别卦"既济"。

第七章　商周时期的铜器铭文

第一节　商周时期的铜器和铜器铭文

一　商周时期的铜器

商周时代的青铜器，在冶铸技术、造型工艺、花纹雕镂等方面，均已达到极高的水平，世界上没有哪个国家在古代青铜工艺方面能与之相比。商周时代的上层贵族，在举行祭祀、宴饗或婚丧礼仪时，都使用青铜礼器。一方面为了表示敬重先祖；另一方面藉此宣扬和显耀自己的尊贵地位和财富。因此，青铜礼器是商周时代统治阶级礼制的象征。一般贵族也以其财力的可能，尽量将自己的礼器制得精美大方。这是使得商周时代青铜工艺长足发展的一个重要原因。关于商周时代的青铜礼器，早在宋代就已开始有了专门研究著作，今天，已经成为一个专门的学科。

学习铜器铭文为什么一定要具备关于商周青铜器方面的知识呢？这是由于史料特点所决定的。

众所周知，商周两代都有自己的礼制，尤其是周代具有一套非常严格的礼乐制度。贵族们的衣、食、住、行和婚姻丧葬，都要遵照礼制的规定。礼乐制度实际是维护奴隶主贵族特权的不成文法。礼器是当时举行礼仪时所使用的具体实物，是礼仪的躯壳。每种礼器的名称、功用、来源和意义，都有一定的内容。通过对礼器的研究，不仅能帮助加深理解礼制的内容，而且可通过礼器的变化，考查礼制的变迁，藉以了解统治阶级内部的矛盾和各阶层的变化。礼器和铭文一样，是研究当时历史的重要资料。

正确地运用铭文资料，首先要了解它的时代，辨别时代是一个比较复杂的问题。单纯从铭文考查是不够的，必须从器形、花纹、文字等几个方面综合研究，才能得出可靠的结论。关于铜器分期的研究，有两种情况：一是按历史时代分期，如分商代铜器、西周铜器、春秋和战国时代的铜器。这是极其初步的划分，只能对某一历史时期的铜器特点作些概括的说明，并不能满足学术研究的要求。二是根据铜器本身的发展过程进行划分，把每一历史时期分为几个发展阶段。例如商代铜器，根据现有资料，大抵可分作早、中、晚三期。西周铜器，除有些可依据铭文内容而按王世确定时代之外，一般器物也可分为早、中、晚三期。春秋、战国时代的铜器，以各国诸侯和卿大夫的铸器较多，由于诸侯割据，各个地区的生产水平和经济状况很不平衡，生活条件和民俗习惯也不相同，本来是同一传统的青铜工艺，因政治割据的缘故，到此时已形成很浓厚的区域特点。这就要求我们不仅要了解它的时代差别，同时还要掌握它的区域特征。如果对铜器本身的知识毫无具备，只着眼于铭文，有时遇到与铜器有关的问题，就难以解释。

再如，在传世的铜器和铜器铭文当中，时常会遇到一些赝品。制造伪器的方法很多，手段很高。有的伪造全器全铭，也有的在真器上面摹刻伪铭。尤其是在铭文方面做伪，方法更是多种多样：增添铭文，拼凑铭文，镶补铭文，等等，常以假乱真。如果不具备商周铜器方面的基本知识和辨伪能力，难免上当受骗。所以，研究铜器铭文，同时也要研究铜器本身，二者同等重要，绝对不可偏废。

青铜器的种类很多，其中包括礼器、乐器、兵器、车马器、工具、生活用具、符节、印玺、度量衡等。这里对青铜礼器作一简要说明。礼器的种类很复杂，各时期也不完全相同，而且有些器物用途不单一，例如铜鼎，既是煮肉的炊器，又是宴飨盛食的餐具；铜爵，既是温酒器也是饮酒器，很难按用途截然分开。故此我们参照文献记载，根据其主要用途分作：烹饪器、盛食器、酒器、水器四类。这里将每一类中的主要器物名称、用途、形制，分别说明如下。

1. 烹饪器

（1）鼎　鼎是仰韶时期甚至更早的磁山文化时期就已出现的普通陶质炊器。文献记载夏代曾铸九鼎，后来相继迁于商周；春秋时代楚、齐、秦都企图夺得周鼎，说明那时鼎已被视为国家政权的象征物。据礼书记载，当时还把用鼎的规格作为区分各级贵族身份的一种标志，可见铜鼎这种礼器在商周时代具有特殊的意义。

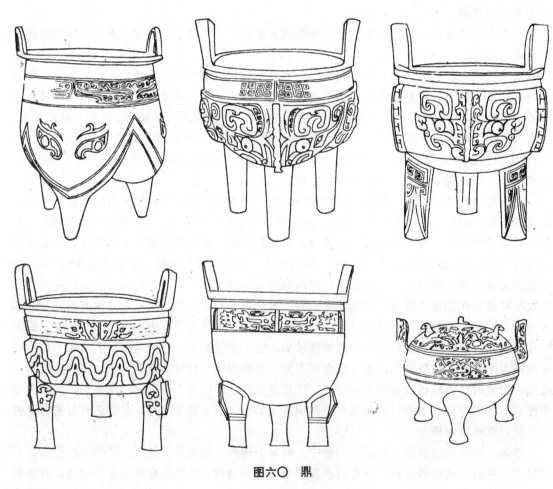

图六〇　鼎

《说文解字》云:"鼎,三足两耳,和五味之宝器也。"一般鼎的形状多为圆腹、三足、两耳,亦有四足方鼎,但惟数不多。在先秦古礼中,周代鼎按其功用可分三类,即镬鼎,升鼎和羞鼎。镬鼎是煮肉食的炊器;升鼎是陈于席前盛肉食的餐具,故又称正鼎;羞鼎是升鼎之外的一种加馔餐具,故又称陪鼎。这三类铜鼎的形状并没有截然的不同,必须结合殉葬制度才能区分。何休注《公羊·桓公二年传》云:"礼祭,天子九鼎,诸侯七,卿大夫五,元士三也。"这是指西周时代用正鼎的古制,但自东周以后,贵族之间以僭越的方式提高自身的用鼎规格使周礼不断遭到破坏。到了战国末年,尤其是秦统一六国以后,这套礼制已完全崩溃。虽在汉初有些高爵贵族也曾出现过沿用周礼鼎制的情况,但只不过是回光反照,昙花一现而已。①

铜鼎持续的时间很长,故形制很多,尤其是东周时代铜鼎带有浓厚的区域色彩,故不能一一例举,这里仅选几种典型器物,以作参考(图六〇)。

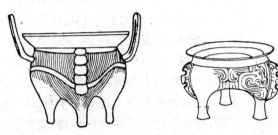

图六一 鬲

(2) 鬲 鬲是仰韶文化时期即已普遍使用的一种陶器,是用来烹煮食物的炊具,而且是华夏民族特有的一种文化特征。《尔雅·释器》云:"鼎款足者谓之鬲"。从实物考查,确是圆腹侈口,三足中空。铜鬲仿自陶鬲,有分裆平裆两种。早期多做分裆,晚期多做平裆。商代铜鬲有时附有二耳,周鬲一般无耳。此器盛行于殷周,春秋中叶即已衰落,战国铜鬲甚为少见,秦汉以降完全绝迹(图六一)。

(3) 甗 《说文解字》云:"甗,甑也。"《博古图录》卷十八《甗錪总说》云:"甗之为器,上若甑而足以炊物,下若鬲而足以饪物,兼二器而有之。"从甗的形制分析,确为甑鬲二器合成的蒸食器。下部鬲用以置水,上部甑用以置食物,中间有一通汽铜箅相隔。鬲之水沸蒸汽上腾,用以蒸炊食物。商甗多圆形,侈口两耳,束腰,三款足,甑鬲浑为一体。西周前期仍沿用旧制,后期始有方甗;春秋中叶以后又多为圆甗,但甑鬲分为两体,随时可以分合(图六二)。

2. 盛食器

(4) 簋 铜簋是盛黍稷的礼器,自商代以来即开始出现,一直流行到东周仍然延续使用。由于它存在的时间较长,形制变化比较复杂,不同时期有不同的特点。汉代学者对它也不甚了解,各家说法互相矛盾。例如毛、郑皆言簋圆簠方,许慎则谓簋方簠圆,《释文》、《御览》引旧《礼图》又说"内方外圆曰簋",可见当时对它已不十分了解。宋代学者把侈口、圈足、两耳、无盖的铜簋都称作彝,把敛口、圈足、两耳、有盖的铜簋都称作敦。清代钱坫最

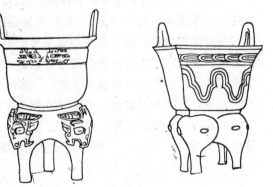

图六二 甗

---

① 俞伟超、高明:《周代用鼎制度研究》《北京大学学报》(哲学社会科学版)1978年1、2期,1979年1期。

早指出其误,谓金文中之 ■当释为殷,非敦字。① 后来陈介祺又觉察出宋人所谓彝者也不对,彝不是器物的专名,而是共名:"古无彝,尊彝器之重而常者之通名也",② 这才把此种礼器的名称和铭文的考释搞准确。

周代贵族使用铜簋也有一定的规格,和使用鼎的制度一样要根据各级贵族的地位配备一定的数量,一般是九鼎配八簋,七鼎配六簋,五鼎配四簋,三鼎配二簋。

铜簋的形制很复杂,大抵可分两种类型,一种作侈口、圆腹、圈足、两耳、无盖,即宋人所谓为彝者,也有在圈足之下附有方座的,都属于早期的形式,昭穆以后即很少出现。另一种作敛口、圆腹、两兽形耳、有盖、圈足或在圈足下附三个兽状足,也有变兽耳为二环的,都属于西周中叶以后的形制。(图六三)。

(5) 敦　自从钱坫纠正宋人误释"❀"为敦,改释殷字之后,黄绍箕作《说殷》,③ 他又从簋敦二器的形制和簋敦二字的形音方面,论证它们是两种不同的器物,这实际上是画蛇添足,又造成新的误解。钱坫释"❀"为殷字,非敦字,这是正确的;但说殷敦是两种不同的器物,则是不正确的。殷敦实际上是同一器物,其形制不同,是由于时代不同,器的形制发生了变化。我们曾做过一个簋敦发展图例,可以清楚地看出它们之间的因袭发展关系。④ 再从礼书中关于簋敦二字的用法来看,作为器名使用的簋敦二字,彼此也是通用的,乃同指一种礼器。例如《仪礼·公食大夫礼》:

图六三　簋

"黍稷六簋",《士昏礼》作"黍稷四敦"。六、四数量之差,仅仅反映贵族的身份有高低不同,所用礼器是相同的。对此一现象,黄氏也无法解释,只是用"疑隶写时已多讹乱"为托词而已。容庚在《商周彝器通考》中曾讲:"余籀读《仪礼》则谓敦簋为一字也。"他从《仪礼》中总结出三条证据,其结论是:"凡此皆足证殷之为簋而敦簋为一字。"⑤

再就字形来讲,簋字自商周以来直到战国,先后出现过殷、簋、匭、匦、軌、杭等好几种形体。在山东齐国境内还出现过春秋时代另一种结构的字体,写作鐘、鑃,或省作臺,此字今写作錞,即礼书中所谓的"敦"。《陈侯午鐘》、《公克鑃》、《齐侯臺》,即分别采用这三种不同字体,其实都自名敦。其中《齐侯臺》时代较早,其形制同于春秋时代的铜殷,可见敦字作为器名,最初是在簋这种器物上出现的。1950年洛阳西宫出土一批秦代铜器,其中的铜敦也自名为"軌"(簋),⑥ 可以进一步证明簋敦确为同一种礼器。簋使用的时间最久,自商代

---

① 钱坫:《十六长乐堂古器款识考》。
② 陈介祺:《簠斋尺牍》卷十二。
③ 黄绍箕:《说簋》,王懿荣辑《翠墨园语》,《古学汇刊》第一集金石类,上海国粹学报排印本,1912年。
④ 高明:《中原地区东周时代青铜器研究》中篇,图十,《考古与文物》1981年3期。
⑤ 容庚:《商周彝器通考》上册,320—330页,哈佛燕京学社出版,1941年。
⑥ 杜廼松:《记洛阳西宫出土的几件铜器》,《文物》1965年11期。

一直延用到战国,因而无论是器形或字形都有很大的变化,如簋、殷、甅、錞等异体字,后来别为数字。因为春秋战国时期各个国家的经济和文化都获得一定的发展,各地都按照方音特点更造新字,这种情况是很普遍的。如簋字,《说文》中保存有六种形体,其中有的已被淘汰;也有的由于字义的引申,字音的转化而别为它用,原来的孪生关系已淹没不显了。

簋錞既原为同字别体,古音必然相同,簋读如九,亦读如癸。如:王逸《九思·悯上》:"御者迷兮失轨,遂踢达兮邪造,与日月兮殊道"(轨、造、道,幽、霄韵,轨读如九);扬雄《博士箴》:"昔在文王经启九轨,勗于德音而思皇多士"(轨、士,脂、之韵,轨读如癸);班固《幽通赋》:"嬴取威于伯仪兮,姜本支乎三趾。既仁得其信然兮,仰天路而同轨"(跂、轨,支、脂韵,轨读如癸)。

轨与簋既然同作一种礼器的名称,读音自当相同。汉代读音属于上古音韵系统,当可溯至先秦。簋、轨既读音如癸,则同錞、敦有可通之处。簋之韵在微部,敦在文部,文微对转。从声纽分析,簋、轨皆见纽字,錞、敦皆在端纽。但錞、敦皆从享字得声,《齐侯敦》之敦字即写作"𩫖"(享)。《广韵》:"享,许两切",古属喉音晓纽,从享得声的字,中古分别归入端、禅、见等纽,但溯其音源则皆从享字得声。喉音晓纽"X"同软腭音见纽"K"发音部位相近,故从晓纽"曷"得声可读作见纽"葛";从见纽"敢"字得声可读作晓纽"憨"。诸如此类的字例很多,而从晓纽享得声之錞、敦与见纽之簋,正如从晓纽享得声之郭,崞都读成见纽字是一样的。

根据具体实物,以及文字的形、音、义等几个方面考察,可以确定簋敦原属一种礼器,都是盛黍稷的食具,由于延续的时代较久,器形和文字都有很大变化。为了便于区分时代,故仍将早期器形称簋,把晚期器形称作敦(图六四)。

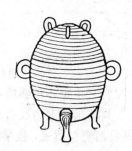

图六四 敦

(6)瑚 《说文》作𠤎,是我们根据礼器自名重新确定的名称,《说文·皿部》:"𠤎,器也,从缶皿,古声。"它出现在周代,战国以后不再使用。形作长方,腹如斗状,矩形圈足,器与盖形状相同,可相互扣合,铭文自述乃盛稻粱之器。此种礼器在文献中多见,称之为胡或瑚,如《左传》哀公十一年:"仲尼曰:胡簋之事则尝学之矣,甲兵之事,未之闻也。"《礼记·明堂位》:"殷之六瑚,周之八簋"。我们所以确定这种盛稻粱方器的名称即《说文》中之"𠤎",是根据铜器铭文中之自名而考证出来的。该器自名所用字形多达十几种,但可归纳为五类,即 ▨(季公父𠤎)、▨(尹氏𠤎)、▨(▨ ▨ 𠤎)、▨(铸子𠤎)、▨(妹𣪘𠤎),字体虽很复杂,其结构皆属形声。所用声符有𣪘、𠭰、黄、古四种,其中从古字声符的数量最多,约占全字数的百分之八十以上。此字宋代学者释为簠字,主要依据郑玄《周礼·舍人》注:"圆曰簋,方曰簠"的说法,人云亦云,相传一千多年,从无异议。其实这还不是宋人的过错,汉代学者就已经搞错。如《论语·公冶长》孔子答子贡问:"瑚琏也",何宴《集解》引包咸注:"包曰:瑚琏黍稷之器,夏曰瑚,殷曰琏、周曰簠簋,宗庙之器贵者。"今天看来,包注完全错了。第一,瑚周代才开始出现,殷代无瑚,何况夏代。第二,簋不称琏,琏是错字。琏原作连,乃轨字之误,如今所见铜簋,铭文皆作殷或轨,无一称连

337

者。第三，周代的簠并不称胡，胡簠是两种不同的器物。实物和铭文都证明过去把字和器名皆解释错了，应重新考订。

"胡"作为礼器之名称，亦是来自假借，并非本字，但铭文所用的字形字书不见。1977年，陕西省扶风县黄堆公社北云塘生产队因社员掘土偶然出土一批西周铜器，其中有一件《白公父𦉢》，铭文自名为"𦉢"，这就为我们解决这个长期悬而未解的问题提供了极好的证据，证明这种方形盛稻粱的旧称簠的礼器，真正的名称，当为《说文》中的"𦉢"，𦉢或从金作"𨰿"，《广韵》："公户切"。据此再去考察铜器自名的㽅、匡、匩、㽅等字的声符和读音，皆与"𦉢"和文献中的"胡"读音相同，多为同字异体，从而更加证明过去释它们为簠确实是搞错了。我们曾对这种方形礼器做过一次比较系统的检查，无一器自名为簠的。但是，唯《攈古录金文》卷三第一分册收录一器名曰"匡簠"，吴式芬据铭文自谓"匡甫"，故考订其为方簠一类。事实证明吴氏不仅把铭文读错。也把器名搞错了。郭沫若在《两周金文辞大系》中指出："匡甫"之甫不是名词而是动词，在此假为"抚"，它不是盛食的铜簠，而是盛酒的铜卣。① 再如《陈逆簠》自名为"笑"，同《说文》簠字古文"医"字体相应，历来将其视为方器铜簠。此器最初为江苏甘泉汪中慈家收藏，不幸毁于火中，传世拓本极少，各家著录多为翻刻，至于器形均无说明。据我们推测它应是圆簠而不是方𦉢。

铜𦉢（亦可称其自名𦉢）器形基本上可分两种，早期腹成斗状，无颈，足短；晚期腹上有颈，足较高（图六五）。

图六五　𦉢　　　　　　　　　　　　图六六　簠

（7）簠　那么铜簠究竟是什么样的礼器呢？它也是一种盛饭食的礼器，但不是方器，而是圆器，正如许慎所讲："簠，黍稷圆器也。"具体形状上为浅腹圆盘，下作一喇叭形镂空花校，因与盘豆相近，故过去多以豆类视之。据目前资料所见，最早的铜簠出现在西周中叶，如陕西扶风庄白出土的《微伯癲簠》、河南陕县上村岭虢国第1820号墓出土的《稣貉甫》、湖北京山苏家垅出土的《曾仲𣄰父甫》、山东曲阜前村出土的《鲁大司徒厚氏匩》，以及过去著录的《杜嬭铺》、《德人旅甫》等，都属于此一类礼器。以上诸器自名为箙、甫、匩、铺，即文献中所载簠簋之簠。过去高亨释铺为筥②，陈梦家从其说③，皆不确。唐兰曾谓："《癲簠》似豆而大。浅腹平底，圈足镂空，铭作箙，是簠的本字。宋代曾有《刘公铺》，1932年出土的《厚氏元匩》，过去都归入豆类是错了。《说文》：'簠，黍稷圆器也'，就是这类器。"④（图六六）

（8）𦉢　青铜器铭文中有自名为𦉢的，但在礼书中不见这一名称，《说文》云："𦉢，㮯

---

① 郭沫若：《两周金文辞大系图录考释》目录表《匡卣》下备考及第七册82—83页。
② 高亨：《说铺》，《河南博物馆馆刊》第五集，1936年12月。
③ 陈梦家：《寿县蔡侯墓铜器》，《考古学报》，1956年2期。
④ 唐兰：《略论西周微史家族窖藏铜器的重要意义》，《文物》1978年3期。

盨负载器也"，与礼器无关。宋代学者将盨也称作簋，自钱坫指出殷为簋非敦之后，才把它从簋中独立出来。盨器作椭圆形、敛口、两耳、圈足、有盖。它的用途也是盛食器，与殷的功用大致相似，因而有的器形是盨而自名为殷者。盨出现在周代中叶，自春秋以后不再使用（图六七）。

（9）豆 豆是盛肉和蔬菜一类的器皿，《说文》云："豆，古食肉器也。"《周礼·天官·醢人》："掌四豆之实"，即朝事之豆、馈食之豆、加豆、羞豆四种。豆的形制一般上为浅盘，盘下有长校（图六八）。

图六七　盨　　　　　图六八　豆

（10）盖豆 盖豆是后人起的名称，与上述盘豆不同，它的腹作钵形，两侧有耳，有盖，下作喇叭形校。论其功用亦与盘豆不同，非盛肉或蔬菜之器，从考古发掘的资料来看，器内常有黍米一类的痕迹。洛阳哀成叔墓出土两件盖豆，自名为"盏"，可能属于簋一类的盛食器。此类礼器出土数量很多，流行在春秋晚期至战国中叶，因准确名称尚待考订，姑仍以盖豆称之，以别于盘豆（图六九）。

3. 酒器

（11）爵 爵是古代的饮酒器，在《仪礼》中，主人向来宾敬酒常用爵。《说文》云："爵，礼器也，象爵之形，中有鬯酒。又，持之也。所以饮器象爵者，取其鸣节节足足也。"爵的形状作深腹，早期平底，晚期寰底，前面有流，后面为尖状尾，旁有鋬，上有两柱，下有三足。盛行于商代，间及于西周前期，西周中叶以后即少见。亦有单柱或有盖的，但为数不多（图七〇）。

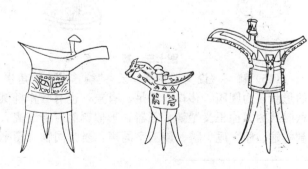

图六九　盖豆　　　　　　　　　图七〇　爵

（12）斝　斝屡见于三礼，其用途是饮酒或在祭祀时盛香酒。斝的形状像爵而较大，但作圆口、平底、下有三足，口沿上也有二柱。也有的三足上部肥大中空，腹形似鬲。但在铜器中尚未发现自铭为斝者，它是宋人根据文献所定的名称。礼经中言及酒器，往往以散和其它酒器连文，罗振玉在《殷墟书契考释》中论及礼经中的散就是斝，后来王国维作《说斝》进一步证实了罗的看法，列举五证说明散斝同为一器（图七一）.

　　　　　　　图七一　斝　　　　　　　　　　　　　　图七二　角

（13）角　角也是饮酒器，形状似爵而无柱，前亦无流，两端同作长锐之尾。《礼记·礼器》云："宗庙之祭，尊者举觯，卑者举角。"此种酒器流传数量不多，而且多为商器（图七二）

（14）觚　《说文》云："觚，乡饮酒之爵也。"今天所谓的铜觚，是宋代学者推测出来的，名称与实物是否符合古义，还需要将来证明。一般作侈口、长颈、细腰。流行在商代和西周早期，其用途和爵、斝、角相同，都是饮酒器（图七三）。

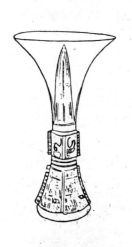  

　　　　　图七三　觚　　　　　　　　　　　图七四　觯

（15）觯　《说文·角部》云："觯，乡饮酒角也。"宋代学者根据古礼经推定其名称。觯的形状多为圆腹、侈口、圈足、有盖，也有腹作椭圆形的。铜觯流行在商代和西周前期。春秋时代的《徐王义楚耑》三器，形似觯而器身细高，自名锱与耑，据王国维考证，文献中所载的觯、觗、卮、𣂏、耑五字同声，当为同物（图七四）。[①]

[①] 王国维：《觯觗卮𣂏耑》，《海宁王静安先生遗书》卷三。

(16) 觥　《说文·角部》云："觵，兕牛角，可以饮者也，从角黄声。觥，俗觵从光。"觥是一种盛酒兼饮酒器。《诗经》中屡见记载，《七月》："朋酒斯飨，称彼兕觥"，《卷耳》："我姑酌彼兕觥"即其例。宋代《考古图》，清代《西清古鉴》皆将兕觥混于匜类，唯《续考古图》录之兕觥二器。王国维曾作《说觥》一文，举出六种证据以辨觥与匜的区别。他说："案自宋以来，所谓匜者有二种，其一器浅而钜，有足而无盖，其流狭而长；其一器稍小而深，或有足、或无足，而皆有盖，其流侈而短，盖皆作牛首形。"① 故他把前者定为匜，后者定为觥（图七五）。

图七五　觥　　　　　　　　　　　　　　图七六　盉

(17) 盉　《说文·皿部》云："盉，调味也。"可见许慎当时已不知盉为酒器名。王国维因见陕西省宝鸡县出土的柉禁所陈的酒器中有一盉，遂悟盉乃水酒调和之器，用以节制酒的浓淡。因撰《说盉》云："余谓盉者，盖和水于酒之器，所以节酒之厚薄者也。古之设尊也，必有玄酒，故用两壶。其无玄酒而但用酒若醴者，谓之侧尊。乃礼之简且古者，惟《冠礼》父之醴子，《昏礼》赞之醴妇酳媵，及《聘礼》礼宾等用之。其余嘉礼、宾礼、吉礼，其尊也无不有玄酒。此玄酒者，岂真虚设而但贵其质乎哉。盖古者宾主献酢，无不卒爵，又爵之大者恒至数升，其必饮者礼也，其能饮或不能饮者量也。先王不欲礼之不成，又不欲人以成礼为苦，故为之玄酒以节之。其用玄酒奈何，曰和之于酒而已矣。"② 盉的形状是大腹敛口，前有流，后有鋬，有盖，下有三足或四足。春秋战国的铜盉，体形短矮，很像后来的茶壶（图七六）。

(18) 卣　卣的名称是宋代学者推订的，传世的器物尚未见到自名为卣的，但在《诗经》、《左传》以及铜器铭文中，却常有"秬鬯一卣"的话。《周礼·鬯人》："庙用修"，郑玄注："修读曰卣，卣，中尊，谓甒罍之属。"卣的形制，有圆腹长颈，也有椭圆形腹无颈，还有作鸮形的，皆有盖，有提梁，有作圈足者，亦有作四足者，皆商代和西周前期遗物（图七七）。

---

① 王国维：《说觥》，《观堂集林》卷三。
② 王国维：《说盉》，《观堂集林》卷三。

图七七 卣

（19）尊 尊有共名和专名两种含意。所谓共名，一切盛酒的礼器皆可统称为尊，专名是独指一种大口、圈足的盛酒器。尊在礼器中地位很高，用盛醴酒奉献宾客。《周礼》小宗伯之职："辨六尊之名物，以待祭祀宾客。"商代的铜尊有作方形的并带有觚棱，西周铜尊多为圆形（图七八）。

（20）牺尊 牺尊即鸟兽形状的酒器，在古铜器中确是一种特殊的形制。《三礼图》中于尊彝之形制未能区分，故以所像之形而异其称，而于鸟兽形之尊彝统称为尊，其内容不外为鸟、鸱鸮、牺、象、虎、羊等兽形盛酒器，它流行在商代和西周早期，春秋时代也有出现，但数量不多（图七九）。

（21）壶 铜壶流行于西周，盛行于春秋和战国，商代铜壶为数不多。早期壶形多为圆腹或椭圆形腹，最大腹径靠近腹底，故显颈长，一般为圈足贯耳，这种壶形出现在商代和西周早期。春秋战国时期，又出现提梁壶、兽耳壶、花盖壶等，皆为盛酒器（图八〇）。

图七八 尊

  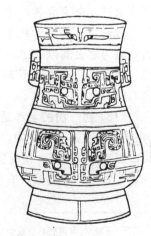

图七九 牺尊　　　　图八〇 壶

(22) 罍　《说文·木部》云："櫑，龟目酒尊，刻木作云雷象，象施不穷也。罍，櫑或从缶。"罍是贮酒器，《诗经·卷耳》："我姑酌彼金罍"。此器形状分方圆两种，均作宽肩、两耳、有盖（图八一）。

(23) 方彝　在古代文献中没有"方彝"这一名称，铜器铭文中也没有发现自名为方彝的器物。彝字是礼器的共名，铭文中屡见有"宗彝"或"宝尊彝"等。《说文》云："彝，宗庙常器也。"又谓："《周礼》六彝：鸡彝、鸟彝、黄彝、虎彝、虫彝、斝彝，以待祼将之礼。"清代学者把这种方形铜器称为"方彝"。方彝多为商和西周初年遗物，容庚将其列为酒器（图八二）。

4. 水器

(24) 盘　铜盘是水器，商和西周初期的铜盘多作深腹、圈足、无耳，一般皆单独使用，并无铜匜配备。自西周中叶开始，盘匜组成一组盥器，正如《礼记·内则》所云："进盥，少者奉盘，长者奉水，请沃盥，盥卒，授巾。"《国语·吴语》："一介嫡男奉槃匜以随诸御。"盘亦从木，写作"槃"，《说文》："槃，承槃也。"用匜浇水冲手而以槃承，故谓承盘。西周中叶以后，铜盘逐渐腹浅，矮圈足，自春秋以后又变圈足为三兽蹄足（图八三）。

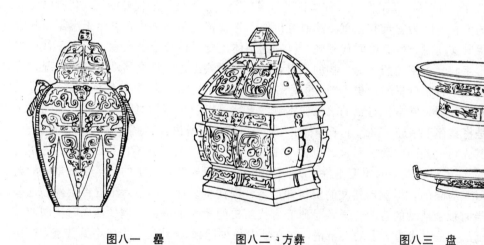

图八一　罍　　　图八二　方彝　　　图八三　盘

(25) 匜　铜匜自西周中叶才开始出现，与铜盘共同组成一组盥器。《左传》僖公二十三年：怀嬴"奉匜沃盥"，《疏》云："盥谓洗手也，沃谓浇水也"。匜腹似瓢形，前有流，后有鋬，底下有四足或三足，春秋以后有作圈足者（图八四）。

(26) 盂　盂通作杅，盛水器。《韩非子·外储说》引孔子语："盂方水方，盂圆水圆"。《礼记·玉藻》："出杅"，注云："杅，浴器也"。盂的形状作圆腹侈口，圈足，两侧有附耳（图八五）。

(27) 鉴　《说文·金部》："鑑，大盆也。"鑑也作滥，《庄子·则阳篇》："灵公有妻三人，同滥而浴。"其形作广口阔腹，有平底无足的，有作矮圈足的。有无耳的，有作二耳或四耳的，皆为春秋战国时器（图八六）。

图八四　匜　　　　　图八五　盂　　　　　图八六　鉴

二　商周时期的铜器铭文

铜器铭文是指商周时代青铜礼器、乐器及其他青铜器皿上的文字，分为铸与刻两种字体。早期铜器铭文，一般皆与铜器同时铸成；自入战国以后，有些铭文是在铜器铸成之后，加刻上去的。由于它是铸或刻在铜器上的文字，因而过去被称为"钟鼎文字"，或"彝器款识"。所谓款，是指铸刻在铜器上的凹入阴文，识是指凸出的阳文。历史上关于商周时代铜器铭文的发现，时代很早，东汉许慎在《说文解字》的序言中，即谈到"郡国亦往往于山川得鼎彝，其铭即前代之古文。"但是，真正作为一种学科进行专门研究，还是从宋代开始的。其所以能成为一门独立的学科，因为它具有很重要的研究价值。先就铭文字体来讲，它早于秦篆，其中有些与商代甲骨文同时，也有些时代稍晚。汉字的字体主要是由象形、会意、形声三种结构构成的，象形字和会意字仿照当时事物的形象，如实地反映出古代社会活动的一些情况，可见铭文本身就是一种很珍贵的历史史料。再就铭文所记载的内容来看，其价值远胜过文献。因为当时贵族铸造礼器，常常把自己的名字或本族的名字，以及做器的时间和原因，通通记录在上，目的是将其存于宗庙，留念于子孙。如《礼记·祭统》所讲："夫鼎有铭，铭者自名也。自名以称扬其先祖之美而明著之后世者也。"从铭文内容分析，有些并不仅是"称扬其先祖之美"，还记载了许多当时发生的重要事件。众所周知，研究殷周两代历史的最早和最重要的典籍，数量是极其有限的，但铜器铭文的资料却很多，据初步统计，不下六千五百余件。这些资料记载了当时社会活动的各个方面，是研究古代历史的第一手资料。例如西周时代同西方猃狁之间的征战，是古代历史上的大事情，在文献中很少记载，《诗经》中仅略见其迹，简而不详。但是，在铜器铭文中则保存了大量资料，像《不娶殷》、《兮甲盘》、《虢季子白盘》、《小盂鼎》、《多友鼎》等，都是当时实际参加同猃狁战斗的将士所做，由于他们在战场上英勇杀敌取得战功，受到周王的赏赐，故做器铸铭留为纪念。因而在这些铜器的铭文中，对每一次战役发生的时间、地点、战争的情况，杀敌多少，俘虏若干，都作了较为详细的记载。据《小盂鼎》的铭文，在一次同猃狁的战役中，杀死对方三千八百余人，活捉俘虏一万三千零八十一人，可见战争规模之大，杀伤之众。当我们读了这些资料，对当时同猃狁战争的频繁性和残酷性有所了解之后，再去阅读《诗经·小雅·采薇》，所谓"曰归曰归，岁亦莫止。靡室靡家，猃狁之敌。不遑启居，猃狁之敌。"以及《六月》："薄伐猃狁，至于太原"等诗句，就有了比较深刻的认识，不会单纯地去品嚼诗的韵味了。

再如，西周王室同淮夷和东夷之间的矛盾也是很紧张的，尤其是与楚荆的战争非常激烈。

像《令殷》、《䟊馭殷》、《过伯殷殷》、《䕩殷》等，都是随从周王南征楚荆立功受赏的将士所做的铜器。据古本《竹书纪年》：周昭王向楚用兵两次，一次是"昭王十六年伐楚荆"，另一次是"十九年天大曀，雉兔皆震，丧六师于汉。"即《左传》僖公四年所载："昭王南征而不复"的那一次。从铜器铭文来看，战争不止两次，而且在昭王以后，仍不断地征伐淮夷。像《录䜌卣》、《翏生盨》、《师震殷》、《虢仲盨》等，都是昭王以后南征淮夷的将士所做的铜器。在西周早期的铜器铭文中，像《班殷》、《明公殷》、《小臣䢅殷》、《䇂鼎》都记载了征伐东夷的情况。厉王时代的《䜌钟》，记载了周厉王亲征南国及孳的事迹，这次出征获得大胜，据说南夷、东夷来朝见厉王的共有二十六个国家。

　　西周王朝用兵如此频繁，其军队又是如何组织的呢？文献中的记载极为有限：《尚书·顾命》记载："张皇六师，无坏我高祖寡命"；《诗经·小雅·瞻彼洛矣》："韎韐有奭，以作六师"；《大雅·棫朴》："周王于迈，六师及之"；《常武》："大师皇父，整我六师"。实际上六师只是驻寨在宗周附近保卫王室的禁卫军，在铜器铭文中称之为"西六师"。除此之外，还可从《小臣䢅殷》、《陵贮殷》、《竞卣》、《禹鼎》、《盠尊》、《南宫柳鼎》、《小克鼎》、《曶壶》等铭文中看到另外两部分大型军队，即"殷八师"和"成周八师"。"成周八师"显然是宿营在东都附近的宿卫军，"殷八师"是驻守在殷故都附近留守东方的部队。这些军队亦可由王室随时调遣出征，如周初的《小臣䢅殷》云："白懋父以殷八自征东夷"。可见在殷八师的士兵当中，有些是殷民，周王利用故有的征伐东夷的力量，攻打东夷。在我们了解这一事实之后，再去重温《尚书·多方》所讲："王曰：呜呼，猷告尔有方多士暨殷多士，今尔奔走臣我，监我五祀，越惟有胥伯小大多正，尔罔不克臬……天惟畀矜尔，我有周惟其大介赉尔。迪简在王庭，尚尔事，有服在大僚。"这一段话，即可进一步理解周对殷民统治政策的具体意义。

　　再从阶级关系来看，周代的贵族奴隶主对奴隶劳动的价值要比商代贵族奴隶主重视得多，他们不像商人那样大批屠杀奴隶，而是把奴隶当作商品和财富在奴隶主之间进行交换或赏赐。如《曶鼎》铭文中有一段记载两奴隶主之间因买卖奴隶发生纠纷的事情。最初买卖双方约定用匹马束丝交换五名奴隶，后来卖方想改用百寽，遂成争议而讼于邢叔，经邢叔判决责令卖方履行协约，因而曶乃胜诉，故做器铸名留念。从此铭文可知当时买卖奴隶的实际价格。寽是称量货币的单位名称，当从金写作锊。《说文·金部》云："锊，十一铢二十五分铢之十三也，《周礼》曰：重三锊《考工记·弓人》，北方以二十两为三锊。"段玉裁注："三各本无，戴仲达作一，今依东原师补正。师说：曰无三字者误也，考《尚书》伪孔传及马融、王肃皆云：锾重六两，郑康成云锾重六两大半两，锊即锾。贾逵云：俗儒以锊重六两，此俗儒相传讹失，不能核实，脱去大半两言之。《说文》多宗贾侍中，故曰：北方二十两为三锊，正谓六两大半两为一锊也。"朱骏声亦云："锾重十一铢又五十二黍，锊重六两又十六铢，当从戴说订正。"从以上诸家分析锊、锾有别，按今文家说法，一锊为当时六两大半两，五个奴隶售百锊，平均每个奴隶合二十锊，计一百三十多两铜。由于奴隶价格如此之低，所以在铜器铭文中时常见到大量赏赐奴隶的情况。如《大盂鼎》铭文所载，周王一次赏给盂的奴隶竟达一千七百二十六人。类似这样的贵重史料，在文献中是看不到的。

　　关于土地交换，在铜器铭文中也有许多具体记载，如《卫盉》铭云："矩伯庶人取堇章于裘卫，才八十朋，厥贮其田十田。矩或取赤虎两，麀賁两，賁韐一，才二十朋，其舍田三田。"《𠟭生殷》铭云："格伯取良马乘于𠟭生，厥贮卅田，则析……铸宝殷用典格伯田。"类似这种有关土地买卖的记载，在西周铜器铭文中很多，它与过去所谓西周土地国有，私人不能买卖的说法，大相径庭，这是当前研究西周历史急待解决的问题。

以上所举仅不过是一些具体的例子，实际包括的内容远不止这些。铜器铭文还是尚未完全敞开的资料宝库。其所以这样说，一是由于地下可能还有更为重要的资料尚未出土；二是既已出土的资料，尚有许多未能完全读懂原义，仍有待于更加深入的研究。

铜器铭文的史料价值远胜过文献，还由于铜器铭文所记载的事情，都是出于当时当事者的笔下，或当事者委托别人所写，一般皆能保存事物的本来面目，没有纂入后来人的思想和观点。再者，铭文内容都是朴素的事实，没有经过后人的删改、润色和编选。由于它是第一手资料，所以用来研究当时的历史最为可靠。

第二节 商周时期铜器铭文研究概况

一 资料的搜集和整理

关于商周时期的铜器和铭文，北宋以前虽有发现，但出土数量甚少。这些发现，或被当时王朝视为神瑞，或书之于史册，甚至因而改换年号。汉代先后发现过四次古代铜鼎：第一次是在汉武帝时，"得鼎汾水上"，当时即藉此更年号为"元鼎"。第二次是在宣帝时，"美阳得鼎献之"，即出土在今天陕西扶风县，当时由古文字学家张敞为其作释。这两次发现，均载于《汉书·郊祀志》。第三次是在东汉明帝永平六年二月，据《后汉书·明帝纪》记载："王雒山出宝鼎，庐江太守献之"，明帝诏示"陈鼎于庙"。第四次发现在和帝永元元年九月，据《窦宪传》云：窦宪出征单于，"遗宪古鼎，容五斗，其傍铭曰：'仲山甫鼎，其万年子子孙孙永保用'，宪乃上之。"汉代以后，自三国迄至隋唐，各地也时而有所发现，见于史书记载有吴赤乌十二年，先后在临平湖、鄱县两地出宝鼎。南朝宋元嘉十三年，武昌县章山出神鼎；二十二年，新阳获古鼎，有篆书四十二字。唐贞观二十二年，遂州涪水中获古鼎；开元十年，河中府获鼎，因改其县为宝鼎县；十二年，后土祠获鼎二；十三年，万年人获宝鼎五，献之，四鼎皆有铭；二十二年，眉州献宝鼎，重七百斤，有篆书；天宝元年、平凉获古馋鼎，献之；元和二年，诏以湖南所献古鼎，付有司，重一百十二斤；咸平三年，乾州献古铜鼎，状方、四足，上有古文二十一字。以上所记，皆见于正史。北宋以后，高原古冢屡有铜器出土，从而不再以神奇祥瑞看待，始被当朝显贵和士大夫们作为玩物欣赏。一有发现，富贵之家竞相争购，故售价甚昂，从而激起盗墓之风。叶梦得曾在《石林避暑录话》中对此有一段描述："宣和间内府尚古器……而好事者复年寻求，不较重贾，一器有值千缗者。利之所趋，人竞搜剔山泽，发掘冢墓，无所不至，往往千载之藏，一旦皆见，不可胜数矣。"其实何只宋代如此，传世的古代铜器皆由此得来。由于盗掘古墓之风日盛，铜器铭文的资料亦日益增多，研究的内容和范围都逐渐广泛，于是就有人开始从事铜器铭文的搜集著录和研究。

第一个开始将收藏的古器物著录成书的是宋代的刘敞，他首先将自己所得十一器著成《先秦古器记》一书。虽然初创，而书中器形、铭释均很完备，始开著录古代器物之先例。随后欧阳修著《集古录》，将其所见铜铭和释文俱载其中。继刘、欧二氏之后而起的有吕大临的《考古图》、赵明诚的《金石录》、王黼所撰的《宣和博古图》，以及王俅的《啸堂集古录》，薛尚功的《历代钟鼎彝器款识法帖》等书，从而形成一门新的学科，即以金石文字为研究对象的"金石学"。所谓金,主要以殷周时代钟鼎彝器为大宗,旁及兵器、度量衡、符节、玺印、钱币、铜镜等物。石则以碑碣墓志为大宗,旁及摩崖、造象、经幢、石阙等物。金石学研究中国历代金石名义、器类、形式、制度、沿革,以及文字之形体、结构、风格。上自经史考订,文章义例,下至艺术鉴赏,无不揽罗其中。自宋以来,历经元明传至清代,其间名家甚多,成就辉煌,无论在资料的搜集、整理和学术研究方面,都给后人留下非常宝贵的财富。

宋代有关铜器铭文资料的书籍,据翟耆年《籀史》记载,仅至南宋初年即有三十四种之多,但保存到现在的尚不到三分之一。王国维曾根据现在保存下来的十一种宋人著作,编成《宋代金文著录表》,从表内可以看出当时所著录铜器的种类、名称和件数。这里将其所采用的书籍,以及各种器类的统计件数摘要抄录如下。

所采用的宋人著作共十一种:

  欧阳修《集古录跋尾》   王俅《啸堂集古录》
  吕大临《考古图》   薛尚功《历代钟鼎彝器款识法帖》
  王黼《宣和博古图》   无名氏《续考古图》
  赵明诚《金石录》   张抡《绍兴内府古器评》
  黄伯思《东观余论》   王厚之《复斋钟鼎款识》
  董逌《广川书跋》

商周铜器之品类及著录之数量:

  钟 44 (伪器6)   壶 4
  铎 1   罍 2
  鼎 137 (伪器4、秦汉器11) 举 1
  鬲 28   彝 44 (伪器2)
  甗 17   舟 1
  敦(殷) 58 (伪器2)   卣 55 (伪器2)
  簠(簋) 8   爵 60 (伪器1)
  簋(盨) 8 (伪器1)   觚 20
  盦 1   觯 12
  豆 3   角 2
  盂 9   斝 4
  尊 34   卮 1 (汉器1)
  不知名器 6   镫锭烛盘熏炉 15 (皆汉器)
  盘 13 (伪器1,汉器2)   度量权律管 15 (皆秦汉器)
  盂 1   兵器 6 (汉器2)
  洗 7 (皆汉器)   杂器 6 (皆秦汉以后器)
  匜 20 (汉器1)

上表所记总器数为六百四十三件,除去伪器十九件,兵器四件,秦汉以后器六十件,实有五百六十件,计乐器三十九件,礼器五百二十一件。

《宋代金文著录表》是王国维于1914年撰著的,与此同时他又编撰了《国朝金文著录表》六卷,但所采用的书籍皆为私人所著之专集,共十六种:

  钱坫 《十六长乐堂古器款识》四卷

阮元　　　《积古斋钟鼎彝器款识》十卷
曹载奎　　《怀米山房吉金图》一卷
吴荣光　　《筠清馆金文》五卷
刘喜海　　《长安获古编》二卷
吴式芬　　《攈古录金文》九卷
徐同柏　　《从古堂款识学》十六卷
朱善旂　　《敬吾心室彝器款积》二册
吴云　　　《两罍轩彝器图释》十二卷
潘祖荫　　《攀古楼彝器款识》二卷
吴大澂　　《恒轩所见所藏吉金录》一卷
刘心源　　《奇觚室吉金文述》二十卷
端方　　　《陶斋吉金录》八卷、续录二卷、又续一卷
罗振玉　　《集古遗文》中金文若干卷（未印行）
　　　　　《秦金石刻辞》三卷
　　　　　《历代符牌录》二卷

商周铜器之品类及著录之数量：

钟 104	（疑伪器9，宋拓5）	卣 266	（疑伪器8，宋拓6）
鼎 516	（疑伪器40，宋拓20）	罍 28	（疑伪器1）
甗 42	（宋拓1）	盉 34	（疑伪器1）
鬲 110	（疑伪器8，宋拓3）	觚 126	（疑伪器7）
彝 260	（疑伪器19）	觯 148	（疑伪器7）
敦（𣪘） 438	（疑伪器13，宋拓3）	爵 462	（疑伪器5，宋拓5）
簠（𠤳） 72	（疑伪器4，宋拓1）	角 32	
簋（𣪘） 52		杂器 10	（宋拓5）
尊 219	（疑伪器5）	盘 57	（疑伪器2）
罍 13	（疑伪器1）	匜 61	
壶 77	（疑伪器5）		

杂器类中乐器十二件，礼器二十五件，计：

句鑃 3	盏 1	瓢 3
铎 9	盂 2	鉴 2
豆 5	盆 1	铺（簠）4
盦 6	盨 1	

上表所记商周时代礼器和乐器之总数为三千一百六十四件，除去伪器一百三十五件，宋拓四十九件，实有二千九百八十件，计乐器一百零二件，礼器二千八百七十八件，王表于鼎、卣两项统计数字有误差。

王国维《国朝金文著录表》撰于1914年，因为时间很早，尚有许多著作还未发表。1913年鲍鼎又在王表的基础上作了增补，撰《国朝金文著录表补遗和校勘记》三卷。他所采用的书籍有：

　　《西清古鉴》四十卷

《西清续鉴甲编》二十卷附录一卷，《乙编》二十卷
《宁寿鉴古》十六卷
陈介祺　《簠斋吉金录》八卷
张廷济　《清仪阁所藏古器物文》十卷
张廷济　《张叔未所藏金石文字》
方濬益　《诂籀谂吉金彝器款识》
陈宝琛　《澂秋馆吉金图》
罗振玉　《集古遗文》十六卷
罗振玉　《金泥石屑》二卷
邹　安　《周金文存》
邹　安　《双王𨰻斋金石图录》
容　庚　《宝蕴楼彝器图录》

以上各书皆已印行
　　黄　易　《小蓬莱阁金文》
　　王　瓘　《两汉吉金遗文》
　　徐乃昌　《随盦吉金图》
　　徐乃昌　《积学斋集古器物文》
　　陈承修　《猗文阁金文》

以上皆未刊稿本

增补商周铜器之品类及其数量：

钟	88	簋（盨）	27	觚	90
鼎	327	尊	115	觯	133
甗	37	罍	15	爵	245
鬲	72	壶	59	角	16
彝	143	卣	136	觥	5
敦（殷）	208	斝	23	盘	31
簠（盠）	36	盉	39	匜	33

杂器类中乐器十件，礼器二十件。计：

句鑃	1	錞于	4	盂	5
铎	4	豆	6	鑪	1
铃	1	盦	4	舟	4

上表真伪未分，共记商周时代礼器和乐器之总数为一千九百零八件，其中，乐器九十八件，礼器一千八百一十件。王鲍二表之总和共四千八百八十八件，其中乐器二百件，礼器四千六百八十八件。如果再加上宋代各家所著录的资料，共著录商周时代青铜礼器和乐器铭文共计五千四百四十八件，其中礼器五千二百零九件，乐器二百三十九件。

但是，在鲍鼎对王国维《国朝金文著录表》作《补遗》的同时，罗福颐亦在王表的基础上作了增补工作，撰成《三代秦汉金文著录表》八卷，前六卷为商代和两周器物，后二卷为秦汉器物。由于他们各自所根据的书籍不同，所得的结果各不相同。罗福颐《三代秦汉金文著录表》所采用的书籍，有：

《西清古鉴》四十卷
　　　《西清续鉴》甲编二十卷附录一卷
　　　《西清续鉴》乙编二十卷
　　　《宁寿鉴古》十六卷
钱坫　《十六长乐堂古器款识考》四卷
阮元　《积古斋钟鼎彝器款识》十卷
陈经　《求古精舍金石图》二卷
曹载奎　《怀米山房吉金图》二卷
吴荣光　《筠清馆金文》五卷
刘喜海　《长安获古编》二卷
潘祖荫　《攀古楼彝器款识》二卷
吴云　《两罍轩彝器图释》十二卷
吴大澂　《恒轩所见所藏吉金录》
徐同柏　《从古堂款识学》十六卷
吴式芬　《攈古录金文》九卷
吴大澂　《愙斋集古录》二十六册
朱善旂　《敬吾心室彝器款识》二册
刘心源　《奇觚室吉金文述》二十卷
端方　《陶斋吉金录》八卷
端方　《陶斋吉金续录》二卷
丁麐年　《栘林馆吉金图识》一卷
罗振玉　《秦金石刻辞》三卷
罗振玉　《蒿里遗珍》
罗振玉　《殷文存》二卷
罗振玉　《梦郼草堂吉金图》三卷
罗振玉　《梦郼草堂吉金图续编》一卷
罗振玉　《历代符牌图录》
罗振玉　《历代符牌后录》
罗振玉　《增订历代符牌录》二卷
陈宝琛　《澂秋馆吉金图》二册
罗振玉　《贞松堂集古遗文》十六卷
罗振玉　《贞松堂集古遗文补遗》三卷
罗振玉　《贞松堂集古遗文续编》三卷
罗振玉　《贞松堂集古遗文续补》一卷
容庚　《秦汉金文录》七卷

　　商周到春秋、战国时代的铜器目录中，包括礼器、乐器、兵器、车马器、符节、权量等，我们仅将其中有铭文的礼器和乐器之品类、数量均详细记录如下，其它器物从略。

　　　钟　　130　补遗2　（无字者3，伪器8）　壶　107　补遗9　（伪器7）

鼎	760	补遗19	（伪器39）	卣	327	补遗8	（伪器11）
鬲	66	补遗2	（伪器2）	罍	38	补遗2	（伪器1）
甗	129	补遗2	（伪器9）	盉	65	补遗2	（伪器3）
彝	382	补遗10	（伪器25）	觚	158	补遗1	（伪器11）
殷	459	补遗12	（伪器14）	爵	612	补遗3	（伪器12）
簠（盨）	87	补遗1	（伪器4）	觯	237	补遗4	（伪器10）
簋（盨）	58	补遗1		角	36	补遗1	
尊	260	补遗7	（伪器10）	盘	68	补遗3	（伪器4）
罍	21	补遗2	（伪器1）	匜	68		（伪器1）

杂器类中乐器十八件，礼器二十九件，计：

句鑃	4	铺（簠）	4	鐼	1
铙	11	会	1	觥	3
铎	1	盉	1	鉴	2
铃	2	盏	1	盆	1
豆	3	盂	3	炉	1
盦	4	罐	4		

罗福颐《三代秦汉金文著录表》所记商周时代礼器和乐器之总数为四千零三十一件，其中有乐器一百三十九件，礼器三千八百九十二件。如果加上《宋代金文著录表》中之乐礼器，总计为四千五百九十一件，比王鲍二表少八百五十七件。减少的原因有二：第一在鲍鼎的《补遗表》中没有除去伪器；第二鲍鼎的《补遗表》所采用的书籍比罗表多。

在王国维、鲍鼎、罗福颐三家之后，又有美国学者福开森（John C. Ferguson）于1938年编《历代著录吉金目》一册，此书篇幅较大，共采用了八十多种著录，搜集的资料大大超过了上述各表。但是，此书所集资料多而不精，其中夹杂许多伪器，因而作为金文目录使用，有些不便。近些年来，由于各地出土的资料逐渐增多，新编有关金文目录的书籍相继而出。如周法高编《三代吉金文存著录表》、中国科学院考古研究所编《三十年来出土的殷周有铭铜器简目》（油印本），以及孙稚雏编《金文著录简目》等。考古研究所编三十年《简目》，1983年由中华书局出版，更名为《新出金文分域简目》，所收主要是自1949年建国以后至1981年底公开发表的资料，其中包括商周至战国时代的有铭铜器，均按出土地点分域编排。孙稚雏编的《金文著录简目》，采用的书籍最广泛，总计二百一十七种，其中有中文著作一百五十种，日本、美国、英国、法国、德国、加拿大、比利时、荷兰、澳大利亚等国家的著作六十七种。书中所著录的有铭铜器目录，除去兵器、量器、车马器和其它杂器外，共收录礼、乐器六千五百八十一件，其中包括：

鼎	1221	鬲	176	甗	117
簋	1120	盨	122	盨	99
敦	10	至	9	簠	9

炉	1	鉌	1	匕	4
爵	964	角	38	斝	84
盉	95	尊	393	觥	30
方彝	45	卣	500	罍	67
瓿	9	壶	187	瓶	6
鑐	7	缶	6	罈	1
鈕	1	觚	393	觯(岢)	334
杯	4	勺	18	盘	110
匜	82	鉴	11	盂	20
盆	8	鏖	4	㿿	1
钟	218	镈·	15	铙	28
勾鑃	6	铎	3	铃	4

该书所收六千五百八十一件有铭铜器目录中，有礼器六千三百零七件，乐器二百七十四件。总数比王国维的《宋代金文著录表》、《国朝金文著录表》和鲍鼎的《补遗表》三表所收多出一千一百三十三件，比罗福颐《三代秦汉金文著录表》中之三代铜器，多出二千五百五十件。这是当前收录最多的一本铜器铭文目录。此书编排的次序也很科学，以器分目，以铭文字数排列先后，字少者在前，多者在后，并将历史上各家注录书名卷数，均附在器名之下，以便读者查对。该书收录对象以《三代吉金文存》、《商周金文录遗》、《文物》、《考古》、《考古学报》三杂志及各种铜器图录中有铭文拓本者为主；关于宋代和清代著录的金文，以近代学者引用较多者酌量收入；有关商周时代重要铭文资料，皆已收录在内。

二 关于铜器铭文的研究成果

商周时代铜器铭文的研究，如果溯其渊源，可以追溯到战国时代。《墨子》有许多篇章提到从古代盘盂的铭文中了解古代圣王的行事。如《兼爱》下："今若夫兼相爱，交相利，此自先圣四王者亲行之。何以知先圣四王之亲行之也？吾非与之并世同时，亲闻其声见其色也，以其所书于竹帛，镂于金石，琢于盘盂，传遗后世子孙者知之。"可见，当时确有学者把古代盘盂上的铭文作为史料来利用了。但是，真正作为一门学科进行研究，是从宋代开始的。对铜器铭文研究的发展过程是，肇始于宋，中衰于元明，盛兴于清。这里主要介绍清代以后、近几十年来的重要成果。

清末，孙诒让提倡利用偏旁分析法考释古文字，从而把古文字研究引向科学的途径。他的《古籀拾遗》、《古籀余论》和《名源》等书，在研究方法上与过去学者有本质的差别，为后来铜器铭文的研究，奠定了科学的基础。

自孙诒让以后，既能沿用其法而又能有所创新的学者，首推王国维。诚然，一谈王国维，必然联系到罗振玉，因为罗、王二人在学术上互相协作，彼此成就息息相关。这两位学者同时生活在清末民初，跨越两个时代。罗振玉的主要贡献是，对甲骨、金文、简牍、石刻、货币、玺印、陶文、碑帖等，凡有关古代文字资料，不遗余力地汲汲搜求。他曾在《集蓼编》中说："以一人之力编次平生所欲刊布之古籍，并著录所见所得古器物墨本，次第刊行，先后得二百五十余种九百余卷，撮其序跋为《雪堂校刊群书叙录》。"其实这多半是他早年的工作，后来其子罗福颐总结罗振玉一生的著述时，谓其"自旅东以迄居辽，校刊书凡四百余种。"仅就其对铜器铭文的搜集和刊布来讲，也是空前的。例如1917年同时影刊《梦鄣草堂吉金图》三卷和《殷文存》二卷。1935年印成《贞松堂吉金图》三卷，同年内又选取前人没有著录的二千四百二十七件铜器铭文，摹印为《贞松堂集古遗文》正编、续编和补编。1937年又将其所见所藏商周铜器铭文，总括一起编为《三代吉金文存》二十卷，皆以原拓影印，在当时确是一部集商周铜器铭文之大成的巨著，直至现在亦仍然是一部选择资料最精、印制最好、保存资料相当丰富的重要书籍。

王国维的贡献，主要在古器考订和铭文训释等方面。罗氏所编著的各种书籍，多取得王氏的协助，有许多著作，都凝结了王国维的一些心血，功绩难以划分。王氏对铜器铭文的研究，如《宋代金文著录表》、《国朝金文著录表》、《观堂古金文考释五种》，以及收在《观堂集林》中的《生霸死霸考》、《说斝》、《说觥》、《说盉》、《说彝》、《毛公鼎考释序》、《释觯觛卮𬪩𬪩》、《商三勾兵跋》、《北伯鼎跋》、《散氏盘跋》、《克钟克鼎跋》、《铸公簠跋》、《夜雨楚公钟跋》、《邾钟跋》、《郳公钟跋》、《遹敦跋》、《庚嬴卣跋》、《齐国差𦉢跋》、《攻吴王夫差鉴跋》、《王子婴次庐跋》、《秦公敦跋》等等。其文不仅矜严缜密，文字简约，且义据极其精深，是价值很高的科学论著。罗王二氏在从事学术研究的同时，还培养造就了一大批人材。直接或间接师承于罗王的学者很多，如容庚、商承祚、柯昌济、董作宾、丁山、余永梁、吴其昌、徐中舒、刘节、刘盼遂、唐兰等，他们虽造诣专兼各有不同，但皆受其扶掖提携，成为一代大师。

郭沫若在《中国古代社会研究》的自序中，对罗王二氏的功业有一段很高的评语，他说："王国维，研究学问的方法是近代式的，思想感情是封建式的。两个时代在他身上激起了一个剧烈的阶级斗争，结果是封建社会把他的身体夺去了。然而他遗留给我们的是他知识的产品，那好像一座崔巍的楼阁，在几千年来的旧学的城垒上，灿然放出了一段异样的光辉。""罗振玉的功劳即在为我们提供出了无数的真实的史料。他的殷代甲骨的搜集、保藏、流传、考释，实是近三十年来文化史上所应该大书特书的一项事件。还有他关于金石器物、古籍佚书之搜罗颁布，其内容之丰富，甄别之谨严，成绩之浩瀚，方法之崭新，在他的智力之外，我想怕也要有莫大的财力才能办到的。""大抵在目前欲论中国的古学，欲清算中国的古代社会，我们是不能不以罗王二家之业绩为其出发点了。"

郭沫若自1927年中国革命遭到严重挫折时，被迫旅居日本，开始对古代社会的研究。郭氏学识渊博，志趣广泛，仅就其对铜器铭文的研究，在日本期间先后撰著了《殷周青铜器铭文研究》（1931）、《金文丛考》（1932）、《古代铭刻汇考》（1933）、《古代铭刻汇考续编》（1934）和《两周金文辞大系考释》（1935）。1937年回国以后，他虽担负很繁重的革命工作，仍在继续从事铜器铭文的研究，先后写出《青铜时代》、《十批判书》、《奴隶制时代》、《文史论集》和《出土文物二三事》等多种学术论著。郭氏致力于商周铜器铭文，目的明确，旗帜鲜明，立场、观点、方法都是马克思主义的，这是过去任何学者都无法与之相比的。他用唯物史观来考察铜器铭文的时代，创立了标准器分期法。他先考定时代明确的标准器，然后用别的器物的器形、花纹、铭文书法等与之比较，找出各自不同的特点，论定其年代。这种结合器物形制、花纹特征、铭文书法等几个方面综合比较、分类排比的分期方法，就是标准器分期法。他的《两周金文辞大系考释》，即从中外学者所著四十三种金文资料中，选出西周王臣铜器一百六十二件，根据标准器分期法，逐一排比定代，分列为西周十二王。又选东周诸侯之器一百六十一件，以同样的方法，分归三十二国。从而将一堆混杂无绪的两周铜器，通过时代和国别的考定，分别系之于年代和国别之下，使其成为一套既有科学价值、又有严密系统的文字史料。这是郭氏在铜器铭文研究中的重大创获之一。而《两周金文辞大系考释》，则是青铜器及铭文研究中划时代的著作。

唐兰也是一位学识渊博、造诣精深的学者。他为建立古文字学的科学体系，早在三十年代初即撰有《古文字学导论》和《中国文字学》等专著。他力图为考释古文字建立科学的方法，曾在《导论》中提出怎样去认识古文字这一重要课题。他在继承和发展孙诒让的偏旁分析法的基础上，又总结了前人所探索过的各种途径，提出一套完整的理论和缜密的研究方法。首先指出，在考释文字之前，先要辨明字体，因为古器历时既久，不免磨灭、毁损破碎，或为土斑铜锈所掩。由于资料本身存有缺陷，往往给研究工作造成很大困难，辨不明字体一切研究都无从下手。认清字体，首先要掌握文字形体演变的规律。唯有在完全辨别清楚之后，才能进行考释。唐氏举出考释古文字的方法有四：即比较法、推勘法、偏旁分析法、历史的考证。大家知道，古文字形体变化是复杂的，有的字体较为固定，长期无大变化，也有的经常不断地变化。唐氏针对这一复杂情况云："我们精密地分析文字的偏旁，在分析后还不认识或者有疑问的时候，就得去追求它的历史；在这里我们切戒杜撰，我们得搜集材料，找求证据，归纳出许多公例。这种研究的方法，我们称它做历史的考证。偏旁分析法研究横的部分，历史考证法研究纵的部分，这两种方法是古文字研究里的最重要部分。"由于唐氏在考释古文字方面建立了一套较为完善的科学方法，引导学者臻至正途，同时纠正过去所谓"揅讨三千年上之残余文字，若射覆然"之不良风气。

唐氏对铜器铭文的研究也颇多贡献。如《西周铜器断代中的"康宫"问题》，是他对西周铜器断代的一篇代表性著作。他认为铜铭中的"康宫"，即康王之庙，凡有康宫一辞的铭文，皆为康王死后所铸。在此基础上又撰写了《论周昭时代的青铜器铭刻》，还计划写一部《西周青铜器铭文分代史征》，仅完成初稿的三分之一，就遽然逝去了。由于唐氏认为"康宫"即康王之庙，从而又引申出"康宫里有邵宫、穆宫、剌宫，是昭王、穆王、厉王的宗庙，䆊太室是夷王的宗庙。"这就同郭沫若的意见产生了分歧。郭氏认为："京、康、华、般、邵、穆、成、剌，均以懿美之字为宫室之名，如后世称'未央宫'、'长扬宫'、'武英殿'、'文华殿'之类，宫名偶与王号相同而已。"此一分歧必然会直接牵涉到一些铜器年代的考定。如《令彝》铭文中有"用牲于康宫"之语，郭氏以康为懿美之辞，无时间的意义，所以定其为成王时器；唐氏认为康宫为康王之庙，此器当铸于康王之后，故定为昭王时器。从而对西周铜器断代中的一些标准器的年代产生了不同的看法，彼此的意见虽未统一，但却把铜器断代之研究引向深入。

唐氏对两周铜器铭文的研究撰写了许多篇论文，其中颇多创获，主要有：

《㝬羌钟考释》，北平图书馆馆刊6卷1期，1932年1月。

《晋公𢐗䀇考释》，国学季刊4卷1期，1934年3月。

《寿县所出铜器考略》，国学季刊4卷1期，1934年3月。

《周王𣪘钟考》，北平故宫博物院年刊，1936年7月。

《作册令尊及作册令彝铭考释》，国学季刊4卷1期，1934年3月。

《智君子鉴考》，辅仁学志7卷1、2期，1938年12月。

《再跋赵孟庎壶》，经世日报读书周刊16期，1946年11月27日。

《虢季子白盘的制作时代和历史价值》，光明日报 1950 年 6 月 7 日。
《郏县出土的铜器群》，文物参考资料 1954 年 2 期。
《宜侯夨殷考释》，考古学报 1956 年 2 期。
《朕殷》，文物参考资料 1958 年 9 期。
《鞞䩨新解》，文汇报 1961 年 6 月 21 日。
《永盂铭文考释》，文物 1972 年 1 期。
《史墙盘铭考释》，考古 1972 年 5 期。
《㸦尊铭文解释》，文物 1976 年 1 期。
《陕西岐山县董家村新出土西周重要铜器铭辞的译文和注释》，文物 1976 年 5 期。
《用青铜器铭文研究西周历史》，文物 1976 年 6 期。
《西周时代最早的一件铜器利殷铭文解释》，文物 1977 年 8 期。
《略论西周微史家族窖藏铜器的重要意义》，文物 1978 年 3 期。
《论周昭王时代的青铜器铭刻》古文字研究二辑，1981 年。

杨树达早年研究古代汉语语法，长于训诂，创获极其丰富，多誉其为当代我国训诂小学之第一人。他自 1940 年开始攻治铜器铭文，由于具有极其渊博的音韵、训诂学识，所以对铜器铭文的研究也作出了很大成绩。仅就这方面的专著，撰有《积微居金文说》七卷与《积微居金文余说》二卷。前者曾作为考古学专刊印行，后者在杨氏逝世后由周铁铮整理，并作校语，与前七卷合成《积微居金文说》增订本，于 1959 年由科学出版社出版。全书共三百八十一篇文章，解释了三百十四器的铭文，均以跋语的形式专讲那些争论最多和最难解释的辞语。杨氏自述研究金文的方法："每释一器，首求字形之无牾，终期文义之大安，初因字以求义，继复因义而定字。义有不合，则活用其字形，借助于文法，乞灵于声韵，以假读通之。"杨氏除《金文说》之外，还著有《积微居小学金石论丛》五卷、《积微居小学述林》七卷，都是研究铜器铭文的重要参考书。

于省吾对先秦的文学、经学、诸子学、史地学，以及甲骨、金文、音韵、训诂等，均钻研很深，创获甚多，尤其是在考释古文字方面更有突出的贡献。他曾根据自己几十年考释古文字的经验证明："要使文字考释有较快的进展，方法问题很重要。"他说："我们研究古文字，既应注意每一字本身的形、音、义三方面的相互关系，又应注意每一个字和同时代其它字的横的关系，以及它们在不同时代的发生、发展和变化的纵的关系。只要深入具体地全面分析这几种关系，是可以得出符合客观的认识的。"于氏特别强调考释古文字要实事求是，他指出："有的人却说：'考古文字舍义以就形者，必多窒碍不通，而屈形以就义者，往往犁然有当'。这种方法完全是本末倒置的，必然导致主观、望文生义、削足适履地改易客观存在的字形，以迁就一己之见。这和真正科学的方法，是完全背道而驰的。"由于于氏治学谨严缜密，讲求实际，所以所获成绩很大。仅就商周时代铜器铭文方面的专著，有《双剑誃吉金文选》二卷（1934）、《双剑誃吉金图录》二卷（1934）、《双剑誃古器物图录》二册（1940）、《商周金文录遗》（1957）等，除此之外还发表了许多有关铜器铭文方面的学术论文，比较重要的有：

《井侯殷考释》，考古社刊 4 期，1936 年 6 月。
《释蒐䐝》，东北人民大学人文科学学报 1956 年 2 期。
《关于"天亡殷"铭文的几点论证》，考古 1960 年 8 期。
《师克盨铭考释书后》，文物 1962 年 11 期。

《鄂君启节考释》，考古 1963 年 8 期。

《略论西周金文中的"六㠱"和"八㠱"及其屯田制》，考古 1964 年 3 期。

《读金文札记五则》，考古 1966 年 2 期。

容庚曾受业于罗振玉和王国维之门下，颇受其器重。1923 年王国维在给《殷墟文字类编》写序时，就曾对容氏治学态度给予肯定，并提到："希伯则专攻古金文，欲补吴县吴愙斋中丞之书，而其书皆未就。"容氏埋首钻研，研究问题精深缜密而不穿凿，积数十年之功力，终将欲就之业，逐一完成。其有关商周时代的铜器和铜器铭文方面的专著就有《颂斋吉金图录》（1933）、《武英殿彝器图录》（1934）、《善斋彝器图录》（1936）、《海外吉金图录》（1935）、《颂斋吉金续录》（1938）、《西清彝器拾遗》（1940）、《商周彝器通考》（1941）、《殷周青铜器通论》（1958）、《金文编》（1925）、《金文续编》（1935）、《秦汉金文录》（1931）等。除专书之外，并撰写了学术论文多篇，比较重要的有：

《宋代吉金书籍述评》，蔡元培先生六十五岁论文集下册，1935 年 1 月。

《殷周礼乐器考略》，燕京学报 1 期，1927 年 6 月。

《西清金文真伪存佚表》，燕京学报 5 期，1929 年 6 月。

《周金文中所见代名词释例》，燕京学报 6 期，1929 年 12 月。

《颂壶考释》，文学年报 1 期，1932 年 7 月。

《曾侯钟》，河北第一博物院半月刊 48 期，1933 年 9 月。

《晋侯平戎盘辨伪》，考古社刊 6 期，1937 年 6 月。

《秦公钟簋之时代》，考古社刊 6 期，1937 年 6 月。

《清代吉金书籍述评》，学术研究（广东）2—3 期，1962 年。

《鸟书考》，中山大学学报 1964 年 1 期。

商承祚也是罗振玉、王国维之学生，王国维亦曾在《殷墟文字类编序》中讲到商氏的治学，谓其"精密矜慎，不作穿凿附会之说"。商氏对商周时代铜器和铭文方面的研究，曾著有《十二家吉金图录》（1934）、《浑源彝器图》（1938）等专书，另有学术论文多篇，其中较为重要的有：

《宋宣和博古录》，语历所周刊 11 卷 12 期，1930 年 3 月。

《古代彝器伪字研究》，金陵学报 3 卷 2 期，1933 年 11 月。

《成都白马寺出土铜器辨》，说文月刊 3 卷 7 期，1942 年 8 月。

《壬子于欠戈考及其它》，学术研究 1962 年 3 期。

《新弨戈释文》，文物 1962 年 11 期。

《"姑发𦉢反"即吴王诸樊别议》，中山大学社会科学学报 1963 年 3 期。

徐仲舒有关商周铜器和铜器铭文方面的论著有：

《遹敦考释》，史语所集刊 3 卷 2 期，1931 年 12 月。

《𠫑羌钟考释》，史语所影印本，1932 年。

《陈侯四器考释》，史语所集刊 3 卷 4 期，1933 年。

《寿州出土楚铜器补述》，大公报图书副刊 31 期，1934 年 6 月 16 日。

《金文嘏辞释例》，史语所集刊 6 卷 1 期，1936 年 3 月。

《论古铜器之鉴别》，考古社刊 4 期，1936 年 6 月。

《禹鼎的年代及其相关问题》，考古学报 1959 年 3 期。

《四川彭县濛阳镇出土殷代二觯》，文物 1962 年 6 期。

吴其昌有关铜器铭文方面的著述：

《金文世族谱》四卷，1936 年。

《金文历朔疏证》八卷，1936 年。

《矢彝考释》，燕京学报 9 期，1931 年 6 月。

《驫羌钟补考》，北平图书馆馆刊 5 卷 6 期，1931 年 12 月。

《金文疑年表》，北平图书馆馆刊 6 卷 5、6 期，1932 年 10 月。

《金文名家疏证》，武大文哲季刊 5 卷 3 期，1936 年 6 月。

柯昌济有关铜器铭文方面的著述：

《金文分域编》廿一卷，1935 年；《续编》十四卷，1937 年。

《䉕华阁集古录跋尾甲篇》十五卷，1935 年。

《散氏盘为氏羌族器考》，中央亚西亚 1 卷 2 期，1942 年 10 月。

刘节有关铜器铭文方面的著述：

《驫羌编钟考》，北平图书馆馆刊 5 卷 6 期，1931 年 12 月。

《旬君冑子壶跋》，北平图书馆馆刊 7 卷 2 期，1933 年 4 月。

《寿县所出楚器图释》一卷，1935 年。

《说彝》，图书季刊新 3 卷 3、4 期，1941 年 12 月。

《麦氏四器考》，浙江学报 1 卷 1 期，1947 年 9 月。

1958 年刘氏将以上论文均收在《古史考存》之中。

陈梦家有关铜器铭文方面的重要著述：

《海外中国铜器图录》第一集二册，1946 年。

《美帝国主义劫掠的我国殷周铜器集录》1962 年。

《令彝新释》，考古社刊 4 期，1936 年 6 月。

《禺邗王壶考释》，燕京学报 21 期，1937 年 6 月。

《陈□壶考释》，责善半月刊 2 卷 23 期，1942 年 11 月。

《殷代铜器》，考古学报第七册，1954 年。

《西周金文中的殷人身分》，历史研究 1954 年 6 期。

《宜侯矢殷和它的意义》，文物参考资料 1955 年 5 期。

《西周铜器断代》，考古学报 9—10 册，1955、1956 年 1—4 期。

《寿县蔡侯墓铜器》，考古学报 1956 年 2 期。

张政烺有关铜器铭文方面的重要著述：

《邵王之諻鼎及殷铭考证》，史语所集刊 8 卷 3 期，1939 年 10 月。

《何尊铭文解释补遗》，文物 1976 年 1 期。

《中山王礐壶及鼎铭考释》，古文字研究第一辑，1979 年。

《中山国胤嗣𡔙䇦壶释文》，古文字研究第一辑，1979 年。

《周厉王胡簋释文》，古文字研究第三辑 1980 年 11 月。

《试释周初青铜器铭文中的易卦》，考古学报 1980 年 4 期。

《哀成叔鼎释文》，古文字研究第五辑，1981 年。

罗福颐有关铜器铭文方面的重要著述：

《国朝金文著录表校记》一卷，1933年。

《内府藏器著录表》二卷，附录一卷，1933年。

《三代秦汉金文著录表》八卷附补遗，1933年。

《古铜器略说》，人文杂志1957年4期。

《郿县铜鼎铭文试释》，文物参考资料，1957年5月。

《克盨》，文物1959年3期。

《陕西永寿县出土青铜器离合》，文物1965年11期。

孙海波有关铜器铭文方面的重要著述：

《新郑彝器》二册，1937年。

《濬县彝器》一册，1938年。

《河南吉金图志賸稿》一卷，1940年。

《齐弓镈考释》，师大月刊1卷22期，1935年。

关于铜器铭文的研究，除上述老一辈学者外，中、青年学者也正在兴起，目前正在陆续出版的《殷周金文集成》就是由这些人编辑的。还有台湾、香港、海外华侨和从事本学业的国际学者，也都不同程度地做出了贡献。如由周法高主编、香港中文大学出版的《金文诂林》十四卷（1974），《金文诂林附录》上下卷（1976），《金文诂林补》十四卷及附录别册（中央研究院历史语言研究所专刊之七十七，1981），而是为研究铜器铭文提供的重要工具书。日本学者白川静撰著的《金文通释》，连续出版了四十五辑（1962—1975），是当前国际上研究商周彝铭颇有成就的巨著。

第三节　周代铜器铭文断代和分区

一　西周铜器铭文断代研究

西周铜器铭文的分期断代，是研究西周铜器的重点课题之一。有关考订西周铜器年代的方法主要有两种：一种是标准器分期法；另一种是以铭文中之历朔推断器物的时代。前者如郭沫若在《两周金文辞大系序》中讲："余专就彝铭器物本身以求之，不怀若何之成见，亦不据外在之尺度。盖器物年代每有于铭文透露者……如大丰殷云'王衣祀于王丕显考文王'。自为武王时器；小盂鼎云'用牲禘周王，□王成王'，当为康王时器，均不待辨而自明。据此等器物为中心以推证它器，其人名事迹每有一贯脉络可寻得此，更就其文字之体例，文辞之格调及器物之花纹形式以参验之。一时代之器大抵可以踪迹，即其近是者，于先后之相去要亦不甚远"。后者，吴其昌在《金文历朔疏证序》中说："如能于传世古彝数千器中，择其年、月、分、日，全铭不缺者，用四分、三统诸历推算六七十器，确定其时代。然后更以年、月、分、日，四者记载不全之器，比类会通，考定其时代，则可得百器外矣。"这两种方法，都存在一定的问题。例如标准器分期法，准确与否关键在于对标准器年代的考定。但是，问题常发生在各家对标准器年代的看法不一致，甚至分歧很大。真正在铭文中明确记载年代的器物，数量极其有限；多数器物由于各家意见不统一，时代难以确定。利用铭文历朔分期，更有难以克服的困难，首先西周时代所用的历法就不明确，无论是三统历或四分历，都未必符合实际。

再如厉王以前的诸王在位年数，传说不一，而且多出于晋朝人的推测，均不可靠。上面将郭沫若、唐兰、陈梦家、吴其昌等四家对一些标准器考定的年代，列表说明，备作参考。

时代\器名\作者	郭沫若①	唐兰②	陈梦家③	吴其昌④	备 注
天亡殷	武王	武王	武王	武王	郭谓大丰殷 唐谓朕殷
小臣单觯	武王		武王	武王	
令殷	成王	昭王	成王	昭王	吴谓夨殷
令尊	成王	昭王	成王	昭王	吴谓夨尊 唐谓作册令尊
令彝	成王	昭王	成王	昭王	吴谓夨彝 唐谓作册夨方彝
厚趠𣪘	成王	昭王	成王		
嗣鼎		昭王	成康	成王	
嗣卣	成王	昭王	成王	昭王	
旅鼎	成王	昭王	成王		
明公殷	成王	昭王	成王	昭王	唐谓鲁侯殷
冈劫尊		成王	成王	成王	
禽殷	成王	昭王	成王	成王	
禽鼎	成王	昭王	成王	成王	
睘卣	成王	昭王	成王	成王	
遣卣	成王	昭王	成王	昭王	
遣尊	成王	昭王	成王		
中𣪘	成王	昭王		成王	
中甗	成王	昭王		成王	
中觯	成王	昭王		成王	唐氏称中尊
䵼鼎	成王	昭王	成王	成王	
班殷	成王	穆王	成王	成王	
小臣遽殷	成王	昭王	成王	成王	唐氏称小臣谜殷
卫殷	成王	昭王	成王	成王	
吕行壶	成王	昭王	成王	成王	
小臣宅殷	成王	穆王			
𦉢鼎	成王	昭王	成王	成王	
大保殷	成王	昭王	成王	昭王	
员卣	成王	昭王	成王	成王	
员鼎	成王	昭王		成王	
令鼎	成王	昭王	成王	成王	
献侯鼎	成王	康王	成王	成王	
臣辰盉	成王	昭王	成王	昭王	唐氏称士上盉

---

① 郭沫若：《两周金文辞大系图录考释》，科学出版社，1958年。
② 唐兰：《西周铜器断代中的"康宫"问题》，《考古学报》1962年1期；《论周昭王时代的青铜器铭刻》，《古文字研究》第二辑，中华书局，1981年。《西周青铜器铭文分代史征》中华书局1986。
③ 陈梦家：《西周铜器断代》（一）至（六），《考古学报》1955年9—10册，1956年1—4册。
④ 吴其昌：《金文历朔疏证》，商务印书馆，1936年。

续表

时代\器名\作者	郭沫若	唐兰	陈梦家	吴其昌	备注
臣辰卣	成王	昭王	成王	昭王	唐氏称士上卣
臣辰尊	成王	昭王	成王	昭王	唐氏称士上尊
宜侯夨殷	康王	康王	康王		陈氏先定成王后从康王说
作册大鼐	康王	康王	康王	昭王	
大盂鼎	康王	康王	康王	成王	
周公殷	康王	康王	成康	康王	唐氏称井侯殷 陈氏从唐称
麦尊	康王	昭王		康王	
麦盉	康王	昭王		康王	
麦鼎	康王	昭王		康王	
麦方彝	康王	昭王		康王	
庚嬴卣	康王	康王	康王	康王	
献彝	康王	昭王		康王	吴氏称𣪘白彝
沈子殷	康王	昭王		成王	
宗周钟	昭王	厉王		昭王	唐氏称𢽎钟,见《周王𢽎钟考》
𣄰𩦡殷	昭王	昭王	成康	昭王	
过伯殷	昭王	昭王	成康	昭王	
𣄰殷	昭王	昭王	成康	昭王	
遹殷	穆王	穆王	穆王	穆王	
静殷	穆王		康王	厉王	
静卣	穆王		康王	厉王	
小臣静彝	穆王		康王	厉王	
𧼯鼎	穆王	穆王		厉王	
刺鼎	穆王	穆王		厉王	
䜌鼎	穆王		康王	宣王	
遇甗	穆王		康王	宣王	
录𢦏卣	穆王	穆王		宣王	
录𢦏伯殷	穆王	穆王		宣王	
颂鼎	共王	厉王		宣王	
颂殷	共王	厉王		宣王	
颂壶	共王	厉王		宣王	
师虎殷	共王	共王	共王	孝王	
吴彝	共王		共懿	夷王	
豆闭殷	共王		共王	孝王	
师𨔟父殷	共王		共王	孝王	
望鼎	共王	共王		昭王	
免殷	懿王	穆王	懿王	夷王	吴氏称𠂤殷
免卣	懿王	穆王	懿王	夷王	吴氏称𠂤卣
免簠	懿王	穆王	懿王	夷王	吴氏称𠂤簠
免盘	懿王	穆王	懿王	夷王	吴氏称𠂤盘
师遽殷	懿王	共王	共王	共王	

续表

时代\作者\器名	郭沫若	唐兰	陈梦家	吴其昌	备注
史懋壶	懿王	穆王		厉王	
舀鼎	孝王	共王		孝王	
趞觯	孝王	共王	懿王	夷王	吴氏称趞尊
效父簋	孝王	穆王		孝王	
𢜳父盨	孝王	穆王		孝王	
蔡簋	夷王	穆王	懿王		
师晨簋	厉王	懿王	懿王	厉王	
师𩛥簋	厉王		懿王	厉王	
谏簋	厉王	懿王	懿王	厉王	
走簋	共王	共王	共王	孝王	
克钟	夷王	厉王		厉王	
克鼎	厉王	厉王		厉王	
克盨	厉王	厉王		厉王	
寰盘	厉王	厉王		厉王	
无㠱簋	厉王	厉王	昭王	康王	
师𩂩簋	宣王	厉王		康王	
召卣		昭王	成王		
召尊		昭王	成王		
番生簋	厉王			成王	
毛公鼎	厉王			成王	
休盘	宣王	共王		穆王	

上表所列九十三件铜器，郭、唐、陈、吴四家所考定的时代完全相同的极少，有些器物彼此看法相差很远，分歧甚大。说明关于西周铜器断代问题并未完全解决，仍需进一步研究。

在讨论西周铜器断代之前，先谈谈西周积年问题。自武王灭商至幽王被犬戎所杀，在这之间究竟有多少年？在史书中存在好几种说法：

1.《周本纪集解》引《汲冢纪年》云："自武王灭殷以至幽王凡二百五十七年。"

2.《史记·主父偃传》引严安《言世务书》云："臣闻周有天下，其治三百余岁，成康其隆也，刑错四十余年不用。及其衰亦三百余年，故五伯更起。"

3.《通鉴外纪》：西周自武王至幽王之总年数为三百五十二年。《文献通考》为三百五十三年。两书在共王、夷王、厉王、共和等执政年数稍有差异。

4.《史记·匈奴列传》云："武王伐纣而营洛邑……其后二百有余年周道衰而穆王伐犬戎……穆王之后二百有余年周幽王用宠姬褒姒之故与申侯有郤，申侯怒而与犬戎共杀幽王于骊山之下。"穆王前后各二百余年，则西周似为四百余年。

从上述记载来看，关于西周积年，主要有："二百五十七年"，"三百余年"，"三百五十二年"或"三百五十三年"，以及"四百余年"等好几种说法。

关于武王灭商西周纪元的确切年代，也是历史上争议最多的问题，各家的说法有两种历来最受重视：一是刘歆的《三统历》，以《世经》所谓当时木星在天空中的位置，并根据鲁历推算出武王灭商的年代，当发生在公元前1122年。此一说法在学术界很有权威性，曾被许多著名历史学家所采用，诸如：翦伯赞的《中国史纲》（生活书局，1947年），吕振羽的《简明中国通史》（三联书店，1951年）均主此说。翦氏并谓："西周的历史起于纪前一千一百年代（纪前1122年）迄于纪前七百二十年代（纪前722年）占领中国史上四百年的时间。"再一种是古本《竹书纪年》，所谓："自武王灭殷以至幽王凡二百五十七年"。幽王十一年被犬戎杀害，相当于公元前771年，周平王于公元前770年即位并东迁。由两数相加，共计1027年。武王灭商当在公元前1027年。此一种意见也被许多学者采用：郭沫若的《中国史稿》，陈梦家的《西周年代考》，皆用此说。陈氏还根据《鲁侯熙鬲》之铭文分析说："根据《竹书纪年》纪元前一○二七年之周元，炀公应在康王初期。此鬲花纹、形制与铭文均不得晚于康王。由此可证《史记·鲁世家》鲁公年数之可据，与竹书纪年之周元不相矛盾。"这两种不同的说法，彼此相差九十五年。

再就西周诸王在位年数来看，更是其说不一，而且时代越晚的记载越较详细。例如《周本纪》关于厉王以前的诸王在位时限，只有武王、周公和穆王的年数。刘歆《世经》亦讲："自昭王以下亡年数。"郑玄《诗谱序》亦谓："夷厉以上岁数不明，太史年表自共和始。"《太平御览》八十五引《帝王世纪》仍说："周自恭王至夷王四世年纪不明。"可见在晋时西周诸王在位年数还很不完全。但后来的《文献通考》、《通鉴外纪》、《通志》等书，关于西周诸王的年数均已齐全，仅稍有出入。今将《文献通考》和《通鉴外纪》所载年数，记录如下：

	《文献通考》	《通鉴外纪》
武王	7	7
成王	37	37
康王	26	26
昭王	51	51
穆王	55	55
共王	12	10
懿王	25	25
孝王	15	15
夷王	16	15
厉王	37	40
共和	15	14
宣王	46	46
幽王	11	11
	353年	352年

从上述情况分析，西周纪元、积年和诸王在位的时间，都存在几个数字，这些数字均非实录，都是来自后人的推测。因而无论采用哪一种说法，都有疑问。在这种情况下考定西周铜器的绝对年代，确实存在很大的困难。不过，用标准器分期法，如能把铭文内容考释清楚，并对器形、花纹、铭文等方面进行比较，能够取得一些成果。目前应尽量利用可以信赖的资

料，实事求是地解决问题。对一时不能解决的问题，暂且放下，以期条件成熟再予解决。关于西周诸王在位年数问题，原始资料不全，后人推测不可信赖，目前不可能完全无误地复原出每位周王的在位年数，只有等待地下出土的新资料再进行研究。但是，关于西周纪元和积年两个问题，西周历史虽然记载不甚清楚，可以利用与其平行的鲁国历史协助解决。

《史记·鲁世家》所载的鲁国历史，内容比较完整，在时间上亦与西周平行。关于各位鲁公在位年数，除伯禽之外，自考至惠十二公的执政年限均有详细记载。这是在《史记》诸侯世家中唯一保存诸公在位年数较为完整的资料，这就为考证西周积年提供了一个很有利的条件。从《春秋经》来看，春秋时代鲁国自隐至哀十二公的世次和在位年数同《鲁世家》的记载是一致的，说明它们都是可靠的。那么与其一脉相承彼此连接的西周时期的鲁史，也应当是可信的。但是，《鲁世家》所记载的各位鲁公在位年数，有些与刘歆《世经》所载不同，个别处的出入还很大，下面即将《鲁世家》和《世经》所载自伯禽至惠公的世次和各位鲁公在位年数，列表如下，以作比较：

	《鲁世家》	《世经》
伯禽		46
考公	4	4
炀公	6	16（原为60）
幽公	14	14
魏公（世经：魏作微）	50	50
厉公	37	37
献公	32	50
真公（世经：真作慎）	30	30
武公	9	2
懿公	9	9
柏御	11	11
孝公	27	27
惠公	46	46

上表有四处不同：

1.《世经》载伯禽在位四十六年；《鲁世家》于考公以上无纪年。
2.《世经》载炀公在位十六年，但从总年数计，原本作六十年；《鲁世家》载炀公在位六年。
3.《世经》载献公在位五十年；《鲁世家》载献公在位三十二年。
4.《世经》载武公在位二年；《鲁世家》载武公在位九年。

《鲁世家》遗漏了伯禽在鲁执政的年限，《史记·鲁世家》徐广曰皇甫谧云："伯禽以成王元年封，四十六年康王十六年卒。"与《世经》所载伯禽在位年数相同，均做四十六年，当可靠。《世经》记载炀公在位为十六年，按此年数计，自伯禽至惠公十三位鲁公的总年数当为三百四十二年，但《世经》谓：凡伯禽至春秋三百八十六年，两数相差四十四年，故知《世经》虽谓"炀公即位十六年"，实为六十年之误。《世经》载献公年数较《鲁世家》多十八年，《世经》载武公年数较《鲁世家》少七年。如果我们在《鲁世家》的积年中补上伯禽在位之四十六年,那么《世经》自伯禽至春秋是三百八十六年,《鲁世家》自伯禽至春秋是三百二十一年,彼此相差六十五年。这个差数问题可能出在《世经》,正如陈梦家在《西周年代考》中所说:相异的原因不外"(1)刘歆所改如《世俘》之例。(2)刘歆所见本不同于今本。"我们认为刘歆为了让鲁历符合三统,改动了鲁公在位年数。刘歆说:"武王克殷,克殷之岁八十六矣,后七岁而崩。"又说:"周公以反政,故《洛诰篇》曰:戊辰王在新邑,烝祭岁,命作册,惟周公诞保文武受命惟七年。"先不去分析刘歆所说的内容是否可靠,只看他所设计的几个年数,就完全看穿其中之奥妙。将几个年数加在一起,恰好符合他用三统历校定的武王克商之年,即公元前1122年:

"武王克殷后七岁而崩" 7年
"周公诞保文武受命惟七年" 7年
自伯禽至惠公之积年 386年
鲁隐公元年即春秋纪元 722年
　　　　　　　　　　　　　　计1122年

可见,刘歆《世经》所记载鲁公在位年数是不可靠的,经过了他的改动。《鲁世家》所载的鲁公在位年数才是当时的实录。但是,用《鲁世家》中的鲁公积年来考察西周积年,需要搞清两个问题:一是武王灭商后的执政时间,二是周公摄政是否另有纪年。

关于武王灭殷之后执政时间,史籍中有四种说法:《逸周书·作雒篇》:"武王克殷,乃立王子禄父俾守商祀,建管叔于东,建蔡叔、霍叔于殷,俾监殷臣。王既归,乃岁十二月崩镐。"克殷同年而死。《周书·金縢》:"既克商二年,王有疾,弗豫……武王既丧";《史记·周本记》:"既克殷后二年问箕子所以亡……武王有瘳而后崩";《封禅书》:"武王克殷后二年天下未宁而崩"。克殷后二年而崩,当在位三年。《逸周书·明堂位》:"既克殷六年而武王崩"。《管子·小问》:"武王伐殷既克之,七年而崩"。以上四种说法,应以《周书·金縢》和《史记·周本记》之资料最为可靠,故取武王在位三年的意见为是。

关于周公摄政七年之说,见著于战国秦汉多种古籍,陈梦家在《西周年代考》中指出:"此与文、武受命并七年而崩之说,同出于秦汉之际,疑秦始皇时秦儒之谬说,其误在曲解《洛诰》之文。"他用卜辞和铜器铭文等资料来证明《洛诰》末段之"在十有二月惟周公诞保文、武受命惟七年",乃殷末周初记时之法,非如解经者所谓分属周公、文、武各受命七年也。他又以《宜侯夨殷》、《小臣单觯》等铭文说明"周初伐商有二,一为武王伐纣,二为成王伐武庚",以《禽殷》、《塱鼎》等铭文说明周公伐东夷乃奉成王之命。用来证明"周公并无代王之事"。我们认为无论周公摄政情况如何,在西周的积年中只包括诸王的在位年数,不应包括周公的摄政年数。周公行政七年,当属于成王纪年之中,后人编辑的西周诸王在位年数,其中有周公行政七年,显然是不正确的。

以上两个问题讨论清楚之后,根据《鲁世家》所载之鲁国纪年来考证西周纪元,问题就比较容易解决。如:

武王在位 3年
伯禽在位(伯禽与成王同年即位) 46年
自考公元年至鲁惠公46年 275年
春秋纪元 722年
　　　　　　　西周纪元在公元前1046年

用《鲁世家》所载之鲁公在位年数推算,武王灭商的年代,即西周纪元,当在公元前1046年。而西周积年则为:

武王在位	3年
伯禽在位（成王元年受封,康王16年卒）	46年
鲁考公元年至鲁孝公26年（周幽王11年）	228年
西周积年	277年

根据以上讨论,我们认为西周纪元当在公元前1046年,西周积年共二百七十七年。有了这两个可靠的数据,再来进行西周铜器的断代研究,就有了基础。

美国加利福尼亚大学伯克利分校历史系吉德炜（David N. Keighley）教授,在《晚商的绝对年代》论文中,利用卜辞中的月食记录来推断武王灭商的具体时间。他说:"此项征服发生在大约公元前1041年。"他的结论同我用鲁历计算的结果十分相近。

1981年9月,在山西太原召开的第四届古文字学研讨会上,美国斯坦福大学倪德卫（David S. Niviron）教授和他的研究生班大为（David pankenier）先生,分别宣读了《西周之年历》和《周文王受命与武王克殷之瑞征》两篇论文。他们根据今本《竹书纪年》帝辛三十二年"五星聚于房,有赤鸟集于周社"之记载,通过用电子计算机作出来的《日星黄经表》,以确定这次五星聚合的日期为公元前1059年5月底。并证明"公元前1059年不但是五星聚合年,而且从当年8月至次年9月,木星下次跟太阳会合的时候,也是所谓的鹑火岁了"。因此他们认为"从国语所记载'武王克殷岁在鹑火'来看,可知武王克殷大事之成功,不会在公元前1047年秋天以前。"倪德卫教授认为武王灭殷是在公元前1045年,而且指出在该年1月15日的早晨。班大为先生的结论,时间还要早一年,他说:"从天文和历史综合研究来看,我们现在可以确认武王在公元前1046年春天终于推翻了商王朝。"上述三位美国学者的论文,彼此虽然还存在微小的差别,但他们的意见,都有助于今后商周历史和考古学的研究。今本《竹书纪年》出于后人的伪托,是不容否认的事实。但它并非完全虚构,许多内容是抄袭旧籍而来的,与朱右曾的《汲冢纪年存真》、王国维的《古本竹书纪年辑校》、范祥雍的《订补》,以及方诗名、王修龄的《古本竹书纪年辑证》等书相同之处很多,说明它的内容是有来源的。清代学者洪颐煊虽然是始疑其伪的学者之一,但他在《校正竹书纪年序》中讲:"今本纪年虽经后人变改,残阙失次,非伪书可比。"并未完全否定它的价值。

现在虽然对西周时代的纪元和积年有了结论,但仍有许多问题没有解决,如诸王在位的年数,只能了解个平均值。因此说在目前条件下,对西周铜器的分期断代,还不能做到对任何一件器物,均准确无误地指出它铸造于某位周王的时代。利用标准器分期法,亦并非没有问题,因为器形、花纹和文字形体的变化是有阶段性的。尤其是青铜工艺,发展缓慢,不经过相当长的时间不会有明显的变化。因此,即便有些器物的形制、花纹和铭文字体都相象,也不能断定它们必然是同一王世制造的,时代相近的器物彼此不会有特别显著的差别。所以,做好西周铜器断代工作,必须采用双轨的途径。所谓双轨,一轨是根据铭文内容可以按王定代的,尽量按王定代;对待那些铭文本身尚不能明确反映属于某王的器物,不要勉强规定,应按早中晚三期划分。这样做似乎是比按王定器粗疏,实际上是科学的、稳妥的,丝毫不影响铭文的史料价值。根据铜器铭文和文献提供的资料分析,三个阶段各占的时间基本上可以平均分配,每期各占九十年左右:

武成康昭	西周早期

　　　　穆共懿孝　　　　　　　　西周中期
　　　　夷厉（共和）宣幽　　　　西周晚期
　西周各期和诸王的标准器：
　早期　武王时代标准器：
　　　　天亡殷　利殷　保卣
　　　　成王时代标准器：
　　　　𠭯方鼎　禽殷　冈劫尊
　　　　大保殷　班殷　匽侯盂
　　　　𩰬侯殷　㫃尊
　　　　康王时代标准器：
　　　　大盂鼎　庚嬴卣　作册大鼎
　　　　周公殷　宜侯夨殷
　　　　昭王时代标准器：
　　　　𢼸驭殷　过伯殷　作册夨令殷
　　　　臺殷　中方鼎　小子生方尊
　　　　中尊　中𩰬　启尊
　中期　穆王时代标准器：
　　　　遹殷　长甶盉　剌鼎
　　　　趞鼎　丰尊　静殷
　　　　共王时代标准器：
　　　　墙盘　师虤鼎　永盂
　　　　走殷　师虎殷　师遽殷
　　　　懿王时代标准器：
　　　　㝬钟　㝬壶　师晨殷
　　　　师𣄰殷　谏殷
　　　　孝王时代标准器：
　　　　𠭴鼎　趞觯
　晚期　夷王时代标准器：
　　　　不𡩜殷　噩侯殷　虢季子白盘
　　　　厉王时代标准器：
　　　　㝬钟　㝬殷　克鼎
　　　　克盨　𧻚盘　虢仲盨
　　　　宣王时代标准器：
　　　　杜伯鬲　师𩰤殷
　　　　幽王时代标准器：
　　　　师兑殷

　　以上所举西周诸王的标准器，除有铭文为据之外，还参考了铜器的形制和花纹的特点。所谓标准器，不过是比较而言，仅供参考。

二　东周铜器铭文的区域特征

　　东周彝铭，主要是指春秋、战国两个时代各国诸侯和卿大夫所用礼器上的文字，时代大抵自周平王东迁至秦始皇二十六年推行"书同文字"，即自公元前770年至公元前221年，共五个半世纪。在这一段相当漫长的时间内，青铜工艺已由西周晚期开始出现的颓败期，转到自春秋中叶形成的中兴期；到战国中叶以后，又由中兴走向衰退。至于彝铭，郭沫若对此曾有一段很好的分析："东周而后，书史之性质变而为文饰，如钟镈之铭多韵语，以规整之款式镂刻于器表，其字体亦多作波磔而有意求工。又如齐《国差䢅》铭亦韵语，勒于器肩，以一兽环为中轴而整列成九十度之扇面形。凡此均于审美意识之下所施之文饰也，其效用与花纹同。中国以文字为艺术品之习尚当自此始。然以彝铭而言，则其第三阶段之进化也。逮至晚周，青铜器时代渐就终结。铸器日趋于简陋，勒名亦日趋于简陋。铭辞之书史性质与文饰性质俱失，复返于粗略之自名，或委之于工匠之手而为'物勒工名'。此彝铭之第四阶段进化，亦即其死灭期矣"（《青铜时代》317—318页）。

　　先就青铜礼器而论，根据现有资料考查，在铭文中自述国名的有"吴、越、徐、楚、江、黄、单、鄀、郜、邓、蔡、许、陈、宋、曾、滕、薛、邾、郳、杞、纪、铸、曹、齐、鲁、郑、卫、虢、虞、穌、晋、韩、秦、郾、中山等。东周时代的礼器，比过去有很大变化。首先是酒器种类减少，如商周时代的尊、彝、卣、爵、斝、觯、觚、觥、角等均已淘汰，通常使用的仅有壶、罍、舟、盉等数种。水器中普遍使用由盘匜所组成的盥器，虽然出现盆、甑、鉴等一些新兴器皿，但数量不多。盛食器中西周时代的旧式铜殷，自春秋晚期以后即很少出现，被新兴的盖豆和铜敦代替。铜簠过去一直被认为是盛稻粱的方器，现以实物证明，簠是形如豆状的圆器，方器自名为"匡"，即《说文》中作为"器名"解的"𧂇"，文献则谓之"胡"。蒸饪器中的铜鼎，按其功用可分为镬鼎、升鼎、羞鼎三种，自西周以来贵族用鼎必须遵从礼制规定，按照本人的身分等级分别享用九鼎、七鼎、五鼎、三鼎或一鼎。此一制度东周虽继续沿用，但是，已出现逐级僭越现象，反映出周礼逐渐走向崩溃。

　　乐器，东周时代青铜乐器主要是钟、镈，而铙、铎出土数量很少。钟分甬钟、钮钟两种，皆自成组，并递次减小。钮钟出土最多，每组一般为八至十四件不等。甬钟多同钮钟和编镈伴随出土，像寿县蔡侯墓、随县曾侯乙墓等一些大贵族墓，均有甬钟、钮钟、编镈共同殉葬。铜钟有铭文的很多，一般为歌颂先祖功绩的赞颂之辞，唯曾侯乙铜编钟的铭文所载内容与众不同。曾侯乙墓共出土四十五件甬钟，十九件钮钟和一件大镈。除镈铭载："隹王五十又六祀，返自西阳，楚王酓章作曾侯乙宗彝，奠之于西阳，其永時用享"，乃楚惠王五十六年为曾侯乙作之外，其它六十四件铜钟铭文所载内容，完全是有关演奏音乐的乐理知识，其中所涉及的如音阶、调式、律名、阶名、变化音名、施宫法、固定各标音体系、音域术语等，都是史籍失载的珍贵资料，全面地反映了先秦时代的音学理论知识和音乐发展水平。

　　从青铜工艺来看，东周时代青铜铸造技术也较过去有很大发展，从各地出土的铜器和山西侯马东周铸铜遗址出土的陶范考察，当时已广泛采用分铸和分浑结合的范铸方法，器物的耳、环、足等附件，都是先分铸然后再接合。接合方法有两种，一种是先将预先铸好的附件嵌入主体范中，然后灌注铜液，让器身和附件熔铸在一起；另一种是器的主体和附件皆分铸，然后再用合金焊接。春秋中叶以后，还出现了失蜡法溶模铸造技术，如淅川下寺楚墓出土的铜禁，随县曾侯乙墓出土的铜尊盘、铜鼓座等，上下花纹分布多层，皆纤细透空，就是采用失蜡法溶模铸造而成的。花纹装饰技法也有革新，就题材内容来讲，一反过去那种兽面饕餮的繁缛作风，无论动物纹中的窃曲、蟠螭、蟠虺或禽鸟，植物纹中的花朵或花叶，以及几何纹中的卷云、繙联或垂鳞，均构成网状的四方连续。这种纹样可以采用捺印技术代替全部雕镂范模的繁重工程。捺印是用刻有一完整单位的花纹印版，在制好的范模上捺印，一个接一个地向四面扩展。这种纹样既工整又简便，是制做技术上的一大进步。春秋时代的镶嵌技术也得到进一步的发展，最早是镶嵌红铜和绿松石，继而镶嵌金银丝，这就是中外驰名的"金银错"。战国时代还出现了线雕工艺，多施用在图象纹方面，用来刻画人物的各种活动，如辉县赵固出土的宴乐纹鉴，江苏六合程桥出土的线雕残器等，就是这一新兴工艺的代表作。但是，东周时代诸侯割据，战争频繁，因而各个地区经济、文化的发展很不平衡。就铜器制造而言，本来是同一传统的青铜工艺，也受到人为的阻碍，并非所有地区都能达到同一的水平。因此，无论在铸造技术、器物造型、花纹装饰、铭文形体等各个方面，都反映出由于区域不同而形成的差别。以礼器中最常见的铜鼎为例，中原地区春秋中晚期的铜鼎体形较高，一般为深腹圜底、高而瘦的蹄形足，覆钵形盖；战国时代腹形逐渐变浅，鼎足也逐变矮小，故体形由长方变成扁方。山东地区铜鼎的形式和演变趋势，均与中原地区相似，如春秋中叶以后铜鼎一般均作深腹高足，体形长方，入战国以后则变为浅腹矮足，但是，山东铜鼎的特点是多为平盖折沿。南方地区春秋中晚期铜鼎，钵形虽与中原相近，但风格已有不同；战国时代鼎腹变浅，足形变高。北方地区春秋晚期的铜鼎，虽然也是圆腹圜底，也作高足，又不同于南方。西方尤以秦国地区春秋中叶以后的铜鼎形制特殊，作浅腹直耳，无盖，下附三个粗壮的兽足。通过对铜鼎形制的分析，即可窥见东周铜器确有一定的地方特色。不仅形制，在工艺制造、花纹装饰、铭文字体等方面，各个区域也不相同。

各地区东周时代铜器铭文的字体和书法都有一些特点。王国维曾撰有《战国时秦用籀文六国用古文说》，认为在秦始皇推行"书同文字"之前，即"仓颉三篇未出，大篆未省改以前，所谓秦文即籀文也"。秦之小篆即根据史籀大篆加以省改，他说："故古文籀文者，乃战国时东西二土文字之异名，其源皆出于殷周古文，而秦居宗周故地，其文字犹有丰镐之遗，故籀文与自籀文出之篆文其去殷周古文，反较东方文字为近。"（《观堂集林》卷七）战国时代存在两种字体和名称，分别流行在东西二土，或如王说。但是，就各地彝铭形体分析，不仅东西两地各有差异，东方六国也不完全一致。如寿、孝、老等字，山东诸国有明显的书写特点。寿字在山东诸国的彝铭中多写作"𦒞"（鲁侯匜）、"𦒞"（齐侯壶），其它地区则写作"𦒞"（郘公匜）、"𦒞"（栾书缶）。孝字山东诸国彝铭多写作"𡥢"（陈侯午镎），其它地区多写作"𡥢"（王孙钟）。老字山东诸国彝铭多写作"耂"（夆叔匜），其它地区则写作"耂"（𠭰季良父壶）。说明象寿、孝、老等在古文字中从"人"者，在山东诸国的彝铭中多写作"𠃊"。再如年字，其它地区的铜器铭文，一般均写作"秂"（郑伯鬲）、"秂"（蔡侯盘），而山东地区诸国彝铭多写作"秂"（齐侯盘）、"秂"（郏公釛钟）。至于书写字形，区域特点更为显著。容庚对此曾有一段说明："春秋战国，异体明兴。细长之体，盛行于齐徐许诸国，如《䛯镈》、《王孙钟》、《许子簠》是也。有复两端纤锐之旧者，如《齐陈曼簠》是也。有加羑文者，如《王子匜》子字加四爪，之下加两虫是也。有加点于细长之体者，如《者沪钟》、《楚王酓肯盘》是也。……有鸟书者，始于商而盛于春秋战国，如《玄妇方罍》、《越王矛》、《越王剑》、《用戈》是也。"（《商周彝器通考》上册77—78页）这里我们将晋、秦、齐、楚、徐、燕六个地区和国家春秋中晚期的铜器铭文，各选一段较为典型的字体介绍于下，以备参考和比较（图八七）。

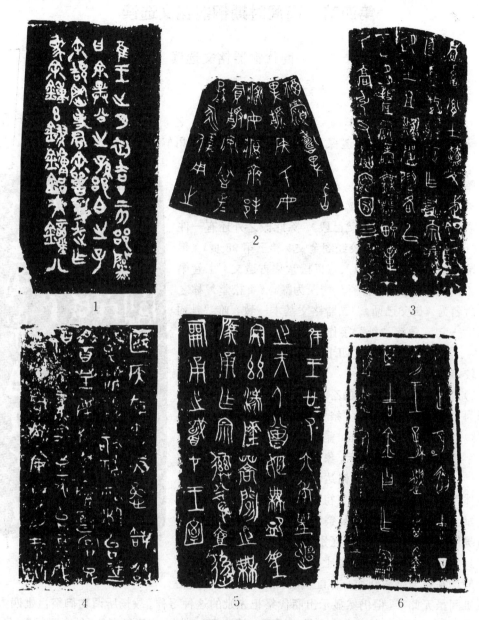

图八七　1. 晋邵钟　2. 齐国差𫓧
3. 秦公殷　4. 鄎侯库彝　5. 楚曾姬无邖壶　6. 徐王孙遗者钟

第四节　商周时期铜器铭文选读

一　商代铜器铭文选读

1. 我作父己殷（一）

隹十月又一月丁亥，我乍御 𥂗 且（祖）乙匕（妣）乙，且（祖）己匕（妣）癸（二），延衱敊二母（三），咸（四）。与遣祼（五），□ 𣄰 贝五朋，用乍父己宝障彝，亚若（六）。（图八八）

注释：

（一）商代《我作父己殷》，见著于《贞松堂集古遗文续编》中卷第47页，称作《御父己殷》。除此殷之外还有一件《我作父己鼎》，著录在《小校经阁金文》卷三第98页，《善斋吉金录》卷三第39页，以及《贞松堂集古遗文》上卷第13页。《小校经阁》与《善斋》均误为甗，《贞松堂》称之为鼎，命名为《御父己鼎》。二器铭文基本一致，唯"延衱敊二母"一句，鼎铭"延"字作"我"，读作"我衱敊二母"稍异。器属商代晚期，共四十三字，在商代彝铭中字数算是比较多的。

（二）"我乍御 𥂗 祖乙妣乙、祖己妣癸"， 𥂗 字，郭沫若释为"礼"；杨树达释为"祭"，他说："甲文有 𢆉 字，下象皿，上象血，罗氏释作血，是也。此字所从之 𣥂 ，与甲文血字意同， 𥂗 从血从示，象荐血于神前，盖祭字也。"

图八八　我作父己殷

（三）"延衱敊二母"，杨树达说：延字"按《说文》为徙之或体"。又说："盖谓初御祭祖妣四人，继改而重行敊祭于妣乙妣癸二母。"案卜辞中凡祭祀妣某者，一般多在妣某之前有男性配偶之庙号，以示区别。如"大乙奭妣丙"（后编上．12），"大丁奭妣戊"（乙上130、597）等，多如此。不过一般均在祖与妣之间加一作配偶解释的"奭"字，在此铭之祖妣间虽无此字，但仍然显示出商代祭祀先妣的这种习称。故杨所谓初御祭祖妣四人，后改祭二母之说，不确。延字金文多见，同延，读为诞，训大。《康侯殷》"延命康侯"，即"诞命"，大命也。《保卣》"延貺六品"，即"诞貺"，大赏也。《我作父己鼎》铭作"我衱敊二母"。

（四）"咸"字，杨树达谓为"讫事之辞"。可从。如《班殷》："命锡铃勒，咸。王命毛伯以邦冢君土驭戜人伐东国瘠戎，咸。"《史懋壶》："王在莽京淫宫，亲命史懋露笘，咸。"皆以咸字作为讫已之义。

（五）"与遣祼"之"与"字，乃郭沫若释，可从。祼指主人以圭瓒酌酒灌地，即祼祭也。

（六）"亚若"，乃做器者我氏家族之族徽，或曰：若乃制器者自署其名，我乃若之自称。

参考文献：

刘体智：《小校经阁金文拓本》卷三。
郭沫若：《周彝中之传统思想考》，《金文丛考》第一册。
杨树达：《我作父己甗跋》，《积微居金文说》（增订本）卷六。

2. 犛作父乙殷（一）

戊辰，弜师易犛鼄 日嚣贝（二），用乍父乙宝彝，才（在）十月一，隹王廿祀，宫日，遘于妣戊武乙奭（三），彘一（四），旅（五）。（图八九）

图八九 犛作父乙殷

注释：

（一）《犛作父乙殷》又称《犛殷》、《戊辰彝》等，曾著录在《殷文存》、《捃古录金文》、《殷周青铜器铭文研究》等书。从铭文内容分析，时代皎然可辨，当为帝乙或帝辛时铸。

（二）"弜师易犛鼄 日嚣贝"，此句所载本为弜师赏赐犛一些礼物，其中除贝字之外其它三字皆不识，郭沫若释犛下三字为"鬯廿卣"，后二字为"鱿贝"。因贝前三字不识，郭氏自谓"乃余所新释"，似可备一说，以作参考。

（三）"在十月一，隹王廿祀，宫日，遘于妣戊武乙奭"，"在十月一"，月下一字非蚀即衍，因句形奇特从无此例。妣戊乃武乙之配偶，此言妣戊武乙奭，犹卜辞言"大戊奭妣壬"、"大甲奭妣辛"。其中之奭字，各家释法很多，诸如赫、奭、奭等等，但其意义比较明确，以表示妣戊乃武乙之配偶。"宫日"乃商人的祀典名称，卜辞中如："辛丑卜，行贞、王宾大甲奭妣辛宫日亡尤，在八月。"（后上 2.7）"壬寅卜，贞，王宾大戊奭妣壬宫日亡尤。"（后上 2.8）

（四）"彘"字容庚释豕，郭沫若释彘，此从郭说为是。

（五）铭文末尾有一旅字，乃作器者本族徽号。此种族徽一般皆采用较为古老的图形文字。

参考文献：
吴式芬：《捃古录金文》二之三。
郭沫若：《戊辰彝考释》，《殷周青铜器铭文研究》卷一。

二　西周铜器铭文选读

1. 利殷（一）

武王征商，隹甲子朝（二），岁鼎（三）克睿夙，又（有）商（四）。辛未王才（在）䧹自（五），易右史利金（六），用作䲰公宝障彝。（图九〇）

图九〇　利殷

注释：

（一）1976年3月，陕西省临潼县零口公社社员在南罗村附近掘土，发现一西周时代的窖穴，深1.2米，宽70厘米。其中埋藏有礼器、乐器、车马器、工具，以及管状络饰等一百五十余件。礼器中有《利殷》一件，《王盂》一件，《冒车父壶》二件，《㪅侯殷》一件，甬钟十三件。《利殷》为武王伐商时所做，其它诸器时代较晚。参见《陕西临潼发现武王征商殷》（文物1977年8期）。

（二）"武王征商，隹甲子朝"。《尚书·牧誓》："时甲子昧爽，王朝至于商郊牧野，乃誓。"《逸周书·世俘》："二月既死魄，越五日甲子朝，至接于商，则咸刘商王受。"本辞与文献记载相合。《说文》："朝，旦也。"甲子朝，即指甲子日的早晨。

（三）"岁鼎"，张政烺谓岁为"岁星"，引《国语·周语》韦昭注："昔武王伐纣，岁在鹑火"。鼎训为当。意谓岁星正当其位，宜伐商纣，完成灭商之功业。

（四）"克睿夙"，睿读作昏，指商纣，《尚书·牧誓》："今商王纣惟妇言是用，昏弃厥肆祀弗答，昏弃厥遗王父母弟不迪"。夙当训旧，于省吾据郑笺训夙为早，即早晨。前文既言"甲子朝"，"朝"就指早晨，故夙绝非为晨，在此当训旧，"睿夙"犹言昏旧。《后汉书·郭伋传》："伋知卢芳夙贼"，李贤注："夙，旧也。"《刘虞传》："远近豪俊夙僭奢者"注："夙犹旧也"。本辞则谓：克胜昏庸腐旧则有商国。

（五）"䧹自"，地名。1959年安阳后岗第10号殉坑出土一圆鼎，其铭云："王在饮䧹太室"，与此地名相同。于省吾认为即管叔封邑之管，我疑即在安阳附近。

（六）"又史"即右史，官名。"利"乃作器者名。

参考文献：

唐兰：《西周时代最早的一件铜器利殷铭文解释》，《文物》1977年8期。
于省吾：《利殷铭文考释》，《文物》1977年8期。
张政烺：《利殷释文》，《考古》1978年1期。

2. 天亡殷（一）

乙亥（二），王又大豊（三），王凡三方（四），王祀于天室（五），降（六）。天亡又王（七），衣祀于王（八），丕显考文王，事喜上帝（九）。文王监在上（十），丕显王乍省（十一），丕稣王乍虡（十二），丕克乞衣王祀（十三）。丁丑，王饗大宜（十四），王降亡勋爵复囊（十五）。隹朕又庆（十六），敏扬王休于隣殷（十七）。（图九一）

注释：

（一）此器出土于陕西岐山，陈介祺《聃敦释说》云："余得是器于关中苏兆年三十年矣。"陈氏斯文写于清同治癸酉（公元1873年）八月，上推三十年，当为1843年，即道光二十三年。过去一直为私人收藏，1956年北京琉璃厂振寰阁从上海购得，曾归故宫博物院保存，现陈列于中国历史博物馆。因各家对该器彝铭解释不同，故所定名称也不同。陈介祺误读朕为聃，并谓其为毛叔所做，故称"毛公聃季殷"（《簠斋吉金录》）。唐兰谓为"朕殷"（《文物参考资料》1958年9期）。吴式芬（《攈古录金文》）、孙诒让（《古籀余论》）、郭沫若（《大系考释》）等据"王有大丰"一语，定名为"大丰殷"。刘心源（《奇觚室吉金文述》）、岑仲勉（《天亡殷全释》）、孙常叙（《天亡殷问字疑年》）等，又以"天亡又王"句，称其为天亡殷。此器做于武王时期，是目前所见周代最早的铜器之一。其铭文与商代彝铭比较，完全是两种风格，不仅格调新颖，结构严密，而且通体韵文，远胜商代一筹。说明周人自身文化并不比商人落后。

图九一　天亡殷

（二）第一字泐损，孙诒让据下文丁丑推之，"此疑当为乙亥"。

（三）郭沫若读"大 "为"大丰"。他在《大丰殷韵读》中讲："所谓'大丰'乃田役搜狩之类，或系操习水战。《周礼·春官·大宗伯》：'以军礼同邦国：大师之礼周众也，大均之礼恤众也，大田之礼简众也，大役之礼任众也，大封之礼合众也'。丰封本同声字，所谓'大丰'当即'大封'。"闻一多云："《麦尊》言王在辟雍为大豊，射大 ，明是饗射之类，与大封不侔也。因疑《麦尊》及此器之'大豐'，仍当从孙诒让读为大礼，《周礼》大宗伯之职：'治其大礼诏相王之大礼'，小宗伯之职：'治相祭祀之小礼，凡大礼佐大宗伯'。注皆谓群臣之礼为小礼，则人君之礼为大礼，可知饗射亦大礼之一也。"（《大豐殷考释》）杨树达又谓"'大丰'乃游娱之事，不关典礼"（《积微居金文说》）。关于"大丰"一辞目前尚未取得完全一致的解释。案丰豊古字易混。今从《麦尊》铭文分析，如云："王客（格）莽京彭祀，雩（于）若翌日在辟雍，王乘舟为大豊，王射大鞞禽"，说明王在莽京彭祀之后，第二日与群臣在辟雍水上乘舟举行饗射之礼，故有"王射大鞞禽"之语，确与大封之礼不侔，当读为"大豊"，应从闻氏之说。

（四）郭沫若云："凡假为风，讽也，告也。三方，东南北也，周人在西，故此仅言三方"。闻一多谓"凡疑读汎，传王在辟雍中汎舟也"，所谓"三方"，引《诗·泮宫》郑笺：

"泮之言半也，半水者，盖东西门以南通水，北无也"，则谓："辟雍之水亦半圆形之水，水形半圆，故但得三方。如郑说：即东西南三方，殳文曰：'王汎三方'，犹言三遍游辟雍之水矣。"案三字似有泐损，过去徐同柏（《从古堂款识学》）、于省吾（《关于"天亡殷"铭文的几点论证》考古1960年8期）皆疑乃四字之泐，也有可能。

（五）"天室"，孙诒让、刘心源皆谓为太室，徐同柏据《尚书·洛诰》郑注"文祖"为"明堂"推之，谓天室"当亦明堂之谓"。陈梦家亦主天室即祀天的明堂（《西周铜器断代》一）。从本铭天大二字形体分明不混来考虑，当读天室为宜。

（六）闻一多、陈梦家皆谓降字属下读，陈氏谓"降天亡又王"，为"降令天亡佑助王以二事"。案降字在此当为登降之义，言武王来到天室，犹《楚辞·大招》："三公穆穆，登降堂只。"

（七）"天亡又王"，天亡乃作器者名，刘心源云："天姓亡名"，杨树达谓天亡是泰颠，孙作云疑为史佚，于省吾认为天亡为太公望，但均无确证。"又王"即佑王，谓天亡佑助武王举行祭祀。

（八）"衣祀"，吴大澂、孙诒让皆读"衣祀"为"殷祀"，《尚书·康诰》"殪戎殷"，《礼记·中庸》作"壹戎衣"，郑玄注："衣读如殷"。《公羊传》文公二年："五年而再殷祭"，何休注："殷，盛也"。陈梦家云："卜辞'衣'为祭名，始于祭上甲，衣祀为从头到尾的遍祀先王。"

（九）喜即饎字之省，《说文》："饎，酒食也"、或体作糦。陈梦家云："喜应读作《商颂·玄鸟》'大糦是承'之糦，《释文》引《韩诗》云：'大饎，大祭也'……喜上帝，即祭上帝。"

（十）文王下一字泐损，孙诒让、刘心源、于省吾皆以为是德字，郭沫若谓为监字，孙常叙谓为临字，此从郭释。

（十一）杨树达云丕显王乃指文王，"上文云'丕显考文王'，故此亦以丕显称之也。"陈梦家云："丕显，丕䜣是作器者所以美称时王（即武王）。"案郭沫若谓乍应读为则。《说文》云："省，视也"，前文既讲"文王监在上"，此又谓"丕显王则省"，显然是指文王。

（十二）杨树达云："《说文》九篇下希部䜣字古文作䎽，引《虞书》'䎽类于上帝'，今《书》作肆，则䎽乃肆之古文也。《尔雅·释言》云：'肆，力也'，《文选·东都赋》薛注云：'肆，勤也'。"又云："虘字不识，然其字从庚，乃以庚为声。知者，此铭大部皆有韵，此上以方王王上相为韵，虘读如庚，乃古韵庚部字，正相合也。《诗·小雅·大东》曰：'西有长庚'，毛传云：'庚，续也'，此言武王继续文王之德业，《礼记·中庸篇》所谓'武王缵太王、王季、文王之绪也'。"

（十三）丕克下一字旧多释为三字，故不得其义。陈梦家释为乞，谓"乞衣王祀"为终迄殷王的历年，或为终迄其祭祀，即终其天命。

（十四）孙诒让释宜为且，谓为祖，刘心源读为庙，谓为太庙。案俎宜古同作 ▨ ，在商代卜辞中乃为祭祀名称。

（十五）王降亡，即武王赏赐天亡。

（十六）朕字郭沫若读为䞠，于省吾读畯，唐兰读朕，陈梦家读䘳，引《说文》："䘳，余名之"。当从陈说读䘳。

（十七）每假为敏，《玉篇》："敏，敬也"。䧹殷二字合文。

参考文献：

刘心源：《奇觚室吉金文述》卷四。
郭沫若：《大丰殷韵读》（殷周青铜器铭文研究），《两周金文辞大系图录考释》。
于省吾：《双剑誃吉金文选》上三。《关于"天亡殷"铭文的几点论证》，考古1960年8期。
闻一多：《大丰殷考释》，《古典新义》下。
杨树达：《大丰殷跋》与《再跋》，《积微居金文说》。
陈梦家：《西周铜器断代》一，《考古学报》第九册。

3. 何尊（一）

隹王初，䨴宅于成周（二），复□武王豊（醴）裸自天（三）。在四月丙戌，王舁宗小子于京室（四），曰："昔在尔考公氏克逨文王（五），肆文王受兹〔大命〕（六）。隹武王既克大邑商，则廷告于天（七），曰：'余其宅兹中或（国），自之辥民（八）。'乌虖！尔有惟小子亡戠（识），眡（视）于公氏有劳于天（九），㪔（彻）命敬享哉（十）。"叀（惟）王龏（恭）德谷（裕）天，顺（训）我不敏，王咸誨。何易贝卅朋，用乍□公宝䔼彝，隹王五祀。（图九二）

注释：

（一）此器是1963年陕西省宝鸡县贾村原公社贾村大队社员于地边掘土偶然发现，1965年由宝鸡市博物馆征收，现归中国历史博物馆收藏。参见《宝鸡市博物馆新征集的饕餮纹铜尊》，《文物》1966年1期。

（二）"䨴宅"张政烺先生读作"相宅"。䨴当从睪得声，古为心纽元部字，相为心纽阳部字，䨴相古读音相同，故可通假。《尚书·召诰》："惟太保先周公相宅"，《洛诰》："公不敢不敬天之休，来相宅"，"孺子来相宅"。孺子指成王，则本辞云："隹王初，䨴宅于成周"，彼此正合。

（三）"复□武王豊裸自天"，唐兰释豊为礼，天谓天室，读作"复面武王礼，福自天"。直译为"还按照武王的礼，举行福祭，祭祀是从天室开始的"。马承源作："复□武王丰福，自天"。案复下一字泐甚难识。豊当读为醴，甜酒。案裸，祭名，商代甲骨文写作 （甲2693），乃用双手奉圭瓉作祭祀状，释"醴福"者误。故谓"醴裸自天"。

（四）舁字唐兰释诰，可从。"京室"一词文献屡见，《诗经·大雅·思齐》："思媚周姜，京室之妇"。《吕氏春秋·古乐篇》：武王伐殷，"以锐兵克之于牧野，归乃荐俘馘于京太室"。京室与京太室皆宗周宗庙之称。本辞之"京室"，唐兰谓："是在成周的宗庙，是祭太王、王季、文王和武王的地方。"

（五）"[字]"字书无，唐兰释逨，"克逨文王"义甚难通。张政烺释为逨字，可从。《尔伯殷》铭云："朕不显祖文王武王膺受大命，乃祖克弼先王"，本辞则谓："曰昔在尔考公氏克弼文王"，郭沫若在《尔伯殷》考释中释弼为弼，亦甚妥当。

（六）"肆文王受兹大命"，肆乃肆字别体，《尔雅释诂》："肆，故也"。王引之《经传释词》："《书大诰》曰：'肆朕诞以尔东征'，《后汉书·翟义传》王莽仿《大诰》作：'故予大以尔东征'。《无逸》曰'肆中宗之享国七十有五年'，《史记·鲁世家》肆作故。《诗·緜》曰'肆不殄厥愠'，《思齐》曰'肆戎疾不殄'，'肆成人有德'，《抑》曰'肆皇天弗尚'，肆字皆当训为故。"

（七）"廷告于天"，廷与庭通，即彝铭中屡见之"中廷"，就是祭天和封赏贵族之所在。《仪礼·聘礼》："公揖入于中庭"，《洪范五行传》："于中庭祀四方"，本辞大意为乃于中庭祷告皇天。

（八）"嶭"字，王国维云："其字或作辥，或辥，余谓此经典中乂艾之本字也，《释诂》'乂，治也'，'艾，相也、养也'。《说文》'躄，治也，从辟乂声'，虞书曰：有能俾躄。是经典乂字壁中古文作躄。此躄字盖辥字之讹，初以形近讹为辟，后人因辟读与辥读不同，故加乂以为声，经典作乂、作艾亦辥之假借。"（《释辥》上，《观堂集林》卷六）

（九）"㝛"唐兰释为劳字，可从。

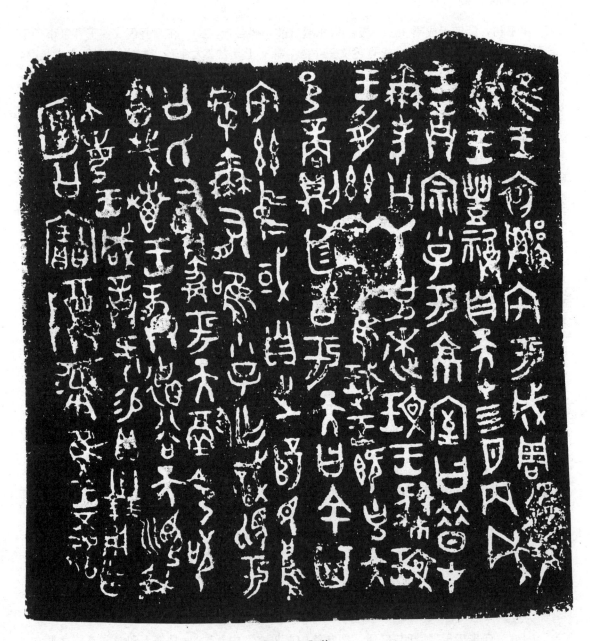

图九二　珂尊

（十）"歔"古文彻字，《左传》昭公二年："彻命于执事"，杜预注："彻，达也。"

参考文献：

唐兰：《何尊铭文初释》，《文物》1976年1期。

张政烺：《何尊铭文解释补遗》，《文物》1976年1期。

4. 大盂鼎（一）

隹九月，王在宗周，令盂。王若曰：盂，丕显文王受天有大命。在武王嗣文王乍邦，闢厥匿（慝）（二），匍（抚）有四方，畯正厥民（三）。在雩卸（御）事（四），歔！酒无敢酖，有柴烝祀，无敢醻（扰）（五）。古（故）天异（翼）临子·瀍保先王（六），□有四方。我聞殷述（坠）命（七），隹殷边侯甸雩（与）殷正百辟（八），率肆（肆）于酒，故丧师巳（矣）（九）。汝妹辰有大服（十），余隹即朕小学汝（十一），勿魷余乃辟一人（十二）。今我隹即井禀（型禀）于文王政德，若文王命二三政（十三）。今余隹命汝盂，召（诏）荣敬雍德经，敏朝夕入谏（谏），宣奔走，畏天畏（威）（十四）。王曰：𠂤命汝盂，井（型）乃嗣祖南公。王曰：盂，廼诏夹死嗣戎（十五），敏谏罚讼，凤夕召（诏）我一人烝四方（十六）。雩我其通省先王受民受疆土，易汝鬯一卣，冂（纲）、衣、市舄、车马。易乃祖南公旂，用遣（狩）。易汝邦嗣四伯，人鬲（十七）自驭至于庶人，六百又五十又九夫。易夷嗣王臣十又三伯，人鬲千又五十夫。逊𠂤 卯自厥土。王曰：盂，若敬乃政，勿瀍朕命（十八）。盂用对王休，用作祖南公宝鼎，隹王廿又三祀。（图九三）

注释：

（一）吴式芬云："器出岐山礼村，江苏嘉定周雪樵、广盛令岐山时得之"。吴大澂曰："是鼎道光初年（公元1821年）出郿县礼村沟岸中，为岐山令周雨蕉所得，旋归岐山宋氏；同治间项城袁小午侍郎以七百金购获之，今归吾乡潘文勤公。癸酉（公元1873年）冬大澂视学关中，袁公出示鼎。"方濬益云："岐山郭氏旧藏，今归潘伯寅尚书。按道光中岐山河岸崩，出三大鼎，皆为邑绅郭氏所得，周雨蕉大令宰岐山，取其一以去，故当时颇有传拓。同治甲戌（公元1874年），鼎复自周氏出，左文襄公方督师关陇，购之以寄尚书于京师，余于尚书邸中曾审视数过，平生所见大鼎，此为最巨矣。"凡此皆云是鼎于道光初出土于郿县礼村，先后经邑绅郭氏、周广盛、左宗棠、潘祖荫等人收藏，潘氏罢官，昇归苏州宅中，抗日期间埋于地下，1951年由潘达于赠献政府，现归中国历史博物馆收藏。

（二）闢即闢字之别体，《说文·门部》："闢，开也，从门辟声。"又云："闢，虞书曰：'闢四门'，从门从奴。"《荀子·解蔽篇》："是以闢耳目之欲"，杨倞注："闢，屏除也"。经传皆以闢为之。《小尔雅·广言》："辟，除也。"匿通慝，《广雅·释诂三》："慝，恶也。""闢厥匿"即闢其慝，屏除邪恶。

（三）"匍有四方，畯正厥民"。杨树达云："按匍有义难通，匍当读为抚"，引《左传》襄公十三年："抚有蛮夷"，昭公元年："抚有尔室"，三年："抚有晋国"，并引《尚书·金縢》："乃命于帝廷，敷佑四方"，则谓："敷佑亦当读为抚有。命于帝廷，抚有四方，谓武王受天命有天下也。"按有当训保，《礼记·哀公问》："不能有其身"，郑玄注："有犹保也"。"匍有四方"犹抚保四方，畹即畯，通峻，大也，"畯正厥民"即以峻德以正民。

（四）"在雩御事"，卸即御字之古体，《国语·周语》，"百官御事"，御犹治也。

（五）"歔！酒无敢酖，有櫱蒸（烝）祀无敢醻"。杨树达云："按歔为叹词，余去岁一月四曰跋《县妃殷》已明之矣。或疑余此说于经传无征，今案《书·费誓》云：'徂兹！淮夷徐戎并兴，'伪传训徂为往，兹为此，殊无义理。余谓兹当为句，徂兹犹嗟兹也。叡与徂声类同。"酸字不识，有酣醉之义。如《说文·酉部》："饮酒而乐曰酣"。"醉，度量不至于乱也"。"叡！酒无敢酸"，犹《酒诰》："越庶国饮惟祀，德将无醉"。

"有（右）、槊（柴）、羴（烝）、祀无敢醿"，右柴烝祀皆祭祀名称，醿乃扰字别体。犹谓饮酒不敢酣醉，祭祀不敢扰乱也。

（六）古天异（翼）临子，法保先王"。王国维、吴大澂均读"古"如"故"，可从。异假为翼，《左传》昭公九年："翼戴天子"，杜注："翼，佑也"；《国语·楚语》："求贤良以翼之"，韦注："翼，辅也"。《说文·卧部》："临，监也"；"监，临也"，临监互训。故天在辅佑和监临他的儿子，保护着先王。

（七）"我聞殷述（坠）命"。述当假为坠，《尚书·君奭》："殷既坠其命"，词义相类。郭

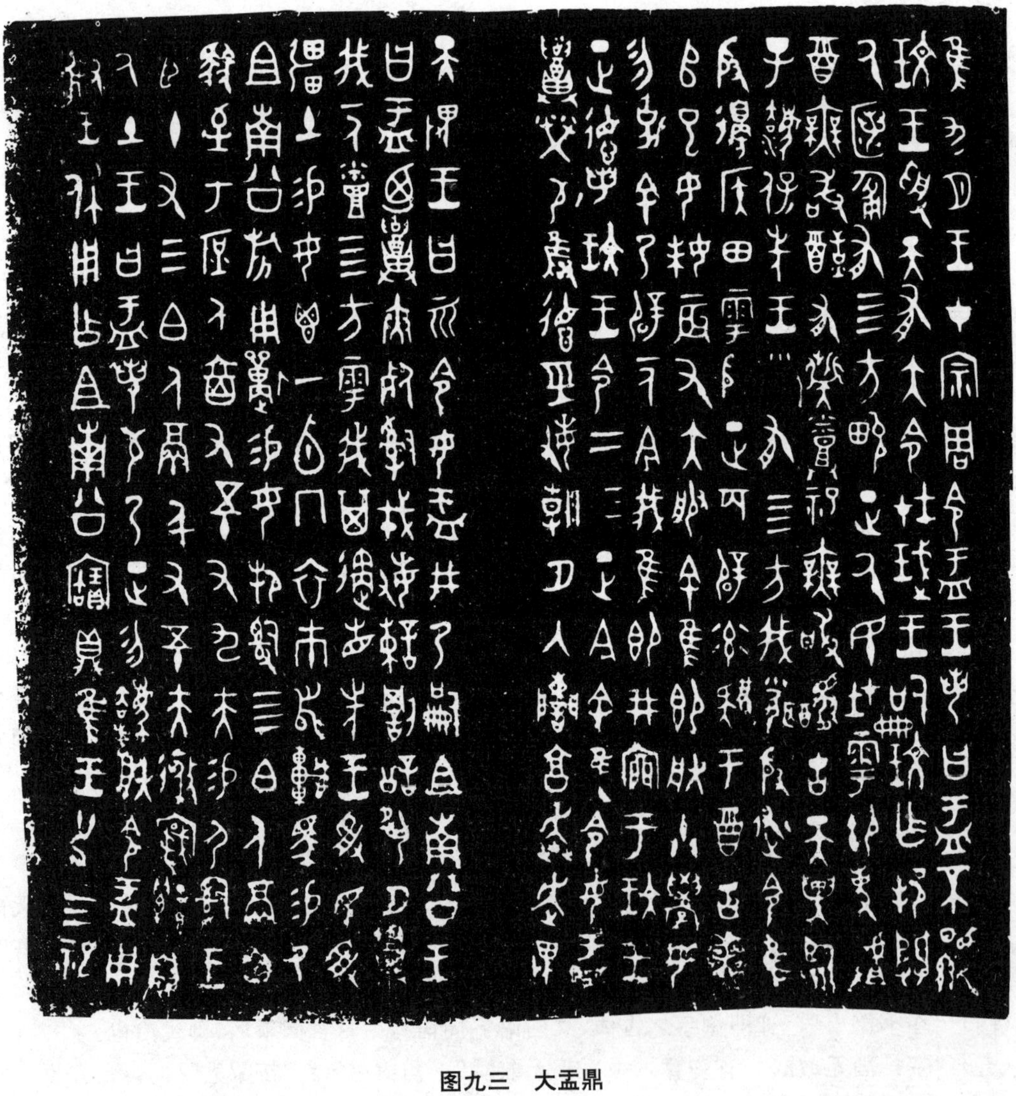

图九三 大盂鼎

沫若云："殷之亡为成王所目睹，康王则当得自传闻也。"故定此鼎为康王时器。

（八）"隹殷边侯田（甸），雩（与）殷正百辟"。"殷边侯甸"乃外服之臣，"殷正百辟"为内服之臣。《周礼·夏官·职方氏》："乃辨九服之邦国：方千里曰王畿，其外方五百里曰侯服，又其外方五百里曰甸服，又其外方五百里曰男服，又其外方五百里曰采服，又其外方五百里曰卫服，又其外方五百里曰蛮服，又其外方五百里曰夷服，又其外方五百里曰镇服，又其外方五百里曰藩服。"按《周礼》九服之说未必可靠，但外服之臣、侯、佃、男等均见于周初彝铭。百辟当为百官，《尚书·洛诰》："汝其敬识百辟享"，孔传："奉上谓之享，言汝为王，其当敬识百君诸侯之奉上者。"今从本铭来分析，"殷边侯佃"与"殷正百辟"并列，而且明言"殷正"，犹《尚书·多方》所云："小大多正"，孔传谓为"小大众正官之人"，则证"百辟"当为百官，孔传"百君诸侯"之说不确。

（九）"古丧自已"，郭沫若谓为"故丧纯祀"，他说："纯，大也。祀有传统之义，故纯祀犹言大统。陈梦家读作"古丧师矣"。

（十）"汝妹辰有大服"，"大服"乃重大显要之职务，《诗经·大雅·荡》："曾是在服"，毛传："服，服政事也"。郭沫若云："妹辰二字旧未得其解。今案妹与昧通，昧辰谓童蒙知识未开之时也。"

（十一）"余隹即朕小学汝"过去多将汝字属下读，读作"余隹即朕小学"。郭沫若云："康王曾命其入贵胄小学，有所深造。"恐未确。按学字古作斆，与教字相通。《尔雅·释诂》："学，教也。"《师嫠殷》铭云："王若曰：师嫠在昔先王小学女，女敏可事"，句型词义皆与本文相同，"小学汝"即"小教汝"，小有细微之义。

（十二）"勿䏦余乃辟一人"，䏦字郭沫若读兜，陈梦家读勉，义甚难通。案为字金文写作（旨鼎），或作（周悫鼎），从手从象。此字左边的兽旁很似象的形体。从象匕声，当隶定为䏦。甲骨文中之牝字从犬写作（后7、5、10），从虎作（佚664）。从羊作（粹396），从牛作（戬23.10），此字从象从匕，亦当为牝字之别体。朱骏声云："牝，按读如妣，今音转为牝，或曰艮省声非。"（《说文通训定声》牝字注）假为比，《论语·为政》："君子周而不比"，孔注："阿党为比"，《荀子·不苟篇》："交亲而不比"，杨注："暱押也"。"勿䏦余乃辟一人"，即勿比余乃君一人也。

（十三）"今我隹即井宷（型廩）于文王政德，若文王命二三政"。杨树达云："刑宷盖与仪刑义同，此铭云即刑宷于文王正德，犹《诗·大雅·文王篇》言'仪刑文王'，《周颂·我将篇》言'仪式刑文王之典'也……'即刑宷于文王正德'者，以文王之正德为仪刑而效法之也。"案禀承受也；型，榜样。

（十四）"召荣敬雍德经，敏朝夕入谏，享奔走，畏天畏（威）"。即召字之古体，假为诏，助也。荣人名，《小盂鼎》铭云："王命荣遟兽"，两器均见。"诏荣"犹言佑助荣，"敬雍德经"，能常德雍敬。"享奔走"，即奔走于享孝，"畏天畏"，畏天之威。

（十五）"迺召夹死嗣戎"，召仍假为诏，有辅助之义；"诏夹"金文亦作"夹诏"，如《禹鼎》："夹诏先王定四方"，《师訇殷》："夹诏厥辟莫大命"，《左传》昭公二十年作"夹辅周室"，即为诏夹之义。"死嗣"亦作"死司"，金文屡见，如《康鼎》："王命死司王家"，《蔡殷》："死司王家"。死假为尸，尸，主也。"死嗣戎"，主管兵戎之事。

（十六）"凤夕诏我一人烝四方"，字即烝，前文"右柴烝祀"，当同字，《诗经·大雅·文王有声》："文王烝哉"，《毛传》："烝，君也"，即此文之义。"烝四方"，即君四方。

379

(十七)"人鬲",闻一多在《尔雅新义》中讲:"鬲厵古字通,《逸周书·世俘篇》'武王遂征四方,凡憝国九十有九国,馘厵亿有十万七千七百七十有九,俘人三亿万有二百三十。'孙诒让谓厵为俘虏,即金文之鬲,是也。于省吾又谓《书·梓材》'厵人'即人鬲,亦是。于又疑鬲厵隶古通,《国语·鲁语》'子之隶也',注'隶,隶役也。'《周礼·禁暴氏》:'凡奚隶聚而出入者则司牧之',注'奚隶,女奴男奴也。'案于说甚确。"(《古典新义》213页)

(十八)"勿灋朕命",灋假为废,即不要废弃我的命令。

参考文献:

刘心源:《奇觚室吉金文述》卷二。

郭沫若:《西周金文辞大系图录考释》第六册。

陈梦家:《西周铜器断代》(三)《考古学报》1956年1期。

杨树达:《积微居金文说》,《全盂鼎一至五跋》。

5. 令彝 (一)

隹八月辰在甲申,王命周公子明保尹三事(二),四方,受卿事寮(三)。丁亥,命夨告于周公宫。公命𢐗同卿事寮(四)。隹十月月吉,癸未,明公朝至于成周,𢐗命舍三事命,罞(暨)卿事寮、罞(暨)者(诸)尹、罞(暨)里君、罞(暨)百工、罞(暨)者(诸)侯、侯、田(甸)、男;舍四方命(五)。既咸命(六)。甲申明公用牲于京宫(七),乙酉用牲于康宫(八),咸既用牲于王,明公归自王(九)。明公易亢师鬯、金小牛,曰:"用禘"。易令鬯、金小牛,曰:"用禘"(十)。迺命曰:"今我唯命汝二人亢罞夨,爽左右于乃寮以乃友事"(十一)。乍册令敢扬明公尹厥宣,用乍父丁宝障彝(十二)。敢追明公赏于父丁,用光父丁。隽册(十三)。(图九四)

注释:

(一)此器传说于1929年出土在河南洛阳马坡,同铭者一件方彝和一尊。方彝分器盖两铭,内容相同仅行款稍异。尊铭亦与彝铭相同,行款亦异(参见《两周金文辞大系图录考释》二册3页)。此器已流于海外,今在弗利亚美术陈列馆。郭沫若定为成王时器,唐兰定为昭王,后者可从,说详后。

(二)"王命周公子明保尹三事、四方,受卿事寮"。郭沫若谓"周公即周公旦,明保乃鲁公伯禽也。"唐兰云:"保是太保,明是他的名,周公子我在《考释》(《作册尊及作册令彝考释》国学季刊四卷一号明注)中曾认为是周公的小儿子,从时间上说是可以讲得通的。在《康宫问题》中我又怀疑他很可能是第二代周公的儿子,周公旦的孙子。这两种想法,现在也还没有确实的证据证明哪一个是对的。但是他既不是伯禽,也不是君陈这是肯定的,因此,也就排除了在成王时代的可能性"。"三事",郭沫若云:"当即《书·立政》'立政任人,准、夫、牧、作三事'之准夫牧,夫乃吏之坏字,即上文之'庀乃事(吏)、庀乃牧、庀乃准'也。事吏古本一字,吏殆事务官,准乃政务官,牧则地方官也"。"四方"指外服之臣,"卿事寮"即"百僚",均详后。

(三)"命夨告于周公宫",夨乃人名,即作器者令,故亦称此器为夨令彝。

(四)"公命𢐗同卿事寮",𢐗字郭沫若释出,陈梦家释造,唐兰释诞,杨树达释诣。郭、杨两家考释可从。

(五)"𢐗命舍三事命:罞卿事寮,罞诸尹、罞里君、罞百工;罞诸侯、侯、甸、男,舍四方命"。关于这段文字诸家解释颇多出入，案"舍三事命"与"舍四方命"，乃分别指内服诸官和外服属臣两个方面，其中所列自卿事寮至侯甸男亦分别为内服和外服，此句的含义当为：徣命舍三事命：罙卿事寮、罙诸尹、罙里君、罙百工；舍四方命：罙诸侯、侯、甸、男。犹如《书·酒诰》所云："越在外服：侯甸男卫邦伯；越在内服：百僚庶尹惟亚惟服宗工越百姓里居（君）"。彼此内容基本一致。

（六）"既咸命"，《说文·口部》："咸，皆也，悉也"。这里系指"舍三事命"与"舍四方命"，既已全部发布完毕。

（七）"甲申明公用牲于京宫"，郭沫若谓京为大也，"以懿美之字为宫室之名"。唐兰说："京宫是祭太王、王季、文王、武王、成王的宗庙"（《西周铜器断代中的"康宫"问题》，考古学报 1962 年 1 期）。

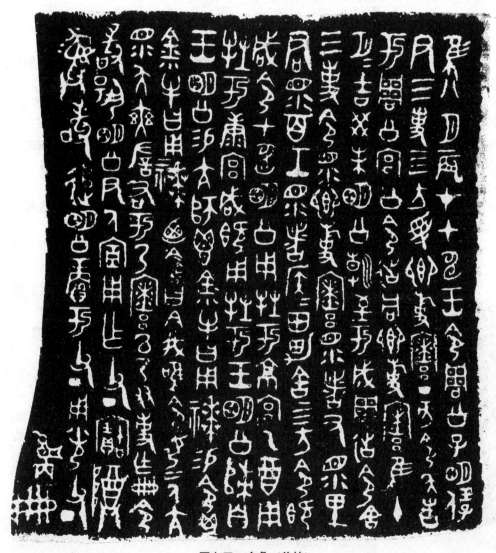

图九四　令彝（盖铭）

（八）唐兰云："康宫则以昭王为昭，穆王为穆，恭王为昭，懿王为穆，孝王为昭，夷王为穆，厉王为昭，宣王为穆，故昭王穆王偶昭穆，是其证也。"（《武英殿彝器图录》九三页）郭沫若认为："余意京、康、华、般、邵、穆、成、刺，均以懿美之字为宫室之名，如后世称未央宫、长杨宫、武英殿、文华殿之类，宫名偶与王号相同而已。《虢季子白盘》有'王各周庙宣廟'，旧亦多解为宣王之樹，实则殷世已有宣樹之名，故康宫之非康王之宫，亦犹宣廟之非宣王之樹也。"案郭唐两氏的争论，直接关系到西周铜器的断代问题，唐氏以"康宫"为康王之宫，也即康王之庙，故凡称"康宫"之彝铭，皆应出于康王死了之后。郭氏以康、昭等字为懿美之字为宫室之名，偶与王号相同，故不受时间的限制。如本器铭文虽言"用牲于康宫"，郭氏则定其为成王时期，唐氏定为昭王。我们认为，既言用牲于京宫和康宫，京康二宫应皆为先王之庙，据上述《柯尊》铭文所载，成王五年相宅于成周，在短时间内不可能修建成若多宫庙和王城，从铜器时代来看，唐兰定为昭王比较可信。

（九）二"王"字，皆"王城"之省称，"咸既用牲于王"，既已完全祭完京康二宫之后，又用牲于王城，待祭王城之后，明公自王城而归。

（十）二"用禩"皆祭祀名称，谓赐亢师与令各瓚酒、金小牛，让他们将其用于祭祀。正如《洛诰》所讲："乃命宁予以秬鬯一卣，曰：明禋"，意义相同。

（十一）爽字郭沫若谓为母字之奇文。杨树达云："爽字愚疑是爽字。《书·康诰》云：'爽惟天其罚殛我！'又云："爽惟民迪吉康！"爽字皆在句首。铭文爽字在句首，与书文同。吾友曾君星笠读《尚书》，谓《康诰》之爽即《尔雅》尚庶几也之尚，乃表命令或希望之词，其说与古文语气最协，郅为精审。余谓铭文之爽亦当读为尚，爽左右于乃寮以乃友事，言尚左右于乃寮与乃友事也。"

（十二）宜字不识，在西周铭文中常作为"休"字用，如本辞云："作册令敢扬明公尹厥宜"，即敢扬明公尹厥休也。用作父丁宝障彝。

（十三）冎册，册冎册，繁简义同，皆为氏族徽号。

参考文献：

郭沫若：《令彝令毁与其它诸器物之综合研究》，《殷周青铜器铭文研究》卷一；《两周金文辞大系图录考释》第六册。

唐兰：《作册令尊及作册令彝铭考释》，《国学季刊》四卷一号，1934年。

唐兰：《论周昭王时代的青铜铭刻》，《古文字研究》第二辑，1981年。

陈梦家：《西周铜器断代》（二），《考古学报》第十册，1955年。

杨树达：《积微居金文说》（增订本），《大令彝跋、再跋、三跋》。

图九五　过伯毁

6. 过伯毁

过伯（一）从王伐反枊（荆）（二），孚（俘）金，用乍宗室宝障彝。（图九五）

注释：

（一）𓎛 字唐兰释过，甚是。商代甲骨文中之 𓎛（粹1306）

即冎，乃骨之本字，诸如卜辞中之刐（乙768）、咼（佚存950）等，皆从冎，即今之剮、禍二字。过古国名，《左传》襄公四年："寒浞处浇于过"，杜预注："过，国名，东莱掖县北有过乡。"

（二）"反荆"，古本《竹书纪年》云："昭王十六年伐楚荆"，《左传》僖公四年亦云："昭王南征而不复"。过伯即从昭王伐楚荆者，用其俘金作宗室宝彝。此乃昭王时代之代表器。

参考文献：

郭沫若：《两周金文辞大系图录考释》第六册。

唐兰：《论周昭王时代的青铜器铭刻》，《古文字研究》第二辑，1981年。

7. 遹殷（一）

隹六月既生霸，穆王（二）在莽京，乎（呼）渔于大池。王鄉（饗）酒，遹御亡遣（谴）（三）。穆王親（亲）易遹鵝（四）。遹拜手（手）頴首，敢对扬穆王休，用乍（作）文考父乙障彝，其孙孙子子永宝。（图九六）

注释：

（一）此器于宣统二年庚戌，即公元1911年出土于陕西秦中，初为陶斋所得，后归刘体智收藏，应有盖，未见流传。

（二）王国维跋此器云："此敦称穆王者三，余谓即周昭王之子穆王满也。何以生称穆王，曰周初诸王若文、武、成、康、昭、穆皆号而非谥也"（《观堂集林》卷十八）。此一发现非常重要，它不仅说明穆王以前王号生称，同时为西周铜器断代确立一可靠标准。则此器必为穆王时制造。

（三）"亡遣"，《诗经·小雅·小明》："畏此谴怒"，毛传："谴，罪责也。""亡遣"即无可谴责。

（四）鵝郭沫若隶定为雚，他说："疑是雀之古字，用为酒尊之爵"。陈梦家释为鷞，谓为"其字应是鳥类之禽，或即是鳥而加声符者"。

参考文献：

郭沫若：《两周金文辞大系图录考释》第六册，遹殷考释。

陈梦家：《西周铜器断代》六，考古学报1956年4期。

图九六 遹殷

8. 静殷

隹六月初吉（一），王在莽京（二）。丁卯，王命静嗣射学宫（三），小子罪服、罪小臣、罪尸仆学射。雩八月初吉庚寅，王以（与）吴吊、吕犅卿燮蓋自邦君射于大池（四），静学（教）无斁（斁）（五）。王易静鞞剢（六）。静敢拜首，对扬天子丕显休，用乍文母外姞障殷，子子孙孙其万年用。（图九七）

图九七　静簋

注释：

（一）"初吉"，是周代月相之一种，共计四种：初吉、既生霸、既望、既死霸。自古以来说法很多，自从王国维的《生霸死霸考》公诸于世后，这个问题基本得到解决。他说："古者盖分一月为四分：一曰初吉，谓自一日至七八日也；二曰既生霸，谓自八九日以降至十四五日也；三曰既望，谓十五六日以后至二十二三日；四曰既死霸，谓二十三日以后至于晦也。"（《观堂集林》卷一）近来有人提出所谓定点论，"初吉，即月始出的这一天，当阴历初二或初三；既生霸，即月始出的次日，当阴历初三或初四；既望，即月满的第二天，当阴历十六、十七，有时十八；既死霸，即月底，当阴历二十九或三十。"月相是从周代开始出现，用以补救干支计日之不足。干支计日只能表示序次，不能反映序数。例如本辞中的"丁卯"，只能表示出它在丙寅之后，戊辰之前，但不能反映它是六月的哪一日。月相的作用，而对干支日序作了补充，如本辞六月初吉丁卯，说明丁卯是在六月的初一至初七八之间，虽然具体的日子尚不十分明确，但比没有产生月相之前，已经明确很多。如果把每种月相规定为某一日，这一作用不仅不存在了，反而成了累赘。戚桂宴同志对月相有一段很好的说明，他说："何谓霸？霸之为言半也，月光的一半谓之霸。霸的形状似弦，《释名·释天》：'弦，半月之名也，其形一旁曲，一旁直，若张弓施弦也。'霸字从月䨣声，䨣所成之形的纵切面也是一旁曲，一旁直，若张弓施弦也。《说文》：'䨣，雨濡革也，从雨从革，读若膊。'段玉裁注：'雨濡革则虚起，今俗语若朴。'徐锴《系传》云：'皮革得雨，䨣然起也。'霸字从䨣声，是寓义于声，即一旁曲，一旁直，是两个对称部分中的一半的意思，所以霸是月光的一半，殆无可疑。""既望是在望之后，望是一月中固定的一天，那么既生霸、既死霸也必是在生霸、死霸之后，生霸、死霸也都是一月之中固定的一天，这是可以断言的。每月的初七或初八，月亮有光可见的部分是月球（圆月）的一半，这一天就是生霸，今天叫做上弦。上弦之后，月亮有光可见的部分超过了月球的一半，这个月相就叫做既生霸，意即月亮所生的光已超过了月球的一半。每月的二十二或二十三日，月光消失了一半，这一天就是死霸，今天叫做下弦。下弦之后，月光消失的部分已超过了月球的一半，这个月相就叫做既死霸，意即死去的月光已超过了月球的一半。由生霸的次日至望，有七、八天，晦是包括在既生霸之内；由死霸之次日至晦，有七、八天，晦是包括在既死霸之内。这就是周金文中既生霸、既死霸这两个月相的确解。"

（二）"葊京"，阮元释作"邦京"（《积古斋钟鼎彝器款识》卷五）。郭沫若谓莠丰古同纽，音亦相近，释为"丰京"。吴大澂（《愙斋集古录》第八册）、罗振玉（《辽居乙稿》）、陈梦家（《西周铜器断代》）等皆释为镐字。吴氏云："大澂疑为镐京之镐本从井，后人因避葬字改从镐。"罗氏云："葊京疑即镐京，《竹书纪年·周纪》沈约注：周德既隆，草木茂盛，蒿堪为宫室，因名蒿室，既有天下，遂都于镐，葊字从井，像草木茂盛，殆即镐京之初字欤。"当以镐京之说为是。

（三）"王命静嗣射学宫"，嗣即司，主也。"司射学宫"，主持教射于学宫也。

（四）以字在此作与，"王以吴舟、吕㓝"，即王与吴舟、吕㓝。卿即会的意思。"大池"亦见于《遹殷》，如云："穆王在葊京，乎渔于大池"，郭沫若云："当即辟雍之灵沼，《麦尊》'王乘于舟为大豊'之处。"

（五）"静学无斁"，学在此当为教字，说见《盂鼎》考释。斁字《毛公鼎》写作 ✕。孙诒让云："窃疑即《说文·卭部》之臭字，臭古文以为泽字，此读为斁，'亡臭'犹无斁。"（古籀拾遗）下）《诗·葛覃》："服之无斁"，毛传："斁，厌也"，《毛公鼎》："緟皇天亡斁"，《静殷》："静教无斁"，均可训为"无厌"。

（六）"鞞刻"，郭沫若释为鞞鞁，说为剑鞘上端之玉饰以贯缀者，古称剑鼻，又谓之刀衣鼻，俗谓昭文带（说见《释鞞鞁》，《金文丛考》三）。

参考文献：

吴大澂：《愙斋集古录》第十一册，《静敦》。
郭沫若：《两周金文辞大系图录考释》第六册，《静殷考释》。
刘启益：《西周金文中月相词语的解释》《历史教学》1979年6期。
戚桂宴：《厉王铜器断代问题》，《文物》1981年11期。

9. 墙盘（一）

曰古文王（二），初敉（勩）龢于政（三），上帝降懿德，大雩（四），匍有上下，迨受万邦（五）。㲯（络）圉武王，遹征四方（六），达殷畯民，永不巩（恐）狄（慾）（七）。虩！聖伐尸（夷）童（八）。憲（宪）聖成王，左右綬（受）敊刚（纲）鯀，用 ✕（肇）爥（徹）周邦（九）。㑿（肃）譶（悊）康王，分尹亿疆（十）。弘（宏）鲁邵王，广敝楚荆，隹狩南行（十一）。祇顯穆王，井（型）帅宇诲（十二），譶䀢天子（十三）。天子眉屢（纘）文武长刺（烈），天子眉无匃，譶祁上下（十四）。亟獄（熙）逋慕，昊照亡斁（斁）（十五）。上帝司夏，辺保受天子䍌（绾）命（十六），厚福丰年。方蠻（蛮）亡不親见（十七）。青幽高祖，才（在）敳靁处，雩武王既戋（在）殷，敳史剌祖逎来见武王，武王则令周公舍寓（寓）于周卑（俾）处。甫蕚乙祖逎匹厥辟远猷，匂（腹）心子 ✕（十八）沓明亚祖祖辛竷毓子孙，繫（繇）龖（被）多鼇（鳌）（十九），㯽角熹光，义其禜（禋）祀（二十）。害犀文考乙公徲（遟）越，髦屯无諫（二十一），农嗇戍㭰，隹辟孝叀（友）（二十二）。史墙夙夜不豕（坠），其日蔑曆（二十三）。墙弗敢沮（二十四），对扬天子丕显休令，用乍宝隣彝。剌祖文考弋寶受墙尔䵼福褱髜录（二十五），黄耇弥生，龛事厥辟，其万年永宝用。（图九八）

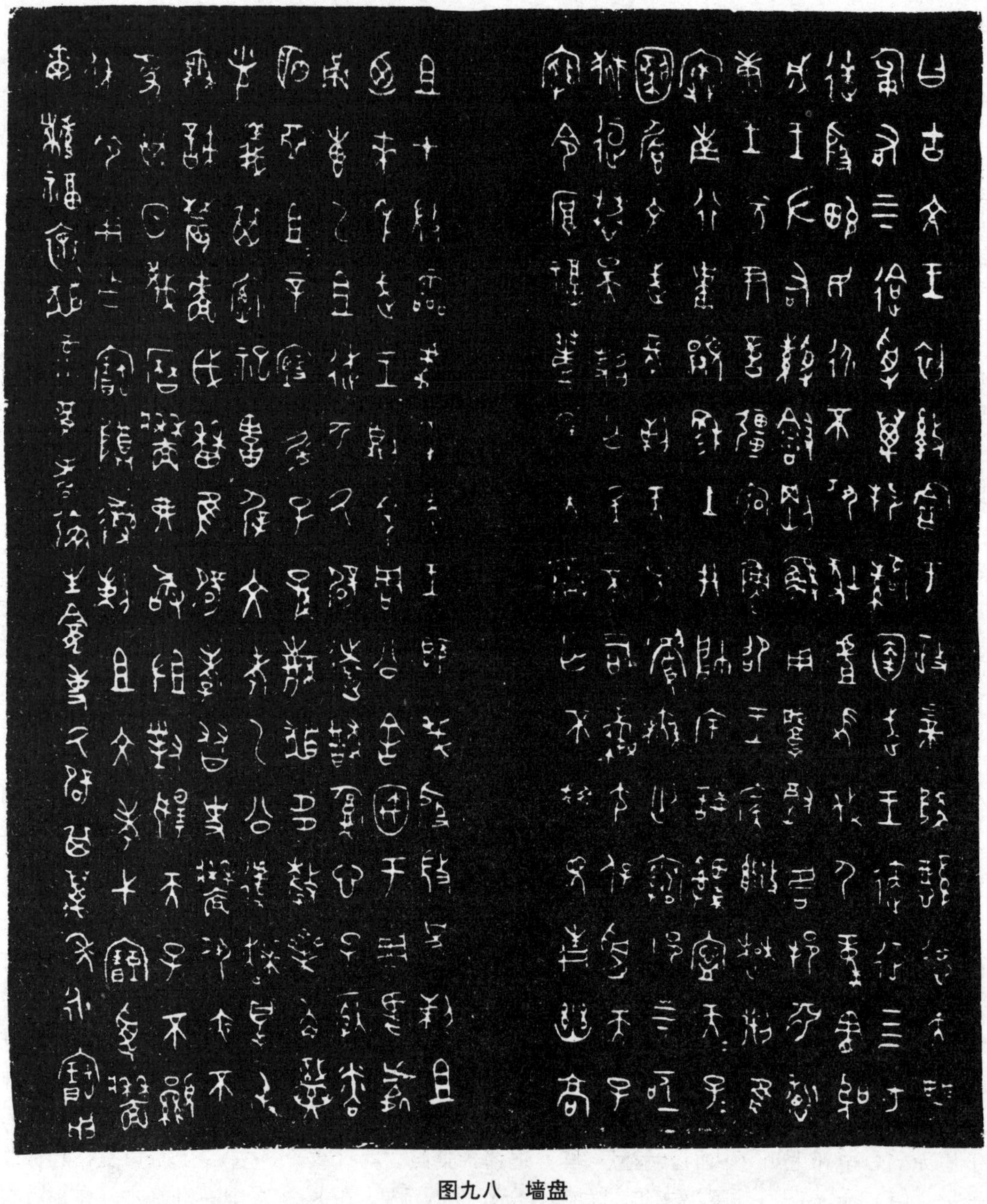

图九八　墙盘

注释：

（一）《墙盘》是 1976 年 12 月 15 日陕西扶风法门公社庄白大队因社员平整土地而偶然发现的，原出土于村南坡地上之一南北长 1.95、东西宽 1.10、深 1.12 米的长方形窖仓中，共同出土的铜器一百零三件，有铭文的七十四件。皆微氏家族遗物，多为斾、丰、墙、癀四代人所作。这批铜器中尤以《墙盘》最为重要，有铭文二百八十四字，分别记述了自文王至恭王等计七位周王的事迹，和微氏家族的历史，补充了许多重要史料，是近些年来西周时代考古工作之重要发现之一。该盘铭文现有许多学者进行了考释，但分歧较大，并仍有些字句难以读通，这里即根据现有的研究成果，考释如下。

（二）"曰古文王"，类似的例句，文献屡见，如《尚书·尧典》云："曰若稽古帝尧"，郑玄注："稽古同天，言能顺天而行，与之同功。"也曾有人讲，曰读为粤，发语词，其实不必改字，这是当时讲授历史事迹的一种通行的体例。

（三）"初敽穌于政"，《师询殷》作"盩厵雩政"，敽、盩皆盩字之别体。《史记·五宗世家》："为人贼戾"；《汉书·胶西于王端传》作"为人贼盩"，颜师古注："盩古戾字"。《广雅·释诂一》："戾，善也。"穌通和，"敽穌于政"犹言善和于政。唐兰据《尔雅·释诂》："戾，至也"，至同致，"戾和"即"致和"，犹《尚书·君奭》中之"修和"。徐中舒谓"盩亦可读为周"，则读"周和于政"。

（四）"上帝降懿德，大甹"。懿德即美德。甹即粤，周彝铭屡见，如《班殷》："甹王位"，《毛公鼎》谓"甹联位"，郭沫若在《班殷考释》中云："本器与《番生殷》之甹，正分明粤之鳏文，乃假为屏，《左传》哀公十六年'闵天不弔，不愁遗一老，俾屏予一人以在位'，句法与此相近。"（大系考释第六册21页）其它如"建侯树屏"（《尚书·顾命》）、"大邦维屏"（《诗·大雅·板》），皆指封建诸侯树立辅佐。

（五）"迨受万邦"，唐兰读迨为合，"迨受"即合受。李学勤云《广雅·释诂三》："受，亲也"。"文王为西伯，当时已有许多方国服属于周。"亦通。

（六）"谿圉武王，遹征四方"，　字徐中舒隶定为糳，读为索，谓武王灭殷，奠定周之边疆，故此即以索圉称之。"李学勤谓即緪字，读为挺，谓"挺圉与武意义呼应"。裘锡圭释为讯字，谓"讯圉就是迅猛强圉的意思。"按此字从索　声，声符乃各字之反书，《无叀鼎》"各于周庙"之各字反书即写作　（三代4.34）。谿即络，通恪，也作愙，《说文》："愙，敬也。"《逸周书·谥法》："威德刚武曰圉"，"恪圉"犹言庄敬威武，乃赞颂武王之词。遹，发语词，居句首，如《诗·大雅·文王有声》："遹骏有声"，即其用例。

（七）"达殷畯民，永不巩狄"，徐中舒、裘锡圭训达为挞，未妥。唐兰、李学勤谓达为通，可从。《尚书·顾命》："用克达殷，集大命"，《正义》云："用能通殷为周，成其大命，代殷为主。"畯民即《大盂鼎》中之"畯正厥民"，"达殷"与"畯民"是两个成语。巩即恐字之省，狄假为愁，犹惕。

（八）"虘！啬伐尸（夷）童"，　字多释为光，案光均写作　无一作　者，我疑乃为啬字，篆文啬旁省作　，形相近，"啬伐夷童"即敦伐夷童。李学勤、裘锡圭皆谓"夷童"应读为"夷东"，指处于殷之东方的国家。《逸周书·世俘篇》载武王克殷后"遂征四方，凡憝国九十有九国……服国六百五十有二。"其中即包括了这些夷童。

（九）"宪圣成王，左右綮敽刚鳏，用　燫周邦"，宪即憲字，《尔雅·释诂》："憲，法也"。"憲圣成王"乃赞颂成王之词，《周书·酒诰》云："聪听祖考之彝训，越小大德，小子惟一"。"左右"乃指辅佐成王之执政公卿。綮即绶，通受。　形如取米入斗作称量形，疑即敽字之古体。《周书·费誓》："善敽乃甲胄"，孔疏："敽谓穿彻之谓，甲绳有断绝，当使敽理穿治之。"敽理即料理，犹整饬、治理。刚可假为纲，鳏字从鱼系声，唐兰云："刚鳏当读如纲系，与纲维同"。犹言成王左右辅臣继而治理纲维。 ![字] 即肇字别体，燬乃彻字古文，《尔雅·释诂》："肇，谋也"。《诗·大雅·崧高》："彻申伯土田"，毛传："彻，治也。"用肇彻周邦犹言谋治周邦。

（十）"㓝哲康王，分尹亿疆"，"㓝蟲"即"肃悊"，乃赞颂康王之词。分唐兰释豖，通遂。《师望鼎》有"不分不茅"之语；郭沫若释分为分（大系考释80页）。《左传》昭公二十六年云："昔武王克殷，成王靖四方，康王息民，并建母弟以蕃屏周。"正与盘铭所云"分尹亿疆"相合。

（十一）"宖鲁邵王，广敞楚荆，隹狊南行"，宖即宏字别体，宏鲁乃赞颂昭王之词。"广敞楚荆"，李学勤据《小尔雅·广诂》："广，远也。"谓"广敞"即《书·舜典》之"柔远能迩"。陈世辉读敞为惩，以《诗·殷武》："荆舒是惩"为证。案敞当为能，即能迩之能，有和善之义。狊通贯，《中鼎》铭云："王命中先省南国，贯行"，即此"隹狊南行"之义，犹言建立了通向南方楚荆之路。

（十二）"祗顕穆王，井帅宇诲"，祗字魏三体石经写作 ![字] 与盘铭形近。《说文》云："祗，敬也。"李学勤据《易·系辞下》注，谓祗，大也。顕字彝铭屡见，郭沫若于《麦尊考释》中云："顕亦字书所无，用例大率与顯字同。"（见《大系考释》第六册）井即型字，帅通率，即以模型和表率，以兹教诲。如《大盂鼎》云："今我即型禀于文王政德"，又云："命汝盂型乃嗣祖南公"，型帅在此有效法、学习之义。

（十三）"龖窑天子"，龖字彝铭屡见，多作䪞，即緟字，《毛公鼎》："今余唯䪞先王命，有继承之义，天子指恭王。

（十四）"天子圀屖文武长刺，天子眉无匄，䪞祁上下"，杨树达在《毛公鼎跋》中云："按圀字两见不可确识，以意求之，盖褭之假音字也。"又云"希豕同是兽名，从希犹从豕也。许引《论语》作貌，今《论语》作貉者，今《论语》假貉为貊，貉可假为貊，知圀亦可假为褭矣。"（《积微居金文说》卷一）屖《玉篇》古文饌，通缵，《说文》："缵，继也。"长刺即长烈，犹言天子谨勉承绪文王武王所开创的永恒基业。"无匄"连劭名则谓当为"无害"，引《史记·萧相国世家》："文无害"，《汉书》作"毋害"，颜师古注引苏林曰："毋害，若言无比也。"又《张汤传》："汤无害"，颜注："无害，言其最胜也。"本铭"天子眉无匄"犹言"眉寿无比"，即所谓眉寿无疆。"䪞祁上下"，䪞从蹇声，通謇，《楚辞·离骚》："余固知謇謇之为患兮"，王逸注："謇謇，忠贞貌"。祁读为抵，《尔雅·释地》："燕有昭余祁"，《释文》引孙本祁作厎。"謇抵上下"则谓天子忠正之德上达于天，下施于民，《逸周书·文侯之命》："丕显文武克慎明德，昭升于上，敷闻在下。"即此"謇抵上下"之义。

（十五）"亟獄逗慕，昊照亡敦"，亟通极。《淮南子·缪称》："犹未足以至于极"，高诱注："极，治化之至也。"獄即熙字，《史记·鲁世家》鲁炀侯名熙，传世的《鲁侯獄鬲》乃炀侯作器，熙即写作獄，是其证。《尔雅·释诂》："熙，光也。"逗读作恒，《诗经·大雅·生民》："恒之秬秠"，毛传："恒，徧也。""极熙恒慕"言治化之光慕于天下。"昊照亡敦"即《诗·大雅·抑》："昊天孔照"，亡敦，即亡终、无厌之义。

（十六）"上帝司夏，尨保受天子虋命"，虋命一词金文屡见，吴大澂《字说》云："彝器文绰绾异文甚多，亦作绾绰，《说文·素部》緯縎二字连文，縠可省作绶，大澂以为绰绾眉寿古延年语也。"

（十七）"方蘉（蛮）亡不䟃见"，《说文》䟃，"读若踝"，在此假为踝，踝即足跟，或曰足踵，本义犹言方蛮无不接踵来见。

（十八）"逯匹氒辟远猷，匌心子队"，《单伯钟》铭云："逯匹先王，劳勤大命"，与本铭前二句意义基本相同，逯即埶字之繁，郭沫若读为弼，"弼匹"犹言"弼辅"，猷，谋也，匌心即腹心。最后一句含义不明，各家解释亦甚牵强。

（十九）"宭毓子孙，繄皯多孷"，徐中舒读为"甄育子孙"，即"以教育子孙成材"。唐兰读为"迁育子孙"谓立新宗。繄即繁，皯乃发字别体，在此读为祓，《尔雅·释诂》："祓，福也"，孷乃鳌字或体，《叔向父殷》铭云："降余多福繇孷"。

（二十）"檐角夒光，义其禋祀"，檐角指牲牛，礼有隆杀，牲牛也有等差。《礼记·王制》："祭天之牛角茧栗，宗庙之牛角握，宾客之牛角尺。"《诗经·周颂·良耜》："杀时犉牡，有捄其角。"夒即燉字，通于饎或糦，文献皆为用于祭祀的熟食或黍稷，光即光洁。此句当读为"角檐燉光"，即《汉书·礼乐志·郊祀歌》所载："牲茧栗，粢盛香"。义当读为宜，即宜其禋祀。

（二十一）"害屖文考乙公遽越，髦屯无諌"，《王孙钟》铭云："余弘龏鈙屖"，即与本铭之害屖义同，当为文献中之"舒遲"，如《礼记·玉藻》："君子之容舒遲"，孔颖达疏云："舒遲，闲雅也。"或谓遽假为剧，训甚，读丧为爽或藏，训爽为明，训藏为善，均甚牵强，不必改字。《广雅·释诂三》："遽，懼也。"有惶恐不安之义。越乃丧之繁，义如失，《易·坤卦》："东北丧明"，马融注："失也。""遽丧"犹谓懼有所失，乃处安思危之义，《诗·大雅·烝民》："令仪令色，小心翼翼，古训是式，威仪是力"。"髦屯无諌"，《师望鼎》、《大克鼎》、《虢叔钟》均作"髦屯亡慜"，郭沫若释髦屯为浑沌："古言浑沌谓浑厚敦笃，不含恶意。"（大系师望鼎考释）諌通刺，《广雅·释言》："讥諌，怨也"。犹言乙公小心翼翼，浑厚敦笃而无怨。

（二十二）"农嗇戉䆯，隹辟孝友"，戉经传作越，与也，如《尚书·大诰》"大诰猷尔多邦，越尔御事。"又"尔庶邦君，越庶士御事。"王引之云："《周书》'越'字与'与'字同义者甚多，《大诰》一篇而外，不能偏引"（《经传释词》卷二）。嗇即穡，䆯字李学勤释苗，裘锡圭释稼，亦必农家田事。农当训勉，《广雅·释诂》三："农，勉也。"《左襄十三年传》："小人农力"，犹言小人勉力。"农嗇戉䆯"乃谓勉于农穡之事。《说文》："辟，法也。"《唇方鼎》铭云："孝友隹型"（三代3.45.1），即与本辞"隹辟孝友"同义，则谓以孝与友惟型惟法。

（二十三）"蔑历"一词周初彝铭屡见，释者很多，均甚牵强，至今尚无定论，仍待进一步研究。

（二十四）"墙弗敢敜"，敜假为沮，犹言弗敢止也。

（二十五）"剌祖文考弋寶受墙，尔黹福褱皯禄"，寶乃寶字别体，"寶受墙"与前文"保受天子"含义相同；黹乃针线所绣之纹饰，"黹福"以形容福之繁密，"皯禄"形容禄鳌之多与美。

（二十六）"龏事厥辟"，龏同龔，《方言》："龔，受也。""受事厥辟"，犹言为君所用。

参考文献：

唐兰：《略论西周微史家族窖藏铜器的重要意义》，《文物》1978年3期。

徐中舒：《西周墙盘铭文笺释》，《考古学报》1978年2期。

李学勤：《论史墙盘及其意义》，《考古学报》1978年2期。

裘锡圭：《史墙盘铭解释》，《文物》1978年3期。

陈世辉：《墙盘铭文解说》，《考古》1980年5期。

10. 癭钟（一）

癭曰：丕显高祖、亚祖、文考、克明厥心，疋尹龛厥威义（仪）（二），用辟先王。癭不敢弗帅（率）祖考秉明德（三）、圙（貊）夙夕左（佐）尹氏。皇王对癭身楸（懋）（四），易佩，敢乍文人大宝𣄰（协）龢钟，用追孝𧻚祀邵各乐大神（五）。大神其陟降严（六），祜燮妥（绥）厚多福（七），其丰丰黛黛（八），受余屯鲁通禄永命，眉寿霝冬（终），癭其万年永宝日鼓（图九九）。

图九九　癭钟

注释：

（一）《癲钟》与《墙盘》同一窖仓出土，共十四件，可分四组：甲组四钟，各铸有内容完全相同的铭文八行一百零四字。乙组三钟，各于钲间铸有相同的铭文八字。丙组六钟，其一钲间铸有铭文三十三字，其二铸有三十四字，以下四钟大小相次，每钟钲间各铸铭文二行，分十二字、十字、八字不等，六钟共计一〇九字，可连读。丁组一钟，有铭文一百零三字。此铭为甲组之第二钟。癲与墙同是微氏家族的成员，癲称墙为文考父丁，故知其为父子关系。《墙盘》乃恭王时做，《癲钟》当为懿王时器。故它又补充了许多《墙盘》所无的资料。

（二）"疋尹龠厥威义（仪）"，同窖出土的《癲殷》铭云："顯皇祖考嗣威义（仪），用辟先王。"则与本铭"丕显高祖、亚祖、文考克明厥心，疋尹龠厥威义（仪），同辟先王"意义相同。尹亦称尹氏，官名。 字旧释正或足，字形确相同，陈梦家云："《说文》卷二疋部曰：'疋，足也……古文以为《诗》大疋字，亦以为足字，或曰胥字，一曰记也'。是许氏以疋、足、胥为一字。《说文》楚从林疋声而金文楚所从之'疋'与诸器动词之疋同形。疋或胥有辅佐之义，《尔雅·释诂》曰'胥，相也'而'相'与'左右'、'助'同训；《广雅·释诂》二曰'由、胥、辅、佐、佑……助也'；《方言》六曰'胥、由、辅也'，郭璞注云'胥，相也，由疋皆谓辅持也。'"（《西周铜器断代》（六）考古学报1956年4期）疋尹犹言辅助于尹，与下文"夙夕左（佐）尹氏"义同。龠即典字之繁，有主持之义与嗣字义同，如《周礼·天官序官》："典妇功"，郑玄注："典，主也。典妇功者，主妇人丝枲功官之事。"谓其祖考辅助尹氏主持各种威仪之事。"威仪"即礼之仪式，也即所谓之"礼容"，《礼记·中庸》所云："礼仪三百，威仪三千"，可见当时演习周礼之繁，微氏家族就是当时主持礼仪的世袭史官。

（三）"癲不敢弗帅祖考秉明德"，帅通率，有表率之义，犹言不敢不以祖考为表率，像他们那样执掌光明磊落之德性。

（四）"皇王对癲身楙"，楙通懋，《说文》："懋，勉也。"

（五）用追孝盠祀邵各乐大神"，盠字书无，当为享祀之义。"邵各乐大神"，《𪓰钟》云："邵各丕显祖考先王"，义相似。犹言以钟声之乐招请大神来至庙堂。

（六）"大神其陟降严"，本铭之严字，其义当同于《𪓰钟》"先王其严在上"，《虢叔旅钟》"皇考严在上"，《井人妄钟》"前文人其严在上"，"先王其严在帝左右"之严字，有尊严、威严之义。严乃为主语，放在陟降之后，而为动词前置。其义当为"大神其严陟降"。

（七）"祐嬖妥厚多福"，《秦公殷》铭有"保嬖厥秦"一句，杨树达谓：嬖从古文业，去盖加声旁字。保业者，犹《书·康诰》"用保乂民"，《多士》"保乂有殷"，《小雅·南山有台》"保艾尔后"，《克鼎》"保辪周邦"，《晋邦盦》"保辪王国"。他说："业与辪乂艾皆同声，铭文保业，犹《书》云保乂、《诗》云保艾、《克鼎》诸器云保艾也。"在此似有治平安厚而多福之义。

（八）"丰丰黛黛"，乃周代钟铭所常用。唐兰云："黛字当从泉㕕声，与《说文》㯱读若薄同，则黛黛𪓰𪓰乃双声叠语，犹云：蓬薄、旁薄、形容丰盛之词也。"（《周王𪓰钟考》，《国立北平故宫博物院年刊》1936年）

11. 㝬鼎（一）

隹王元年，六月，既望乙亥，王在周穆王太〔室〕，〔王〕若曰：㝬，命女更乃祖考嗣卜事（二），易女赤 ⊘〔市〕〔䜌〕用事。王在遝居井（邢）叔易㝬赤金䨳（三），㝬受休□□王，曶用丝（兹）金乍朕文孝（考）宄伯䵼牛鼎（四），曶其万〔年〕用祀，子子孙孙其永宝。

隹王四月既眚霸，辰在丁酉，邢叔在异为〔理〕（五），〔曶〕使厥小子 ![字] （䞈）以限讼于邢叔（六）。我既 ![字] 汝五〔夫〕〔效〕父（七），用匹马束丝，限諆曰舝则卑（俾）我赏马，效〔父〕〔则〕卑复厥丝束（八）。舝、效父迺諆䞈曰于王参门□□木榜，用债征赎兹五夫，用百孚（九）。非出五夫□□脣，迺舝又脣䍞趫金。邢叔曰：才王人迺赎用□不逆付曶，毋卑式于舝（十）。曶则拜頜首，受兹五〔夫〕，曰陪、曰恒、曰棘、曰䜌、曰眚，使孚以告舝，迺卑□以曶酉（酒）及羊、丝三孚、用致兹人（十一），曶迺每（海）于舝〔曰〕：〔汝〕〔其〕舍䞈矢五秉，曰弋（必）尚卑（俾）处厥邑，田〔厥〕田。舝则卑（俾）复命曰：若（诺）。

昔馑岁，匡众厥臣廿夫寇曶禾十秭（十二），以匡季告东宫，东宫迺曰：求乃人，乃弗得，女匡罚大（十三）。匡迺頜首于曶，用五田，用众一夫曰嗌，用臣曰疐、〔曰〕朏、曰奠（十四）。曰用兹四夫頜首。曰余无逌（攸）具寇足〔禾〕，不〔审〕鞭余（十五）。曶或以匡季告东宫，曶曰必唯朕〔禾〕〔是〕赏（十六）。东宫迺曰赏曶禾十秭，遗十秭，为廿秭，来岁弗赏则付四十秭（十七）。迺或即曶用田二又臣〔一〕〔夫〕，凡用即曶田七田、人五夫（十八）。曶觅匡卅秭（十九）（图一〇〇）。

注释：

（一）《曶鼎》是根据做器者名而命名的。据钱坫《曶鼎铭及释文跋语》云："该鼎是乾隆四十三年（公元1778年）毕沅在陕西长安所得，据说"鼎高二尺，围四尺，深九寸，款足作牛首形。"出土不久，毕沅将其从长安迁至"吴都"家中收藏。毕沅死后，清嘉庆四年（公元1799年）毕氏家被抄，当时并未见有此器入于簿录，不知何时而因何故失踪。现在仅有拓片传世。今传《曶鼎》铭文有拓本和摹本两种，拓本又分为未剔字和剔字两种，如《周金文存》卷二上册第七叶是未剔本，虽然所见可识的字数量要少一些，但是，它保存了剔字前的原来形迹，这不仅对辨识误剔字方面很有用处，而且对考察原来字形，也有一定的参考价值。其它如《三代吉金文存》卷四第四十五页、《两周金文辞大系录编》八十三页所录皆为剔字本。修剔后的拓本为四百零九字，内有重文四字，其中被锈掩者三十一字，存三百七十八字，因部分字被锈泐，故有些字句难以通读，虽经学者研究而酌义增补，则难完全恢复原貌（凡增补之字则用方括弧〔〕括起）。兹因其铭文资料甚为重要，故选来释读，郭沫若定为孝王时器，可从。

（二）"命汝更乃祖考司卜事"，更假为賡，续也，即命汝继承你的祖、考主管卜筮之事。

（三）"井叔易曶赤金䥓"赤金下一字过去释者很多莫衷一是，诸如朱为弼释琳，刘心源释琥，吴闿生释鋚，于省吾释鎣，孙常叙释䥓，谓为乃铜的称量单位，是"四钧为石"的石本字。本文是根据郭沫若的隶定，意义不解。

（四）"曶用兹金作朕文考宄伯䵼牛鼎"，案兹字则写成丝字，考字写成孝字，非假用因形近而误。

（五）"邢叔在异为〔理〕"，为下一字锈泐，谭戒甫补为理字，处理狱讼事务，可备一说。

（六）"〔曶〕使厥小子䞈以（与）限讼于邢叔"，曶字已锈泐不辨，郭沫若据文义补。小子下一字乃人名，全铭共三见但形体不同，其它两种字形因剔刻而误。

（七）"我既赎汝五〔夫〕〔效〕父"，"五夫效父"，夫效二字刘心源据辞义补。 ![字] 字均写作卖，杨树达云："卖字中从目，乃《说文》训衙之 ![字] 字，其形与今隶买卖之卖相近，然买卖之卖从出从买，买字从网从贝，今隶於从网之字皆书作四，於是买作买，卖作賣，而卖

乃与此铭之 ☰ 字混淆无别矣。铭文 ☰ 字作赎字用，余疑即赎之初文也。"（《积微居金文说》卷二）杨说至确，《说文》："赎，贸也。"

（八）"限諆曰覤則卑（俾）我赏（偿）马，效〔父〕〔则〕卑（俾）复厥丝束"，諆字郭沫若释为许，他说："諆是许字之异，所从午字下加口，与《麦盉》、《剌鼎》钾字所从者同"。

（九）"用徧諆徝赎丝（兹）五夫，用百孚（锊）"，徧字郭沫若谓为"乃金属货币也"。谭戒甫谓其从贝遑（往）声。徝乃徙字别体，该辞犹言改用百锊以赎此五奴隶。案孚即锊，称量单位，也是称量货币的单位名称。《说文·金部》："锊十一铢二十五分之十三也，从金孚声。

图一〇〇　曶鼎

《周礼》曰重三锊（考工记·弓人），北方以二十两为三锊。"段玉裁注："三各本无，戴仲达作一，今依东原师补正。师说：曰无三字者误也，考《尚书》伪孔传及马融、王肃皆云锊重六两，郑康成云锊重六两大半两，锊即锾也。贾逵云俗儒以锊重六两，此俗儒相传讹失，不能核实，脱去大半两言之。《说文》多宗贾侍中，故曰北方二十两为三锊，正谓六两大半两为一锊也。"《说文·金部》："锾，锊也，从金爱声，书曰罚百锾。"段注："《吕刑》文，东原师曰：'锾、锊篆体易讹，说者合为一。'恐未然也。锾当为十一铢二十五分铢之十三，《考工记》作垸，其假借字，锊当为六两大半两，《史记》作率，《汉书》作选，其假借字。二十五锾而成十二两，三锊而成二十两。《吕刑》之锾当为锊，《弓人》'胶三锊'当为锾，一弓之胶，三十四铢二十五分铢之十四，不得多至二十两也。"朱骏声云："锾重十一铢又五十二黍，锊重六两又十六铢，当从戴说订正。"从以上戴、段两家之分析，锊锾有别，按今文家说法，一锊为当时的六两大半两。五个奴隶售百锊，平均每个奴隶合二十锊，以汉代一锊重六两大半两的说法，那么一个奴隶的价格约为一百二十四两铜。

（十）"邢叔曰：才王人逌赎用□不逆付旨，毋卑（俾）弍于𢼸"，此乃邢叔对旨与限双方争议之判辞，"言限乃王室之人，不应卖约既成而不付，应毋使𢼸有贰言"。

（十一）"逌卑（俾）以（贻）旨酒汲（及）羊丝三孚用致兹人"，𢼸败诉，责令其备酒羊及丝以示谢罪。

（十二）"昔馑岁，匡众厥臣廿夫寇旨禾十秭"，《仪礼·聘礼》："四秉曰筥，十筥曰稯，十稯曰秅，四百秉为一秅。"郑玄注："秉者把也，谓刈禾盈一把也。"《说文·禾部》："秭，五稯为秭"，又"秅，二秭为秅"，从这些记载中得知一秭等於二百把禾，旨被匡众所寇之禾共计二千把。

（十三）"东宫迺曰求乃人乃弗得，女（汝）匡罚大"，东宫为太子所居，《诗经·卫风·硕人》："东宫之妹"，《传》："东宫齐太子也"。疏云："太子居东宫，因以东宫表太子。"求，寻求。东宫责令匡季交出冠旨禾之人。"乃弗得"之乃字犹若，（参见《经传释词补》）犹言若不找到寇禾人，对匡则要加重惩罚。

（十四）"匡迺稽首于旨，用五田，用众一夫曰嗌，用臣曰疐、曰朏、曰奠。"匡用五田和四个奴隶赔偿旨的损失，并向旨稽首请求宽恕。

（十五）"曰余无迿（攸）具寇足〔禾〕，不〔审〕鞭余"，此句禾、审二字锈泐不清，鞭字左半边也损坏，乃根据朱芳圃、孙常叙等人的补释。义如余无法将所寇之禾足数偿付，如有欺诈非实，愿受鞭刑。

（十六）"旨或以（与）匡季告东宫，旨曰必唯朕〔禾〕〔是〕赏（偿）"，或如又，也如再。朕下"禾"、"是"二字乃郭沫若补。

（十七）"东宫迺曰赏（偿）逌禾十秭，遗十秭，为廿秭，来岁弗偿，则付四十秭。"此乃东宫判词，遗，加也。谓匡季偿还旨禾十秭，加十秭共二十秭，如来年弗偿则付四十秭。

（十八）"迺或即旨用田二又臣〔一夫〕，凡用即旨田七田，人五夫"，或，又也；即犹付；杨树达云："即者，今言付与"（散氏盘跋，《积微居金文说》卷一）。谓匡季又付旨田二臣一，共付旨田七田，人五夫。"一夫"二字残损，郭沫若补。

（十九）"觅匡三十秭"，觅字郭沫若谓："当读为免，免去罚禾三十秭，则是于七田五夫之外更得偿禾十秭也。"

参考文献：

394

钱坫:《舀鼎铭及释文·附跋语》,《洪北江诗文集》
朱为弼:《积古斋钟鼎彝器款识》卷四。
刘心源:《奇觚室吉金文选》卷二、卷十六。
于省吾:《双剑誃吉金文选》卷上之二。
郭沫若:《两周金文辞大系图录考释》第七册 96—99 页,科学出版社,1958 年。
杨树达:《积微居金文说》(增订本)《舀鼎跋》、《再跋》。
谭戒甫:《西周舀器铭文综合研究》,《中华文史论丛》第三辑。
孙常叙:《舀鼎铭文通释》刻印本。

12. 虢季子白盘(一)

隹十又二年,正月,初吉丁亥,虢季子白乍宝盘(二)。丕显子白,甹(壮)武于戎工(三)经缵四方(四),愽伐厰羝(玁狁),于洛之阳(五),折首五百,执嘼(讯)五十,是以先行(六)。趰趰子白(七),献戒于王(八),王孔加子白义(九),王各周庙宣廰爰鄉(饗)。王曰白父,孔顥又(有)光。王赐乘马,是用左(佐)王,赐用弓彤矢,其央。赐用戉,用政蠻(蛮)方。子子孙孙,万寿无疆(图一〇)。

注释:

(一)关于此盘出土地点及出土时代,其说不一。吴式芬《攈古录金文》卷三载陈寿卿云宝鸡出土,而张石匏谓出于郿县。后经学者考察,知此盘发现的年代约在清道光年间,出土于陕西宝鸡虢川司附近。初为一农民由地下掘出,随后即用以盛水饮马。后为一徐姓县令出制钱数千将其据为己有。遂同徐氏运往江苏常州。太平军取常州,此盘又归属某王。后来清将刘铭传攻常州,城破,该盘又转为刘氏所有。1950 年由刘肃曾将其献给政府,现由北京历史博物馆收藏。案此盘与《不嬰殷》乃同时所作,旧多谓为宣王时器,郭沫若据《后汉书·西羌传》定其为夷王时做。《不嬰殷》称"不嬰駿方",谓攻伐玁狁"多折首执讯"。《噩侯鼎》谓"噩侯駿方",王赐駿方玉、马、矢等物。《禹鼎》则谓"敦伐噩,休获厰君駿方"。从各器铭文所载有关"駿方"不同情况分析,《虢季子白盘》、《不嬰殷》、《噩侯鼎》等均当做于《禹鼎》之前,《禹鼎》当属厉王时器,而以上诸器不可能在它之后,故郭沫若定其为夷王时器,可信。

(二)"虢季子白乍宝盘",《左传》僖公五年:"虢仲、虢叔,王季之穆也。"杜注:"虢仲、虢叔,王季之子,文王之母弟也。仲、叔,皆虢君字。"《汉书·地理志》云:"北虢在大阳,东虢在荥阳,西虢在雍州。"金文除虢仲、虢叔外,还有虢伯和虢季,如"虢伯乍姬母鬲"(三代 5.41.1),"虢季氏子组鬲"(岩窟 1.14)。知虢有伯、仲、叔、季四支。案此盘出土在陕西宝鸡,而陕县上村岭则出土"虢季氏子钱鬲",说明这两处虢季乃为文王母弟仲叔二宗的分枝,虽同称季氏,但非同宗。

(三)"壮武于戎工",《诗经·周颂·烈文》:"念兹戎功",《大雅·江汉》:"肇敏戎公",毛传:"戎大,公事也。"陈奂《毛诗传疏》:"《后汉书·宋弘传》注引诗传作功,功与公通用。"案"戎工"当为"戎公",在此戎字当作战争或征伐解,犹言壮武于征伐之事。

(四)"经缵四方",过去徐同柏《从古堂款识学》、吴式芬《攈古录金文》、吴大澂《愙斋集古录》、刘心源《奇觚室吉金文述》、郭沫若《两周金文辞大系》等均释为"经维四方"。杨树达云:"余谓缵当读为夒。《说文四篇上萑部》云:'夒,规夒,商也。一曰:夒,度也'。经纆四方者，经谓经营，纆谓规度，犹《诗·江汉》云：'经营四方'也。"

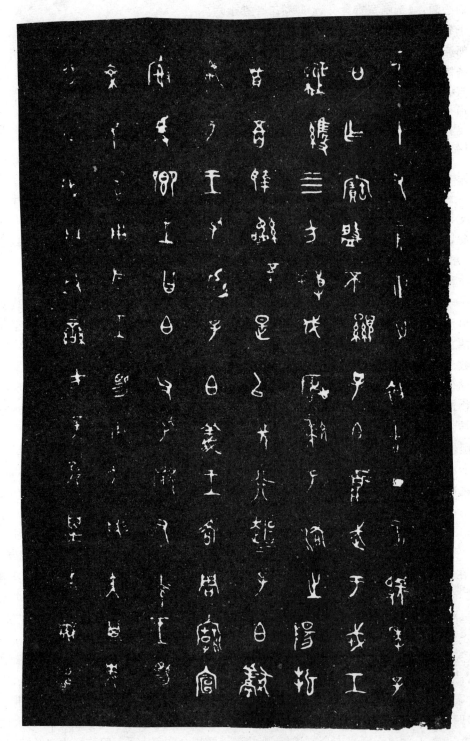

图一〇一　虢季子白盘

（五）"膊伐猃狁于洛之阳"，郭沫若云："谓于北洛水之东也，地望正合。北洛水南流，称阳知必为东矣。"

（六）"折首五百，执讯五十，是以先行"。《不嬰殷》铭云："白氏曰：不嬰、驭方，猃狁广伐西俞，王命我羞追于西，余来归献禽。"盘铭所谓"先行"，因子白有折首执讯之功，当先行献禽于王。

（七）"趡趡子白"，趡趡乃重言形况字，如《尔雅·释训》："桓桓，威也"，《广雅·释训》："桓桓武也"。此言子白威武形貌。

（八）"献戎于王"，戎当为字馘，或作聝，《诗经·鲁颂·泮水》："在泮献聝"，《郑笺》："聝所格者之左耳"。《尔雅·释诂》："聝，获也"，注云："今以获贼耳为聝"，古人在征伐中以割对方左耳计其折首若干。

（九）"王孔加子白义"，孔，甚也。加犹嘉，犹言周王甚为嘉奖子白大义。

参考文献：

吴式芬：《攈古录金文》三之二。

刘心源：《奇觚室吉金文述》卷八。

郭沫若：《两周金文辞大系图录考释》七册。

杨树达：《积微居金文说》（增订本）148页。

陆懋德：《虢季子白盘研究》，燕京学报三十九期，1950年。

13. 周王㝬钟（一）

王肇遹眚（省）文武，堇（勤）疆土（二）。南或（国）艮 孳 敢臽处我土（三），王𩙺（敦）伐其至，戮伐厥都，艮孳乃遣閒来逆卲王（四），南尸（夷）东尸（夷）具见二十又六邦。隹皇上帝百神，保余小子，朕猷又（有）成，亡竞（五）。我隹司（嗣）配皇天，王对乍宗周钟。仓仓恖恖，雝雝雍雍（六），用卲各丕显祖考先王，先王其严才（在）上（七），黛黛數數降余多福。福余□孙，参寿隹利（利）（八），㝬其万年，畯保四或（国）（九）（图一〇二）。

注释：

（一）"周王㝬钟"，又名"宗周钟"，最初著录于《西清古鉴》，阮元《积古斋钟鼎款识》又据山阴陈广宁藏器之拓本，录于三卷八叶。以唐兰分析，该钟传有二器。清内府藏器今在台湾，陈氏藏器，今不知其存佚。郭沫若、杨树达等均以"来逆卲王"句，则谓卲王即昭王，故定此器为昭王时物。孙诒让、唐兰均谓卲为见，"来逆卲王"即来迎见王。唐兰读㝬为胡，谓为周厉王名，因定此器为厉王时铸。

（二）"王肇遹眚（省）文武，堇（勤）疆土"，郭沫若云："眚，假为省。省，视也。相，省视也。《国语·晋语》：'后稷是相'，即《盂鼎》'遹相先王'之义。本辞'遹省文武'，亦谓'遹相文武'，如今人言观摩也。"堇假为勤，勤劳于疆域之事。

（三）"南国艮孳敢臽处我土"，孙诒让谓"艮孳"即"服子"，唐兰云"艮为国名，孳乃人名"。郭沫若读作"敢臽虐我土"，唐兰读作"敢臽处我土"，当以唐说为是。

（四）"艮孳乃遣閒来逆卲王"，"遣閒"乃派遣艮孳的使臣或代表。"来逆卲王"，如前所述：郭沫若、杨树达认为卲王即昭王，孙诒让、唐兰云卲通昭，《尔雅·释诂》："昭，见也，"则谓艮孳派遣使臣来迎见周王。

（五）"朕猷又（有）成，亡竞"，《诗经·小雅·采芑》："克壮其猷"，笺云："猷，谋也；谋，兵谋也。"成谓成功和成就。"亡竞"犹言无有能与其竞争者。

（六）"仓仓悤悤，雝雝雍雍，皆重言形况字，《说文·金部》："鍯，鎗鍯也"；又"鎗，钟声也。"后四字字书无，唐兰疑即肃雍，状钟声之和美也。《诗·何彼秾矣》："曷不肃雍，王姬之车"。《有瞽》："喤喤厥声，肃雍和鸣"。《礼记·少仪》："鸾和之美，肃肃雍雍。"

（七）"先王其严在上"，参见《瘋钟》释文注六。

（八）"福余□孙，参寿佳利"，孙前一字泐损，但左侧似一水符，郭沫若释为"顺孙"，唐兰释为"汎"，读作"仍孙"，《尔雅·释亲》："晜孙之子曰仍孙"，唐谓："所言世数，虽不可信，然仍孙之名，古固有之"。

（九）"䟆其万年，畯保四国"，䟆乃做器者名，唐兰云："孙诒让谓 枯 即䟆之媠变，说至警辟，余由是思及《季宫夫簠》自称其器为 ，其所从之，亦即䟆字也。铜器之簠，铭中多作匩字，从匚古声，即经传'瑚琏'之瑚也。《季宫父簠》以䟆为匩，则䟆可读为胡也。""史称周厉王名胡，而此器制铭辞各方面判之，当在厉宣之世，则䟆即厉王本名又可无疑也。"郭沫若谓䟆即"昭王名瑕之本字"。当从唐说。

参考文献：

阮元：《积古斋钟鼎彝器款识》卷三。

吴式芬：《攈古录金文》三之二。

郭沫若：《两周金文辞大系图录考释》，第六册51—53页。

图一〇二　周王䟆钟

孙诒让：《古籀拾遗》中。
唐兰：《周王𫗦钟考》，《国立北平故宫博物院年刊》1936年。
杨树达：《宗周钟跋》，《积微居金文说》卷五。

14. 小克鼎（一）

佳王二十又三年，九月，王在宗周。王命善夫克舍令于成周遹正八𠂤之年（二）。克乍朕皇祖𢼸季宝宗彝（三）。克其曰用𩰳朕辟鲁休，用匄康勴（四），屯右（纯佑），𧶠（眉）寿，永命霝冬（终），万年无疆。克其子子孙孙永宝用（图一〇三）。

图一〇三　小克鼎

注释：

（一）小克鼎共七件，每件依次递减。据云：它同大克鼎、克殷、克钟和仲义父鼎等均在清光绪十六年（公元1890年）出土于陕西岐山法门寺。从周代贵族用鼎制度分析，膳夫克使用大牢七鼎，其地位相当于六卿或诸侯。它的时代，当为厉王时器。

（二）"王命善夫克舍令于成周遹正八𠂤之年"，西周王朝的军队有"西六师"，"殷八师"和"成周八师"，"成周八师"是宿营在东都附近的宿卫军。《𦉢壶》铭云："王乎尹氏册命𦉢曰：更（赓）乃祖考作冢司土于成周八师"。"善夫"即"膳夫"，《周礼·天官》："膳夫上士二人"，郑玄注："膳夫食官之长也。"案膳夫之职甚低，职掌王饮食膳羞之事。而膳夫克既可出纳王命（大克鼎），又命其舍令成周正八师，足见他官虽膳夫，但职权很大。自膳乃用大牢七鼎，地位亦相当高。杨树达云："余谓《诗·小雅·十月之交》云：'皇父卿士，番维司徒，家伯维宰，仲允膳夫，棸子内史，蹶维走马，楀维师氏。'卿士、司徒、冢宰、内史、师氏皆卿士大僚，而膳夫与之并列，则膳夫之职，虽以掌膳羞名其官，实则职掌不止于膳羞也。《天官序官》注谓膳夫为食官之长，此犹汉世太官主膳食，汤官主饼饵，巢官主择米，皆属於少府，少府为其长，而列於公卿，其职甚尊矣。"

（三）"克乍朕皇祖釐季宝宗彝"，《大克鼎》铭云："穆穆朕文祖师华父……龏保厥辟龏王"，说明膳夫克祖师华父活动在恭王时代。本铭云："克乍朕皇祖釐季宝宗彝"。"皇祖釐季"即《大克鼎》之"文祖师华父"，乃同一人之名与字。

（四）"用匄康勵"，郭沫若读作"康㦡"，犹言康乐，可从。

参考文献：

端方：《陶斋吉金录》卷一，《续录》上。

方濬益：《缀遗斋彝器考释》卷四。

郭沫若：《两周金文辞大系图录考释》第七册。

杨树达：《善夫克鼎再跋》，《积微居金文说》（增订本）卷二。

15. 师嫠殷（一）

〔师龢父徂（殂），嫠叔巿（素韍）巩（恐）告于王〕（二）。隹十又一年九月，初吉丁亥，王才（在）周，各（格）于太室，即位，宰琱生内右师嫠，王乎（呼）尹氏册命师嫠（三）。王〔若〕曰："师嫠，在〔昔〕先王小学（教）女（汝），汝敏可事（四）。既命汝更（赓）乃祖考䢅〔小辅〕（五）。今余唯釐亶乃命（六），命汝嗣乃祖旧官小辅〔罱〕鼓钟。易汝叔巿、金黄、赤舄、攸勒，用事（七）。〔敬〕夙夜勿灋（废）朕命。"师嫠拜手頴首，敢对扬天子休，用乍朕皇考輔伯隣殷。嫠其万年子子孙孙永宝用（图一〇四）。

注释：

（一）器与盖皆有铭，内容亦基本一致，唯盖有夺字，如开头所云："师龢父徂，嫠叔巿恐告于王"十一字，盖铭无；再如"王若曰"之若字，"在昔"之昔字，"小辅"二字，以及罱、敬字等盖铭亦被夺漏。因盖铭拓本较器铭清楚，为取字迹清晰的盖铭，凡夺漏之字均照器铭补齐，则用方括弧〔〕括起以示区别。该器做于周宣王十一年，为西周晚期遗物。

（二）"师龢父徂，嫠叔巿恐告于王"，郭沫若谓"师龢父即共伯和"，可备一说。他又说徂读为殂，可信。徂乃作字别体，《说文》殂之古文作㱉，亦从乍声。《说文》谓："殂，往死也，从歹且声，《虞书》曰：勋乃殂。""叔巿"郭氏读为素韍，祭服，亦可从。

（三）"王在周格于太室，即位，宰琱生内佑师嫠，王呼尹氏册命师嫠"，周贵族晚辈继承先辈官爵，必须经过周王的册命和封赏，即取得周王的承认。本辞即形容师嫠受周王册命时所举行的礼仪。如云王在宗周来到太室，南面即位，由宰琱生引纳佑导师嫠，一般还有"入门立中廷"等语，聆听周王训诲，又云"王呼尹氏册命师嫠"，即王命尹氏宣读周王对师嫠的封命和赏赐，诸如自"王若曰"以下至"勿废朕命"，皆为周王对师嫠所讲的内容。

（四）"王若曰：师嫠，在昔先王小学汝，汝敏可事"，《大盂鼎》铭云："余隹即朕小学汝"，内容相似，学即教，同教。《尔雅·释诂》："学，教也。"《尚书·盘庚》："教于民"，即教于民。杨树达云："《礼记·学记篇》引《书兑命》曰：'学学半'，上学字即假为教，学学连文，犹《学记》言'教学相长'，以教学连文也。在先王小教女者，《周礼·地官·师氏》云：

'以三德教国子,凡国之贵游子弟学焉。'据铭文下言'既令女更乃祖考嗣小辅'师毁盖是周礼所谓贵游子弟,故云尔也。"

(五)"既命汝更乃祖考嗣小辅",更假为赓,续也。"小辅",吴大澂谓为当读作"少傅"(《古籀补》14.5),郭沫若初同吴说,后又改为即《周礼·春官》中掌金奏鼓之"镈师"。

(六)"今余唯䚄京乃命",孙诒让释䚄为緟(参见《墙盘》释文)王国维谓京为京,训为崇。杨树达云:"余谓此京字亦当读为庚,京与庚古同音,故可通作也。"王人聪释为就字,可从,当读"緟就乃命"。

图一〇四　师毁殷盖

(七)"易汝叔巿、金黄、赤舄、攸勒、用事",叔巿郭沫若释为素韨,金黄即金色之黄,黄乃玉佩当作珩或衡。赤舄,履也。攸勒,马具、镳衔等。

参考文献:

吴大澂:《愙斋集古录》第九册。

刘体智:《小校经阁金文拓本》第八册。

郭沫若:《两周金文辞大系图录考释》第七册。

杨树达:《师嫠殷》,《积微居金文说》(增订本)卷三。

16. 师兑殷(一)

隹元年五月,初吉甲寅,王才(在)周,各(格)康庙,即立(位)。同仲右(佑)师兑入门立中廷。王乎(呼)内史尹册命师兑,足师龢父嗣左右走马、五邑走马(二)。易女(汝)乃祖巾、五黄(三)、赤舄。兑拜頴首敢对扬天子丕显鲁休,用乍皇祖城公鷺殷。师兑其万年子子孙孙永宝用(图一〇五)。

注释:

(一)师兑殷传世者有二器,一记元年五月,一记三年二月,本辞乃元年师兑殷。师龢父亦见于师嫠殷,其铭开始则云"师龢父俎",而本铭作足师龢父嗣左右走马、五邑走马。前者乃宣王十一年做,故多考证此器当为幽王元年。

(二)"足师龢父嗣左右走马、五邑走马",⦿字郭沫若释足,谓为续也。《释名》云:"足,续也。"则命师兑承继师龢父之职。案足也可读作疋,疋通胥而有辅助之义,说见《癲钟》释文。但从器形考察,时代很晚,当以郭氏训足为续适宜。师龢父死后,师兑而续其职,此器当成于幽王元年。

(三)"易汝乃祖巾、五黄",杨树达云:"巾非锡物,而此铭字明作巾。余以声类求之,巾盖旂之假字也……巾与旂古音同,故铭文假巾为旂也。古器铭记锡旂者至夥,有单言锡旂者,《牧殷》是也。有云锡縊旂者,《颂鼎》、《休盘》、《扬殷》、《豆闭殷》、《寰盘》及上举《盉壶盖》是也。有云朱旂者,《毛公鼎》是也。此皆器铭以旂为锡物之例,其他例尚多,不胜举证也。至《善鼎》云:'锡女乃祖旂,用事!'《大盂鼎》云:'锡乃祖南公旂,用兽!'与此铭云'锡汝乃祖巾'者句例全同,此巾当读旂之确证也。"郭沫若谓"五黄","盖言其色似菩之青白,亦犹言'恩黄'矣。"

参考文献:

刘体智:《善斋吉金录》卷八。

容庚:《善斋彝器图录》74—75页。

郭沫若:《两周金文辞大系图录考释》第七册。

杨树达:《元年师兑殷跋》,《积微居金文说》(增订本)卷五。

图一〇五 师兑殷

三 春秋、战国时期铜器铭文选读

1. 秦公殷（一）

秦公曰："丕显朕皇祖，受天命，鼏宅禹责（迹），十又二公（二）。在帝之坏（坯），严龏夤（恭寅）天命（三），保乂厥秦，虩事（使）蠻（蛮）夏（四）。余虽小子，穆穆帅秉明德，剌剌趄趄，迈（万）民是敕（五）。咸畜胤士。盩盩文武（六），镇（镇）静不廷（七），虔敬朕祀，乍訊宗彝，以邵皇祖聚严 㦣各（八）。以受屯鲁多釐，覺（眉）寿无疆。畯崖在天，高弘又

403

庆，🀆囿四方（九）。宜（图一〇六）。

图一〇六　秦公殷

注释：

（一）秦公殷民国初年出土于甘肃省天水县，当时被陇督张广建得之。盖铭五十三字，器铭五十一字，共一〇四字，盖器铭文连接。案宋时御府所藏《秦公钟》，皇祐间尝摹其文以赐公卿，杨元明为图刻石，其图及铭文见于《考古图》和薛氏《款识》。铭文与此略同，亦有"十又二公"之语，当时众说纷纭，或谓孝王始邑非子于秦，非子至宣公为十二世；或谓秦仲始为公，以秦仲开始至康公为十二公，钟为共公所做。赵明诚《金石录》《跋秦公钟》云："秦仲初未尝称公，庄公虽追称公然犹为西垂大夫，未立国。至襄公始国为诸侯，则铭所诸十二公者，当自襄公为始，然则铭斯钟者其景公欤。"这与后来郭沫若根据《秦公殷》之器形花纹考察，所得结论相同。钟、殷皆秦景公所做，约当公元前576年至537年。

（二）"𬭚宅禹责，十又二公"，郭沫若谓"𬭚与监通，静也。责，蹟省。《商颂·殷武》：'设都于禹之绩'，绩亦当为蹟。"杨树达云："按𬭚字从鼎八声，《说文》训以木横鼎耳举之，此当假为迥，《说文二篇上辵部》云：'迥，远也'。"秦公钟、殷皆言"十又二公"，但作器时代久成悬案。郭沫若云："余今得一坚确之证据，知作器者实是秦景公，盖器与齐之《叔夷镈钟》除大小相异而外，其花纹形制全如出一范也。《叔夷镈钟》作于齐灵公中年，秦景公以灵公六年即位，年代正相同；因知所谓'十又二公'实自襄公始列为诸侯始也。"

（三）"在帝之阫（坏），严恭寅天命"，郭沫若读"在帝之坏"，杨树达读坏为覆，谓为在天之覆，当郭释为是。"严恭寅天命"，《尚书·无逸》作"严恭寅畏天命"。《蔡传》云："严则庄重"，恭则谦抑，寅则钦肃，畏则戒惧。"（蔡沈，《书集传》）

（四）"保鄴厥秦，虩事蛮夏"，杨树达云："按鄴字从古文业，去盖加声旁字，与罔字之亡，壁之里同。去古音在模部，得为古文业之声旁者，去声之字如祛劫皆读入帖部，业与祛劫音近，去得为祛劫之声旁，亦得为业之声旁矣。保业者，《书·康诰》云：'往敷求于殷先哲王、用保乂民。'《多士》云：'亦惟天丕建保乂有殷。'《君奭》云：'率惟兹有陈，保乂有殷。'《康王之诰》云：'则亦有熊罴之士不二心之臣保乂王家。'《诗·小雅·南山有台》云：'乐只君子，保艾尔后。'《克鼎》云：'天子其万年无疆，保辪周邦，畯尹四方。'《宗妇殷》：'保辪鄘国。'《晋邦盨》云：'余咸妥乱士，作为左右，保辪王国。'业与辪义艾皆同声，铭文保业，犹《书》云保乂，《诗》云保艾，《克鼎》诸器云保辪也。《尔雅·释诂》云：'艾，相也。'凡言'保业'、'保乂'、'保艾'、'保辪'者，皆谓保相也。"虩，恐惧也。事读作使，犹言使蛮夏恐惧。

（五）"迈民是敕"，迈读作万。敕在此当训为慎，《诗·小雅·楚茨》："既匡既敕"，传云："敕，固也。"疏引王肃说谓既敕为已固慎。《释名》："敕，谨也"。在此当谓万民谨慎和顺。

（六）"咸畜胤士，蟄蟄文武"，《秦公钟》作"咸畜百辟胤士"，《晋公盨》谓"咸畜胤士"。孙诒让云："胤士之义，以声音考之当读为尹士。《广雅·释诂》：'尹，官也'，尹士犹言官士矣。"郭沫若云："余意胤殆假为俊，《礼·王制》：'司徒论选士之秀者而升之学曰俊士。'《书·皋陶谟》：'俊乂在官'，语意相近。"又云："蟄蟄者当断为袪袪，《鲁颂·駉》：'以车袪袪'，《毛传》云：'强健也'。"

（七）"镇静不廷"，不廷，《毛公鼎》称"不廷方"，文献又作"不庭"。指不朝于王庭的方国，如《左传》隐公十一年："以王命讨不庭。"

（八）"虔敬朕祀，乍淼宗彝，以邵皇祖覭严归各"，郭沫若云淼字从吻声，当是敃字之异文。《说文》吻或作脗，从肉昏声，昏从民声，与敃从民声相同。又谓敃通旻与闵，闵或作文，故谓淼宗即文公之庙。各前一字不识，郭式隶定为迤，他说：殆归之异文。犹言以招皇祖厥严归至，似可备一说。

（九）"畯疐在天，高弘有庆，竈圅四方"，杨树达云："按铭文此节皆祝福之辞，而忽云畯疐在天，事理殊觉不合。此句钟铭作畯疐在立，立为古文位字，两相勘校，天为立字之误无疑。天立二字同从一从大，字形相近，范器者误书尔。"又云："竈圅四方者，《诗·商颂·玄鸟》云：'肇域彼四海。'余谓铭文之竈圅即诗之肇域。竈肇音近，圅域二字音义并近，古通……郑君笺《玄鸟篇》肇域彼四海，破肇为兆，盖谓以四海为兆域。然则铭文竈圅四方，盖亦谓以四方为兆域矣。"

参考文献：

郭沫若：《秦公殷韵读》，《殷周青铜器铭文研究》卷二。

杨树达：《秦公殷》，《积微居金文说》（增订本）卷二。

2. 国差罐（一）

国差立事岁，咸，丁亥（二），攻（工）帀（师）佫铸西墉（墉）宝罐四秉（三），用实

旨酒，侯氏受福鬘（眉）寿。卑（俾）旨卑（俾）瀞（清），侯氏毋瘩（咎）毋疣（四），齐邦
𣄰静安宁（五）。子子孙孙永保（宝）用之（图一〇七）。

图一〇七　国差𦉥

注释：

（一）国差𦉥，东周齐国之器，阮元《积古斋》、吴式芬《攈古录》、刘心源《奇觚室》均有著录，唯容庚《宝蕴楼彝器图录》拓印最精。据学者研究，"国差"即春秋经传所载之"国佐"，鲁成公二年，《春秋经》言："秋七月，齐侯使国佐如师，己酉及国佐盟于袁娄。"《左传》云："齐侯使宾媚人赂"，"秋七月，晋师及齐佐盟于爰娄。"杜预注："媚人国佑也。"亦称国武子，为齐之上卿。此器约当公元前六世纪初叶所铸造。

（二）"国差立事岁，咸，丁亥"，王国维云："齐器多兼纪岁月日，如《子禾子釜》云：'□□立事岁禠月丙午'，《陈猷釜》云：'陈猷立事岁𩑔月戊寅'，此器云：'国差立事岁咸丁亥'，文例正同，但咸下夺一月字耳。前二器当读△△立事岁为句，△月为句，丙午、戊寅为句；此器亦然，云国差立事岁者，纪其年也，古人多以事纪年，如《南宫方鼎》云：'惟王命南宫伐反虎方之年'，《克鼎》云：'王命克舍命于成周遹正八自之年'，皆是。咸者，其月也，禠月、𩑔月、咸月，盖月阳月阴之异名，齐人之语，不必与《尔雅》同也。丁亥者，其日也，古人铸器多用丁亥，诸钟铭皆其证也。"

（三）"工师倏铸西墉宝𦉥四秉'，工师下一字郭沫若释为疑字，乃工师之名，秉字郭氏读为柄，"四秉"在此当指𦉥之件数。

（四）"侯氏毋咎毋疣"，毋疣，阮元释为毋瘤，刘心源、容庚皆释为瘠，读为"毋厌"，郭沫若云："余谓此所从者乃兄字。《矢令𣪕》父兄字作𠔉，《般作兄癸罍》作𠔉，卜辞兄字亦有如是作者。字乃以兄为声，以声类求之殆荒字也。毋疣犹《唐风·蟋蟀》云：'好乐无荒'。"

（五）"齐邦𣄰静安宁"，邦下一字吴式芬释賛，王国维释贬，容庚释𣄰，郭沫若释朋读为

风，又更释鼎读为密，皆不甚妥，形既难从，义亦不通，仍待进一步研究。

参考文献：

阮元：《积古斋钟鼎彝器款识》卷八。

王国维：《齐国差𦉢跋》，《观堂集林》卷十八。

郭沫若：《国差𦉢韵读》，《殷周青铜器铭文研究》卷二；《两周金文辞大系图录考释》第八册。

容庚：《宝蕴楼彝器图录》图九十一。

杨树达：《工师佫𦉢跋》，《积微居金文说》（增订本）卷一。

3. 鲁大司徒匜（一）

鲁大嗣徒子中（仲）自乍其庶女䰜孟姬䁓（媵）匜（二），其䛑（眉）寿万年无疆（三），子子孙孙永保用之（图一○八）。

图一○八 鲁大司徒匜

注释：

（一）鲁大司徒匜曾著录于《愙斋集古录》、《奇觚室吉金文述》、《缀遗斋彝器考释》等书，此乃鲁大司徒子仲为聘女孟姬而做，原为由盘与匜组成的盥器，现仅存匜而失盘，出土地点不明。

（二）"自作其庶女䰜孟姬媵匜"，郭沫若云："䰜即厉之繁文，从石与从厂同意，从迈省声与万声同。在此乃孟姬所适之国名。《春秋》僖十五年：'齐师曹师伐厉'，杜注：'义阳县有厉乡。'《汉志》南阳郡随下云：'故国，厉乡故厉国也。'今湖北随县北四十里有厉山店。"孟姬是鲁大司徒之庶女，《白虎通·姓名篇》："嫡长称伯，庶长称孟"，故本辞曰庶女孟姬。

（三）"眉寿"，寿字周彝铭有两种主要形体，一种写作"𦕞"（克鼎），另一种写作"𦕞"（齐侯壶），其上部凡写成 ⺈ 形者，乃齐鲁地区的书写特点。

参考文献：

吴大澂：《愙斋集古录》十六册27页。

刘心源：《奇觚室吉金文述》卷八33页。

方濬益：《缀遗斋彝器考释》卷十四15页。

郭沫若：《两周金文辞大系图录考释》第八册195页。

4. 郜公平侯鼎（一）

隹郜八月初吉癸未，郜公平疾自乍䵼䥍（二），用追孝于厥皇祖晨公，于厥皇考辟□公，用赐䛑（眉）寿（三），万年无疆，子子孙孙永宝用莒（图一○九）。

图一〇九　鄀公平侯鼎

注释：

（一）《左传》僖公二十五年"秦晋伐鄀，楚門克屈御寇以申息之师戍商密。"杜注："鄀本在商密，秦楚界上小国，其后迁于南郡鄀县。"案《鄀公敄人殷》铭云："上鄀公敄人乍障殷"；《鄀公諴鼎》铭谓："下䵼雎公諴乍障鼎"。可见春秋时代存有二鄀。此鼎乃宋代出土，《考古图》云："得于上雒"，故宋人称其为"商洛鼎"。上雒在今之陕西商县，春秋末年属晋，则下鄀盖灭于晋。南郡之鄀《汉书·地理志》作若，注云："楚昭王畏吴自郢徙此。"（在今湖北宜城县）此即《鄀公敄人殷》所谓之上鄀。二鄀用字不同以示区分，上鄀从邑，下鄀从虫，写作䵼或蜙。郭沫若云："意南郡之鄀为本国，故称上，上雒之鄀为分枝，故称下，此犹小邾出于邾娄而称为小矣。南郡之鄀后为楚所灭，故于春秋末年其故都竟成楚都也。"

（二）"鄀公平侯自乍障錳"，錳乃镬字之别体，在周彝铭中多见，诸如：

《瘨鼎》："王乎虢叔召瘨，易驹两，用乍皇祖文考盂鼎。"

《大鼎》："大拜稽首，对扬天子丕显休，用作朕剌考己伯盂鼎。"

《硕鼎》："硕稽首受命，敢对扬天子丕显休，用乍朕皇考盂鼎。"

《卫鼎》："卫作文考□仲姜氏盂鼎。"

《宋君夫人鼎》："宋君夫人之䚄钘鸁。"

《王子吴鼎》："王子吴择其吉金自乍飤鈃。"

《蔡侯驧鼎》："蔡侯驧之飤鈃。"

以上所举之"盂鼎"或"飤鈃"皆应读作"镬鼎"或"飤镬"，于字古音在喻纽鱼部，镬在匣纽铎部，喻匣双声，鱼铎乃一声之转。故读此"障錳"当读障镬（参见《周代用鼎制度研究》，北大学报 1978 年 1—2 期、1979 年 2 期）。

（三）"用赐眉寿"，赐即易，在此乃假为祈，周彝铭均作"用祈寿眉"，无作用易眉寿者。

参考文献：

吴大澂：《愙斋集古录》第十一册23页。

郭沫若：《两周金文辞大系图录考释》第八册175页。

5. 许子妆匜（一）

隹正月初吉丁亥，鄦子妆择其吉金（二），用铸其匜（三）。用䚄（媵）孟姜秦嬴（四），其子子孙孙羕（永）保用之（图一一〇）。

图一一〇 许子妆匿

图一一一 鄦侯殷

注释：

（一）《世本》秦嘉谟辑补云：许，姜姓。"炎帝太岳之允甫侯所封，周文王封其裔孙文叔于许，其后因封为氏。"传世铜器《许子钟》，据吕大临《考古图》说："得于颖川"，今河南许昌县附近，即许国旧地。

（二）"鄦子妆择其吉金"，鄦古国名，文献作"许"，《说文》云："鄦，炎帝太岳之胤甫侯所封，在颖川，从邑无声，读若许。"

（三）"用铸其匿"，案 匿 字旧释簠，不确，当作盨或匿，说见本编二章一节。

（四）"用媵孟姜秦嬴"，孟姜当为许氏的女子，秦嬴乃是秦氏的女子，为何同器聘两姓女子？据郭沫若推测："此殆许与秦同时嫁女，或许嫡秦为媵，秦嫡许为媵，故铸器以分媵之。"

参考文献：

容庚：《善斋彝器图录》52 页。

郭沫若：《两周金文辞大系图录考释》第八册 179 页。

6. 鄽侯殷（一）

隹五年正月丙午，鄽侯少子䖽乙，孝孙丕巨，盨趣（取）吉金（二），姊乍皇妣 [字] 君中妃祭器八殷（三），永保用亯（图一一一）。

注释：

（一）孙诒让曾释鄽为卢，他说："鄽国当即《书·牧誓》之卢，亦见《左传》桓十三年、文十六年。《释文》本或作厱；《史记·周本纪》作纑。"王国维、杨树达皆谓为山东之莒，此说为多数学者所赞同，尤其是近年山东莒南大店春秋时期莒国殉人墓的发掘，进一步证明鄽即山东莒国。

（二）"盨取吉金"，杨树达云："盨字许印林疑即盇字，是也。按盇字从合声，盨字在此文当读为合。此器为䖽乙与丕巨两人所共作，故云'合取吉金'也。"

（三）姊即嬬字之简体，郭沫若读为"而"，至碻。

参考文献：

吴式芬：《攈古录金文》三之一，8页。

郭沫若：《两周金文辞大系图录考释》第八册173页。

杨树达：《积微居金文余说》卷二，261—262页。

7. 曾姬无卹壶（一）

隹王二十又六年（二），圣趄之夫人曾姬无卹（三），望安兹漾陲，蒿閒（間）之无匹（四），甬乍（用作）宗彝尊壶，後嗣甬（用）之，歔才（在）王室（五）（图一一二）。

注释：

（一）《曾姬无卹壶》共二件，是1933年在安徽寿县朱家集李三孤堆楚王墓中被盗掘出土，因当时洪水泛滥，当地豪绅朱鸿初等醵资鸠工开坑盗掘，所得铜器计千件以上，楚王酓章剑、楚王酓肯鼎、楚王酓忎鼎、集脰大子鼎、铸客鼎等，均同此壶一起出土。当时虽经官府制止，并勒令将其所获悉数缴公，但因官绅勾结，乃有许多珍贵文物散失。解放后，由安徽省文物管理机关努力搜集，已将流散各地的遗物陆续归公，现分藏于中国历史博物馆和安徽博物馆。

（二）"隹王二十又六年"，郭沫若云："寿县自考烈王二十二年自陈徙都于此之后为楚都，然考烈王在位二十五年，其子幽王十年，其同母弟哀王仅二月余为其庶兄负刍所杀，负刍立五年而为秦所虏，国灭，故此非考烈以后器。字体与《楚王酓章钟》极近，大率即惠王时物。"

（三）"圣趄之夫人曾姬无卹"，据刘节考证，圣趄夫人即声桓夫人，他说："《左传》文公十七年，'葬我小君声姜'，《公羊传》作圣姜；《国策·楚策》蔡圣侯，《史记六国年表》作声侯；《汉书古今人表》卫声公，《索隐》引作圣公；《孟子》曰：'金声而玉振之'，赵注：'声，宣也'，然则圣趄夫人即声桓夫人无疑矣。"又说："《曾姬无卹壶》者，圣趄之夫人所作器也，夫人，国君之妻，嫁于曾故称曾姬，无卹，其名也。"他认为器做于楚宣王二十六年，即公元前344年。此说至确，较郭氏惠王之说可信。案曾国历史，文献记载甚为零散，以现有资料考查曾国有三。《国语·郑语》："申缯西戎方彊，王室方骚"，韦昭注："缯，姒姓，申之与国也。"《世本》秦嘉模辑补亦云："曾氏，夏少康封其少子曲烈于鄫。"说明鄫乃姒姓，夏禹之后。从地望分析，此鄫国当与申国邻近。《郑语》所云："谢西九洲"，韦昭注："谢，宣王之舅申伯之国，今在南阳。"近些年来河南新野城郊发现曾国墓葬，或即姒姓之鄫。再如，

图一一二 曾姬无邺壶

《春秋经》僖公十四年:"夏六月,季姬及鄫子遇于防,使鄫子来朝。"杜注:"季姬鲁女,鄫夫人也,鄫子本无朝志,为季姬所召而来,故曰使鄫子来朝,鄫国今琅邪鄫县。"清江永《春秋地理考实》云:"今兖州府,县东有鄫城。"此鄫于鲁襄公六年为莒所灭,后并于鲁,孔丘弟子曾参即其后,鲁女季姬为鄫夫人,则峄县之鄫亦当姒姓。但此壶铭云:曾姬无邺,姬姓之曾史书无载,但自宋代以来,湖北安陆、京山、随县屡有曾国铜器出土,并与楚、黄互通婚姻,则知湖北境内确有一姬姓之曾。

(四)"望安兹漾陲,蒿間之无驷",《水经注·漾水条》:"汉水有二源,东源出武都氐道县漾山为漾水。"陲亦作垂,《说文·土部》:"垂,远边也。"漾陲指漾水之边。蒿,《庄子·骈拇》:"蒿目而忧世之患",《尔雅翼》:"蒿细弱而阴润,最易楼尘,言世之君子,眯眼麈中而忧世也。"驷,郭沫若云:"即马匹之匹之专字,犹骈骖驷之即并参四也。'无匹'言鳏寡孤独而无告者。

(五)"戠在王室",首与耳二形旁可互相通用,犹职之或作聀,则戠也作戠。《尔雅·释诂》云:"职,常也。"

参考文献:

刘节:《寿县所出楚器考释》,《古史考存》108—140页。

郭沫若:《两周金文辞大系图录考释》第八册166页。

8. 陈侯午敦(一)

佳十又四年,墜侯午以群者(诸)侯默(献)金(二),乍皇妣孝太妃祭器敦錞(三),以烝以尝,保又(佑)齐邦,永豊(世)毋忘(图一一三)。

注释:

(一)陈字周彝铭有两种形体,一种写作敶,乃指陈国之陈;另一种写作墜,乃后来代齐之田氏。《史记·田敬仲世家》云:"康公之十九年田和立为齐侯,列于周室,纪元年齐侯太公和,立二年和卒,子桓公午立。"即本辞之陈侯午。《史记》又云:"六年救卫,桓公卒。"《索隐》曰:"《纪年》梁惠王十三年当齐桓公十八年,后威王始见,则桓十九年而卒,与此不同。"此器乃桓公十四年做,据此得证《史记》有误,当以《纪年》之说为是。

(二)"默金",案献字可写作獻,所从之鼎又可写作貝,如则字而写作剔。獻字省作猷,再省作狀。谓陈侯午用群诸侯所献之金也。

411

图一一三 陈侯午

(三)"乍皇妣孝太妃祭器𰀀锌",桓公午之父,乃齐侯太公和,此称皇妣孝太妃,当指太公和之妃,即桓公午之母。𰀀字不识,旧释镈,谓镈锌为废敦。徐中舒引古玺释此字为鋘,谓"鋘有坳坎窊下之意,凡团物自其内空言之,则正作坳坎窊下之形,故此名鋘锌,仍形容锌形之团。"郭沫若云:"余意鋘与敦实二物也,鋘当是盂之异,从金臾声,以双声为声也。"他认为陈侯午三器实为一殷、一敦、一鋘。此两种意见,皆可各备一说。

参考文献:

徐中舒:《陈侯四器考释》史学者集刊三卷四期,1933年。

郭沫若:《两周金文辞大系图录考释》第八册216—219页。

9. 中山王譽壶(一)

隹十四年,中山王譽命相邦赒戟(择)郾吉金,剒(铸)为彝壶。节于醒(湮)醑,可濱可尚(二),以鄉(饗)上帝,以祀先王。穆穆济济,严敬不敢愿(怠)荒(三)。因軎(载)所美,邵友皇工(四),訹(诋)郾之讹,以憼(警)嗣王(五)。隹朕皇祖文武,𧻚(桓)祖成考(六),是有纯悳(德)遗训(训),以陀(施)及子孙,用隹朕所放(七),慈孝寰惠,嬰贤使能(八),天不负其有悉(愿),使得贤在(才)良猚(佐)赒(九),以辅相厥身。余智(知)其忠詻(信)斻(十),而講(专)赁(任)之邦,氏(是)以游夕歆(饮)飤,盍(宁)有𢣙(憷)炀(惕)(十一)。赒渴(竭)志尽忠,以猚(佐)右厥閉(辟)(十二),不贰其心。受赁(任)猚(佐)邦,夙夜篚(匪)解(懈),进贤敩(措)能,亡有𢾭息,以明閉(辟)光(十三)。偖𠺕(曹)郾君子噲(十三),不顾大宜(义),不畺者(诸)侯,而臣宗(主)易立(位),以内𢼊(绝)邵(召)公之业,乏其先王之祭祀;外之则牁(将)使堂(上)勤(觐)于天子之庙,而退与者(诸)侯齿长于逾(会)同,则堂(上)逆于天,下不训(顺)于人斻(焉),暴(寡)人非之。赒曰:为人臣而㲻(反)臣其宗(主),不羊(祥)莫大焉。牁(将)与虐(吾)君并立于殊(世),齿𦒗(长)于逾(会)同(十六),则臣不忍见斻(焉)。赒愿从在(士)大夫(十七),以请(靖)郾疆,氏(是)以身蒙皋胄(十八),以敪(诛)不训(顺)。郾祏(故)君子噲(哙),新君子之,不用豊(礼)宜(义),不顾逆训(顺),祏(故)邦迖(亡)身死,曾亡鼠(一)夫之救(救)。述(遂)定君臣之颂

(位)，上下之豊（体）休有成工（功），劦闢封疆（十九）。天子不忘其有勋，使其老笧（策）赏仲父（二十），者（诸）侯虘贺（二十一）。夫古之圣王，务才（在）得孯（贤），其即得民，旌（故）䛐（辞）豊（礼）敬则贤人至，㥞爱深则孯（贤）人䆴（亲）（二十二），䎽敛中则庶民䇐（附）（二十三），於（呜）虖！允弇（哉）䛑（若）言，明友之于壶，而时观焉。祗祗翼翼，卲（昭）告後嗣。隹逆生祸，隹训（顺）生福，载之笲笧（二十四），以戒嗣王。隹惠（德）附民，隹宜（义）可綔（二十五），子之子，孙之孙，其永保用亡疆（图一一四、一一五）。

注释：

（一）《中山王𧭓壶》是1974年11月至1978年6月间河北省文管会在河北平山战国时期中山王墓中发掘出土的，在平山县三汲公社东南，发现一处战国至北朝时期的古城址，经考证，这座城址很可能就是战国中山国的都城——灵寿城。在城址的内外分布许多墓葬，经发掘后证明，其中有王墓和陪葬墓。距城西墙2公里的地方，有两座并列大墓，该壶和《中山王𧭓鼎》、《妾子𧊒壶》、《兆域图》等百余件铜器皆出土于西侧之第1号墓中。壶铭所叙述的内容，主要是燕王哙把王位禅让给燕相子之的事情，据文献记载，此事发生在公元前316年，两年后齐国趁燕国内乱，大举侵燕，攻破燕都，燕王哙和子之俱亡，从该壶铭文所述，当时中山国相邦司马𩂣亦趁机率师征燕，并夺取燕地"方数百里，列城数十"，建立了勋功，补充了文献中之不足。从此一历史事件发生的时间推算，此器当铸于公元前314年以后不久。

（二）"节于禋酓，可法可尚"，《玉篇》："酓，酒有五酓之名"，或作齐。《周礼·天官·酒正》："辨五齐之名，一曰泛齐，二曰醴齐，三曰盎齐，四曰缇齐，五曰沈齐。"五齐而是由五种方法酿制五种不同成色的酒，郑玄谓："古之法式未可尽闻"。疏云："祭有大小，齐有多少，谓若祫祭备五齐，禘祭备四齐，时祭备二齐。"节于禋齐，则谓禋祀祭酒，则以度量节制之。可法可尚，乃谓禋祀之礼反本修古不忘其初，《礼记·礼器》："醴酒之用，玄酒之尚"，疏云："醴酒五齐第二酒也，玄酒是水也。尚，上也。言四时祭祀有醴酒之美，而陈尊在玄酒之下，以玄酒之尊置在上，此是修古也。"

（三）"穆穆济济，严敬不敢怠荒"，"穆穆济济"皆重言形况字，《诗经·大雅·文王》："穆穆文王"，毛传："穆穆美也"。《广雅·释训》："济济敬也"。怠，惰也。荒假为遑，《诗·商颂·殷武》作"不敢怠遑"，犹言闲暇，脱懒。

（四）"邵友皇工"，朱德熙、裴锡圭释友为矢，假借为则，读为"昭则"或"绍则"。李学勤释友为肆，据《希殷》之希即作友（《商周金文录遗》117）。义为陈，读作"昭肆皇功"。于豪亮谓象人欹足之形，当系欹字之初文，在此以音近读为达，"昭达皇功"意思是表彰先王的丰功伟绩。案以上几种意见皆可各备一说，但释友为矢、为肆、为达均未中本义，仍待进一步研究。

（五）"诋鄹之讹，以警嗣王"，诋《说文》谓"苛也，一曰诃也"。诃又谓"大言而怒也"，段玉裁云："大言而怒也者，诋诃也。"犹今言"谴责"。讹《玉篇》同讹，《诗经·小雅·沔水》："民之讹言，宁莫之惩"，毛传："讹，讹也"。指燕王哙以学尧为名将王位禅让于子之这一谬善行为。警字壶铭从心敬声，案在古文字中心言二符可互为通用。

（六）"隹朕皇祖文武，桓祖成考"，关于中山王国的历史，过去知道的甚少，本铭提供了五世中山王的资料，诸如文王、武王、桓王、成王及做器者中山王𧭓共五世，如再将《奸蚉壶》作者"胤嗣奸蚉"加在一起，共计六世。

（七）"以陀及子孙，用隹朕所敚"，陀在此当读为施，二字所从声符它与也古相通用，故

413

图一一四　中山王䇿壶

图一一五　中山王䦆壶

陀可读为施，诸如：《诗经·召南·羔羊》："退食自公、委蛇委蛇"；《后汉书·杨秉传》云："逶迤退食，足抑苟进之风"。《尔雅·释训》："戚施，面柔也。"《广韵五支》："鸐鸠，面柔也，本亦作戚施。"《庄子·天运》："形充空虚，乃至委蛇，汝委蛇故怠。"《释文》："委，于委反，蛇，以支反，又作施。"以上诸例足证"以陀及子孙"，当读作"以施及子孙"。放即做，"用佳朕所放"，犹言用以惟朕所做也。

（八）"慈孝寰惠，樊贤使能"，寰在此当假为宣，宣袁古音相同，寰惠即宣惠，《国语·周语》作"宽肃宣惠"。"樊贤使能"，第一字从与从犬，字书无，为举字别体，当读作"举贤使能"，《大戴礼·公冠》："亲贤使能"，则与本辞义近。

（九）"天不臭其有愿，使得贤才良佐赒"，臭字李学勤释戁，训为厌。于豪亮谓臭，《说文》以为古泽字，"臭既为泽之古文，当以音近读为逆（古同为鱼部入声字）。有读为于，《易·萃》：'王假有庙'，马王堆帛书本作'王假于庙'，此有读为于之证。这句的意思是，天不违背他的愿望。"我疑即负字之古体。在字当读为才，狉字从犬从木左声，当为佐字之繁。

（十）旃字，李学勤释为旃字，谓其在古书中作虚词，意同于焉。于豪亮、裘锡圭均释此字为施，读如也。字形非施字，而写作旃，兹从李说。

（十一）"是以游夕饮飤，宁有慷惕"，夕当假为豫，夕豫古音相通，"游夕"当读为"游豫"。《晏子·内篇》："春省耕而补不足者，谓之游，秋省实而助不给者，谓之豫。"《孟子·梁惠王下》："春省耕而补不足，秋省敛而助不给。夏谚曰：'吾王不游，吾何以休？吾王不豫，吾何以助？'一游一豫，为诸侯度。"而《管子·戒篇》亦假"游夕"为"游豫"，如云："先王有游夕之业于人"。"盍有 窎 炀"朱德熙释为"宁有慷惕"，宁训岂或何，犹言何有慷惕。

（十二）"以佐右厥閈"，《说文》閈字别体作閈，在此假为辟，训为君，则言以佐右厥君。

（十三）"亡有 輟 息，以明辟光"，息前一字李学勤谓应该为穷，训穷为止。裘锡圭释辍。于豪亮读为"无有止息"，以上三种意见无论释穷、释止、释辍词义均合，唯字形不适，仍待进一步研究。"以明辟光"犹言以彰君王之荣光也。

（十四）"倘曹鄢君子呤"，倘字从人商声，古文字人女二形旁通用，倘即嫡字别体。嫡通适，故李学勤、裘锡圭均释"嫡曹"为"适遭"。

（十五）"不畺诸侯"，不下一字字书无，李学勤读作"不告诸侯"，于豪亮读为"不友诸侯"，裘锡圭读为"不救诸侯"，皆就音而求义，是非实难决断，可各备一说，供为参考。

（十六）"齿长于会同"，《周礼·春官·大宗伯》云："时见曰会，殷见曰同"。郑玄注："时见者，言无常期。诸侯有不顺服者，王将有征讨之事，则既朝觐王，为坛于国外，合诸侯而命事焉。《春秋传》曰：'有事而会，不协而盟'，是也。殷犹众也。十二岁王如不巡守，则六服尽朝，朝礼既毕，王亦为坛，合诸侯以命政焉。"齿长指参加会同的诸侯按年龄大小地位贵贱以分等次。

（十七）"赒愿从在大夫"，于豪亮读在为士，在士古同之部字，犹言"愿从士大夫"，至确。

（十八）"是以身蒙牵胄"，《小盂鼎》铭载周王赏盂之物有"画虢一，贝胄一"。画下一字从牵从虎，孙诒让疑为皋字之古文（《古籀余论》卷三）。他说："《左传》庄十一年'蒙皋比而先犯之'，杜注云：'皋比，虎皮'，孔疏引服虔注举《乐记》：'倒载干戈，包之以虎皮，名之曰建皋'为释，今《礼记》作建橐，郑注读为键橐，云'兵甲之衣曰键橐'。《伯晨鼎》之虢盖即皋字，谓以虎皮包甲，虢胄即甲胄也。"案本词之牵当即《小盂鼎》之虢，《伯晨鼎》之虢，乃同字别体，"身蒙弈胄"，犹言身蒙甲胄。

（十九）"刅辟封疆"，刅即刱，《说文》云："从井，刃声，读若创。"创辟封疆，犹言开辟疆土。

（二十）"使其老策赏仲父"，老指周天子的大夫，《左传》昭公十三年："天子之老"，杜注："老，天子大夫称"。仲父是周王册封相邦賙的尊号。

（二十一）"诸侯虖贺"，秦诏版皆字有时写作朁（《秦金文录》68），《古文四声韵》十五皆，亦写作 虖 ，上部从虎，与本词字形相近，故谓"诸侯皆贺"，词义甚合。

（二十二）"瀌爱深则贤人亲"瀌字于豪亮谓所从即步字，读若步，古音通怃，《方言一》："怃，爱也。宋卫邠陶之间曰怃。"《说文》亦云："怃，爱也。"

（二十三）"钗敛中则庶民附"，"钗敛"当读为租敛，钗乃从又乍声，乍租皆古鱼部字，乃双声叠韵，当谓"租敛中则庶民附"。

（二十四）"载之笅筲"，《曾姬无卹壶》中之閒字写作閞，《说文》閒字古文写作閞，笅字当读作简字无疑。筲字或写作筞，古片木两形旁通用，如板亦可写作版，故筲筞皆策字别体。马王堆帛书甲本《老子》云"善数者不以梼筞"；今本《老子》作"善数者无筹策"，即其证。则本词当读作"载之简策"。

（二十五）"隹宜可綟"宜当假为义，《古文四声韵》引《古老子》綟乃张字别体，《广雅·释诂一》："张，大也。"

参考文献：

河北省文物管理处：《河北省平山县战国时期中山国墓葬发掘简报》，《文物》1979年1期。
朱德熙、裘锡圭：《平山中山王墓铜器铭文的初步研究》，《文物》1979年1期。
李学勤、李零：《平山三器与中山国史的若干问题》，《考古学报》1979年2期。
于豪亮：《中山三器铭文考释》，《考古学报》1979年2期。

第八章　战国古文字资料综述

战国时代在我国历史上占有很重要的地位，冶铁术的发明和普遍应用，标志着当时的社会生产力已发展到一个新的阶段，社会制度进入一个新的时期——封建时期。社会的巨大变革，使当时的经济、政治、文化各个方面都发生了巨大的变化。仅就当时作为交际工具使用的汉字来讲，从考古发掘的资料证明，不仅使用文字的范围比过去扩大，而且使用汉字的人数和阶层也比过去广泛。当时的学者，利用汉字著书立说，形成百家争鸣的繁荣景象。历史上遗留下来的古文字资料，除了前文介绍的"中山王譻壶"等青铜礼、器上的长篇铭文之外，竹书、帛书、载书、石刻、陶文、玺文、封泥、泉文及权量、兵器上的文字等大量出现，内容极为丰富。这一时间的汉字，由于使用的人多了，书写的字体也相对地复杂了。这里从中选出几个部分，分别介绍如下。

第一节　载　书

"载书"是春秋、战国时代各诸侯国或卿大夫之间，在订立盟誓中所记录的言辞，故也称"盟书"。《周礼·秋官·司盟》："掌盟载之法"，郑玄注："载盟辞也，盟者书其辞于策，杀牲取血，坎其牲，加书于上而埋之，谓之载书。"郑注认为，诸侯或卿大夫之间订立盟誓，要举行一定的仪式，履行一系列的程序，参加盟誓的各方要拟定盟辞，写成"载书"。凡参加盟誓的人，似乎每人一份载书。根据考古发掘的资料来看，同一内容的载书，同时出土许多份，只是在载书的起始部位，签署不同的名字，说明参加者要按照载书拟好的内容，作为宣读的誓言。《吕氏春秋·诚兼篇》云：武王"使叔旦就胶鬲于次四内，而与之盟曰：加富三等，就官一列，为三书同辞，血之以牲，埋一于四内，皆以一归"。载书写成之后，则用牲歃血，所用之牲多为牛，也可以用豕，地位较低者，还可以用犬或鸡。首先由盟主执牛耳，第一个歃血，然后按照参加盟会人的等级、地位、顺序进行，凡是参加的人都必须歃血。所谓"歃血"，《说文》云："歃，歠也。"就是用口含血。如《左传》襄公九年郑子孔说："与大国盟，口血未干而背之可乎？"《国语·吴语》亦有"前盟口血未干"之语，足见歃血乃口含牲血也。《周礼·天官·玉府》："若合诸侯，则共珠槃，玉敦。"郑玄注："古者以槃盛血，以敦盛食，合诸侯者必割牛耳，取其血歃之以盟，珠槃以盛牛耳，尸盟者执之。故书珠为夷。郑司农云：夷槃，或为珠槃、玉敦，歃血玉器。"歃血之后宣读载书，宣读的目的主要是将盟辞内容告之天地明神，以为监视。《周礼·秋官·司盟》："北面诏明神"。郑玄注："诏之者，读其载书以告之也。"如《左传》襄公十一年由晋、郑、宋、齐参加的七姓十二国之盟会，制定的内容如："载书曰：凡我同盟，毋蕴年，毋壅利，毋保奸，毋留慝，同好恶，奖王室。或间兹命，司慎、司盟、名山、名川、群神、群祀、先王、先公、七姓十二国国祖，明神殛之，俾失其民，队命亡氏，蹈其国家。"待载书宣读完毕，则将牲、载书同埋于坎中，如《秋官·司盟》所云："坎其牲，加书于上而埋之。"主盟者则存载书之副于盟府。亦如《司盟》所说："既盟则贰之"，郑玄注："贰之者与副当以授六官。"通过这种带有极其浓厚宗教色彩的盟誓活动，凡参加盟誓的人，都必须信守立盟所规定的约束，如有违犯，就要受到天神的惩罚。这一行动，说明当时人格的信誉尚未被普遍地承认，必须借助神的力量予以互相约束。这种情况，尤以春秋战国时代最为盛行。仅就《左传》记载的情况来看，自鲁隐公元年（前722）至鲁哀公二十七年（前468），计254年之间，诸侯国之间举行的盟誓将近二百次，可见当时诸侯间盟会之频繁。再就当时的社会情况分析，自周平王迁都洛阳之后，东周时代的最高统治者周天子在政治上毫无权利，对当时诸侯间的兼并征伐，只有利用共同订立盟誓进行约束。在一些诸侯国内部，公室衰微，政出家门，卿大夫之间争权夺势，互相倾轧，也同样用相互订立盟约，来维持国内的安定。因此，盟誓活动就成为当时社会政治生活中之一种特殊的社会现象，而且是当时统治阶级内部各政治集团扩张势力的一种手段。

近年来，在河南沁阳和山西侯马两地先后发现数批战国时代的载书，这些珍贵资料的出土，无疑对研究当时盟誓制度和历史情况，有非常重要的意义。

河南沁阳先后出土两批战国载书，第一批出土是在1942年前后，因修筑公路偶然发现了几十片玉石，其上皆为墨书文字，当时有人以十一件送交徐旭生，今收藏在中国社会科学院考古研究所。这批载书，其中八片书写的字迹较为清晰，曾由陈梦家在他的《东周盟誓与出土载书》一文中作为附录发表（《考古》1966年5期）。第二批是在1980年间由河南省文物工作队发掘的，出土约有五千余片，文字多为墨书，资料尚未发表，目前正在整理。

侯马载书，1965年12月在山西侯马晋国遗址出土，所获多达五千余件，有六百余件字迹清晰可辨。全部资料经山西省文物工作委员会的同志精心临摹、整理和考释，著成《侯马盟书》，已于1976年由文物出版社出版。自侯马载书出土之后，曾有不少同志进行研究，做出不少成绩。本节主要介绍有关侯马载书的内容和研究情况。

一　侯马载书的种类、内容和出土情况

侯马载书，连同残、断、碎片以及模糊不清或无字迹者在内，共出土五千余片，载书上的盟誓文辞用毛笔书写，字迹一般为朱红色，少数为墨色。所用的质料分石和玉两种：石质多为泥质板岩，呈灰黑色、墨绿色和赭色。形体一般都很规整，以圭形为主，最大的长32、宽3.8、厚0.9厘米；小的一般长18、宽不到2、厚仅0.2厘米，还有一些石片，其薄如纸。石质圭片数量最多，共约三千余片，占全部盟书的三分之二。玉质主要有透闪岩、矽咔岩等，形状以圭、璜为主，体积较小；最大的玉圭，尺寸相当于石质小圭，其它多为呈不规则形之玉块和玉片，大小不过拳掌。

出土载书的遗址，东西长约70米、南北宽约55米，总计面积3800余平方米。在此一范围内，发现长方形竖坑四百多个，坑的四壁垂直，皆经修整，底壁都很光滑平整。坑之大小不同，最大者长1.6、宽0.6米；最小的长0.5、宽0.25米。坑的深浅也有差别，最深者达6米以上，浅者仅0.4—0.5米。坑的底部一般都埋有兽骨，大坑绝大多数埋牛或马，小坑主要埋羊，偶尔也在填土中发现鸡骨。多数坑的北壁，靠近坑底约5—10厘米处，有一个小壁龛，龛之大小随所存放器物的体积而定，龛内一般存放一件璧或璋等玉器，亦有多达八件的。

从发掘的现象观察，最初是先在壁龛中存放玉璧，然后再埋牺牲和载书。这种埋载书和牺牲的竖坑，就是礼书中所谓的"坎"。如《礼记·曲礼》："约信曰誓，涖牲曰盟"；孔颖达疏："盟之为法，先凿地为方坎，杀牲于坎上"。

根据山西省文物工作委员会的整理和研究，这批数以千计的盟书，按照各自记载的内容，可归纳为六类十二种，这里摘要介绍如下。

(1) 宗盟类：这一类盟辞强调要奉事本族宗主（"以事其宗"），反对以赵化为主要对象的政敌。反映了主盟人为加强晋阳赵氏宗族的内部团结，以求一致对敌而举行盟誓的情况。这一类可分六种：其中有一篇追述"受命"，并载有干支记日和月象的盟书（十六：三），相当于举行某次宗盟类盟誓的序篇，为"宗盟类一"。其余以盟辞中列入被诛讨对象的多寡，分为"宗盟类二"（被诛讨对象为一氏一家），"宗盟类三"（二氏二家），"宗盟类四"（四氏五家），"宗盟类五"（五氏七家）。少数因残损字坏，被诛讨对象的氏家数量不清，为"宗盟类六"。字迹能够辨识的宗盟类载书共五百一十四篇，分为六种，分别出土于三十七个坑位。

(2) "委质类"（按质字当释为誓——作者注）：这是从敌对阵营里分化出来的一些人对盟主所立的誓约，表示与旧营垒决裂，把自己献身给新的主君（"自誓于君所"）；被诛讨对象除五氏七家外，又增加四氏十四家，已多至九氏二十一家，文字篇幅最长，字迹可辨识者共七十五篇，分别出土于十八个坑位中。

(3) "纳室类"：盟辞内容表明，参盟人发誓，自己不"纳室"（不侵占和兼并别人的财产和奴隶），而且也要反对和声讨宗族兄弟们中间的"纳室"行为，盟誓言明，宗族内有人纳室者，甘愿接受诛灭和制裁。这一类载书，字迹可辨者共有五十八篇，集中出土于第67号坑。

上述三类均用朱红颜色书写，以下两类则用墨书写。

(4) "诅咒类"：盟书作者在清理存目时，从第105号坑出土的标本中，又发现了隐约有文字痕迹的十三件，字迹黑色，大都残损，无法辨识完整成篇的辞句；内容并非誓约，而是对既犯的罪行加以诅咒与谴责，使其受到神明的惩处。曾经临摹了其中三件，可分两种：105：1、2都发现有□无卹、韩子、中行寅等的名字，为"诅咒类一"。105：3可读出"而卑（使）众人愨（怨）"一句，为"诅咒类二"。

(5) 卜筮类：这是盟誓中有关卜筮的一些记录，不是正式的盟书；发现了三件，是写在圭形或璧形玉片上的。

(6) 其他：除上述五类外，还发现少数残碎的盟书，内容特殊，但由于辞句支离，无从了解各篇的全貌。其中只有一件保存着"永不明于邯郸"一个完整的句子。这样一些盟书，列为"其他"。

上述六类，可参见《侯马盟书》11至12页，《侯马盟书及其发掘与整理》。

二　侯马载书之研究

上述六类十二种载书盟辞，反映了不同的历史问题，为我们提供了许多文献中难以见到的珍贵史料。通过载书盟辞内容了解当时订立盟誓的历史背景和政治内容，进一步窥视当时贵族内部新旧势力斗争的原因和后果,对研究春秋战国时代的社会变革具有很重要的意义。因此，自侯马载书出土之后，引起了中外学者的极大重视。不少学者撰写文章，对载书的主盟者、被逐者，以及举行这次盟誓的历史背景、具体时代等进行了广泛的讨论，这里将一些主要的意见介绍如下，并谈谈我们的看法。

在"宗盟类"载书中，有一句"敢不尽从嘉之盟"的固定用语，个别也有写作"敢不尽从某之盟"（宗盟一：八六）或"敢不尽从子赵孟之盟"（宗盟一：二二，二三，二四）。"嘉"、"某"或"子赵孟"，正如《侯马盟书》作者指出："是对同一主盟人的称谓。"①《广雅·释诂三》："某，名也。"王念孙《疏证》："《金滕》云：惟尔元孙某。凡言某者，皆所以代名也。"王氏把这一点讲的很清楚。但"嘉"和"赵孟"所指究为何人？即载书的主盟人是谁？这是研究侯马载书的关键。许多学者对此进行研究，先后提出好几种意见，尚未取得统一的认识。

早在1966年，郭沫若首先指出这些玉片上的朱书文是古代歃血定盟的"盟书"。在此同时，他说："我认为：这些玉片上的朱书文，是战国初期，周安王十六年，赵敬侯章时的盟书，订于公元前三八六年，距今二千三百五十二年。"为了证明这段历史，他继续指出：

"由整个盟书的气势看来，明显地透露出了战国初年在赵国内部的一次严重斗争。便是一边遏制了另一边，要使另一边的参予者及其子孙，永远失去政治上的权利。这个形势和赵敬侯章时的史事是很合拍的。我们且根据《史记》，查考一下赵敬侯当时的史事。《史记》中有这样的叙述：

（1）'九年（赵）烈侯（籍）卒，弟武公立。武公十三年卒，赵复立烈侯太子章，是为敬侯。是岁，魏文侯卒。敬侯元年，武公子朝作乱，不克，出奔魏。赵始都邯郸。'（《赵世家》）。

（2）'三十八年（魏）文侯卒，子击立，是为武侯。魏武侯元年，赵敬侯初立，公子朔为乱，不胜，奔魏，与魏袭邯郸，魏败而去。'（《魏世家》）。

（3）'周安王十六年——赵敬侯元年，武公子朝作乱，奔魏。'（《六国年表》）。

司马贞《索隐》，在《赵世家》'弟武公立'下引谯周云：'《世本》及说赵语者并无其事，盖别有所据。'

又在《魏世家》'赵敬侯初立'下注云：'按《纪年》魏武侯之元年当赵烈侯之十四年，不同也。又《世本》敬侯名章。'今案'赵烈侯'当作'赵敬侯'，说详下。

根据这些资料看来，赵国在烈侯九年去世之后，国分为二，至少是两派对立。一派是烈侯之弟武公，他占据着原来的赵都晋阳，统治了十三年而去世。另一派是烈侯之子太子章，则以邯郸为根据地，和武公对抗了十三年。《竹书纪年》、《世本》及其他'说赵语者'，没有承认武公的篡位，故不载其事，而如《纪年》则直以'魏武侯之元年当赵敬侯之十四年。'敬字《史记·索隐》误成了'烈'字，那是应当改正的。这就表明赵敬侯在其父去世时，已在邯郸独立，故在位已十四年了。

根据新旧史料的相互参证，当时赵国的内战是明如观火的。那次内战为期相当长，而规模也不很小。盟书的缔订既在十一月，当在公子朝之乱已经平定之后，赵敬侯由晋阳去曲沃向徒具虚名的晋孝公报捷；因而在侯马幽公的墓上歃血为盟。"

"盟书中的'某某及其子孙'与'某某之子孙'等所有的'某某'就是参予赵武公或公子朝那边的人，故其中也有姓赵的。第一名'赵化'当即武公的名字。"（参见《侯马盟书初探》，《文物》1966年2期。）

---

① 山西省文物工作委员编：《侯马盟书》65页，文物出版社，1976年。

事隔六年之后，他又在《出土文物二三事》中重新撰写了《新出侯马盟书释文》，将赵化之化字改释为北，谓"赵朔即赵北，古人以北方为朔方，北与朔是一名一字；《赵世家》和《年表》作赵朝，当是字误。"其它均保持原来的意见（参见《出土文物二三事》，《文物》1972年3期）。

唐兰根据载书的内容提出："把上面的三类载书综合起来看，可以看到主盟的人是嘉。因为三类载书里都有嘉这个名字。在第一类载书里可以看到是嘉和大夫们盟誓；在第二类载书里，所有参与者都'从嘉之盟'；在第三类载书里说'没嘉之身及子孙'，嘉是人名是十分清楚的。但过去都没有把它作为人名。嘉既是主盟者，而被逐的人是赵尼，可以证明，嘉应是赵嘉，赵嘉是赵桓子。《史记·赵世家》：'襄子立，三十三年卒，浣立，是为献侯。献侯少，即位，治中牟。襄子弟桓子逐献侯自立于代。一年卒。国人曰：桓子立，非襄子意。乃共杀其子而复迎立献侯。'《六国表》在周威烈王二年下有赵桓子元年，《索隐》：'桓子嘉，襄子弟也。元年卒。国人共立襄子子献侯晚。'又《魏世家》索隐引《世本》：'桓子名嘉，襄子之子。'那末，这批载书应该就是赵桓子逐赵献子而自立时的遗物（《史记》称献子为献侯，是赵烈侯时追尊的）。赵襄子的卒年相当于周威烈王元年，赵献子继立而为赵桓子所逐，应该就是那一年的事情。第一类载书作于十一月乙丑，晋国是用夏历的，铜器里的《栾书缶》可证，如果用周正来说，这就是周威烈王二年，即赵桓子元年的正月，为公元前424年。"（参见《侯马出土晋国赵嘉之盟载书新释》，《文物》1972年8期。）

张颔先生在编写《侯马盟书》时撰写《侯马盟书丛考》一文，其中《"子赵孟"考》是专门讨论盟书的主盟人问题。他列举了在春秋战国时期的历史记载中五位"赵孟"的名字：

"一赵盾，《国语·晋语》：'赵孟使人以其乘车干行。'注：'赵孟、宣子'，'宣子、晋正卿，赵衰之子，宣孟盾也。'

二赵武，《左传》襄公二十七年：'赵孟谋于诸大夫。'《左传》昭公元年：'赵孟适南阳，将会孟子余。'

三赵鞅，《左传》定公十九年：'智伯从赵孟盟'。铜器赵孟疥壶铭文：'为赵孟疥'。

四赵无恤，《左传》哀公二十年：'赵孟降于丧食'。

五《史记·六国年表》："赵成侯十八年'赵孟如齐'。此赵孟可能即成侯赵种。"

他进一步指出："从盟书的内容看，正确的答案必须与以下几个方面的情况相符合。

一　由于参盟人称晋国先公为'皇君晋公'，其国属必然为晋国。某些参盟人家内有巫、觋、祝、史这一类的家臣，作为主盟人的赵孟的身份，必然是晋国卿、大夫以上的人物。

二　盟誓在侯马这个地方举行，而盟书又指明这里是'晋邦之地'、'晋邦之中'，说明这一带当时正是晋国的政治军事要地。这种情况只能发生于三家分晋以前。因为三家分晋以后，侯马地区就不在赵氏的势力范围之内了。而承袭晋国号的只有魏国，但盟书中所反映的史实和魏国又毫无关系。所以考证盟书中的历史事件与人物活动必须和晋国晚期都城'新田'的地理位置（即今天的侯马一带）联系起来。

三　盟书内容表明，当时赵氏宗族之间有一场大的斗争，而且是流血斗争，盟辞约文中有'见之行道弗杀'，就会受到神明惩罚的誓言，说明了这一点。

四　这场赵氏宗族之间的斗争，以主盟人赵孟为首所打击的对象是邯郸系统。盟辞中有'永不盟于邯郸'的约文（探八②：三），打击对象中有'邯郸郵政'（当为邯郸系统的邯郸邑宰）。

五　盟辞所诛讨的除邯郸赵氏而外，还有不少异姓大家族卷入这场斗争，从而被列入打击的对象，由一氏一家扩大到四氏五家，五氏七家，多至九氏二十一家，范围很广。

六　主盟人的政敌大批地逃亡，但仍有使用武力打回'晋邦之地'的'复入'行动。

七　赵孟，是盟誓的主盟人，又是赵氏兄弟行辈间的长者，并且在赵氏宗族里居于宗主的地位。"

他通过各方面的研究，最后说："前述春秋战国时期五个赵孟的经历，唯有赵鞅（赵简子）的身份和事迹与以上各种情况相吻合。特别是盟书中发现了被盟诅对象'中行寅'的名字，而与中行寅同时的赵孟只有赵鞅，更直接地证实了盟书中的主盟人赵孟，就是春秋晚期晋国六卿之一，新兴地主阶级的代表人物赵鞅。"并指出盟书所反映的历史事件，是赵鞅与赵午及其午子赵稷的斗争。"公元前五〇〇年，晋赵鞅帅师围卫，卫国送给赵鞅五百家奴隶以求和，当时赵鞅以赵氏宗主的身份，把这五百家奴隶置于他旁支宗族赵午的采邑邯郸。公元前四九七年，赵鞅向赵午索取五百家奴隶，准备迁置到自己的采邑晋阳（即今太原附近）。赵午回到邯郸，'告其父兄，父兄皆曰不可。赵午就拖延未给。于是赵鞅把赵午逮捕起来，'囚诸晋阳'，并再次以赵氏宗主的身份命令邯郸：'吾私有讨于午也，二三子唯所欲立'，让邯郸另立主君以代替赵午，随即把赵午杀了。为此，赵午之子赵稷和舅族荀寅（亦称中行文子，晋国六卿之一），以及荀寅的姻族范吉射（亦称范昭子或士吉射，晋国六卿之一）结成了联盟，领兵进攻赵鞅。赵鞅一度失败，由晋国的都城（新田）逃到晋阳。晋国是在公元前五八五年迁都于新田的。《左传》成公六年：'……新田，土厚水深，居之不疾，有汾浍以流其恶。'当时的新田，即现在的侯马地区，也正是盟书约文中所说的'晋邦之地'和'晋邦之中'。"后来他又在《侯马盟书丛考续》中，考证出盟书中所驱逐的赵尼，即赵午之子赵稷（参见《侯马盟书》65—68页。《古文字研究》一辑78—80页《赵尼考》）。

李裕民同志认为侯马盟书订于春秋中叶，他说："我的初步看法，盟书可能订于晋景公十五年（前585），一十九年（前581）。"他认为：族灭赵氏，历史上称为"下宫之难"。族灭赵氏在景公三年，族灭先氏在景公四年。两年当中，赵、先两家都遭镇压，这和盟书中同处在受制裁的地位是相符的。赵、先虽遭到族灭，他们的势力不可能一下子消失，跑到国外的决不止先縠一人，在国内沦为奴隶的同样不会停止反抗，大概盟书中的赵尼等人就是组织反抗的主要者。景公十五年迁都新田，部分原因可能为了摆脱那种环境，迁都后，还不放心他的臣僚和国人，因而一次又一次地召开盟会，现在侯马留下的成百个杀牲坑和大批盟书，大概都是景公迁新田后几年遗留下的（参见《我对侯马盟书的看法》，《考古》1973年3期）。

以上介绍，是当前各家对侯马载书的主盟人及有关问题研究的一些不同意见，彼此的分歧是很大的。我认为唐兰先生主张侯马载书的主盟人是桓子赵嘉的说法，是可以相信的。这个意见所以未被重视，因有几点疑问当时未被解释清楚，因而有同志指出："一，赵桓子是赵无恤之弟，不能称赵孟；二，子臣对君父的盟誓辞文中，也不会直接指斥赵桓子的名字'嘉'；三，当时已是三家分晋以后，赵氏政治活动的重要地点转移到了邯郸、中牟和代地；四，赵嘉与赵浣这次斗争的时间也很短暂，仅一年多的时间，史籍中找不到有举行盟誓的线索。"[1]这些疑点，最主要的是头两个问题。

---

[1] 山西省文物工作委员会编：《侯马盟书》68页，文物出版社，1976年。

关于赵孟，《白虎通·姓名篇》："嫡长称伯，庶长称孟。"关于赵桓子的世次，文献有简子之子，襄子之弟和襄子之子两种说法。如《史记·赵世家》："襄子为伯鲁之不立也，不肯立子，且必欲传位与伯鲁子代成君，代成君先死，乃取代成君子浣立为太子。襄子立三十三年卒，浣立为献侯。献侯少，即位治中牟。襄子弟桓子逐献侯自立于代。"《索隐》曰："《世本》云：襄子子桓子，与此不同。"《六国年表》赵桓子元年，《索隐》："桓子嘉襄子弟也，元年卒。"从他们相继涖政的时间分析，当以《世本》"襄子子桓子"之说为是。按《史记·赵世家》云："晋顷公九年（前517）简子将合诸侯戍成周，其明年入敬王于周。"此年距赵桓子元年达九十三年，如果说桓子是简子之子，襄子之弟，则年岁显然是很老了，不大可能与其孙辈献侯争位，《世本》的说法应当是可信的。赵氏世系，《史记》往往搞错，此不赘举，襄子共有五子，怎能肯定赵嘉不是庶长？

所谓"子臣对君父的盟誓辞文不会直接指斥桓子的名字嘉"，这需要从当时的盟誓制度来说明。《礼记·曲礼》："约信曰誓，涖牲曰盟"；孔颖达疏："盟之为法，先凿地为方坎，杀牲于坎上，割牲左耳盛以珠盘，又取血盛以玉敦，用血以盟，书成，乃歃血而读书。"这说明盟辞由盟主拟定，事先写好，参盟者只是在举行盟誓时歃血和宣读盟辞。盟辞写定，不能任意改动。如《左传》襄公九年："荀偃曰：'改盟书'。公孙舍之曰：'昭大神要言焉，若可改也，大国亦可叛也。"今从侯马盟书分析，各类盟辞内容，都是根据主盟人的要求写定的，参盟者只能按照盟辞约定而履行义务。因此每一份载书除参盟者人名不同外，内容和辞句基本上全都一致。不仅盟辞事先由主盟人写定，甚至连参盟者的名字亦由执笔者一起填写上去。主盟人自定盟辞，则以主盟人为第一人称，其中"嘉"、"某"和"子赵孟"皆为主盟者自称，参盟者只是重复主盟人的语言而照本宣读，这里并不存在臣子直斥君父之名的问题。

再如，在"宗盟类"载书中，另一句固定用语是"敢不闢其腹心，以事其宗"。宗指公族之宗，按当时的宗法制度，贵族分大宗和小宗，"百世不迁之宗"则为大宗，乃远祖之正体。宗立宗子，即公族之主。对一国来讲，宗子就是国君；对一族来讲，宗子就是公族大夫。以赵氏情况分析，《左传》宣公二年："使季屏（赵括）以其故族为公族大夫。"自此之后一代代下传，直至桓子赵嘉以后数代，世为赵氏宗。载书中"以事其宗"，"宗"指宗子而言，但宗子是谁，笼统来讲，上述几家意见所指之文子赵武、简子赵鞅、桓子赵嘉、敬侯赵章均有可能，可是在"宗盟类"载书中对这位宗子的名字却有明确记载。如宗盟一：四○："吏殹嚻敢不侑闢其心，以事嘉"，此一载书，将"以事其宗"替换为"以事嘉"，显然嘉即宗子名，恐无可怀疑。再联系到下面"而敢不尽从嘉之盟"和"委质类"载书中"颢嘉之身及子孙"一句，均可证明侯马载书的主盟人是桓子赵嘉。

以《左传》庄公二十五年："嘉之，故不名"与襄公四年："敢不拜嘉"为证，说明"嘉就是参盟人对其主君的美称和尊称。"这一解释很不妥当。如《左传》庄公二十五年："二十五年春，陈女叔来聘，始结陈好也，嘉之，故不名。"杜预注："季友相鲁，原仲相陈，二人有旧，故女来聘，季友冬亦报聘，嘉好接备，卿以字为嘉，则称名其常也。"经注云："女叔陈卿，女氏叔字"。这段文字大意是说：鲁庄公二十五年春，鲁陈两国开始结聘，陈派女叔聘于鲁，鲁为了表示两国嘉好，故将来聘者书字而不书名。按一般常例，对来聘者皆书名而不书字。杨伯峻《春秋左传注》对这段文字的注释云："春秋之世，命卿来聘于鲁者计三十次，不称名者，惟女叔一人而已。今年以前，陈未尝来聘，故此来聘而嘉之。"在这里丝毫也看不出把嘉字当作对卿大夫美称或尊称的意思。再加《左传》襄公四年："穆叔如晋，报知武子之聘也。晋侯享之，金奏《肆夏》之三，不拜。工歌《文王》之三，又不拜。歌《鹿鸣》之三，三拜。韩献子使行人问之，曰：子以君命辱于敝邑，先君之礼，藉之以乐，以辱吾子。吾子舍其大，而重拜其细，敢问何礼也。对曰：《三夏》以天子所以享元侯也，使臣弗敢与闻。《文王》两君相见之乐也，使臣不敢及。《鹿鸣》君所以嘉寡君也，敢不拜嘉。"杜注："晋以叔孙为嘉宾，故歌《鹿鸣》之诗，取其'我有嘉宾'，叔孙奉君命而来，嘉叔孙乃所以嘉鲁君。"杨伯峻《春秋左传注》：对"敢不拜嘉"注云："拜谢晋君之嘉好鲁君。"在这里也是把嘉用作嘉好、嘉美之义，也看不出是对君主的尊称或美称。所以说把嘉解释为参盟人对其主君的美称或尊称，是无任何根据的。

侯马盟书所指斥的主要敌人是"赵化"，赵化之化字，载书作"𠂉"（宗盟八八：六）、"𠂉"（宗盟三五：九）、"𠂉"（宗盟九二：六）、"𠂉"（宗盟一七九：五）等形，郭沫若初释化，称"赵化"，① 后改释为北，称"赵北"。② 陶正刚、王克林二同志释尼，称赵尼。③。此字当释为化字。载书中所逐出的那个主要人物，应当称为赵化，他是桓子赵嘉的最大政敌。

据《史记·赵世家》记载，当时同桓子赵嘉争夺政权，并被桓子驱逐出境的是献侯赵浣："襄子立三十三年卒，浣立是为献侯。献侯少，即位治中牟，襄子弟桓子逐献侯自立于代，一年卒。国人曰：桓子立非襄子意。乃共杀其子而复立献侯。"这本是赵氏家族内部叔侄之间争夺政权的一场斗争，因各有家臣和邑宰，献侯外逃，被他牵联的有许多姓氏和家族。但是，各书所记献侯赵浣名称不同，如《索隐》引《世本》作"起"，《六国年表》威烈王二年《索隐》作"献侯晚"，盟书则称"赵化"。从古代字音考虑，《赵世家》中之赵浣比较确切，它同赵化古音相同，浣为匣纽寒部字，化为晓纽歌部字，晓匣双声，歌寒对转，浣化古为双声叠韵，古相通假。《韩诗外传》卷三："文公曰……湛我以道，说我以仁，变化我行。"《说苑·复恩篇》引此文其"变化我行"，作"暴浣我行"是其例证。

"丕显𠂉公大冢"之辞，除见于"纳室类"载书外，还出现在"宗盟类"载书之（一六：三）一札，文作"丕显皇君𠂉公"。"𠂉"字过去均释为晋，读作"晋公"。遍察载书资料，凡作"晋邦"之晋皆写作"𠂉"（宗盟一五六：一）、"𠂉"（宗盟一八五：七）、"𠂉"（宗盟四九：二）、"𠂉"（宗盟一九四：二）等字体，绝不用"𠂉"。反之，凡作"丕显𠂉公"或"丕显皇君𠂉公"者，也绝不与晋字混用，二者泾渭分明，区别甚为明显。前者释晋，至确；但后者当为出字。载书中的出字有两种写法，一种是较为常见的形体，如"𠂉"（委质三：二一）、"𠂉"（委质一五六：二四）、"𠂉"（委质一五六：一九）等，均为"委质类"载书中之动词，如"敢俞出入于赵化之所"。另一种作"𠂉"（纳室六七：二九）、"𠂉"（纳室六七：一）、"𠂉"（委质一九四：一二）。此种字形既见于"委质类"载书中作动词用之出，亦见于"纳室类"载书中"出公'之出。这种形体的出字，还见于战国和西汉时期的吉语古玺，如战国印"出入大吉"之出作"𠂉"，④ 西汉印"出入大吉"之出写作"𠂉"。⑤ 从而可见，载书中"丕显𠂉公大冢"，过去释为"丕显晋公大冢"，是不妥当的，应释为"丕显出公大冢"，当指晋出公之庙。

---

① 郭沫若：《侯马盟书初探》，《文物》1966年2期。
② 郭沫若：《出土文物二三事》之二，《新出侯马盟书释文》，《文物》1972年3期。
③ 陶正刚、王克林：《侯马东周盟誓遗址》，《文物》1972年4期。
④ 故宫博物院编：《古玺汇编》445页第4912号印。
⑤ 山东省博物馆：《曲阜九龙山汉墓发掘简报》图五，《文物》1972年5期。

或谓在侯马载书中还发现三札墨书残辞,其中有"中行寅"、"无邺"等字迹,从出土情况来看,它们出土于105号这个独立坑位,没有发现与其它载书的混杂现象。因此我们认为这三札残辞时间较早,与赵嘉载书不是同时之物。赵嘉载书是桓子驱逐献侯赵浣的一次在政治上的夺权斗争,这次事件发生的年代,是在晋幽公十四年,赵桓子元年,即公元前424年。

三 侯马载书选读

1. 宗盟类载书

1. 胄敢不半其腹心(一),以事其宗(二),而敢不尽从嘉之明(盟),定宫平峙之命,而敢或 ▨(祇)改助及兔卑(俾)不守二宫者(三),而敢有志复赵化及其子孙于晋邦之坠(地)者(四),及群虖明(盟)者(五),麃君其明亟眡之,麻夷非是(六)(图一一六,1)。

注释:

(一)"胄敢不半其腹心";第一字"胄"乃参盟者之名。"敢不半其腹心",半亦写作"閛",张领谓"'閛其腹心',视其意盖为剖明心腹之义。"唐兰云:"半或閛都读如判,释为剖是对的。《左传·宣公十二年》说:'敢布腹心',《史记·越王勾践世家》:'孤臣夫差敢布腹心',均作布,《淮阴侯传》:'臣愿披腹心,输肝胆',作披,均一声之转。"

(二)"以事其宗";宗指公族之宗庙,周之宗法,分大宗与小宗,所谓"百世不迁之宗",则为大宗,大宗是远祖之正体,立有宗子。作为公族之主。对一国来讲,宗子就是国君,对一族来讲,宗子就是公族大夫,在族内最有权势者,为一族之主。

(三)"而敢或 ▨ 改助及兔卑(俾)不守二宫者";唐兰将 ▨ 释作専,谓"専改"的意思是颠覆和改变,谓助与兔为人名,是守二宫者,故谓"専改助及兔,使他们不守二宫。"郭沫若释 ▨ 为 ▨ 字,谓其"象两缶相抵,本是抵之初文,金文《召伯虎毁》:'有 ▨ 有成',即有抵有成。三体石经《君奭篇》及金文《燕侯载毁》以为'祇敬'的祇字。"《说文》:"祇,敬也。"《侯马载书》"而敢或祇",或即惑字,谓敢惑乱不敬。助字从力旦声,通作亶,《汉书·贾谊传》:"非亶倒悬而已",颜师古注:"亶读曰但"。《扬雄·羽猎赋》:"亶观夫剽禽之绁隃",李善注引"韦昭曰:亶音但。"《尔雅·释诂》:"亶,信也","诚也。"载书谓"而敢或祇改亶及兔俾不守二宫者",犹言,而敢惑乱不敬改变诚意以及背叛先祖而不守二宫者。

(四)"而敢有志复赵化及其子孙,于晋邦之地者";谓参盟之人如有志使赵化和他的子孙,重返晋国的人。

(五)"及群虖盟者";唐兰谓:"虖读如鱓和墟,《说文》:'鱓,裂也。'又'墟'或作陟'坼也',''坼,裂也。'可见虖有裂义。群虖盟者是指结党破坏盟誓的人。"

(六)"麃君其明亟眡之,麻夷非是";亟字盟书有时写作亟,当作殛,《尔雅·释言》:"殛,诛也。"眡作视。"麻夷非是";朱德熙、裘锡圭释作"昧雉彼视",《公羊·襄公二十七》记卫公子鱄以献公杀宁喜为不义,挈其妻子去国,将济于河,携其妻子而与之盟曰:"苟有履卫地食卫粟者,昧雉彼视"。何休注:"昧,割也。时割雉以为盟,犹曰视彼割雉,负此盟则如彼矣。"朱、裘二氏则谓:"《公羊》的'昧雉彼视'和侯马载书的'麻夷非是',都是灭彼族氏的意思,只是文字写得不同,用语小有出入。"(参见《考古学报》1971年1期73—74页)

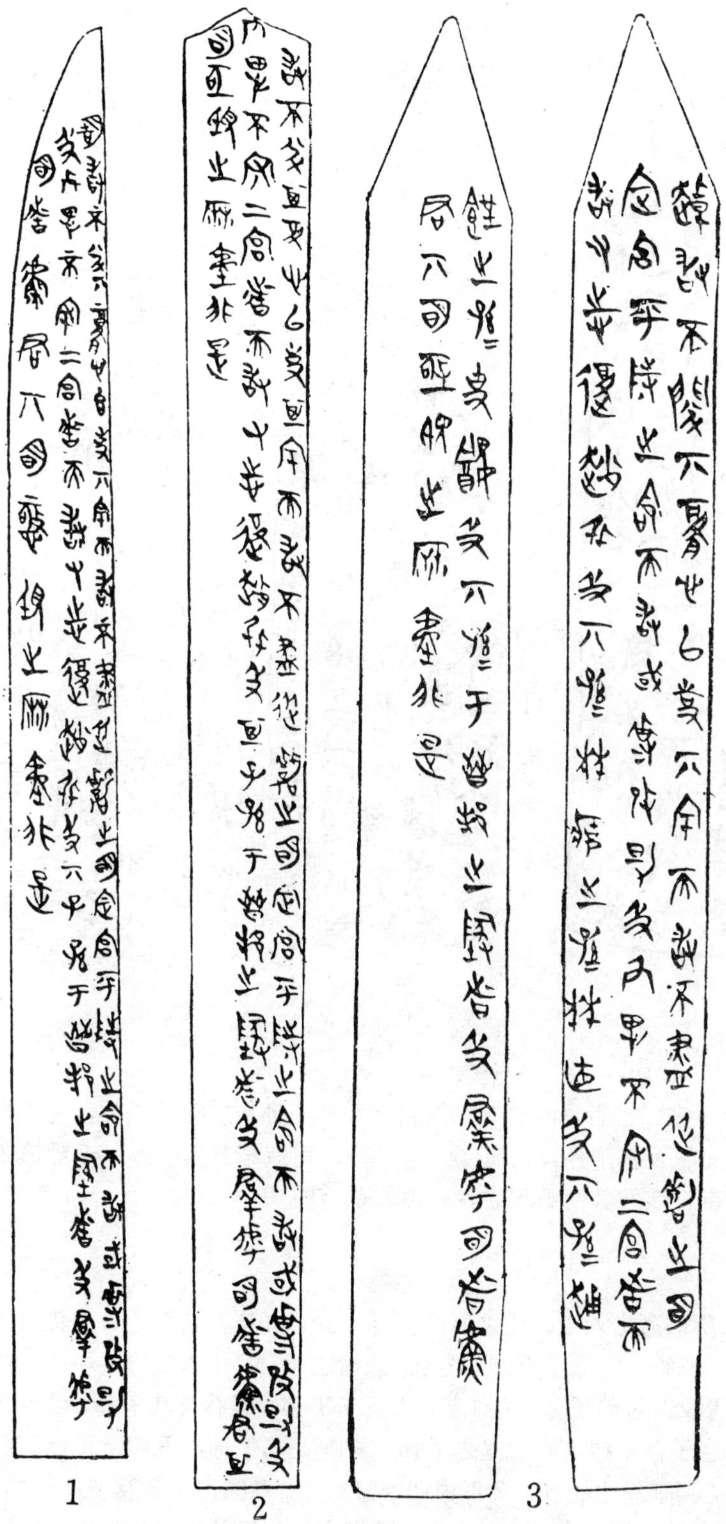

2. □敢不半其腹心，以事其宗，而敢不尽从嘉之明（盟），定宫平峙之命，而敢或 㝬（祇）改助（宣）及兔卑（俾）不守二宫者，而敢有志复赵化及其子孙于晋邦之坠（地）者，及群虖明（盟）者，虘君其明亟覗之，麻夷非是（图一一六，2）。

3. 趄敢不闌其腹心，以事其宗，而敢不尽从嘉之明（盟），定宫平峙之命，而敢或 㝬（祇）改助（宣）及兔（换）卑（俾）不守二宫者，而敢有志复赵化及其子孙，兟痮之子孙，兟恵及其子孙。䩨（通）䬐之子孙，史醜及其子孙，于晋邦之坠（地）者，及群虖（鱗）明（盟）者，虘（吾）君其明亟（殛）覗之，麻夷非是（图一一六，3）。

4. 痓而敢不闌其返（腹心），以事其宗，而敢不尽从嘉之明（盟），定宫平峙之命，而敢或 㝬（祇）改助（宣）及兔（换）卑（俾）不守二宫者，而敢又（有）志復赵化及其子孙、兟痮之子孙，兟恵其子孙、䩨（通）䬐之子孙、史醜及其子孙、司寇 㔾 之子孙、司寇结及子孙、于晋邦之坠（地）者，及群虖明（盟）者，虘

图一一六 宗盟类载书

（吾）君其明亟（殛）覗（视）之，麻塞非是（图一一七，1）。

5. □而敢不闌其腹心，以事其宗，而□□尽从嘉之明（盟），定宫平峙□□，而敢或 㝬

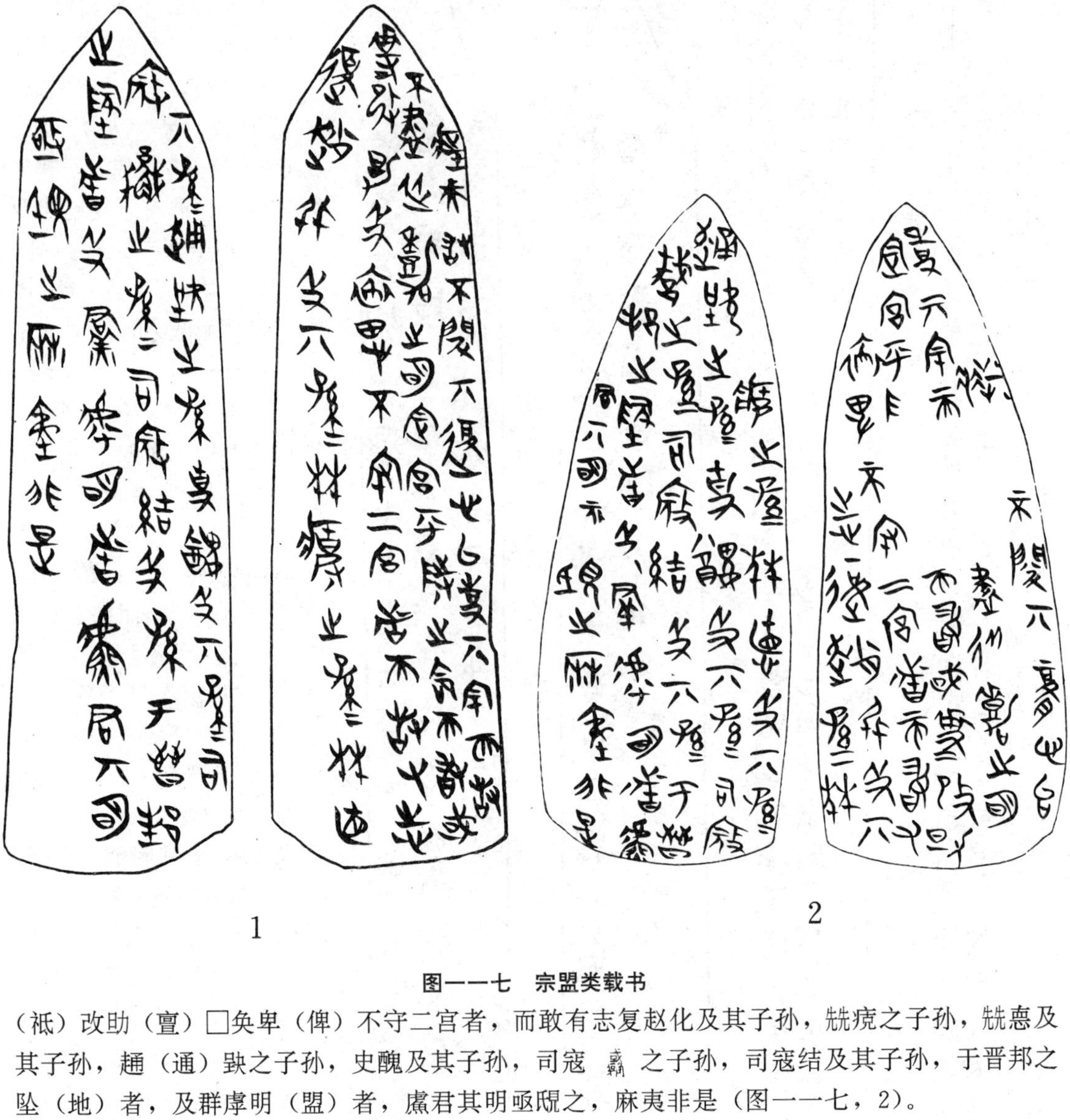

图一一七 宗盟类载书

（祇）改助（宣）□奂卑（俾）不守二宫者，而敢有志复赵化及其子孙，牪疡之子孙，牪悥及其子孙，趣（通）缺之子孙，史酦及其子孙，司寇𩰌之子孙，司寇结及其子孙，于晋邦之坠（地）者，及群虖明（盟）者，虞君其明亟觇之，麻夷非是（图一一七，2）。

2. 自誓于君所类载书

1. 盇章自貟于君所（一），所敢俞出入于赵化之所及子孙（二），牪疡及其子乙，及其伯父叔父兄弟子孙，牪悥及其子孙，牪铭、牪柕之子孙，牪谧、牪癳之子孙，中都牪弹之子孙，牪之木子孙，趹及新君弟子孙，隓及新君弟子孙，肖（赵）朱及其子孙，赵乔及其子孙，郫佼之子孙，邯郸重政之子孙，阓舍之子孙，趣（通）鲣之子孙，史酦及其子孙，重癰及子孙，邵城及其子孙，司寇𩰌之子孙，司寇结之子孙，及群虖明（盟）者。章頭嘉之身及子孙（三），或复入之于晋邦之中者，则永亟觇（视）之，麻夷非是。既貟之后，而敢不巫觋祝史，殷绨绎之皇君之所（四），则永亟觇之，麻塞非是。阓叕之子孙，窎（遇）之行道弗殺（杀）（五），君其觇之（图一一八，1）。

注释：（一）"盇章自貟于君所"；"盇章"乃参加盟者之名。貟字，郭沫若释质，他说：

"質字在古文献中每与'盟'字联带使用,兹仅举一例以为证。《左传》鲁哀公二十年'赵孟曰:黄池之役,先主与吴王有质,曰:好恶同之。'下文赵孟家臣楚隆转达这同一语言于吴王夫差,曰'黄池之役,君之先臣志父得承齐盟,曰:好恶同之。''质'与'盟'显然为同义语。杜预注:'质,盟信也',可见'盟'是就形式而言,'质'是就实质而言,虽有表里深浅之异,其实是一回事。"唐兰谓:"貭字上从沂,是折字,折《说文》籀文作斸,金文《齐侯壶》:'斸于大司命',读如誓。斸省去二中,即为沂。古钤怒常作㤈,可证。那么貭是貲字,不是质字。《广韵》十五辖陟辖切下:'斯货也'。在这里应读为誓。这一类载书是自誓,不是共同的盟誓,和第二类载书截然不同。"纳室类载书有"从此盟貭之言",当从唐兰释誓为宜。

(二)"所敢俞出入于赵化之所及子孙……";郭沫若云:"俞字假为偷"。唐兰谓:"俞读为渝。《尔雅·释言》:'渝,变也。'《左传·僖公二十八年》的两个载书和成公十二年的载书都有'有渝此盟'的话,桓公元年的载书说:'渝盟无享国'。"当以是。

(三)"章頧嘉之身及子孙";頧字《说文》谓为"内头水中也",读为没。《小尔雅·广言》:"没,终也"。"没嘉之身",犹言终嘉之身。盟词乃谓终嘉之身及子孙,而敢或将赵化及其子孙等复入于晋国者,则永亟视之,麻夷非是。

(四)"而敢不巫觋祝史,殹绂绎之皇君所";郭沫若云:"'巫觋',原文一号与三号作晉䫉。'殹'疑是荐字。'绂'疑是敬字。言既盟之后,当遣巫觋祝史将盟书献上,敬陈于晋君。"唐兰云:"觳应即拵。从攴的字往往变从手。《左传·哀公八年》:'拵之以棘',《广韵》二十三魂徂尊切下有拵字,'据也'。这里读觳为荐,《周易·豫》:'殷荐之上帝',《观》:'盥而不荐',荐是祭的一种。《管子·小匡》:"'盟诸侯饰牲为载书以誓要于上下荐神。"又云:"说释、悦怿、绲绎,都同一语源。这里应当读为说释,就是让巫觋祝史荐牲于皇君之所并加以说释。"

(五)"寯(遇)之行道弗殺(杀)";唐兰释殺为播,不确,当为古杀字。则谓舆閟㐭之子孙遇之于道则弗杀者,君其视之,亦要受惩罚。

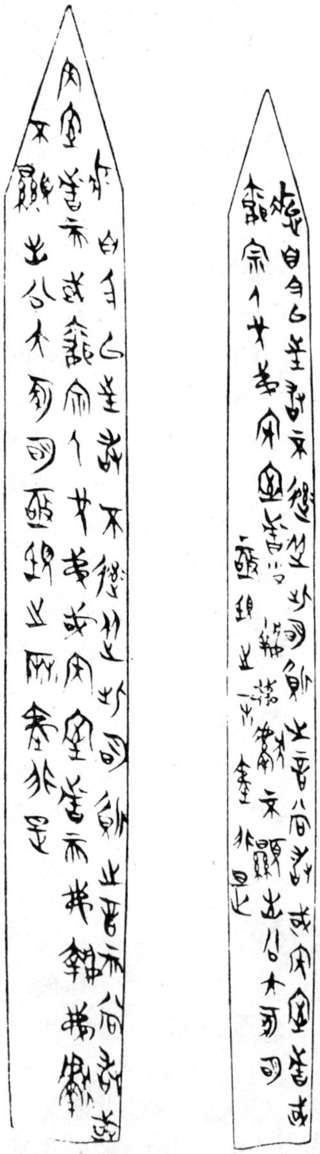

2. 绢自貢君所,所敢谕出入于肖(赵)化之所及子孙,牪痐及子乙,及白(伯)父叔父,□弟子孙,牪㥜及其子孙,牪㱿、牪捋及其子孙,中都牪㺯之子孙,牪木及其子孙,牪謆、牪瘋及子孙,趺及其新君弟子孙,陉及新君弟子孙,肖(赵)朱之子孙,邵陉之子孙,肖(赵)敌及其子孙,邾佼之子孙,邯郸郫政之子孙,閟舍之子孙,赻(通)□之子孙,郫癕及子孙,史醜及其子孙,司寇□□□,司寇结及其子孙,及群虖明(盟)者,绢顗嘉之身及子孙,而敢复入之于晋邦之坠者,虘君其明亟覥之,麻夷非是。既貢之后,所敢不晋觋祝史,觳绲绎之于皇君之所,则永亟覥之,麻夷非是。閟伐及子孙,绢见之行道而弗伐弗杀,虘君其覥之(图一一八,2)。

3. 纳室类载书

1. 圹自今以往,敢不遼(率)从此明(盟)貢之言(一),而尚敢或内(纳)室者(二),而或聭宗人兄弟或内(纳)室者,而弗执弗献,丕显出公大冢(三),明亟覥之,麻夷非是(图一一九,1)。

2. 瘂自今以往,敢不率从此明(盟)貢(誓)之言,尚敢或内(纳)室者,或聭宗人兄弟内(纳)室者,而□执弗献,丕显出公大冢,明亟覥之,麻夷非是(图一一九,2)。

注释:

(一)"敢不率从此盟貢之言",唐兰释貢为誓,至确。本词谓:"敢不率从此盟誓之言",则为唐说提供一有力证据,故本文将"委质类"改为"自誓于君所类"。

(二)"而尚敢或纳室者","纳室"是指当时有些贵族依仗权势兼并他人的财产和家室。如《左传》襄公十九年,齐崔杼杀高厚而"兼其室";郑子展、子西杀子孔而"分其室";襄公三十年楚公子围杀大司马蒍掩而"取其室",《国语·晋语》晋杀三郤而"纳其室以分妇人",均属兼并侵夺之行为。

(三)"丕显出公大冢",《侯马盟书》谓为"丕显晋公大冢'。案盟书中凡晋国之晋字,均写作"𣊻",无一作"㞢"者,此

图一一九

乃出字古体,说见前文。"大冢"乃指晋出公之庙。

第二节　战国兵器刻辞

自国家出现以后，军队就成为其重要的机器之一，统治阶级利用它的职能，对外进行掠夺和侵略；对内一方面保护本阶级的利益，另一方面镇压被统治阶级的反抗。兵器的好坏、先进或落后，是能否有效地施展军队职能的一个比较重要的问题。自古以来，无论哪个国家握有政权的统治者，都无不重视兵器的发展和制造；而且在制造方面，不惜代价，不计工本。在商周时代，青铜虽已出现，但产量不多，价格昂贵。据《曶鼎》记载，五个奴隶才折铜百锊，一个奴隶合二十锊。按汉人一锊重六两大半两的说法，一个奴隶合不到一百二十四两铜。铜的来源虽然很少，价格很贵，可是，当时却用大量的青铜制造箭镞。铜镞本身的重量虽然有限，但消耗量很大，不像戈、矛可以长期使用，每一个铜镞只能射放一次，放出去的矢镞不能再收回。尽管如此，商周时代的统治者，仍然大量使用。至于可供长期使用的戈、矛、剑等兵器，铸造就更加讲究。商周时代的戈、矛、戉等兵器，一般均在上面铸以本族的族徽，或使用者的名字。春秋末战国初的贵族们使用的兵器，不仅制造精良，还在上面用镶嵌金银丝的技法，书写成鸟形篆字，俗称"鸟篆"，具有突出的艺术价值。入战国以后，诸侯间的兼并战争更加频繁而激烈，各国的统治者都非常注意兵器的铸造，加强了组织和管理。韩、赵、魏、秦、燕、齐、楚等几个大的诸侯国，由国家所造的兵器，有的由国王或丞相督造，下边专设工师、丞、工尹等各级管理机关。由地方政府铸造的兵器，一般皆由主管官吏"令"进行督造，下边也设有左库、右库、工师、工尹等不同管理机关。而且在铸好的兵器上刻有各级主管官吏的名字，以示负责。因而，兵器刻辞，不仅是研究先秦时代战争的重要资料，同时也是研究各国官工制度的重要资料。但是，由于这些刻辞内容简单，只载时间、地点和工官名称，即所谓"物勒工名"，刻文多出工匠之手，字迹甚为潦草，无论辨识或拓印都有困难，因而过去很不重视。近些年由于在考古发掘中提供的资料愈来愈多，有些学者开始从兵器刻辞的地名、人名中，考证它们的国别和年代，从而为这方面的研究开辟一条宽广途径。例如，郭沫若早在三十年代对朝鲜平壤出土的廿五年上郡守戈的考释（《金文丛考·续考·上郡戈》），杨宽对上郡守疾戈的考释（1947年《中央日报·文物周刊》第33期），夏鼐对长沙出土吕不韦戈的研究（《考古》1959年9期），陈邦怀对十三年相邦义戟的研究（《文物》1964年2期），张震泽对燕王职戈的考释（《考古》1973年4期），许明纲、于临祥对辽宁新金县出土的魏国启封戈的研究，以及李学勤的《战国时代的秦国铜器》（《文物参考资料》1957年8期）、《战国题铭概述》（《文物》1959年7—9期），黄盛璋的《试论三晋兵器的国别和年代及其相关问题》（《考古学报》1974年1期）等，均对战国兵器刻辞的研究作出一定的贡献。这里根据前人研究的成果，将现有的资料，尽可能地按照国别逐一进行讨论。根据资料提供的可能，分别说明各国铸造兵器的组织机构，以及刻辞内容与款式特点。由于各方面的资料很不平衡，有些国家的兵器刻辞资料发现不多，还整理不出头绪，因而有的仅能说明一些现象，或者从略，等待以后再作补充。

一 韩国兵器刻辞

(1)"郑右库"(《新郑"郑韩故城"发现一批战国铜兵器》以下简称"郑韩兵器",文物1972年10期)(图一二〇,1)

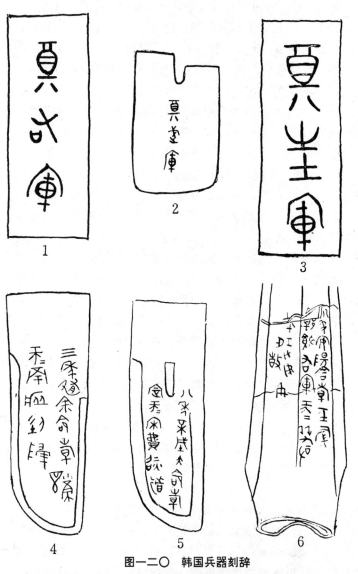

图一二〇 韩国兵器刻辞

《史记·郑世家》云:"郑桓公友者周厉王少子,而宣王庶弟也,宣王立二十二年友初封于郑。"旧邑在棫林,即今之陕西华县境内。周幽王时,王室多故,桓公采用史伯之建议而东徙,郑武公时竟取虢、郐、鄢、蔽等十邑而居之,即所谓新郑者也。《韩世家》云:韩哀侯二年"灭郑,因徙都郑。"《索隐》曰:"韩既徙都因改号曰郑",《战国策》谓韩惠王曰郑惠王。韩哀侯二年,即公元前375年。此戈铭谓"郑右库",实指韩国之右库,同时还有自铭左库者。

(2)"郑武库"(《三代吉金文存》19.32)(图一二〇,2)

"郑武库"亦是韩国兵器常见的一种刻辞,在郑韩故城出土的兵器中,亦有"武库"的记载。

(3)"郑生库"(《郑韩兵器》文物1972年10期)(图一二〇,3)

"郑生库"亦是韩国兵器刻辞中较为常见的库名,含义不解。据目前所见战国中晚期韩国兵器刻辞记载共有四库,即左库、右库、武库、生库,此戈即郑生库所造。

(4)"三年脩余命(令)韩謹,工师罩症,冶䢼"(《三代吉金文存》20、25)(图一二〇,4)

此戈刻辞中之命当读为令,地方官名,此谓脩余之令名为韩謹,凡此款式者皆如此。"禾"即"工帀"二字之合文,这是三晋兵器刻辞之一大特点,"工师"是当时国家官工业主管官署。《荀子·王制篇》:"论百工,审时事,辨功苦,尚完利,便备用,使雕琢文采不敢专造于家,工师之事也。"最后为冶者,指具体进行操作的工匠。自"令"、"工师"到"冶",令是地方长官,负责督造;工师是主管官署,负责监造;冶或为冶尹,是具体制造的工匠或小头目。每一种兵器多注明三者的名字，以示责任。"脩余"地名，黄盛璋考证："脩余殆是脩鱼，《史记·韩世家》宣惠王十六年'秦败我脩鱼'，又《秦本记》：惠文君后元七年'韩、赵、魏、燕、齐帅匈奴共攻秦，秦使庶长疾与战脩鱼，虏其将申差'，《正义》：'脩鱼，韩邑也'。《左传》成十年晋人及郑人然盟于脩泽，杜注：'荥阳卷县东有修武亭'。此地为济水所迳，见《水经注》，并说是郑地，韩灭郑后，其地自属韩。"（《试论三晋兵器的国别和年代及其相关问题》，以下简称《三晋兵器》考古学报1974年1期）

(5) "八年新城大命（令）韩定，工师宋费，冶㑥"（《商周金文录遗》581）（图一二〇，5）

《岩窟吉金录》卷七亦著录此戈刻辞，谓其于1942年安徽寿县出土，并附有柯昌泗考证，定为楚器。按战国时代楚国兵器，尚未发现有类似款式的刻辞。黄盛璋云："案新城、阳人与宜阳靠近周郊，原都属周。《史记·张仪传》：'秦攻新城、宜阳，以临二周之郊，诛周王之罪，侵韩、魏之地'。韩向西发展，蚕食周地，这些地方都归韩有。新城属韩，证据很多，《史记·秦本记》：昭王'十三年向寿伐韩取武始，左更白起攻新城'，又《白起传》：'昭王十三年（前294年）而白起为左庶长，将而攻韩之新城'。《秦本记》还记昭王二十三和二十五年'与韩王会新城'。但新城既处在边邑，变化无常，楚向北发展，新城一度属楚，上引《楚策》就是隶楚时事，但属楚是暂时的。"（《三晋兵器》）案此戈刻辞款式，即首为令，次为工师，后为冶者，正为韩器特征。

(6) "六年安阳命（令）韩望，司寇□□，右库工师□□，冶□□□束"（《陶斋金石绪录》卷二）（图一二〇，6）

六年安阳矛乃传世品，出土地点不明。古地名安阳者不只一处，战国赵、魏、韩皆有。当时因战争频繁，同为一地而朝秦暮楚，变动也很大，故考查古物国属十分困难。安阳币分刀、布两种，布币又分平首、三孔，国属也多分歧，如三孔布有人认为秦铸，也有人认为赵钱，众议纷纭。此矛从铭文款式和内容分析当为韩器无疑。黄盛璋据《水经注·河水四》：安阳溪"水出石崤南，西迳安阳城南……潘岳所谓所徂安阳也"记载，谓"其城在陕县东，战国应属韩地。"也可为此矛作一佑证。

(7) "七年仑氏命（令）韩□，工师荣原，冶□"（《三晋兵器》图一，2）（图一二一，1）

"仑氏"应是韩国的都邑，从此戈的刻辞款式来看，与上述诸戈刻辞相同。仑氏尚有方足布传世，王毓铨定为魏币（《我国古代货币的起源和发展》四章）。《水经注·伊水》云："狂水又西迳纶氏县故城南，《竹书纪年》曰：楚吾得帅师及秦伐郑，围纶氏者也。"《史记·白起列传》：昭王四十六年"秦攻韩缑氏、蔺，拔之。"《集解》引徐广曰："属颍川"。《正义》曰："按检诸地记，颍川无蔺。《括地志》云：'洛州嵩县本夏之纶国也，在缑氏东南六十里。'《地理志》云：'纶氏属颍川郡'，按既攻缑氏，蔺二邑合相近，恐纶、蔺声相近似，字随音而转作蔺。"黄盛璋谓汉纶氏县，后魏又改为颍阳，后废为镇，故城即今登封西南七十里之颍阳镇，正与缑氏相邻接。因此他说："纶氏肯定属韩"，并谓："戈铭'七年'不得迟于韩桓惠王七年。"（《三晋兵器》）

(8) "七年宅阳命（令）隔鎧，右库工师夜疟，冶起歊"（《小校经阁金文拓本》10.74）（图一二一，2）

此戈刻辞款式在"工师"前增"右库"一名，在韩国兵器中有"左库工师"、"右库工

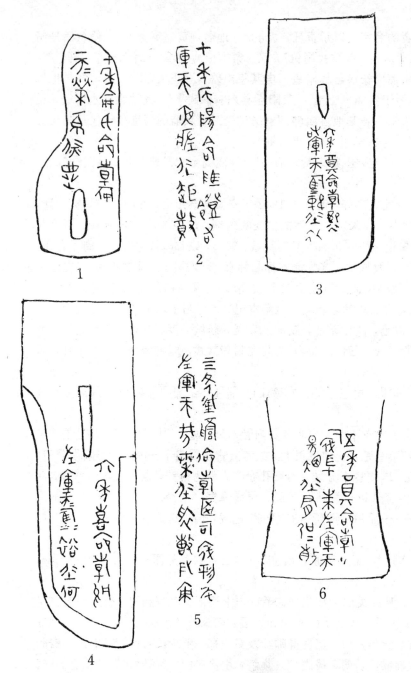

图一二一　韩国兵器刻辞

师"、"武库工师"和"生库工师"四种刻辞,这也是韩国兵器刻辞特点之一。"宅阳"殆韩国城邑,《史记·韩世家》:韩懿侯五年"与韩惠王会宅阳",《正义》曰:"在郑州也"。《魏世家》亦云:惠王五年"与韩会宅阳城",《正义》曰:"《括地志》云:宅阳故城一名北宅,在郑州荥阳县东南十七里也。"

(9)"六年郑命(令)韩熙、右库工师司马□、冶□"(《三代吉金文存》19·52)(图一二一,3)

韩熙是韩国人,《战国策·韩策》云:"建信君轻韩熙、赵敖为谓建信侯曰,国形有之而存,无之而亡者魏也,不可无而从者韩也,今君之轻韩熙者交善楚魏也,秦见君之交反善于楚魏也,其收韩必重矣,从则韩轻,横则韩重,则无从轻矣。"又如新郑出土之8号戈刻辞,亦云"郑令韩熙",必为同人所作,并可互证。

(10)"六年喜命(令)韩於,左库工师司马裕,冶何"(《三代吉金文存》20·27)(图一二一,4)

喜当为韩国地名,史籍无考。但从此戈刻辞行款分析,则为某令、左库工师、冶者,同上述兵器刻辞完全相等,也当是韩国兵器。

(11)"四年□雒命(令)韩□,司寇刱它,左库工师刑秦,冶狄皼戟束"(《三晋兵器》图版1、3)(图一二一,5)

(12)"五年郑命(令)韩□,司寇长朱,左库工师易矲,冶胥弝皼"(《三代吉金文存》20·40)(图一二一,6)

(13)"四年郑命(令)韩半,司寇长朱,武库工师戋□,冶胥皽皼"(《郑韩兵器》图版

4、5)(图一二二,1)

图一二二 韩国兵器刻辞

(14)"五年郑命(令)韩□,司寇长朱,右库工师皂高,冶君耑歍"(《郑韩兵器》图版5、2)(图一二二,2)

(15)"廿年郑命(令)韩羔,司寇吴裕,左库工师张阪,冶赣"(《郑韩兵器》图版5、4)(图一二二,3)

(16)"元年郑命(令)楮湆,司寇芋庆,生库工师皮耴,冶君□歍"(《郑韩兵器》图版5、5)(图一二二,4)

(17)"九年郑命(令)向佃,司寇雺商,武库工师盥章,冶狃"(《郑韩兵器》图24)(图一二三,1)

(18)"卅二年郑命(令)楮湆,司寇肖(赵)它,生库工师皮耴,冶君竝歍"(《郑韩兵器》图版4、6)(图一二三,2)

(19)"卅三年郑命(令)楮湆,司寇肖(赵)它,生库工师皮耴,冶君啟歍"(《郑韩兵器》图25)(图一二三,3)

(20)"卅四年郑命(令)楮湆,司寇肖(赵)它,生库工师皮耴,冶君竝歍"(《郑韩兵器》图版4、2)(图一二三,4)

上列(11)至(20)十件兵器,除矛(11)和矛(12)两件为传世品外,其它八件(13—20)皆为河南新郑"郑韩故城"出土,这十件兵器虽然分别为戈、矛、剑三种,但刻辞款式和内容完全一致。它们的特点是,在令之后与某库工师之前增添了司寇一个官职,形成了令、司寇、某库工师和冶或冶君四级负责制,和上述几种款式均不相同,这也是代表韩国兵器刻辞的一个比较显明的特点。

综合以上所选二十件韩国带有刻辞的兵器分析，自韩哀侯二年（公元前375年）灭郑，并徙都于郑之后，所用兵器基本上是在首都所在地——郑和较大的城邑制造。据现有资料证明，当时韩国能造兵器的城邑，除首都郑之外，还有：脩鱼、新城、阳人、郚阴、仑氏、雍、安阳、巖、宅阳、喜、平陶、安成、格氏、长子、蕉等二十余处。从兵器刻辞之款式分析，可归纳为四种。

第一种如例1、2，是最简单的一种刻辞形式。郑即韩国首都，有左库、右库、武库、茥库，各代表制造兵器的单位，一般铸字较多。

第二种如例5、7，此种刻辞一般为地方城市的官吏令所督造的兵器，令下有主管官工业的官署"工师"负责监造，具体铸造的工匠称"冶"。它的款式一般为"××年，××令×，工师×，冶×"。

第三种刻辞即发现在首都所造的兵器上，也发现在地方城邑所造的兵器上，皆由令督造，但在"工师"之前增加一个库名，诸如"左库"、"右库"、"武库"、"茥库"，作"左库工师"或"右库工师"。如例（8）、（9）。有时在冶某后增一造字，写作敫，作"冶某造"。此种刻辞款式为："××年，××令×，×库工师×，冶×造"。

第四种是在令之后，某库工

1

3

2

4

图一二三　韩国兵器刻辞

师之前，增添一名官吏"司寇"，如例（11）、（13）。"某库工师"之后有时称"冶"，也有时称"冶君"，即"冶尹"，指工匠的小头目。还有时作"冶某造"或"冶某造××"，如"冶狄造戟束"等。此种刻辞款式为："××年，××令×，司寇××，×库工师×，冶×造"。

战国时代的韩兵器刻辞，在某些字的写法上也反映出一些特点。诸如造字皆写为 ▨，郑写作 ▨ ，令写作 ▨ ，寇写作 ▨ ，司寇写成合书 ▨ ，工师写成合文 ▨ 等。

二　赵国兵器刻辞

(1) "四年相邦春平侯，邦左库工师长身，冶匋励执齐"（面文）。"大攻君肖（赵）間"（背文）。（《旅大地区发现赵国铜剑》考古1973年6期图版五）（图一二四，1）

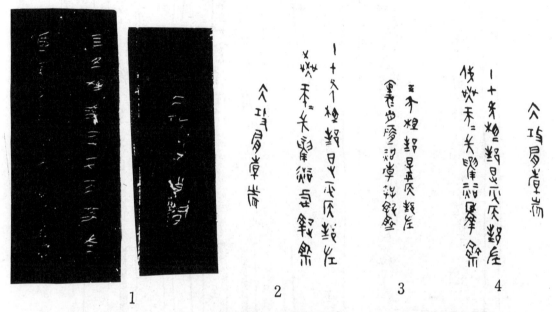

图一二四　赵国兵器刻辞

(2) "十七年相邦春平侯，邦左佼 ▨ 工师长雚，冶□执齐。""大攻君韩甹"（背文）。（《小校经阁金文拓本》10，103，剑）（图一二四，2）

(3) "三年相邦春平侯，邦左库工师肖（赵）□，冶韩□执齐"（《小校经阁金文拓本》10，103，剑）（图一二四，3）

(4) "十七相邦春平侯，邦左佼 ▨ 工师长雚，冶□执齐"（面文）。"大攻君韩甹"（背文）。（《三晋兵器》图2，2，考古学报1974年1期，剑）（图一二四，4）

(5) "十五年相邦春平侯，邦佼 ▨ 工师长雚，冶□执齐"。（《商周金文录遗》600，剑）（图一二五，1）

(6) "十七年相邦春平侯，邦左 ▨ 工师长雚，冶□执齐。"（《三代吉金文存》20，41，剑）（图一二五，2）

在现存赵国兵器中，刻辞谓为由相邦春平侯负责督造者，据初步统计约有二十余件，诸如《元年相邦春平侯矛》（《周金文存》6，80》，《二年相邦春平侯剑》（《周金文存》6，92），《五年相邦春平侯矛》（《周金文存》6，80），《八年相邦春平侯矛》（《小校经阁金文拓本》10，75），其中以十七年者时间最长，出土数量也最多。春平侯文献亦称春平君，《史记·赵世家》："秦召春平君，因而留之。泄钧为之谓文信侯曰；春平君者赵王甚爱之，而郎中

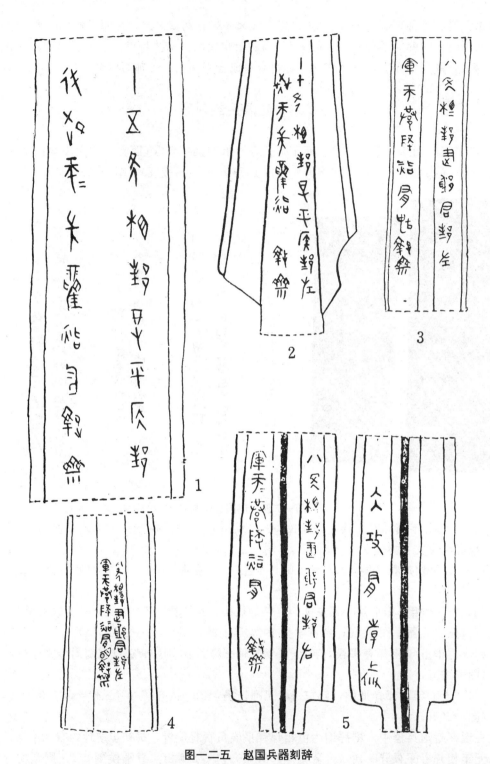

图一二五 赵国兵器刻辞

妒之,故相与谋曰春平君入秦,秦必留之,故相与谋而内之秦也。今君留之是绝赵,而郎中之计中也。君不如遣春平君而留平都,春平君者言行信于王,王必厚割赵而赎平都。文信侯曰善,因遣之。"《战国策·赵策》亦记有此事,谓春平君为春平侯。从文献记载说明,春平侯与吕不韦是同一时期的人物，吕不韦为秦之丞相时，春平侯在赵亦是举足轻重的人物，亦可能已任赵之相邦。黄盛璋认为"春平侯监造兵器的年代有三种可能：（一）悼襄王在位不止九年，今本《史记》之九年乃是十九年之误脱或被后代改动，如此春平侯就是悼襄王相邦，较建信君晚一个王世。（二）春平侯是惠文王相邦，较建信君早一个王世。（三）春平侯十五年与十七年监造兵器属孝成王，而元年至八年监造兵器属悼襄王。案八年建信君剑与十五、十七年春平侯剑都有大攻尹韩肖，如采取第（三）种说法，大攻尹韩肖在铭刻中前后恰可衔接，第（一）、（二）种说法皆相隔过远，比较起来，以第（三）种较合。"

黄氏所谓三种说法，详细斟酌皆有一些矛盾。仅就第三种说法而论：赵孝成王十七年为秦庄襄王元年，吕不韦开始为秦相。据《赵世家》记载，"秦召春平侯，因而留之"，后来由于吕不韦听了泄钧的建议，才将其遣送回国。《年表》云：赵悼襄王二年"太子从质秦归"，《正义》谓："按太子即春平君也"，《赵世家》也是在这一年叙述这件事情的经过。文献只讲了春平侯归国的时间，究竟那一年入秦无载，从"秦召春平君，因而留之"这句话分析，足见春平君入秦时间较长，往返不会仅在一年。起码悼襄王一至二年春平君在秦，不可能在赵督造兵器，也就不可能有春平侯在悼襄王元年和二年制造的兵器。因此我们认为还应当有第四种说法，春平侯自元年至十七年督造的兵器，即赵孝成王元年至十七年所造，从现有资料来看，春平侯是孝成王元年至十七年的相邦。或者说，赵孝成王初即位，平原君为相，这正如黄盛璋同志所说"孝成王十五年与十八年相国为廉颇，但据《廉颇传》，廉颇实为假相，同时战国相邦决不止一个，秦就有左、右相，而秦设相邦为时很晚，乃是仿效三晋制度。《赵世家》又记孝成王'十七年假相大将武襄君（乐乘）攻燕'，'十八年延陵钧率师从相国信平君（廉颇）助魏攻燕'，而十五年相国就是廉颇，这也证明赵国相邦或假相并不止一个。"

（7）"八年相邦建郘君，邦左库工师郏阵，冶肙 㓦 执齐。"（《小校经阁金文拓本》10、102，剑）（图一二五，3）

（8）"八年相邦建郘君，邦右库工师郏阵，冶肙□执齐"（面文）。"大攻肙韩□"（背文）。（《小校经阁金文拓本》10、104，剑）（图一二五，5）

（9）"八年相邦建郘君，邦左库工师郏阵，冶肙明执齐。"（《三代吉金文存》10，75，剑）（图一二五，4）

世传相邦建郘君督造的兵器也有十件之多，其中只有三年和八年两个年份制造的。过去多将郘字释作郘，将右边的邑字误看作吕，黄盛璋曾予以纠正，改释郘为郘，至确。黄氏又据文献、彝铭和古钵等资料，进一步证明諰、郘、諰三字都是古信字之别体，而《梁上官鼎》中之"宜諰"，战国印中的"宜諰"，亦即《汉书·高帝纪》："立兄宜信侯喜"之"宜信"。"宜諰"、"建郘"都是三晋的地名，故在声符之旁皆增邑附，建郘君即建信君，与赵平原君封邑相近，《汉书·地理志》谓属"千乘郡"。黄氏此一考证甚精辟，但他认为当时重用建信君的赵王就是赵孝成王，由相邦建信君督造的三年和八年的兵器，也即孝成王三年和八年，因此他说："可以确定为公元前263年和258年。"如果我们把春平侯督造的兵器与建信君督造的兵器共同研究，就会发现，他们两人不仅都和吕不韦打过交道，而且都有三年和八年所造的兵器（而春平侯尚有"元年"、"二年"、"四年"、"五年"、"十五年"、"十七年"等不同年份督造的兵器），他俩又都曾为赵的相邦，从同年所造兵器分析，彼此绝非同一王世。前文已经谈到春平侯在悼襄王二年（前243）解去人质由秦归赵，说明春平侯在元年和二年督造的兵器绝非悼襄王元年和二年，此时他正在秦为质，不可能同时为赵之相邦。春平侯应是赵孝成王时相，他所督造的兵器，亦应在赵孝成王元年至十七年。建信君应为悼襄王相，悼襄王在位九年，也恰同建信君督造兵器年代相符合。如按黄氏的说法，建信君是赵孝成王相，三年和八年督造的兵器，是在赵孝成王三年和八年，即公元前263年和258年。假若如此，那么建信君就不可能同吕不韦打上交道，因为建信君为赵孝成王相时，吕不韦还未做秦国丞相，《史记》记载秦庄襄王元年（前249）吕不韦才为秦相，并封为文信侯，此时已在建信君为赵孝成王相九年之后了，足证黄氏说法难以成立。《战国策·赵策》云："希写见建信君，建信君曰：文信侯之于仆也，甚无礼，秦使人来仕，仆官之丞相，爵五大夫，文信侯之于仆也，甚矣其无礼也。"从这条记载说明吕不韦和建信君同一时期分别为秦赵的相邦，吕不韦在秦始皇十年（前237）免相。吕不韦为秦相这段时间，也正是赵悼襄王在位时期，足以说明建信君是赵悼襄王的相邦，经他督造的兵器，是在悼襄王三年和八年，即公元前242年与公元前237年制造。

（10）"十五年守相杢波，右库工师韩亥，冶巡执齐"（面文）。"大攻君公孙桴"（背文）。（《三代吉金文存》20，47，剑）（图一二六，1）

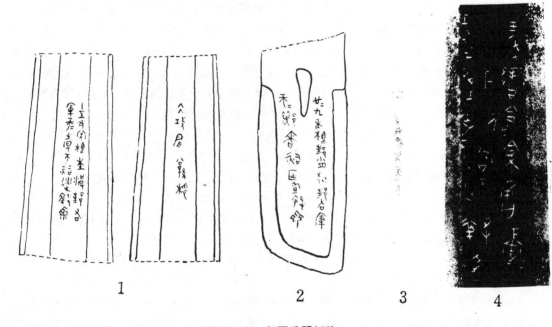

图一二六　赵国兵器刻辞

守相官名，《战国策·秦策五》："文信侯出走，与司空马之赵，赵以为守相"，高注："守相，假也"。黄盛璋据《史记·廉颇、蔺相如传》："赵以尉文封廉颇为信平君，为假相国。"假相国即守相，故释杢为检，谓检、廉古音全同，杢波当为廉颇，他说："廉颇除赵孝成王十五年为赵国假相（守相），史有明文以外，他在惠文王十五年也已做到守相一类的官职。"

（11）"廿九年相邦赵□，邦右库工师鄞番，冶區□执齐。"（《小校经阁金文拓本》10、57，《三晋兵器》图4、2，戈）（图一二六，2）

从此戈刻辞款式来看，与上述"相邦春平侯"、"相邦建信君"所督造的兵器相同，此相邦名为赵□，字不清。但从"廿九年"分析，赵自襄子之后共传十三代，只有赵惠文王在位三十三年，其他十二代侯王在位年限再无超过二十九年者，故可断定此戈当为赵惠文王时制造。

(12)"八年兹氏命（令）吴庶，下库工师长武……"（《三晋兵器》6、2戈）（图一二六，3）

(13)"三年隰徿（令）楷唐，下库工师孙□，冶洉执齐。"（北京大学历史系考古专业藏剑）（图一二六，4）。

兹氏、栾二器皆为地方官吏令所督造，类似这样的兵器还有"三年武平〔令〕司马阚、右库工师叟秦，冶疾执齐"（《小校经阁金文拓本》10，103剑）、"元年邨令夜塗，上库二师□，冶阚……"（《三代金文录遗》582戈）等。兹氏《汉书·地理志》属太原郡，在战国货币中兹氏布数量很多，但国属未定，黄盛璋据新郑出土的兵器刻铭，除赵外尚有平陶等字样，汉均属太原郡，从而考定兹氏、平陶都是赵邑，故从。其它如栾、武平、邨等，亦皆为赵国之城邑。

综合以上资料分析，赵国负责铸造兵器的官署，基本上可归纳为两种组织形式，第一种是由朝廷相邦负责督造，下设专门主管官署"邦左库工师"和"邦右库工师"监造，也有"邦佼 ✦ 工师"者，意义不解。"工师"下有冶尹，或称冶，是具体负责制造的工匠或头目。如例（1）、（7），即赵国朝廷相邦督造的兵器，由相邦，邦左库或右库工师至冶尹共分三级，最后一般都有"执齐"二字，即"执剂"，相当韩国兵器中的敬（造）字，这是赵国兵器中的一个较为突出的特点。器背时常刻有"大攻君某某"，"大攻君"当作"大工尹"，亦是主管铸造的官吏，但有时不刻背文。此种兵器刻辞款式为："××年，相邦·×，邦×库工师××，冶君×（或作冶×）执齐"。

第二种是由地方主管官吏令负责督造，下设"上库工师"或"下库工师"，亦有"右库工师"者，工师之下有冶。上下亦分三级，即令、上库工师和冶，如例（12）、（13）。在此种刻辞款式基础上，有时将某年改作"王立事"，如《商周金文录遗》599剑之刻铭为："王立事，蔄衞徿（令）瞿卯，左库工师司马邵，冶导执济"，类似款式的铜剑，河北磁县白阳城遗址亦出土一件，皆为赵国兵器。此种刻辞的特点，只是在纪年方面稍作一些改变，将某王元年改为"王立事"，其它各个方面，无论内容和款式，均与赵国地方主管官吏令所督造的兵器刻辞完全相同，它的款式为："××年，××令××，×库工师××，冶×执济"。

有一个问题需要在这里作些交待。在《岩窟吉金图录》卷下之第56图，有一件铜戈刻铭为："十二年赵令邯郸□，右库工师翠□，冶仓敬"，乍一看来很像赵国的兵器，其实乃是一种伪刻。作伪者并不懂各国兵器刻辞的特点，利用邯郸这样一个赵国的名都，却参照韩国兵器刻辞的一些款式和内容，进行伪造，因而破绽很多。诸如：赵国由地方官吏令所督造的兵器，其刻辞在纪年之后，先讲某地令，然后再讲令之名字某某，"兹氏令吴庶"，"隰令楷唐"等皆如此。但此戈先讲人姓后讲地名，显为伪造。赵国兵器刻辞最后均用"执齐"，如云"冶洉执齐"，"冶导执济"；而韩国兵器刻辞最后多用"敬"（造）字，如"冶君皮敬"，"冶起敬"等，这是泾渭分明决不混用的。此戈明言是邯郸令造，却用韩国的用语，为又一明显破绽。冶字的形体三晋兵器写法很多，但基本上不超出 ⿰、⿰、⿰、⿰ 等形体，此戈写作 ⿰，采用《䜌氏鼎》的字形，伪迹更显。至于书写的风格，赵国兵器刻辞，无论横竖笔道均短小而刚劲如例（1）、（13），绝无如此戈刻辞字体之勾拉和拙劣之形迹。

三 魏国兵器刻辞

(1)"七年邦司寇富乘,上库工师戍間,冶脅"(《三代吉金文存》20,40剑)(图一二七,1)

图一二七 魏国兵器刻辞

(2)"十二年邦司寇野弟,上库工师马瘝,冶□"(《三代吉金文存》20,41剑)(图一二七,2)

"司寇"是主管刑狱的官吏,"邦司寇"是国家管理刑狱的官吏,从这一点分析,参加铸造兵器的手工业工人,乃由刑徒充任,这种情况三晋皆有。但韩国兵器刻辞,一般在某某令之下有司寇某,而且司寇二字作合书。赵国兵器刻辞,虽然亦有由邦司寇督造的兵器,但在冶者下有"执齐"二字,如北京大学历史系考古教研室收藏的一件赵国"十二年邦司寇剑",铭作"十二年邦司寇赵□□、右库工师□□,冶□执齐"。此二剑显非韩、赵兵器。李学勤、黄盛璋二同志曾据《梁廿七年鼎》及《梁廿七年上官鼎》铭文证明此二剑当为魏国兵器。前者铭作"梁廿七年大梁司寇□作量鈢,为量容四分爰"(《三代》3、43、2),后者铭为"梁廿七年大梁司寇肖作量鈢,为量半斗爰"(《文物》1972年6期)。大梁是魏国的首都,"大梁司寇"即首都主管刑狱的官吏,这和兵器刻铭中之"邦司寇"是同一官职,说明魏国的兵器和国家通用的量器,有些是由从事手工业生产的刑徒所制造的。

(3)"廿一年启封踰(令)癰,工师鈜,冶者"(面文)。"启封"(背文)。(《辽宁新金县后元台发现铜器》考古1980年5期,戈)(图一二八,1)

云梦秦简《编年记》载秦昭王"卅二年攻启封",当与此戈所谓之"启封"为同一地点。秦攻启封事亦见载于《史记》,如《韩世家》云:韩釐王"二十一年使暴鸢救魏,为秦所败,鸢走开封"。开封原名为启封,汉时因避景帝讳而改启为开。据《秦本纪》:昭王"三十二年相穰侯攻魏,至大梁,破暴鸢,斩首四万,鸢走魏,入三县请和。"前者言"鸢走开封",后者谓"鸢走魏",足以说明开封乃魏国城邑。但是,战国时代的开封与魏都大梁是两个地方,魏都大梁乃汉之浚仪,《汉书·地理志》属陈留郡,即今河南省之开封市。古代开封,《汉书·地理志》属河南郡。大梁(浚仪)与开封虽属两郡,但彼此相距仅五十里,唐贞观初将其合而为一,宋时名为开封府,将当时国都称作汴梁。

(4)"廿三年大梁左库工师丑,冶ㄣ"。(《衡阳发现战国纪年铭文铜戈》考古1977年5期,戈)(图一二八,2)

"大梁"乃魏国的都城,汉时为陈留郡之浚仪县,《汉书·地理志》颜师古注引应劭曰:"魏惠王自安邑徙此,号曰梁。"

(5)"朝訶右库工师赀"(《三代吉金文存》19,46,戈)(图一二八,3)

《史记·魏世家》魏景湣王二年,"秦拔我朝歌"。景湣王二年为秦始皇六年,即公元前241

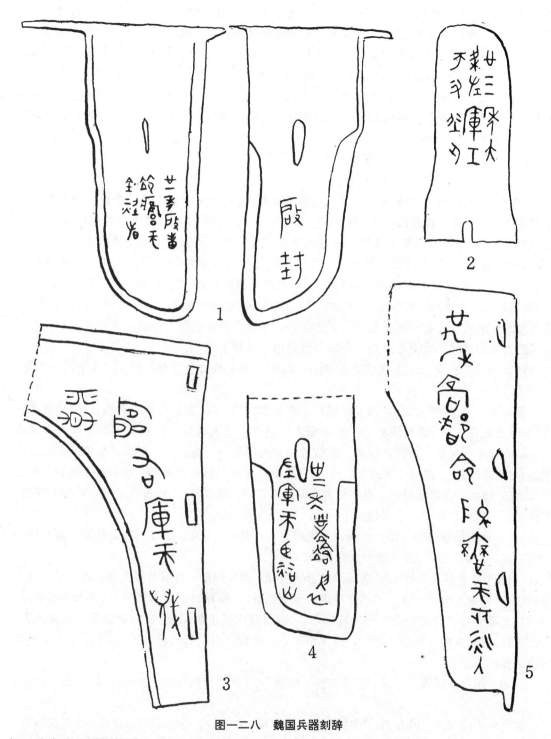

图一二八　魏国兵器刻辞

年，此戈当为魏国所造。

(6)"卅二年业龢（令）狄，左库工师臣，冶山"（《三代吉金文存》20，23，戈）（图一二八，4）

业本作邺，《史记·魏世家》："西门豹守邺"，邺当为魏国的城邑。但是，《韩非子·外储说左下》云:"梁车新为邺令,其姊往看之,暮而后,门闭;因逾郭而入,车遂刖其足,赵成侯以为不慈,夺之玺而免之令。"说明邺亦曾为赵国的城邑,赵成侯在位25年,即公元前374至350年。又据《信陵君传》云:"魏王恐,使人止晋鄙,留军壁邺。"魏安釐王二十年,即公元前257年,信陵君矫夺将军晋鄙兵以救赵,此时邺又为魏之城邑。《赵世家》又云:赵悼襄王六年"魏与赵邺",即公元前239年邺又转为赵地,三年后则被秦攻占。可见仅一邺地则反复于魏赵两国之间,说明仅依地名断国别也有局限。但参照兵器刻辞之内容和款式,可以判断此戈当为魏国所造。

(7)"廿九年高都命(令)陈忱,工师□,冶□"(《小校经阁金文拓本》10、52,戈)(图一二八,5)

《陶斋吉金录》卷五曾著录一件二十九年高都剑,当与此戈同地所造。《史记·秦本纪》云:庄襄王"三年蒙骜攻魏高都,汲,拔之。"《集解》引《括地志》云:"高都故城今泽州是",汉置高都县,《地理志》谓属上党郡,故城在今山西晋城北之高都镇。此是魏国之高都。但据《周本纪》云:"(苏)代曰:君何患,于是臣能使韩毋征甲与粟于周,又能为君得高都。"《集解》引徐广曰:今河南新城县高都城也。《索隐》谓高诱云:"高都韩邑"。《括地志》谓其"一名郜都城,在洛州伊阙县北三十五里。"此高都又反复于周韩之间。说明战国时代的地名,既有两地重名者,亦有一地反复于两国之间者。考定兵器的国属,除依地名之外,必须参考刻辞的内容和款式,此戈与同铭剑刻辞与魏器同,当属于魏。

(8)"九年𢦔 𢇛 (丘)令雍,工师□,冶得"(《三代吉金文存》20、22戈)图一二九,1)

胡部尚有"高望"二字,乃秦时增刻,故未录。𢦔,《说文》作戴,许慎云:"故国在陈留"。段玉裁注:"《春秋经》隐十年,宋人、蔡人、卫人伐戴。三经皆作戴,惟《谷梁音义》曰:载本或作戴,前志作戴,古载戴同音通用耳……前志云:梁国甾故戴国。后志陈留郡:'考城故甾'。注引《陈留志》云:'古戴国今河南卫辉府考城县,县东南五里有考城故城'。汉之甾县,古之戴国也。甾与戴古音同,戴古字,甾汉字。"按段氏考证,戴当为魏邑。戈铭𢦔丘,应即甾丘,也当属魏。

(9)"卅四年邨 𢇛 (丘)令奭,左工师晢,冶梦"(《湖北江陵拍马山楚墓发掘简报》,《考古》1973年3期,戈)(图一二九,2)

《简报》作者曾释"我丘",黄盛璋改释为邨丘,谓为顿邱,当以黄说为是。西周时代为卫国封邑,《诗经·卫风·氓》:"送子涉淇,至于顿丘"。春秋时代归晋国所有,《水经淇水注》引《竹书纪年》:"晋定公三十一年城顿邱"。战国时代属于魏国境内。《战国策·燕策》云:"决荣口,魏无大梁,决白马之口,魏无济阳,决宿胥之口,魏无虚,顿丘。"足证此戈乃战国魏之顿丘所造。

(10)"四年咎奴薔令□罂,工师貪疾,冶问"(《三代吉金文存》20、25戈)(图一二九,3)

咎在此当读如高,借为高,"咎奴"当读作高奴。古音咎、高二字均为见纽字,咎在幽部,高在宵部,幽宵乃属旁转,咎高古为双声叠韵。高奴原为魏国的城邑,后为秦国所夺。《史记·秦本纪》:秦惠文王十年"张仪相秦,魏纳上郡十五县。"高奴即在公元前328年以后归秦所有。本书秦国兵器中之例18刻辞云:"上郡守厝造,高奴工师窑",当与此戈乃同地所造,不过这时高奴已在秦的版图之内了。

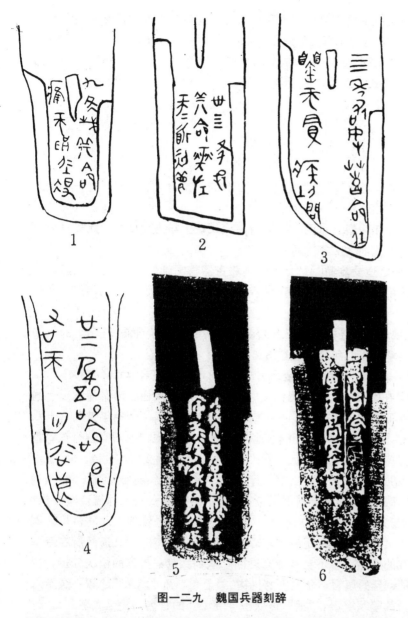

图一二九　魏国兵器刻辞

（11）"廿二年郚命（令）垠，右工师□，冶良"（《三晋兵器》图10，戈）（图一二九，4）

郚，文献作梧，《战国策·韩策》："观鞅谓春申曰……魏且旦暮亡矣，不能爱其许，鄢陵与梧，割以与秦，去百六十里，臣之所见者，秦楚斗之日也已。"说明许、鄢陵、梧三地相距不远，都曾是魏国的城邑。

（12）"八年亡命（令）㽙辂，左库工师佗□具，冶戍"（辽宁省朝阳地区发现）（图一二九，5）

（13）"□年亡命（令）司马伐，右库工师高反，冶□"（《商周金文录遗》580）（图一二九，6）

关于亡戈的国属过去未能确定，最近又于辽宁省之朝阳地区发现一件，刻辞所载督造兵器之组织形式，亦分令、左库工师和冶三级，与魏国兵器内容和款式均相似。因疑亡当读为芒，《汉书·地理志》沛郡有芒县，颜师古注："莽曰博治，应劭曰世祖更名临睢。"故城在今河南省永城县东北三里。居于商丘东北、梧县之西。芒县虽为秦置，但来源一定很久，春秋为宋地。但在宋偃王四十七年，即齐湣王三十八年（前286），由齐魏楚三国联合灭宋，三分其地，此地即划归为魏。

综合以上资料分析，魏国负责铸造兵器的官署，基本上与韩、赵两国相似，大致分两种组织形式：一是由朝廷负责督造，另一种由地方主管官吏督造。但在组织内容和兵器上的刻辞款式方面，各有特点。魏国由朝廷督造的具体组织是邦司寇，下设上库或下库工师和冶，如例（1）、（2）。在魏国的兵器刻辞中，除工师二字外，一般很少用合书。只有冶而未见有"冶君"的称谓，冶后只有人名，既无如赵国惯用的"执齐"一词，亦无韩国惯用的"㪺"字，其刻辞款式为："××年，邦司寇××，×库工师×，冶×"。

由地方主管官吏令负责督造的兵器刻辞款式基本上可归纳为两类：一类是在令之下有左

库工师或右库工师和冶；另一类在令之下只有工师和冶，并无左库和右库。虽然在刻辞款式上有两种表现，实质则是一致的，均为左库工师或右库工师。如例（3）、（5），款式内容相同，后者是前者之简式。魏国的兵器刻辞，还有更为从简的款式，如例（4）、（7）。类似这种从简的款式，都应当视为例（5）的整式，都是在例（5）的基础上从简的，其基本款式应为："××年，××令×，×库工师×，冶×"。

四　秦国兵器刻辞

（1）"□大良造"（正文）。"鞅之造戟"（背文）。（《三代吉金文存》20、21）（图一三〇，1）

商鞅在秦孝公元年入秦，三年为秦之重臣，六年为左庶长，十年为大良造。此戟当为商鞅在秦为大良造之后所造，即公元前352年之后不久。

（2）"□□□□造庶长鞅之造殳镦骄□。"（《双剑誃古器物图录》49）（图一三〇，2）

此是商鞅时造的殳镦上的刻辞，造字之前有五字不清，复原当为"大良造庶长鞅"，亦当造于秦孝公十年之后。

（3）"十六年大良造庶长鞅之造雝矛。"（《三代吉金文存》20、60）（图一三〇，3）

此矛亦商鞅时造，当为秦孝公十六年，公元前346年。

（4）"二年寺工耆金（丞）角。"（《陶斋吉金录》5、37）（图一三〇，4）

"寺工"一词史书无载，但在秦汉时代的铜器铭文中多次出现，如陕西临潼秦俑坑出土的秦兵器，即有十三件刻有"寺工"字样，如"十五年铍"、"十六年铍"、"十七年铍"、"十八年铍"、"十九年铍"等。汉代铜器，如宣帝时制的《池阳宫行镫》铭云："池阳宫铜行镫，重十二两，甘露四年工虞德造□林寺工，重三斤十□两。"（《小校经阁金文拓本》11、98）《永光行镫》铭云"永光四年寺工弘络，谯张廷省，重二斤二两。"（《陶斋吉金录》6、50）《竟宁雁足镫》铭云："竟宁元年寺工护为内者造铜雁足镫，重三斤十二两……（《愙斋集古录》26、24）。上述资料证明，秦汉之际在官府之内确有"寺工"这样一个管理工业的机构。据《三仓》记载："寺，官舍也。"《汉书·元帝纪》："城郭宫寺"，颜师古注："凡府廷所在皆谓之寺"。"寺工"为主管手工业的官名，恐不会有什么疑问。从铜兵刻辞排列的位次分析，仅次于相邦，在丞之上，而且是朝廷的属官，非地方的机构。"金角"乃"丞角"之误，金丞二字篆书形近，兵器刻辞难识，故摹写有误，"丞"是低于"寺工"的官名，角是人名。

（5）"四年相邦吕不〔韦〕〔造〕，寺工耆，丞□□□。"（《长沙左家塘秦代木椁墓清理简报》考古1959年9期，戈）（图一三〇，5）

吕不韦连任秦之庄襄王与秦始皇两代国相，共计十四年。《史记·秦本纪》载："庄襄王元年大赦罪人，修先王功臣，施德厚骨肉而布惠于民。东周君与诸侯谋秦，秦使相国吕不韦诛之，尽入其国……四年王龁攻上党，初置太原郡，魏将无忌率五国兵击秦，秦却于河外，蒙骜败解而去，五月丙午庄襄王卒。"《秦始皇本纪》：始皇年十三岁庄襄王死，政代立为秦王，当是之时，秦地已并巴蜀、汉中、越、宛有鄢郢置南郡矣。北收上郡，以东有河东、太原、上党郡，东至荥阳，灭二周置三川郡。吕不韦为相，封十万户，号曰文信侯。此戈铭云"四年吕不韦造"，可能为秦始皇四年，寺工耆与上述"二年寺工耆"同为一人之名。

（6）"五年相邦吕不韦造，诏事图，丞蕺，工寅。"（《三代吉金文存》20、28，戈）（图

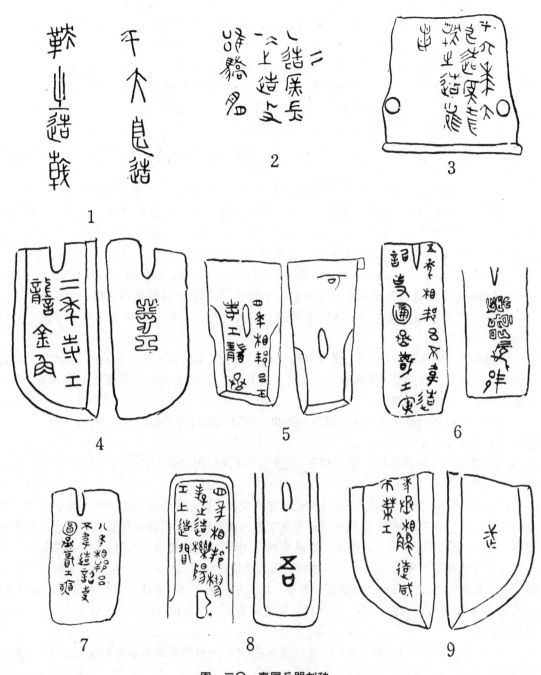

图一三〇 秦国兵器刻辞

一三〇，6）

（7）"八年相邦吕不韦造，诏事图，丞戜，工奭。"（《八年吕不韦戈考》文物1979年12期，戈）（图一三〇，7）

"诏事"与"寺工"一样亦未见于文献记载，从铜兵刻辞分析，其官职与寺工相似，也是主管手工业生产的机构。其位置与寺工相等，亦排列在相邦之后，丞之前，都是朝廷的属官。

(8)"四年相邦樛斿之造,栎阳工上造閒。"(《三代吉金文存》20、26,戈)(图一三〇,8)

此戈时代,无论从器形或刻辞中的用语等分析,均代表早期作风,李学勤曾说:"此戈之相邦樛斿不见于文献,然从字体方面来说,不能早过秦孝公时代。查孝公以下秦王,孝文王和庄襄王没有四年,武王、昭王和始皇四年所相都不合,只有惠文王前后两个四年,所相失载。这件戈应当是铸于这两年内的一年。"(《战国时代的秦国铜器》文物参考资料1957年8期)此戈长胡宽栏,三穿都在栏上,同《大良造鞅戟》完全相同,进一步证明李说可信。我认为此戈当做于秦惠文王的第一个四年,即公元前334年。

(9)"□□年丞相触造咸□□帀叶工□。"(《贞松堂集古遗文》续下22、2)(图一三〇,9)

"丞相触"据陈邦怀考为寿烛,《史记·穰侯传》云:"昭王十四年,魏冉举白起,使代向寿将而韩魏,败之伊阙,斩首二十四万,虏魏将公孙喜。明年,又取楚之宛、叶。魏冉谢病免相。以客卿寿烛为相,其明年,烛免,复相冉。"陈氏谓:"'丞相触'即寿烛。触与烛韵同声亦近,或借烛为触;或因字形相近,讹角旁为火旁耳。"咸下缺文当为阳字,乃作"咸阳工师叶","工"字之下尚缺一人名。此戈年字上缺,据《穰侯传》推测,当造于秦昭王十五、六年。《秦本纪》载魏冉自昭王十二年为相,十六年"冉免",可能是寿烛接任后所造。

(10)"十三年相邦义之造,咸阳工师田,工大人耆,工穑。"(《商周金文录遗》584)(图一三一,1)

"相邦义"即张仪,《史记·张仪列传》载:秦惠文王前元十年,秦以张仪为相。"仪相秦四岁,立惠王为王。居一岁为秦将,取陕,筑上郡塞。"此戈当造于秦惠文王十三年,即公元前325年,由张仪督造。

(11)"十四年相邦冉造,乐工师夠,工禺。"(《双剑誃古器物图录》上48)(图一三一,2)

(12)"廿一年相邦冉造,雕工师菜,□□。"(《三代吉金文存》20、23)(图一三一,3)

以上二戈俱铭"相邦冉造",据《史记·秦本纪》记载,魏冉曾三次为秦相。第一次是在秦昭王十二年"魏冉为相",根据例(11)铭文和《穰侯列传》所载,可能在昭王十六年免去相职。《秦本纪》又云昭王二十四年"魏冉免相",但不知何时复职,从例(12)铭文得知,魏冉第二次复任相职当在昭王二十一年之前。第三次是在昭王二十六年"冉复相",这次任职时间较长,直到昭王三十二年"相穰侯"为止,约六年。例(11)是魏冉第一次为秦相时所造,在昭王十四年,即公元前293年。例(12)是魏冉第二次为秦相时所造,在昭王二十一年,即公元前286年。

(13)"十四年属邦工〔师〕戩,丞唔,□□。"(《广州东郊罗冈秦墓发掘简报》考古1962,8)(图一三一,4)

"属邦"是从秦代开始设立的机构,汉时称属国或典属国,主管外族事务。《睡虎地秦墓竹简·秦律十八种·属邦律》云:"道官相输隶臣妾,收人,必署其已禀年日月,受衣未受,有妻毋有。受者以律续食衣之。"道官即指属邦所管的少数民族集居的官府。

(14)"王五年上郡疾造,高奴工栂"(《人文杂志》1960年3期,戈)(图一三一,5)

(15)"王六年上郡守疾之造□□□□□"(《岩窟吉金图录》下58)(图一三一,6)

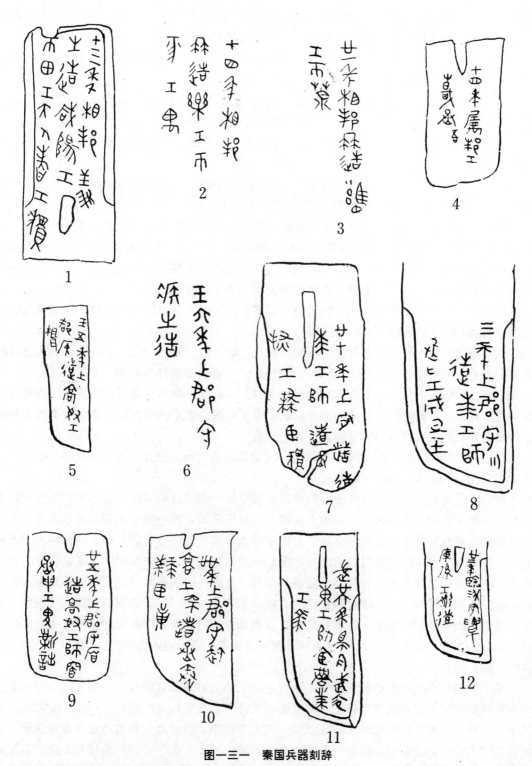

图一三一　秦国兵器刻辞

目前发现在秦戈刻铭中带有王字者共三件，除例（14）、（15）两件外，还有一件铭为"王十年上郡守疾之造，□豐"（《贞松堂吉金图》中66），均上郡守疾造。过去推测疾是樗里疾。案秦取上郡是在秦惠文王之更元元年，也即前元十四年。如《史记·张仪列传》载：秦惠文王前元十年秦以张仪相，"仪相秦四岁，立惠王为王。居一岁为秦将，取陕，筑上郡塞。"如樗里疾确曾任过上郡守，时间当在惠文王后元五到十年或者更长一些。

（16）"廿七年上守趞造，☒工师道，丞捑，工隶臣稷。"（故宫博物院藏器《秦汉刑徒杂考》《北京大学学报》1958年3期）（图一三一，7）

（17）"三年上郡守叩造，☒工师道，丞捑，工城旦王。"（《商周金文录遗》583）（图一三一，8）

（18）"廿五年上郡守厝造，高奴工师窑，丞申，工鬼薪讪"（《周汉遗宝》55、1）（图一三一，9）

（19）"四十年上郡守起，高工师道，丞秦，□隶臣庚。"（故宫博物院藏器《秦汉刑徒杂考》，《北京大学学报》1958年3期）（图一三一，10）

自例（14）至例（19）均为上郡守督造的戈，前二件可能是樗里疾任上郡守时督造，时间在秦惠文王时期，已如上述。后四件郡守人名不同，例（16）郡守名残，例（17）名趞，例（18）名厝，也有人或读作廧，例（19）名起。惠文王之后王位持二十五至四十年者只有秦昭王一人，秦始皇在位仅三十七年。故知此四戈当为昭王时造。

（20）"武，廿六年蜀守武造，东工师宜，丞业，工□。"（《四川涪陵地区小田溪战国土坑墓》，文物1974年5期）（图一三一，11）

目前发现秦国由郡级地方制造的兵器有四处，即上郡、临汾、蜀以及1978年春陕西宝鸡凤阁岭出土一戈，有刻辞十五字，有人释作"廿六年，戎相守邦之造，西工宰闇，工□"（《陕西宝鸡凤阁岭公社出土一批秦代文物》文物1980年9期）也有同志将其作"雎栖异"，因字甚难辨认，不敢苟同。但此为郡守所造，恐无可疑。它们的时代除上郡戈中有惠王和昭王时造者外，临汾、蜀等郡造戈均属秦始皇时造。

（21）"廿二年临汾守覃，库系，工䩱造"（《记江西遂川出土的几件秦代铜兵器》考古1978年1期）（图一三一，12）

综合以上所选二十一件秦国带有刻辞的兵器分析，秦自商鞅变法之后，受到中原地区诸国先进兵器和铸造制度的影响，基本上采用三种组织形式，第一种是由朝廷相当丞相的官职直接督造，根据不同情况分别设立寺工、诏事等负责监造的领导官署。寺工、诏事之下另设有丞，是专门负责铸造的官员，丞之下才是制造兵器的工匠。上自丞相下至工匠，皆刻上自己的名字，表示具体负责所造兵器的质量。但是，在商鞅时兵器刻辞记载的内容还未如此完善，仅仅注明兵器制造时间和商鞅自己的官职和名字，如例（3）。这样的刻辞，仅说明它是在秦孝公十六年由商鞅督造。自孝公之后，由相邦督造的兵器，刻辞内容日臻完备，如第一种例（5）、（7）。其刻辞款式为："××年，相邦××造，寺工×，丞×，工×"，"××年，相邦××造，诏事×，丞×，工×"。

第二种组织形式是由朝廷丞相督令地方主管工业的官署负责制造，如例（10）、（11）。前者由相邦张仪督令咸阳地方主管工业和官署"工师"负责监制，"工师"下有"工大人"，相当于朝廷直接督造"丞"的地位，"工大人"下是工匠名。后者由相邦魏冉督令乐地主管工业的官署"工师"负责监造，但在"工师"之下不再设"工大人"一级，直接是工匠。其刻辞形式为："××年，相邦××造，××工师×，工大人×，工×"，"××年，相邦××造，××工师×，工×"。

第二种中还有一类较为特殊，乃由主管少数民族事务的属邦督造，它的刻辞形式如例

(13)，为"××年，属邦×，工师×，丞×，工×"。

第三种由郡守督造，下设有工师，为负责监造的领导官署，其地位相当于朝廷相邦下的寺工；工师之下也设丞，丞下为工匠。但从事实际工作的工匠，有鬼薪、隶臣、城旦等刑徒担任。如例（16）、（18）。郡守督造的兵器，有专门制造兵器的地方，一般在工师前均有地名，例（16）工师前一字，过去曾释柰；例（18）的地名为高奴，《汉书·地理志》：高奴属上郡，即今陕西延川县境。其刻辞形式为："××年，×守×造，×工师×，丞×，工×"。

除此之外，也有较为特殊者，如例（20），没有工师和丞，而有库，按其刻辞形式，可作："××年×守×，库×，工×造"。

秦国兵器的时代，仅从刻辞的句形和内容很难区分，只能从用词和用字的习惯看出一些不同。如自商鞅至秦惠文王时期，多作"××之造"，自昭王以后则改用"××造"，省去了"之"字；尤其在惠文王后元一段时期，在纪年前多加一王字，作"王××年"；再如工师的师字，早期写作帀，自昭王以后多改用师。

五　燕国兵器刻辞

（1）"郾侯脮作 ↗ 萃鍨。"（井玨二字后刻）（《三代吉金文存》19、50）（图一三二，1）。

燕自易王元年（公元前332年）开始称王，在此之前称公或侯。燕国君世系多失名，郾侯脮是哪一位燕侯，难以据证说明。有人认为郾侯脮是燕易王的名字，纯属猜测，并无可靠根据。《三代吉金文存》卷二十第36页收录一件郾侯载作的矛，以前燕下都出土过一件郾侯载的铜戈，铭作"郾侯载作 ↙ 萃锯"（《河北省出土文物选集》图版139），均难确定是哪一位燕王所造。

（2）"郾王职作王萃。"（《三代吉金文存》19、42，戈）（图一三二，2）。

（3）"郾王职作巨攸锯。"（《燕下都第23号遗址出土一批铜戈》文物1982年8期，戈）（图一三二，3）。

《史记·燕召公世家》："二年而燕人共立太子平是为燕昭王。"徐广曰："哙立七年而死，其九年燕人共立太子平。"《索隐》曰："按上文'太子平谋攻子之'；而《年表》又云：'君哙及太子相子之皆死'；《纪年》又云：'子之杀公子平'；今此文云：'立太子平是为燕昭王'，则《年表》、《纪年》为谬也。而《赵系家》云：'武灵王开燕乱召公子职于韩，立以为燕王，使乐池送之'，裴骃亦以此《系家》无赵送公子职之事，当是遥立职，而送之事竟不就，则开王名平非职明矣。进退参详，是《年表》既误，而《纪年》因之而妄说耳。"《赵世家》云："齐破燕，燕相子之为君，君反为臣，十一年王召公子职于韩，立以为燕王，使乐池送之。"《索隐》曰："《燕世家》无其事，盖是疎也。今此云'使乐池送之'，必是凭旧史为说，且《纪年》之书其说又同，则裴骃之解得其旨。"按燕自遭齐攻陷之后，公子平是否被杀？公子职是否立为燕王，乐池将其护送归燕？因文献记载分歧，乃是一大悬案。据唐司马贞的分析，《燕召公世家》所载"立公子平是为燕昭王"是正确的，认为《年表》与《纪年》皆云太子平被杀之事为谬。裴骃亦以为赵武灵王乃是遥立公子职为燕王，而送之事竟不就，燕昭王就是公子平。但是，从目前所见燕国兵器刻辞来看，恰恰与唐人结论相反，发现了许多燕王职督造的兵器，说明《赵世家》所载赵武灵王"十一年召公子职于韩，立以为燕王，使乐池送之"，确有其事。《年表》、《纪年》谓公子平被杀害，也是可信的。因此，足以证明公子职即燕兵器

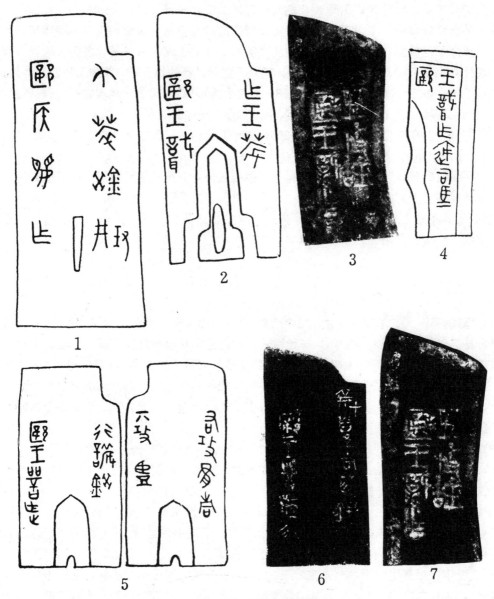

图一三二　燕国兵器刻辞

刻辞中的燕王职,亦就是燕昭王。

(4)"郾王职作御司马。"(《燕王职戈考释》考古 1973 年 4 期,戈)(图一三二,4)

(5)"郾王詈造行议鎌。"(面文)"右攻君青其攻竖"(背文)(《三代吉金文存》39、52)(图一三二,5)。

(6)"郾王詈作行义自幸司马鏶。"(《燕下都第 23 号遗址出土一批铜戈》第 55 号戈)(图一三二,6)

(7)"郾王职乍巨攸锯。"(《燕下都第 23 号遗址出土一批铜戈》第 35 号戈)(图一三二,7)

郾王詈督造的兵器出土数量也很多,李学勤认为"郾王詈的兵器和昭王的极似,他最可能是惠王"。(《战国题铭概述》(上)文物 1959 年,7 期)

(8)"郾王戎人作自幸率鈼"(《三代吉金文存》20、37)(图一三三,1)

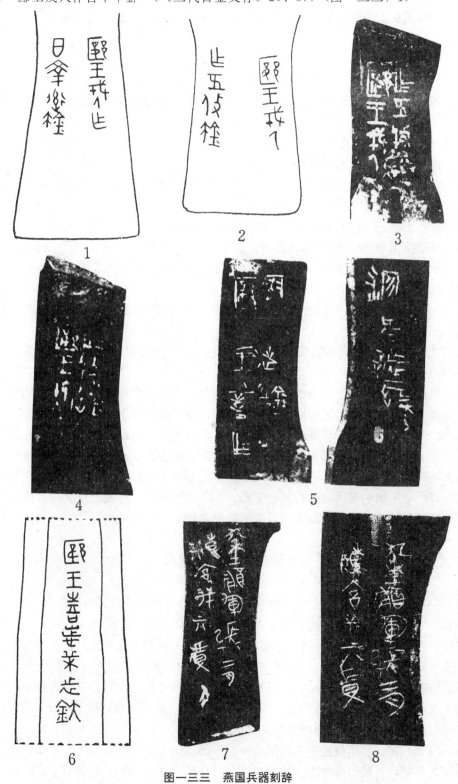

图一三三 燕国兵器刻辞

(9)"郾王戎人作巨攸釳"(《三代吉金文存》20、37)(图一三三,2)

(10)"郾王戎人作巨攸锯。"(《燕下都第23号遗址出土一批铜戈》第38号戈)(图一三三,3)

(11)"郾王戎人乍攸锯。"(《燕下都第23号遗址出土一批铜戈》第35号戈)(图一三三,4)

李学勤曾谓郾王戎人可能是孝王。燕下都第23号遗址之发掘者认为:"戎人可能是燕国的惠王"。"郾王詟可能是武成王"。我们认为史籍中关于郾王的名字多有缺佚,彼此在位的年代相距很近。依现有一些资料,用某件兵器属于某王或以器形的微变来推断郾王的名谥关系,这种方法都是靠不住的,有待进一步研究。

(12)"郾王喜作雲萃锯"(面文)。"淵公玉都緈(背文)。(《燕下都第23号遗址出土一批铜戈》第1号戈)(图一三三,5)

(13)"郾王喜造 粜者钦。"(《小校经阁金文拓本》10、98)(图一三三,6)

郾王喜是燕国最末一个王,《燕召公世家》云:孝王"三年卒,子今王喜立。"《索隐》曰:"今王犹今上也,有作金者非也,按谥法无金。"燕王喜三十三年,即秦始皇二十五年(公元前222年),"秦拔辽东,房燕王喜,卒,灭燕。"

(14)"九年将军张二月淖宫戍其晋"(《燕下都第23号遗址出土一批铜戈》第107号戈)(图一三三,7)

(15)"九年将军张二月淖宫戍其晋"(《燕下都第23号遗址出土一批铜戈》95号戈)(图一三三,8)

燕国兵器刻辞,带有纪年的很少,唯此二戈乃同年同人督造,淖即朝字之别体。朝宫戍可能是指守卫宫廷的卫戍。晋字亦作貟,字不识,在"其"字下当为动词,可能为造或"执剂"之义。此二戈是卫戍将军督造,目前尚未发现由地方官吏督造的带有刻辞的燕国兵器。

综合以上资料分析,燕国兵器刻辞有独特的内容和形式,一般皆由王亲自督造,兵器中分矛、剑、鐏、锯、鈽、钦等,具体铸造兵器官署也称"右攻君"和攻(工)。在某种兵器名称之前又有一些不同的名词,如行义、王萃、入萃、髠萃、巨攸、巨旆、百执率、百执司马等,这些不同的称谓可能都是燕国军队的组织名称。

六 齐国兵器刻辞

(1)"平阿右戈"(《小校经阁金文拓本》10、30)(图一三四,1)

(2)"平阿左"(《小校经阁金文拓本》10、25戈)(图一三四,2)

平阿,古城邑,《汉书·地理志》属沛郡。《史记·田敬仲完世家》云:齐宣王"七年与魏王会于平阿南,明年复会甄。"平阿与甄都是齐地,如齐威王九年:"召阿大夫语曰:自子之守阿,誉言日闻,然使使视阿,田野不辟,民贫苦,昔日赵攻甄,子弗能救……"二十四年齐威王与梁惠王会田於郊,威王曰:"吾吏有黔夫者,使守徐州,则燕人祭北门,赵人祭西门。"平阿在徐州北位于齐国疆域之内。

(3)"昌城右"(《小校经阁金文拓本》10、26戈)(图一三四,3)

昌城之昌字,齐国刀币和陶文均写作 曰 ,马昂《货币文字考》为同字,顾廷龙《古陶文香录》将其收于附录。《蔡侯翮盘》铭:"子孙蕃昌",昌字写作 曰 ,即与此戈相同。古昌城有三处，一在山东诸城县，《青州府志》云："昌城在诸城县东北二十五里，今昌城村也。"二在河北省滦县西南，汉置。三在四川三台县，西魏置。此当为山东诸城县之古昌城，齐邑。

(4)"陈余造钺"（《小校经阁金文拓本》10、24）（图一三四，4）。

陈字东周时代有两种形体，舜后妫氏之陈写作敶，田齐之陈写作墬，此戈为陈余所造，正是田齐兵器。

(5)"陈侯因咨造"（内文）"夕易右"（胡文）（《三代吉金文存》20、13）（图一三四，5）。

(6)"陈侯因咨造"（《三代吉金文存》20、13）（图一三四，6）。

在传世的铜器中有"陈侯因𦥑敦"，郭沫若云："墬侯因𦥑即陈侯午之子齐威王因齐也。"（《两周金文辞大系图录考释》八册220页）

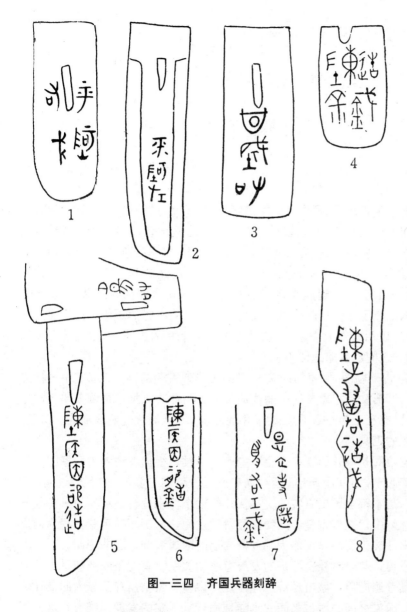

图一三四　齐国兵器刻辞

(7)"是立事岁□右工钺"（《三代吉金文存》19、49）（图一三四，7）。

"立事岁"一词齐国铜器铭文中屡见，如《陈骍壶》铭云："墬得再立事岁"，《子禾子釜》云："□□立事岁"，《墬纯釜》云："墬犹立事岁"等，均为齐器。其他国虽亦偶然用"立事岁"之词，但从字体分析，仍当为齐器。

(8)"墬子翼造戈"（《小校经阁金文拓本》10、39）（图一三四，8）。

陈写作墬，墬子翼乃齐人，戈亦齐造。

综合以上资料来看，齐国带有刻辞的兵器，现有的数量很少，还归纳不出特有的内容和款式。

第三节　战国玺印

一　玺印的起源

关于玺印的起源，目前仍是一个悬而未解的问题，如按《春秋运斗枢》的说法，则谓："黄帝时，黄龙负图，中有玺章。"《逸周书·殷祝篇》也说："汤放桀而复薄，三千诸侯大会，汤取天子之玺，置之天子之坐。"《后汉书·祭祀志下》还讲："尝闻儒言，三皇无文，结绳以治，自五帝殆有书契，至于三王，俗化雕文，诈伪渐兴，始有印玺，以检奸萌。"综观这些记载，或属于谶纬神话，或源于传说，均不可信实。《国语·鲁语》云："襄公在楚，季武子取卞，使季冶逆，追而予之玺书。"注云："玺，印也，古者大夫之印亦称玺；玺书，印封书也。"《左传》襄公二十九年亦记此事："公还，及方城，季武子取卞，使公冶问，玺书追而与之。"玺书就是古人用印泥加封的书信，以防旁人窃视。《国语》与《左传》都记载了这一反映鲁国季氏巧用玺书谋取卞邑的历史事件。通过这一史实，可以看出在春秋中叶以后公卿大夫之间，往返玺书是很平常的事情，玺印也当在春秋中叶以后，起码是在公卿大夫之间已普遍地使用了。

《邺中片羽》及《双剑誃古器物图录》两书，曾著录三枚形似古玺的铜小件，其中一件边框作亚字形，中间有"𗀲"形文，很象彝铭中的族徽文字。因此有人据以推测玺印当产生在周代，提出"印章在中国已有三千年左右的历史"；并且说印章"从周代开始逐渐变为防范、监督、证据、保密等等用途的工具。"①

作者的意思显然是说自西周初年开始就已产生了玺印。不过，根据各地考古发掘的资料来看，西周时代的大小墓葬现已发掘了上千座，至今尚未发现一墓殉有玺印。这足以说明，把玺印视为西周时代的产物，是不符合历史事实的。再从几枚铜小件来分析，黄濬最早将其著录在他的《尊古斋古玺集林》中，充作古玺。此物非经科学发掘，来历不甚清楚，视为西周古玺，还缺乏证据。如果铜件确为真品，可能为某种器物上的附属装饰，恐非玺印。

玺印的产生及其普遍应用，与当时社会经济的发展有密切关系。首先是农业和手工业生产已有很大发展，铁制工具普遍应用，城市经济已经建立，许多国家都出现了较大的商业城市和中、小型都邑与集市，国家之间和城市之间的水陆交通皆有一定的发展。唯有在这样的经济基础之上，才能进行较大规模的货物交换和国际间的贸易往来。为了谋取商业利益，在频繁的交易中，就需要办理一定的行政手续，因而作为一种信物的凭证——玺印，应运而生。正如《周礼·地官·掌节》所讲："货贿用玺节"，郑玄注："玺节者，今之印章也。"在两周时代，西周显然尚未达到如此的经济水平。春秋中叶以后，王室的势力衰微，各大诸侯国的经济力量均有不同程度的发展。例如齐国，不仅地广物博，而且鼓励人民出国经商；晋国商人，富比国君，并与各国诸侯卿大夫结为朋友；郑国富商大贾更有势力，可直接参与政治，国君与商人订有盟约，国君不侵犯商人利益，商人也不许迁徙别国；越国大将军范蠡，则弃官经商，成为巨富；孔子的弟子子贡也是精通贸易的商业家。

经济的发展，必然促进政治上的巨大变革。众所周知，春秋中叶以后，是我国历史上一

---

① 温廷宽：《印章的起源和肖形印》，《文物参考资料》1958年12期。

个急剧转变时期。由于生产力的提高，私有土地得到空前的发展，伴随而来的一个突出的变化，首先是传统的宗法制度和贵族间的等级制度遭到严重的破坏，从而使那些靠贵族血缘关系所享受的世卿世禄制度，也随之瓦解。旧贵族的势力日益没落，新兴的地主阶级和相当于士一阶层的知识分子，得以参与国家机构的管理。但是，这样一些新的官吏，既不是名门贵族出身，又没有近亲的血缘纽带，全凭自己的才能或战功而取得显赫的官职，因而必然会出现国君对他们进行种种控制；他们则竭力摆脱控制，以维护自己的权利。这就需要有一种信物来体现他们同国君之间的从属关系，以及执行其职权的凭证。得到这种凭证，无论是对上下级官吏，或同僚之间，均能互相保护和支持，得使平日政务顺利执行。这种凭证就是由国君授予官吏的官玺。据《韩非子》记载：西门豹初为邺县县令的时候，第一年，魏文侯很不满意他的政绩，而"收其玺"，即罢官缴玺。西门豹请求再让他继续留任一年，"愿请玺复以治邺"，后来西门豹在任内自己觉察到重敛了百姓，于是"纳钦而去"，即缴回了官玺，辞去了官职。这说明在战国时代，官印已普遍使用了。

玺印的起源，还必须具备一个条件，即青铜工艺技术的发展。自春秋中叶以后，青铜铸造工艺取得很大的进步，自商代以来关于铜器花纹制作，有的先在陶模上描绘朱纹，然后用刀契刻，将陶模雕好成形，而后再由陶模翻成范模，最后进行灌铸。春秋中叶以后，青铜工艺发生了很大变化，不仅发明了焊接技术，变浑铸为分铸，而且在雕琢花纹方面出现了捺印板的新工艺。即先取一个单位花纹做成印板，然后在陶模表面按照事先排列好的次序、顺序捺印，陶模上的花纹很快即可制成，不再一刀刀在陶模上契刻了，一套印板可在许多陶模上捺印。这在当时确是一项很重要的发明，对提高青铜工艺品的生产具有很重要的意义。这种青铜工艺方面的花纹印模，为玺印的发明提供了重要条件，可以说玺印就是在这种捺印板技术的启发下产生出来的。早期玺印亦如印板一样，无论是一个兽形花纹或几个文字，一定构成一个整体，而且都是范铸而成。马国权同志在他的《古玺文字初探》一文中对"玺"字的解释是非常精辟的。他说："原来，玺字在古玺中多写作'朩'、'介'。上端的'亠'或'人'，就是玺的钮或柄的侧面之形。下边的'小'，是按捺之后呈现出来的纹样。《说文解字》卷九有'彡'字的部首，许慎解释说：'毛饰画文也。'意思是用笔画出来的线条。可知玺字下边的'小'与'彡'实际是一路东西。我们知道，象形字的产生是先于象形兼会意字的。有了朩之后，才有杢、杜、圵、栓、鈢 等形体。意思非常明显：杢，是把'玺'这东西印在泥土上；圵、杜则说明玺的使用与泥土的关系；而栓或 鈢 是说明玺本身的金属质料。这里不难看出，玺最初是用来抑盖泥土的。证之古代文献记载，《周礼·秋官·职金》：'受其入征者，辨其物之媺恶，与数量，楬而玺之。'《淮南子·齐俗篇》：'若玺之抑埴'等，都无不相合。"《吕氏春秋·离俗篇》亦云："故民之于上也，若玺之于涂也。抑之以方则方，抑之以圆则圆。"这虽是形容人民与国君的关系，就像封泥和印章的关系那样，用方印成方形，用圆印成圆形，却为我们说明了古玺的使用方法。就玺印的玺字来讲，目前所见也只是在春秋中叶以后才出现，在西周时代的铭文中，尚未发现此字。

二 古玺的研究

关于古玺的研究，大抵包括资料的搜集和著录，玺的形式和纽制，文字考释，时代与国别的考证，以及它所反映的历史背景等几个方面。古玺，也可称古印，可归纳为四种，即官印、私印、箴言与吉语印、肖形印等。

1. 古玺的搜集和著录

关于古代玺印的搜集和著录，早自宋代就已开始。黄伯思的《博古图说》，全书共十一卷，著录铜器分为五十九品，五百二十七器；另有历代印章十七品，二百四十五件。后来由王黼主编的《宣和博古图录》，就是在黄书的基础上增修的。其它如薛尚功的《历代钟鼎彝器款识法帖》，王俅《啸堂集古录》等书中均兼收一些玺印，但专门搜集古钵的书籍，这时尚未出现。将搜集的古玺著录成印谱者，实肇始于明代。目前所见最早的古玺著录，当为顾研山编著《顾氏集古印谱》，共六册，乃明穆宗朱载垕隆庆五年（公元1571年）原印拓本。其次是顾从德编著《顾氏印薮》六册，乃明神宗朱翊钧万历三年（公元1575年）木刊本，当时一般都称之为秦汉印。入清以后，著录玺印的专书犹如雨后春笋，大量出现。据罗福颐先生统计，自明清以来至民国年间所著录的印谱，计一百四十六种之多，其中印拓的玺印，除去重出和赝品之外，其数不下四万余方。清同治十一年（公元1872年），山东潍县陈介祺以自己所搜集的古玺印，并汇合当时各家所藏，集拓成《十钟山房印举》一书，可说是当时有关古玺印之集大成的著录。自陈氏《十钟山房印举》开始，首将古玺分为战国古玺与秦汉玺印两目，陈氏这一分类，对古玺研究是一大贡献。此后不久，吴大澂著《说文古籀补》一书，其中选用了许多先秦时代的古玺文字，他不仅将古玺文字开始著录成书，而且为古文字学的研究开辟了一条新领域。清光绪年间，瞿中溶著《集古官印考》一书出版，不久又有吴式芬的《封泥考略》印行，一集考官印，一考略封泥，封泥多为官印之印迹，因而此二书之行世，为研究古代官制提供了极为宝贵的资料。在此前后，高庆龄辑有《齐鲁古印攈》，郭裕之辑《续齐鲁古印攈》，孙文楷辑《稽庵齐鲁古印笺》等，开始了按国别辑录玺印的新探索。入民国以后，刊布历代玺印的书籍不下七八十种，但是，有些印谱是钤印而成，印数甚少，寻找极为困难。为了解决这一困难，罗福颐先生曾作了不少工作。1930年，他将多年搜集的古玺文字和汉印文字，分别编成《古玺文字征》与《汉印文字征》合订出版。解放后，又经过长期的资料积累，首先将《汉印文字征》经过增补修订单印成书。有关古玺的资料，也分两部分进行整理，首先把故宫博物院收藏的古玺，全国各文博单位所藏的古玺，《文物》、《考古》等杂志曾发表过的新出土的古玺，以及目前所能见到的传世印谱中著录的古玺等，统一编著成一部《古玺汇编》。而且又在《古玺汇编》的基础上另编一部《古玺文编》，该书所录文字虽然是皆引自《古玺汇编》，但仍然是《古玺文字征》的补充。全书共收2773字，其中正编1432字，合文32字，附录1310字，这就将目前所能见到的绝大部分古玺资料收为一书，为先秦古玺的研究工作，提供了极大的方便。下面介绍一些有关古玺的印谱，以备检寻资料时参考。这里介绍的古玺印谱，不包括元、明、清以来后人模仿的篆刻艺术品，也不包括早期因印刷技术的局限，用石或木摹刻的印谱，这两种印谱性质虽然不同，实际上都是由后人摹刻，难免误谬和失真。明甘旸的《集古印正》，清黄锡蕃的《续古印式》，近世吴朴堂的《古玺汇存》等，都属于这一类的印谱。这里只介绍战国秦汉的古玺钤印本和影印本。

古玺印主要参考书目

顾研山：《集古印谱》六册　明

吴观均：《积古斋印谱》四册　清

蒋溥等编：《金薤留真》二十五册　清

潘毅堂：《看篆楼印谱》二册　清
吴式芬：《双虞壶斋印存》八册　清
吴　云：《二百兰亭斋古铜印存》十二册　清
何昆玉：《吉金斋古铜印谱》正续集八册　清
陈介祺：《十钟山房印举》一百九十一册　清
高庆龄：《齐鲁古印攈》四卷，续一卷　清
郭裕之：《续齐鲁古印攈》十六卷　清
周贻銮：《净砚斋䥽印录》三十册　清
吴大澂：《十六金符斋印存》二十六册　清
吴大澂：《周秦两汉名人印考》　清
潘仪征：《秋晓庵古铜印谱》十二册　清
刘　鹗：《铁云藏印》初集十册，二集十二册，三集十四册，四集十二册　清
端　方：《匋斋藏印》四集　清
瞿中溶：《集古官印考》十七卷　清
罗振玉：《罄室所藏玺印》八册，续集五册　民国
罗振玉：《赫连泉馆古印存》一册，续存一册　民国
陈汉第：《伏庐藏印》六册，（己未集），又五册（庚申集）　民国
陈汉第：《伏庐藏印续集》十册，印矦二册　民国
罗振玉：《凝清室古官印存》二册　民国
罗振玉：《凝清室所藏周秦玺印》八册　民国
陈宝琛：《澂秋馆印存》十册　民国
黄　濬：《尊古斋印存》四集四十册　民国
刘体智：《善斋玺印录》十二册　民国
黄　濬：《衡斋藏印》十六卷，续十四卷　民国
上海博物馆编：《上海博物馆藏印选》　1979 年
罗福颐：《古玺汇编》，文物出版社　1981 年
罗福颐：《古玺印概论》，文物出版社　1981 年

2. 古玺的形式和纽制

先秦古玺的形式一般多为正方形，其次是长方形、圆形或椭圆形，少数作心形，有的将正方形印割去四分之一，形成缺角形三字印，还出现过五面刻字的吉语印。

古玺均有纽，纽上有孔可以穿系印绶，古人将印绶系在腰间随身携带，即所谓"佩印"。这种制度自先秦一直流行到南北朝时期，隋唐以后，由于官印加大，佩带不便，故放置在匣内，由专人掌印。古代印纽形制甚为复杂，尤其是自汉代到明清，多以各种纽制作为官职大小和身份高低的象征。先秦古玺纽形比较简单，无官印、私印或身份等级的区分，一般多作鼻纽，只有个别私印作柱形或雕以人形、兽形。这里选用几种先秦时代较为流行的古玺式样和纽形，简单介绍如下（图一三五、一三六、一三七）。

图一三五　战国鼻纽圆形官私印
　　　　战国鼻纽方形官私印

图一三六　战国柱形印　战国缺角印
　　　　战国长方形印　战国屋形印

3. 古玺文字的款式

古玺文字分阴刻和阳刻两种，或曰白文与朱文，亦称款识。先秦古玺均用古体篆文，每玺字数不同，有一字玺、二字玺、三字玺、四字玺，亦有四字以上的多字玺。一般情况，无论官印或私印，皆以四字为多。每玺所刻的文字虽然有限，但行款却很复杂，文字的排列有多种多样（图一三八、一三九、一四〇）。

4. 古玺的时代

关于古玺时代的考定工作，目前仍处于非常幼稚的阶段，由于玺印多为传世遗物，资料

图一三七　战国人形印　战国亭形印
战国五面印　战国烙马印"日庚都萃车马"

来源不明，因而考定其时代确有困难。例如目前所见最早的古玺，只能笼统地定为战国时代。这是清代学者程瑶田、徐同柏、吴式芬、陈介祺等逐渐确立的古玺年代标准。通过他们的研究，已经能够将先秦古玺从秦汉的玺印中区别出来。但是，时至今日，在所见的数以千计的先秦古玺中，很少能准确无误地将春秋时代的古玺辨识出来。考定古玺时代乃是当前对古玺研究的一个重要课题。

再如，目前所谓战国古玺，不过是一个非常笼统的概念。所谓战国，如以三家分晋起算，到秦始皇统一六国为止，前后将近两个半世纪之久，玺印及其文字不可能没有变化。它的变化情况如何，能否理出几个阶段，目前也还没有人能够解释清楚。

关于古玺来源的问题，现存六千多方先秦时代的官私玺印，绝大多数是传世品，真正从

　　　　　　　　　　　　　　　　　　　一字印　　　　　　　三字印

以上二印皆阴刻　　　以上二印皆阳刻　　　二字印　　　　　　四字印
或谓白文　　　　　　或谓朱文

图一三八　战国印

考古发掘中发现的为数极少。例如1954年9月与1955年3月，中国科学院考古研究所先后在洛阳中州路（西工段）进行考古发掘，共发掘东周墓葬二百六十座，出土铜陶遗物很多，竟无一墓殉葬古印。1951年10月至1952年2月，中国科学院考古研究所在湖南长沙近郊陈家大山、伍家岭、识字岭、五里牌及徐家湾等地，共发掘战国墓葬七十三座，仅有一墓殉葬一方私印。1954年中国科学院考古研究所在西安半坡发掘一百一十二座战国墓，仅有四墓各殉一方私印。其它地区所发掘的战国墓情况也如此。真正从考古发掘中所得先秦时代的官印，尚无一方。由于这一矛盾现象，故难免有人怀疑古玺的来源是否可靠。其实这种矛盾现象并不难解释，它与当时的佩印制度密切相关。

　　古代所谓封官授印，罢官解绶，这是自先秦时代流传下来的传统制度，历代如此。据《韩非子·外储说左下》记载："梁车新为邺令，其姊往看之，暮而后，门闭；因逾郭而入。车遂刖其足，赵成侯以为不慈，夺之玺而免之令。"文献中类似这种免官夺印的记载很多。由于官印乃国君所授，在官则自身佩带，去官由国君收回，私人不得铸造官印，故死后不可能用官印殉葬。不仅先秦时代如此，秦汉以后亦是这样。罗福颐曾见湖南长沙马王堆利仓墓中出土有"长沙丞相"和"軑侯之印"两方铜印，他在《古玺印概论》中指出："其文字刻工均极草率，一见而知是殉葬物，非实用品。"更考《汉书·百官公卿表》载，诸侯王金玺盭绶，今传世"淮阳王玺"则是玉印，以殉葬用，故不必依照制度。由此可证，虽王侯亦不能用实品为殉，何况一般官吏。正因为古代官吏迁、免、死必解印授，故在古墓发掘中很难遇到真正实用的官印。但是，墓葬不殉印，并不能说传世的古玺不是古代遗物。宋沈括《梦溪笔谈》云："今人于地中得古印章，多是军中官。古之佩章，罢免迁死皆上印绶，得以印绶葬者极稀。土中所得，多是没于行阵者。"《史记·夏侯婴传》云："复常奉车从击赵贲军开封，杨熊军曲遇，婴从捕虏六十八人，降卒八百五十人，得印一匮。"这两条材料时代虽然不同，却都说明了有些官印常常出土于古战场上，除了从俘虏中缴获的印章按照规定上缴之外，大部分阵亡将领的玺印即失落在战场上，其中还有一些战败者弃印逃亡。因之，每经过一次大的战役，就会有许多官印被埋藏在地下，经过若干年后，偶被后人所得，当然是很有可能的。从而可知，凡出土于古战场或古都邑的玺印，都是当时实用的真品。按照考古学分期断代的方法，一般是依靠同地层、同窖穴、同墓葬共存的器物相互比较，用时代已明的器物印证时代不明的器物。先秦玺印绝大多数都是传世品，出土地点不明确，也无共存器物可供比较，所以分期断代就格外困难，至今尚未很好地解决。

还如，清代学者划分先秦古玺和秦汉玺印的主要标准，是文字的形体。先秦古玺的文字乃用先秦时代的古文，秦汉玺印则用秦篆和隶书。这是过去研究玺印的学者区分先秦玺印和秦汉玺印唯一的方法。今天看来仅此一种划分方法是不够全面的。如果说用秦篆和隶书所刻铸的玺印皆为秦代以后，当然不错；但是，假若认为凡是用先秦古文刻铸的玺印皆为秦代以前的古玺，就有

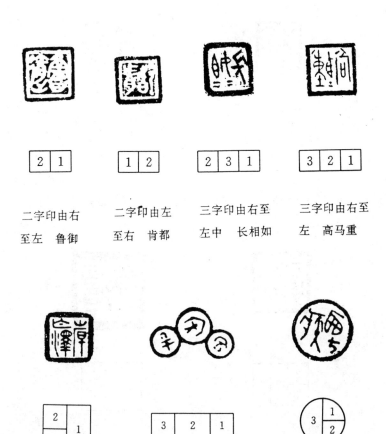

图一三九　战国印

失片面了。根据考古发掘的资料证明，用先秦古文刻铸的玺印，不一定都是先秦时代的遗物，有些是汉代的东西。例如1970年山东曲阜九龙山所发掘的2—5号四座汉墓，无论从墓葬的形制、规模、殉葬的器物和内容，如3号墓中发现的宫中行乐钱，刻有"王陵塞石广四尺"等字的石刻，银缕玉衣残片和五铢钱等，皆可证明，墓主生前地位与满城汉墓的中山王相当，不过此四墓均被盗掘，遗存不多。墓中发现四方印，其中一方是用古文铸的，"王庆忌"三字，显然是死于汉宣帝甘露三年的鲁王庆忌。其中另一方印亦是用古文铸的"出内大吉"四字（图一四一）。如果单纯从这两方印的形制和文字来看，完全可以把它们视为战国时代的古玺，可是它们却出土在曲阜的汉鲁王墓中，共存的器物中既有半两钱又有五铢钱，显然是汉代的遗物。类似这种用先秦古文刻铸的汉印，恐不仅山东出土。这就说明过去仅根据印文形体作为划分先秦古玺和秦汉玺的标准，是很不够的。事实上，在西汉时期，仍然有些印是用先秦古文刻铸的。因此不能不令人怀疑在现存的先秦古玺中，会有一部分属于汉代的遗物。尤其是在私印当中，被混淆的可能更多，如何将用古文刻铸的汉印从先秦古玺中分别出来，也是当前研究古玺时代中的一个重要任务。

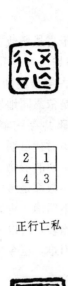

正行亡私　　　　　　　正行亡私　　　　　　　公私之鉨

宋赿疾鉨　　　　　　　左檜司马　　　　　　　富昌韩君

鄦邯都右司马　　　　　　　　　　平阴都燹皇

图一四〇　战国印

以上所述,都是古玺时代研究中的重要问题,这些问题不解决,势必影响古玺印所应有的史料价值。

三　战国玺印选释

出内大吉　　　王庆忌

图一四一　曲阜九龙山流墓印

战国时代的玺印,内容非常丰富,大抵可归纳为官印、私印、箴言与吉语印、肖形印四种类型。官印中以军官印数量最多，诸如：司徒、司马、司寇、计官、伍官、左廪、右廪、左库、右库、攻师，等等。通过官印中的地名和职称，可以了解当时的都邑、交通、经济和官制。私印属于个人所铸，数量最多，其中有复姓和单姓，通过私印中有关人名的称谓，和箴言、吉语印中的称颂辞句，可以了解当时人们的思想意识。肖形印是以人物和鸟兽图象为题材的一种印章，较文字印更具有艺术性。古玺虽然刻铸的字数不多，体积也不大，但它却是研究先秦时代历史、文字和雕刻艺术的重要资料。过去的研究，集中在资料的搜集和文字的考证。近些年来，一些学者根据先秦官印中的地名、官名和文字等方面的区别，分列国别进行研究，较前人的工作前进了一大步。这项工作还刚开始，目前能够划分国别的只是少数官印，而且所列的国别是否妥当，也还存在一些不同看法，有待进一步核校和证实。这里将战国时代几个重要国家的官印和目前尚不能分辨国别的私印、箴言、吉语印、肖形印，各选数例如下，以供学习参考。

1. 齐国官私印

（1）"齐立邦钵"（图一四二，1）齐国玺印有一特点，即往往在其上侧或上下两侧，有一凸起之方楞，这是其它国家玺印从来不见的，"齐立邦玺"即其中一例。

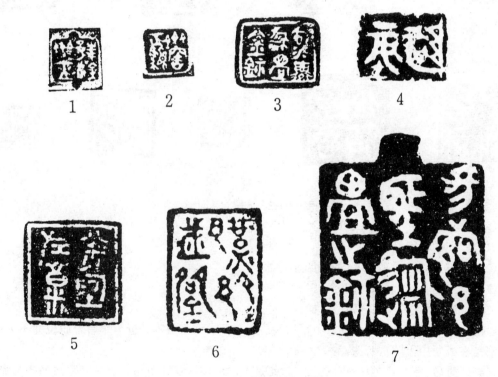

图一四二 齐国官私印

（2）"齐甸正頫"（图一四二，2），甸正，官名，主管制陶手工业之官吏。頫字不识，殆甸正私名。

（3）"灄衢（鄉） ⿰ ⿰ 金玺"（图一四二，3），山东临淄齐故城遗址出土的陶文，其中衢字即写作 ⿰ ，与此玺衢字形体和风格完全一致，皆为齐器。

（4）"平阿"（图一四二，4），平阿是齐国的城市。《史记·田敬仲世家》：齐宣王"七年与魏王会平阿南"；《吕氏春秋·离俗篇》亦云："平阿之余子"，高诱注："平阿，齐邑也。"

（5）"平阿左廩"（图一四二，5），名为左廩、右廩的器物很多，诸如："陈固，右廩亳釜"（《缀遗斋彝器考释》28、19、1），"陈榑三立事岁，右廩釜"（《衡斋金石识小录》）。皆为齐国遗物。

（6）"鄄□坏鉨"（图一四二，6），鄄下一字已残，坏当作市，鄄□市当为齐国城市。鉨代表地方政府的印鉴。参见高明《说鉨及其相关问题》（《考古》1996年3期）。

（7）"昜都邑⬚⬚⬚之鉨"（图一四二，7），昜都，过去有人释作昜党或昜鄙，朱德熙释⬚为都字，可信，昜都即山东沂水流域之阳都，战国时为齐国城邑。

（8）"闻司马鉨"（图一四三，1），马字战国时代有多种形体，齐国多写作⬚，此亦齐国鉨印之一特征。

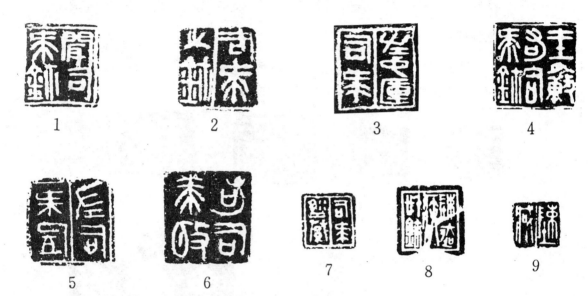

图一四三　齐国官私印

（9）"司马之鉨"（图一四三，2）。

（10）"左中军司马"（图一四三，3）。

（11）"王⬚右司马鉨"（图一四三，4）。

（12）"左司马居"（图一四三，5）。

（13）"右司马敀"（图一四三，6）。

以上六印有左司马、右司马、中军司马、司马居、司马敀等，皆为军官，职位并不太高，估计都是在战争中因阵亡所遗。

（14）"司马⬚蒜"（图一四三，7），此是齐国私印，复姓司马，因马字写法乃齐国流行的形体，故知此为齐印。

（15）"陈迏疾信鉨"（图一四三，8），此印陈字写作堕，为田齐陈字独特之形体，此亦齐国私印。

（16）"陈臧"（图一四三，9），此亦战国田齐之陈，字的形体同于前印，此殆陈臧私印。

2. 楚国官印

（1）"□相垂莫嚣"（图一四四，1），《淮南子·脩务训》："莫嚣大心"，注云："莫，大也。

器，众也。主大众之官，楚卿大夫。大心，楚成得臣子玉子孙。"刘文典《淮南鸿烈集解》引庄逵吉云："钱别驾曰：莫嚣即莫敖。"

图一四四 楚国官印

（2）"郢粟客玺"（图一四四，2），楚国国都曰郢，《史记·楚世家》云："文王熊赀立，始都郢。"《正义》引《括地志》云："纪南故城在荆州江陵县北五十里"，即今湖北省江陵县。又考烈王二十二年："楚东徙都寿春，命曰郢。"《正义》曰："寿春在南寿州寿春县是也。"即今之安徽寿县。

（3）"戠䜌之玺"（图一四四，3），戠可通职，䜌即岁字，乃楚国特有的形体。职岁是当时官府之名称，如《周礼·天官·职岁》："职岁掌邦之赋出，以贰官府都鄙之财，出赐之数，以待会计而考之。凡官府都鄙群吏之出财用，受式法于职岁。"

（4）"连尹之玺"（图一四四，4），《国语·晋语》："获楚公子谷臣与连尹襄老"，韦昭注："连尹楚官名。"《左传》襄公十五年："公子追舒为箴尹，屈荡为连尹，养由基为官厩尹，以靖国人。"足证连尹为楚国之朝官。

（5）"□䢷军玺"（图一四四，5），第一字不识，䢷即将字之古体，鈬字之金字偏旁，写作 ，这是楚国的特殊写法。诸如湖北望山第2号战国墓出土竹简铊字之金字偏旁写作 ，错字金旁写作 ，银字金旁写作 ，楚器《太子镐》镐字金旁写作 ，与楚国玺印文字所从金字形旁作风相同，其它国家绝无此例。因此，这是确定楚国玺印之重要特征。

（6）"客戒之玺"（图一四四，6），此玺字金旁写作 ，乃为楚玺文字之特点。

（7）"大䏪"（图一四四，7），大䏪即大府，《周礼·天官·大府》："大府掌九贡九赋九功之贰,以受其货贿之入,颁其货于受藏之府,颁其贿于受用之府。"是国家的财政机关。1958年在安徽寿县发现楚国铜牛一件,腹下有铭文四字"大府之器",府字的书法风格与《铸客鼎》、《王子齐镐》及此印完全一致,故证此玺当为楚物。

(8)"□行府之玺"(图一四四,8),府、玺二字皆楚国通用字形,行府,可能为楚王行宫之府。

(9)"□官之玺"(图一四五,1)。

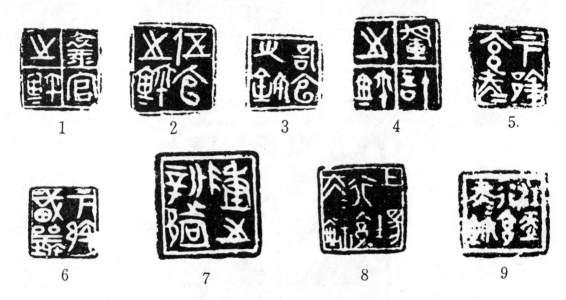

图一四五 楚国官印

(10)"伍官之玺"(图一四五,2)。

(11)"计官之玺"(图一四五,3)。

(12)"军计之玺"(图一四五,4)。

以上伍官、计官、军计皆为军官名。

(13)"下蔡宫大夫"(图一四五,5),下蔡,地名,亦见于鄂君启节,《汉书·地理志》下蔡属沛郡,颜师古注云:"故州来国为楚所灭,后吴取之,至夫差迁昭侯于此,后四世侯齐,竟为楚所灭。"即在今之淮北凤台。

(14)"下蔡戠襄"(图一四五,6),戠襄二字义不解,襄有佐辅之义,疑为地方官吏之副职称谓。

(15)"陈之新都"(图一四五,7),陈字古有三种写法,各有不同的含义,舜后妫氏之陈,金文均写作敶,田氏代齐之陈,金文均写作塦;妫氏之陈,居于河南淮阳,春秋时代曾反复几次被楚兼并,终于在楚惠王十年(公元前479年)灭陈,归并于楚。被楚兼并后之陈地,陈字写作 ,即陻,此字亦见于《禽志盘》。

(16)"上场行宫大夫玺"(图一四五,8),场即阳字,古从土从自通用。

(17)"江垂行宫大夫玺"(图一四五,9),垂亦作陲,《说文·土部》:"垂,远边也。"《曾姬无邮壶》铭云:"圣趄之夫人曾姬无邮,望安兹漾陲。"壶乃楚声王之夫人曾姬无邮所做,漾陲当指漾水之边,《水经注·漾水》:"汉水有二源,东源出武都氐道县漾山为漾水。"此玺谓"江垂行宫",亦当指楚王曾设于靠近江边的行宫而言,"大夫"是指楚王行宫内之官员。

3. 燕国官印

（1）"洵城都司徒"（图一四六，1），这种印具有统一的风格，皆方形、白文、四周有阴刻边框，尤以都字特征最为明显，其它地区都字多写作　　　《侯马盟书》3、20）或 𫷷（同上 156、19），下部皆从口或日，此都字写作 𫷸，下部从 ⺕。过去多视这类官印为三晋之物。因在"燕佑都官印"和"燕下都官印"之都字也作此种特征，由此可证这种方形白文都官印，当为燕印。又有学者根据洵城、武阳、文安、涿都等地名作了地理上的考证，进一步证明这种都官印确属燕物。

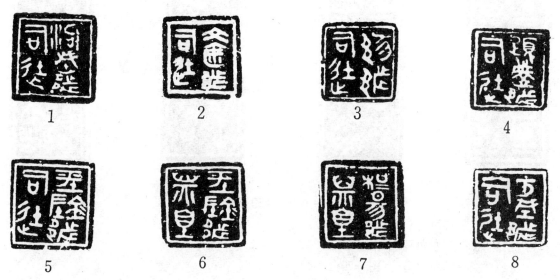

图一四六　燕国官印

（2）"文安都司徒"（图一四六，2），《汉书·地理志》文安属勃海郡，故城在今文安县东北柳河镇，古城遗址仍在，此地战国时代当为燕境。

（3）"郖都司徒"（图一四六，3），郖即涿字之古体。《汉书·地理志》有"涿郡"，注引应劭曰"涿水出上谷涿鹿县。"《韩非子·有度篇》："燕襄王以河为境，以蓟为国，袭涿、方城、残齐、平中山。"涿即今之涿县，战国属燕。

（4）"夏屋都司徒"（图一四六，4），夏屋曾有释为夏虚，谓地属三晋，不确。按此字从卢从至，朱德熙、裘锡圭释屋，可信。夏屋战国为燕地。

（5）"平阴都司徒"（图一四六，5），战国时平阴共有三处：一为齐平阴，另一为三晋平阴，再就是燕国平阴。燕国平阴二字皆从土旁，写作 𡊫 𡊫，稍异。而且此印与燕国其它都官印形制、字形全同，当属燕印无疑。

（6）"平阴都𢦓皇"（图一四六，6），𢦓皇二字不识，朱德熙、裘锡圭在《战国文字研究（六种）》一文中撰有《遽邿考》一节，释𢦓为虞，读为遽，释皇为呈读为邿，印文𢦓皇当即"遽阳"，犹言遽传或传遽（《考古学报》1972 年 1 期）。

（7）"枏易都𢦓皇"（图一四六，7）

（8）"方城都司徒"（图一四六，8），先秦时代方城不仅一地，《左传》僖公四年："楚方城以为城"，姚鼐补注云："楚所指方城，据地甚远，居淮之南，江汉之北，西逾桐柏、东越光黄，止是一山，其间通南北之大者，惟有义阳三关，故定四年传之城口。"此乃楚之方城，在今之湖北竹山县东四十五里。《韩非子·有度篇》云:"燕襄王以河为境,以蓟为国,袭涿、方城、残齐、平中山。"此印所指即燕国方城。

(9)"踅都左司马"(图一四七,1)。

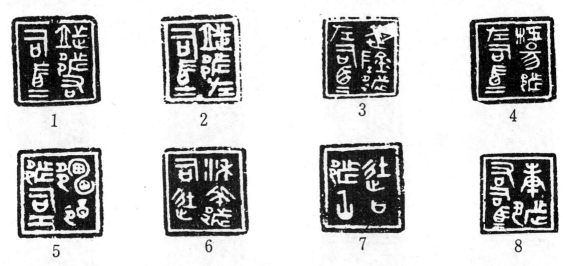

图一四七 燕国官印

(10)"踅都右司马"(图一四七,2)。
(11)"恭阴都左司马"(图一四七,3)。
(12)"柜昜都左司马"(图一四七,4)。

(13)"鄘邯都司工"(图一四七,5)。
(14)"泺夆都司徒"(图一四七,6)。
(15)"徒口都丞"(图一四七,7)。
(16)"庚都右司马"(图一四七,8)。
(17)"昜下都□王□"(图一四八,1),燕除使用上述方形之都官印外,还有另一种长方形玺,但玺字亦与其它国家不同,作鉨,此亦燕国玺印之特征。
(18)"东昜淮泽王夕玺"(图一四八,2),此玺亦为长方,玺字亦写作鉨,同为燕物。
(19)"洲止山金贞玺"(图一四八,3)。

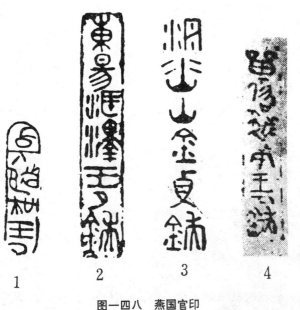

图一四八 燕国官印

(20)"单佑都市王玺"(图一四八,4),从该印的形制和都字的写法,都可证明为燕印无疑。

4. 三晋官印

魏赵韩三国官印,体积不均,大者长宽皆在3厘米左右,小者长宽不足1.5厘米,多为朱文铸制,白文契刻很少。三晋官印形制、字体、官职皆相近,故甚难区分。除个别根据地名及其归属确定国别之外,一般官印难以找出各自的不同特点,故本节统称三晋官印。下面即根据地名,按国别各选数例,以资参考。

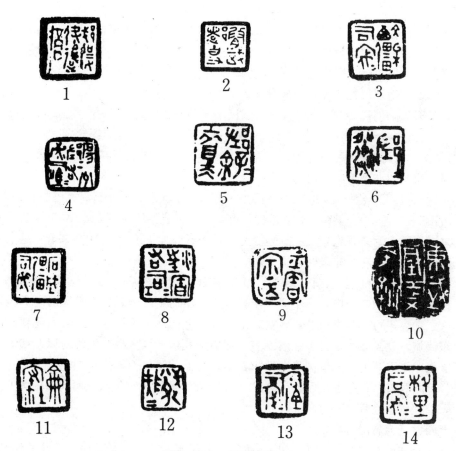

图一四九 三晋官印

(1)"邧邧弩后将",(图一四九,1)《左传》哀公十二年:"宋、郑之间有隙地焉,曰弥作、顷丘、玉畅、嵒、戈、锡。"战国古钱有"邧布",与此印当同为一个地名。战国时代郑国被韩所灭,宋亦被魏、齐、楚瓜分,邧邑本处魏韩附近,或谓魏邑,此印亦当魏国遗物。

(2)"脩武鄎吏"(图一四九,2),《汉书·地理志》:河内郡有脩武。《水经注·清水》:"脩武故宁也,亦曰南阳矣,马季长曰晋地,自朝歌以北至中山为东阳,朝歌以南至轵为南阳,故应劭地理风俗记云:河内殷国也,周名之南阳。又曰:晋始启南阳,今南阳城是也,秦始皇改曰脩武。徐广、王隐并言始皇改。瓒注汉书云:案韩非书秦昭王越赵长平,西伐脩武时,秦未兼天下，脩武之名久矣。余案韩诗外传言：武王伐纣，勒兵于宁，更名宁曰脩武矣，魏献子田大陆。还卒于宁是也。"战国时脩武属魏。

(3)"文枱西疆司寇"(图一四九，3)，文枱或谓即文台，《史记·魏世家》云："秦七攻魏五入囿中，边城尽拔，文台堕，垂都焚。"《索隐》曰："文台台名。《列士传》曰：'隐陵君施酒文台也。'垂地名，有庙曰都，并魏台邑也。"

(4)"阳州左邑右□司马"(图一四九，4)，《汉书·地理志》河东郡有左邑，《武帝纪》云：元鼎六年冬十月，"将幸缑氏，至左邑桐乡，闻南越破，以为闻喜县。"闻喜战国属魏，此也当为魏之官印。

(5)"左邑余子啬夫"(图一四九，5)，《周礼·地官·司徒》："凡国之大事致民，大故致余子。"郑玄注："余子，卿大夫之子，当守于王宫者也。"《仪礼·觐礼》："啬夫承命"，注："啬夫盖司空之属。"

(6)"左邑发弩"(图一四九，6)，发弩，官名。《汉书·地理志》南郡户口下注云："有发弩官，师古曰：主教放弩也。"此制来源甚古，西周时代的《静殷》铭云："王命静嗣射学官，小臣暨服、暨小臣，暨尸仆学射。"静即发弩官。

以上六方从地理位置考证，当属魏印。

(7)"石城疆司寇"(图一四九，7)，《汉书·地理志》北平郡有"石成"，《史记·赵世家》：赵惠文王十八年"秦拔我石城"。石城为赵邑，故此亦当为赵国官印。

(8)"汪匋右司工"(图一四九，8)，《汉书·地理志》雁门郡有汪陶，与此印相合，汪陶战国属赵，故此印亦当为赵国遗物。

(9)"平匋宗正"(图一四九，9)，《汉书·地理志》大原郡有平陶，战国赵邑。宗正官名，《汉书·百官表》谓："宗正秦官，掌亲属，有丞，平帝元始四年更名宗伯。"注云："应劭曰：周成王之时肜伯入为宗正也，师古曰肜伯为宗伯，不谓之宗正。"从印文来看，足证宗正一名早在先秦时代即已存在，非秦时所置。

(10)"东武城攻师玺"(图一四九，10)，东武城赵国之城邑。《战国策·赵策》云："虞卿为平原君请益地谓赵王曰，夫不斗一卒，不顿一戟而解二国患者，平原君之力也，用人之力而忘人之功，不可。赵王曰善，将益之地。公孙龙闻之，见平原君曰，君无覆军杀将之功而封以东武城，赵国豪杰之士多在君之右，而君为相国者以亲故，夫君封以东武城不让，无功佩赵国相印不辞，无能一解国患，欲求益地，是亲戚受封而国人计功也。为君计者，不如勿受便。平原君曰，谨受令，乃不受封。"赵王所益平原君之东武城，而同该玺为一地。攻师即工师，管理工业之官。

以上四方皆为赵国官印。

(11)"仑守玺"，(图一四九，11)《水经注·伊水》："狂水又西迳纶氏县故城南，《竹书纪年》曰：楚吾得帅师及秦伐郑，围纶氏者也。"纶氏亦单称纶，战国属韩。该印仑守，守官名，始置于春秋。《左传》襄公二十一年："得罪于王之守臣"，注云："范宣子为王所命，故曰守臣。"后来郡守、太守即从此得名，仑守即纶氏之官。

(12)"武队大夫"(图一四九，12)，队古通遂，武队即武遂，韩地。《史记·韩世家》：韩襄六年"秦复与我武遂，九年秦复取我武遂。"案公元前313年武遂复并于秦，再未见归复，该印似当在此之前，乃为韩印。

(13)"□阴司寇"(图一四九，13)。

(14)"杕里司寇"(图一四九,14)。

(11)、(12)两方乃韩国官印;(13)、(14)两方均为三晋官印,但难以确定国别。

5. 战国私印

(1)"富昌韩君"(图一五〇,1)。

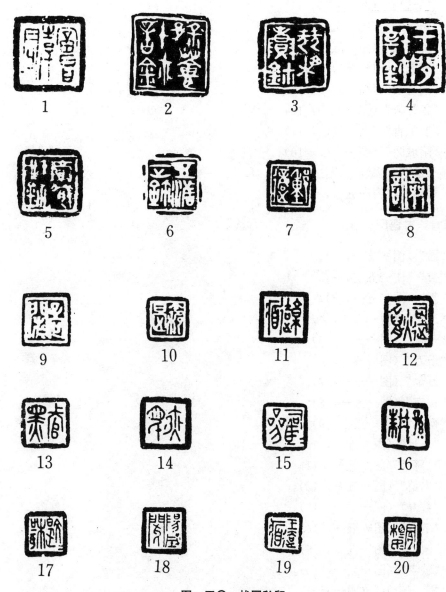

图一五〇 战国私印

(2)"郐蕙信玺"(图一五〇,2)。

(3)"巟栗赓玺"(图一五〇,3)。

(4) "王間信鉩"（图一五〇，4）。

(5) "高臧信鉩"（图一五〇，5）。

(6) "五渚正鉩"（图一五〇，6）。

(7) "鄆適"（图一五〇，7）。

(8) "競训"（图一五〇，8）。

(9) "孟闳"（图一五〇，9）。

(10) "秦是"（图一五〇，10）。

(11) "桔迲病"（图一五〇，11）。

(12) "司徒焰"（图一五〇，12）。

(13) "上官黑"（图一五〇，13）。

(14) "夜眠"（图一五〇，14）。

(15) "司马参"（图一五〇，15）。

(16) "孙丹朱"（图一五〇，16）。

(17) "尌木肯"（图一五〇，17）。

(18) "阳城闀"（图一五〇，18）。

(19) 王迲病（去病）（图一五〇，19）。

(20) 胥相如（图一五〇，20）。

6. 箴言、吉语印

(1) "昌"（图一五一，1）。

(2) "吉"（图一五一，2）。

(3) "悊"（图一五一，3）。

(4) "千羊"（图一五一，4）。

(5) "千秋"（图一五一，5）。

(6) "千万"（图一五一，6）。

(7) "万金"（图一五一，7）。

(8) "长宜"（图一五一，8）。

(9) "行吉"（图一五一，9）。

(10) "正行"（图一五一，10）。

(11) "悊行"（图一五一，11）。

(12) "忠信"（图一五一，12）。

(13) "善寿"（图一五一，13）。

(14) "敬事"（图一五一，14）。

(15) "敬上"（图一五一，15）。

(16) "敬老"（图一五一，16）。

(17) "宜有千万"（图一五一，17）。

(18) "正行亡私"（图一五一，18）。

(19) "可以正下"（图一五一，19）。

(20) "大吉昌内"（图一五一，20）。

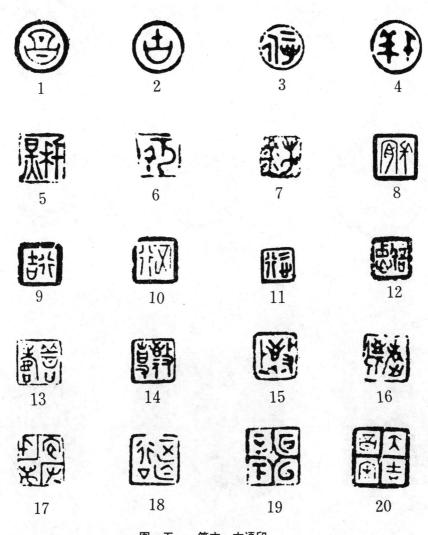

图一五一　箴言、吉语印

7. 肖形印（图一五二）

肖形印的内容多为动物图案，如何表示它的涵意，至今尚无人能作出说明。

先秦时代的玺印，用法与现代不同，现在一般是将蘸好印泥的印章打在纸上，于是呈现出朱色印文。古代无纸，隋唐以前多用竹简、木牍或绢帛，用印方法与今不同。根据考古发掘提供的资料，战国和汉代封缄用印的方法是，在写好的竹简或木牍之外，另加一块挖有方槽的木块，用麻绳将简牍捆扎在一起，将绳结放在木槽内用泥涂好，然后印在泥上按捺，压出印文，晒干，简牍就封好了。阅读简牍时必须砸碎封泥，然后才能解开绳结，所以古代的封泥与今天的火漆封信具有同等的作用。古玺再一种用法是，将印烧热，烙在木器上或兽体上；还可以印在陶器坯上。现已发现的资料有"烙马印"，楚国木烙印迹"左王既正"，但大量的是陶器印文。战国时代陶文，大多数是用印捺印的。因而它同印文无甚大差别，不过由于玺印的内容不同，各有专用罢了。这里将齐国和秦国捺印的陶文各选数例，以资参考。

475

图一五二 肖形印

8. 齐国陶文

(1)"楚郭衢(鄉)蘆里賞"(图一五三,1)。

1　　　　　　　　2　　　　　　　　3

4　　　　　　　　5　　　　　　　　6

图一五三 齐国陶文

(2)"䒑圆甸里人怒"(图一五三,2)。

(3)"孟棠甸里嬪"(图一五三,3)。

(4)"城圆众"(图一五三,4)。

(5)"北里壬"(图一五三,5)。

(6)"王区"(图一五三,6)。

9. 秦国陶文

(1)"咸郦里跬"(图一五四,1)。

1

2

3

4

5

6

图一五四　秦国陶文

(2)"咸郦小有"(图一五四,2)。

(3)"咸郦里举"(图一五四,3)。

(4)"咸郦里善"(图一五四,4)。

(5)"咸阳巨鬲"(图一五四,5)。

(6)"咸高里意"(图一五四,6)。

结 束 语

古文字学研究的任务，恐怕在相当长的时间内，主要还是在认字方面。过去常常遇到这样的情况，虽然发现一件非常重要的资料，由于其中有些字不识，或识不准，不能全面正确理解它的内容，往往给研究工作造成困难，甚至引出错误结论。认字是从事古文字研究的同志最感沉重的负担。提高认字的能力并不是搞一两次突击就可以解决的，需要资料和时间等几个条件。过去进展迟缓，主要是因为人手少，资料缺。以甲骨文来说，主要著录不下七、八十种，学术论文在千篇以上，寻找起来十分困难，有些书籍很难找到。至于人力，喜好古文字的人并不少，但真正从事这门专业的人是很有限的。近些年来情况有些变化，例如由胡厚宣先生主编的《甲骨文合集》已经出版，全书共收甲骨文四万余片，将流传在国内和国外的重要资料，集于一书，为甲骨文研究提供了极大的方便。由中国社会科学院考古研究所编辑的《殷周金文集成》，将流传在国内外的商周时代的铜器铭文集为一书，这也是这些年来完成的一项重要工作。再如，故宫博物院罗福颐先生以院藏古玺为主，将历代各家收藏的官私古玺，共五千七百零八方，编成《古玺汇编》一书，同时还编了一本《古玺文编》。拙著《古陶文汇编》也于1990年由中华书局出版，该书共收集各种古陶文拓片二千六百余纸，举凡前此成书的陶文拓片集，和建国后新出的陶文，绝大部分均已汇集于此。这些书籍的出版，为本学科的发展创造了条件。近些年来，古文字研究的队伍亦不断地在发展壮大。

古文字学的研究工作，虽然在资料和人力方面较过去有所充实和改善，但是考释文字的工作，仍然需要慎重进行，不能搞突击。工作要稳，识字要准，证据要扎实可靠，万不可自以为是，误己误人。王国维曾在《毛公鼎释文序》中说："顾自周初讫今，垂三千年，其讫秦汉，亦且千年。此千年中，文字之变化，脉络不尽可寻。故古器文字有不可尽识者，势也；故古器文义有不可强通者，亦势也。自来释古器者，欲求无一字之不识，无一义之不通，而穿凿附会者，非也；谓其字之不可识，义之不可通，而遂置之者，亦非也。文无古今，未有不文从字顺者。今日通行文字，人人能读之，能解之。诗书彝器，亦古之通行文字，今日所以难读者，由今人之知古代，不如知现代之深故也。苟考之史事与制度文物，以知其时代之情况；本之诗书，以求其文之义例；考之古音，以通其义之假借；参之彝器，以验其文字之变化。由此而之彼，即甲以推乙，则于字之不可识，义之不可通者，必间有获焉。然后阙其不可知者，以俟后之君子，则庶乎其近之矣。"（《观堂集林》卷六）唐立庵先生在《古文字学导论》中着重提出在考释古文字时，应当竭力避免的一些现象，并为研究古文字的人定了六条戒律。即"戒硬充内行"，"戒废弃根本"，"戒任意猜测"，"戒苟且浮躁"，"戒偏守固执"，"戒驳杂纠缠"。王、唐二位先生指出的对考释古文字须注意的问题和应抱的态度，都很正确，至今仍有现实意义，应当引起我们的重视和自勉。